2024 최신개정판

LOGIN

TAT 2급
핵심요약 및 기출문제집

김영철 지음

도서출판
어울림
www.aubook.co.kr

머리말

회계는 기업의 언어입니다. 회계를 통해서 많은 이용자들이 정보를 제공받고 있습니다.
회계는 약속이며 그리고 매우 논리적인 학문입니다.

회계를 잘하시려면
왜(WHY) 저렇게 처리할까? 계속 의문을 가지세요!!!
1. 이해하시려고 노력하세요.
   (처음 접한 회계와 세법의 용어는 매우 생소할 수 있습니다.
   생소한 단어에 대해서 네이버나 DAUM의 검색을 통해서 이해하셔야 합니다.)
2. 그리고 계속 쓰세요.(특히 분개)
3. 이해가 안되면 암기하십시오.

수험생 여러분!!

자격증을 취득하기 위해서는 본인의 노력이 합격의 키포인트입니다.

본 교재에 있는 핵심이론을 정리하시고 TAT2급 기출문제를 90분 안에 푸시는 연습을 계속하세요.
그래서 수험생 자신이 시간안분과 실력을 테스트하시고 부족한 부분은 보충하시기 바랍니다.

"LOGIN TAT2급 핵심요약 및 기출문제집"은 최종 정리단계에서 보시기 바랍니다. 가장 핵심
사항을 나열했기 때문에 이해가 안되시면 기본서(LOGIN TAT2급)를 참고하셔서 반드시 이해하
도록 반복하십시오!!

회계는 여러분 자신과의 싸움입니다. 자신을 이기십시오!!!

마지막으로 이 책 출간을 마무리해 주신 도서출판 어울림 임직원에게 감사의 말을 드립니다.

2024년 2월
김 영 철

저자가 운영하는 다음(Daum)카페 "**로그인과 함께하는 전산회계/전산세무**"에
다음의 유용한 정보를 제공합니다.

1. 오류수정표(세법개정으로 인한 추가 반영분 및 오류수정분)
2. 세법개정내용(출제자는 문제를 자주 출제합니다. 시험 전에 반드시 숙지하시기 바랍니다.)
3. 실무데이터(도서출판 어울림 홈페이지에서도 다운로드가 가능합니다.)
4. Q/A게시판

LOGIN TAT2급을 구입하신 독자 여러분께서는 많은 이용바라며, 교재의 오류사항과 추가반영사항을
지적해주시면 고맙겠습니다.

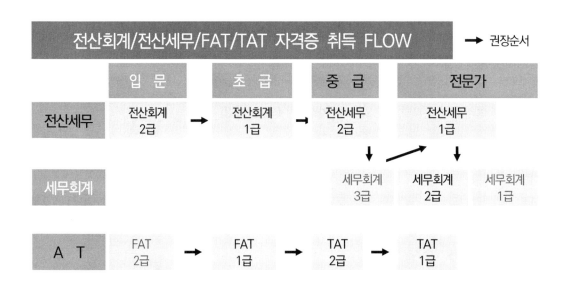

합격수기

DAUM카페 "로그인과 함께하는 전산회계/전산세무"에 있는 수험생들의 공부방법과 좌절과 고통을 이겨내면서 합격하신 경험담을 같이 나누고자 합니다.

전교꼴찌 TAT2급 합격수기

형민킴

안녕하세요 전교꼴찌 김형민입니다. 2018년 10월에 취득한 TAT2급 합격수기를 이제서야 작성을 하네요. 저는 7월부터 공부를 시작해서 8월에 전산회계2급을 취득하고, 곧바로 다음 **10월 시험에 전산회계1급, 세무2급, TAT2급을 취득하였습니다.** 제 인생 처음으로 공부를 시작했는데 늦었다면 늦게 시작한 나이일 수 있지만 다행이 세개의 자격증을 모두 취득을 했네요 ㅎ ㅎ 사실 6주 동안 세가지 자격증을 준비하는게 무모하고 불가능한 도전이라고 생각했지만 다행이 좋은 결과가 나와서 스스로에게 대견한 마음도 있습니다. 저는 TAT2급을 고득점은 아니지만 79점으로 합격했습니다.

<u>저는 일단 이전과 같이 이론위주로 공부를 하였습니다.</u>

<u>전산세무2급 시험을 보고 일주일 뒤에 TAT2급 시험이 있었는데 이론 내용이 거의 비슷해서 전산세무2급이 끝날 때까지 다른 공부를 하지 않았으며, 세무2급 시험이 끝난 후 Smart-A프로그램을 약 5일정도 연습을 하고 합격을 했습니다.</u>

제가 전달 드리고 싶은 말은 전산세무2급을 어느 정도 공부를 하시면 TAT2급을 취득하기에 큰 어려움이 없을 것이라는걸 전해드리고 싶네요~

케이랩프로그램이 아닌 더존으로 시험을 보기 때문에 프로그램 사용법만 큰 틀에서 연습하시면 케이랩과 대동소이하기 때문에 어려움을 없을 것 같다는게 저의 생각입니다. 지금부터는 제가 자격증을 취득할 때 어떻게 시간을 분배해서 공부했는지 전해드리겠습니다!!

전산세무 2급 시험 후

1일차 : Smart-A의 **기초정보관리, 일반전표입력, 매입매출전표입력, 결산**에 대해서 **한번 입력해보았습니다.** 케이렙 입력방법이나 서식이 거의 똑같습니다. **그냥 케이렙이 화면만 바뀌었다고 생각하시면 됩니다.**

2일차 : **부가가치세 부속서류와 소득세를 교재대로 입력해 보았습니다.**
　　　　이 역시 거의 동일하여 별로 힘들지는 않았습니다.

3일~ 4일차 : **매일 하루에 3~4회의 기출문제를 풀어보았습니다.**
　　　　　　처음에는 합격점수에 도달하지 않고 시간이 부족해서 90분만에 풀지
　　　　　　못했으나, 10회분이상 풀어보니 60분이면 풀 수 있다는 자신감을
　　　　　　갖게 되었습니다.

5일차 : 기출문제를 모두 풀어보니 자신감을 갖고 있었고, **시간도 남아서 이론공부로 마지막**
　　　　을 정리하였습니다. 그리고 TAT2급에서는 연금소득이 객관식문제에 자주 출제가 되기
　　　　때문에 이 부분을 놓치면 2점은 날라 간다고 보시면 됩니다.

전산세무2급을 본 날은 매우 긴장을 했지만 가채점한 결과 80점될 것 같아,
　　TAT2급 시험에서의 마음 부담은 없었습니다. 어차피 최종목표는 전산세무1급이기 때문
에 한번 보자는 마음이었습니다. 시험을 보고 난 후 가채점을 하지 않고 바로 전산세무 1급 공
부를 했고, **5주만에 전산세무 1급 시험을 응시한 결과 64점으로 낙방하였습니다.** 시간도 부족하고,
아직 이론에서 합격할 정도의 이론공부가 덜 되어 있다는 것을 알게 되었습니다. 2018년에는
전산세무1급과 TAT1급이 목표이기 때문에 반드시 합격할 것입니다.
　　그러기 위해서 이론에 더욱 더 투자할 생각입니다.
　　저 역시 국어실력이 별로여서 세법을 이해하는데 어려웠으나, 노력으로 안되는 것이 없다는 것
을 깨달았습니다. 이러한 시험을 마무리하고 음악전공에서 회계나 세무전공으로 편입할 예정입
니다.
　　그리고 여건이 되면 세무사에도 도전하고 싶고요…. 지금의 희망사항이지만…
　　전교꼴찌도 해본 저도 해냈으니 여러분도 할 수 있을 것입니다.
　　항상 응원하겠습니다 화이팅!!

TAT 2급도 합격했어요! ^^

송다솜

전산세무 2급에 이어서 TAT 2급도 합격하였습니다.

무리한 도전이었을 수 있습니다. 전산세무 2급의 경우 약 한 달간 공부하였지만, TAT2급의 경우에는 일주일 정도만 공부하고 시험을 보았기 때문입니다. 그래서 더 걱정이 많았는데, 오히려 전산세무 2급보다 더 높은 점수로 합격하여서 더 기쁜 것 같습니다.

회차	등급	구분	수험번호	고사장	응시여부	점수	합격
47회	TAT 2급	개인접수	⬛⬛⬛	삼일상업고등학교	응시	91	합격 (공인)

전산세무 2급과 TAT2급의 차이점으로는 **이론 부분은 원가회계가 나오냐 안 나오냐 정도의 차이점이 있고, 실기 부분에서는 사용하는 프로그램이 다르다는 점이 있습니다.**

TAT2급의 경우에는 전산세무 2급 시험 일주일 후에 시험이 치러지기 때문에 프로그램 사용법을 빠르게 익히는 것이 중요하다고 생각해서 그 부분을 중점에 두고 공부를 하였습니다.

5년 전 FAT2급에 합격한 이후 더존 프로그램을 사용해 본 적이 없었기에 완전 기초적인 프로그램 사용법부터 익혀야 했었습니다.

[공부 방법]

- 1일 : 로그인 유튜브 채널에 올라와 있는 FAT2급, FAT1급 클립 영상들을 보았습니다. 어음 등록 방법부터 기초적인 것들을 보았습니다.
- 2일 : 주말이었기에 정말 하루 종일 기출문제를 풀어 보았습니다. 이때도 큐알 코드를 통해 유튜브 영상들의 많은 도움을 받았습니다. 프로그램이 익숙하지 않아서 그런지 저는 전산세무 2급을 공부할 때 보다 더 어렵게 느껴졌었어요.
- 3일 ~ 5일 : 2일부터 5일차 까지는 정말 실기 문제만 풀어 보았습니다. 실기 문제들만 풀어보면서 나름 작성법들을 연습장에 정리하였습니다. 그러면서 최대한 많은 문제들을 풀어 보려고 노력하였습니다.
- 6일 ~ 7일 : 이론 문제들을 풀어 보았습니다. 이때도 내용을 정리하면서 풀어 보았습니다. 전산세무 2급 이론과 차이점이라면 TAT2급 이론이 계산 문제가 더 많았다는 점이었습니다. 계산 문제들 경우 보면 규칙이 있었습니다. 그 규칙을 연습장에 정리하면서 풀면서 그 규칙을 외웠습니다.
- 8일 (시험 전날) : 이론, 실기를 공부하면서 정리하였던 내용과 책 앞부분에 정리되어있는 핵심요약 부분을 최대한 많이 보고 가기 위해 노력하였습니다.

[시험 당일]

전산세무 2급 시험일 때는 1시간 전부터 입실이 가능했던 반면, TAT2급 시험의 경우 30분 전부터 입실이 가능하였습니다. 시험 보러 가실 때 참고하세요

시험을 보고 나서 느낀 점은 기출 이론 부분도 소홀히 공부하여서는 안 되겠다는 생각이었습니다. 예전에 이론 문제로 나왔던 내용이 제가 본시험에서 실기 문제 내용으로 변형돼서 나왔더라고요.

제가 그 부분을 한번 보고 가지 않았다면 저는 그 부분을 틀렸을 거라는 생각이 많이 들었었습니다.

[이외]

- 저 같은 경우는 기본서를 구입한 것이 아니라 「로그인 TAT 2급 핵심요약 및 기출문제집」을 구입하여 공부하였습니다.
- 전산세무 2급과 비슷한 것이 많은 시험이므로 저처럼 기출문제집을 구입하여 공부하신 후에 시험을 보셔도 될 거 같아요. 전산세무 2급을 취득하셨다면 TAT2급은 프로그램 사용법만 익히시면 취득하실 수 있을 거 같습니다.
- 앞에 핵심요약 부분 의 경우는 전산세무 2급 시험을 공부할 때도 많은 도움이 되었습니다.
- **TAT2급을 공부하면서 유튜브 강의가 정말 정말 많은 도움이 되었어요!!!!** 없었으면 저 떨어졌을 거 같아요 ㅠㅠ
- 앞으로 전산세무 1급과 TAT1급 취득에 도전을 해 보려고 합니다. 이 자격증들도 로그인 책들과 함께 할 생각이고요. 꼭 합격해서 또 합격 수기 작성하러 오고 싶습니다! ^^

[로그인 시리즈]				
전전기	전기	**당기**	차기	차차기
20yo	20x0	**20x1**	20x2	20x3
2022	2023	**2024**	2025	2026

2024년 AT 자격시험 일정

1. 시험일자

회차	종목 및 등급	원서접수	시험일자	합격자발표
69회	FAT1,2급 TAT1,2급	02.01~02.07	02.17(토)	02.24(토)
70회	FAT1급 TAT2급	02.29~03.06	03.16(토)	03.23(토)
71회	FAT1,2급 TAT1,2급	04.04~04.11	04.20(토)	04.27(토)
72회	FAT1급 TAT2급	05.02~05.08	05.18(토)	05.25(토)
73회	FAT1,2급 TAT1,2급	05.30~06.05	06.15(토)	06.22(토)
74회	FAT1급 TAT2급	07.04~07.10	07.20(토)	07.27(토)
75회	FAT1,2급 TAT1,2급	08.01~08.07	08.17(토)	08.24(토)
76회	FAT1,2급 TAT1,2급	10.03~10.10	10.19(토)	10.26(토)
77회	FAT1급 TAT2급	10.31~11.06	11.16(토)	11.23(토)
78회	FAT1,2급 TAT1,2급	12.05~12.11	12.21(토)	12.28(토)

2. 시험종목 및 평가범위

등급			평가범위
TAT 2급 (90분)	이론 (30)	재무회계	
		세무회계	부가가치세, 소득세(근로소득원천징수)
	실무 (70)	거래자료 입력	적격증빙관리 및 어음관리 외
		부가가치세 관리	(수정)전자세금계산서 발급 및 부가가치세 부속서류 작성
		결산	
		원천징수	근로소득의 원천징수

3. 시험방법 및 합격자 결정기준

1) 시험방법 : 실무이론(30%)은 객관식 4지 선다형으로, 실무수행(70%)은 교육용 더존 Smart A 실무프로그램으로 함.

2) 합격자 결정기준 : 100점 만점에 70점 이상

4. 원서접수 및 합격자 발표

1) 접수기간 : 각 회별 원서접수기간내 접수

2) 접수 및 합격자발표 : 자격시험사이트(http://at.kicpa.or.kr)

차 례

Part I. 이론요약

Part II. 기출문제

1분강의
QR코드 활용방법

본서 안에 있는 QR코드를 통해 연결되는 유튜브 동영상이 수험생 여러분들의 학습에 도움이 되기를 바랍니다.

방법 1

❶ 스마트폰에서 다음(Daum)을 실행한 후 검색창의 오른쪽 아이콘 터치

❷ '코드검색'을 터치하면 카메라 앱이 실행됨

❸ 도서의 QR코드를 촬영하면 유튜브의 해당 동영상으로 자동 연결

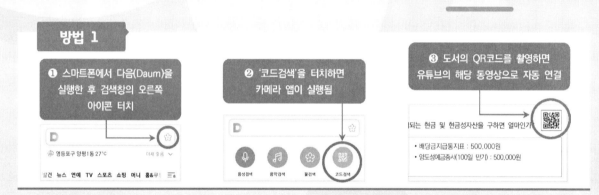

방법 2

카메라 앱을 실행하고, QR코드를 촬영하면 해당 유튜브 영상으로 이동할 수 있습니다.

유튜브 자막설정(개정세법 반영)

1분강의 중 매년 개정된 세법에 대해서는 자막으로 표시하였습니다.

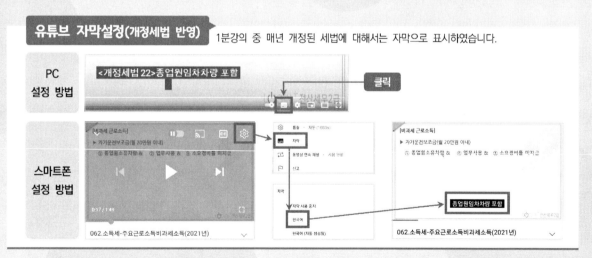

PC 설정 방법

스마트폰 설정 방법

✔ 과도한 데이터 사용량이 발생할 수 있으므로, Wi-Fi가 있는 곳에서 실행하시기 바랍니다.

Login Tax Accounting Technician 2

Part I
이론요약

Log-In

Chapter 01

재무회계

NCS회계 - 3 전표관리 / 자금관리   NCS세무 - 2 전표처리

1. 회계의 분류-정보이용자에 따른 분류

	재무회계	관리회계
목 적	외부보고	내부보고
정보이용자	투자자, 채권자 등 **외부정보이용자**	경영자, 관리자 등 **내부정보이용자**
최종산출물	**재무제표**	**일정한 형식이 없는 보고서**
특 징	**과거정보의 집계보고**	**미래와 관련된 정보 위주**
법적강제력	있음	없음

2. 재무회계념체계(일반기업회계기준)

1. 재무회계의 목적	유용한 정보의 제공
2. 재무제표 작성에 필요한 기본가정	**1. 기업실체의 가정** **2. 계속기업의 가능성** **3. 기간별 보고의 가정**
3. 유용한 재무제표가 되기 위한 질적특성	1. 이해가능성 **2. 목적적합성** **3. 신뢰성** 4. 비교가능성 : 기간별(일관성), 기업별(통일성)
4. 제약요인	1. 효익과 원가간의 균형 **2. 중요성 : 특정회계정보가 정보이용자의 의사결정에 영향을 미치는 정도 (금액의 대소로 판단하지 않는다.)**

	기본 요소	1. 재무상태표 : 자산, 부채, 자본 2. 손익계산서 : 수익, 비용 3. 현금흐름표 : **영업활동, 투자활동, 재무활동현금흐름** 4. 자본변동표 : 소유주의 투자, 소유주에 대한 분배	
5. 재무제표	측정	화폐금액으로 결정하는 과정 1. 역사적원가 2. 현행원가 3. 순실현가능가치 4. 현재가치	

3. 발생기준

1. 수익인식의 원칙(**수익**)	1. 경제적 효익의 유입가능성이 높고, 2. 수익금액을 신뢰성있게 측정할 수 있어야 한다.		
2. 수익·비용 대응의 원칙 (**비용**)	비용은 관련된 수익이 인식될 때 비용으로 회계처리한다.		
	1. 직접 대응	인과관계에 따라 수익에 직접대응 (예) 매출원가, 판매수수료, 매출운임 등	
	2. 간접 대응	1. 배분	수익창출기간동안 체계적이고 합리적인 방법으로 배분 (예) 감가상각비, 무형자산상각비 등
		2. 기간 대응	발생즉시 기간비용으로 인식 (예) 광고선전비, 세금과공과, 경상개발비, 연구비 등

4. **목적적합성 vs 신뢰성 : 상충관계**

목 적 적합성	예측역할	정보이용자가 기업실체의 미래 재무상태, 경영성과 등을 예측하는데 그 정보가 활용될 수 있는지의 여부를 말한다.
	확인역할	회계정보를 이용하여 예측했던 기대치를 확인하거나 수정함으로써 의사결정에 영향을 미칠 수 있는지의 여부를 말한다.
	적시성	
신뢰성	표현의 충실성	기업의 재무상태나 경영성과를 초래하는 사건에 대해서 충실하게 표현되어야 한다는 속성이다.
	중립성	회계정보가 특정이용자에 치우치거나 편견을 내포해서는 안된다.
	검증가능성	다수의 독립적인 측정자가 동일한 경제적 사건이나 거래에 대하여 동일한 측정방법을 적용한다면 유사한 결론에 도달하는 것

☞ 보수주의 : 추정이 필요시 자산이나 수익이 과대평가(이익이 과대평가)되지 않도록 주의를 기울이라는 것을 말한다.

5. 목적적합성과 신뢰성이 상충관계 예시

	목적적합성 高	신뢰성 高
자산측정	공정가치	역사적원가(원가법)
손익인식	발생주의	현금주의
수익인식	진행기준	완성기준
재무보고	중간보고서(반기, 분기)	연차보고서

6. 재무제표 → 정보전달수단

1. 재무상태표	일정 **시점**의 재무상태(자산, 부채, 자본)
2. (포괄)손익계산서	일정 **기간**의 경영성과(수익, 비용, 포괄이익)
3. 자본변동표	자본의 크기와 그 변동에 관한 정보보고 → **소유주(주주)**의 투자, **소유주**에 대한 분배
4. 현금흐름표	일정기간의 현금유출입 내역을 보고 → **영업활동**현금흐름, **투자활동**현금흐름, **재무활동**현금흐름
5. 주석	재무제표상에 필요한 추가적인 정보보고

☞ 정태적(일정시점)보고서 : 재무상태표, 동태적(일정기간)보고서 : 손익계산서, 현금흐름표, 자본변동표

<중간재무제표 → 적시성>

1. 작성기간	3개월(분기), 6개월(반기)이 대표적이나 그 밖의 기간도 가능
2. 종류	연차재무제표와 동일
3. 공시	연차재무제표와 동일한 양식으로 작성함을 원칙으로 하나, **다만 계정과목 등은 대폭 요약하거나 일괄 표시할 수 있다.**

7. 재무제표 작성과 표시의 일반원칙

① 작성책임		**재무제표의 작성과 표시에 대한 책임은 경영자**
② 계속기업		**계속기업을 전제로 재무제표를 작성**
③ 중요성과 통합표시		중요하지 않는 항목은 **성격이나 기능이 유사한 항목과 통합하여 표시할 수 있다. → 중요한 항목인 경우 주석으로 기재**
④ 공시	비교정보	– 계량정보 : **전기와 비교하는 형식으로 작성** – 비계량정보 : 전기 재무제표의 비계량정보를 비교하여 주석에 기재한다.
	표시와 분류	재무제표의 항목의 표시와 분류는 원칙적으로 매기 동일
	금액표시	금액을 천원이나 백만원 단위 등으로 표시할 수 있다.

8. 재무상태표

1. 구분표시의 원칙	자산·부채 및 자본을 종류별, 성격별로 적절히 분류하여 일정한 체계 하에 구분·표시한다.
2. 1년 기준	자산과 부채는 **결산일 현재 1년 또는 정상적인 영업주기를 기준으로 구분, 표시**
3. 유동성배열	**자산, 부채는 환금성이 빠른 순서로 배열한다.**
4. 총액주의	**순액으로 표기하지 아니하고 총액으로 기재한다.** ☞ **매출채권과 대손충당금은 순액표시가능 → 단 주석기재사항**
5. 구분과 통합표시	1. **현금 및 현금성자산 : 별도항목으로 구분표시** 2. **자본금 : 보통주자본금과 우선주 자본금으로 구분표시** 3. **자본잉여금 : 주식발행초과금과 기타자본잉여금으로 구분표시** 4. **자본조정 : 자기주식은 별도항목으로 구분하여 표시**

6. **미결산항목 및 비망계정(가수금, 가지급금 등)**은 그 내용을 나타내는 적절한 계정과목으로 표시하고 재무제표상 표시해서는 안된다.

9. 손익계산서

1. 발생기준	
2. 실현주의	수익은 **실현시기(원칙 : 판매기준)를 기준으로 계상**한다.
3. 수익·비용대응의 원칙	비용은 관련수익이 인식된 기간에 인식한다.
4. 총액주의	**수익과 비용은 총액으로 기재한다.(예 : 이자수익과 이자비용)**
5. 구분계산의 원칙	손익은 매출총손익, 영업손익, 법인세비용차감전순손익, 당기순손익, 주당순손익으로 구분하여 표시한다. ☞ **제조업, 판매업 및 건설업 외의 업종에 속하는 기업은 매출총손익의 구분표시를 생략할 수 있다.**
6. 환입금액표시	영업활동과 관련하여 비용이 감소함에 따라 발생하는 **퇴직급여충당부채환입, 판매보증충당부채환입 및 대손충당금 환입 등은 판매비와 관리비의 부(-)의 금액으로 표시**한다.

10. 주석

1. 정의	정보이용자가 재무제표를 이해하고 다른 기업의 재무제표와 비교하는데 도움이 되는 정보
2. 내용	① **일반기업회계기준에 준거하여 재무제표를 작성하였다는 사실의 명기** ② 재무제표 작성에 적용된 유의적인 회계정책의 요약 ③ 재무제표 본문에 표시된 항목에 대한 보충정보 ④ **기타 우발상황, 약정사항 등의 계량정보와 비계량정보**

11. 당좌자산

1. 현금 및 현금성자산		
2. 단기투자자산	**결산일(보고기간말)로부터 만기가 1년 이내 도래**	
	1. 단기금융상품	정기예금, 정기적금 등 기타 정형화된 상품 등으로 단기적 자금운용목적으로 소유
	2. 단기매매증권	지분증권, 채무증권 시장성 & 단기적 자금운용의 목적 또는 처분목적
	3. 기타	단기대여금 등
3. 매출채권	외상매출금, 받을어음	
4. 기타의 당좌자산	미수금, 미수수익, 선급금, 선급비용 등	

12. 현금 및 현금성자산

1. 현금	통화	지폐나 주화
	통화대용증권	타인발행수표(가계수표, 당좌수표), 송금수표, 여행자수표, 우편환증서, 배당금지급통지서, 지급기일이 도래한 공사채의 이자표, **만기도래어음** **(예외) 부도수표, 선일자수표 → 매출채권(OR 미수금)**
	요구불예금	당좌예금의 잔액을 초과하여 지급된 금액을 당좌차월이라 하며, **당좌차월은 부채로서 "단기차입금"으로 분류**
2. 현금성 자산		큰 비용없이 현금으로 전환이 용이하고 이자율변동에 따른 가치변동의 위험이 중요하지 않은 것으로서 **취득당시 만기가 3개월 이내인 금융상품**

☞ 우표, 수입인지, 수입증지 : 비용(수수료비용, 세금과공과등) or 선급비용   ☞ 차용증서 : 대여금

13. 유가증권회계처리

1. 취득시		**취득원가 = 매입가액 + 부대비용(수수료등)** **※ 단기매매증권의 부대비용은 수수료비용(영업외비용)** 유가증권의 단가산정방법 : 총평균법, 이동평균법		
2. 보유시	기말평가	단기매매증권	공정가액	**단기매매증권평가손익(영업외손익)**
		매도가능증권	공정가액 (원가법)	**매도가능증권평가손익** **(자본 : 기타포괄손익누계액)**
		만기보유증권	상각후원가	–
		단기매매(매도가능)증권의 기말장부가액 = 시가(공정가액)		

	수익	1. 이자(채무증권)	2. 배당금(지분증권)	
			현금배당금	주식배당금
		이자수익	배당금수익	**회계처리를 하지 않고 수량과 단가를 재계산**

3. 처분시	단기매매증권처분손익 = 처분가액 – 장부가액 매도가능증권처분손익 = 처분가액 – 취득가액(= 장부가액 + 평가손실 – 평가이익)
4. 손상차손	**발행회사의 신용악화에 따라 증권의 가격이 폭락하는 위험** **유가증권 손상차손 = 장부가액 – 회수가능가액**

14. 단기매매증권과 매도가능증권

	단기매매증권	매도가능증권
의 의	단기간 시세차익목적	언제 매도할지 모름
취득가액	**매입가액**	**매입가액＋부대비용**
기말평가	공정가액	공정가액(공정가액이 없는 경우 원가법)
	미실현보유손익 : 실현됐다고 가정 (영업외손익 – 단기매증권평가손익)	**미실현보유손익** **(자본 – 기타포괄손익누계액)**
처분손익	**처분가액 – 장부가액**	**처분가액 – 취득가액** (＝ 장부가액＋평가손실 – 평가이익)

15. 유가증권의 재분류-보유목적 변경

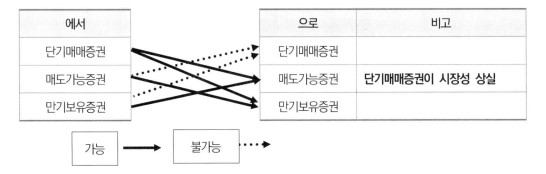

16. 매출채권 - 받을어음

	중도매각(매각거래)		추심(만기)	
	할인료		추심수수료	
성격	영업외거래		영업거래	
	영업외비용		판관비	
회계 처리	(차) 현　　　　금	××	(차) 현　　　　금	××
	매출채권처분손실(영)	××	**수수료비용(판)**	××
	(대) 받을어음	××	(대) 받을어음	××

17. 매출채권의 평가-대손충당금설정

1. 대손시	★ 대손충당금 계정잔액이 충분한 경우 　(차) 대손충당금　　×××　(대) 매출채권　　××× ★ 대손충당금 계정잔액이 부족한 경우 　(차) 대손충당금(우선상계)　×××　(대) 매출채권　　××× 　　　대손상각비　　×××
2. 대손처리한 　채권회수시 	★ 대손세액공제적용 채권 　(차) 현　금　등　×××　(대) 대손충당금　　××× 　　　　　　　　　　　　　　　부가세예수금　　×××*1 　　　*1. 회수금액 × 10/110 ★ 대손세액공제미적용 채권 　(차) 현　금　등　×××　(대) 대손충당금　　×××
3. 기말설정	기말 설정 대손상각비 = 기말매출채권잔액×대손추정율 − 설정 전 대손충당금잔액 ★ 기말대손추산액 〉 설정전 대손충당금잔액 　(차) 대손상각비(판관비)　×××　(대) 대손충당금　　××× ★ 기말대손추산액 〈 설정전 대손충당금잔액 　(차) 대손충당금　×××　(대) **대손충당금환입(판관비)** ×××
4. 대손상각비의 　구분	<table><thead><tr><th></th><th>설　정</th><th>환　입</th></tr></thead><tbody><tr><td>매출채권</td><td>대손상각비(판관비)</td><td>대손충당금환입(판)</td></tr><tr><td>기타채권</td><td>기타의 대손상각비(영·비)</td><td>대손충당금환입(영·수)</td></tr></tbody></table>
5. 대손충당금 　표시	총액법(매출채권과 대손충당금을 모두 표시)으로 할 수 있으며, 순액법(매출채권에서 대손충당금을 차감)으로 표시한 경우 주석에 대손충당금을 기재한다.

18. 재고자산의 범위

1. 미착상품 　(운송중인 상품)	① 선적지인도조건	**선적시점**에 매입자의 재고자산
	② 도착지인도조건	**도착시점**에 매입자의 재고자산
2. 위탁품(적송품)		**수탁자가 고객에게 판매한 시점**에서 위탁자는 수익을 인식
3. 시송품(시용품)		**소비자가 매입의사를 표시한 날**에 회사는 수익을 인식하고 재고자산에서 제외
4. 반품률이 높은 　재고자산	㉠ 합리적 　추정가능시	인도시점에서 수익을 인식하고 예상되는 반품비용과 반품이 예상되는 부분의 매출총이익을 반품충당부채로 인식
	㉡ 합리적 추정이 　불가능시	구매자가 인수를 수락한 시점이나 반품기간이 종료된 시점에 수익을 인식한다.

19. 재고자산의 회계처리

1. 취득시		취득원가＝매입가격＋매입부대비용(운반비, 보험료, 관세 등)
2. 평가	① 감모손실 (수량)	• 정상감모 : 매출원가 • 비정상감모 : 영업외비용(재고자산감모손실)
	② 평가손실 (단가)	• 저가법적용 : <u>하락시 평가손실만 인식하고 회복시 최초의 장부가액을 한 도로 하여 시가회복분만 환입</u> • 제품, 상품, 재공품 : 순실현가치(정상판매가격 – 추정판매비) • 원재료 : 현행대체원가
	☞ 감모손실을 먼저 인식한 후 평가손실을 인식하세요!!!!!	

20. 재고자산의 수량 및 단가결정

수량	1. 계속기록법	2. 실지재고조사법
단가	1. 개별법	**가장 정확한 원가배분방법**
	2. 선입선출법	재고자산의 진부화가 빠른 기업이 적용
	3. 후입선출법	실제물량흐름과 거의 불일치되고 일부 특수업종에서 볼 수 있다.
	4. 평균법	계속기록법인 이동평균법과 실지재고조사법인 총평균법
	5. 소매재고법	추정에 의한 단가 산정방법(**원칙적으로 유통업에만 인정**)

21. 각 방법의 비교

언제나 중앙

물가가 상승하는 경우		선입선출법	평균법	후입선출법
구입순서 1.10원 2.20원 3.30원	매출액(2개)	100원(50×2개)	100원	100원
	매출원가(2개)	30원(10+20) 〈	40원(20×2개) 〈	50원(30+20)
	매출이익 (당기순이익) (법인세)	70원 〉	60원 〉	50원
	기말재고	30원 〉	20원 〉	10원

〈대차평균의 원리〉
자산 ∝ 이익

<크기 비교 : 물가상승시>

	선입선출법	평균법(이동, 총)	후입선출법
기말재고, 이익, 법인세	〉	〉	〉
매출원가	〈	〈	〈

☞ 물가하락시 반대로 생각하시면 됩니다.

<선입선출법과 후입선출법 비교>

	선입선출법	후입선출법
특징	• **물량흐름과 원가흐름이 대체적으로 일치** • 기말재고자산을 현행원가로 표시 • **수익과 비용 대응이 부적절**	• **물량흐름과 원가흐름이 불일치** • 기말재고자산이 과소평가 • **수익과 비용의 적절한 대응**

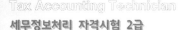

분개연습

1. 제품매출처 (주)삼일에서 받아 보관 중인 전자어음을 (주)세원의 외상대금(5,500,000원) 결제를 위하여 배서양도 하였다. (매각거래로 회계처리 할 것)

2. 매출처 (주)창우에서 받아 보관 중인 전자어음(발행금액 12,000,000원, 발행일 1월 20일, 만기일 6월 20일)을 4월 20일 신한은행에서 할인하고, 할인료를 제외한 잔액은 신한은행 보통예금 계좌에 입금하였다. (단, 연이율은 10%, 월할계산, 매각거래로 처리한다.)

3. (주)일원의 외상매출금 33,000,000원 중 일부 13,000,000원이 국민은행 보통예금으로 입금되었으며, 잔액은 계약에 따라 소비대차(대여기간 6개월, 이자율 연 5%)로 전환되었다.

4. 상지상사(주)로부터 수취한 어음(발행가액 32,000,000원)에 대하여 5월 20일 금융기관으로부터 부도확인을 받았다. 동 어음을 "받을어음"계정에서 "부도어음과수표"계정으로 재분류하시오.

5. 힘든상사의 파산으로 단기대여금 5,000,000원이 회수불능되어 전액 대손처리하였다. 대손처리일 현재 단기대여금에 대한 대손충당금 잔액 200,000원이 있다.

6. 시장성 있는 (주)한공전자의 주식을 단기매매차익 목적으로 취득하고 취득가액과 거래수수료를 우리은행 보통예금계좌에서 이체하였다.

• 주식수 : 500주	• 주당 취득가액 : 8,500원
• 주당액면가액 : 5,000원	• 거래수수료 : 150,000원

7. 단기매매차익 목적으로 취득한 상장주식에 대한 거래보고서이다.

유가증권 매매 정산 보고서

종목명: (주)일룸전자 보통주

일자	유형	수량	단가	매매대금	거래수수료	비고
20x1.5.10.	매수	1,000주	7,000원	7,000,000원	140,000원	
20x1.6.10.	매도	500주	7,500원	3,750,000원	75,000원	

주식매각대금에서 거래수수료를 차감한 잔액은 신한은행 보통예금계좌에 입금하였다.

8. 회사가 보유하고 있는 매도가능증권(장부가액 4,000,000원)을 기말결산시점에 평가한 금액은 4,500,000원이다. 매도가능증권평가손실은 없다고 가정한다.

9. (주)한공은 20x0년 5월 7일 ㈜서울의 주식 100주를 주당 1,000원에 취득하고 매도가능증권으로 분류하였다. 20x0년 말 이 주식의 공정가치는 주당 1,200원이었으며, (주)한공은 20x1년 9월 30일 주당 1,300원에 전량 현금 매도하였다.

10. 매도가능증권(투자자산)을 다음과 같이 처분하고, 매각대금은 우리은행 보통예금계좌로 이체받았다. 직전 연도까지 매도가능증권에 대하여는 일반기업회계기준에 따라 적절하게 회계처리하였다.

취득가액 (전기 1월 31일)	기말공정가액 (전기 12월 31일)	양도가액 (1월 10일)	비 고
24,000,000원	30,000,000원	22,000,000원	시장성있음

11. 동부화재보험(주)에 관리부 업무용 승용차에 대한 자동차보험을 가입하고 보험료를 납부하였다. 결산정리분개를 하시오.

- 보험료: 납부일 9월 1일
- 납부보험료: 816,000원(비용으로 회계처리하였다.)
- 보험기간: 20x1. 9. 1. ~ 20x2. 8. 31.

12. 회사는 거래처에 영업자금을 대여하고 이자는 6개월마다 회수하기로 하였다. 결산정리분개를 하시오.

- 대여기간 20x1. 10. 1. ~ 2025. 9. 30.까지   - 대여액 30,000,000원(이자율 연 5%)

13. 자료. 재고조사 실사내역

구 분	장부상내역			실사내역		
	단위당원가	수량	평가액	단위당원가	수량	평가액
원재료	20,000원	500개	10,000,000원	20,000원	450개	9,000,000원
제 품	30,000원	900개	27,000,000원	30,000원	900개	27,000,000원

※ 원재료 감모수량은 모두 원가성이 없다. 감모손실에 대해서만 결산정리분개를 하시오.

14. 기말에 외상매출금과 받을어음 잔액에 대하여 매년 1%의 대손충당금을 보충법으로 설정한다. 합계잔액시산표를 조회하니 다음과 같다.

<h3 style="text-align:center">합계잔액시산표(수정전)</h3>

제×기 : 20×1년 12월 31일 현재

차 변		계정과목	대 변	
잔 액	합 계		합 계	잔 액
349,693,686	449,693,686	외 상 매 출 금	100,000,000	
	170,000	대 손 충 당 금	1,000,000	830,000
55,931,000	55,931,000	받 을 어 음		
	200,000	대 손 충 당 금	820,000	620,000

 주관식

01. 다음 자료로 재무상태표에 표시해야 할 현금및현금성자산을 계산하면 얼마인가?

- 통화   1,000,000원
- 타인발행수표   500,000원
- 6개월 만기 정기예금   20,000원
- 만기도래국채이자표   200,000원
- 타인발행약속어음   300,000원
- 단기매매지분증권   150,000원

02. (주)한공은 20x0년에 장기투자 목적으로 (주)서울의 주식을 1,000,000원에 취득 하고 매도가능증권으로 분류하였다. 다음 자료에 의해 20x2년에 인식할 매도가능증권처분손익을 계산하면 얼마인가? (TAT2급 26회)

- 20x0년말 공정가치: 900,000원
- 20x2년중 처분금액: 1,100,000원
- 20x1년말 공정가치: 1,200,000원

03. 다음은 (주)한공의 20x1년도 매출채권 및 대손충당금 관련 자료이다. 20x1년도 기초 매출채권 금액은 얼마인가?

- 20x1년도 기말 매출채권: 1,500,000원
- 20x1년도 회수불능으로 인한 대손처리액: 20,000원
- 20x1년도 외상매출액: 4,000,000원
- 20x1년도 현금으로 회수한 매출채권: 3,480,000원

04. 다음은 (주)한공의 20x1년 상품거래 내역이다. 매출원가를 계산하면 얼마인가?
(단, 선입선출법을 적용한다)

    1월 1일 기초상품 재고 300개의 금액은 300,000원이다.
    7월 1일 400개를 단위당 1,500원에 외상 매입하였다.
    10월 1일 550개를 1,375,000원에 외상 매출하였다.

05. 다음은 도매업을 영위하고 있는 (주)한공의 20x1년 5월 상품관련 자료이다. 5월 매출원가(ⓐ)와 5월말 상품 재고자산(ⓑ)은 얼마인가?(단, 상품은 단일품목이고 선입 선출법을 적용하고 있으며, 월말결산을 한다)

- 5월초 상품 1,000개(단위당 원가 100원)
- 5월 25일 매출 2,500개
- 수량감모는 정상감모에 해당한다.
- 5월 5일 매입 2,000개(단위당 원가 120원)
- 5월말 실제상품 400개(단위당 시가 110원)

06. 다음은 (주)한공의 1월 상품재고장이다. 총평균법을 사용할 경우 1월말 현재 재고 자산은 얼마로 기록되는가?
(단, 수량감모가 없고, 저가법은 고려하지 않는다)

일자	내역	수량	매입단가
1월 1일	월초재고	100개	100원
1월 7일	매 출	(50개)	
1월 15일	매 입	500개	130원
1월 26일	매 출	(250개)	
1월 28일	매 출	(200개)	

07. 다음은 ㈜한공의 12월 중 상품 매매 자료이다. 재고자산의 평가방법으로 이동평균법(ⓐ)과 총평균법(ⓑ) 을 적용할 때 12월말 상품재고액은 얼마인가?

일자	구분	수량	단가
12월 1일	월초재고	1,000개	100원
12월 8일	외상매입	1,000개	110원
12월 12일	상품매출	1,500개	500원
12월 16일	외상매입	1,000개	120원

08. 다음은 (주)한공의 20x1년 12월 31일 현재 보유중인 상품에 대한 자료이다.
20x1년 손익계산서에 인식할 재고자산평가손실은 얼마인가?

수량	장부상 단가	단위당 예상 판매가격	단위당 예상 판매비용
1,000개	100원	110원	30원

09. 다음은 (주)한공의 상품 관련 내역이다. 20x1년도 매출원가를 계산한 금액은 얼마인가?

[상품 관련 내역]

구분	기초상품재고액	당기매입액	기말상품재고액
20x0년	1,000,000원	6,000,000원	취 득 원 가 : 2,000,000원 순실현가능가치 : 1,500,000원
20x1년	×××	7,000,000원	취 득 원 가 : 2,000,000원 순실현가능가치 : 3,000,000원

10. 다음 자료를 이용하여 회계연도말 재무상태표에 표시될 매출채권을 계산하면 얼마인가?

• 당기현금매출액	50,000원	• 매출총이익	90,000원
• 기초매출채권	80,000원	• 매출채권회수액	200,000원
• 기초상품재고액	120,000원	• 당기상품매입액	200,000원
• 기말상품재고액	110,000원		

🔑 분개연습

1. (차) 외상매입금((주)세원)   5,500,000   (대) 받을어음((주)삼일)   5,500,000

2. (차) 보통예금(신한은행)   11,800,000   (대) 받을어음((주)창우)   12,000,000
    매출채권처분손실   200,000

   ☞ **할인료(매출채권처분손실) = 어음의 만기가액 × 이자율 × 할인월수/12개월**
      = 12,000,000원 × 10% × 2개월(5월~6월)/12개월 = 200,000원

3. (차) 보통예금(국민은행)   13,000,000   (대) 외상매출금((주)일원)   33,000,000
    단기대여금((주)일원)   20,000,000

   ☞ 소비대차: 대여자(채권자)가 금전등의 소유권을 차입자(채무자)에게 이전할 것을 약정하고 차입자는 그것과 동질·동량·동종의 물건의 반환을 약정함으로써 성립하는 계약

4. (차) 부도어음과수표(상자상사(주))   32,000,000   (대) 받을어음(상지상사(주))   32,000,000

5. (차) 대손충당금(단기대여금)   200,000   (대) 단기대여금   5,000,000
    기타의대손상각비(영비)   4,800,000   (힘든상사)

6. (차) 단기매매증권   4,250,000   (대) 보통예금(우리은행)   4,400,000
    수수료비용(영·비)   150,000

7. (차) 보통예금(신한은행)   3,675,000   (대) 단기매매증권   3,500,000
        단기매매증권처분익   175,000

   ☞ 장부가액 = 7,000,000원/1,000주 × 500주 = 3,500,000원
     처분가액 = 500주 × 7,500원 − 75,000원 = 3,675,000원(**처분가액은 수수료를 차감**)

8. (차) 매도가능증권(투자)   500,000   (대) 매도가능증권평가익   500,000

9. (차) 현금   130,000   (대) 매도가능증권(투자)   120,000
    매도가능증권평가이익   20,000   매도가능증권처분이익   30,000

   ☞ 20x0.12.31. 결산시 평가 (차) 매도가능증권 20,000 (대) 매도가능증권평가이익 20,000
     처분손익(매도가능증권) = 처분가액 − 취득가액 = (1,300 − 1,000) × 100주 = 30,000(처분이익)

10. (차) 보통예금(우리은행)   22,000,000   (대) 매도가능증권(투자)   30,000,000

     매도가능증권평가익   6,000,000

     매도가능증권처분손   2,000,000

☞ 전년도 기말 (차) 매도가능증권 6,000,000 (대)매도가능증권평가익 6,000,000

매도가능증권처분손익 = 처분가액 − 취득가액 = 22,000,000 − 24,000,000 = 처분손 2,000,000원

11. (차) 선급비용   544,000   (대) 보험료(판)   544,000

☞ 선급비용 816,000원×8개월/12개월 = 544,000원

12. (차) 미수수익   375,000   (대) 이자수익   375,000

☞ 미수이자 : 30,000,000×5%×3/12 = 375,000원

13. (차) 재고자산감모손실(영·비)   1,000,000   (대) 원재료(타계정대체)   1,000,000

☞ 재고자산감모손실은 원가성이 있는지 없는지에 따라 그 처리가 달라진다. **원가성이 있다면(정상감모) 매출원가에 산입**, **원가성이 없다면(비정상감모) 영업외비용 재고자산감모손실로 처리**된다.

재고자산감모손실 = (500개 − 450개)×20,000원 = 1,000,000원

14. (차) 대손상각비(판)   2,666,936   (대) 대손충당금(외상)   2,666,936

     대손충당금(받을)   60,690   대손충당금환입(판)   60,690

계정과목	기말잔액(A)	대손추산액 (B = A×1%)	설정전 대손충당금(C)	당기대손상각비 (B − C)
외상매출금	349,693,686	3,496,936	830,000	2,666,936
받 을 어 음	55,931,000	559,310	620,000	−60,690

☞ **대손충당금 환입은 (−)금액으로 표시**되어야 하므로 대변에 **대손충당금환입(판)계정을 사용**해야 한다.

🔑 주관식

01	1,700,000원	**02**	처분이익 100,000원	**03**	1,000,000원
04	675,000원	**05**	ⓐ 296,000원, ⓑ 44,000원	**06**	12,500원
07	ⓐ 172,500원 ⓑ 165,000원	**08**	20,000원	**09**	6,500,000원
10	130,000원				

[풀이-주관식]

01. • 현금및현금성자산 = **통화 + 만기도래국채이자표 + 타인발행수표**

= 1,000,000원 + 200,000원 + 500,000원 = 1,700,000원

• 타인발행약속어음: 매출채권

• 6개월 만기 정기예금, 단기매매지분증권: 단기투자자산

02. 매도가능증권처분손익 = 처분가액(1,100,000) - 취득가액(1,000,000) = *100,000원(처분이익)*

03.

매출채권			
기초잔액	*1,000,000*	대손액	20,000
		회수액	3,480,000
매출	4,000,000	기말잔액	1,500,000
계	5,000,000	계	5,000,000

04.

상 품(선입선출법)						
기초	300개	@1,000	300,000	매출원가	300개 @1,000	*300,000*
					250개 @1,500	*375,000*
순매입액	400개	@1,500	600,000	기말		225,000
계(판매가능재고)			900,000	계		900,000

05.

상 품(선입선출법)						
기초	1,000개	@100	100,000	*매출원가*	*1,000개 @100*	*280,000*
					1,500개 @120	
				감모손실	*100개 @120*	*12,000*
순매입액	2,000개	@120	240,000	*평가손실*	*(400개) @10*	*4,000*
				기말	*400개*	*ⓑ44,000*
계(판매가능재고)			340,000	계		340,000

매출원가 = 매출원가 + 정상감모손실 + 평가손실 = 280,000 + 12,000 + 4,000 = 296,000ⓐ

06. 총평균법은 단가를 한번만 산정한다.

상 품(총평균법)						
기초	100개	@100	10,000	매출원가	500개 @125	62,500
순매입액	500개	@130	65,000	*기말*	*100개 @125*	*12,500*
계(판매가능재고)	@125		75,000	계		75,000

07. 총평균법은 기말에 단가를 1번 산정, 이동평균법은 구입시마다 단가 산정

상 품(총평균법)

12/01	1000개	@100	100,000	매출원가	1500개	@110	165,000
12/08	1000개	@110	110,000	*거말*	*1500개*	*@110*	*ⓑ165,000*
12/16	1000개	@120	120,000				
계	3000개	@110	330,000	계			330,000

상 품(이동평균법)

12/01	1000개	@100	100,000	매출원가	1500개	@105	157,500
12/08	1000개	@110	110,000	*기말*	*1500개*	*@115*	*@172,500*
12/16	1000개	@120	120,000				
계	3000개	@110	330,000	계			330,000

08.

수량	장부상 단가 (가)	단위당 예상 판매가격 ①	단위당 예상 판매비용 ②	단위당 예상 순실현가능가치 (나)=①-①	단위당 평가손실 (가)-(나)
1,000개	100원	110원	30원	80원	20원

재고자산평가손실 = 1,000개 × 20원 = 20,000원

09. 20x1년도 기초상품재고액은 20x0년도 기말상품재고액(순실현가능가치)이다.

그리고 저가법에 따른 20x0년도 평가금액은 1,500,000원이다.

또한 20x1년말 재고금액은 저가법에 따라 2,000,000원이다.

재고자산(20x1)

기초	1,500,000	*매출원가*	*6,500,000*
순매입액	7,000,000	**기말**	**2,000,000**
계	8,500,000	계	8,500,000

10. 총매출액 = 매출원가 + 매출이익 = 210,000원 + 90,000원 = 300,000원

상 품

기초상품	120,000	**매출원가**	**210,000**
순매입액	200,000	기말상품	110,000
계	320,000	계	320,000

외상매출액 = 총매출액 - 현금매출액 = 300,000원 - 50,000원 = 250,000원

매출채권

기초잔액	80,000	회수액	200,000
매출(발생액)	**250,000**	**기말잔액(?)**	**130,000**
계	330,000	계	330,000

22. 비유동자산

1. 투자자산	장기금융상품, 투자부동산, 유가증권(**매도가능증권, 만기보유증권**), 장기대여금 등
2. 유형자산	토지, 건물, 구축물, 비품, **건설중인 자산등(미완성된 유형자산)**
3. 무형자산	영업권, 산업재산권, 광업권, 어업권, **개발비, 소프트웨어**
4. 기타비유동자산	전세권, **임차보증금(cf 임대보증금 : 부채)** 등

23. 유형자산의 회계처리

	취득가액 = 매입가액 + 부대비용	
	☞ 부대비용 : 설치비, 차입원가(건설자금이자), 전문가에게 지급하는 수수료 등	
	☞ 국공채 등을 불가피하게 매입하는 경우 채권의 매입가액과 현재가치와의 차액은 부대비용에 해당	
1. 취득시	1. 일괄구입	각 유형자산의 상대적 공정가치비율에 따라 안분
	2. 현물출자	취득한 자산의 공정가치로 한다. 다만 유형자산의 공정가치를 신뢰성있게 측정할 수 없다면 발행하는 주식의 공정가치를 취득원가로 한다.
	3. 자가건설 (건설중인자산)	원가계산방법에 따라 산정한 제조원가(재료비, 노무비 등)
	4. 증여 또는 무상취득	취득한 자산의 공정가치
	5. 정부보조금	상환의무가 없을 경우 해당 자산의 취득가액에서 차감표시
	6. 장기연불구입	미래현금유출액의 현재가치
2. 보유시	**수익·비용 대응의 원칙**에 따라 유형자산의 효익을 제공하는 기간에 걸쳐 감가상각비로 비용화 **감가상각비 계산의 3요소 : 취득가액, 잔존가치, 내용년수**	
3. 처분시	**1. 처분가액 〉 장부가액 → 유형자산처분익(영업외수익)** **2. 처분가액 〈 장부가액 → 유형자산처분손(영업외비용)**	
4. 손상차손	• 유형자산의 손상차손 = 회수가능가액 – 손상전 장부금액 • **회수가능가액 = MAX[ⓐ순매각가치, ⓑ사용가치]** 　ⓐ 순매각가치 = 예상처분가액 – 예상처분비용 　ⓑ 사용가치 = 해당 자산의 사용으로부터 예상되는 미래 현금흐름의 현재가치	
5. 손상차손 환입	**손상차손 환입으로 증가된 장부금액은 과거에 손상차손을 인식하기전 장부금액의 감가상각 또는 상각 후 잔액을 초과할 수 없다.** MIN[① 손상되지 않았을 경우 감가상각 후 장부가액, ② 회수가능액]–장부금액	

24. 철거비용

	타인건물구입후 즉시 철거	사용중인 건물철거
목 적	**토지 사용목적으로 취득**	**타용도 사용**
회계처리	**토지의 취득원가**	**당기비용(유형자산처분손실)**
폐자재매각수입	토지 또는 유형자산처분손실에서 차감한다.	
분개	(차) **토 지** ×× (대) 현 금(건물구입비용) ×× **현 금(철거비용)** ××	(차) 감가상각누계액 ×× **유형자산처분손실** ×× (대) 건 물 ×× **현금(철거비용)** ××

25. 교환취득

	동종자산	이종자산
회계처리	장부가액법	공정가액법
교환손익	인식하지 않음	인식(유형자산처분손익 발생)
취득가액	**제공한 자산의 장부가액**	**제공한 자산의 공정가액**[1]

*1. 불확실시 교환으로 취득한 자산의 공정가치로 할 수 있다. 또한 자산의 교환에 현금수수시 현금수수액을 반영하여 취득원가를 결정한다.

　　이종자산 간의 교환시 신자산의 가액 = 제공한 자산의 공정가액 + 현금지급액 − 현금수취액

〈교환거래〉

	유형자산 취득원가	수익인식
원칙	**제공한 자산의 공정가치**	**제공받은 재화의 공정가치**
예외(원칙이 불확실시)	**취득한 자산의 공정가치**	**제공한 재화의 공정가치**

26. 차입원가 : 금융비용의 자본화

1. 원칙	기간비용(이자비용) ☞ **선택적으로 자본화를 허용**
2. 자본화대상자산	1. 재고자산 : 제조(구입)등이 개시된 날로부터 의도된 용도로 사용(판매)할 수 있는 상태가 될 때까지 1년 이상의 기간이 소요 2. 유무형자산, 투자자산, 비유동자산
3. 대상금융비용	1. 차입금과 사채에 대한 이자비용 2. 사채발행차금상각(환입)액 3. 현재가치할인차금상각액 4. 외화차입금에 대한 환율변동손익 5. 차입과 직접 관련하여 발생한 수수료 ☞ 제외 : 받을어음 매각시 매출채권처분손실, 연체이자, 운용리스료

27. 수익적지출과 자본적지출

수익적지출(비용)	자본적 지출(자산)
자본적지출 이외	**1. 자산가액 ↑ 또는 2. 내용연수 ↑**
부속품의 교체, 건물의 도색등	냉난방장치(중앙) 설치, 건축물의 증축, 엘리베이터의 설치
비용(수선비등)처리	해당 자산가액 처리

28. 감가상각비 : 수익비용대응 → 취득원가의 합리적·체계적 배분

1. 감가상각대상금액(A) (취득가액 – 잔존가치)	정액법	A/내용연수
	연수합계법	A × 잔여내용연수/내용연수의 합계
	생산량비례법	A × 당기실제생산량/예상총생산량
2. 장부가액(B) (취득가액 – 기초감가상각누계액)	정률법	B × 상각율
	이중체감법	B × (2/내용연수)
초기 감가상각비	**정률법(이중체감법)[1] 〉 내용연수합계법 〉 정액법** *1. 정률법의 상각율과 이중체감법의 2/내용연수에 따라 달라질 수 있다.	
초기 장부가액	정액법 〉 내용연수합계법 〉 정률법(이중체감법)	
3. 감가상각제외자산	1. 토지 2. 건설중인자산 **3. 폐기예정인 유형자산** ☞ 일시적으로 운휴 중에 있는 자산은 감가상각대상자산임 (영업외비용)	

29. 정부보조금

1. 상환의무가 없는		부채
2. 상환 의무가 있는	자산취득	자산의 취득원가에서 차감하여 표시한다. 그리고 그 자산의 내용년수에 걸쳐 감가상각액과 상계하며, 해당 유형자산을 처분시에는 정부보조금잔액을 처분손익에 반영한다. **감가상각비(정액법)=(취득가액 – 잔존가치 – 정부보조금)/내용연수**
	기타	특정조건을 충족할 필요가 없는 경우 수익으로 처리한다. 정부보조금이 특정비용 보전 목적일 경우 그 비용과 상계처리한다.

30. 유형자산의 손상차손

1. 손상가능성의 판단기준	1. 유형자산의 시장가치가 현저하게 하락한 경우 2. 유형자산의 사용강도나 사용방법에 현저한 변화가 있거나, 심각한 물리적 변형이 초래된 경우 3. 해당 유형자산으로부터 영업손실이나 순현금유출이 발생하고, 이 상태가 미래에도 지속될 것이라고 판단되는 경우 등
2. 인식기준	1. **유형자산의 손상차손=회수가능가액 – 손상전 장부금액** 2. **회수가능가액=MAX[ⓐ순공정가치, ⓑ사용가치]** ⓐ 순공정가치=예상처분가액 – 예상처분비용 ⓑ 사용가치=해당 자산의 사용으로부터 예상되는 미래 현금흐름의 현재가치
3. 손상차손 환입	**손상차손 환입으로 증가된 장부금액은 과거에 손상차손을 인식하기전 장부금액의 감가상각 또는 상각 후 잔액을 초과할 수 없다.** MIN[① 손상되지 않았을 경우 감가상각 후 장부가액, ② 회수가능액 – 장부금액

31. 유형자산의 재평가모형

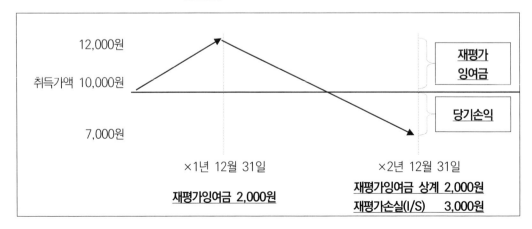

구 분	회 계 처 리

전액제거법이란 **총장부금액에서 기존의 감가상각누계액 전부를 제거하여 자산의 순장부금액이 재평가 금액이 되도록 수정하는 방법**이다.

즉 재평가일에 **공정가치에서 감가상각누계액을 차감한 재평가금액을 장부금액**으로 한다.

재평가증	(차) 감가상각누계액 ××× 유 형 자 산 ×××	(대) 재평가손실(I/S)[*1] ××× **재평가잉여금** ××× **(자본-기타포괄손익누계액)**
	*1. 당기이전에 재평가손실액이 있는 경우 우선 상계한다.	
재평가감	(차) 감가상각누계액 ××× **재평가잉여금**[*2] ××× **재평가손실(I/S)** ×××	(대) 유 형 자 산 ×××
	*2. 재평가잉여금 잔액이 있는 경우 우선 상계한다.	

32. 무형자산의 회계처리

종 류	영업권, 산업재산권, 광업권, 어업권, **개발비, 소프트웨어** ☞ **외부구입영업권만 인정함. 자가창설영업권 불인정**

취득가액	매입가액 + 부대비용
	   ☞ 내부창출무형자산의 취득가액 : 그 자산의 창출, 제조, 사용준비에 직접 관련된 지출과 합리적이고 일관성있게 배분된 간접지출을 포함
	   1. 인건비
	   2. 재료비, 용역비
	   3. 유형자산의 감가상각비, 무형자산의 상각비
	   4. 무형자산의 창출에 필요하며 합리적이고 일관된 방법으로 배분할 수 간접비용
	   5. 차입원가중 자본화를 선택한 비용

보 유 시 (상각)	**무형자산은 사용가능시점부터 상각하고, 비한정무형자산은 상각하지 아니한다.** ☞ 비한정인 무형자산 : 내용연수를 추정하는 시점에서 내용연수를 결정하지 못하는 무형자산
	무형자산상각비 = [취득가액 - 0(잔존가치는 원칙적으로 "0")]/내용연수 **= 미상각잔액(장부가액)/잔여내용연수**
	무형자산의 상각기간은 독점적 · 배타적인 권리를 부여하고 있는 관계 법령이나 계약에 의해 정해진 경우를 제외하고는 **20년을 초과할 수 없다.**
	상각방법 : 정액법, 정률법, 연수합계법, 생산량비례법 등 단, **합리적인 상각방법을 정할 수 없는 경우에는 정액법 사용(영업권은 정액법만 인정)**

33. 개발비

정 의	신제품 또는 신기술의 개발과 관련하여 발생한 비용(내부에서 개발한 소프트웨어 관련 비용으로 자산인식기준을 충족시키는 것 포함)으로서 **개별적으로 식별가능하고 미래의 경제적 효익을 기대**할 수 있는 것으로 본다.			
회계처리	연구단계	개발단계	생산단계	
	연구비(판관비)	경상개발비(일상)	무형자산상각	
		개발비(자산충족시)	제조관련 ○	제조관련 ×
			제조경비	**판관비**

34. 유형자산 VS 무형자산

	유형자산	무형자산
취득가액	매입가액 + 부대비용	**좌동(간접지출도 대상)**
잔존가액	처분시 예상되는 순현금유입액	**원칙적으로 "0"**
내용년수	경제적 내용연수	좌동 **원칙 : 20년 초과 불가**
상각방법	정액법, 정률법, 내용연수합계법, 생산량비례법 등	좌동 **다만 합리적인 상각방법이 없는 경우 "정액법"**
재무제표 표시	간접상각법	**직접상각법, 간접상각법 가능**
재평가모형	인정	불인정

 분개연습

1. (주)대륙건설과 20x2년 6월 30일 완공예정인 공장건설 공사계약을 체결하고, 계약금 30,000,000원을 신한은행 보통예금계좌에서 이체하였다.

2. ㈜한공은 유형자산으로 분류된 토지에 대하여 재평가모형을 적용하고 있다. 재평가시점의 토지의 장부금액은 1,000,000원이고 공정가치는 1,300,000원이다.

3. (주)한공은 다음과 같은 건물에 대해서 20x1년 12월 31일에 재평가하였다.

   - 취득원가 : 500,000원
     (취득일 20x1년 1월 1일, 내용연수 5년, 잔존가치 0원, 정액법 감가상각)
   - 20x1년 12월 31일 건물의 공정가치 : 750,000원

   ㈜한공은 전액제거법으로 회계처리하였다. 전액제거법이란 총장부금액에서 기존의 감가상각누계액 전부를 제거하여 자산의 순장부금액이 재평가 금액이 되도록 수정하는 방법이다.

4. 공장용 기계설비 도입을 위하여 중소기업청에 지원금을 신청하였으며, 금일 신청금 30,000,000원이 당사 신한은행 보통예금계좌로 입금되었다.

5. (주)한공은 20x1년 1월 1일 기계장치를 취득하는 조건으로 상환의무 없는 정부보조금 500,000원을 수령하고 기계장치를 1,000,000원에 취득하였다. 20x1년 결산시 감가상각과 관련된 회계처리를 하시오.(단, 기계장치의 내용연수는 10년, 감가상각방법은 정액법이며, 잔존가치는 없다)

6. 다음은 (주)한공의 본사 건물에 대한 자료이다.

> • 구입시점: 20x0년 1월 1일 • 구입가격: 1,000,000원
> • 감가상각방법: 정액법(잔존가치는 없으며, 월할상각한다) • 내용연수: 10년

(주)한공은 20x1년 1월 1일 600,000원이 지출된 본사건물 보강공사를 완료하였으며, 이로 인하여 내용연수가 3년 연장되었다. 결산시 감가상각비에 대한 분개를 하시오.

7. 다음 무형자산에 대하여 결산정리분개를 하시오.
   ① 본사 사용 소프트웨어 상각 자료

> • 코 드 명 : 1000 • 상각방법 : 정액법
> • 자 산 명 : 더존회계프로그램 • 내용연수 : 5년
> • 취 득 일 : 전기 1월 1일. • 회계처리 : 직접법
> • 취득가액 : 20,000,000원

   ② 계정별원장의 소프트웨어(무형자산)의 기초잔액은 16,000,000원이다.

8. ㈜로그인은 20x0년 토지의 손상징후가 있다고 판단하여 손상차손을 계상하였다.

취득원가 (2012년 취득)	20x0년말		20x1년말	
	순공정가치	사용가치	순공정가치	사용가치
1,000,000원	400,000원	500,000원	1,200,000원	500,000원

[20x0년말 손상차손인식]

[20x1년말 손상차손환입]

주관식

01. (주)한공이 보유하고 있는 본사건물의 20x0년말 장부가액은 1,000,000원이었다. 이 건물을 20x1년 7월 1일 1,000,000원에 처분하면서 100,000원의 처분이익이 발생 하였다면 20x1년 감가상각비는 얼마인가?

02. (주)한공은 정부보조금을 수령하여 다음의 기계장치를 취득하였다. 20x1년 손익계산서에 계상될 감가상각비는 얼마인가?

- 취득원가 100,000원
- 취득일자 20x1년 7월 1일
- 정부보조금 40,000원
- 정액법 상각, 내용연수 5년, 잔존가치는 없다.

03. (주)한공은 20x1년 1월 1일 연구장비를 취득하는 조건으로 상환의무 없는 정부 보조금 500,000원을 수령하고 연구장비를 1,000,000원에 취득하였다. 20x1년 결산 후 재무상태표와 손익계산서에 계상될 감가상각누계액(ⓐ)과 감가상각비(ⓑ)는 얼마인가? (내용연수는 10년, 정액법, 월할상각, 잔존가치는 없다)

04. (주)한공은 사용하던 기계장치를 다음과 같이 거래처의 동종자산으로 교환하여 취득하였다. 새로운 기계장치의 취득원가는 얼마인가?

- (주)한공이 제공한 기계장치 관련 금액
  취득원가 3,000,000원   감가상각누계액 2,400,000원   공정가치 500,000원
- 거래처로부터 제공받은 기계장치 관련 금액
  취득원가 2,000,000원   감가상각누계액 1,500,000원   공정가치 300,000원

05. (주)한공은 사용 중인 기계장치 A를 (주)서울의 기계장치 B와 교환하기로 하였다.
교환한 기계장치가 동종자산이 아닌 경우 (주)한공이 인식해야 하는 손익은 얼마인가?

> • 기계장치 A의 취득원가: 13,500,000원　　• 기계장치 A의 감가상각누계액: 11,500,000원
> • 기계장치 A의 공정가치: 불분명함　　　　• 기계장치 B의 공정가치: 10,000,000원
> • (주)한공의 현금지급액: 7,500,000원

06. 토지를 전기 초 80,000,000원에 취득하였으며, 전기에 손상징후가 있고 전기말순공정가치와 사용가치는 각각 55,000,000원과 60,000,000원이었다. 당기말 현재 토지의 회수가능액이 85,000,000원인 경우 손상차손환입액으로 인식할 금액은 얼마인가?

07. (주)한공은 20x0년에 본사건물을 건설할 목적으로 토지를 1,000,000원에 취득 하였으며, 매 보고기간 마다 재평가모형을 적용하기로 하였다. 20x0년 말과 20x1년말 토지의 공정가치는 각각 1,200,000원과 900,000원이다. 20x1년 손익계산서에 계상될 토지 재평가손실은 얼마인가?

08. (주)한공은 전전기 1월 1일에 100,000원의 저작권을 구입하였으며 해당 자산의 내용연수는 10년, 잔존 가치는 없는 것으로 추정하였다. 당기 1월 1일 저작권의 미래의 경제적효익을 증가시키는 자본적 지출 8,000 원이 발생하였다. 당기 저작권상각액은 얼마인가?(단, 자본적 지출로 인하여 내용연수는 연장되지 않는다.)

🗝 분개연습

1.	(차) 건설중인자산	30,000,000	(대) 보통예금(신한은행)	30,000,000

2.	(차) 토지	300,000	(대) 재평가잉여금	300,000
			(기타포괄손익누계액)	

3.	(차) 감가상각비	100,000	(대) 감가상각누계액(건물)	100,000
	(차) 감가상각누계액(건물)	100,000	(대) 재평가잉여금	350,000
	건물	250,000		

☞ 12/31 감가상각비 = 500,000/5년 = 100,000원/년
건물 증가금액 = 750,000 − 500,000 = 250,000원
재평가잉여금 = 공정가치 − 건물장부금액 = 750,000 − (500,000 − 100,000) = 350,000

4.	(차) 보통예금(신한은행)	30,000,000	(대) 정부보조금(보통예금차감)	30,000,000

☞ 정부보조금은 향후 기계장치 구입시 **기계장치 차감계정과목인 정부보조금으로 대체**된다.

5.	(차) 감가상각비(제)	100,000	(대) 감가상각누계액(기계)	100,000
	정부보조금	50,000	감가상각비(제)	50,000

☞ 감가상각비 = (1,000,000−0)/10년 = 100,000원
상계하여야 하는 정부보조금 = 500,000/10년 = 50,000원

6.	(차) 감가상각비	125,000	(대) 감가상각누계액(건물)	125,000

☞ 자본적 지출로 인한 잔여내용연수 = (10 − 1) + 3 = 12년(**내용연수변경은 추정의 변경으로 전진법으로 회계처리**)
20x1년 감가상각비 = (1,000,000원 + 600,000원 − 100,000원)/12년 = 125,000원
20x1년 감가상각누계액 = 100,000원 + 125,000원 = 225,000원

7.	(차) 무형자산상각비(판)	4,000,000	(대) 소프트웨어	4,000,000

☞ **상각비 = 미상각잔액/잔여내용연수** = 16,000,000/4년 = 4,000,000원

8. [손상차손인식]

	(차) 유형자산손상차손	500,000	(대) 손상차손누계액	500,000

[손상차손 환입]

	(차) 손상차손누계액	500,000	(대) 손상차손환입액	500,000

연도	회수가능가액 =Max(순공정가치, 사용가치)	손상차손(환입액)
20x0년말	Max(400,000원, 500,000원)=500,000원	손상차손=1,000,000원－500,000원 =500,000원
20x1년말	Max(1,200,000원, 500,000원)=1,200,000원	손상차손환입액=1,000,000원*－500,000원 =500,000원

* 손상차손환입으로 증가된 장부금액은 **과거에 손상차손을 인식하기 전 장부금액을 초과할 수 없다.**
  Min(1,200,000원, 1,000,000원)=1,000,000원

◉━ 주관식

01	100,000원	**02**	6,000원	**03**	ⓐ 100,000원 ⓑ 50,000원
04	600,000원	**05**	처분이익 500,000원	**06**	20,000,000원
07	100,000원	**08**	11,000원		

[풀이-주관식]

01. 20x1년 7월 1일 장부가액=1,000,000원(처분가액)－100,000원(처분이익)=900,000원
    20x1년 감가상각비=1,000,000원(20x0년말 장부가액)－900,000원(20x1년 7월1일 장부가액)
               =100,000원

02. 감가상각비$=(100,000원-40,000원)\times\dfrac{1년}{5년}\times\dfrac{6개월}{12개월}=6,000원$

03. 감가상각비(감가상각누계액ⓐ)=1,000,000원/10년=100,000원
    정부보조금과 감가상각비 상계ⓑ=500,000원/10년=50,000원

04. 동종자산의 교환으로 취득한 **유형자산의 취득원가는 교환을 위하여 제공한 자산의 장부금액**으로 한다. (주)한공이 제공한 자산의 장부금액은 600,000원이므로 취득한 기계장치의 취득원가는 600,000원이 된다. 따라서 (주)한공의 회계처리는 다음과 같다.
    (차) 감가상각누계액   2,400,000원   (대) 기계장치(구)   3,000,000원
         기계장치(신)   600,000원

05. **이종자산교환시 취득가액 = 제공한 자산의 공정가액**, 다만 제공한 자산의 공정가치가 불확실한 경우에는 취득한 자산의 공정가치를 취득원가로 할 수 있다.

기계장치(A)+현금지급액(7,500,000원) = 기계장치(B, 공정가치 10,000,000원)이므로 기계장치(A)의 공정가치(처분가액)는 2,500,000원으로 추정할 수 있다. 따라서

유형자산처분이익 = 처분가액 – 장부가액 = 2,500,000 – [13,500,000 – 11,500,000] = 500,000원(처분이익)

(차) 기계장치(B)	10,000,000원	(대) 기계장치(A)	13,500,000원
감가상각누계액	11,500,000원	현 금	7,500,000원
		유형자산처분이익	500,000원

06. 전기말 회수가능액 = Max(55,000,000원, 60,000,000원) = 60,000,000원

전기말 손상차손 = 80,000,000원 – 60,000,000원 = 20,000,000원

당기말 손상차손환입 = Min(85,000,000원, 80,000,000원) – 60,000,000원 = 20,000,000원

손상차손환입은 과거에 손상차손을 인식하기전 장부금액을 초과하지 않는 범위 내에서만 인식

07. 20x0년 말:(차) 토지   200,000   (대) 재평가이익(기타포괄손익)   200,000

20x1년 말:(차) 재평가이익(기타포괄손익)   200,000   (대) 토 지   300,000

재평가손실(당기손익)   100,000

08. 상각연수: 2년(전전기, 전기)

전기말 미상각액(장부가액): 100,000원×(10년-2년)/10년 = 80,000원

당기 1. 1. 자본적 지출   **8,000원**

당기 12.31. 상각액: 88,000원×1/8년(잔여내용연수) =   11,000원

35. 충당부채와 우발부채

확정부채		지출시기와 지출금액이 확정된 부채	
추정부채	충당부채	지출시기 또는 지출금액이 불확실한 부채	재무상태표의 부채로 기재
	우발부채		**"주석"기재 사항**

[충당부채와 우발부채의 구분]

	신뢰성있게 추정가능	신뢰성 있게 추정불가능
가능성이 매우 높음	**충당부채로 인식**	**우발부채 – 주석공시**
가능성이 어느 정도 있음	**우발부채 – 주석공시**	
가능성이 거의 없음	공시하지 않음	

[충당부채]

1. 측정	① 보고기간말 현재 **최선의 추정치**이어야 한다. ② 명목가액과 현재가치의 차이가 중요한 경우 **현재가치로 평가**한다.
2. 변동	보고기간마다 잔액을 검토하고, 보고기간말 현재 **최선의 추정치**를 반영하여 증감조정한다.
3. 사용	최초의 인식시점에서 **의도한 목적과 용도에만 사용**하여야 한다.

36. 퇴직연금

	확정기여형	확정급여형
운용책임	종업원 등	회사
설정	–	(차) 퇴직급여 ××× 　(대) 퇴직급여충당부채 ×××
납부	(차) 퇴직급여 ××× 　(대) 현　금 ×××	(차) **퇴직연금운용자산** ××× 　**(퇴직급여충당부채 차감)** 　(대) 현　금 ×××
운용수익	회계처리 없음	(차) 퇴직연금운용자산 ××× 　(대) 이자수익(운용수익) ×××
퇴직시	회계처리 없음	(차) 퇴직급여충당부채 ××× 　　퇴 직 급 여 ××× 　(대) 퇴직연금운용자산 ××× 　　현　금 ×××

37. 사채

- **사채의 구성요소 : 액면가액, 액면(표시)이자율, 만기**
- 액면이자율 : 사채를 발행한 회사에서 지급하기로 약정한 증서에 표시된 이자율
- 시장이자율(유효이자율) : 사채가 시장에서 거래될 때 사용되는 이자율

> **시장이자율＝무위험이자율＋신용가산이자율(risk premium)**

발행	액면발행	액면가액 = 발행가액	액면이자율 = 시장이자율
	할인발행	**액면가액 〉발행가액**	**액면이자율 〈 시장이자율**
	할증발행	액면가액 〈 발행가액	액면이자율 〉시장이자율
회계처리	할인발행	(차) 예금등　　　　　　xxx 　　　사채할인발행차금　xxx 　　　**(선급이자성격)**	(대) 사　　채　　　　　xxx
	할증발행	(차) 예금등　　　　　　xxx	(대) 사　　채　　　　　xxx 　　　사채할증발행차금　xxx 　　　**(선수이자성격)**

[사채장부가액과 사채발행차금상각(환입)액]

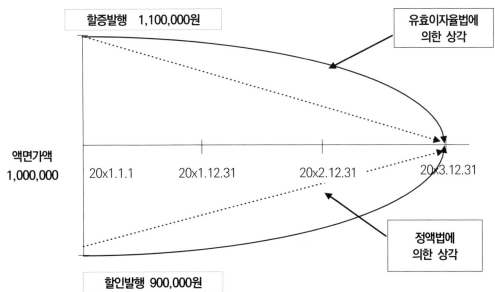

[사채의상각–유효이자율법]

발행유형	사채발행차금상각	총사채이자(I/S이자비용)	사채장부가액
액면발행	0	액면이자	동일
할인발행	**매년증가**	매년증가(액면이자 + 할인차금)	매년증가
할증발행		매년감소(액면이자 – 할증차금)	매년감소

사채할인(할증)발행차금은 **유효이자율법으로 상각(환입)**하고 그 금액을 사채이자에 가감한다. 이 경우 **사채할인(할증)발행차금 상각액은 할인발행이건 할증발행이건 매년 증가한다.**

38. 자산·부채의 차감/가산 항목

	자산	부채
차감항목	대손충당금(채권) 재고자산평가충당금(재고자산) 감가상각누계액(유형자산) 현재가치할인차금[*1](자산) 정부보조금(유무형자산)	사채할인발행차금(사채) 퇴직연금운용자산(퇴직급여충당부채) – 현재가치할인차금[*1](부채) –
가산항목	–	사채할증발행차금(사채)

☞ 퇴직연금운용자산이 퇴직급여충당부채와 퇴직연금미지급금의 합계액을 초과하는 경우에는 <u>초과액을 투자자산의 과목으로 표시한다.</u>

*1. 장기성 채권(채무)의 미래에 수취(지급)할 명목가액을 유효이자율로 할인한 현재가치와의 차액을 말한다.
　 현재가치할인차금 = 채권(채무)의 명목가액 – 채권(채무)의 현재가치

39. 자본의 종류

1. 자본금	총발행주식수 × 1주당 액면가액 **보통주자본금과 우선주자본금은 구분표시한다.**
2. 자본잉여금	**주식발행초과금과 기타자본잉여금으로 구분표시한다.** **주식발행초과금** / **감자차익** / **자기주식처분익** / –
3. 자본조정	**자기주식은 별도항목으로 구분하여 표시한다.** **주식할인발행차금** / **감자차손** / **자기주식처분손** / **자기주식**
4. 기타포괄 손익누계액	손익거래 중 손익계산서에 포함되지 않는 손익으로 **미실현손익** (예) 매도가능증권평가손익, 재평가잉여금, 해외사업환산차손익 등
5. 이익잉여금	**(1) 기처분이익 잉여금** ㉠ **법정적립금(이익준비금) : 회사는 자본금의 1/2에 달할 때 까지 매기 결산시 금전에 의한 이익배당액의 1/10 이상의 금액을 이익준비금으로 적립** ㉡ **임의적립금** **(2) 미처분이익잉여금**

40. 신주발행

액면발행	액면가액 = 발행가액	
할인발행	액면가액 〉 발행가액	주식할인발행차금(자본조정)
할증발행	액면가액 〈 발행가액	주식발행초과금(자본잉여금)

- **자본금 = 발행주식총수 × 주당액면금액**
- **발행가액 = 주식대금납입액에서 신주발행비 등을 차감한 후의 금액**

41. 자본금의 감소(감자)

		주식수	자본금	순자산(자본)
실질적감자 (유상)	(차) 자본금 XX 　　(대) 현금 등　XX	감소	감소	감소
형식적감자 (무상)	(차) 자본금 XX 　　(대) 결손금　　XX	감소	감소	변동없음

42. 자본잉여금 VS 자본조정

	자본잉여금	자본조정
신주발행	주식발행초과금	주식할인발행차금
자본감소	감자차익	감자차손
자기주식	자기주식처분익 –	자기주식처분손 자기주식

자본잉여금은 발생시점에 이미 계상되어 있는 자본조정을 우선 상계하고, 남은 잔액은 자본잉여금으로 계상한다. 또한 반대의 경우도 마찬가지로 회계처리한다.

43. 배당

		현금배당	주식배당
배당선언일		(차) 이월이익잉여금 ××× 　　(미처분이익잉여금) (대) 미지급배당금 ××× 　　(유동부채)	**(차)** 이월이익잉여금 ××× 　　(미처분이익잉여금) **(대)** 미교부주식배당금 ××× 　　**(자본조정)**
		(투자자) (차) 미 수 금 ××× (대) 배당금수익 ×××	(투자자) – 회계처리 없음 –
배당지급일		(차) 미지급배당금 ××× (대) 현　　금 ×××	(차) 미교부주식배당금 ××× (대) 자 본 금 ×××
재 무 상 태		– 주식발행회사의 최종분개	
		(차) 이월이익잉여금(자본) ××× **(대)** 현　　금(자산) ×××	**(차)** 이월이익잉여금(자본) ××× **(대)** 자 본 금(자본) ×××
		순자산의 유출	재무상태에 아무런 변화가 없다.

44. 주식배당, 무상증자, 주식분할, 주식병합

	주식배당	무상증자	주식분할	주식병합
주식수	증가	증가	증가	감소
액면금액	불변	불변	감소	증가
자본금	증가	증가	불변	불변
자 본	불변	불변	불변	불변

45. 수익인식 요약

위탁판매	수탁자가 고객에게 판매한 시점
시용판매	고객이 구매의사를 표시한 시점
상품권	재화(용역)을 인도하고 **상품권을 회수한 시점**
정기간행물	구독기간에 걸쳐 정액법으로 인식
할부판매(장, 단기)	재화의 인도시점
반품조건부판매	**반품가능성을 신뢰성있게 추정시 수익인식가능**
설치용역수수료	진행기준
공연수익(입장료)	행사가 개최되는 시점
광고관련수익	방송사 : 광고를 대중에게 전달하는 시점 광고제작사 : 진행기준
수강료	강의기간동안 발생기준
재화나 용역의 교환	동종	수익으로 인식하지 않는다.
	이종	**판매기준**(수익은 교환으로 취득한 재화나 용역의 공정가치로 측정하되, 불확실시 제공한 재화나 용역의 공정가치로 측정한다.)

46. 회계변경

1. 의의		**인정된 회계기준 → 다른 인정된 회계기준 적용**
2. 이론적근거와 문제점		표현의 충실성 확보 → 회계정보의 유용성의 증가 ☞ 기업간 비교가능성 및 특정기업의 기간별 비교가능성이라는 회계정보의 질적특성을 저해
3. 정당한 사유	비자발적 회계변경	기업회계기준의 변경 **(세법의 변경은 정당한 사유가 아니다)**
	자 발 적 회계변경	1. 기업환경의 중대한 변화 2. 업계의 합리적인 관행 수요
4. 회계변경의 유형	1. 정책의 변경	**1. 재고자산의 평가방법의 변경(선입선출법 → 평균법)** **2. 유가증권의 취득단가 산정방법(총평균법 → 이동평균법)** **3. 표시통화의 변경** **4. 유형자산의 평가모형(원가법에서 재평가법으로 변경)**
	2. 추정의 변경	발생주의 회계(추정)에 필연적으로 수반되는 과제 **1. 유형자산의 내용연수/잔존가치 변경 또는 감가상각방법 변경** 2. 채권의 대손설정률 변경 3. 제품보증충당부채의 추정치 변경 4. 재고자산의 순실현가능가액

47. 회계변경의 이론적 처리방법

처리방법	소급법	당기일괄처리법	전진법
시제	과거	현재	미래
누적효과	계산		계산안함
	이월이익잉여금	당기손익	
전기재무제표	재작성	작성안함(주석공시)	해당없음
강조	비교가능성	–	신뢰성

☞ 누적효과 : 관련 자산·부채에 대하여 새로운 방법을 처음부터 적용했다고 가정할 경우 변경연도의 기초시점까지 계상될 장부금액과 실제장부금액과의 차액

48. 회계변경의 기업회계기준

1. 정책의 변경	원칙	소급법
	예외	전진법(누적효과를 계산할 수 없는 경우)
2. 추정의 변경	전진법	
3. 동시발생	1. 누적효과를 구분할 수 있는 경우	정책의 변경에 대하여 소급법 적용 후 추정의 변경에 대해서 전진법 적용
	2. 구분할 수 없는 경우	전체에 대하여 전진법 적용

50. 오류수정

1. 의의	잘못된 회계기준 → 올바른 회계기준		
2. 유형	1. 당기순이익에 영향을 미치지 않는 오류 : 과목분류상의 오류 2. 당기순이익에 영향을 미치는 오류 　① **자동조정오류** : 1기(오류발생) → 2기(반대작용) → 2기말(오류소멸) 　　– 기말재고자산의 과대(과소)평가 　　– 결산정리항목의 기간배분상 오류(선급비용, 선수수익 등) 　② **비자동조정오류** 　　–자본적지출과 수익적지출의 구분 오류 　　–감가상각비의 과대(소)계상			
3. 회계처리		중대한 오류	중대하지 아니한 오류
	회계처리	**소급법** (이익잉여금 – 전기오류수정손익)	**당기일괄처리법** (영업외손익 – 전기오류수정손익)
	비교재무제표	재작성(주석공시)	해당없음(주석공시)

49. 결산절차

1. 예비절차	1. 수정전시산표의 작성 2. 결산수정분개 3. 수정후시산표의 작성
2. 본 절차	4. 계정의 마감
3. 결산보고서	5. 재무제표의 작성 (제조원가명세서 → 손익계산서 → 이익잉여금처분계산서 → 재무상태표순)

50. 내부통제제도

1. 정의	① 재무보고의 신뢰성 ② 경영의 효과성 및 효율성 ③ 법규준수 등의 설계, 실행, 유지되고 있는 절차
2. 구성요인	① 통제환경 ② 위험평가 ③ 통제활동 ④ 정보 및 의사소통 ⑤ 모니터링
3. 경영진책임	경영진이 필요하다고 결정한 내부통제에 대해서는 경영진에게 책임존재
4. 내부통제의 한계	① 의사결정시 판단이 잘못될 가능성 및 인적오류 ② 2명 이상이 공모 ③ 경영진이 내부통제를 무시

51. 내부회계관리제도

1. 범위	**재무제표의 신뢰성 확보를 목적**으로 하며 여기에 자산의 보호 및 부정방지 프로그램이 포함된다. ☞ *내부회계관리제도는 내부통제제도의 일부분으로 운영된다.*
2. 운영주체	① 이사회 : 경영진이 설계·운영하는 **내부회계관리제도 전반에 대한 감독책임**을 진다. ② 감사 또는 감사위원회 : 경영진과는 **독립적으로 내부회계관리제도에 대한 평가 기능**을 수행 → 운영실태를 평가하고 그 결과를 이사회에 보고하여 문제점을 시정 ③ 경영진 : **경영진(대표이사)는 내부회계관리제도의 설계 및 운영에 대한 최종 책임을 지며, 내부회계관리제도의 운영을 담당할 내부회계관리자를 지정한다.**
3. 설계 및 운영	① 통제환경: 조직단위별로 통제에 관한 역할과 책임을 적절히 부여 – **대표이사는 내부회계관리제도의 설계 및 운영에 대한 최종 책임을 지며, 내부회계관리제도의 운영을 담당할 내부회계관리자를 지정한다.** ② 위험평가 : 위험을 식별하고 지속적으로 평가하는 공식적인 체계 구축필요 ③ 통제활동; 통제목적에 따라 유형 및 세부 운영수준을 달리하여 통제활동을 설계 ④ 정보 및 의사소통 : 임직원/외부이해관계자와의 의사소통 경로 마련 ⑤ 모니터링 : 정기적이고 독립적인 상시 모니터링체제 구축
4. 평가	내부회계관리자가 매 반기마다 이사회 및 감사(위원회)에게 내부회계관리제도의 운영실태를 보고하고 *감사(위원회)*는 매 사업연도마다 내부회계관리제도의 **운영실태를 평**가하여 이사회에 보고
5. 평가절차	① 전사적 수준에서의 내부회계관리제도 파악 ② 유의한 계정과목 및 주석정보의 파악 ③ 경영자 주장의 식별 ④ 유의한 업무프로세스 파악 및 평가 대상 사업단위의 결정 ⑤ 내부회계관리제도 설계 및 운영의 효과성 평가

 분개연습

1. 다음은 전월 지급한 급여내역이다.

(주)한국식품   page : 1/1

인적사항		기 본 급 여 및 제 수 당						공 제 및 차 인 지 급 액					
사원번호	성 명	기본급	직책수당	식대	자가운전보조금	시간외근로수당		국민연금	건강보험	고용보험	장기요양보험료	소득세	지방소득세
입사일	직급												공제합계
퇴사일	부서					지급합계							차인지급액
101	나회계	3,000,000		100,000	200,000			135,000	89,850	19,500	5,880	80,470	8,040
20120302	과장												338,740
	인사부					3,300,000							2,961,260
201	라보람	1,800,000		100,000	200,000			81,000	53,910	11,700	3,530	13,990	1,390
20120201	사원												165,520
	인사부					2,100,000							1,934,480
합 계		4,800,000		200,000	400,000			216,000	143,760	31,200	9,410	94,460	9,430
													504,260
						5,400,000							4,895,740

금일 국민연금 및 소득세(지방소득세 포함)가 국민은행 보통예금 통장에서 이체하였다.

2. (주)한공은 확정기여제도에 따라 퇴직급여를 인식하고 있다. 20x1년에 지급하여야 할 기여금은 84,000,000원이며, 20x1년에 이미 지급한 기여금은 72,000,000원인 경우 20x1년 결산일 퇴직급여 관련 분개를 하시오.

3. (주)극동물산은 확정급여형퇴직연금(DB)제도를 운용하고 있으며, 1/4분기 퇴직연금에 대한 운용수익이 (주)우리투자금융 퇴직연금계좌로 4,650,000원이 입금되었다. 퇴직연금운영수익계정으로 처리하시오.

4. 유상증자(주식수 2,000주, 액면가 10,000원)를 실시하여 주식발행대금(20,000,000원)은 신한은행 보통예금에 입금되었다. 주식발행과 관련된 법무사수수료 350,000원은 신한은행 보통예금에서 이체하여 지급하였다. 유상증자시 주식발행초과금은 없다고 가정한다.

5. ㈜성아전기는 확정급여형퇴직연금(DB)제도를 운용하고 있다. 다음 자료를 이용하여 퇴직급여충당부채를 설정하시오.

자료1. 퇴직급여추계액 명세서

부서	사원명	근속기간	최근3개월간 급여총액	연간 상여총액	기준급여	추계액
관리부	김미정	4년 7월	6,000,000	8,000,000	2,666,666	12,222,219
	최민성	2년 2월	7,500,000	10,000,000	3,333,333	7,222,221
	박영만	3년 6월	9,000,000	12,000,000	4,000,000	14,000,000
	소 계		22,500,000	30,000,000	9,999,999	33,444,440
생산부	손지철	3년 11월	8,400,000	11,200,000	3,733,333	14,622,220
	김만석	1년 11월	5,400,000	7,200,000	2,400,000	4,600,000
	한재현	4년 5월	7,800,000	10,400,000	3,466,666	15,311,108
	소 계		21,600,000	28,800,000	9,599,999	34,533,328
합 계			44,100,000	58,800,000	19,599,998	67,977,768

자료2. 퇴직급여 지급내역

부 서	퇴직급여충당부채			비고
	전기이월	기중지급액	잔액	
관리부	28,500,000원	18,300,000원	10,200,000원	
생산부	46,800,000원	22,500,000원	24,300,000원	
합 계	75,300,000원	40,800,000원	34,500,000원	

6. (주)한공은 주당 10,000원에 취득한 자기주식 1,000주 중 200주를 주당 15,000원에 현금매각하였다. 자본에는 자기주식처분이익이나 손실의 잔액은 없다.

7. 자료는 주주총회에서 결의된 이익처분내역이다. 처분확정일의 회계처리를 하시오.

• 이익준비금	(상법규정에 의해 10% 적립)
• 현금배당금	25,000,000원
• 주식배당금	26,000,000원

8. 전기 10월 20일 ABC CO.,LTD에서 차입한 외화단기차입금(USD15,000)을 20x1년 5월 26일 외환은행 보통예금계좌에서 상환하였다. (단, 회사는 외화단기차입금에 대하여 20x0년 12월 31일 적절하게 외화평가를 수행하였다)

전기 10월 20일	전기 12월 31일	20x1년 5월 26일
₩950.20 /USD	₩980.00 / USD	₩1,025.00 / USD

9. 결산일 현재 보유한 외화부채는 다음과 같다.

계정과목	금액	거래처	발생일 적용환율	결산일 적용환율
장기차입금	US$50,000	BLUE	US$1 / 1,000원	US$1 / 1,350원

10. 결산일 현재 외상매출금 중에는 Bong-AF사에 20x1년 12월 3일에 US$ 40,000로 매출한 금액이 포함되어 있고 이 금액은 20x2년 1월 3일에 회수할 예정이다. 일자별로 적용할 환율은 다음과 같다. 결산정리분개를 하시오.

- 20x1년 12월 3일 적용환율 : US $1 = 1,050원
- 20x1년 12월 31일 적용환율 : US $1 = 1,010원

주관식

01. 다음은 ㈜한공의 퇴직급여충당부채계정과 결산정리 사항이다. 20x1년 재무상태표에 계상될 퇴직급여충당부채(ⓐ)와 손익계산서에 계상될 퇴직급여(ⓑ)는 얼마인가?

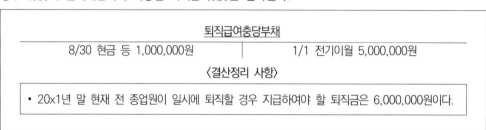

퇴직급여충당부채	
8/30 현금 등 1,000,000원	1/1 전기이월 5,000,000원

〈결산정리 사항〉

• 20x1년 말 현재 전 종업원이 일시에 퇴직할 경우 지급하여야 할 퇴직금은 6,000,000원이다.

02. ㈜한공은 20x1년 1월 1일에 액면가액 1,000,000원인 3년 만기 사채를 995,843원에 발행하였다. 사채 발행시 액면이자율 10%, 유효이자율은 15%이고 이자는 매년 말 1회 지급한다. 20x1년 ㈜한공이 인식하여야 할 이자비용은 얼마인가?

03. ㈜한공은 20x1년 12월 31일에 주식 1,000주를 주당 500원(액면 1,000원)에 현금 발행하였다. 주식 발행전 자본내역이 다음과 같을 때 주식발행 후 자본총계는 얼마인가?

〈주식 발행전 자본내역〉

자본금	4,000,000원
주식발행초과금	2,000,000원
이익잉여금	1,000,000원
자본총계	7,000,000원

04. 다음은 20x1년 1월 2일에 설립된 ㈜한공의 주식발행 내역이다. 20x1년 재무상태표에 표시되는 주식발행초과금(또는 주식할인발행차금)은 얼마인가?(단, 보통주 주당 액면가액은 5,000원이다)

• 1월 2일   보통주 1,000주를 주당 10,000원에 발행하였다.
• 9월 20일 보통주 2,000주를 주당 4,000원에 발행하고, 주식발행수수료 1,000,000원을 지급하였다.

05. 다음은 (주)한공의 기초와 기말 재무상태표이다.

기초 재무상태표				기말 재무상태표			
자산	3,000,000	부채	2,600,000	자산	3,500,000	부채	2,800,000
		자본	400,000			자본	700,000
	3,000,000		3,000,000		3,500,000		3,500,000

당기 중 자본거래가 다음과 같은 경우 당기순이익은 얼마인가?

- 유상증자 300,000원　　• 현금배당 100,000원　　• 주식배당 200,000원

06. ㈜한공의 결산 결과 당기순이익이 545,000원으로 산출되었다. 그러나 외부감사 과정에서 다음의 기말수정사항이 누락되었음이 확인되었다. 누락된 수정사항을 고려한 올바른 당기순이익은?

- 미지급급여 12,000원　　• 선수임대료 22,000원
- 미수이자　15,000원　　• 선급보험료　8,000원

07. 기말 수정분개 후 당기순이익은 얼마인가?

가. 수정 전 당기순이익: 500,000원
나. 기말 수정사항
- 미지급이자　　30,000원　　• 임대료선수분　20,000원
- 보험료선급분　5,000원　　• 미수이자　　50,000원

분개연습

1. (차) 예수금 216,000 (대) 보통예금(국민은행) 432,000
   세금과공과(판) 216,000
   (차) 예수금 103,890 (대) 보통예금(국민은행) 103,890
   ☞ 국민연금 본인부담분(예수금): 216,000 회사부담분(세금과공과): 216,000
   소득세 + 지방소득세(예수금) = 94,460 + 9,430

2. (차) 퇴직급여 12,000,000 (대) 미지급비용 12,000,000
   ☞ 확정기여형은 운용책임이 종업원에게 있고, 확정급여형은 회사에게 있다.

3. (차) 퇴직연금운용자산 4,650,000 (대) 퇴직연금운용수익 4,650,000
   ((주)우리투자금융)

4. (차) 보통예금(신한은행) 19,650,000 (대) 자본금 20,000,000
   주식할인발행차금 350,000

5. (차) 퇴직급여(제) 10,233,328 (대) 퇴직급여충당부채 33,477,768
   퇴직급여(판) 23,244,440

계정과목	퇴직급여추계액(A)	설정전 퇴직급여충당부채(B)	당기설정 퇴직급여(A – B)
관 리 부	33,444,440	10,200,000	23,244,440
생 산 부	34,533,328	24,300,000	10,233,328

6. (차) 현금 3,000,000 (대) 자기주식 2,000,000
   자기주식처분이익 1,000,000
   ☞ 처분가액 = 200주 × 15,000원 = 3,000,000원 장부가액 = 200주 × 10,000원 = 2,000,000원

7. (차) 이월이익잉여금 53,500,000 (대) 이익준비금 2,500,000
   미지급배당금 25,000,000
   미교부주식배당금 26,000,000
   ☞ 이익준비금은 현금배당액의 10%를 적립한다.

8. (차) 외화단기차입금(ABC) 14,700,000 (대) 보통예금(외환은행) 15,375,000
　 외환차손 675,000
　 ☞ 외화단기차입금 = $15,000×980원(전기 12.31), 보통예금 = $15,000×1,025원(당기 5.26)

9. (차) 외화환산손실 17,500,000 (대) 장기차입금(BLUE) 17,500,000
　 ☞ 손실: US$50,000×(1,350원－1,000원) = 17,500,000원

10. (차) 외화환산손실 1,600,000 (대) 외상매출금(Bong-AF) 1,600,000
　 ☞ 외화환산손실 = $40,000×(1,010-1,050) = 손실 1,600,000원

🔑 주관식

01	ⓐ 6,000,000원 ⓑ 2,000,000원	02	149,376원	03	7,500,000원
04	주식발행초과금 2,000,000원	05	100,000원	06	534,000원
07	505,000원				

[풀이-주관식]

01. 재무상태표에 계상될 퇴직급여충당부채는 20x1년 말 전 종업원이 일시에 퇴직할 경우 지급하여야 할 퇴직금인 6,000,000원이다.

퇴직급여충당부채

현금등	1,000,000	기초	5,000,000
기말(ⓐ)	*6,000,000*	*설정(ⓑ)*	*2,000,000*
계	7,000,000	계	7,000,000

02.

연도	유효이자(A) (BV×유효이자율)	액면이자(B) (액면가액×액면이자율)	할인차금상각 (A-B)	장부금액 (BV)
20x1. 1. 1				995,843
20x1.12.31	*149,376* *(995,843×15%)*	100,000 (1,000,000×10%)	49,376	1,045,219

03. 주식발행전 자본총계＋발행가액＝7,000,000원＋500원×1,000주＝7,500,000원

(차) 현금	500,000원	(대) 자본금	1,000,000원
주식발행초과금	500,000원		

> 〈주식발행 후 자본내역〉
> | 자본금 | 5,000,000원 |
> |---|---|
> | 주식발행초과금 | 1,500,000원 |
> | 이익잉여금 | 1,000,000원 |
> | **자본총계** | **7,500,000원** |

04. 1월 2일(차) 현금 등　　　　10,000,000원　　(대) 자본금　　　　5,000,000원
　　　　　　　　　　　　　　　　　　　　　　　　　주식발행초과금　　5,000,000원

　　9월 20일(차) 현금 등　　　　7,000,000원　　(대) 자본금　　　　10,000,000원
　　　　　　　주식발행초과금　3,000,000원

☞ 주식발행수수료는 주식발행초과금에서 차감한다.

05.
기초자본	＋	유상증자	－	현금배당	＋	당기순이익	＝	기말자본
(400,000원)		(300,000원)		(100,000원)		(X)		(700,000원)

단, 주식배당은 자본의 변동이 없으므로 고려하지 않는다.

06.

1. 수정전 당기순이익	545,000					
① 급여미지급분	-12,000	(차) 급　여	xx	(대) 미지급비용	xx
② 선수임대료	-22,000	(차) 임대료	xx	(대) 선수수익	xx
③ 미수이자	15,000	(차) 미수수익	xx	(대) 이자수익	xx
④ 선급보험료	8,000	(차) 선급비용	xx	(대) 보 험 료	xx
2. 수정후 당기순이익	534,000				

07.

1. 수정전 당기순이익	500,000					
① 미지급이자	-30,000	(차) 이자비용	xx	(대) 미지급이자	xx
② 임대료 선수분	-20,000	(차) 수입임대료	xx	(대) 선수수익	xx
③ 보험료 선급분	+5,000	(차) 선급비용	xx	(대) 보험료	xx
④ 미수이자	+50,000	(차) 미수수익	xx	(대) 이자수익	xx
2. 수정후 당기순이익	505,000				

Chapter 02

부가가치세

NCS세무 - 3 부가가치세 신고

1. 부가가치세의 특징

1. 국세	
2. 간접세	**납세의무자와 담세자(소비자)가 불일치**
3. 일반소비세	세율 : 10%, 0%
4. 다단계거래세	모든 거래의 단계마다 과세됨
5. 소비지국과세원칙	영세율제도
6. 면세제도	부가가치세의 역진성 완화목적
7. 전단계세액공제법	납부세액 = 매출세액 – 매입세액

2. 납세의무자-사업자

☞ ① 사업적　　② 독립성(인적, 물적)　　③ **영리목적유무 불구**

유　형		구 분 기 준	부가가치세 계산구조	증빙발급
부가 가치세법	일반 과세자	① 법인사업자	매출세액 – 매입세액	**세금계산서**
		② 개인사업자		
	간이 과세자	개인사업자로서 **직전 1역년의 공급대가가 8,000만원에 미달**하는 자	공급대가 × 부가 가치율 × 10%	세금계산서[1] 또는 영수증
소득세법	면세 사업자	부가가치세법상 사업자가 아니고 소득세법(법인세법)상 사업자임.	납세의무 없음	**계산서**

*1. 직전연도 공급대가 합계액의 4,800만원 이상의 간이과세자는 세금계산서를 발급해야 한다.

3. 납세지(사업장별 과세원칙)

1. 정 의	부가가치세는 사업자별로 합산과세하지 않고 **사업장별로 과세**한다. (예외) **주사업장총괄납부, 사업자단위 과세제도**	
2. 사업장 	광 업	광업사무소의 소재지
	제조업	**최종제품을 완성하는 장소**
	건설업, 운수업, 부동산매매업	1. 법인 : 법인의 등기부상소재지 2. 개인 : 업무를 총괄하는 장소
	무인자동판매기를 통한사업	**그 사업에 관한 업무를 총괄하는 장소**
	부동산임대업	부동산의 등기부상의 소재지
	• 직매장 : 사업장에 해당함 • 임시사업장 : 기존사업장에 포함됨	• 하치장 : 사업장에 해당하지 아니함

4. 주사업장총괄납부와 사업자단위 과세

구 분	주사업장총괄납부	사업자단위과세
주사업장 또는 사업자단위과세사업장	– 법인 : 본점 또는 지점 – 개인 : 주사무소	– **법인 : 본점** – 개인 : 주사무소
효 력	– 총괄납부	– 총괄신고 · 납부 – 사업자등록, 세금계산서 발급, 결정 등
	– 판매목적 타사업장 반출에 대한 공급의제 배제	
신청 및 포기	**– 계속사업자의 경우 과세기간 개시 20일 전(승인사항이 아니다.)**	

5. 과세기간

과세기간			신고납부기한
일반	제 1기	예정 : 1월 1일 ~ 3월 31일, 확정 : 4월 1일 ~ 6월 30일	**과세기간의 말일 (폐업 : 폐업일이 속하는 달의 말일)부터** 25일 이내 신고납부
	제 2기	예정 : 7월 1일 ~ 9월 30일, 확정 : 10월 1일 ~ 12월 31일	
신규사업자		사업개시일 ~ 당해 과세기간의 종료일	
폐업		당해 과세기간 개시일 ~ **폐업일**	

6. 사업자등록

1. 신청기한	사업장마다 **사업개시일로부터 20일 이내**에 사업자등록을 신청 다만, 신규사업을 개시자는 **사업개시일 전이라도 사업자등록 신청 가능**
2. 사업개시일	**1. 제조업 : 제조장별로 재화의 제조를 개시하는 날** 2. 광업 : 사업장별로 광물의 채취 · 채광을 개시하는 날 **3. 기타 : 재화 또는 용역의 공급을 개시하는 날**
3. 정정사유	**상호변경, 상속으로 명의 변경시 등** (증여는 폐업사유이고, 수증자는 신규사업등록사항임)

7. 과세대상

1. 재화의 공급	계약상 또는 법률상의 모든 원인에 의하여 재화를 인도/양도하는 것 1. **재화를 담보를 제공하거나** 2. 소정 법률에 의한 **경매, 공매** 3. **조세의 물납** 4. 수용시 받는 대가 5. **사업장 전체를 포괄양도**하는 것은 재화의 공급으로 보지 않는다.
2. 용역의 공급	계약상 또는 법률상의 모든 원인에 의하여 역무를 제공하거나 재화 · 시설물 또는 권리를 사용하게 하는 것 ☞ 부동산업 및 임대업은 용역에 해당하나 전, 답, 과수원, 목장용지, 임야 또는 염전 임대업 은 과세거래제외
3. 재화의 수입	외국으로부터 우리나라에 도착된 물품 등 (보세구역에서 국내에서 재화를 반입시 수입으로 본다.)

8. 재화의 무상공급(간주공급)

구　　　　　분		공급시기	과세표준
1. 자가공급	1. 면세전용	**사용 · 소비 되는 때**	**시가**
	2. 비영업용소형승용차와 그 유지를 위한 재화		
	3. 직매장반출 → **세금계산서 발행** (예외 : 주사업장총괄납부 등)	**반출하는 때**	**취득가액 (+가산)**
2. 개인적공급	사업과 직접 관련없이 자기가 사용 · 소비하는 경우 → **작업복, 직장체육비, 직장문화비는 제외**	**사용 · 소비 되는 때**	**시가**
3. 사업상증여	자기의 고객이나 불특정다수에게 증여하는 경우 → **견본품, 광고선전물은 제외**	**증여하는 때**	
4. 폐업시잔존재화	사업자가 사업을 폐지하는 때에 잔존재화	**폐업시**	
기　　타	**용역무상공급은 과세대상에서 제외(특수관계자간 부동산무상임대는 과세)**		

9. 재화와 용역의 공급시기

(1) 재화

일반적기준	1. 재화의 이동이 필요한 경우 : **재화가 인도되는 때**
	2. 재화의 이동이 필요하지 아니한 경우 : 재화가 이용가능하게 되는 때
	3. 이외의 경우는 재화의 공급이 확정되는 때
거래형태별 공급시기	1. 현금판매, 외상판매, 단기할부판매 : 재화가 인도되거나 이용가능하게 되는 때
	2. **장기할부판매 : 대가의 각 부분을 받기로 때**
	3. **수출재화, 중계무역방식의 수출 : 수출재화의 선적일**
	4. **위탁판매수출 : 공급가액이 확정되는 때**
	5. **위탁가공무역방식 수출, 외국인도수출 : 재화가 인도시**
	6. **무인판매기에 의한 공급 : 무인판매기에서 현금을 인취하는 때**

(2) 용역

일반적 기준	역무가 제공되거나 재화, 시설물 또는 권리가 사용되는 때
거래형태별 공급시기	1. 통상적인 경우 : 역무의 제공이 완료되는 때
	2. 완성도기준지급, 중간지급, 장기할부 또는 기타 조건부 용역공급 : 대가의 각 부분을 받기로 한 때
	3. 이외 : 역무의 제공이 완료되고 그 공급가액이 확정되는 때
	4. **간주임대료 : 예정신고기간 또는 과세기간의 종료일**

[공급시기 특례]

폐업시	폐업 전에 공급한 재화 또는 용역의 공급시기가 폐업일 이후에 도래하는 경우에는 그 **폐업일**을 공급시기로 한다.
세금계산서 선발급시 **(선세금계산서)**	**재화 또는 용역의 공급시기가 되기 전**에 재화 또는 용역에 대한 **대가의 전부 또는 일부를 받고, 그 받은 대가에 대하여 세금계산서 또는 영수증을 발급하면 그 세금계산서 등을 발급하는 때**를 각각 그 재화 또는 용역의 공급시기로 본다.
	공급시기가 도래하기 전에 대가를 받지 않고 세금계산서를 발급하는 경우에도 그 발급하는 때를 재화 또는 용역의 공급시기로 본다. ① 장기할부판매 ② 전력 기타 공급단위를 구획할 수 없는 재화 또는 용역을 계속적으로 공급하는 경우

10. 영세율

1 취 지	1. <u>소비지국 과세원칙(국가간 이중과세방지)</u> 2. 수출산업의 지원 · 육성
2 대상거래	1. **수출하는 재화(일반수출, 내국신용장에 의한 공급등)** 2. **국외에서 제공하는 용역(해외건설용역)** 3. **선박, 항공기의 외국항행용역** 4. **수출업자와의 직접 도급계약에 의한 수출재화임가공용역** ☞ 대행수출수수료는 국내사업자간의 거래이므로 과세
3 세금계산서	직수출의 경우 세금계산서 교부의무가 면제되지만, **내국신용장 또는 구매확인서에 의한 간접수출의 경우에는 재화의 공급자인 사업자가 수출 업자에게 세금계산서를 교부**해야 한다.

11. 면세대상

기초생활 필수품	㉠ 미가공 식료품 등(국내외 불문) ㉡ 국내 생산된 식용에 공하지 아니하는 미가공 농 · 축 · 수 · 임산물
	<table><tr><td colspan="2"></td><td>국내생산</td><td>해외수입</td></tr><tr><td rowspan="2">식용</td><td></td><td rowspan="2">면세</td><td>면세</td></tr><tr><td>비식용</td><td>**과세**</td></tr></table>
	㉢ 수돗물**(생수는 과세)** ㉣ 연탄과 무연탄**(유연탄, 갈탄, 착화탄은 과세)** ㉤ 여성용 생리처리 위생용품, 영유아용 기저귀 · 분유(액상형 분유 포함) ㉥ 여객운송용역**[시내버스, 시외버스, 지하철, 마을버스, 고속버스(우등 제외)](전세버스, 고속철도, 택시는 과세)** ㉦ 주택과 이에 부수되는 토지의 임대용역
국민후생 용역	㉠ 의료보건용역과 혈액**(약사가 판매하는 일반의약품은 과세, 미용목적 성형수술 과세, 산후조리원은 면세)** ㉡ 수의사가 제공하는 동물진료 용역**(가축 등에 대한 진료용역, 기초생활수급자가 기르는 동물에 대한 진료용역, 기타 질병예방 목적의 동물 진료용역으로 농식품부장관이 고시 하는 용역)** ㉢ 교육용역(허가분) ⇒ **운전면허학원은 과세** ☞ 미술관, 박물관 및 과학관에서 제공하는 교육용역도 면세
문화관련 재화용역	㉠ 도서[도서대여 및 실내 도서 열람용역 포함] · 신문**(인터넷신문 구독료)** · 잡지 · 관보 · 뉴스통신**(광고는 과세)** ㉡ 도서관 · 과학관 · 박물관 · 미술관 · 동물원 · 식물원에의 입장

부가가치 구성요소	㉠ 금융 · 보험용역-<u>리스회사가 제공하는 리스용역 포함</u> ㉡ **토지의 공급(토지의 임대는 과세)** ㉢ **인적용역(변호사 · 공인회계사 · 세무사 · 관세사 등의 인적용역은 제외)**
기타	㉠ 우표 · 인지 · 증지 · 복권 · 공중전화**(수집용 우표는 과세)** ㉡ 국가 등이 공급하는 재화 · 용역 ㉢ **국가 등에 무상공급하는 재화 · 용역**

부동산의 공급(재화의 공급)	부동산의 임대(용역의 제공)
1. **토지의 공급 : 면세** 2. 건물의 공급 : 과세(예외 : 국민주택)	1. 원칙 : 과세 2. 예외 : 주택 및 부수토지의 임대는 면세

12. 면세포기

1. 대 상	① 영세율적용대상이 되는 재화 용역 ② 학술연구단체 또는 기술연구단체가 실비 또는 무상으로 공급하는 재화용역
2. 승 인	승인을 요하지 않는다.
3. 재적용	신고한 날로부터 3년간 면세를 적용받지 못한다.

13. 면세 vs 영세율

	면 세	영 세 율
기본원리	면세거래에 납세의무 면제 ① 매출세액 : 징수 없음(결국 "0") ② **매입세액 : 환급되지 않음**	일정 과세거래에 0%세율 적용 ① 매출세액 : 0 ② **매입세액 : 전액환급**
면세정도	**부분면세**	**완전면세**
대상	기초생활필수품 등	수출 등 외화획득재화 · 용역의 공급
부가가치세법상 의무	매입처별세금계산서합계표제출의무	부가가치세법상 사업자이므로 제반의무를 이행하여야 한다.
사업자여부	**부가가치세법상 사업자가 아님**	**부가가치세법상 사업자임**
<u>**취지**</u>	**세부담의 역진성 완화**	**국제적 이중과세의 방지 수출산업의 지원**

14. 과세표준

<table>
<tr><td rowspan="4">1. 일반 원칙</td><td rowspan="2">1. 실질 공급</td><td>금전으로 대가를 받는 경우</td><td>그 대가</td></tr>
<tr><td>금전 이외의 대가를 받는 경우</td><td>공급한 재화 또는 용역의 시가</td></tr>
<tr><td colspan="3">시가 : 사업자와 제3자간의 정상적인 거래에 있어서 형성되는 가격</td></tr>
<tr><td>2. 간주 공급</td><td colspan="2">1. 원칙 : 재화의 시가
2. 직매장반출 : 재화의 취득가액 또는 세금계산서 기재액
3. 감가상각자산 : 취득가액 × (1 – 감가율 × 경과된 과세기간의 수)
  ☞ 감가율 : 건물, 구축물 = 5% ; 기타 = 25%</td></tr>
<tr><td colspan="2">2. 거래유형별과세표준</td><td colspan="2">1. 외상판매, 할부판매 : 공급한 재화의 총가액
2. 장기할부판매, 완성도기준, 중간지급조건부 등 : 계약에 따라 받기로 한 대가의 각 부분</td></tr>
<tr><td rowspan="2">3. 과세 표준 계산</td><td colspan="1">미포함</td><td colspan="2">1. 매출에누리, 매출환입, 매출할인
2. 공급받는 자에게 도달하기 전에 파손, 훼손 또는 멸실된 재화의 가액
3. 공급대가의 지급지연으로 받는 연체이자
4. 반환조건부 용기대금 · 포장비용</td></tr>
<tr><td>미공제</td><td colspan="2">1. 대손금
2. 판매장려금(☞ 판매장려물품은 과세표준에 포함)
3. 하자보증금</td></tr>
<tr><td colspan="2">4. 외국통화수령시 과세표준</td><td colspan="2"><table><tr><td rowspan="2">공급시기 도래 전에 외화수령</td><td>환가</td><td>그 환가한 금액</td></tr><tr><td>미환가</td><td rowspan="2">공급시기(선적일)의 기준환율 또는 재정환율에 의하여 계산한 금액</td></tr><tr><td colspan="2">공급시기 이후에 외국통화로 지급받은 경우</td></tr></table>☞기업회계기준상 매출액=외화×인도시점(선적일)의 기준환율</td></tr>
<tr><td colspan="2">5. 재화의 수입</td><td colspan="2">관세의 과세가격 + 관세 + 개별소비세등</td></tr>
<tr><td colspan="2">6. 간주임대료</td><td colspan="2">해당 기간의 임대보증금 × 정기예금 이자율 × 임대일수/365(366)일</td></tr>
</table>

15. 세금계산서

<table>
<tr><td>1. 보관기간</td><td>5년</td></tr>
<tr><td>2. 발급시기</td><td>1. 일반적 : 공급한 때에 발급
2. 공급시기 전 발급 :
  ① 원칙 : 대가의 전부 또는 일부를 받고 당해 받은 대가에 대하여 세금계산서 발급시
  ② 예외
    ⓐ 세금계산서를 교부하고 그 세금계산서 발급일로부터 7일이내 대가를 지급받은 경우
    ⓑ 7일 경과후 지급하더라도 일정조건 충족시 인정
3. 공급시기 후 : 월합계세금계산서는 말일자를 발행일자로 하여 익월 10일까지 교부</td></tr>
</table>

3. 발급면제	1. 부가가치세법에서 규정한 영수증발급대상사업 　① **목욕, 이발, 미용업** 　② **여객운송업(전세버스운송사업은 제외)** 　③ **입장권을 발행하여 영위하는 사업** 2. 재화의 간주공급 : 직매장반출은 발급의무 　(다만, 주사업장총괄납부사업자, 사업자단위과세사업자는 발급면제) 3. **간주임대료** 4. **영세율적용대상 재화, 용역** 　– 국내수출분(내국신용장, 구매확인서 등)은 발급대상
4. 수 정	1. **공급한 재화가 환입시** : 환입된 날을 작성일자로 하여 비고란에 당초 세금계산서 　작성일자로 부기한 후 (–)표시 2. **착오시** : 경정전 까지 수정하여 발행가능 3. **공급가액의 증감시** : 증감사유가 발생한 날에 세금계산서를 수정하여 발급 4. **계약해제시** : 계약해제일을 공급일자로 하여 수정발급한다. 5. **이중발급** 6. **내국신용장(구매확인서)의 사후 개설** 　☞ **수정세금계산서의 발급(매입매출전표 입력)은 매회 기출된다.**
5. 매입자발행	사업자가 세금계산서를 발행하지 않은 경우(**거래건당 공급대가가 5만원 이상인 거래**) 공급받은 자는 관할 세무서장의 확인을 받아 세금계산서를 발행 → **과세기간 종료일부터 1년(개정세법 24) 이내 발급신청**

16. 전자세금계산서

1. 의무자	① **법인사업자(무조건 발급)** ② **개인사업자(일정규모 이상)**

공급가액(과세+면세) 기준년도	기준금액	발급의무기간
20x0년	8천만원	20x1. 7. 1~20x2. 6.30

2. 발급기한	**공급시기(월합계세금계산서의 경우 다음달 10일까지 가능)**
3. 전송	**발급일의 다음날**
4. 혜택	– **세금계산합계표 제출의무면제** – 세금계산서 5년간 보존의무면제 – 직전년도 공급가액 3억원 미만인 개인사업자 전자세금계산서 발급 세액공제 　(건당 200원, 한도 연간 100만원)

17. 대손세액공제

1. 대손사유	1. 파산, 강제집행, 사망, 실종, 회사정리인가 2. 회생인가결정에 따라 채권을 출자하는 경우 3. **부도발생일로부터 6월 이상 경과한 어음·수표 및 외상매출금(중소기업의 외상매출금으로서 부도발생일 이전의 것)** 4. **중소기업의 외상매출금 및 미수금으로서 회수기일로부터 2년이 경과한 외상매출금 등(특수관계인과의 거래는 제외)** 5. 소멸시효 완성채권 6. **회수기일이 6개월 이상 지난 채권 중 채권가액이 30만원 이하** 7. 채무의 조정을 받아 신용회복지원협약에 따라 면책으로 확정된 채권
2. 공제시기	대손사유가 발생한 과세기간의 **확정신고시 공제** ☞ 대손기한 : 공급일로부터 10년이 되는 날이 속하는 과세기간에 대한 확정신고기한까지
3. 공제액	대손금액(VAT포함) × 10/110

4. 처리	구 분	공급자	공급받는 자
	1. 대손확정	**대손세액(−)**	**대손처분받은세액(−)**
		매출세액에 **차감**	매입세액에 차감
	2. 대손금 회수 또는 변제한 경우	**대손세액(+)**	**변제대손세액(+)**
		매출세액에 **가산**	매입세액에 가산

18. 공제받지 못할 매입세액

사 유		내 역
협력의무 불이행	① 세금계산서 미수취·불명분 매입세액	
	② 매입처별세금계산합계표 미제출·불명분매입세액	
	③ 사업자등록 전 매입세액	공급시기가 속하는 과세기간이 끝난 후 20일 이내에 등록을 신청한 경우 등록신청일부터 공급시기가 속하는 과세기간 개시일(1.1 또는 7.1)까지 역산한 기간 내의 것은 제외한다.
부가가치 미창출	④ **사업과 직접 관련 없는 지출**	
	⑤ **비영업용소형승용차 구입·유지·임차**	**8인승 이하, 배기량 1,000cc 초과(1,000cc 이하 경차는 제외)**, 지프형승용차, 캠핑용자동차, 이륜자동차(125cc 초과) 관련 세액
	⑥ **기업업무추진비(접대비) 및 이와 유사한 비용의 지출에 대한 매입세액**	
	⑦ **면세사업과 관련된 매입세액**	
	⑧ **토지관련 매입세액**	토지의 취득 및 조성 등에 관련 매입세액

19. 신용카드매출전표등 수령금액합계표

매입세액 공제대상에서 제외	1. 세금계산서 발급불가 사업자 : 면세사업자 2. 영수증발급 대상 간이과세자 : 직전 공급대가 합계액이 4,800만원 미만 등 3. 세금계산서 발급 불가업종 　① 목욕, 이발, 미용업 　② 여객운송업(전세버스운송사업자 제외) 　③ 입장권을 발행하여 영위하는 사업 4. 공제받지 못할 매입세액

20. 의제매입세액공제

1. 요건	면세농산물을 과세재화의 원재료로 사용(적격증빙 수취) 제조업 : <u>농어민으로부터 직접 공급받는 경우에도 공제가능(영수증도 가능)</u>			
2. 계산	구입시점에 공제(예정신고시 또는 확정시 공제) 면세농산물등의 매입가액(구입시점) × 공제율			

업　종			공제율
음식점업	과세유흥장소		<u>2/102</u>
	위 외 음식점업자	법인	6/106
		개인사업자	8/108
제조업	<u>일반</u>		<u>2/102</u>
	<u>중소기업 및 개인사업자</u>		<u>4/104</u>
위 외의 사업			2/102

	매입가액은 운임 등의 부대비용을 제외한 가액, 수입농산물 : 관세의 과세가격			
3. 한도	<u>과세표준(면세농산물관련) × 한도비율(법인 50%) × 의제매입세액공제율</u>			
4 회계처리	구입시	(차) 원재료(의제매입세액)　1,040 (대) 현금　1,040		
	의제매입세액	**(차) 부가세대급금　40 (대) 원재료(타계정대체)　40** 　☞ 의제매입세액 = 1,040 × 4/104(중조제조기업)		

21. 공통매입세액 : 매입세액불공제내역서

1. 내용	겸영사업자(과세 + 면세사업)의 공통매입세액에 대한 면세사업분에 대하여 매입세액은 불공제임
2. 안분방법	1. **당해 과세기간의 공급가액 기준** 2. 공급가액이 없는 경우(건물인 경우 ③①②) 　① 매입가액 비율 　② 예정공급가액의 비율 　③ 예정사용면적의 비율 3. 안분계산 생략 　① 당해 과세기간의 총공급가액중 면세공급가액이 5% 미만인 경우의 공통매입 　　세액(단, 공통매입세액이 5백만원 이상인 경우 안분계산해야 함) 　② 당해 과세기간중의 공통매입세액합계액이 5만원 미만인 경우 　③ 신규사업으로 인해 직전 과세기간이 없는 경우
3. 안분계산 및 정산	**매입세액불공제분 = 공통매입세액 × 해당과세기간의** $\dfrac{\text{면세공급가액}}{\text{총공급가액}}$ **(= 면세비율)** 1. 예정신고시 안분계산 → 2. 확정신고시 정산

22. 납부·환급세액의 재계산

1. 재계산 요건	1. **감가상각자산** 2. 당초 안분계산 대상이 되었던 매입세액에 한함 3. **면세공급가액비율의 증가 또는 감소 : 5% 이상(과세기간기준)**
2. 계산	**공통매입세액 × (1 - 감가율 × 경과된 과세기간의 수) × 증감된 면세비율** 　☞ *감가율 : 건물, 구축물 5%, 기타 25%*
3. 신고납부	**확정 신고시에만 재계산(예정신고시에는 계산하지 않는다)**

23. 경감공제세액

1. 신용카드매출전표 발행공제	직전연도 공급가액 10억원 이하 개인사업자만 해당 (세액공제 연간 한도 1,000만원)
2. 전자신고세액공제(확정신고시)	10,000원
3. 전자세금계산서 발급세액공제	직전년도 사업장별 공급가액 3억 미만인 **개인사업자**(발급건당 200원, 한도 연간 100만원)

24. 예정신고 및 납부

<table>
<tr><td rowspan="2">1. 원칙</td><td>법인</td><td>신고의무. 다만, 영세법인사업자(직전과세기간 과세표준 1.5억 미만)에 대하여는 고지징수신고의무</td></tr>
<tr><td>개인</td><td>고지납부</td></tr>
<tr><td rowspan="2">2. 고지 납부</td><td>대상자</td><td>예정고지세액이 50만원 미만인 경우 징수안함
고지금액 : 직전 과세기간에 대한 납부세액의 50%</td></tr>
<tr><td>선택적 예정신고</td><td>– 휴업/사업부진 등으로 인하여 직전과세기간대비 공급가액(또는 납부세액)이 1/3에 미달하는 자
– 조기환급을 받고자 하는 자</td></tr>
</table>

25. 환급

<table>
<tr><td>1. 일반환급</td><td colspan="2">확정신고기한 경과 후 30일 이내에 환급
(예정신고의 환급세액은 확정신고시 납부세액에서 차감)</td></tr>
<tr><td rowspan="2">2. 조기환급</td><td>대상</td><td>1. 영세율 적용 대상이 있는 때
2. 사업설비를 신설, 취득, 확장, 증축(감가상각자산)
3. 재무구조개선계획을 이행 중인 사업자</td></tr>
<tr><td>기한</td><td>조기환급 신고기한(매월 또는 2개월 단위로 신고가능) 경과 후 15일 이내에 환급</td></tr>
<tr><td>3. 경정시 환급</td><td colspan="2">지체없이 환급</td></tr>
</table>

26. 간이과세자

<table>
<tr><td>1. 판정방법</td><td colspan="2">1. 일반적 : 직전 1역년의 공급대가의 합계액이 8,000만원 미만인 개인사업자로서 각 사업장 매출액의 합계액으로 판정
2. 신규사업개시자(임의 선택)</td></tr>
<tr><td rowspan="2">2. 적용배제</td><td>1. 일반과세 적용</td><td>• 사업자가 일반과세가 적용되는 사업장을 보유시
• 직전연도 공급대가 합계액이 4,800만원 이상인 부동산임대업 및 과세유흥장소</td></tr>
<tr><td>2. 적용배제업종</td><td>① 광업   ② 도매업   ③ 제조업
④ 부동산매매업 및 일정한 부동산임대업
⑤ 건설업
⑥ 전문적 인적용역제공사업(변호사등)
⑦ 소득세법상 복식부기의무자 등</td></tr>
</table>

3. 세금계산서 발급의무	1. 원칙 : 세금계산서 발급의무
	2. 예외 : 영수증 발급
	  ① 간이과세자 중 신규사업자 및 직전연도 공급대가 합계액이 4,800만원 미만
	  ② 주로 사업자가 아닌 자에게 재화 등을 공급하는 사업자(소매업, 음식점업 등)
	    다만 소매업, 음식점업, 숙박업 등은 공급받는 자가 요구하는 경우 세금계산서
	    발급의무

4. 과세기간	<u>1기 : 1.1 ~ 12.31(1년간)</u>
	☞ 예정부과제도
	  ① 예정부과기간 : 1.1~6.30 <u>다만, 세금계산서를 발급한 간이과세자는 예정부과기간에
	    대하여 신고 및 납부(7/25)해야 한다.</u>
	  ② 고지징수 : 직전납부세액의 1/2을 고지징수(7/25), <u>50만원 미만은 소액부징수</u>
	  ③ 예외 : 사업부진시 신고·납부할 수 있다.

5. <u>납부의무 면제</u>	*공급대가 4,800만원 미만*
6. 포기	**포기하고자 하는 달의 전달 마지막날까지 신고** ☞ 간이과세를 포기하고 일반과세자 사업자로 신고한 자는 간이과세자를 **포기한 날부 터 3년이 되는 날이 속하는 과세기간까지는 간이과세자에 대한 규정을 적용받지 못하나, 2024.7.1. 이후 신고하는 분부터 포기신고의 철회가 가능하다(개정세법 24).**

27. 부가세 계산구조-간이과세자

납 부 세 액	공급대가×업종별부가가치율×10%
(−) 공 제 세 액	세금계산서 등을 발급받은 매입액(공급대가)×0.5%(=매입세액×5.5%) 신용카드매출전표발행세액공제, 전자세금계산서 발급세액공제 등
(+) 가 산 세	세금계산서 발급 및 미수취가산세 적용
자진납부세액	**환급세액이 없다**

28. 일반과세자와 간이과세자의 비교

구 분	일반과세자	간이과세자
적용대상자	– 개인, 법인 불문	**– 개인사업자에 한함** **– 공급대가 8,000만원 미만**
납부세액	매출세액 – 매입세액	공급대가×부가가치율×10%
신고기간	1, 2기	**1기 : 1.1~12.31**
세금계산서	세금계산서 또는 영수증발급	원칙 : 세금계산서 발급 예외 : 영수증 발급
대손세액공제	적용됨	규정없음.
매입세액	매입세액으로 공제	공급대가×0.5%(= 매입세액×5.5%)
의제매입세액	업종제한없음	배제
신용카드매출전표 발행세액공제	발행금액의 1.3% (개인사업자만 해당)	발행금액의 1.3%
납부의무면제	없음	**공급대가 4,800만원 미만**
포기제도	없음	간이과세를 포기하고 일반과세자가 될 수 있고, **다시 포기신고의 철회가 가능**[1] (개정세법 24) [1]. 24.7.1 이후 신고하는 분부터 적용
기장의무	장부비치기장의무가 있음	발급받은 세금계산서와 발급한 영수증을 보관한 때에는 장부비치기장의무를 이행한 것으로 봄
가산세	– 미등록가산세 : 공급가액의 1%	– 미등록가산세 : 공급대가의 0.5%

연습
문제

 분개연습

<매입매출전표 유형선택 : *증빙을 보시고 판단하세요!!!!*>

매출유형	증 빙		매입유형
11.과세	(전자)세금계산서	공제	51.과세
12.영세	(전자)영세율세금계산서		52.영세
13.면세	(전자)계산서	불공제	53.면세
14.건별	증빙없음/일반영수증	불공제	54.불공
16.수출	직수출	수입전자세금계산서	55.수입
17.카과	신용카드영수증(과세)		57.카과
18.카면	신용카드영수증(면세)		58.카면
22.현과	현금영수증(과세)		61.현과
23.현면	현금영수증(면세)		62.현면

☞ 2023년 세법개정시 접대비의 명칭이 기업업무추진비(2024년부터 적용)로 변경되었습니다.
그러나 세법이 변경했다고 회계도 변경된다는 보장은 없습니다.
따라서 당분간 세법은 기업업무추진비, 회계에서 접대비로 불러도 같은 계정과목으로 생각하시면 됩니다.

1. 공장에서 사용하던 기계장치(취득원가 50,000,000원, 감가상각누계액 25,000,000원)를 매각하고 전자세금계산서(공급가액 20,000,000원 부가세 별도)를 거래일에 발급·전송하였다.(대금은 전액 6월 30일에 보통예금계좌로 이체받기로 하였다.)

[유 형]   [공급가액]   [세 액]

[분 개]

2. (주)한일전자는 삼한빌딩에 대한 부동산임대 계약(임대보증금 2억원, 임대차기간: 20x1.9.1~20x3.8.31)을 체결하였고, 간주임대료에 대한 부가가치세는 임차인이 부담하기로 하였다. 9월 30일 우리은행 보통예금계좌로 간주임대료(적용이자율 2.5%)에 대한 부가가치세액이 입금되었다. 1년은 365일이라 가정한다.

[유 형]   [공급가액]   [세 액]

[분 개]

3. (주)성아전기의 수출 내역이다.

품 목	SCX-7500DC (제품)
거 래 처	HANS Co.,Ltd
거 래 구 분	직수출
결 제 조 건	T/T후불(결제기일 : 적재일로부터 35일 후)
가 격 조 건	FOB
환 율	6월 14일 기준환율 ₩920.00/USD 6월 15일 기준환율 ₩900.00/USD
수 출 신 고 일	6월 14일
선 적 일	6월 15일(선하증권)
결 제 금 액	$50,000

[유 형]   [공급가액]   [세 액]

[분 개]

4. 기숙사로 사용할 건물을 구입하고 관련 정부지원금 30,000,000원을 포함한 대금 전액을 신한은행 보통예금계좌에서 이체하여 지급하고 전자세금계산서(공급가액 80,000,000원 부가가치세 8,000,000)를 발급받았다. 당사는 4월 1일에 중소기업청에서 정부보조금 30,000,000원을 신한은행 보통예금으로 수취하였으며 일반전표에 반영되어 있다.

[유 형]   [공급가액]   [세 액]

[분 개-세금계산서]

[분 개-정부보조금]

5. 4월 15일에 발급된 전자세금계산서는 4월 30일 납품건에 대한 계약금 10% 수령한 후 발급한 전자세금계산서(공급가액 5,000,000원, 부가세 10%)이다. 납품일정이 지연되어 4월 25일 (주)동아식품과 계약을 해제한 후 수정전자세금계산서를 발급하였다. 수령한 계약금은 해제일에 국민은행 보통예금계좌에서 이체하여 지급하였다. 계약해제시 공급시기는 계약해제일이 된다.

[유 형]   [공급가액]   [세 액]

[분 개]

6. 6월 3일 (주)한국산업에 제품을 외상 공급하고 전자세금계산서(공급가액 15,000,000원 부가가치세 1,500,000원)를 발급하였다. 본 건에 대하여 다음과 같이 구매확인서를 발급받아 영세율을 적용하려고 한다. 구매확인서 사후개설에 따른 수정전자세금계산서 2장을 발급하였다.

• 구매확인서 발급일자: 20x1년 7월 15일	• 개설은행: 신한은행 강남지점

① 당초 발급한 과세세금계산서의 (-)세금계산서 발급분

[유 형]   [공급가액]   [세 액]

[분 개]

② 수정분 세금계산서 발급분

[유 형]   [공급가액]   [세 액]

[분 개]

7. 수산물을 구입하여 통조림을 제조하는 (주)한국식품의 원재료 매입내역이다. 꽁치 20상자를 현금으로 구입하고 현금영수증(공급가액 900,000원) 수취하다. 단, (주)한국식품은 중소기업에 해당한다. 구입시 회계처리와 의제매입세액공제액(공제세액은 "부가세대급금")에 대해서 회계처리하시오.

① 구입시 회계처리

[유 형]   [공급가액]   [세 액]

[분 개]

② 의제매입세액 회계처리

[분 개]

8. 다음 자료를 이용하여 매입세액 불공제금액을 구하고, 불공제 매입세액에 대하여 9월 30일자로 회계처리하시오.

자료 1. 과세기간의 제품매출(공급가액) 내역

구분	20x1.7.1. ~ 20x1.9.30.
과세매출(전자세금계산서)	600,000,000원
면세매출(계산서)	200,000,000원
합계	800,000,000원

자료 2. 공통매입내역

일자	품목	공급가액	세액	거래처	유형
8월 14일	원재료	60,000,000원	6,000,000원	(주)케이상사	과세매입
9월 25일	조립기(기계장치)	40,000,000원	4,000,000원	(주)미래기계	과세매입

[분 개]

주관식

01. 다음 중 부가가치세 면세에 해당하는 금액을 산출하면 얼마인가?

가. 중국산 콩	100,000원	나. 고속철도 운송용역	130,000원
다. 수집용 우표	50,000원	라. 도서대여용역	70,000원

02. (주)한공은 제품을 영찬산업에 공급하고 그 대가로 비품을 받았다. 다음 자료를 참고하여 ㈜한공(ⓐ)과 영찬산업(ⓑ)의 부가가치세법상 공급가액을 구하면 얼마인가? 단, 두 회사는 모두 부가가치세 과세사업자이다.

구분	㈜한공의 제품	영찬산업의 비품
장부금액	500만원	600만원
시 가	700만원	690만원

03. 다음의 공급가액 자료를 토대로 (주)한공(의류 도매업)의 20x1년 제1기 예정신고 기간 부가가치세 과세표준을 계산하면 얼마인가?

> 가. 광고선전용으로 무상 제공한 견본품: 2,000,000원(시가)
> 나. 공급받는 자에게 도달하기 전에 파손된 재화 가액: 5,000,000원
> 다. 상품국내매출액: 4,000,000원 (매출할인 1,000,000원 차감 전)
> 라. 상품수출액: 2,000,000원

04. 제조업을 영위하는 일반과세사업자인 (주)한공의 20x1년 제1기 예정신고기간의 부가가치세 과세표준을 계산하면 얼마인가? 단, 제시된 재화·용역과 관련된 매입 세액은 적법하게 공제하였고, 아래의 금액에는 부가가치세가 포함되지 아니하였다.

공급 내역(20x1년 1월 ~ 3월)	판매금액	시가
특수관계인에게 판매한 제품	100,000원	200,000원
특수관계인에게 무상공급한 음식용역	-	120,000원
거래처(특수관계인 아님)에 증정한 회사의 제품(원가 100,000원)	-	130,000원

05. 다음은 일반과세자인 (주)한공의 20x1년 제1기 부가가치세 확정신고와 관련된 자료이다. 다음 자료로 매출세액을 구하면 얼마인가?

> 가. 상품공급액(부가가치세 포함) 55,000,000원
> 나. 매출채권의 회수지연에 따라 받은 연체이자 1,100,000원
> 다. 전기 과세표준에 포함된 매출채권 5,500,000원(부가가치세 포함)이 거래처의 파산으로 당기에 대손확정되었다.

06. 신발제조업을 영위하는 (주)한공의 20x1년 2기 부가가치세 예정신고기간(20x1.7.1. ~ 20x1.9.30.)의 공급가액에 대한 자료이다. 매출세액은 얼마인가?

- 국내 매출액   4,400,000원
- 수출액   2,000,000원
- 수출대행수수료 수입액   600,000원
- 토지매각액   3,000,000원
- 거래처에 제공한 판매장려품   400,000원 (시가: 500,000원)

07. 다음은 개인사업자인 한공기업(페인트 제조업)의 거래내용이다. 20x1년 제1기 부가가치세 신고시 매출세액에서 공제받을 수 없는 매입세액은 모두 얼마인가?단, 필요한 세금계산서는 적법하게 수취하였다.

일 자	거래내용	매입세액
1월 18일	기계장치 매입	20,000,000원
3월 26일	기업업무추진비(접대비) 지출	2,000,000원
5월 19일	공장부지의 조성관련 지출	50,000,000원
7월 27일	종업원 식대	1,000,000원

08. 다음은 컴퓨터 제조업을 영위하는 (주)한공의 20x1년 1기 부가가치세 확정신고 기간(20x1.4.1.~ 20x1.6.30.)의 자료이다. 이를 토대로 부가가치세 납부세액을 계산하면 얼마인가?(단, 모든 거래금액은 부가가치세가 포함되어 있지 않고 필요한 세금계산서는 적법하게 수취하였다.)

- 국내 매출액 : 30,000,000원
- 직수출액 : 12,000,000원
- 컴퓨터 부품 매입액 : 11,000,000원
- 배달용 1톤 트럭 구입액 : 15,000,000원
- 거래처 증정용 선물구입액 : 3,000,000원

09. 다음 자료를 참고로 하여 제1기 부가가치세 확정신고시 간주임대료를 계산하시오.
(적용이자율은 2%, 일수는 365일로 가정한다.)

〈대전상사와 임대계약서 내역〉

구분	계약기간	임대보증금	월임대료	소재지	면적	비고
사무실 임대	20x1년 6월 1일부터 24개월로 함.	60,000,000	4,000,000	대청로 133 1층	200㎡	월세금액은 매월 말일에 지불 키로 하되 만약 기일 내에 지불 치 못할 시에는 보증 금액에서 공제하기로 함.
주택 임대		40,000,000	2,000,000	대청로 133 2층	100㎡	

10. 다음 자료를 참고로 하여 1기 확정 부가가치세 신고시 대손세액을 계산하시오.

〈매출(제품)전자세금계산서 발급 목록〉

번호	작성일자	상호	공급가액	세액
1	20x01130	㈜영천스포츠	1,000,000	100,000
2	20x01230	㈜세종상사	2,000,000	200,000
3	20x01206	마산기공	3,000,000	300,000
4	20x01103	신당물산	4,000,000	400,000

〈자료설명〉

① (주)영천스포츠와의 거래내역으로, 20x0년 12월 29일 어음에 대한 부도 확인을 받았다.
② (주)세종상사와의 거래내역으로, 20x1년 3월 20일 어음에 대한 부도 확인을 받았다.
③ 20x1년 4월 30일 마산기공의 파산으로 인하여 채권 전액이 대손으로 확정되었다.
④ 20x1년 5월 31일 신당물산이 채무자 회생 및 파산에 관한 법률에 의한 회생 계획인가 결정을 받음에 따라 위의 거래로 인하여 발생한 매출채권의 대손이 확정되었다.

11. 다음 자료를 참고로 하여 <u>2기 확정 부가가치세 신고시 신고서에 반영되는 불공제 매입세액</u>을 계산하시오.

〈매입 목록〉

번호	종류	작성일자	상호	공급가액	세액
①	세금계산서	20x10727	㈜정호모터스	1,000,000	100,000
②	세금계산서	20x10828	㈜신화유통	2,000,000	200,000
③	신용카드영수증	20x10930	미림각	3,000,000	300,000
④	세금계산서	20x11005	리베가구	4,000,000	400,000
⑤	세금계산서	20x11007	㈜현대산업	5,000,000	500,000

〈자료설명〉

① 영업부의 업무용으로 승용차(5인승, 1,500CC)를 구입한 것이다.

② 매출거래처에 증정할 선물을 구입한 내역이다.

③ 매출거래처 식사기업업무추진비(접대비)를 결제하고 발급받은 신용카드매출전표이다.

④ 대표이사(박종철)의 개인적 사용(가지급금으로 회계처리)한 내역이다.

⑤ 자재창고 신축을 위하여 취득한 건물의 철거비용에 대한 내역이다.

12. 다음 자료를 참고로 하여 1기 확정신고시 불공제 매입세액(공통매입세액정산)을 계산하시오.

〈매입 목록-공통매입자료〉

번호	종류	작성일자	상호	공급가액	세액
1	세금계산서	20x10527	㈜천안기계	10,000,000	1,000,000

〈공급가액(제품) 내역〉

구분	20x1.1.1.~20x1.3.31.	20x1.4.1.~20x1.6.30	계
과세분 (전자세금계산서)	98,000,000원	142,000,000원	240,000,000원
면세분 (전자계산서)	42,000,000원	118,000,000원	160,000,000원
합 계	140,000,000원	260,000,000원	400,000,000원

〈1기 예정신고기간의 공통매입세액 안분계산내역〉

불공제세액	1,500,000원× 42,000,000원/140,000,000원=450,000원

13. 다음 자료를 참고로 하여 20×1년 2기 확정신고시 불공제 매입세액(납부환급세액 재계산)을 계산하시오.

〈공통매입내역〉

취득일자	계정과목	공급가액	부가가치세
20×0.10.13.	건 물	100,000,000원	10,000,000원
20×0. 4. 2.	기계장치	50,000,000원	5,000,000원
20×0.10.10.	원재료	10,000,000원	1,000,000원

〈제품매출(공급가액) 내역〉

일자	과세사업	면세사업	총공급가액	면세비율
20×1년 제1기	140,000,000원	60,000,000원	200,000,000원	30%
20×1년 제2기	120,000,000원	80,000,000원	200,000,000원	40%

14. 다음 자료를 참고로 하여 1기 확정신고시 신용카드매출전표등 수령금액합계표에 기재될 매입세액을 계산하시오.

〈매입 목록〉

번호	종류	작성일자	상호	공급가액	세액
①	신용카드영수증	20×10401	㈜경인주유소	100,000	10,000
②	신용카드영수증	20×10405	진영화환	200,000	20,000
③	현금영수증	20×10430	㈜사계절사무기	300,000	30,000
④	신용카드영수증	20×10501	오정주유소	400,000	40,000
⑤	신용카드영수증	20×10505	고기천국	500,000	50,000

① 영업부 업무용 승용차(배기량 999cc)에 주유하고 결제한 법인 구매 전용카드 영수증이다.

② 매출거래처 창립기념일 행사에 보내기 위한 화환(면세)을 구입하고 결제한 법인 구매 전용카드 영수증이다.

③ 관리부에서 사용할 복사기를 구입하고 수취한 현금영수증이다.

④ 원재료 운반용 화물차에 주유를 하고 법인카드로 결제하였다.

⑤ 고기천국(**영수증 발급 대상 간이과세자**)에서 영업부 회식을 하고 법인카드로 결제하였다.

15. 다음 자료를 참고로 하여 2기 예정신고시 의제매입세액을 계산하시오. 회사는 중소제조기업으로 다음 원재료를 구입하여 과세재화를 공급한다.

〈매입 목록-수산물〉

번호	종류	작성일자	상호	품명	수량	공급가액
1	영수증	20x10901	㈜이모상회	전복	5박스	100,000
2	전자계산서	20x10905	목포수협	전복	10박스	200,000
3	영수증	20x10910	김도원	전복	15박스	300,000
4	현금영수증	20x10915	도원마트	오징어	5박스	400,000

① 수산물(전복) 5box를 현금으로 구입하고 수취한 영수증이다.

② 수산물(전복) 10box를 구입하고 수취한 전자계산서이며, 대금은 전액 자기앞수표로 지급하였다.

③ 수산물(전복) 15box를 어민으로부터 직접 구입하고 받은 계약서이며 당사 기업은행 보통예금계좌에서 이체하였다.(단, 회사는 중소제조기업에 해당한다.)

④ 수산물(오징어) 5box를 구입하고 받은 현금영수증이다.

연습답안

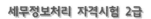

Tax Accounting Technician
세무정보처리 자격시험 2급

분개연습

1.

유형	11.과세	공급가액	20,000,000	세액	2,000,000
(차) 감가상각누계액(기계)		25,000,000	(대) 기계장치		50,000,000
미수금		22,000,000	부가세예수금		2,000,000
유형자산처분손실		5,000,000			

2.

유형	14.건별	공급가액	410,958	세액	41,095
(차) 보통예금(우리은행)		41,095	(대) 부가세예수금		41,095
☞ 간주임대료 = 2억×2.5%×30일(9.1~9.30)/365일 = 410,958					

3.

유형	16.수출	공급가액	45,000,000	세액	–
(차) 외상매출금		45,000,000	(대) 제품매출		45,000,000
☞ 공급가액 = 결제금액×선(기)적일의 기준환율(외상) = $50,000×900원 = 45,000,000원					

4.

유형	51.과세	공급가액	80,000,000	세액	8,000,000
(차) 건물		80,000,000	(대) 보통예금(신한은행)		88,000,000
부가세대급금		8,000,000			
[정부보조금]					
(차) 정부보조금(예금차감)		30,000,000	정부보조금(건물차감)		30,000,000

5.

유형	11.과세	공급가액	−5,000,000	세액	−500,000
(차) 선수금		5,000,000	(대) 부가세예수금		−500,000
			보통예금(국민은행)		5,500,000

6.

1. 당초 발급한 과세세금계산서의 (−)세금계산서 발급분

유형	11.과세	공급가액	−15,000,000	세액	−1,500,000
(차) 외상매출금		−16,500,000	(대) 제품매출		−15,000,000
			부가세예수금		−1,500,000

2. 수정분 영세율세금계산서 발급분

유형	12.영세	공급가액	15,000,000	세액	
(차) 외상매출금		15,000,000	(대) 제품매출		15,000,000

7.	1.원재료 구입시					
	유형	62.현면	공급가액	900,000	세액	
	(차) 원재료		900,000 (대) 현금			900,000
	2. 의제매입세액: 900,000×4/104 = 34,615					
	(차) 부가세대급금		34,615 (대) 원재료(타계정대체)			34,615

8.	(차) 원재료	1,500,000 (대) 부가세대급금	1,500,000
	기계장치	1,000,000 부가세대급금	1,000,000
	☞ 불공제매입세액(원재료) = 6,000,000×2억/8억 = 1,500,000원		
	불공제매입세액(기계장치) = 4,000,000×2억/8억 = 1,000,000원		

주관식

01	170,000	02	ⓐ 700만원,ⓑ 690만원	03	5,000,000
04	330,000	05	4,500,000	06	550,000
07	52,000,000	08	360,000	09	98,630
10	800,000	11	1,200,000	12	550,000
13	1,025,000	14	80,000	15	34,614

[풀이-주관식]

01. 100,000원(중국산 콩) + 70,000원(도서대여용역) = 170,000원

중국산 콩(식용)과 도서대여용역은 면세이나, 고속철도 운송용역과 수집용 우표는 과세이다.

02. (주)한공과 영찬산업 모두 자기가 공급한 재화의 시가를 공급가액으로 하므로 (주)한공은 700만원, 영찬산업은 690만원이 공급가액이다.

03. 4,000,000원 − 1,000,000원 + 2,000,000원 = 5,000,000원

견본품과 파손된 재화는 과세표준에 포함하지 아니한다. 매출할인은 과세표준 계산시 총매출액에서 차감한다.

04. 200,000원 + 130,000원 = 330,000원

특수관계인에게 시가보다 저가로 판매한 경우에는 부당행위계산의 부인에 따라 시가를 공급가액으로 한다. 또한 무상공급용역(특수관계인에게 제공한 부동산임대용역은 제외)은 과세대상에서 제외된다.

05. (55,000,000원 × 10/110) − (5,500,000원 × 10/110) = 4,500,000원

06. 수출액은 영세율과세대상으로 매출세액이 없으며, 토지매각액은 면세대상임

4,400,000원×10% + 600,000원×10% + 500,000원×10% = 550,000원

07. 2,000,000원(기업업무추진비(접대비) 지출)+50,000,000원(공장부지의 조성관련 지출)
= 52,000,000원

08. 건물의 자본적 지출 관련 매입세액과 원재료 매입 관련 공통매입세액 중 과세사업분 매입세액은 매출세액에서 공제가능하다. ※ 200,000원+400,000원×2,000,000원/5,000,000원=360,000원

09. **주택임대는 면세이므로 간주임대료 계산대상**이 아니다.
간주임대료=60,000,000×2%×30일/365일=98,630원

10. **부도발생일 이후 6개월이 지나지 않아 대손세액공제 신청**을 할 수 없다.
대손세액=100,000((주)영천스포츠)+300,000(마산기공)+400,000(신당물산)=800,000원

11. 신용카드영수증에 대한 불공제매입세액은 부가가치세 신고서에 반영되지 않습니다.
따라서 불공제된 신용카드매입액이 주어지면 일반전표에 입력해야 한다.
불공제매입세액=100,000((주)청호모터스)+200,000((주)신화유통)+400,000(리베가구)
+500,000(주)현대산업)=1,200,000원

12. 공통매입세액 정산(1기 확정신고서 불공제매입세액)
=(1,000,000+1,500,000)×40% - 450,000(예정신고시 불공제매입세액)=550,000원

구 분		과세분 (A)	면세분 (B)	면세공급 가액비율 (B/[A+B])	계
매출내역	예정	98,000,000	42,000,000	**30%**	140,000,000
	확정	142,000,000	118,000,000	45.3%	260,000,000
	계	**240,000,000**	**160,000,000**	**40%**	400,000,000
공 통 매입세액	예정	1,500,000			
	확정	1,000,000		▶ 1기 면세공급가액비율 : 40%	
	계	2,500,000		▶ **1기 전체 불공제매입세액**	
불 공 제 매입세액	예정	450,000		=2,500,000 × 40%	
	확정	**550,000**		=1,000,000	
	계	**1,000,000**			

13. 납부·환급세액 재계산(2기 확정신고시 불공제매입세액)

계정과목	①재화의 매입세액	②경과된 과세기간 수	③경감률 [1-(체감율×②)]	④증감된 면세공급 가액율	⑤가산 또는 공제되는 매입세액 (①×③×④)
건물	10,000,000	2	90%	+10%	900,000
기계장치	5,000,000	3	25%	+10%	+125,000
합계	15,000,000				**+1,025,000**

14. **화환(면세)과 고기천국(영수증 발급 대상 간이과세자) 회식비는 매입세액공제가 되지 않는다.**

공제되는 매입세액 = 10,000((주)경인주유소) + 30,000((주)사계절사무기) + 40,000(오정주유소)

= 80,000원

15. 의제매입세액은 적격증빙을 수취하여야 하나 제조업의 경우 농어민으로부터 직접 구입하는 경우에만 의제매입세액공제대상이다. 따라서 <u>㈜이모상회로부터 구입한 전복은 영수증을 수취했으므로 의제매입세액공제대상에서 제외한다.</u>

[200,000 + 300,000 + 400,000] × 4/104(중소제조업) = 34,614원(또는 34,615원)

Chapter 03

소득세

NCS세무 - 3 원천징수   NCS세무 - 4 종합소득세 신고

1. 소득세의 특징

1. 응능과세제도	부담 능력에 따른 과세	
2. 직접세	납세자와 담세자가 동일	
3. 열거주의 과세방법	이자 · 배당 · 사업소득은 유형별 포괄주의	
4. 개인단위과세제도	또한 인적공제를 두고 있다.	
5. 과세방법	종합과세	이자, 배당, 사업, 근로, 연금 및 기타소득
	분리과세	**일정금액 이하(20백만원)인 금융소득**, 일용근로소득, 복권당첨소득 등에 대하여 원천징수로써 납세의무를 종결
	분류과세	퇴직소득, 양도소득
6. 초과누진세율		
7. 원천징수제도		
8. 신고납세조세	**납세자가 과세표준 신고함으로써 납세의무가 확정**	

2. 납세의무자

1. 거주자 (무제한 납세의무자)	국내에 주소를 두거나 **1과세기간 중 183일 이상 거소**를 둔 개인	**국내 + 국외 원천소득**
2. 비거주자(제한납세의무자)	거주자가 아닌 개인	**국내원천소득**

3. 과세기간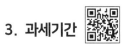

구 분	과세기간	확정신고기한
1. 원칙	1.1~12.31(신규사업시, 폐업시도 동일함)	익년도 5.1~5.31
2. 사망시	1.1~사망한 날	*상속개시일이 속하는 달의 말일부터 6개월이 되는 날*
3. 출국시	1.1~출국한 날	출국일 전일

4. 납세지

1. 일반	1. 거주자	주소지(주소지가 없는 경우 거소지)
	2. 비거주자	주된 국내사업장 소재지(if not 국내원천소득이 발생하는 장소)
2. 납세지지정		사업소득이 있는 거주자가 사업장 소재지를 납세지로 신청가능

5. 이자소득 및 수입시기

구 분		수 입 시 기
1. 채권 등의 이자와 할인액	무기명	그 지급을 받는 날
	기 명	약정에 의한 지급일
2. 예금의 이자		원칙 : 실제로 이자를 지급받는 날 1. 원본에 전입하는 뜻의 특약이 있는 이자 : 원본전입일 2. 해약시 : 해약일 3. 계약기간을 연장 : 연장일
3. 통지예금의 이자		인출일
4. 채권 또는 증권의 환매조건부 매매차익		약정에 따른 환매수일 또는 환매도일. 다만, 기일 전에 환매수 또는 환매도하는 경우에는 그 환매수 또는 환매도일
5. 저축성보험의 보험차익		지급일(기일전 해지시 해지일)
6. 직장공제회의 초과반환금		약정에 따른 공제회 반환금의 지급일
7. **비영업대금의 이익**		약정에 따른 이자지급일(약정일 전 지급시 지급일)
8. 유형별 포괄주의에 따른 이자소득		약정에 의한 상환일로 함. 다만, 기일 전에 상환시 상환일

7. 비영업대금의 이익

약정에 따른 이자지급일(약정일 전 지급시 지급일)			
	자금대여	성 격	소득구분
금융업	영업대금의 대여	사업적	사업소득
금융업 이외	비영업대금의 대여	일시우발적	이자소득

<손해배상금의 과세체계>

	손해배상금	법정이자
법원의 판결 또는 화해에 의하여 지급받을 경우	과세제외	과세제외
계약의 위약 · 해약	기타소득	기타소득

6. 배당소득 및 수입시기

1. 일반배당	1. 무기명주식 : 지급일 2. 기명주식 : 잉여금처분결의일

공동사업 이익배분	공동사업자(경영참가시)	사업소득
	출자공동사업자(경영미참가시)	**배당소득**

2. 의제배당	• 해산 : 잔여재산가액 확정일 • 합병 : 합병등기를 한 날 • 감자 : 감자결의일등
3. 인정배당	당해 사업년도의 결산 확정일

7. 금융소득의 과세방법

과세방법	범 위	원천징수세율
1. 무조건 분리과세	– 비실명 이자 · 배당소득 – 직장공제회 초과반환금	45% 기본세율
2. 무조건종합과세	– 국외에서 받은 이자 · 배당소득 – 원천징수되지 않는 금융소득 – **출자공동사업자의 배당소득**	– – 25%
3. 조건부종합과세	– 일반적인 이자소득 · 배당소득 – 비영업대금이익	14% 25%

① **2천만원(출자공동사업자의 배당소득제외)을 초과하는 경우 ⋯ 종합과세**
② **2천만원 이하인 경우 ⋯ 분리과세(조건부 종합과세에 대해서)**

8. 사업소득

(1) 비과세

> 1. 농지대여소득 : 다만 타용도로 사용 후 발생하는 소득은 과세
> 2. 작물재배업에서 발생하는 소득(10억원 이하의 작물재배)
>   ☞ 곡물 및 기타 식량작물재배업은 사업소득에서 과세제외
> 3. **1개의 주택을 소유하는 자의 주택임대소득[고가주택[*1]의 임대소득은 제외]**
> 4. **3,000만원 이하 농어가부업소득 등**
> 5. 어업소득(어로어업·양식어업 소득) : 5천만원 이하(개정세법 24)
> 6. **1,200만원 이하 전통주 제조소득**
> 7. **조림기간이 5년 이상인 임지의 임목 벌채·양도로 인한 소득금액 600만원까지 비과세**

*1. 고가주택 기준시가 12억 초과

(2) 총수입금액

총수입금액산입	총수입금액불산입
ⓐ 사업수입금액(매출에누리와 환입, 매출할인 제외)	ⓐ 소득세 등의 환급액
ⓑ 판매장려금 등	ⓑ 부가가치세 매출세액
ⓒ 사업과 관련된 자산수증이익·채무면제이익	ⓒ **재고자산 이외(고정자산)의 자산의 처분이익 (복식부기의무자 제외)**
ⓓ **사업과 관련하여 생긴 보험차익(퇴직연금운용자산)**	ⓓ 국세환급가산금
ⓔ 가사용으로 소비된 재고자산	
ⓕ 사업용 유형자산(부동산 제외)양도가액(복식부기의무자)	

(3) 필요경비

필요경비산입	필요경비불산입
ⓐ 판매한 상품 등에 대한 매입가액	ⓐ **소득세와 지방소득세**
ⓑ 종업원의 급여	ⓑ **벌금·과료와 과태료와 강제징수비**
ⓒ 사업용자산에 대한 비용 및 감가상각비	ⓒ **감가상각비 중 상각범위액을 초과하는 금액**
ⓓ 사업과 관련 있는 제세공과금	ⓓ **대표자의 급여와 퇴직급여**
ⓔ **복식부기의무자의 사업용 유형자산 양도 시 장부가액**	ⓔ **재고자산 이외(고정자산)의 자산의 처분손실 (복식부기의무자 제외)**
ⓕ 거래수량 또는 거래금액에 따라 상대편에게 지급하는 장려금 등	ⓕ 한도 초과 업무용 승용차 관련비용등(복식부기의무자)

(4) 사업소득 중 부동산임대업

1. 부동산 또는 부동산상의 권리(전세권, 지역권, 지상권)의 대여
2. 공장재단 또는 광업재단의 대여 소득
3. 채굴권의 대여소득
   ☞ 공익사업과 관련된 지역권, 지상권의 대여 : 기타소득

9. 근로소득

(1) 근로소득이 아닌 것

1. 근로의 대가로서 현실적 퇴직을 원인으로 지급받는 소득 : 퇴직소득
2. 퇴직 후에 받는 직무발명보상금 : 기타소득
3. 주식매수선택권을 퇴직 후 행사하여 얻은 이익 : 기타소득
4. 사회 통념상 타당한 범위내의 경조금
5. 업무와 무관한 사내원고료와 강연료 : 기타소득

(2) 비과세

1. 실비변상적인 급여	1. 일직료, 숙직료 또는 여비로서 실비변상정도의 금액 2. **자가운전보조금(회사업무사용시) 중 월 20만원 이내의 금액 :** **① 종업원소유차량& ② 업무사용& ③ 소요경비를 미지급** 3. 작업복 등 4. 교육기관의 교원이 받는 연구보조비 중 월 20만원 5. 근로자가 천재, 지변 기타 재해로 인하여 받는 급여 6. 연구보조비 또는 연구활동비 중 월 20만원 이내의 금액
2. 생산직 근로자의 연장근로수당	**월정액급여가 2.1백만원이고 직전년도 총급여액 3천만원 이하 근로자** 1. 광산근로자 · 일용근로자 : 전액 2. 생산직근로자, 어선근로자 : 연 240만원까지
3. 식사와 식사대	**현물식사 또는 식사대(월 20만원 이하) → 현물제공 + 식대 지급시 과세**

4. 복리후생적 성격의 급여	**1. 사택제공 및 주택자금 대여 이익**	

	사택제공이익	주택자금대여이익
출자임원	근로소득	근로소득
소액주주임원, 비출자임원	**비과세** 근로소득	**(중소기업 종업원은 비과세)**
종업원		

2. 단체순수보장성 보험 및 단체환급부보장성 보험 중 70만원이하의 보험료

5. 기타	1. 본인의 학자금 2. 고용보험료 등 사용자 부담금 **3. 보육수당 : 6세 이하의 자녀보육과 관련된 급여 월 20만원(개정세법 24) 이내** 4. 배우자 출산휴가 급여 5. 국외(북한 포함)소득 월 100만원 이내 ☞ 외항선박과 해외건설근로자는 월 500만원(개정세법 24) **6. 직무발명보상금 7백만원(개정세법 24) 이하의 보상금**

(3) 근로소득의 수입시기

1. 급 여	• 근로를 제공한 날
2. 잉여금 처분에 따른 상여	• 잉여금 처분결의일(주주총회)
3. 인정상여	• **해당 사업연도 중의 근로를 제공한 날**
4. 주식매수 선택권	• **행사한 날**

(4) 일용근로소득(분리과세소득)

1. 대상	동일한 고용주에게 3개월(건설공사 종사자는 1년) 미만 고용된 근로자
2. 일 원천징수세액	*[일급여액 – 150,000원] × 6% × (1 – 55%)* ☞ 근로소득세액공제 : 산출세액의 55%

10. 연금소득

1. 공적연금	1. 국민연금 2. 공무원연금 등	2. 연금계좌 (사적연금)	1. 퇴직연금 2. 개인연금 3. 기타연금
3. 비 과 세	국민연금법에 의한 유족연금, 장애연금 등 ☞ 기초노령연금은 연금소득에 해당하지 않음		
4. 연금소득	총연금액(비과세제외) – 연금소득공제(**소득공제 900만원 한도**)		

5. 과세방법	**1. 원칙(공적연금) : 종합과세**
	2. 연금계좌에서 연금수령시
	   ① **1,500만원(개정세법 24) 이하 : 저율 · 분리과세(5%~3%)**
	   ② **1,500만원(개정세법 24) 초과 : (세액계산시) 종합과세 또는 15% 분리과세**		

11. 기타소득

(1) 80% 추정필요경비가 적용되는 기타소득

① 공익법인이 주무관청의 승인을 얻어 시상하는 상금 및 부상 등 ② 위약금과 배상금 중 주택입주 지체상금 ③ 서화·골동품의 양도로 발생하는 소득[*1](개당 양도가액 6천만원 이상인 것) 　☞ 사업장등 물적시설을 갖춘 경우와 서화·골동품을 거래하기 위한 목적으로 　　사업자등록을 한 경우에는 사업소득으로 과세	MAX[①**수입금액의 80%**, ②**실제 소요경비**]

*1. 양도가액이 1억원 이하 또는 보유기간이 10년 이상 경우 90% 필요경비

(2) 60% 추정필요경비가 적용되는 기타소득

① 일시적 **인적용역을 제공 대가** ② 일시적인 문예창작소득 ③ 산업재산권, 영업권 등 양도 또는 대여 ④ 공익사업과 관련된 지상권·지역권의 설정·대여소득 ⑤ 통신판매중개를 통하여 물품 또는 장소를 대여(연 500만원 이하)	MAX[①**수입금액의 60%**, ②**실제 소요경비**]

(3) 실제발생경비만 필요경비가 인정되는 소득

① 상금·현상금·포상금 등 ② 복권, 경품권 기타 추첨권에 따라 받는 당첨금품 ③ 저작권등 양도 또는 사용등의 대가(**저작자 외의 자에게 귀속시**) ④ 물품 또는 장소를 **일시적으로 대여**하고 사용료로서 받는 금품 ⑤ **계약의 위약 또는 해약으로 인하여 받는 위약금과 배상금** **(정신적·신체적·물질적 피해보상은 비열거소득임)** ⑥ **뇌물, 알선수재 및 배임수재에 따라 받은 금품**	실제발생경비
⑧ 승마투표권 등의 환급금	단위투표금액의 합계액
⑨ 슬롯머신 등의 당첨금품 등	당첨 직전에 투입한 금액
⑩ 종교인소득 ☞ 근로소득 신고시 인정	의제필요경비

(4) 비과세

① 국가보안법 등에 의한 받는 상금등
② 퇴직 후에 지급받는 **직무발명보상금으로 7백만원(개정세법 24) 이하**의 금액
  (근로소득에서 비과세되는 직무발명보상금 차감)
③ 상훈법에 의한 훈장과 관련하여 받는 상금과 부상 등
④ **서화·골동품을 박물관 또는 미술관에 양도함으로써 발생하는 소득**

(5) 과세방법

1. 원천징수	**원칙 : 20%**(복권의 경우 3억 초과시 초과분은 30%)
2. 무조건 분리과세	1. 복권등 당첨소득 2. 승마투표권의 구매자가 받는 환급금 3. 슬러트머신 등의 당첨금
3. **무조건종합과세**	**뇌물, 알선수재 및 배임수재에 의하여 받는 금품**
4. 선택적분리과세	**연 300만원 이하의 기타소득금액**
5. 수입시기	일반적 : 지급을 받은 날(현금주의) 광업권 등의 양도소득 : 대금청산일, 사용수익일, 인도일 중 빠른 날 법인세법에 따라 처분된 기타소득 : 사업연도 결산확정일
6. 과세최저한 규정	– **일반적 : 5만원 이하 이면 과세제외** – 복권당첨금, 슬롯머신 등의 당첨금품 등이 **건별로 200만원 이하**인 경우

12. 종합소득인적공제

(1) 기본공제(인당 150만원)

	공제대상자	요 건		비 고
		연 령	연간소득금액	
1. 본인공제	해당 거주자	–	–	
2. 배우자공제	거주자의 배우자	–	100만원 이하 (종합 + 퇴직 + 양도소득금액의 합계액) → 근로소득만 있는 경우 : 총급여액 5백만원 이하	장애인은 연령제한 을 받지 않는다. 그러나 소득금액의 제한을 받는다.
3. 부양가족공제	직계존속 (계부계모 포함)	60세 이상		
	직계비속(의붓자녀)과 입양자	20세 이하		
	형제자매	20세 이하/ 60세 이상		
	국민기초생활보호대상자	–		
	위탁아동(6개월이상)	18세 미만		

(2) 추가공제-기본공제 대상자를 전제(추가공제는 중복하여 적용가능)

1. 경로우대공제	기본공제 대상자가 **70세 이상**인 경우	100만원/인
2. 장애인공제	기본공제대상자가 **장애인**인 경우 ☞ 항시 치료를 요하는 중증환자도 장애인임.	200만원/인
3. 부녀자공제	**해당 과세기간의 종합소득금액이 3천만원 이하인 거주자** 1. 배우자가 없는 여성으로서 기본공제대상인 부양가족이 있는 세대주인 경우 or 2. 배우자가 있는 여성인 경우	50만원
4. 한부모소득공제	**배우자가 없는** 자로서 **기본공제대상자인 직계비속 또는** **입양자가 있는 경우** ☞ 부녀자공제와 중복적용 배제	100만원

13. 소득요건

종합+퇴직+양도소득금액의 합계액(1백만원)으로 판단			
1. 근로소득	상용근로자	총급여액 5백만원 이하인자	**충족**
		총급여액 5백만원 (근로소득금액 1,500,000원) 초과자	**미충족**
	일용근로자	**무조건 분리과세**	**충족**
2. 금융소득	국내예금이자 등 (무조건+조건부)	2천만원 이하(분리과세)	**충족**
		2천만원 초과(종합과세)	**미충족**
3. 기타소득	**복권 등**	**무조건 분리과세**	**충족**
	뇌물 등	**무조건 종합과세(1백만원 초과)**	**미충족**
	기타소득금액	**1백만원 이하**	**충족**
		1백만원 초과~3백만원 이하	**선택적 분리과세**
		3백만원 초과자	**미충족**

☞ XX소득금액과 XX소득은 다른 표현입니다. XX소득금액이란 필요경비(또는 소득공제)를 공제 후 금액을 말한다.

14. 종합소득공제 - 물적공제

(1) 연금보험료 등의 소득공제 : 공적연금보험료(국민연금보험료) 전액

(2) 주택담보노후연금비용에 대한 소득공제 : 한도 200만원(연금소득자)

(3) 특별소득공제

① 보험료공제 : 근로소득이 있는 거주자

건강보험료 · 고용보험료+노인장기요양보험료	전액공제

② 주택자금공제

무주택세대주(**세대구성원도 요건 충족시 가능**)로서 국민주택 규모이하	
1. 주택임차자금 원리금상환액	40%
2. 장기주택(기준시가 6억이하-개정세법 24) 저당차입금의 이자상환액	전액

(4) 신용카드 소득공제(조세특례제한법)

1. 공제대상자	형제자매의 신용카드 사용분은 제외한다.(연령요건 ×, 소득요건 ○)
2. **사용금액 제외**	해외사용분제외 1. 사업소득과 관련된 비용 또는 법인의 비용 2. 보험료, 리스료 3. 교육비(대학교등록금 등) 4. 제세공과금(국세, 지방세, 아파트관리비, 고속도로 통행료 등) 5. 리스료 6. 상품권 등 유가증권구입비 7. 취득세 등이 부과되는 재산의 구입비용(중고자동차의 경우 구입금액의 10% 공제) 8. 국가 등에 지급하는 사용료 등 9. 면세점(시내 · 출국장 면세점, 기내면세점 등) 사용금액
3. 중복공제 허용	1. **의료비특별세액공제** 2. **교육비특별세액공제(취학전 아동의 학원비 및 체육시설수강료, 중고등학생 교복구입비용)**
4. 추가공제	1. **전통시장** 2. **대중교통비** 3. **총급여액 7천만원 이하자의 신문(종이신문만 대상) · 공연비, 박물관 · 미술관, 영화관람료**

(5) 개인연금저축 및 주택마련저축소득공제(조세특례제한법)

(6) 우리사주조합 출연금 소득공제(한도 4백만원, 조세특례제한법)

15. 소득공제한도

1. 공제한도	2,500만원	
2. 공제한도 소득공제	소득세법	**특별소득공제(건강보험료, 고용보험료 등은 제외)**
	조특법	**주택마련저축, 신용카드 등 사용금액, 개인연금저축, 우리사주조합 출자에 대한 공제 등**

16. 세액공제

구 분	공제요건	세액공제
1. 배당세액	배당소득에 배당가산액을 합산한 경우	배당가산액(10%-개정세법 24)
2. 기장세액	간편장부대상자가 복식부기에 따라 기장시	기장된 사업소득에 대한 산출세액의 20%(연간 100만원 한도)
3. 외국납부세액	외국납부세액이 있는 경우	
4. 재해손실세액	사업소득자의 재해상실비율이 20% 이상	
5. 근로소득세액	근로소득자	- 산출세액의 55%, 30%
6-1. 자녀세액공제	종합소득이 있는 거주자의 기본공제대상 자녀 및 손자녀 중 8세 이상(입양자 및 위탁아동 포함)	1. 1명 : 15만원 2. 2명 : 35만원(개정세법 24) 3. 2명 초과 : 연 35만원+연 30만원/초과인
6-2. 출산입양	기본공제대상 자녀	첫째 30만원 둘째 50만원 셋째 이상 70만원
7. 연금계좌세액공제	종합소득이 있는 거주자	연금계좌납입액의 12%, 15%
8. 특별세액공제	근로소득이 있는 거주자	1. 보험료세액공제 : 대상액의 12%,15% 2. 의료비세액공제 : 대상액의 15~30% 3. 교육비세액공제 : 대상액의 15% 4. 기부금세액공제 : 대상액의 15%,30%
9. 월세세액공제 (개정세법 24)	해당 과세기간 총급여액이 8천만원 이하 (종합소득금액 7천만원 이하)인 근로자와 기본공제대상자 ☞ 국민주택 규모 이하 또는 기준시가 4억원 이하 주택 임차	- 월세액의 15%, 17% (공제대상 월세액 한도 1,000만원)
10. 전자신고세액	납세자가 직접 전자신고한 경우	2만원
11. 기부정치자금 세액공제	본인이 정치자금을 기부시	- 10만원 이하 : 100/110 공제 - 10만원 초과 : 15% 공제
12. 고향사랑 기부금	- 주민등록상 거주지를 제외한 지방자치단체에 기부한 경우	- 10만원 이하 : 100/110 공제 - 10만원 초과~5백만원 이하 : 15% 공제
13. 성실사업자	- 의료비 및 교육비 세액공제	- 해당액의 일정률

17. 특별세액공제

(1) 표준세액공제 : 특별소득공제와 특별세액공제 미신청

근로소득이 있는 자	13만원
근로소득이 없는 거주자	7만원(성실사업자 12만원)

(2) 특별세액공제 공통적용요건

구 분	보장성보험료		의료비	교육비		기부금
	일반	장애인		일반	장애인특수	
연령요건	○(충족)	×(미충족)	×	×	×	×
소득요건	○	○	×	○	×	○
세액공제액	12%	15%	15~30%	15%		15%, 30%

☞ 근로기간 지출한 비용만 세액공제대상(예외 : 기부금세액공제은 1년 동안 지출한 금액이 대상이 된다)이 되며, 일정사유발생(혼인, 이혼, 별거, 취업 등)한 날까지 지급금액만 대상이다.

(3) 보장성보험료세액공제 : 대상액의 12%, 15%

① 보장성보험료와 **주택임차보증금(3억 이하)반환 보증보험료**	연 100만원 한도	12%
② 장애인전용보장성보험료	연 100만원 한도	15%

(4) 의료비세액공제: 대상액의 15~30%)

난임시술비	**임신을 위하여 지출하는 시술비용**	30%
미숙아 등	**미숙아·선천성 이상아에 대한 의료비**	20%
특정	㉠ **본인** ㉡ **(과세기간 개시일) 6세 이하(개정세법 24)** ㉢ **(과세기간 종료일) 65세 이상인 자** ㉣ 장애인 ㉤ 중증질환자, 희귀난치성질환자 또는 결핵환자 등	15%
일반	난임, 미숙아 등, 특정의료비 이외	

대상	• 질병의 예방 및 치료에 지출한 의료비 • 장애인보장구 구입 · 임차비용, 보청기 구입비용 • **시력보정용안경 · 콘택트렌즈 구입비용(1인당 50만원 이내)** • **임신관련비용**(초음파검사, 인공수정을 위한 검사 · 시술비) • **출산관련분만비용**(의료법상 의료기관이어야 한다.) • 보철비, 임플란트와 **스케일링비** • **예방접종비, 의료기관에 지출한 식대, 건강검진비** • **산후조리원에 지출한 비용(출산 1회당 2백만원 한도)**
제외	• 국외의료기관에 지출한 의료비 • 건강증진을 위한 의약품 구입비 • 미용목적 성형수술비 • 간병인에 대한 간병비용 • **실손의료보험금으로 보전받은 금액**

(5) 교육비세액공제 : 대상액의 15%

1. 본인	1) **전액(대학원 교육비는 본인만 대상)** 2) 직무관련수강료
2. 기본공제대상자	**직계존속 제외**
3. 장애인특수교육비	한도없음(**직계존속도 가능**)

공제대상교육비	공제불능교육비
㉠ 수업료, 입학금, 보육비용, 수강료 및 급식비등 ㉡ 방과후 학교(어린이집, 유치원 포함) 수강료와 　방과후 도서구입비(초 · 중 · 고등학생) ㉢ 중 · 고등 교복구입비용(연 50만원 한도) ㉣ 국외교육기관에 지출한 교육 ㉤ 본인 든든학자금 및 일반 상환학자금 대출의 　원리금 상환액 ㉥ 초 · 중 · 고등 수련활동, 수학여행 등 현장체험 　학습비(한도 30만원) ㉦ 대학입학 전형료, 수능응시료	㉠ 직계존속의 교육비 지출액 　(장애인특수교육비 제외) ㉡ 소득세 또는 증여세가 비과세되는 학자금 　(=장학금) ㉢ 학원수강료(취학전 아동은 제외) ㉣ 학자금 대출을 받아 지급하는 교육비 　(상환시 세액공제)

(6) 기부금세액공제 : 대상액의 15%, 30%*

1. 특례	1. 국가 등에 무상으로 기증하는 금품 / 국방헌금과 위문금품
	2. 이재민구호금품(천재·지변)
	3. 사립학교등에 지출하는 기부금
	4. 사회복지공동모금회
	5. 특별재난지역을 복구하기 위하여 자원봉사한 경우 그 용역의 가액
2. 우리사주조합에 지출하는 기부금 – 우리사주조합원이 아닌 거주자에 한함	
3. 일반	1. 종교단체 기부금
	2. 종교단체외
	① **노동조합에 납부한 회비**, 사내근로복지기금에 지출기부금
	② 사회복지등 공익목적의 기부금
	③ **무료·실비 사회복지시설 기부금**
	④ 공공기관 등에 지출하는 기부금
4. 이월공제	10년

☞고액기부(3천만원 초과)에 대한 공제율 : 40%(개정세법 24)

18. 특별세액공제와 신용카드공제 중복적용여부

구 분			특별세액공제	신용카드 공제
보장성보험료			○	×
의료비	공제대상		○	○
	공제제외		×	○
교육비	학원비	취학전 아동	○	○
		이외	×	○
	(중·고등학생)교복구입비		△(한도 50만원)	○
기부금			○	×

19. 원천징수의 개념

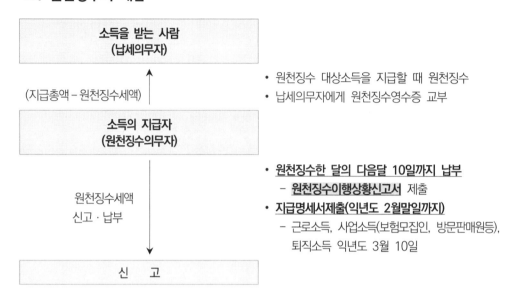

- 원천징수 대상소득을 지급할 때 원천징수
- 납세의무자에게 원천징수영수증 교부

- **원천징수한 달의 다음달 10일까지 납부**
  - **원천징수이행상황신고서** 제출
- **지급명세서제출(익년도 2월말일까지)**
  - 근로소득, 사업소득(보험모집인, 방문판매원등), 퇴직소득 익년도 3월 10일

20. 완납적원천징수와 예납적원천징수

구 분	예납적 원천징수	완납적 원천징수
납세의무 종결	원천징수로 종결되지 않음	원천징수로 납세의무 종결
확정신고 의무	**확정신고의무 있음**	**확정신고 불필요**
조세부담	확정신고시 정산하고 원천징수세액을 기납부세액으로 공제함	원천징수세액
대상소득	**분리과세 이외의 소득**	**분리과세소득**

21. 원천징수세율

구 분			원천징수 여부	비 고
종합소득	금융소득	이자	○	**– 지급액의 14%(비실명 45%)** **– 비영업대금의 이익은 25%**
		배당		
	특정사업소득		○	**– 인적용역과 의료 · 보건용역의 3%** **– 봉사료의 5%**
	근 로 소 득		○	– 간이세액표에 의하여 원천징수 **– 일용근로자의 근로소득에 대해서는 6%**
	연 금 소 득		○	– 공적연금 : 간이세액표에 의하여 원천징수 – 사적연금 : 5%(4%, 3%)
	기 타 소 득		○	**– 원칙 : 기타소득금액의 20%(3억 초과 복권당첨소득 30%)**
퇴 직 소 득			○	기본세율
양 도 소 득			×	

22. 원천징수신고납부

1. 원칙	징수일이 속하는 다음 달의 10일
2. 예외	1. 조건 　① **상시 고용인원이 *20인* 이하인 소규모 업체(은행, 보험업 제외)** 　② 관할세무서장의 승인 2. 납부 : 반기별신고 및 납부

23. 연말정산-근로소득

구 분	시 기	신고납부
1. 일반	다음해 2월분 급여 지급시	3월 10일까지
2. 중도퇴사	퇴직한 달의 급여를 지급하는 때	다음달 10일까지
3. 반기별 납부자	다음해 2월분 급여 지급시	신고는 3월 10일까지 납부는 7월 10일까지

24. 소득세 신고절차

구 분	내 용	신고여부	신고납부기한
1. 중간예납	<u>사업소득이 있는 거주자</u>가 상반기(1월~6월)의 소득세를 미리 납부하는 절차 → *소액부징수 : 50만원 미만*	고지납부	11월 30일
2. 간이지급 명세서 제출	<u>상용근로소득</u>	반기단위제출	**반기말 다음달 말일**
	<u>원천징수대상사업소득/인적용역관련 기타소득</u>	매월단위제출 (개정세법 24)	**다음달 말일**
3. 사업장 현황신고	<u>면세사업자(개인)</u>의 총수입금액을 파악하기 위한 제도	자진신고	<u>다음연도 2월 10일까지</u>
4. 지급명세서 제출	다만 근로소득, 퇴직소득, 원천징수대상사업소득은 익년도 3월 10일까지	제출	다음연도 2월말까지
5. 확정신고	소득세법상 소득이 있는 자가 소득세를 확정신고납부하는 것 ☞ *성실신고확인대상 사업자 : 5. 1~ 6.30*	자진신고	다음연도 5월말까지

25. 확정신고

1. 대상자	종합소득, 퇴직소득 또는 양도소득금액이 있는 자
2. 확정신고의무가 없는 자	1. 연말정산한 자(근로소득, 공적연금소득 등) 2. 퇴직소득만 있는 자 3. 분리과세 소득이 있는 자

26. 소액부징수

1. 원천징수세액이 1천원 미만인 경우(**이자소득과 인적용역 사업소득**[*]**으로서 계속적·반복적 활동을 통해 얻는 소득**은 제외)
   * 2024.7.1. 이후 지급하는 분부터 적용(개정세법 24)
2. 납세조합의 징수세액이 1천원 미만인 경우
3. **중간예납세액이 50만원** 미만인 경우

01. 다음은 국내 거주자 김한공씨의 금융소득 내역이다. 김한공씨의 20x1년 귀속 종합과세대상 금융소득은 얼마인가?

가. 국내은행으로부터 받은 이자	4,000,000원
나. 내국법인으로부터 받은 현금배당금	3,000,000원
다. 직장공제회 초과반환금	8,000,000원
라. 외국법인으로부터 받은 현금배당금(원천징수되지 아니함)	2,000,000원
마. 비영업대금의 이익	10,000,000원

02. (주)한공의 영업과장으로 근무하고 있는 김한국 씨가 20x1년에 회사에서 지급(또는 제공)받은 금액 및 이익은 다음과 같다. 다음 중 소득세 과세대상 근로 소득에 해당하는 것을 모두 고르면?

가. 사택을 제공받음으로써 얻은 이익
나. 사내에서 신입사원들에게 직무교육을 하고 받은 수당
다. 김한국씨의 자녀에 대한 학자금 수령액
라. 월 20만원씩 받은 자가운전보조금(김한국씨는 차량을 소유하고 있지도 않고, 임차하지도 않음)

03. 다음은 복식부기의무자인 개인사업자 김한공 씨의 20x1년 수익과 비용 내역이다. 20x1년 사업소득금액은 얼마인가?

가. 매출액	100,000,000원
나. 매출원가	50,000,000원
다. 거래처에 지급한 판매장려금	30,000,000원
라. 김한공 씨의 주택자금 대출이자	10,000,000원

04. 다음은 김한공 씨의 수입 내역이다. 원천징수대상 기타소득금액은 얼마인가?

(단, 실제 소요된 필요경비는 없는 것으로 가정한다.)

가. 위약금으로 대체된 계약금	10,000,000원
나. 상표권 대여소득	20,000,000원
다. 정신적 피해로 인한 손해배상금	15,000,000원

05. 다음 자료를 이용하여 거주자 김한공 씨의 20x1년도 종합소득금액을 계산하면 얼마인가?)

• 국내예금이자	2,000,000원
• 골동품의 양도소득(필요경비 확인 안됨)	70,000,000원
• 비상장주식 양도소득	10,000,000원
• 소매업에서 발생한 사업소득금액	4,000,000원

06. 다음은 거주자인 김한공 씨의 20x1년 귀속 소득 내역이다. 원천징수대상 소득은 소득세법에 따라 적법하게 원천징수 되었다. 김한공 씨의 종합소득금액을 구하면 얼마인가?

가. 근로소득금액	50,000,000원
나. 은행 이자소득	6,500,000원
다. 직장공제회 초과반환금	2,000,000원
라. 상장법인 배당소득	9,500,000원
마. 사업소득금액	12,000,000원

07. 다음 자료에 의하여 거주자 김한공 씨의 20x1년 종합소득 과세표준을 계산하면 얼마인가? 단, 제시된 금융소득은 적법하게 원천징수되었다.

가. 직장공제회초과반환금: 5,000,000원
나. 국가보안법에 의한 상금: 3,000,000원
다. 근로소득금액: 15,000,000원
라. 종합소득공제액: 6,000,000원

08. 다음은 (주)한공에 근무하는 거주자 한공회 씨의 20x1년도 근로소득에 대한 연말 정산과 관련된 자료이다. 종합소득공제 중 인적공제액은 얼마인가?

> 가. 한공회(남성, 49세)의 총급여액 : 60,000,000원
> 나. 부양가족 현황
> - 배우자(47세, 총급여액 1,000,000원)   • 아들(18세, 소득 없음)
> - 딸(20세, 사업소득금액 3,000,000원, 장애인)   • 모친(78세, 소득 없음)

09. 다음 자료를 이용하여 거주자 이국세 씨의 20x1년도 종합소득산출세액을 계산하면 얼마인가? 단, 제시된 금융소득은 적법하게 원천징수되었다.

> 가. 비영업대금의 이익   2,000,000원
> 나. 내국법인으로부터 받은 배당   3,000,000원
> 다. 근로소득금액   12,000,000원
> 라. 종합소득공제액   5,000,000원
> ※ 종합소득과세표준이 1,400만원 이하인 경우 세율은 6%이다.

10. 다음은 (주)한공에 근무하는 김한공씨의 신용카드 사용내역이다. 신용카드 등 소득공제 대상 사용금액은 얼마인가?

> - 아파트 관리비   2,500,000원   • 중학생인 자녀 영어학원비   4,000,000원
> - 맹장 수술비용   2,000,000원   • 해외에서 사용한 신용카드 사용액 1,300,000원
> - KTX 승차권 구입비용   600,000원

11. 다음 자료를 이용하여 (주)한공의 근로자인 이민기 씨(총급여액 50,000,000원)의 20x1년 종합소득세 특별세액공제액을 계산하면 얼마인가?

> 가. 이민기 씨는 소득이 없는 자녀 대학교등록금으로 5,000,000원을 지출하였다.
> 나. 본인 소유의 승용차에 대한 자동차보험료 1,200,000원을 지출하였다.
> 다. 소득이 없는 배우자(장애인)에 대한 의료비로 600,000원을 지출하였다.

12. 다음은 (주)한공(건설업)이 20x1년 7월 11일 일용근로자에게 지급한 일당의 내역이다. 원천징수해야
할 소득세액은 얼마인가?

성명	지급금액
김서울	200,000원
이종로	150,000원
박강남	250,000원

13. 다음은 근로소득자인 김한공 씨가 20x1년에 지출한 자녀교육비내역이다. 연말정산시 교육비세액공제
대상금액은 얼마인가?(단, 자녀의 소득은 없는 것으로 가정한다.)

자녀명	나이(만)	지출내역	금액(원)
김진수(대학생)	25	대학교등록금	11,000,000
김영미(초등학생)	8	보습영어학원 수강료	1,500,000
김은정(유치원생)	6	미술학원 강습료	1,800,000

14. 다음 자료를 이용하여 거주자 김한공 씨의 20x1년도 종합소득산출세액을 계산하면 얼마인가?(원천징수
대상이 되는 소득은 세법에 따라 적절하게 원천징수되었다.)

> 가. 이자소득금액(직장공제회 초과반환금임) 23,000,000원
> 나. 근로소득금액(일용근로자가 아님) 16,000,000원
> 다. 기타소득금액(일시적 강연에 대한 대가임) 4,000,000원
> 라. 종합소득공제 5,000,000원
> 마. 세율은 다음과 같다고 가정한다.
>
> | 종합소득과세표준 | 기본세율 | 누진공제액 |
> |------------------|----------|------------|
> | 1,200만원 이하 | 과세표준 × 6% | – |
> | 4,600만원 이하 | 과세표준 × 15% | 1,080,000원 |

01	2,000,000	02	나, 다, 라	03	20,000,000
04	8,000,000	05	4,000,000	06	62,000,000
07	9,000,000	08	7,000,000	09	420,000
10	6,600,000	11	870,000	12	4,050
13	10,800,000	14	1,170,000		

[풀이]

01. 금융소득 과세방법

가. 국내은행 이자	조건부종합과세	4,000,000
나. 내국법인 현금배당금	조건부종합과세	3,000,000
다. 직장공제회초과반환금	**무조건분리과세**	**8,000,000**
라. 외국법인 현금배당금(원천징수되지 아니함)	<u>**무조건종합과세**</u>	<u>2,000,000</u>
마. 비영업대금이익	조건부종합과세	10,000,000

∴ 조건부(17,000,000) + 무조건 종합과세(2,000,000) ≦ 2,000만원이므로 무조건 종합과세만 종합
과세한다.

02. 사택을 제공받음으로써 얻은 이익은 근로소득에 해당하지 아니한다. 김한국씨는 **차량을 소유(임차)**
하고 있지 않으므로 자가운전보조금이 과세대상이다.

03. 사업소득금액 : 100,000,000원 - 50,000,000원 - 30,000,000원 = 20,000,000원
주택자금 대출이자는 필요경비불산입이다.

04. 상표권 대여소득은 원천징수대상 기타소득이나, **위약금으로 대체된 계약금은 기타소득이지만 원천**
징수대상이 아니며, **정신적 피해로 인한 손해배상금은 소득세 과세대상이 아니다.** 상표권 대여소득
은 실제필요경비와 법정필요경비(총수입금액의 60%) 중 큰 금액을 필요경비로 한다.
원천징수대상 기타소득금액 = 20,000,000원 - (20,000,000원 × 60%) = 8,000,000원

05. 2,000만원 이하의 금융소득 및 **골동품 양도로 인한 기타소득은 분리과세**된다.
비상장주식 양도소득은 양도소득으로 분류과세된다.

06. 근로소득금액과 사업소득금액은 종합과세대상이나, 2,000만원 이하의 금융소득
(이자소득, 배당소득)과 직장공제회초과반환금은 분리과세대상이다.

    50,000,000원 + 12,000,000원 = 62,000,000원

07. 근로소득금액 - 종합소득공제 = 15,000,000원 - 6,000,000원 = 9,000,000원

    직장공제회초과반환금은 분리과세이고, **국가보안법에 의한 상금은 비과세**이다.

08.

관계	요 건		기본 공제	추가	판 단
	연령	소득			
본 인	-	-	○		
배우자	-	○	○		총급여액 5백만원 이하자
아들(18)	○	○	○		
딸(20)	○	×	부		사업소득금액 1백만원 초과자
모친(78)	○	○	○	경로	

기본공제 : 1,500,000원×4명=6,000,000원   추가공제 : 경로 1,000,000원

09. (12,000,000원 - 5,000,000원) × 6% = 420,000원

    금융소득의 합계액이 2,000만원 이하이므로 금융소득은 분리과세 한다.

10. **아파트관리비와 해외에서 사용한 신용카드 사용액은 공제대상서 제외**된다.

11. 5,000,000원(교육비)×15% + 1,000,000원(보험료)×12% = 870,000원

    보장성보험료는 100만원을 한도로 하며, **의료비는 총급여액의 3%에 미달하므로 세액 공제액은 없다.**

12. 김서울 = (200,000 - 150,000)×6%×(1 - 55%) = 1,350원

    이종로는 150,000원 이하이므로 비과세임

    박강남 = (250,000 - 150,000)×6%×(1 - 55%) = 2,700원

    원천징수세액 = 김서울(1,350) + 박강남(2,700) = 4,050원

13. 9,000,000원(대학교 한도) + 1,800,000원(취학전 아동 학원비) = 10,800,000원

14. 종합소득금액 = 근로소득(16,000,000) + 기타소득금액(4,000,000) = 20,000,000원

    직장공제회 초과반환금은 무조건 분리과세 대상 이자소득에 해당한다.

    종합소득과세표준 = 소득금액(20,000,000) - 소득공제(5,000,000) = 15,000,000원

    종합소득산출세액: 15,000,000원×15% - 1,080,000원 = 1,170,000원

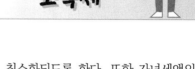
공제받을 수 있는 공제는 모두 공제받도록 하고 세부담이 최소화되도록 한다. 또한 자녀세액의 공제여부를 판단한다.

Ⅰ. 김선미

〈부양가족사항(모두 생계를 같이하고 있음)〉

이름	연령	관계	참 고 사 항
김선미	43세	본 인	여성근로자(총급여액 50,000,000원)
이기동	45세	배우자	당해연도 퇴직소득금액 15,000,000원이 있으며, 12월 24일 이혼함.
김선규	71세	부 친	일용근로자로서 일당 10만원씩 30일간 소득이 있음
박명순	58세	모 친	은행이자소득금액 15,000,000원이 있으며, 항시 치료를 요하는 중증환자임.
이성민	22세	자	
이철민	15세	자	장애인 복지법에 따른 장애인임. 고등학생임.
이선미	4세	자	금년 4월 1일 입양함.

〈연말정산 추가자료〉

항 목	내 용
보장성 보험료	• 본인 주택임차보증금(3억이하)반환 보증보험료 : 800,000원 • 모친 장애인전용보험료 : 500,000원
의 료 비	• 본인 미용목적 성형수술비 : 600,000원(본인 신용카드 사용) • 본인 임신을 위한 체외수정시술비용 : 3,000,000원 • 본인 산후조리비용 : 5,000,000원 • 본인 위암수술비 : 4,000,000원(실손의료보험금에서 3백만원 보전받음) • 모친 콘택트렌즈구입비 : 1,000,000원(본인 신용카드 사용)

항 목	내　　　용
교 육 비	• 본인의 대학원 등록금 : 8,000,000원(본인 신용카드 사용) • 본인의 든든학자금 원리금 상환 : 1,000,000원(차입시 교육비공제를 받지 않음) • 부친의 노인대학 등록금 : 6,000,000원 • 고등학생 자녀(이철민) 등록금 : 3,000,000원* 　(* 급식비 200,000원, 방과후 도서구입비 80,000원, 교복구입비용 600,000원, 　　 체험학습비 400,000원, 수능응시료 300,000원 포함)
주택저축	• 배우자 명의 주택청약저축　　　　　　　　 :　1,000,000원
기 부 금	• 본인명의 정치자금기부금　　　　　　 :　　300,000원 • 부친명의 사회복지공동모금회 기부 :　　800,000원 • 모친명의 사회복지법인 기부금　　　 :　　500,000원 • 자녀(이성민)명의 국방헌금　　　　　 :　　700,000원
신용카드	• 본인명의 신용카드 사용액총액　　　　 : 30,000,000원 　(전통시장 1,000,000원, 대중교통 2,000,000원, 도서공연비 3,000,000원 포함) • 고등학생 직불카드 사용액　　　　　　 :　3,000,000원 　**(영화관람료 300,000원 포함)**

물음1. 인적공제 및 자녀세액공제를 판단하시오.

관계	이름	요 건		기본 공제	추가공제 /세액공제	판　　단
		연령	소득			
본 인	김선미	–	–			
배우자	이기동	–				
부친(71)	김선규					
모친(58)	박명순					
자1(22)	이성민					
자2(15)	이철민					
자3(4)	이선미					

물음2. 연말정산대상금액을 입력하시오.

[소득공제]

1. 주택자금		
2. 신용카드	① 신용카드 ② 현금영수증 ③ 직불카드 ④ 전통시장 ⑤ 대중교통비 ⑥ 도서 · 공연비, 박물관 · 미술관, 영화관람료 등	

[특별세액공제]

1. 보장성 보험료	① 일반 ② 장애인전용	
2. 의료비	① 난임시술비 ② 특정(본인, 장애, 65세 이상, 중증환자, 6세 이하 등) ③ 일반의료비	
3. 교육비	① 본인 ② 대학생 ③ 취학전아동 ④ 초중고	
4. 기부금	① 정치자금 　- 10만원 이하 　- 10만원 초과 ② 특례기부금 ③ 일반기부금 ④ 일반기부금(종교단체)	

[해답]

1. 인적공제 판단

관계	이름	요 건		기본 공제	추가공제/ 세액공제	판 단
		연령	소득			
본 인	김선미	–	–	○	한부모	배우자가 없는 경우로서 20세 이하 기본공제대상자(직계비속)가 있는 경우
배우자	이기동		–	–	–	**이혼으로 부양가족이 될 수 없음**
부친(71)	김선규	○	○	○	경로	일용근로소득은 분리과세대상임
모친(58)	박명순	×	○	○	장애	**20백만원 이하의 금융소득은 분리과세소득이고, 장애인은 연령요건을 따지지 않음.**
자1(22)	이성민	×	○	부	–	
자2(15)	이철민	○	○	○	장애인, 자녀	
자3(4)	이선미	○	○	○	출산입양 (셋째 이상)	

<연말정산 대상 판단>

항 목	요건		내　　용	대　상
	연령	소득		
보험료	○ (×)	○	• 본인 주택임차보증금반환 보증보험료 • 모친 장애인전용보험료	800,000(일반) 500,000(장애인)
의료비	×	×	• **미용목적 성형수술비는 제외** • 체외수정시술비용 • **산후조리비용(한도 2,000,000)** • 위암수술비(**실손의료보험금은 차감**) • 모친 콘택트렌즈구입비(500,000원 한도)	× 3,000,000(난임) 2,000,000(본인) 1,000,000(본인) 500,000(장애)
교육비	×	○	• 본인대학원등록금(대학원은 본인만 대상) • **본인 든든학자금 상환** • 직계존속의 교육비는 대상에서 제외 • 고등학생 자녀 등록금 : 급식비와 방과후도서구입비, **수능응시료**도 포함(**교복구입비는 50만원, 체험학습비는 30만원 한도)**	8,000,000(본인) 1,000,000(본인) × 2,800,000(고등)
주택저축			• 본인명의만 가능하다.	–
기부금	×	○	• **정치자금기부금은 본인명의만 가능** • 부친명의 사회복지공동모금회 • 모친명의 사회복지법인 기부금 • 자녀(22)명의 국방헌금	100,000(10만원 이하) 200,000(10만원 초과) 800,000원(특례) 500,000원(일반) 700,000원(특례)
신용 카드	×	○	• 신용카드사용액 : 30,000,000(본인) – 8,000,000(대학원등록금) = 22,000,000원 (의료비는 중복가능) • 직불카드 사용액 (영화관람료는 추가공제 대상)	22,000,000(신용) 2,700,000(직불) 300,000(도서 등)

[연말정산대상금액]

[소득공제]		
1. 주택자금		
2. 신용카드	① 신용카드 ② 현금영수증 ③ 직불카드 ④ 전통시장 ⑤ 대중교통비 ⑥ 도서 · 공연비, 영화관람료	16,000,000 – 2,700,000 1,000,000 2,000,000 3,300,000

[특별세액공제]

1. 보장성 보험료	① 일반 ② 장애인전용	800,000 500,000
2. 의료비	① 난임시술비 ② 특정(본인, 장애, 65세 이상, 6세 이하) ③ 일반	3,000,000 3,500,000
3. 교육비	① 본인 ② 대학생 ③ 취학전아동 ④ 초중고	9,000,000 1,900,000

4. 기부금	① 정치자금
	  - 10만원 이하
	  - 10만원 초과
	② 특례기부금
	③ 일반기부금
	④ 일반기부금(종교단체)
		
		100,000
		200,000
		1,500,000
		500,000

II. 김호인

〈부양가족사항(모두 생계를 같이하고 있음)〉

이름	연령	관계	참 고 사 항
김호인	50세	본 인	무주택 세대주, 당해연도 총급여액 6,000만원
이선미	45세	배우자	총급여액 6,000,000원, 중증환자임
김선규	71세	부친	기초노령연금을 월 200,000원씩 지급받고 있다.
박명순	70세	모친	일시적인 문예창작 소득 11,000,000원이 있다.
최미숙	85세	조모	주거형편상 별거중이다.
김미영	22세	자	대학생으로서 소득이 없다.
박명자	60세	이모	청각장애인으로 집안의 가사일을 전담

〈연말정산 추가자료〉

구 분	명세 및 금액
본인	1. 월세금액 : 4,000,000원(아파트 계약전용면적 : 85㎡, 기준시가 3억) 2. 건강검진비 : 2,000,000원 3. 미국에서 치과 진료비 : 3,000.000원 4. 신용카드사용액 : 30,000,000원(단, 하와이여행시 현지에서 사용한 금액 5,000,000원 　이 포함되어 있으며, 나머지는 국내유흥비임) 5. 특별재난지역 복구를 위한 자원봉사용역의 가액 : 400,000원 6. 종교단체기부금(천주교 헌금) : 500,000원
이선미 (배우자)	7. 보장성 보험료 : 2,000,000원 8. 병원 수술비 : 3,000,000원 9. 신용카드사용액 : 10,000,000원(법인 경비가 500,000원 포함되어 있음)
김선규 (부친)	10. 안경구입비 : 800,000원 11. 노인대학등록금 : 4,000,000원
박명순 (모친)	12. 직불카드 사용액 ; 600,000원
김미영 (자)	13. 대학교 등록금 : 10,000,000원 14. 호주 어학 연수비 : 3,000,000원 15. 신용카드사용액 : 1,000,000원(박물관, 미술관등 입장료)

물음1. 인적공제 및 자녀세액공제를 판단하시오.

관계	이름	요 건		기본 공제	추가공제 /세액공제	판 단
		연령	소득			
본 인	김호인	–	–			
배우자	이선미	–				
부친(71)	김선규					
모친(70)	박명순					
조모(85)	최미숙					
자(22)	김미영					
이모(60)	박명자					

물음2. 연말정산대상금액을 입력하시오.

[소득공제]

1 신용카드	① 신용카드 ② 현금영수증 ③ 직불카드 ④ 도서 · 공연비, 박물관 · 미술관	

[특별세액공제]

1. 보장성 보험료	① 일반 ② 장애인전용	
2. 의료비	① 난임시술비 ② 특정(본인, 장애, 65세 이상, 중증환자 등) ③ 일반	
3. 교육비	① 본인 ② 대학생 ③ 취학전아동 ④ 초중고	
4. 기부금	① 특례기부금 ② 일반기부금 ③ 일반기부금(종교단체)	

[월세세액공제]

[**해답**]

1. 인적공제 판단

관계	이름	요 건		기본 공제	추가공제/ 세액공제	판 단
		연령	소득			
본인	김호인	–	–	○		
배우자	이선미	–	×	부	–	**총급여액 5,000,000원 초과자**
부친(71)	김선규	○	○	○	경로	기초노령연금은 연금소득에서 제외
모친(70)	박명순	○	×	부	–	**60% 필요경비 기타소득금액(4,400,000원)**
조모(85)	최미숙	○	○	○	경로	직계존속의 경우 주거형편상 별거 중인 경우도 인정
자(22)	김미영	×	○	부	–	
이모(60)	박명자	–	×		–	**이모는 기본공제대상에서 제외된다.**

〈연말정산 대상 판단〉

항 목	요건 연령	요건 소득	내 용	대 상
월세	–		• **총급여액 8천만원(개정세법 24) 이하(전용면적 85㎡ 이하)**	4,000,000(월세)
보험료	○	○	• 배우자 보장성보험(소득요건 미충족)	×
의료비	×	×	• 본인 건강검진비 • 본인 **해외진료비는 제외** • 배우자 수술비(소득요건 미충족도 가능) • 부친 **안경구입비(한도 500,000원)**	2,000,000(본인) × 3,000,000(중증) 500,000(65세 이상)
신용 카드	×	○	• 본인 신용카드사용액(**국외사용비 제외**) • 배우자 신용카드사용액(소득요건 미충족) • 모친 직불카드사용액(소득요건 미충족) • 자 신용카드(미술관)	25,000,000(신용) × × 1,000,000(미술관)
기부금	×	○	• 본인 자원봉사용역가액 • 본인 종교단체 기부금	400,000(특례) 500,000(종교)
교육비	×	○	• 부친 **노인대학등록금(직계존속 제외)** • 자녀 대학교 등록금 • 자녀 **어학연수비는 제외**	× 10,000,000(대학) ×

[연말정산대상금액]

[소득공제]		
1. 신용카드	① 신용카드 ④ 도서·공연비, 박물관·미술관	25,000,000 1,000,000
[특별세액공제]		
2. 의료비	① 난임시술비 ② 특정(본인, 65세 이상, 6세 이하 등)	5,500,000
3. 교육비	① 본인 ② 대학생(한도 9백만원)	10,000,000
4. 기부금	① 특례(100%) ② 일반기부금 ③ 일반기부금(종교단체)	400,000 500,000
[월세세액공제]		4,000,000

실무수행평가

1. 장부조회

전표입력→부가가치세→결산 입력 후 장부 및 재무제표 조회를 통하여 실무수행평가(재무회계)를 작성하여야 한다. 따라서 장부 및 재무제표 조회가 아주 중요한 부분이 되었다.

〈주요 장부조회 항목〉

조회문제는 하나의 장부에 답이 있는게 아니라, 여러 가지 장부를 조회하여 해답을 찾을 수 있습니다.

1. **현금거래액 또는 대체거래액**	**월계표/일계표**
2. 채권/채무거래중 **거래처별** 잔액비교	**거래처원장**
3. **일정시점을 주고 계정과목별금액** **(B/S계정 : 누계, I/S계정 : 1월~해당월) 비교**	**합계잔액시산표**
4. **현금의 입출금내역**	**현금출납장**
5. 계정과목별 **전기와 비교시**	**재무상태표/손익계산서/잉여금처분계산서**
6. **제조원가관련(제품제조원가)**	**제조원가명세서**
7. 어음현황	**받을어음/지급어음현황**
8. **기타**	**영수증수취명세서, 경비등 송금명세서 등**

☞ FAT2,1급의 장부조회 등은 저자의 다음(Daum) 카페를 참고하십시오.

예제 **실무수행평가(재무회계)**

㈜대동(2004)의 회계정보를 조회하여 다음의 답을 구하시오.

→ **1.거래자료 입력 → 2.부가가치세 → 3.결산이 입력된 후의 계정과목 변동금액을 물어보는 문제임.**

번호	평가문제
1	1월에 발생한 복리후생비(제조) 총액은 얼마인가?
2	경비등송금명세서에 반영되는 거래 총액은 얼마인가?
3	영수증수취명세서에 반영되는 명세서제출 대상 금액은 얼마인가?
4	2월 중 약속어음을 배서양도한 금액은 얼마인가?
5	1/4분기(1월~3월)에 발생한 보통예금(국민은행)의 입금액과 출금액은 각각 얼마인가? ① 보통예금(국민은행) 입금액: ② 보통예금(국민은행) 출금액:
6	당사가 1/4분기(1월~3월)에 상환예정인 지급어음 총액은 얼마인가?
7	6월 30일 현재 매도가능증권평가익과 매도가능증권평가손의 잔액은 각각 얼마인가? ① 매도가능증권평가익 : ② 매도가능증권평가손 :
8	12월 31일 현재 선급비용 및 미지급비용 잔액은 얼마인가? ① 선급비용 : ② 미지급비용 :
9	당기에 발생한 영업외비용 및 영업외수익 총액은 얼마인가? ① 영업외비용 : ② 영업외수익 :
10	12월 31일 현재 국민은행의 외화장기차입금 잔액은 얼마인가?
11	결산작업 후 확인되는 당기완성품제조원가와 제품매출원가의 금액은 각각 얼마인가? ① 당기완성품제조원가 : ② 제품매출원가 :
12	12월 31일 현재 미처분이익잉여금(이월이익잉여금) 잔액은 얼마인가?

해답

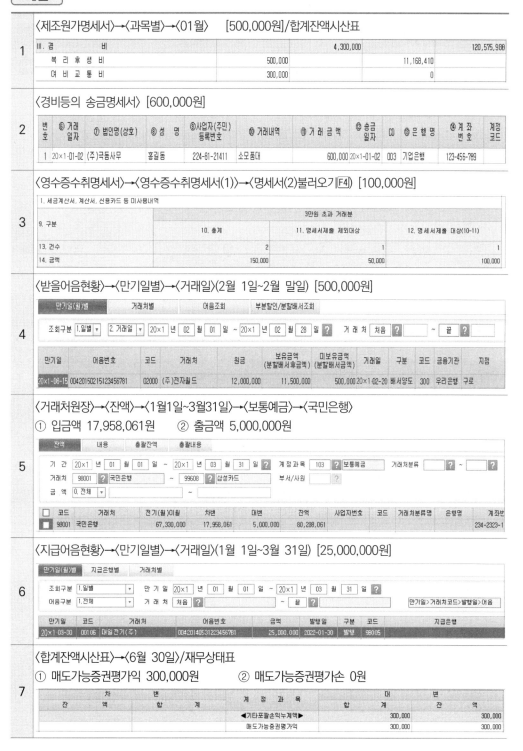

1. 〈제조원가명세서〉→〈과목별〉→〈01월〉 [500,000원]/합계잔액시산표

III. 경 비		4,300,000	120,575,988
복 리 후 생 비	500,000	11,168,410	
여 비 교 통 비	300,000	0	

2. 〈경비등의 송금명세서〉 [600,000원]

번호	⑥거래일자	⑦법인명(상호)	⑧성명	⑨사업자(주민)등록번호	⑩거래내역	⑪거래금액	⑫송금일자	CD	⑬은행명	⑭계좌번호	계정코드
1	20×1-01-02	(주)극동사무	홍길동	224-81-21411	소모품대	600,000	20×1-01-02	003	기업은행	123-456-789	

3. 〈영수증수취명세서〉→〈영수증수취명세서(1)〉→〈명세서(2)불러오기(F4)〉 [100,000원]

1. 세금계산서, 계산서, 신용카드 등 미사용내역			
9. 구분	3만원 초과 거래분		
	10. 총계	11. 명세서제출 제외대상	12. 명세서제출 대상(10-11)
13. 건수	2	1	1
14. 금액	150,000	50,000	100,000

4. 〈받을어음현황〉→〈만기일별〉→〈거래일〉(2월 1일~2월 말일) [500,000원]

만기일(월)별	거래처별	어음조회	부분할인/분할배서조회

조회구분 1.일별 ▼ 2. 거래일 ▼ 20×1 년 02 월 01 일 ~ 20×1 년 02 월 28 일 ? 거래처 처음 ? ~ 끝 ?

만기일	어음번호	코드	거래처	원금	보유금액(분할배서후금액)	미보유금액(분할배서금액)	거래일	구분	코드	금융기관	지점
20×1-08-15	00420150215123456781	02000	(주)전자월드	12,000,000	11,500,000	500,000	20×1-02-20	배서양도	300	우리은행	구로

5. 〈거래처원장〉→〈잔액〉→〈1월1일~3월31일〉→〈보통예금〉→〈국민은행〉
① 입금액 17,958,061원   ② 출금액 5,000,000원

잔액	내용	총괄잔액	총괄내용

기 간 20×1 년 01 월 01 일 ~ 20×1 년 03 월 31 일 ? 계정과목 103 ? 보통예금 거래처분류 ? ~ ?
거래처 98001 ? 국민은행 ~ 99608 ? 삼성카드 부서/사원 ?
금 액 0. 전체 ▼ ~

코드	거래처	전기(월)이월	차변	대변	잔액	사업자번호	코드	거래처분류명	은행명	계좌번
98001	국민은행	67,330,000	17,958,061	5,000,000	80,288,061					234-2323-1

6. 〈지급어음현황〉→〈만기일별〉→〈거래일〉(1월 1일~3월 31일) [25,000,000원]

만기일(월)별	지급은행별	거래처별

조회구분 1.일별 ▼ 만 기 일 20×1 년 01 월 01 일 ~ 20×1 년 03 월 31 일 ?
어음구분 1.전체 ▼ 거 래 처 처음 ? ~ 끝 ? 만기일>거래처코드>발행일>어음

만기일	코드	거래처	어음번호	금액	발행일	구분	코드	지급은행
20×1-03-30	00106	대일전기(주)	00420140531234567B1	25,000,000	2022-01-30	발행	98005	

7. 〈합계잔액시산표〉→〈6월 30일〉/재무상태표
① 매도가능증권평가익 300,000원   ② 매도가능증권평가손 0원

차 변		계 정 과 목	대 변	
잔 액	합 계		합 계	잔 액
		◀기타포괄손익누계액▶	300,000	300,000
		매도가능증권평가익	300,000	300,000

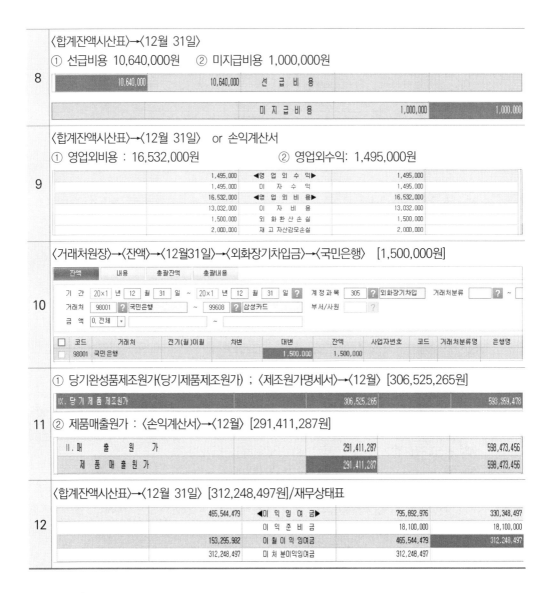

8 〈합계잔액시산표〉→〈12월 31일〉
① 선급비용 10,640,000원   ② 미지급비용 1,000,000원

10,640,000		10,640,000	선 급 비 용		
			미 지 급 비 용	1,000,000	1,000,000

9 〈합계잔액시산표〉→〈12월 31일〉 or 손익계산서
① 영업외비용 : 16,532,000원   ② 영업외수익 : 1,495,000원

		1,495,000	◀영 업 외 수 익▶	1,495,000	
		1,495,000	이 자 수 익	1,495,000	
		16,532,000	◀영 업 외 비 용▶	16,532,000	
		13,032,000	이 자 비 용	13,032,000	
		1,500,000	외 화 환 산 손 실	1,500,000	
		2,000,000	재 고 자 산 감 모 손 실	2,000,000	

10 〈거래처원장〉→〈잔액〉→〈12월31일〉→〈외화장기차입금〉→〈국민은행〉 [1,500,000원]

잔액	내용	총괄잔액	총괄내용

기 간 20x1 년 12 월 31 일 ~ 20x1 년 12 월 31 일 ?   계정과목 305 ? 외화장기차입   거래처분류 ? ~
거래처 98001 ? 국민은행 ~ 99608 ? 삼성카드   부서/사원 ?
금 액 0. 전체 ▾ ~

□ 코드	거래처	전기(월)이월	차변	대변	잔액	사업자번호	코드	거래처분류명	은행명
□ 98001	국민은행			1,500,000	1,500,000				

11 ① 당기완성품제조원가(당기제품제조원가) ; 〈제조원가명세서〉→〈12월〉 [306,525,265원]

IX. 당 기 제 품 제 조 원 가		306,525,265	593,959,478

② 제품매출원가 : 〈손익계산서〉→〈12월〉 [291,411,287원]

II. 매 출 원 가		291,411,287	598,473,456
제 품 매 출 원 가		291,411,287	598,473,456

12 〈합계잔액시산표〉→〈12월 31일〉 [312,248,497원]/재무상태표

		465,544,479	◀이 익 잉 여 금▶	795,892,976	330,348,497
			이 익 준 비 금	18,100,000	18,100,000
		153,295,982	이 월 이 익 잉 여 금	465,544,479	312,248,497
		312,248,497	미 처 분 이 익 잉 여 금	312,248,497	

2. 실무수행평가(부가가치세)

매입매출전표 중 (수정)전자세금계산서 발급 및 전송과 각종 부가가치세 부속서류를 작성 후 그에 관계되는 조회문제가 나온다.

 실무수행평가(부가가치세)

㈜대동(2004)의 부가가치세 관련 정보를 조회하여 다음의 답을 구하시오.

번호	평가문제
1	㈜대동의 회사등록 정보이다. 다음 중 올바르지 않은 것은? ① ㈜대동은 내국법인이며, 사업장 종류별 구분은 "중소기업"에 해당한다. ② ㈜대동의 국세환급사유 발생시 국민은행으로 입금된다. ③ ㈜대동의 지방세납부 법정동은 "서초구청"이다. ④ 전자세금계산서 관리를 위한 담당자 E-mail은 kyc0102271@naver.com이다.
2	㈜대동의 환경설정 정보이다. 다음 중 올바르지 않은 것은? ① 계정과목코드체계는 세목미사용(3자리)이다. ② 소수점관리는 수량 1.버림, 단가 1.버림, 금액 3.반올림 으로 설정되어 있다. ③ 일반전표 입력시 엔터키 입력으로 거래처코드가 자동으로 복사된다. ④ 거래유형이 카드거래의 매입매출 전표 입력시 카드거래처는 자동으로 복사되지 않는다.
3	8월 03일자 전자세금계산서 승인번호를 입력하시오.
4	5월 03일자 수정후 재발행된 세금계산서의 승인번호를 입력하고 수정사유를 선택하시오. ① 승인번호: ② 수정사유:
5	제1기 예정신고기간의 건물등감가상각취득명세서에서 조회되는 감가상각자산별 공급가액은 얼마인가? ① 건물·구축물: ② 기계장치: ③ 차량운반구: ④ 기타감가상각자산:
6	제1기 예정 신고기간의 부가가치세 신고시에 작성되는 부가가치세 첨부서류에 해당하지 않는 것은? ① 세금계산서합계표 ② 신용카드매출전표등 수령금액합계표(갑) ③ 수출실적명세서 ④ 건물등 감가상각자산 취득명세서
7	제1기 예정 신고기간의 부가가치세신고서에 반영되는 부가율은 얼마인가? (단, 국세청 부가율적용은 "여"를 선택한다.)
8	제1기 예정신고기간의 부가가치세신고서의 과세_세금계산서발급분(1란) 금액은 얼마인가?
9	제1기 예정신고기간의 고정자산매입액은 얼마인가?

번호	평가문제
10	제1기 확정신고기간의 공통매입세액 정산내역에 반영되는 면세비율은 몇 %인가? (저장된 데이터를 불러오세요)
11	제1기 확정신고기간 부가가치세신고서에 반영되는 수입금액제외 총액은 얼마인가?
12	제1기 확정신고기간 부가가치세 납부세액은 얼마인가?

[해답]

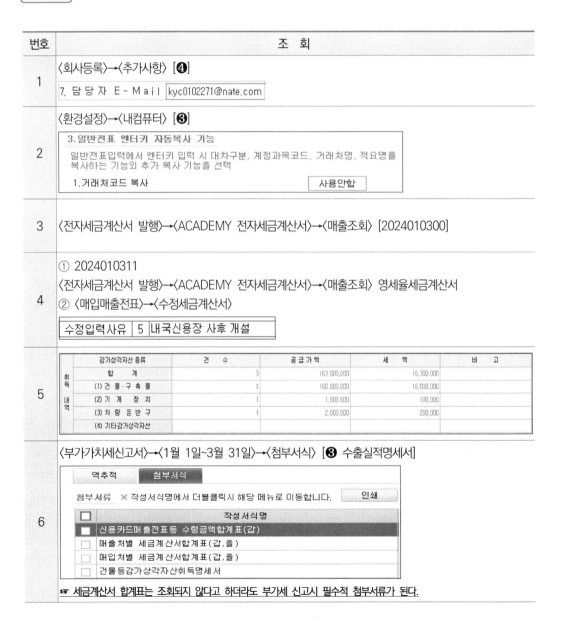

번호	조 회
1	〈회사등록〉→〈추가사항〉[❹] 7. 담당자 E-Mail kyc0102271@nate.com
2	〈환경설정〉→〈내컴퓨터〉[❸] **3. 일반전표 엔터키 자동복사 기능** 일반전표입력에서 엔터키 입력 시 대차구분, 계정과목코드, 거래처명, 적요명을 복사하는 기능외 추가 복사 기능을 선택 1. 거래처코드 복사 _____ 사용안함
3	〈전자세금계산서 발행〉→〈ACADEMY 전자세금계산서〉→〈매출조회〉[2024010300]
4	① 2024010311 〈전자세금계산서 발행〉→〈ACADEMY 전자세금계산서〉→〈매출조회〉영세율세금계산서 ② 〈매입매출전표〉→〈수정세금계산서〉 수정입력사유 | 5 | 내국신용장 사후 개설
5	취득내역 | 감가상각자산 종류	건 수	공급가액	세 액	비 고
---	---	---	---	---
합 계	3	163,000,000	16,300,000	
(1) 건 물·구 축 물	1	160,000,000	16,000,000	
(2) 기 계 장 치	1	1,000,000	100,000	
(3) 차 량 운 반 구	1	2,000,000	200,000	
(4) 기타감가상각자산					
6	〈부가가치세신고서〉→〈1월 1일~3월 31일〉→〈첨부서식〉[❸ 수출실적명세서] 역추적 첨부서식 첨부서류 ※ 작성서식명에서 더블클릭시 해당 메뉴로 이동합니다. 인쇄 작성서식명 ☐ 신용카드매출전표등 수령금액합계표(갑) ☐ 매출처별 세금계산서합계표(갑,을) ☐ 매입처별 세금계산서합계표(갑,을) ☐ 건물등감가상각자산취득명세서 ☞ 세금계산서 합계표는 조회되지 않다고 하더라도 부가세 신고시 필수적 첨부서류가 된다.

번호	조 회
7	〈부가가치세신고서〉→〈1월 1일~3월 31일〉 [63.31%] 부가율　63.31
8	〈부가가치세신고서〉→〈1월 1일~3월 31일〉　[246,861,160원] **구 분 / 금액 / 세율 / 세액** 과세 / 세금계산서발급분 1 / 246,861,160 / 10/100 / 24,686,116 매입자발행세금계산서 2 / / 10/100 /
9	〈부가가치세신고서〉→〈1월 1일~3월 31일〉 [164,600,000원] 1. 세금계산서 수취분 세금계산 수취부분 / 수출기업수입분납부유예 10-1 / / 고정자산매입 11 / 163,000,000 / 16,300,000 2.신용카드수취분 **구분 / 금액 / 세율 / 세액** 신용매출전표수취/일반 41 / / / 신용매출전표수취/고정 42 / 1,600,000 / / 160,000
10	〈매입세액 불공제내역〉→〈4월~6월〉→〈공통매입세액의 정산내역〉　[70%] 계산식 / 구분 / (15)총공통매입세액 / (16)면세사업 확정비율(%): 면세공급가액(면세사용면적) / 총공급가액(총사용면적) / 면세비율(%) / (17)불공제매입세액총액((15)×(16)) / (18)기 불공제매입세액 / (19)가산또는공제되는매입세액((17)-(18)) 1 / 1.면세공급가액 기준 / / 1,000,000 / 70,000,000 / 100,000,000 / 70.000000 / 700,000 / 200,000 / 500,000
11	〈부가가치세신고서〉→〈4월1일~6월30일〉→〈과표〉　[5,000,000원] **구 분 / 금액 / 세율 / 세액** 과세 / 세금계산서발급분 1 / 246,861,160 / 10/100 / 24,686,116 매입자발행세금계산서 2 / / 10/100 /
12	〈부가가치세신고서〉→〈4월 1일~6월 30일〉　[2,578,946원] 가산세액계 26 / ㉮ / 차가감납부할세액(환급받을세액)(ⓓ-ⓔ-ⓜ-ⓑ-ⓢ-ⓞ-ⓩ-㉧+㉮) 27 / 2,578,946

129

Login Tax Accounting Technician 2

Part II
기출문제

〈TAT 2급 시험〉

			문항수	방법	배점
이론	재무회계	재무회계의 기초	5	객관식 4지선다형	30
	세무회계	부가가치세	2		
		소득세 원천징수	3		
실무 수행 과제	회계정보관리	1. 거래자료입력	3	실무수행과제 입력 후 수행평가 답안 작성	–
	부가가치세관리	2. 세금계산서	2		
		3. 부가가치세	2		
	회계정보관리	4. 결산	2		
	근로소득관리	5. 원천징수	2		
		6. 연말정산	1		
수행 평가	부가가치세 관리	1. 부가가치세 조회	10		22
	회계정보관리	2. 회계정보 조회	15		23
	근로소득관리	3. 근로소득정보 조회	15		25
계					100

2024년 주요 개정세법 (TAT2급 관련)

Ⅰ. 부가가치세법

1. 매입자 발행세금계산서 발행 신청기한 확대

| 현행 | 과세기간 종료일부터 6개월 이내 | 개정 | **1년 이내** |

2. 간이과세포기 후 포기신고의 철회가 가능(2024.07.01. 이후 포기분부터)

| 현행 | 포기 후 3년간 간이과세 적용 불가능 | 개정 | **포기신고의 철회가 가능** |

Ⅱ. 소득세법

1. 배당소득 이중과세 조정을 위한 배당가산율 조정

| 현행 | 11% | 개정 | **10%** |

2. **출산 · 보육수당 비과세 한도 상향**

| 현행 | 월 10만원 이하 | 개정 | **월 20만원 이하** |

3. 국외근로소득(외항선 선원 및 해외 건설근로자 등)기준 비과세 한도 확대

| 현행 | 월 300만원 | 개정 | **월 500만원** |

4. 직무발명보상금 비과세 한도 상향

| 현행 | 연 5백만원 이하 | 개정 | **연 700만원 이하** |

5. 자녀세액공제 대상 추가 및 금액 상향

	추가		**손자녀**
현행	1명 : 15만원 2명 : 30만원	개정	**1명 : 15만원** **2명 : 35만원**

6. 산후조리비용의 **총급여액 요건(7천만원 이하자) 폐지**

7. 특정의료비 대상 추가

| 현행 | 추가 | 개정 | **(과세기간 개시일 현재) 6세 이하**
부양가족 |

8. 월세 세액공제 소득기준 및 한도 상향(조특법)

| 현행 | – 총급여액 7천만원(종합소득금액
  6천만원) 이하
– (공제한도) 750만원 | 개정 | – **총급여액 8천만원(종합소득금액**
  7천만원) 이하
– **1,000만원** |

회계가 바로 서야 경제가 바로 섭니다.

제○○회 AT(Accounting Technician)자격시험

TAT 2급

Tax Accounting Technician

■ **시험시간 :** 90분

■ **이론배점 :** 문항당 3점

■ **실무배점 :** 문항별 배점 참조

※ 더존 Smart A 프로그램을 최신버전으로 시험에 응시하여야 합니다.

※ 실무는 실무수행을 입력 후 실무수행평가를 수행하셔야 합니다.

일부 항목은 프로그램이 자동계산되어지므로 시점(세법개정, 프로그램 업데이트)
마다 달라질 수가 있습니다.

- 세법·회계처리기준 등을 적용하여 정답을 구하여야 하는 문제는 **시험시행 공고일 현재(20∗∗.∗.∗∗.) 시행 중인**
  법률·기준 등을 적용하여 그 정답을 구하여야 합니다.
- 이번 시험에서는 타계정 대체와 관련된 적요만 채점하며 그 외의 적요는 채점에 반영되지 않습니다.

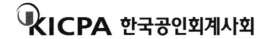

KICPA 한국공인회계사회

기출문제

Financial Accounting Technician

세무정보처리 자격시험 2급

68회

합격율	시험년월
56%	2023.12

실무이론평가

아래 문제에서 특별한 언급이 없으면 기업의 보고기간(회계기간)은 매년 1월 1일부터 12월 31일까지입니다. 또한 기업은 일반기업회계기준 및 관련 세법을 계속적으로 적용하고 있다고 가정하고 물음에 가장 합당한 답을 고르시기 바랍니다.

[1] 다음은 제조업을 영위하고 있는 (주)한공의 박전무와 김대리의 대화내용이다.
(가)와 (나)에 들어갈 항목으로 옳은 것은?

> 박전무 : 회사가 보유하고 있는 건물은 재무상태표에 어떻게 표시되고 있나요?
> 김대리 : 타인에게 임대하거나 자체적으로 사용하고 있는 건물은 (가)으로, 시세차익을 얻기 위하여 보유하고 있는 건물은 (나)으로 분류하고 있습니다.

※ 1차 저작권자의 저작권 침해 소지가 있어 삽화 삽입은 어려우니 양해바랍니다.

	(가)	(나)
①	유형자산	재고자산
②	투자자산	재고자산
③	유형자산	투자자산
④	재고자산	유형자산

[2] 다음 자료를 토대로 (주)한공의 매출원가를 계산하면 얼마인가?

• 매출액	15,500,000원	• 영업이익	1,000,000원
• 판매비와관리비	4,500,000원	• 당기순이익	900,000원

① 11,100,000원
② 10,100,000원
③ 10,000,000원
④ 9,800,000원

[3] (주)한공은 전기에 대손처리한 외상매출금 1,000,000원 중 500,000원을 현금으로 회수하였다. 이에 대한 회계처리로 옳은 것은?

① (차) 현금   1,000,000원   (대) 대손상각비   1,000,000원
② (차) 현금   1,000,000원   (대) 대손충당금   1,000,000원
③ (차) 현금   500,000원   (대) 대손충당금   500,000원
④ (차) 대손충당금   500,000원   (대) 현금   500,000원

[4] 다음은 (주)한공의 보험료 관련 자료이다. 결산수정분개를 누락한 결과가 재무제표에 미치는 영향으로 옳은 것은?(월할계산 가정)

> 8월 1일 업무용 건물에 대한 1년분 화재 보험료 720,000원을 현금으로 지급하고, 전액 선급비용(자산)으로 처리하였다.
> 12월 31일 결산 시 보험료에 대한 결산수정분개를 누락하였다.

① 손익계산서에 보험료 420,000원이 과소계상된다.
② 손익계산서의 영업이익이 300,000원이 과대계상된다.
③ 재무상태표에 유동부채 300,000원이 과소계상된다.
④ 재무상태표에 유동자산 420,000원이 과대계상된다.

[5] 다음 중 사채의 시장이자율과 액면이자율의 관계를 바르게 설명한 것은?

① 사채할인발행차금은 시장이자율보다 액면이자율이 낮을 경우 발생한다.
② 사채할인발행차금은 시장이자율보다 액면이자율이 높을 경우 발생한다.
③ 사채할증발행차금은 시장이자율과 액면이자율이 같을 경우 발생한다.
④ 사채할증발행차금은 시장이자율에 의해 영향을 받지 않는다.

[6] 다음은 (주)한공이 당기에 취득하여 보유중인 유가증권(시장성 있음) 내역이다. 기말 결산 시 유가증권의 평가결과로 옳은 것은?

보유목적	종류	주식수	액면단가	취득단가	기말공정가치
단기매매	A주식	1,000주	5,000원	@6,000원	@7,000원
단기매매	B주식	3,000주	5,000원	@8,000원	@5,000원
장기보유	C주식	2,000주	5,000원	@7,000원	@9,000원

① 당기순이익이 4,000,000원 감소한다.
② 당기순이익이 4,000,000원 증가한다.
③ 당기순이익이 8,000,000원 감소한다.
④ 당기순이익이 8,000,000원 증가한다.

[7] 다음 중 부가가치세법상 면세와 관련한 설명으로 옳지 않은 것은?

① 면세사업자는 부가가치세법에 따른 사업자등록의무가 없다.

② 면세사업자는 면세포기를 하여야만 영세율을 적용받을 수 있다.

③ 면세는 수출산업을 지원하기 위한 목적으로 도입되었다.

④ 국가에 무상으로 공급하는 재화 또는 용역에 대해서는 면세가 적용된다.

[8] 다음 자료를 토대로 (주)한공의 20x1년 제2기 부가가치세 확정신고 시 과세표준을 계산하면 얼마인가?(단, 주어진 자료에는 부가가치세가 포함되지 아니하였다.)

> • 제품 매출액: 100,000,000원
> • 국가에 무상으로 기증한 제품: 30,000,000원(시가)
> • 화재로 인하여 소실된 제품: 12,000,000원(시가)
> • 중고 기계장치 처분액: 10,000,000원

① 100,000,000원

② 110,000,000원

③ 122,000,000원

④ 140,000,000원

[9] 다음 중 소득세법상 사업소득에 대한 설명으로 옳은 것은?

① 논·밭을 작물생산에 이용하게 함으로써 발생하는 소득은 비과세된다.

② 대표자 본인에 대한 급여는 필요경비로 인정된다.

③ 원천징수대상 사업소득은 분리과세되어 원천징수로써 납세의무가 종결된다.

④ 사업용 고정자산에 해당하는 토지를 양도함으로써 발생하는 차익은 사업소득금액 계산 시 총수입금액에 산입한다.

[10] 다음 자료를 토대로 (주)한공에 근무하는 김회계 씨의 20x1년도 총급여액을 계산하면 얼마인가?

> 가. 기본급: 56,000,000원
> 나. 직책수당: 6,000,000원
> 다. 식대보조금: 2,400,000원(월 20만원, 별도의 식사를 제공받았음.)
> 라. 자가운전보조금: 1,200,000원(월 10만원, 실제 여비를 받지 않았음.)

① 58,400,000원

② 62,000,000원

③ 64,400,000원

④ 65,600,000원

■■■■■ **실무수행평가**

(주)리빙산업(2680)은 식기세척기 제조업을 영위하는 법인기업으로 회계기간은 제7기(20x1.1.1. ~ 20x1.12.31.)이다. 제시된 자료와 자료설명을 참고하여, [수행과제]를 완료하고 [평가문제]의 물음에 답하시오.

실무수행 유의사항	1. 부가가치세 관련거래는 [매입매출전표입력]메뉴에 입력하고, 부가가치세 관련없는 거래는 [일반전표입력]메뉴에 입력한다. 2. 타계정 대체와 관련된 적요는 반드시 코드를 입력하여야 한다. 3. 채권·채무, 예금거래 등 관리대상 거래자료에 대하여는 반드시 거래처코드를 입력한다. 4. 자금관리 등 추가 작업이 필요한 경우 문제의 요구에 따라 추가 작업하여야 한다. 5. 제조경비는 500번대 계정코드를 사용한다. 6. 판매비와관리비는 800번대 계정코드를 사용한다. 7. 등록된 계정과목 중 가장 적절한 계정과목을 선택한다.

실무수행1 │ 거래자료 입력

실무프로세스 자료이다. [자료설명]을 참고하여 [수행과제]를 수행하시오.

① 3만원초과 거래자료에 대한 경비등송금명세서 작성

자료 1.

납 품 확 인 증

(주)리빙산업 귀하

품 명	배추
금 액	300,000 원

위와 같이 납품하였음을 확인함.

20x1년 1월 10일

성   명: 이복길

주민등록번호: 540320-2178111

주   소: 경기 가평군 수목원로 101

계 좌 번 호: 우리은행 110154-21-210

자료 2.

이체확인증

출력일자 : 20x1-01-10

이 체 일 시	20x1-01-10 15:20:15	입 금 은 행	우리은행
입금계좌번호	110154-21-210	예 금 주	이복길
이 체 금 액	300,000원	수 수 료	
C M S 코 드		출 금 계 좌	
송 금 인	(주)리빙산업		
메 모			

상기내용과 같이 이체가 완료되었음을 확인합니다.
20x1년 1월 10일 (주)하나은행

KEB 하나은행

이체일
20x1/01/1
하나은행

¶ 본 명세는 고객의 편의를 위해 제공되는 것으로, 거래의 참고용으로만 사용하실 수 있습니다.

자료설명	1. 자료 1은 본사 관리부 직원 구내식당에서 사용할 배추를 농민에게 직접 구입하고 받은 납품확인증이다. 2. 자료 2는 구입대금을 당사 하나은행 보통예금계좌에서 송금한 이체확인증이다.
수행과제	1. 거래자료를 입력하시오. 2. 경비등송금명세서를 작성하시오.(단, 영수증수취명세서 작성은 생략할 것.)

② 약속어음 수취거래

전 자 어 음

(주)리빙산업 귀하

00420230330123456789

金 일천만원정

10,000,000원

위의 금액을 귀하 또는 귀하의 지시인에게 지급하겠습니다.

지급기일 20x1년 6월 30일
지 급 지 국민은행
지급장소 서대문지점

발행일 20x1년 3월 30일
발행지
주 소 서울 송파구 송파대로 170
발행인 (주)중앙산업

자료설명	[3월 30일] (주)중앙산업의 외상매출금 잔액과 제품매출에 대한 계약금을 전자어음으로 수취하였다.
수행과제	1. 거래처원장을 조회하여 거래자료를 입력하시오. 2. 자금관련정보를 입력하여 받을어음현황에 반영하시오.

3 기타 일반거래

자료. 배당금 지급안내문

배정내역	주주번호	000050000020005*****			주주명	(주)리빙산업			

주주 구분	주식 종류	배당 일수	소유 주식수	배당(정)률		배당금	배정 주식수	단수주	단주 기준가	단주 대금 지급액
				현금 배당율	주식 배정율					
실물 소유분 (명부)	보통주									
증권회사 위탁분 (실질)	보통주	365	1,000	0.154		1,240,000				

자료설명	1. 투자목적으로 보유하고 있는 (주)삼성전자 주식에 대한 연차배당이 3월 31일 주주총 회에서 결의되어 배당금 지급안내문을 받았다. 해당 배당금은 4월 20일 입금될 예 정이다. 2. (주)삼성전자 주식은 단기매매증권으로 분류되어 있다.
수행과제	3월 31일 결의일자에 거래자료를 입력하시오.

실무수행2   부가가치세관리

부가가치세 신고 관련 자료이다. [자료설명]을 참고하여 [수행과제]를 수행하시오.

① 전자세금계산서 발급

거래명세서 (공급자 보관용)

공급자	등록번호	221-81-55552			공급받는자	등록번호	134-81-45560		
	상호	(주)리빙산업	성명	백종원		상호	삼일전자(주)	성명	강민철
	사업장 주소	서울 서대문구 충정로7길 12				사업장 주소	서울 금천구 시흥대로 106		
	업태	제조업	종사업장번호			업태	도소매업	종사업장번호	
	종목	식기세척기				종목	전자제품외		

거래일자	미수금액	공급가액	세액	총 합계금액
20x1.4.5.		12,000,000원	1,200,000원	13,200,000원

NO	월	일	품목명	규격	수량	단가	공급가액	세액	합계
1	4	5	자외선 식기세척기		15	800,000	12,000,000	1,200,000	13,200,000

자료설명	1. 제품을 공급하고 전자세금계산서를 발급하였다. 2. 전자세금계산서를 발급하고 대금은 전액 신한카드로 결제받았다. (카드결제 대금은 외상매출금으로 처리할 것.)
수행과제	1. 거래자료를 입력하시오. 2. 전자세금계산서 발행 및 내역관리 를 통하여 발급·전송하시오. (전자세금계산서 발급 시 결제내역 및 전송일자는 무시할 것.)

2 수정전자세금계산서의 발급

전자세금계산서			(공급자 보관용)		승인번호		

공급자	등록번호	221-81-55552			공급받는자	등록번호	506-81-45111		
	상호	(주)리빙산업	성명(대표자)	백종원		상호	(주)한성전자	성명(대표자)	이한성
	사업장주소	서울 서대문구 충정로7길 12				사업장주소	경북 구미시 산동면 첨단기업4로 49-29		
	업태	제조업	종사업장번호			업태	제조.도소매업	종사업장번호	
	종목	식기세척기				종목	가전제품		
	E-Mail	living@bill36524.com				E-Mail	hansung@bill36524.com		

작성일자	20x1.6.5.	공급가액	25,000,000	세 액	2,500,000
비고					

월	일	품목명	규격	수량	단가	공급가액	세액	비고
6	5	3인용 식기세척기		100	250,000	25,000,000	2,500,000	

합계금액	현금	수표	어음	외상미수금	이 금액을	○ 영수 / ● 청구	함
27,500,000				27,500,000			

자료설명	1. 6월 5일 제품을 공급하고 발급한 전자세금계산서이며 매입매출전표에 입력되어 있다. 2. 담당자의 착오로 동일 건을 이중 발급한 사실을 확인하였다.
수행과제	수정사유를 선택하여 수정전자세금계산서를 발급·전송하시오.(외상대금 및 제품 매출에서 음수(-)로 처리하고 전자세금계산서 발급 시 결제내역 및 전송일자는 고려하지 않을 것.)

③ 수출실적명세서 작성자의 부가가치세 신고서 작성

자료 1. 수출신고필증(갑지)

수 출 신 고 필 증 (갑지)

※ 처리기간 : 즉시

제출번호 32245-69-11110001	⑤신고번호 23176-23-067395-X	⑥세관.과 130-82	⑦신고일자 20x1/7/15	⑧신고구분 H	⑨C/S구분
①신　고　자 인천 관세법인 관세사 최고봉					
②수 출 자 (주)리빙산업 (통관고유부호) (주)리빙산업-1-74-1-12-4 수출자구분 A 수 출 화 주 (주)리빙산업 (통관고유부호) (주)리빙산업-1-74-1-12-4 (주소) 서울 서대문구 충정로7길 12 (대표자) 백종원 (소재지) 101 (사업자등록번호) 221-81-55552	⑩거래구분 11	⑪종류 A		⑫결제방법 TT	
	⑬목적국 DE GERMANY	⑭적재항 INC 인천항		⑮선박회사 (항공사) HJSC	
	⑯선박명(항공편명) HANJIN SAVANNAH	⑰출항예정일자 20x10724		⑱적재예정보세구역 03012202	
	⑲운송형태 10 BU			⑳검사희망일 20x1/7/20	
	㉑물품소재지 한진보세장치장 인천 중구 연안동 245-1				
③제　조　자 (주)리빙산업 (통관고유부호)(주)리빙산업-1-74-1-12-4 제조장소 214　　　산업단지부호	㉒L/C번호 868EA-10-55554			㉓물품상태 N	
	㉔사전임시개청통보여부 A			㉕반송 사유	
④구　　매　　자 쉰들러(주) Schindler Co., Ltd (구매자부호) CNTOSHIN12347	㉖환급신청인 1 (1:수출대행자/수출화주,　2:제조자) 간이환급 NO				
• 품명 • 규격 (란번호/총란수: 999/999)					
㉗품　명 식기서칙기 ㉘거래품명 식기세척기	㉙상표명 NO				
㉚모델·규격 ABC-1 250		㉛성분	㉜수량 30(EA)	㉝단가(EUR) 400	㉞금액(EUR) 12,000
㉟세번부호 1234.12-1234	㊱순중량	500KG	㊲수량 30(EA)	㊳신고가격 (FOB)	12,000 EUR ₩17,120,000
㊴송품장번호 AC-2013-00620	㊵수입신고번호		㊶원산지 Y	㊷포장갯수(종류)	30BOX
㊸수출요건확인(발급서류명)					
㊹총중량 950KG	㊺총포장갯수	5,000C/T	㊻총신고가격 (FOB)	12,000 EUR ₩17,120,000	
㊼운임(₩)	㊽보험료(₩)		㊾결제금액	12,000 EUR	
㊿수입화물관리번호			�51컨테이너번호	CKLU2005013	Y
※신고인기재란 　수출자 : 제조/무역, 전자제품	�52세관기재란				
�53운송(신고)인 한라통운(주) 박운송 �54기간 20x1/7/15 부터 20x1/7/25 까지	⑤적재의무 기한	20x1/7/25	⑤담당자 990101 (김태호)	⑤신고수리 일자	20x1/7/15

자료 2. 기준(재정)환율 내역

외화금액	수출신고일	선적일	7월 15일 기준환율	7월 20일 기준환율
EUR 12,000	7월 15일	7월 20일	1,425.0원/EUR	1,420.0원/EUR

자료설명	1. 자료 1은 독일의 쉰들러(주)에 제품을 직수출하고 신고한 수출신고필증이다. 대금 12,000유로(EUR)는 다음 달 말일에 거래은행을 통하여 송금받기로 하였다. 2. 자료 2는 기준(재정)환율 내역이다.

수행과제	1. 거래자료를 입력하시오. 2. 제2기 예정 신고기간의 수출실적명세서를 작성하시오. 3. 제2기 부가가치세 예정신고서에 반영하시오.

④ 신용카드매출전표등 수령금액합계표 작성자의 부가가치세신고서 작성

자료 1.

매출전표

카드종류	거래일자
롯데카드	20x1.10.10.13:12:08

카드번호(CARD NO)					
1234-1234-****-1234					

승인번호		금액	백	천	원
30010947		AMOUNT	1	0 0,0 0 0
일반	할부	부가세 V.AT		1 0,0 0 0
일시불					
	휘발유	봉사료 CASHBACK			
거래유형		합계 TOTAL		1 1 0,0 0 0
신용승인					

가맹점명
(주)우진에너지

대표자명	사업자번호
윤승현	125-81-28548

전화번호	가맹점번호
02-457-8004	312110073

주소
서울 구로구 구로3동

상기의 거래 내역을 확인합니다.   서명 (주)리빙산업

자료 2.

신용카드매출전표

가 맹 점 명 블루핸즈 북가좌점
사 업 자 번 호 106-81-85951
대 표 자 명 정몽구
주   소 서울 서대문구 수색로 14

롯 데 카 드   신용승인
거 래 일 시   20x1-11-15 오후 13:10:25
카 드 번 호   5678-1980-****-1724
유 효 기 간   **/**
가맹점번호   123460001
매 입 사   우리카드(전자서명전표)

상 품 명   수리비   금액   330,000

공 급 금 액   300,000원
부가세금액   30,000원
합   계   330,000원

자료 3.

```
          ** 현금영수증 **
           (지출증빙용)

사업자등록번호  : 120-88-00767
사업자명       : 쿠팡(주)
단말기ID       : 73453259(tel:02-257-1004)
가맹점주소     : 서울 송파구 송파대로 570

현금영수증 회원번호
 221-81-55552            (주)리빙산업
승인번호       : 57231010
거래일시       : 20x1년 12월 8일 9시25분21초

공 급 금 액               900,000원
부가세금액                 90,000원
총  합  계                990,000원

휴대전화, 카드번호 등록
http://현금영수증.kr
국세청문의(126)
38036925-GCA10106-3870-U490
   <<<<<이용해 주셔서 감사합니다.>>>>>
```

자료설명	1. 자료 1은 대표이사 출퇴근용 법인승용자동차(개별소비세 과세대상, 배기량 3,000cc)에 주유하고 결제한 법인 신용카드매출전표이다. 2. 자료 2는 공장 화물차 수리비를 결제한 법인 신용카드매출전표이다. ('차량유지비'로 처리할 것.) 3. 자료 3은 경리부에서 사용할 복합기를 쿠팡(주)에서 구입하고 수취한 현금영수증이다. 대금은 하나은행 보통예금계좌에서 이체지급하였다.(자산으로 처리할 것.) 단, 제시된 자료의 거래처는 모두 일반과세자이다.
수행과제	1. 자료 1 ~ 자료 3의 거래자료를 입력하시오. 2. 제2기 확정 신용카드매출전표등 수령금액 합계표를 작성하시오. 3. 신용카드매입 및 전자신고세액공제를 반영하여 제2기 부가가치세 확정신고서를 작성하시오. - 제2기 부가가치세 확정신고서를 홈택스에서 전자신고하여 전자신고세액공제 10,000원을 공제받기로 한다.

평가문제 입력자료 및 회계정보를 조회하여 [평가문제]의 답안을 입력하시오.(70점)

〈평가문제 답안입력 유의사항〉

① 답안은 **지정된 단위의 숫자로만 입력**해 주십시오.

＊한글 등 문자 금지

	정답	오답(예)
(1) **금액은 원 단위로 숫자를 입력**하되, 천 단위 콤마(,)는 생략 가능합니다.	**1,245,000** **1245000**	1.245.000 1,245,000원 1,245,0000 12,45,000 1,245천원
(1-1) 답이 0원인 경우 반드시 "0" 입력 (1-2) 답이 음수(-)인 경우 숫자 앞에 "-"입력 (1-3) 답이 소수인 경우 반드시 "." 입력		
(2) 질문에 대한 **답안은 숫자로만 입력**하세요.	**4**	04 4건, 4매, 4명 04건, 04매, 04명
(3) **거래처 코드번호는 5자리 숫자로 입력**하세요.	**00101**	101 00101번

② 답안에 **천원단위(000) 입력시 더존 프로그램 숫자 입력 방법과 다르게 숫자키패드 '+' 기능은 지원되지 않습니다.**

③ **더존 프로그램에서 조회되는 자료를 복사하여 붙여넣기가 가능**합니다.

④ **수행과제를 올바르게 입력하지 않고 작성한 답과 모범답안이 다른 경우 오답처리**됩니다.

번호	평가문제	배점
11	**평가문제 [회사등록 조회]** (주)리빙산업의 회사등록 정보이다. 다음 중 올바르지 않은 것은? ① (주)리빙산업은 내국법인이며, 사업장 종류별 구분은 "중소기업"에 해당한다. ② (주)리빙산업의 표준산업코드는 'C28'로 제조업에 해당한다. ③ (주)리빙산업의 국세환급사유 발생시 '하나은행'으로 입금된다. ④ (주)리빙산업의 사업장관할세무서는 '역삼세무서'이다	2
12	**평가문제 [매입매출전표입력 조회]** 6월 5일자 수정세금계산서의 수정입력사유 코드번호를 입력하시오.	2
13	**평가문제 [세금계산서합계표 조회]** 제1기 확정 신고기간의 거래처 '삼일전자(주)'에 전자발행된 세금계산서 총공급가액은 얼마인가?	2
14	**평가문제 [세금계산서합계표 조회]** 제1기 확정 신고기간의 매출전자세금계산서 발급매수는 총 몇 매인가?	2
15	**평가문제 [수출실적명세서 조회]** 제2기 예정 신고기간의 수출실적명세서 '⑩수출한재화'의 원화금액은 얼마인가?	2
16	**평가문제 [부가가치세신고서 조회]** 제2기 예정 신고기간의 부가가치세신고서에 반영되는 영세율 과세표준 총금액은 얼마인가?	2
17	**평가문제 [부가가치세신고서 조회]** 제2기 예정 신고기간의 부가가치세 신고시에 작성되는 부가가치세 첨부서류에 해당하지 않는 것은? ① (면세)계산서합계표　　　　② 수출실적명세서 ③ 건물등감가상각자산취득명세서　　④ 공제받지못할매입세액명세서	3
18	**평가문제 [신용카드매출전표등 수령금액 합계표(갑) 조회]** 제2기 확정 신고기간의 신용카드매출전표등 수령금액 합계표(갑)에 반영되는 '신용카드 등 매입명세 합계'의 공급가액은 얼마인가?	3
19	**평가문제 [부가가치세신고서 조회]** 제2기 확정 신고기간 부가가치세신고서의 「그밖의공제매입세액(14란)_신용매출전표수취/고정(42란)」의 금액은 얼마인가?	2
20	**평가문제 [부가가치세신고서 조회]** 제2기 확정 신고기간의 부가가치세 차가감납부할세액(27란)은 얼마인가?	2
	부가가치세 소계	22

실무수행3 | 결산

[결산자료]를 참고로 결산을 수행하시오.(단, 제시된 자료 이외의 자료는 없다고 가정함.)

① 수동결산

자료설명	장부상 20x1년말 현재 가수금 10,170,000원은 (주)현동기기의 외상매출금 입금액 5,170,000원과 (주)제도전기의 단기대여금 일부 회수금액 5,000,000원으로 밝혀졌다.
수행과제	가수금에 대한 결산정리분개를 일반전표에 입력하시오.

② 결산자료입력에 의한 자동결산

자료설명	1. 기말 현재 퇴직급여추계액 전액을 퇴직급여충당부채로 설정하고자 한다. 기말 현재 퇴직급여추계액 및 당기 퇴직급여충당부채 설정 전의 퇴직급여 충당부채 잔액은 다음과 같다.

부 서	퇴직급여추계액	퇴직급여충당부채 잔액
생산부	52,400,000원	35,000,000원
영업부	24,600,000원	17,000,000원

2. 기말재고자산 현황

구 분	실사내역		
	단위당원가	수량	평가액
원재료	100,000원	300	30,000,000원
제 품	350,000원	500	175,000,000원

※ 기말원재료 평가액에는 선적지 인도조건의 운송중인 재고매입액 3,000,000원이 포함되어 있다.

3. 이익잉여금처분계산서 처분 예정(확정)일
   - 당기: 20x2년 3월 31일
   - 전기: 20x1년 3월 31일

수행과제	결산을 완료하고 이익잉여금처분계산서에서 손익대체분개를 하시오. (단, 이익잉여금처분내역은 없는 것으로 하고 미처분이익잉여금 전액을 이월이익잉여금 으로 이월하기로 할 것.)

[실무수행평가] – 재무회계

번호	평가문제	배점
21	**평가문제 [경비등송금명세서 조회]** 경비등송금명세서에 반영되는 우리은행의 은행코드번호(CD) 3자리를 입력하시오.	1
22	**평가문제 [받을어음현황 조회]** 6월에 만기가 도래하는 받을어음 총액은 얼마인가?	1
23	**평가문제 [거래처원장 조회]** 4월말 신한카드(코드 99601)의 외상매출금 잔액은 얼마인가?	2
24	**평가문제 [거래처원장 조회]** 6월말 거래처별 외상매출금 잔액으로 옳지 않은 것은? ① 04003.(주)엘지전자 15,510,000원 ② 04004.(주)한성전자 55,000,000원 ③ 04005.(주)하이전자 4,400,000원 ④ 04006.(주)이지전자 14,300,000원	1
25	**평가문제 [일/월계표 조회]** 1/4분기(1월~3월)에 발생한 영업외수익은 얼마인가?	2
26	**평가문제 [일/월계표 조회]** 1/4분기(1월~3월) 발생한 복리후생비(판매관리비)는 얼마인가?	2
27	**평가문제 [일/월계표 조회]** 3/4분기(7월~9월)에 발생한 제품매출은 얼마인가?	2
28	**평가문제 [일/월계표 조회]** 4/4분기(10월~12월)에 발생한 차량유지비(제조)는 얼마인가?	1
29	**평가문제 [재무상태표 조회]** 3월 말 미수금 잔액은 얼마인가?	1
30	**평가문제 [재무상태표 조회]** 3월말 선수금 잔액은 얼마인가?	2
31	**평가문제 [재무상태표 조회]** 12월 말 단기대여금의 장부금액(대손충당금 차감 후)은 얼마인가?	2
32	**평가문제 [재무상태표 조회]** 12월 말 비품의 장부금액(취득원가 – 감가상각누계액)은 얼마인가?	1
33	**평가문제 [재무상태표 조회]** 12월 말 퇴직급여충당부채 잔액은 얼마인가?	2
34	**평가문제 [재무상태표 조회]** 12월 말 기말 원재료 금액은 얼마인가?	2
35	**평가문제 [재무상태표 조회]** 12월 말 이월이익잉여금(미처분이익잉여금) 잔액으로 옳은 것은? ① 612,510,185원 ② 622,125,182원 ③ 635,648,914원 ④ 643,284,312원	1
	재무회계 소계	10

실무수행4 | 근로소득관리

인사급여 관련 자료이다. [자료설명]을 참고하여 [수행과제]를 수행하시오.

① 가족관계증명서에 의한 사원등록

자료. 김대영의 가족관계증명서

[별지 제1호 서식] <개정 2010.6.3>

가 족 관 계 증 명 서

등록기준지	서울특별시 강남구 영동대로 521

구분	성 명	출생연월일	주민등록번호	성별	본
본인	김 대 영	1980년 03월 21일	800321-1216511	남	光山

가족사항

구분	성 명	출생연월일	주민등록번호	성별	본
부	김 종 덕	1944년 04월 05일	440405-1649478	남	光山
배우자	안 영 희	1981년 09월 05일	810905-2027511	여	公州
자녀	김 한 별	2004년 11월 23일	041123-3070791	남	光山
자녀	김 한 솔	2006년 03월 05일	060305-3111116	남	光山

자료설명	20x1년 2월 1일에 재무팀에 입사한 김대영이 제출한 가족관계증명서이다. 1. 김대영은 세대주이다. 2. 부 김종덕은 항시 치료를 요하는 중증환자로서, 현재 타지역의 요양병원에서 생활하고 있으며 소득이 없다. 3. 배우자 안영희는 복권당첨소득 25,000,000원이 있다. 4. 자녀 김한별, 김한솔은 별도의 소득이 없다. 5. 세부담을 최소화하는 방법을 선택한다.
수행과제	사원등록메뉴에서 부양가족명세를 작성하시오.

[실무수행평가] – 근로소득관리 1

번호	평가문제	배점
36	**평가문제 [김대영 근로소득원천징수영수증 조회]** '25.배우자' 기본공제액은 얼마인가?	2
37	**평가문제 [김대영 근로소득원천징수영수증 조회]** '26.부양가족' 공제대상 인원은 몇 명인가?	1
38	**평가문제 [김대영 근로소득원천징수영수증 조회]** '27.경로우대' 추가공제액은 얼마인가?	2
39	**평가문제 [김대영 근로소득원천징수영수증 조회]** '28.장애인' 추가공제액은 얼마인가?	1
40	**평가문제 [김대영 근로소득원천징수영수증 조회]** '57.자녀세액공제' 세액공제액은 얼마인가?	2

2 급여명세에 의한 급여자료

자료 1. 5월 급여자료

(단위: 원)

사원	기본급	직책수당	차량보조금	식대	야간근로수당	국민연금	건강보험	고용보험	장기요양보험
김상훈	3,000,000	150,000	300,000	300,000		프로그램에서 자동 계산된 금액으로 공제한다.			
정수진	2,000,000			300,000	1,000,000				

자료 2. 수당 및 공제요건

구분	코드	수당 및 공제명	내 용
수당등록	101	기본급	설정된 그대로 사용한다.
	200	직책수당	직급별로 차등 지급한다.
	201	차량보조금	본인 소유 차량으로 회사 업무를 수행하는 직원들에게 지급하며, 출장 시에는 별도의 교통비를 지급하고 있지 않다.
	202	식대	매월 지급하고 있으며, 별도의 음식물은 제공하고 있지 않다.
	203	야간근로수당	생산직 사원에게 연장근로시간에 대해 수당을 지급하고 있다.

자료설명	1. 자료 1에서 김상훈은 구매부 과장이다. 2. 자료 1에서 정수진은 생산부 사원이며, 직전연도 총급여액은 35,000,000원이다. 3. 5월 귀속분 급여지급일은 당월 25일이다. 4. 사회보험료는 자동 계산된 금액으로 공제한다.

	1. 사원등록에서 생산직여부와 야간근로수당의 비과세여부를 반영하시오.
수행과제	2. 급여자료입력 메뉴에 수당등록을 하시오.
	3. 5월분 급여자료를 입력하시오.(단, 구분 '1.급여'로 선택할 것.)
	4. 5월 귀속분 [원천징수이행상황신고서]를 작성하시오.

[실무수행평가] - 근로소득관리 2

번호	평가문제	배점
41	**평가문제 [5월 급여자료입력 조회]** 급여항목 중 차량보조금 과세 금액은 총 얼마인가?	2
42	**평가문제 [5월 급여자료입력 조회]** 급여항목 중 식대 과세 금액은 총 얼마인가?	2
43	**평가문제 [5월 급여자료입력 조회]** 급여항목 중 야간근로수당 과세 금액은 총 얼마인가?	2
44	**평가문제 [정수진 5월 급여자료입력 조회]** 정수진의 5월 분 급여에 대한 차인지급액은 얼마인가?	1
45	**평가문제 [5월 원천징수이행상황신고서 조회]** 근로소득에 대한 '10.소득세 등' 금액은 얼마인가?	1

③ 국세청연말정산간소화 및 이외의 자료를 기준으로 연말정산

자료설명	사무직 최정훈(1400)의 연말정산을 위한 자료이다. 1. 사원등록의 부양가족현황은 사전에 입력되어 있다. 2. 부양가족은 최정훈과 생계를 같이 한다. 3. 최정훈은 20x1년 7월 31일까지 (주)광성물산에서 근무하고 퇴직하였다.
수행과제	[연말정산 근로소득원천징수영수증] 메뉴에서 연말정산을 완료하시오. 1. 종전근무지 관련서류는 [소득명세] 탭에서 입력한다. 2. 의료비는 [의료비] 탭에서 입력하며, 국세청자료는 공제대상 합계금액을 1건으로 집계하여 입력한다. 3. 보험료는 [소득공제] 탭에서 입력한다. 4. 연금계좌는 [정산명세] 탭에서 입력한다.

자료 1. 최정훈 사원의 부양가족등록 현황

연말정산관계	성명	주민번호	기타사항
0.본인	최정훈	770521-1229103	
1.소득자 직계존속	최진수	421110-1919012	부동산임대 소득금액 20,000,000원
1.소득자 직계존속	이정희	500102-2111119	소득없음

자료 2. 최정훈 사원의 전근무지 정산내역

(8쪽 중 제1쪽)

거주구분	거주자1 / 비거주자2

거주지국	대한민국	거주지국코드	kr

내·외국인	내국인1 / 외국인9

외국인단일세율적용	여 1 / 부 2

외국법인소속파견근로자여부	여 1 / 부 2

국적	대한민국	국적코드	kr

세대주 여부	세대주1 / 세대원2

연말정산 구분	계속근로1 / 중도퇴사2

[√]근로소득 원천징수영수증
[ ]근로소득 지 급 명 세 서

관리번호

([√]소득자 보관용 [ ]발행자 보관용 [ ]발행자 보고용)

징 수 의무자	① 법인명(상 호) (주)광성물산	② 대 표 자(성 명) 김민영
	③ 사업자등록번호 134-81-21118	④ 주 민 등 록 번 호
	③-1 사업자단위과세여부 여 1 / 부 2	
	⑤ 소 재 지(주소) 서울시 서대문구 충정로 7길 28-22(충정로3가)	

소득자	⑥ 성 명 최정훈	⑦ 주 민 등 록 번 호 770521-1229103
	⑧ 주 소 서울특별시 구로구 도림로7 105동 805호	

	구 분	주(현)	종(전)	종(전)	⑯-1 납세조합	합 계
I 근무처별 소득명세	⑨ 근 무 처 명	(주)광성물산				
	⑩ 사업자등록번호	134-81-21118				
	⑪ 근무기간	20x1.1.1.~ 20x1.7.31.	~	~	~	~
	⑫ 감면기간	~	~	~	~	~
	⑬ 급 여	30,000,000				30,000,000
	⑭ 상 여	5,000,000				5,000,000
	⑮ 인 정 상 여					
	⑮-1 주식매수선택권 행사이익					
	⑮-2 우리사주조합인출금					
	⑮-3 임원 퇴직소득금액 한도초과액					
	⑮-4					
	⑯ 계	35,000,000				35,000,000
II 비과세 및 감면소득 명세	⑱ 국외근로	M0X				
	⑱-1 야간근로수당	O0X				
	⑱-2 출산·보육수당	Q0X				
	⑱-4 연구보조비	H0X				
	~					
	⑲ 수련보조수당	Y22				
	⑳ 비과세소득 계					
	⑳-1 감면소득 계					

	구 분			⑳ 소 득 세	㉛ 지방소득세	㉜ 농어촌특별세
III 세액명세	㉓ 결 정 세 액			380,200	38,020	
	㉔ 기납부 세 액	종(전)근무지 (결정세액란의 세액 기재)	사업자 등록 번호			
		㉕ 주(현)근무지		300,180	30,018	
	㉖납부특례세액					
	㉗ 차 감 징 수 세 액(㉓-㉔-㉕-㉖)			80,020	8,002	

국민연금보험료 : 960,000원
건강보험료 : 733,750원
장기요양보험료 : 86,040원
고용보험료 : 170,000원

위의 원천징수액(근로소득)을 정히 영수(지급)합니다.

20x1년

징수(보고)의무자 (주)광성물산 (서명)

서 대 문 세 무 서 장 귀하

210mm×297mm[백상지 80g/㎡(재활용품)]

자료 3. 국세청간소화서비스 및 기타증빙자료

20x1년 귀속 소득 · 세액공제증명서류 : 기본(지출처별)내역 [의료비]

■ 환자 인적사항

성 명	주 민 등 록 번 호
최진수	421110-1******

■ 의료비 지출내역

(단위: 원)

사업자번호	상 호	종류	지출금액 계
101-15-16***	튼튼**병원	일반	1,900,000
129-17-32***	***내과	일반	800,000
의료비 인별합계금액			2,700,000
안경구입비 인별합계금액			0
산후조리원 인별합계금액			0
인별합계금액			**2,700,000**

- 본 증명서류는 『소득세법』 제165조 제1항에 따라 영수증 발급기관으로부터 수집한 서류로 소득·세액공제 충족 여부는 근로자가 직접 확인하여야 합니다.
- 본 증명서류에서 조회되지 않는 내역은 영수증 발급기관에서 직접 발급받으시기 바랍니다.

20x1년 귀속 소득 · 세액공제증명서류 : 기본(지출처별)내역 [보장성 보험, 장애인전용보장성보험]

■ 계약자 인적사항

성 명	주 민 등 록 번 호
최정훈	770521-1******

■ 보장성보험(장애인전용보장성보험) 납입내역

(단위: 원)

종류	상 호	보험종류	주피보험자		납입금액 계
	사업자번호	증권번호			
	종피보험자1	종피보험자2	종피보험자3		
보장성	삼성생명보험(주)	(무)실손의료보험	770521-1******	최정훈	1,200,000
	108-81-15***				
보장성	(주)KB손해보험	실버암보험	500102-2******	이정희	1,800,000
	104-81-28***				
인별합계금액					3,000,000

- 본 증명서류는 『소득세법』 제165조 제1항에 따라 영수증 발급기관으로부터 수집한 서류로 소득·세액공제 충족 여부는 근로자가 직접 확인하여야 합니다.
- 본 증명서류에서 조회되지 않는 내역은 영수증 발급기관에서 직접 발급받으시기 바랍니다.

20x1년 귀속 소득 · 세액공제증명서류: 기본내역[연금저축]

■ 가입자 인적사항

성 명	주 민 등 록 번 호
최정훈	770521-1******

■ 연금저축 납입내역

(단위: 원)

상호	사업자번호	당해연도 납입금액	당해연도 납입액 중 인출금액	순납입금액
계좌번호				
흥국생명보험(주)	108-81-26***	6,000,000		6,000,000
013458888				
순납입금액 합계				6,000,000

- 본 증명서류는 「소득세법」 제165조 제1항에 따라 영수증 발급기관으로부터 수집한 서류로 소득·세액공제 충족 여부는 근로자가 직접 확인하여야 합니다.
- 본 증명서류에서 조회되지 않는 내역은 영수증 발급기관에서 직접 발급받으시기 바랍니다.

[실무수행평가] – 근로소득관리 3

번호	평가문제	배점
46	**평가문제 [최정훈 근로소득원천징수영수증 조회]** '37.차감소득금액'은 얼마인가?	2
47	**평가문제 [최정훈 근로소득원천징수영수증 조회]** '60.연금저축' 세액공제액은 얼마인가?	2
48	**평가문제 [최정훈 근로소득원천징수영수증 조회]** '61.보장성보험' 세액공제액은 얼마인가?	2
49	**평가문제 [최정훈 근로소득원천징수영수증 조회]** '62.의료비' 세액공제액은 얼마인가?	2
50	**평가문제 [최정훈 근로소득원천징수영수증 조회]** '82.실효세율'은 몇%인가? ① 2.8% ② 3.9% ③ 4.2% ④ 5.4%	1
	근로소득 소계	25

실무이론평가

1	2	3	4	5	6	7	8	9	10
③	③	③	②	①	③	③	②	①	③

01 타인에게 임대하거나 자체적으로 사용하기 위하여 보유하고 있는 부동산은 유형자산으로 분류하고 **시세차익을 얻기 위하여 보유하고 있는 부동산은 투자자산으로 분류**한다.

02 영업이익(1,000,000) = 매출액(15,500,000) - 매출원가(??) - 판관비(4,500,000)

∴ 매출원가 = 10,000,000원

03 대손처리하였던 외상매출금을 회수하는 경우 대변에 대손충당금으로 회계처리한다.

04 누락된 결산수정분개: (차) 보험료   300,000원   (대) 선급비용   300,000원

보험료(판매비와관리비) 300,000원이 과소계상되어 영업이익이 300,000원 과대계상되고, 선급비용(유동자산) 300,000원이 과대계상된다.

05 **사채할인발행차금은 시장이자율보다 액면이자율이 낮을 경우에 발생**한다.

06 당기순이익에의 영향은 단기매매 목적으로 보유한 A, B주식의 평가손익이다.

A주식의 평가 = 1,000주 × (@7,000원 - @6,000원) = 1,000,000원(평가이익)

B주식의 평가 = 3,000주 × (@5,000원 - @8,000원) = △9,000,000원(평가손실)

➔ 당기순이익 8,000,000원 감소

C주식은 **매도가능증권으로서 관련 평가손익은 자본(기타포괄손익누계액)으로 분류**된다.

07 면세는 **부가가치세의 역진성을 완화하기 위한 목적으로** 도입되었다.

08 부가가치세 과세표준 = 제품매출(100,000,000) + 기계처분(10,000,000) = 110,000,000원

국가 무상 기증은 면세 대상에 해당하고, 화재로 인한 손실은 재화의 공급에 해당하지 않는다.

09 ② 대표자 본인에 대한 급여는 필요경비로 인정되지 않는다.

③ 분리과세되는 사업소득은 없다.

④ 사업용 고정자산에 해당하는 토지를 양도함으로써 발생하는 차익은 사업소득금액 계산 시 총수입금액에 산입하지 않는다.(**양도소득세로 과세**된다.)

10 총급여액 = 기본급(56,000,000) + 직책수당(6,000,000) + 식대(2,400,000) = 64,400,000원

식대보조금은 별도의 식사를 제공받았으므로 전액 과세임.

자가운전보조금은 전액 비과세임.

▨ 실무수행평가

실무수행 1. 거래자료 입력

① 3만원초과 거래자료에 대한 경비등송금명세서 작성

1. [일반전표입력] 1월 10일

    (차) 복리후생비(판)   300,000원   (대) 보통예금(하나은행(보통)) 300,000원

2. [경비등송금명세서]

② 약속어음 수취거래

1. [거래처원장] 잔액조회(1.1~3.30, 108.외상매출금)

  - (주)중앙산업의 외상매출금 잔액 6,600,000원 확인

2. [일반전표입력] 3월 30일

    (차) 받을어음((주)중앙산업)   10,000,000원   (대) 외상매출금((주)중앙산업)6,600,000원
                                          선수금((주)중앙산업)   3,400,000원

③ 기타 일반거래 [일반전표입력] 3월 31일

    (차) 미수금((주)삼성전자)   1,240,000원   (대) 배당금수익   1,240,000원

실무수행 2. 부가가치세관리

① 전자세금계산서 발급

1. [매입매출전표입력] 4월 5일

거래유형	품명	공급가액	부가세	거래처	전자세금
11.과세	자외선 식기세척기	12,000,000	1,200,000	삼일전자(주)	전자발행
분개유형 3.혼합(카드)	(차) 외상매출금 (신한카드)	13,200,000원	(대)	제품매출 부가세예수금	12,000,000원 1,200,000원

2. [전자세금계산서 발행 및 내역관리]

① 미전송된 내역이 조회되면, 미전송내역을 체크한 후 전자발행 을 클릭하여 표시되는 로그인 화면에서 확인(Tab) 클릭

② '전자세금계산서 발행'화면이 조회되면 발행(F3) 버튼을 클릭한 다음 확인클릭

③ 국세청란에 '발행대상'으로 표시되면 ACADEMY 전자세금계산서 를 클릭

④ [Bill36524 교육용전자세금계산서] 화면에서 [로그인]을 클릭

⑤ 좌측화면: [세금계산서 리스트]에서 [미전송]으로 체크 후 [매출조회]를 클릭
   우측화면: [전자세금계산서]에서 [발행]을 클릭

⑥ [발행완료되었습니다.] 메시지가 표시되면 확인(Tab) 클릭

② 수정전자세금계산서의 발급

1. [수정전자세금계산서 발급]

① [매입매출전표입력]에서 6월 5일 전표 1건 선택 ➡ 툴바의 수정세금계산서 를 클릭
   ➡ 수정사유(6.착오에 의한 이중발급 등)선택 ➡ 확인(Tab)을 클릭

② 수정세금계산서(매출)화면에서 수정분 [작성일 6월 5일], [공급가액 -25,000,000원], [세액 -2,500,000원]을 입력한 후 확인(Tab) 클릭

③ [매입매출전표입력] 6월 5일

거래유형	품명	공급가액	부가세	거래처	전자세금
11.과세	3인용 식기세척기	-25,000,000	-2,500,000	(주)한성전자	전자발행
분개유형	(차) 외상매출금	-27,500,000원	(대) 제품매출		-25,000,000원
2.외상			부가세예수금		-2,500,000원

2. [전자세금계산서 발행 및 내역관리]

① 전자세금계산서 발행 및 내역관리 를 클릭하면 수정 전표 1매가 '미전송' 상태로 조회된다.

② 해당내역을 클릭하여 전자세금계산서 발급(발행) 및 국세청 전송을 한다.

③ 수출실적명세서 작성자의 부가가치세 신고서 작성

1. [매입매출전표입력] 7월 20일

거래유형	품명	공급가액	부가세	거래처	전자세금
16.수출	식기세척기	17,040,000		쉰들러(주)	
분개유형	(차) 외상매출금	17,040,000원	(대) 제품매출		17,040,000원
2.외상	(쉰들러(주))				

과세표준 = 수출신고필증의 ④⑨결제금액(12,000EUR) × 선적일의 기준환율(1,420) = 17,040,000원

2. [수출실적명세서] 7월 ~ 9월

구 분	건 수	외화금액	원화금액	비 고
⑨합 계	1	12,000.00	17,040,000	
⑩수 출 한 재 화	1	12,000.00	17,040,000	
⑪기타영세율적용				기타영세율은 하단상세내역에 입력

NO	□	수출신고번호	기타영세율건수	(14)선(기)적일자	(15)통화코드	(16)환율	(17)외화	(18)원화
1	□	23176-23-067395-X		20×1-07-20	EUR	1,420.0000	12,000.00	17,040,000

3. [부가가치세신고서] 7월 1일 ~ 9월 30일

영세	세금계산서발급분	5	5,000,000	0/100	
	기타	6	17,040,000	0/100	

④ 신용카드매출전표등 수령금액합계표 작성자의 부가가치세신고서 작성

1. 거래자료 입력

① [일반전표입력] 10월 10일

(차) 차량유지비(판)   110,000원   (대) 미지급금(롯데카드)   110,000원

② [매입매출전표 입력] 11월 15일

거래유형		품명	공급가액	부가세		거래처	전자세금
57.카과		수리비	300,000	30,000		블루핸즈 북가좌점	
분개유형	(차)	차량유지비(제)	300,000원		(대)	미지급금	330,000원
4.카드		부가세대급금	30,000원			(우리카드)	

③ [매입매출전표 입력] 12월 8일

거래유형		품명	공급가액	부가세		거래처	전자세금
61.현과		복합기	900,000	90,000		쿠팡(주)	
분개유형	(차)	비품	900,000원		(대)	보통예금	990,000원
3.혼합		부가세대급금	90,000원			(하나은행(보통))	

2. [신용카드매출전표등 수령금액 합계표] 10월 ~ 12월
   - 상단의 '불러오기' 아이콘을 클릭하여 입력 데이터를 자동반영한다.

3. [부가가치세신고서] 10월 1일 ~ 12월 31일

[실무수행평가] - 부가가치세관리

번호	평가문제	배점	답
11	**평가문제 [회사등록 조회]**	2	④
12	**평가문제 [매입매출전표입력 조회]**	2	(6)
13	**평가문제 [세금계산서합계표 조회]**	2	(23,000,000)원
14	**평가문제 [세금계산서합계표 조회]**	2	(34)매
15	**평가문제 [수출실적명세서 조회]**	2	(17,040,000)원
16	**평가문제 [부가가치세신고서 조회]**	2	(22,040,000)원
17	**평가문제 [부가가치세신고서 조회]**	3	④
18	**평가문제 [신용카드매출전표등 수령금액 합계표(갑) 조회]**	3	(1,200,000)원
19	**평가문제 [부가가치세신고서 조회]**	2	(900,000)원
20	**평가문제 [부가가치세신고서 조회]**	2	(23,613,200)원
	부가가치세 소계	22	

실무수행 3. 결산

① 수동결산 [일반전표입력]

  (차) 가수금　　　　　　　　　　　10,170,000원　　　(대) 외상매출금((주)현동기기)5,170,000원
　　　　　　　　　　　　　　　　　　　　　　　　　　　　단기대여금((주)제도전기)5,000,000원

② 결산자료입력에 의한 자동결산

  [결산자료입력 1]

  - 퇴직급여(전입액)란에 제조: 17,400,000원, 판매관리비: 7,600,000원을 입력한다.

  ※ 생산부: 퇴직급여추계액(52,400,000) - 퇴직급여충당부채 잔액(35,000,000) = 17,400,000원

  ※ 영업부: 퇴직급여추계액(24,600,000) - 퇴직급여충당부채 잔액(17,000,000) = 7,600,000원

  [결산자료입력 2]

  - 결산자료입력에서 기말 원재료 30,000,000원, 제품 175,000,000원을 입력하고 　전표추가(F3)　를 클릭하여 결산분개를 생성한다.

  [이익잉여금처분계산서] 메뉴

  - 이익잉여금처분계산서에서 처분일을 입력한 후, 　전표추가(F3)　를 클릭하여 손익대체 분개를 생성한다.

[실무수행평가] - 재무회계

번호	평가문제	배점	답
21	평가문제 [경비등송금명세서 조회]	1	(020)
22	평가문제 [받을어음현황 조회]	1	(15,500,000)원
23	평가문제 [거래처원장 조회]	2	(19,030,000)원
24	평가문제 [거래처원장 조회]	1	②
25	평가문제 [일/월계표 조회]	2	(1,360,000)원
26	평가문제 [일/월계표 조회]	2	(2,100,000)원
27	평가문제 [일/월계표 조회]	2	(359,040,000)원
28	평가문제 [일/월계표 조회]	1	(2,400,000)원
29	평가문제 [재무상태표 조회]	1	(34,840,000)원
30	평가문제 [재무상태표 조회]	2	(8,640,000)원
31	평가문제 [재무상태표 조회]	2	(59,000,000)원
32	평가문제 [재무상태표 조회]	1	(4,900,000)원
33	평가문제 [재무상태표 조회]	2	(77,000,000)원
34	평가문제 [재무상태표 조회]	2	(30,000,000)원
35	평가문제 [재무상태표 조회]	1	④
재무회계 소계		23	

실무수행 4. 근로소득관리

① 가족관계증명서에 의한 사원등록(김대영)

관계	요 건		기본 공제	추가 (자녀)	판 단
	연령	소득			
본인(세대주)	-	-	○		
부(80)	○	○	○	경로, 장애(3)	
배우자	-	○	○		복권당첨소득은 분리과세소득
자1(20)	○	○	○	자녀	
자2(18)	○	○	○	자녀	

[사원등록] 메뉴의 부양가족명세

	연말정산관계	기본	세대	부녀	장애	경로 70세	출산 입양	자녀	한부모	성명	주민(외국인)번호	가족관계
1	0.본인	본인	○							김대영	내 800321-1216511	
2	1.(소)직계존속	60세이상			3	○				김종덕	내 440405-1649478	03.부
3	3.배우자	배우자								안영희	내 810905-2027511	02.배우자
4	4.직계비속(자녀)	20세이하						○		김한별	내 041123-3070791	05.자녀
5	4.직계비속(자녀)	20세이하						○		김한솔	내 060305-3111116	05.자녀

[실무수행평가] - 근로소득관리 1

번호	평가문제 [김대영 근로소득 원천징수영수증 조회]	배점	답
36	**25. 배우자 기본공제액**	2	**(1,500,000)원**
37	**26.부양가족 공제 대상 인원(부, 자 2명)**	1	**(3)명**
38	27. 경로우대 추가공제액	2	**(1,000,000)원**
39	28. 장애인 추가공제액	1	**(2,000,000)원**
40	**57. 자녀세액공제액[1명(150,000)+1명(200,000, 개정세법 24)]**	2	**(350,000)원**

② 급여명세에 의한 급여자료

1. [사원등록]

  - 생산부 정수진 사원의 생산직 여부 수정

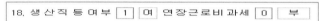

18. 생 산 직 등 여 부 [1] [여] 연장근로비과세 [0] [부]

  - 직전연도 총급여액이 30,000,000원을 초과하므로 연장근로비과세에 해당 안됨.

2. [수당등록]

	코드	수당명	과세구분	근로소득유형		구분
1	101	기본급	과세	1.급여		매월
2	102	상여	과세	2.상여		부정기
3	200	직책수당	과세	1.급여		매월
4	201	차량보조금	비과세	3.자가운전	H03	매월
5	202	식대	비과세	2.식대	P01	매월
6	203	야간근로수당	비과세	1.연장근로	001	매월

3. [급여자료입력]

[김상훈]

급여항목	지급액	공제항목	공제액
기본급	3,000,000	국민연금	135,000
직책수당	150,000	건강보험	106,350
차량보조금	300,000	고용보험	30,150
식대	300,000	장기요양보험료	13,620
야간근로수당		소득세	107,660
		지방소득세	10,760

[정수진]

급여항목	지급액	공제항목	공제액
기본급	2,000,000	국민연금	90,000
직책수당		건강보험	70,900
차량보조금		고용보험	27,900
식대	300,000	장기요양보험료	9,080
야간근로수당	1,000,000	소득세	82,900
		지방소득세	8,290

☞ 소득세 등은 자동계산되어집니다.

4. [원천징수이행상황신고서]귀속기간 5월, 지급기간 5월, 0.정기신고

		원천징수내역	부표-거주자	부표-비거주자	부표-법인원천					
구분	코드	소득지급(과세미달,비과세포함)		징수세액				9.당월 조정 환급세액	10.소득세 등 (가산세 포함)
		4.인원	5.총지급액	6.소득세 등	7.농어촌특별세	8.가산세			
간 이 세 액	A01	2	6,850,000	190,560					
중 도 퇴 사	A02								

[실무수행평가] - 근로소득관리 2

번호	평가문제	배점	답
41	차량보조금 과세금액	2	(100,000)원
42	식대과세금액(식대의 비과세 한도 20만원/인)	2	(200,000)원
43	야간근로수당 과세금액	2	(1,000,000)원
44	차인지급액	1	(3,010,930)원
45	10.소득세 등	1	(190,560)원

※ 44,45은 프로그램이 자동계산하므로 시점(세법개정, 프로그램 업데이트)마다 달라질 수가 있습니다.

③ 국세청연말정산간소화 및 이외의 자료를 기준으로 연말정산(최정훈)

〈연말정산 대상여부 판단〉

항 목	요건		내역 및 대상여부	입력
	연령	소득		
의 료 비	×	×	• 부친(82) 의료비	○(65세 이상 2,700,000)
보 험 료	○ (×)	○	• 본인 실손의료보험 • 모친(74) 실버암보험	○(일반 1,200,000) ○(일반 1,800,000)
연금저축	본인		• 본인 연금저축	○(6,000,000)

[연말정산 근로소득원천징수영수증]

1. 종전근무지 입력

정산명세	소득명세	소득공제	의료비	기부금	신용카드	연금투자명세	월세액명세

구분/항목	계	11월	12월	연말	종전1
근무처명					(주)광성물산
사업자등록번호(숫자10자리입력)					134-81-21118
13.급여	47,500,000	3,500,000	3,500,000		30,000,000
14.상여	5,000,000				5,000,000
15.인정상여					
15-1.주식매수선택권행사이익					
15-2.우리사주조합인출금					
15-3.임원퇴직소득한도초과액					
15-4.직무발명보상금					
16.급여계	52,500,000	3,500,000	3,500,000		35,000,000
미제출비과세					
건강보험료	1,354,100	124,070	124,070		733,750
장기요양보험료	165,490	15,890	15,890		86,040
국민연금보험료	1,747,500	157,500	157,500		960,000
고용보험료	327,500	31,500	31,500		170,000
소득세	891,300	102,220	102,220		380,200
지방소득세	89,120	10,220	10,220		38,020

2. 의료비 세액공제

● 지급내역

	공제대상자				지급처		지급명세			
	부양가족 관계코드	성명	내외	주민등록번호	본인등 해당여부	상호	사업자번호	의료증빙 코드	건수	지급액	실손의료보험금
1	소득자의 직계존…	최진수	내	421110-1919012	○			국세청	1	2,700,000	

3. 보험료 세액공제

	관계 코드	성 명	기	보험료	
	내외 국인	주민등록번호	본	보장성	장애인
1	0	최정훈	본인/세대주	1,200,000	
	1	770521-1229103			
2	1	최진수	부		
	1	421110-1919012			
3	1	이정회	60세이상	1,800,000	
	1	500102-2111119			

4. 연금계좌 세액공제

구분		금융회사등	계좌번호	불입금액
3.연금저축	404	흥국생명보험(주)	013458888	6,000,000

5. 정산명세 조회

특별소득공제	34.주택 - 가.주택임차 차입금 원리금상환액	대출기관	>		계좌	60.연금저축	>	600,000
		거주자	>			60-1. ISA만기시연금계좌	>	
	34.주택	11년이전 차입분	15년미만	>		특별세액공제	61.보장성보험	3,000,000	>	120,000
			15~29년	>			62.의료비	2,700,000	>	168,750
			30년이상	>			63.교육비	0	>	
		나.장기주택저당차입금이자상환액	12년이후 차입분 (15년이상)	고정or비거치	>		64기부금	정치	10만원이하	>	
				기타대출	>				10만원초과	>	
			15년이후 차입분 (15년이상)	고정&비거치	>			나.법정기부금	>	
				고정or비거치	>			다.우리사주기부금	>	
				기타대출	>			라.지정기부금(종교외)	>	
			15년이후 차입분 (10~15년)	고정or비거치	>			마.지정기부금(종교)	>	
							65.계		288,750
	35.기부금(이월분)		>			66.표준세액공제	>	
	36.계			1,847,090				
37.차 감 소 득 금 액			32,530,410		67.납 세 조 합 공 제	>	
그밖의소득공제	38.개인연금저축		>		68.주 택 차 입 금	>	
	39.소기업·소상공인공제부금		>		69.외 국 납 부	>	
	40.주택마련저축	가.청약저축	>		70.월세액	>	
		나.주택청약종합저축	>				
		다.근로자주택마련저축	>				
	41.투자조합출자 등		>				
	42.신용카드등		0	>				
	43.우리사주조합 출연금		>				
	44.고용유지중소기업근로자		>				
	45.장기집합투자증권저축		>		71.세 액 공 제 계		1,548,750
	46.청년형장기집합투자증권저축		>		72.결 정 세 액(50-55-71)		2,070,811
	47.그 밖의 소득 공제 계				82.실 효 세 율(%) (72/21)×100%		3.9%

[실무수행평가] - 근로소득관리 3

번호	평가문제[최정훈 근로소득원천징수영수증 조회]	배점	답
46	37. 차감소득금액	2	(32,530,410)원
47	60. 연금저축 세액공제액	2	(600,000)원
48	61. 보장성 보험 세액공제액	2	(120,000)원
49	62. 의료비세액공제액	2	(168,750)원
50	82. 실효세율	1	②
	근로소득 소계	25	

※ 37,82는 프로그램이 자동계산하므로 시점(세법개정, 프로그램 업데이트)마다 달라질 수가 있습니다.

←참고사항 : 총급여액 52,500,000원→

※ 시험시 프로그램이 자동계산되어진 것으로 답을 입력하시고 시간이 남으시면 체크해 보시기 바랍니다.

		한도	공제율	대상금액	세액공제
1. 보험료	일반	1백만원	12%	3,000,000	120,000
2. 의료비	특정	–	15%	2,700,000	168,750
	☞의료비세액공제 = [2,700,000 – 총급여액(52,500,000)×3%]×15% = 168,750				
3. 연금계좌	연금저축	4백만원 (47세)	15%	6,000,000	600,000

합격율	시험년월
52%	2023.11

▮▮▮▮ 실무이론평가

[1] 회계정보의 질적 특성 중 목적적합성에 대한 설명으로 옳지 않은 것은?

① 회계정보가 정보이용자의 의사결정에 반영될 수 있도록 적시에 제공되어야 한다.

② 회계정보는 그 정보가 나타내고자 하는 대상을 충실히 표현하고 있어야 한다.

③ 회계정보는 정보이용자의 당초 기대치를 확인 또는 수정할 수 있게 함으로써 의사결정에 차이를 가져올 수 있다.

④ 회계정보는 정보이용자가 기업실체의 과거, 현재 또는 미래 사건의 결과에 대한 예측을 하는 데 도움이 된다.

[2] 다음 중 주식배당으로 인한 영향으로 옳지 않은 것은?

① 미교부주식배당금만큼 부채가 증가한다.

② 순자산의 유출없이 배당효과를 얻을 수 있다.

③ 자본금은 증가하지만 이익잉여금은 감소한다.

④ 자본 총액은 변동이 없으나 주식수는 증가한다.

[3] 다음은 (주)한공의 12월 중 상품 매매 자료이다. 재고자산의 평가방법을 선입선출법으로 적용할 경우 매출원가와 기말재고자산은 각각 얼마인가?

일자	구분	수량	단가
12월 1일	기초재고	100개	1,000원
12월 5일	외상매입	100개	1,200원
12월 9일	상품매출	150개	4,000원
12월 15일	외상매입	100개	1,400원

	매출원가	기말재고자산
①	180,000원	200,000원
②	160,000원	180,000원
③	180,000원	180,000원
④	160,000원	200,000원

[4] 다음의 거래에 대한 회계처리로 옳은 것은?

기계장치를 1,000,000원에 취득하고 대금은 보통예금으로 수령했던 정부보조금 1,000,000원(상환의무 없음)으로 이체하여 지급하다.

회계처리:
가. (차) 기계장치   1,000,000원   (대) 정부보조금   1,000,000원
                                                 (보통예금 차감)
나. (차) 보통예금   1,000,000원   (대) 정부보조금   1,000,000원
                                                 (기계장치 차감)
다. (차) 기계장치   1,000,000원   (대) 보통예금   1,000,000원
        정부보조금   1,000,000원   정부보조금   1,000,000원
        (보통예금 차감)   (기계장치 차감)
라. (차) 기계장치   1,000,000원   (대) 보통예금   1,000,000원
        정부보조금   1,000,000원   정부보조금   1,000,000원
        (기계장치 차감)   (보통예금 차감)

① 가   ② 나
③ 다   ④ 라

[5] 다음 자료를 토대로 퇴직금추계액을 계산하면 얼마인가?

퇴직급여충당부채					
4/5	보통예금	2,000,000	1/1	전기이월	6,000,000

〈결산정리사항〉
　12월 31일 (차) 퇴직급여 3,000,000원　(대) 퇴직급여충당부채 3,000,000원

① 1,000,000원　　② 4,000,000원　　③ 7,000,000원　　④ 9,000,000원

[6] 다음은 (주)한공의 기계장치 관련 거래 내용이다. 20x1년 손익계산서에 반영되는 기계장치의 감
가상각비(월할계산)는 얼마인가?

- 20x1년 1월 1일　기계장치 20,000,000원 취득(내용연수 5년, 잔존가치 0원, 정액법 상각)
- 20x1년 7월 1일　기계장치에 대하여 5,400,000원의 자본적지출이 발생하였으며, 이로 인한 내
　용연수 증가는 없다.

① 4,000,000원　　② 4,600,000원　　③ 5,080,000원　　④ 5,200,000원

[7] 다음 중 부가가치세 과세대상 용역의 공급이 아닌 것은?
① 의료보건용역 중 의약품의 조제용역을 제공하는 경우
② 특수관계인에게 사업용 부동산을 무상으로 임대하는 경우
③ 산업재산권을 대여하는 경우
④ 건설업자가 건설용역을 제공하면서 건설자재의 일부를 부담하는 경우

[8] 다음은 제조업을 영위하는 (주)한공의 거래내용이다. 20x1년 제2기 부가가치세 매출세액에서 공제받을
수 없는 매입세액은 모두 얼마인가? 단, 필요한 세금계산서는 적법하게 수취하였다.

일 자	거 래 내 용	매입세액
8월 18일	기계장치 매입	80,000,000원
10월 26일	기업업무추진비(접대비) 지출	15,000,000원
11월 19일	공장부지의 조성관련 지출	70,000,000원
12월 27일	종업원 식대	3,000,000원

① 70,000,000원　　　　　　② 73,000,000원
③ 85,000,000원　　　　　　④ 88,000,000원

[9] 다음 중 소득세 과세대상 근로소득인 것은?

① 사회통념상 타당한 범위의 경조금

② 비출자임원이 사택을 제공받아 얻은 이익

③ 근로자가 사내급식으로 제공받는 식사

④ 근로자가 연 1회 지급받은 휴가비

[10] 다음은 (주)공인에 근무하는 거주자 김한공(남성, 52세) 씨의 20x1년말 현재 부양가족 현황이다. 김한공 씨가 적용받을 수 있는 기본공제와 추가공제의 합계액은 얼마인가?

가. 김한공 씨의 종합소득금액: 60,000,000원
나. 부양가족 현황(모두 생계를 같이 함)

구분	나이	소득	비고
배우자	50세	없음	
자녀	15세	없음	장애인임
부친	79세	사업소득금액 500만원	
모친	73세	없음	

① 6,000,000원   ② 7,000,000원

③ 8,000,000원   ④ 9,000,000원

■■■■■■ **실무수행평가**

(주)바비산업(2670)은 장난감 제조업을 영위하는 법인기업으로 회계기간은 제6기(20x1.1.1. ~ 20x1.12.31.)이다. 제시된 자료와 [자료설명]을 참고하여 [수행과제]를 완료하고 [평가문제]의 물음에 답하시오.

실무수행1 | 거래자료 입력

실무프로세스 자료이다. [자료설명]을 참고하여 [수행과제]를 수행하시오.

① 3만원 초과 거래자료에 대한 영수증수취명세서 작성

일련번호	087	기부금 영수증

1. 기부자

성명(법인명)	(주)바비산업	주민등록번호 (사업자등록번호)	120-81-32144
주소(소재지)	서울특별시 서대문구 충정로7길 12		

2. 기부금 단체

단 체 명	(재)서울대학교발전재단	사업자등록번호 (고유번호)	112-82-00240
소 재 지	서울특별시 관악구 관악로 1	기부금공제대상 기부금단체 근거법령	법인세법 제24조 2항

4. 기부내용

유 형	코드	구분	연월일	내 용	기 부 금 액			
					합계	공제대상 기부금액	공제제외 기부금	
							기부장려금 신청금액	기타
특례기부금	10	금전	20x1.1.10	발전기금	5,000,000	5,000,000		

자료설명	1. 비영리법인인 '(재)서울대학교발전재단'에 발전기금을 현금으로 기부하고 수취한 기부금영수증이다. 2. 이 거래가 지출증명서류 미수취가산세 대상인지를 검토하려고 한다.
수행과제	1. 거래자료를 입력하시오. 2. 영수증수취명세서(2)와 (1)서식을 작성하시오.

② 약속어음 수취거래, 만기결제, 할인 및 배서양도

전 자 어 음

(주)바비산업 귀하   00420230125123456780

금   이천이백만원정   __22,000,000원__

위의 금액을 귀하 또는 귀하의 지시인에게 지급하겠습니다.

지급기일 20x1년 5월 25일	발행일 20x1년 1월 25일
지 급 지 국민은행	발행지
지급장소 서대문지점	주 소 서울 강남구 강남대로 399-20
	발행인 (주)아이나라

자료설명	(주)아이나라 제품매출시 보관 중이던 전자어음을 2월 25일에 국민은행에서 할인하고, 할인료를 차감한 잔액은 국민은행 보통예금계좌에 입금받았다. (단, 할인율은 연 12%, 월할계산, 매각거래로 처리할 것.)
수행과제	1. 어음의 할인과 관련된 거래자료를 입력하시오. 2. 자금관련정보를 입력하여 받을어음현황에 반영하시오.

③ 리스회계

전자계산서   (공급받는자 보관용)   승인번호

	등록번호	306-81-18407				등록번호	120-81-32144		
공급자	상호	(주)우리캐피탈	성명 (대표자)	정연기	공급받는자	상호	(주)바비산업	성명 (대표자)	박세리
	사업장 주소	대전광역시 서구 대덕대로 239				사업장 주소	서울 서대문구 충정로7길 12		
	업태	금융서비스업	종사업장번호			업태	제조업외	종사업장번호	
	종목	대출및리스				종목	장난감외		
	E-Mail	woori@bill36524.com				E-Mail	barbie@bill36524.com		

작성일자	20x1.3.20.	공급가액	880,000	비 고	

월	일	품목명	규격	수량	단가	공급가액	비고
3	20	기계장비리스				880,000	

합계금액	현금	수표	어음	외상미수금	이 금액을	○ 영수 함 ● 청구
880,000				880,000		

자료설명	(주)우리캐피탈과 운용리스계약을 맺고 공장 기계설비를 사용하고 있으며, 3월분 리스료에 대하여 발급받은 전자계산서이다.
수행과제	거래자료를 입력하시오. (임차료로 처리하며, 전자계산서와 관련된 거래는 '전자입력'으로 처리할 것.)

실무수행2 부가가치세관리

부가가치세 신고 관련 자료이다. [자료설명]을 참고하여 [수행과제]를 수행하시오.

① 전자세금계산서 발급

거래명세서 (공급자 보관용)

	등록번호	120-81-32144				등록번호	220-81-15085		
공급자	상호	(주)바비산업	성명	박세리	공급받는자	상호	(주)아이토이	성명	박상진
	사업장 주소	서울 서대문구 충정로7길 12				사업장 주소	서울 서초구 강남대로 156-4		
	업태	제조업외	종사업장번호			업태	도소매업	종사업장번호	
	종목	장난감외				종목	장난감		

거래일자	미수금액	공급가액	세액	총 합계금액
20x1.4.28.		12,000,000	1,200,000	13,200,000

NO	월	일	품목명	규격	수량	단가	공급가액	세액	합계
1	4	28	미니카 장난감		400	30,000	12,000,000	1,200,000	13,200,000

자료설명	(주)아이토이에 제품을 공급하고 전자세금계산서를 발급·전송하였다. 대금은 다음달 10일까지 국민은행 보통예금계좌로 입금받기로 하였다.
수행과제	1. 거래명세서에 의해 매입매출자료를 입력하시오 2. 전자세금계산서 발행 및 내역관리 를 통하여 발급·전송하시오. (전자세금계산서 발급 시 결제내역 및 전송일자는 고려하지 않을 것.)

② 수정전자세금계산서 발급

전자세금계산서			(공급자 보관용)			승인번호			

공급자	등록번호	120-81-32144				공급받는자	등록번호	120-81-32159		
	상호	(주)바비산업	성명(대표자)	박세리			상호	(주)가가랜드	성명(대표자)	이유진
	사업장주소	서울 서대문구 충정로7길 12					사업장주소	인천 남동구 정각로 16(구월동)		
	업태	제조업외		종사업장번호			업태	도소매업		종사업장번호
	종목	장난감외					종목	장난감		
	E-Mail	barbie@bill36524.com					E-Mail	gaga@bill36524.com		

작성일자	20x1.5.23.	공급가액	20,000,000	세 액	2,000,000
비고					

월	일	품목명	규격	수량	단가	공급가액	세액	비고
5	23	장난감인형		400	50,000	20,000,000	2,000,000	

합계금액	현금	수표	어음	외상미수금	이 금액을	○ 영수 ● 청구	함
22,000,000				22,000,000			

자료설명	1. 5월 23일 (주)가가랜드에 제품을 공급하고 전자세금계산서를 거래일에 발급·전송하였다. 2. 5월 31일 대금지급기한에 대한 협의에 따라 이미 납품한 품목의 공급가액을 2% 할인하기로 결정하였다.
수행과제	수정사유를 선택하여 공급가액 변동에 따른 수정전자세금계산서를 발급·전송하시오.(매출할인에 대해서만 회계처리하며, 외상대금 및 제품매출에서 음수(-)로 처리하고 전자세금계산서 발급 시 결제내역 및 전송일자는 무시할 것.)

③ 건물등감가상각자산취득명세서 작성자의 부가가치세신고서 작성

자료 1. 기계장치 수선비 자료

전자세금계산서					(공급받는자 보관용)		승인번호		

공급자	등록번호	106-81-57571			공급받는자	등록번호	120-81-32144		
	상호	(주)코스모산업	성명(대표자)	이은종		상호	(주)바비산업	성명(대표자)	박세리
	사업장주소	서울 서대문구 충정로 7길 28-22 (충정로3가)				사업장주소	서울 서대문구 충정로7길 12		
	업태	제조업	종사업장번호			업태	제조업외	종사업장번호	
	종목	전자기기				종목	장난감외		
	E-Mail	cosmo@bill36524.com				E-Mail	barbie@bill36524.com		

작성일자	20x1.7.5.	공급가액	8,000,000	세 액	800,000
비고					

월	일	품목명	규격	수량	단가	공급가액	세액	비고
7	5	프레스기계 수리비				8,000,000	800,000	

합계금액	현금	수표	어음	외상미수금	이 금액을	○ 영수 ● 청구	함
8,800,000				8,800,000			

자료 2. 건물신축공사 계약금 자료

전자세금계산서					(공급받는자 보관용)		승인번호		

공급자	등록번호	108-81-21220			공급받는자	등록번호	120-81-32144		
	상호	(주)성신산업	성명(대표자)	이재용		상호	(주)바비산업	성명(대표자)	박세리
	사업장주소	서울 서대문구 충정로7길 12 (충정로2가)				사업장주소	서울 서대문구 충정로7길 12		
	업태	건설업	종사업장번호			업태	제조업외	종사업장번호	
	종목	건축공사				종목	장난감외		
	E-Mail	sungsin@bill36524.com				E-Mail	barbie@bill36524.com		

작성일자	20x1.8.20.	공급가액	150,000,000	세 액	15,000,000
비고					

월	일	품목명	규격	수량	단가	공급가액	세액	비고
8	20	공장신축공사계약금				150,000,000	15,000,000	

합계금액	현금	수표	어음	외상미수금	이 금액을	● 영수 ○ 청구	함
165,000,000							

자료 3. 태블릿PC 구입

```
           신용카드매출전표
--------------------------------
카드종류: 삼성카드
회원번호: 5680-6017-****-40**
거래일시: 20x1.9.30. 10:01:23
거래유형: 신용승인
매   출:          900,000원
부 가 세:           90,000원
합   계:          990,000원
품   명: 아이패드
결제방법: 일시불
승인번호: 98776544
--------------------------------
--------------------------------
가맹점명: 쿠팡(주)
         - 이 하 생 략 -
```

자료설명	자료 1. 생산부에서 사용중인 기계장치 수선비에 대해 발급받은 전자세금계산서이다.(자본적지출로 처리할 것.) 자료 2. 제2공장 건물 신축공사 계약금을 국민은행 보통예금 계좌에서 이체하여 지급하고 발급받은 전자세금계산서이다. 자료 3. 쿠팡(주)로부터 대표이사 박세리의 자녀가 개인적으로 사용할 태블릿PC(아이패드)를 구입하고 수취한 신용카드매출전표이다. ('가지급금'계정으로 처리하며, 거래처 코드: 03090.박세리 사용할 것.)
수행과제	1. 자료 1 ~ 자료 3에 대한 거래자료를 매입매출전표 및 일반전표에 입력 하시오. (전자세금계산서와 관련된 거래는 '전자입력'으로 처리할 것.) 2. 제2기 예정 신고기간의 건물등감가상각자산취득명세서를 작성하시오. 3. 제2기 예정 부가가치세 신고서에 반영하시오.

④ 대손세액공제신고서 작성자의 부가가치세신고서 작성

자료.

전자세금계산서			(공급자 보관용)			승인번호		

공급자	등록번호	120-81-32144			공급받는자	등록번호	109-81-25501		
	상호	(주)바비산업	성명 (대표자)	박세리		상호	(주)카오물산	성명 (대표자)	안성문
	사업장 주소	서울 서대문구 충정로7길 12				사업장 주소	서울 서대문구 충정로7길 115		
	업태	제조업외	종사업장번호			업태	도소매업	종사업장번호	
	종목	장난감외				종목	전자제품외		
	E-Mail	barbie@bill36524.com				E-Mail	cao@bill36524.com		

작성일자	2021.10.10.	공급가액	2,000,000	세 액	200,000
비고					

월	일	품목명	규격	수량	단가	공급가액	세액	비고
10	10	광선검 장난감		100	20,000	2,000,000	200,000	

합계금액	현금	수표	어음	외상미수금	이 금액을	○ 영수 함
2,200,000				2,200,000		● 청구

자료설명	1. 자료는 (주)카오물산과의 매출거래 시에 발급한 전자세금계산서이다. 2. (주)카오물산의 외상매출금 2,200,000원은 「채무자 회생 및 파산에 관한 법률」에 따른 회수불능파산채권으로 20x1년 12월 20일에 확정되었다.(단, 대손사유는 '1.파산'으로 입력할 것.)
수행과제	1. 자료에 대한 대손요건을 판단하여 제2기 부가가치세 확정 신고기간의 대손세액공제 신고서를 작성하시오. 2. 대손세액 및 전자신고세액공제를 반영하여 제2기 부가가치세 확정신고서를 작성하시오. – 제2기 부가가치세 확정신고서를 홈택스에서 전자신고하여 전자신고세액공제 10,000원을 공제받기로 한다. 3. 대손확정일(12월 20일)의 대손세액공제 및 대손채권(외상매출금)에 대한 회계처리를 입력하시오.

평가문제

입력자료 및 회계정보를 조회하여 [평가문제]의 답안을 입력하시오.(70점)

번호	평가문제	배점
11	**평가문제 [계산서합계표 조회]** 제1기 예정 신고기간의 면세계산서 수취금액은 얼마인가?	1
12	**평가문제 [세금계산서합계표 조회]** 제1기 확정 신고기간의 거래처 '(주)가가랜드'에 전자발급된 세금계산서 공급가액은 얼마인가?	2
13	**평가문제 [세금계산서합계표 조회]** 제1기 확정 신고기간의 매출전자세금계산서 발급매수는 총 몇매인가?	2
14	**평가문제 [매입매출전표입력 조회]** 5월 23일자 수정세금계산서의 수정입력사유 코드번호를 입력하시오.	2
15	**평가문제 [건물등감가상각자산취득명세서 조회]** 제2기 예정 신고기간의 건물등감가상각취득명세서에서 조회되는 기계장치(자산구분코드 2)공급가액은 얼마인가?	3
16	**평가문제 [부가가치세신고서 조회]** 제2기 예정 신고기간 부가가치세신고서의 세금계산서수취부분_고정자산매입(11란) 금액은 얼마인가?	2
17	**평가문제 [부가가치세신고서 조회]** 제2기 예정 신고기간의 부가가치세 신고시에 작성되는 부가가치세 첨부서류에 해당하지 않는 것은? ① 세금계산서합계표　　　　　　② 신용카드매출전표수령금액합계표 ③ 건물등감가상각자산취득명세서　　④ 공제받지못할매입세액명세서	2
18	**평가문제 [대손세액공제신고서 조회]** 제2기 확정 신고기간 대손세액공제신고서에 관한 설명으로 옳지 않은 것은? ① 당초공급일은 2021년 10월 10일이다 ② 대손확정일은 과세기간종료일인 20x1년 12월 31일이다 ③ 대손금액으로 입력할 금액은 2,200,000원이다 ④ 대손세액공제는 부가가치세 확정 신고기간에만 적용가능하다	3
19	**평가문제 [부가가치세신고서 조회]** 제2기 확정 신고기간 부가가치세신고서의 대손세액가감(8란) 세액은 얼마인가?	3
20	**평가문제 [부가가치세신고서 조회]** 제2기 확정 신고기간의 부가가치세 차가감납부할세액(27란)은 얼마인가?	2
	부가가치세 소계	22

실무수행3 | 결산

[결산자료]를 참고하여 결산을 수행하시오.(단, 제시된 자료 이외의 자료는 없다고 가정함.)

① 수동결산

	결산일 현재 보유한 외화 부채는 다음과 같다.					
자료설명	계정과목	발생일자	거래처	금액	발생시 환율	결산시 환율
	외화 장기차입금	20x1.11.10.	원캐피탈	$30,000	1,350원/$	1,200원/$
수행과제	결산정리분개를 입력하시오.					

② 결산자료입력에 의한 자동결산

자료설명	1. 기말 단기대여금 잔액에 대하여 1%의 대손충당금을 보충법으로 설정한다. 2. 기말재고자산 현황 구 분 / 평가액 원재료 / 5,250,000원 재공품 / 8,300,000원 제 품 / 26,400,000원 3. 이익잉여금처분계산서 처분 예정(확정)일 - 당기: 20x2년 2월 28일 - 전기: 20x1년 2월 28일
수행과제	결산을 완료하고 이익잉여금처분계산서에서 손익대체분개를 하시오. (단, 이익잉여금처분내역은 없는 것으로 하고 미처분이월이익잉여금 전액을 이월이익잉여금으로 이월하기로 할 것.)

[실무수행평가] - 재무회계

번호	평가문제	배점
21	**평가문제 [영수증수취명세서 조회]** 영수증수취명세서(1)에 반영되는 '11.명세서제출 제외대상' 금액은 얼마인가?	2
22	**평가문제 [받을어음현황 조회]** 1/4분기(1월~3월)에 할인받은 받을어음의 총액은 얼마인가?	2

번호	평가문제	배점
23	**평가문제 [일/월계표 조회]** 1월에 발생한 영업외비용 금액은 얼마인가?	2
24	**평가문제 [일/월계표 조회]** 2월에 발생한 영업외비용 금액은 얼마인가?	1
25	**평가문제 [일/월계표 조회]** 1/4분기(1월~3월)에 발생한 임차료(제조)는 얼마인가?	1
26	**평가문제 [일/월계표 조회]** 4/4분기(10월~12월)에 발생한 영업외수익 금액은 얼마인가?	1
27	**평가문제 [거래처원장 조회]** 4월 말 거래처별 외상매출금 잔액으로 옳지 않은 것은? ① 03010.(주)코코토이 4,400,000원 ② 03020.(주)진영토이 15,000,000원 ③ 03030.(주)보령산업 9,900,000원 ④ 03040.(주)아이토이 29,200,000원	2
28	**평가문제 [거래처원장 조회]** 6월 말 (주)가가랜드(코드 03050)의 외상매출금 잔액은 얼마인가?	1
29	**평가문제 [손익계산서 조회]** 당기 손익계산서의 대손상각비(판매관리비)는 얼마인가?	1
30	**평가문제 [재무상태표 조회]** 3월 말 미지급금 잔액은 얼마인가?	2
31	**평가문제 [재무상태표 조회]** 9월 말 가지급금 잔액은 얼마인가?	1
32	**평가문제 [재무상태표 조회]** 9월 말 유형자산 금액은 얼마인가?	2
33	**평가문제 [재무상태표 조회]** 12월 말 외화장기차입금 잔액은 얼마인가?	2
34	**평가문제 [재무상태표 조회]** 기말 재고자산 잔액은 얼마인가?	2
35	**평가문제 [재무상태표 조회]** 12월 말 이월이익잉여금(미처분이익잉여금) 잔액으로 옳은 것은? ① 432,442,126원 ② 448,900,518원 ③ 469,821,541원 ④ 487,852,916원	1
	재무회계 소계	23

실무수행4 근로소득관리

인사급여 관련 자료이다. [자료설명]을 참고하여 [수행과제]를 수행하시오.

[1] 주민등록등본에 의한 사원등록

자료. 김태현의 주민등록등본

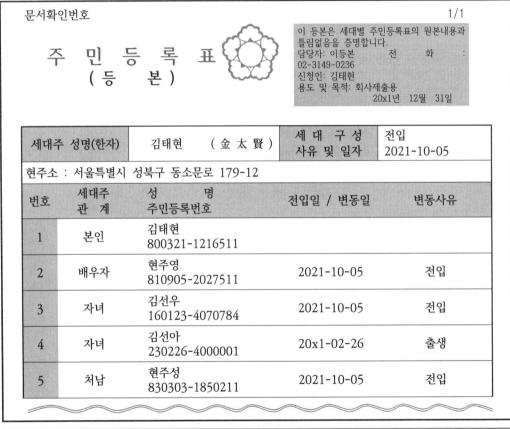

자료설명	사무직 사원 김태현(1004)의 사원등록을 위한 자료이다. 1. 부양가족은 김태현과 생계를 같이 한다. 2. 배우자 현주영은 고용보험으로부터 지급받는 육아휴직급여 12,000,000원이 있다. 3. 자녀인 김선우와 김선아는 소득이 없다. 4. 처남 현주성은 장애인복지법에 의한 청각장애인에 해당하며, 별도 소득이 없다. 5. 세부담을 최소화하는 방법으로 선택한다.
수행과제	[사원등록] 메뉴에서 부양가족명세를 작성하시오.

[실무수행평가] – 근로소득관리 1

번호	평가문제	배점
36	**평가문제 [김태현 근로소득원천징수영수증 조회]** '25.배우자' 공제대상액은 얼마인가?	2
37	**평가문제 [김태현 근로소득원천징수영수증 조회]** '26.부양가족' 공제대상 인원은 몇 명인가?	2
38	**평가문제 [김태현 근로소득원천징수영수증 조회]** '28.장애인' 공제대상액은 얼마인가?	2
39	**평가문제 [김태현 근로소득원천징수영수증 조회]** '37.차감소득금액' 은 얼마인가?	1
40	**평가문제 [김태현 근로소득원천징수영수증 조회]** '57.자녀세액공제' 세액공제액은 얼마인가?	2

② 일용직사원의 원천징수

자료 1. 일용직사원 관련정보

성 명	선우진(코드 2001)
거주구분(내국인 / 외국인)	거주자 / 내국인
주민등록번호	980305 – 1111119
입사일자	20x1년 9월 20일

자료 2. 일용직급여내역

성 명	계산내역	9월의 근무일
선우진	1일 250,000원 × 총 5일 = 1,250,000원	20, 21, 22, 25, 26

자료설명	1. 자료 1, 2는 일용직 사원의 관련정보 및 급여지급내역이다. 2. 일용직 급여는 매일 지급하는 방식으로 한다. 3. 사회보험료 중 고용보험만 징수하기로 한다. 4. 제시된 사항 이외의 자료는 없는 것으로 한다.
수행과제	1. [일용직사원등록] 메뉴에 사원등록을 하시오. 2. [일용직급여입력] 메뉴에 급여내역을 입력하시오. 3. 9월 귀속분 원천징수이행상황신고서를 작성하시오.

[실무수행평가] - 근로소득관리 2

번호	평가문제	배점
41	**평가문제 [일용직(선우진) 9월 일용직급여입력 조회]** 공제항목 중 고용보험의 합계액은 얼마인가?	2
42	**평가문제 [일용직(선우진) 9월 일용직급여입력 조회]** 9월 급여의 공제총액 합계액은 얼마인가?	1
43	**평가문제 [9월 원천징수이행상황신고서 조회]** 근로소득 일용근로(A03) '5.총지급액'은 얼마인가?	1
44	**평가문제 [9월 원천징수이행상황신고서 조회]** 근로소득 일용근로(A03) '6.소득세 등' 금액은 얼마인가?	1
45	**평가문제 [9월 원천징수이행상황신고서 조회]** 근로소득 가감계(A10)의 '4.인원'은 몇 명인가?	1

③ 국세청연말정산간소화 및 이외의 자료를 기준으로 연말정산

자료설명	사무직 문지훈(1005)의 연말정산을 위한 자료이다. 1. 사원등록의 부양가족현황은 사전에 입력되어 있다. 2. 부양가족은 문지훈과 생계를 같이 한다.
수행과제	[연말정산 근로소득원천징수영수증] 메뉴에서 연말정산을 완료하시오. 1. 사원등록의 부양가족명세를 수정하시오. 　(세부담을 최소화하는 방법으로 선택한다.) 2. 의료비는 [의료비] 탭에서 입력하며, 국세청자료는 공제대상 합계금액을 1건으로 집계하여 입력한다. 3. 신용카드는 [신용카드] 탭에서 입력한다. 4. 보험료와 교육비는 [소득공제] 탭에서 입력한다.

자료 1. 문지훈 사원의 부양가족등록 현황

연말정산관계	성명	주민번호	기타사항
0.본인	문지훈	741011-1111113	
1.소득자 직계존속	정진향	510102-2111116	일용근로소득 3,500,000원이 있다.
3.배우자	김은희	790502-2222221	총급여 5,000,000원과 기타소득 2,800,000원 (분리과세 선택)이 있다.
4.직계비속	문소리	091215-3094119	**비인가 대안학교에 다니고 있다.**

자료 2. 국세청간소화서비스 및 기타증빙자료

20x1년 귀속 소득 · 세액공제증명서류 : 기본(지출처별)내역 [의료비]

■ 환자 인적사항

성 명	주 민 등 록 번 호
정진향	510102-2******

■ 의료비 지출내역

(단위: 원)

사업자번호	상 호	종류	지출금액 계
109-04-16***	관절튼튼**병원	일반	3,700,000
106-05-81***	***안경원	일반	550,000
의료비 인별합계금액			3,700,000
안경구입비 인별합계금액			550,000
산후조리원 인별합계금액			0
인별합계금액			**4,250,000**

- 본 증명서류는 『소득세법』 제165조 제1항에 따라 영수증 발급기관으로부터 수집한 서류로 소득·세액공제 충족 여부는 근로자가 직접 확인하여야 합니다.
- 본 증명서류에서 조회되지 않는 내역은 영수증 발급기관에서 직접 발급받으시기 바랍니다.

20x1년 귀속 소득 · 세액공제증명서류: 기본(사용처별)내역 [신용카드]

■ 사용자 인적사항

성 명	주 민 등 록 번 호
김은희	790502-2222***

■ 신용카드 등 사용금액 집계

일반	전통시장	대중교통	도서공연등	합계금액
12,500,000	5,500,000	0	0	18,000,000

- 본 증명서류는 『소득세법』 제165조 제1항에 따라 영수증 발급기관으로부터 수집한 서류로 소득·세액공제 충족 여부는 근로자가 직접 확인하여야 합니다.
- 본 증명서류에서 조회되지 않는 내역은 영수증 발급기관에서 직접 발급받으시기 바랍니다.

20x1년 귀속 소득 · 세액공제증명서류: 기본(지출처별)내역 [보험료]

■ 계약자 인적사항

성 명	주 민 등 록 번 호
문지훈	741011-1111***

■ 보장성보험(장애인전용보장성보험) 납입내역

(단위: 원)

종류	상 호	보험종류	주피보험자		납입금액 계
	사업자번호	증권번호	종피보험자		
보장성	MIG손해보험(주)	**실손보험	741011-1111***	문지훈	480,000
	106-81-41***	100540651**			
보장성	신한생명보험(주)	(무)든든암보험	510102-2111***	정진향	960,000
	108-81-32***				
인별합계금액					1,440,000

- 본 증명서류는 「소득세법」 제165조 제1항에 따라 영수증 발급기관으로부터 수집한 서류로 소득·세액공제 충족 여부는 근로자가 직접 확인하여야 합니다.
- 본 증명서류에서 조회되지 않는 내역은 영수증 발급기관에서 직접 발급받으시기 바랍니다.

20x1년 귀속 소득 · 세액공제증명서류: 기본(지출처별)내역 [교육비]

■ 학생 인적사항

성 명	주 민 등 록 번 호
문지훈	741011-1111***

■ 교육비 지출내역

교육비종류	학교명	사업자번호	납입금액 계
대학교	***대학교	**3-83-21***	4,500,000
인별합계금액			4,500,000

- 본 증명서류는 「소득세법」 제165조 제1항에 따라 영수증 발급기관으로부터 수집한 서류로 소득·세액공제 충족 여부는 근로자가 직접 확인하여야 합니다.
- 본 증명서류에서 조회되지 않는 내역은 영수증 발급기관에서 직접 발급받으시기 바랍니다.

■ 소득세법 시행규칙 [별지 제44호서식]　　　　　　　　　　　　　　　　(앞쪽)

교 육 비 납 입 증 명 서

① 상　호	별무리학교(대안학교)	② 사업자등록번호　111-90-11114
③ 대표자	박윤숙	④ 전 화 번 호
⑤ 주　소	충청남도 금산군 남일면 별무리1길 3	

신청인	⑥ 성명　문지훈	⑦ 주민등록번호　741011-1111113
	⑧ 주소　서울특별시 강남구 강남대로 302-2	
대상자	⑨ 성명　문소리	⑩ 신청인과의 관계　　　자

Ⅰ. 교육비 부담 명세(20x1년도)

⑪ 납부연월	⑫ 구　분	⑬ 총교육비(A)	⑭ 교육비 부담금액
20x1. 3.	수업료	2,350,000	2,350,000
20x1. 9.	수업료	2,350,000	2,350,000
계		4,700,000	4,700,000

이하 생략

[실무수행평가] – 근로소득관리 3

번호	평가문제	배점
46	**평가문제 [문지훈 근로소득원천징수영수증 조회]** '42.신용카드' 소득공제 공제대상액은 얼마인가?	2
47	**평가문제 [문지훈 근로소득원천징수영수증 조회]** '61.보장성보험' 세액공제액은 얼마인가?	3
48	**평가문제 [문지훈 근로소득원천징수영수증 조회]** '62.의료비' 세액공제액은 얼마인가?	2
49	**평가문제 [문지훈 근로소득원천징수영수증 조회]** '63.교육비' 세액공제액은 얼마인가?	2
50	**평가문제 [문지훈 근로소득원천징수영수증 조회]** '82.실효세율'은 몇 %인가? ① 1.4%　　　　　　　② 2.2% ③ 2.6%　　　　　　　④ 2.8%	1
근로소득 소계		25

![실무이론평가]

실무이론평가

1	2	3	4	5	6	7	8	9	10
②	①	④	③	③	②	①	③	④	④

01 표현의 충실성을 설명한 것으로서 신뢰성의 속성에 해당한다.

02 미교부주식배당금은 자본조정항목으로 자본에 해당한다.

(차) 이익잉여금(자본)　　　　　　　xxx　　　(대) 자본금(자본)　　　　　　xxx

03 기말재고수량 = 기초(100) + 매입(100) - 매출(150) + 매입(100) = 150개

선입선출법이므로 매출원가는 먼저 구입한 것이 매출원가를 구성한다.

상　품							
기초	100개	@1,000	100,000	매출원가	100개	@1,000	
매입	100개	@1,200	120,000		50개	@1,200	*160,000*
	100개	@1,400	140,000	기말	150개		*200,000*
계(판매가능재고)			360,000	계			360,000

04 상환의무가 없는 정부보조금 1,000,000원으로 기계장치를 1,000,000원에 취득할 경우의 회계처리

(차) 기계장치　　　　　　　　1,000,000원　　(대) 보통예금　　　　　　　　1,000,000원

　　정부보조금(보통예금 차감)　1,000,000원　　　　정부보조금(기계장치 차감)　1,000,000원

05 퇴직금추계액이란 당기말 현재 전 임직원이 퇴사할 때 소요될 것으로 예상되는 퇴직급여액으로서,
재무상태표에 계상되는 퇴직급여충당부채 기말잔액이다.

퇴직급여충당부채			
퇴사	2,000,000	기초	6,000,000
기말(퇴직급여추계액)	*7,000,000*	설정	3,000,000
계	9,000,000	계	9,000,000

06 감가상각비(상반기) = 취득가액(20,000,000) ÷ 내용연수(5년) × 6개월/12개월 = 2,000,000원

7월 1일 장부가액 = 취득가액(20,000,000) - 감가상각누계액(2,000,000)

　　　　　　　　 + 자본적 지출액(5,400,000) = 23,400,000원

잔여내용연수 = 5년 × 12개월 - 6개월 = 54개월

감가상각비(하반기) = 장부가액(23,400,000) ÷ 54개월 × 6개월 = 2,600,000원

20x1년 감가상각비 = 상반기(2,000,000) + 하반기(2,600,000) = 4,600,000원

07 약사법에 따른 약사가 제공하는 의약품의 조제용역은 면세대상 용역의 공급에 해당한다.

186

08 불공제 매입세액 = 기업업무추진비(15,000,000) + 부지조성(70,000,000) = 85,000,000원

09 휴가비는 과세대상 근로소득이다. 그러나 사회통념상 타당한 범위의 경조금, 비출자임원이 사택을 제공받아 얻은 이익, 근로자가 제공받은 식사는 소득세 과세대상이 아니다.

10.

관계	요 건		기본 공제	추가 공제	판 단
	연령	소득			
본인	–	–	○		
배우자	–	○	○		
자녀(15)	○	○	○	장애	
부(79)	○	×	부		사업소득금액 1백만원 초과자
모(73)	○	○	○	경로	

• 기본공제(4명) = 1,500,000 × 4 = 6,000,000원
• 장애인공제(1명) = 2,000,000원   • 경로우대공제(1명) = 1,000,000원

■■■■■ 실무수행평가

실무수행 1. 거래자료 입력

1 3만원 초과 거래자료에 대한 영수증수취명세서 작성

[일반전표입력] 1월 10일

    (차) 기부금   5,000,000원   (대) .현금   5,000,000원

[영수증수취명세서(2)]

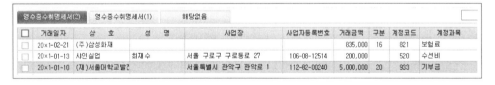

	거래일자	상 호	성 명	사업장	사업자등록번호	거래금액	구분	계정코드	계정과목
☐	20×1-02-21	(주)삼성화재				835,000	16	821	보험료
☐	20×1-01-13	사인실업	최재수	서울 구로구 구로동로 27	106-08-12514	200,000		520	수선비
☐	20×1-01-10	(재)서울대학교발건		서울특별시 관악구 관악로 1	112-82-00240	5,000,000	20	933	기부금

[영수증수취명세서(1)] **비영리법인과의 거래**

영수증수취명세서(2)	영수증수취명세서(1)	해당없음

1. 세금계산서, 계산서, 신용카드 등 미사용내역			
9. 구분	3만원 초과 거래분		
	10. 총계	11. 명세서제출 제외대상	12. 명세서제출 대상(10-11)
13. 건수	3	2	1
14. 금액	6,035,000	5,835,000	200,000

2. 3만원 초과 거래분 명세서제출 제외대상 내역					
구분	건수	금액	구분	건수	금액
15. 읍, 면 지역 소재			26. 부동산 구입		
16. 금융, 보험 용역	1	835,000	27. 주택임대용역		
17. 비거주자와의 거래			28. 택시운송용역		
18. 농어민과의 거래			29. 전산발매통합관리시스템가입자와의		
19. 국가 등과의 거래			30. 항공기항행용역		
20. 비영리법인과의 거래	1	5,000,000	31. 간주임대료		
21. 원천징수 대상사업소			32. 연체이자지급분		
22. 사업의 양도			33. 송금명세서제출분		
23. 전기통신, 방송용역			34. 접대비필요경비부인분		
24. 국외에서의 공급			35. 유료도로 통행료		
25. 공매, 경매, 수용			36. 합계	2	5,835,000

② 약속어음 수취거래, 만기결제, 할인 및 배서양도

1. [일반전표입력] 2월 25일

   (차) 매출채권처분손실   660,000원   (대) 받을어음   22,000,000원
         보통예금(국민은행(보통))   21,340,000원   ((주)아이나라)

   ※ 할인료(매출채권처분손실): 22,000,000원×12%×3개월/12개월=660,000원

2. [자금관리]

● 받을어음 관리											삭제(F5)
어음상태	2	할인(전액)	**어음번호**	00420230125123456780	수취구분	1	자수	발행일	20×1-01-25	만기일	20×1-05-25
발행인	01500	(주)아이나라			지급은행	100	국민은행			지 점	역삼
배서인			할인기관	98000	국민은행(보통)	지 점		할인율(%)	12	어음종류	6	전자
지급거래처						* 수령된 어음을 타거래처에 지급하는 경우에 입력합니다.					

③ 리스회계 [매입매출전표입력] 3월 20일

거래유형	품명	공급가액	부가세	거래처	전자세금
53.면세	기계장비리스	880,000		(주)우리캐피탈	전자입력
분개유형	(차) 임차료(제)	880,000원	(대) 미지급금		880,000원
3.혼합					

실무수행 2. 부가가치세관리

1 전자세금계산서 발급

1. [매입매출전표입력] 4월 28일

거래유형	품명	공급가액	부가세	거래처	전자세금
11.과세	미니카 장난감	12,000,000	1,200,000	(주)아이토이	전자발행
분개유형	(차) 외상매출금	13,200,000원	(대)	제품매출	12,000,000원
2.외상				부가세예수금	1,200,000원

2. [전자세금계산서 발행 및 내역관리] 기출문제 68회 참고

2 수정전자세금계산서 발급

1. [수정전자세금계산서 발급]

① [매입매출전표입력] 5월 23일 전표선택 ➜ 수정세금계산서 클릭 ➜ 수정사유(2.공급가액변동)를 선택 ➜ 확인(Tab) 을 클릭

② [수정세금계산서(매출)] 화면에서 수정분 [작성일 5월 31일], [공급가액 -400,000원], [세액 -40,000원]을 입력한 후 확인(Tab) 을 클릭

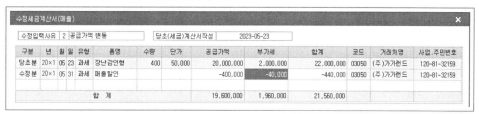

③ [매입매출전표입력] 5월 31일

거래유형	품명	공급가액	부가세	거래처	전자세금
11. 과세	매출할인	-400,000	-40,000	(주)가가랜드	전자발행
분개유형	(차) 외상매출금	-440,000원	(대)	제품매출	-400,000원
2. 외상				부가세예수금	-40,000원

2. [전자세금계산서 발행 및 내역관리] 기출문제 68회 참고

③ 건물등감가상각자산취득명세서 작성자의 부가가치세신고서 작성

1. [거래자료입력]
   - [매입매출전표입력] 7월 5일

거래유형	품명	공급가액	부가세	거래처	전자세금
51.과세	프레스기계 수선비	8,000,000	800,000	(주)코스모산업	전자입력
분개유형	(차) 기계장치	8,000,000원	(대) 미지급금		8,800,000원
3.혼합	부가세대급금	800,000원			

   - [매입매출전표입력] 8월 20일

거래유형	품명	공급가액	부가세	거래처	전자세금
51.과세	공장신축공사계약금	150,000,000	15,000,000	(주)성신산업	전자입력
분개유형	(차) 건설중인자산	150,000,000원	(대) 보통예금		165,000,000원
3.혼합	부가세대급금	15,000,000원	(국민은행(보통))		

   - [일반전표입력] 9월 30일

   (차) 가지급금(박세리)   990,000원   (대) 미지급금(삼성카드)   990,000원

   ※ 대표이사의 개인적인 물품구입은 매입세액 공제대상이 아니며, 세금계산서를 수취하지 않고 신용카드매출
      전표를 수취하였으므로 일반전표입력에 매입부가세를 포함한 금액으로 입력하여야 한다.

2. [건물등감가상각자산취득명세서] 7월 ~ 9월

	감가상각자산 종류	건 수	공 급 가 액	세 액	비 고
취득내역	합 계	2	158,000,000	15,800,000	
	(1) 건 물 · 구 축 물	1	150,000,000	15,000,000	
	(2) 기 계 장 치	1	8,000,000	800,000	
	(3) 차 량 운 반 구				
	(4) 기타감가상각자산				

일련번호	취득일자 월	취득일자 일	상 호	사업자등록번호	자산구분		공 급 가 액	세 액	건 수	유 형
1	07	05	(주)코스모산업	106-81-57571	2	기 계 장 치	8,000,000	800,000	1	세금계산서
2	08	20	(주)성신산업	108-81-21220	1	건 물 / 구 축 물	150,000,000	15,000,000	1	세금계산서

3. [부가가치세신고서] 7월 1일 ~ 9월 30일

매입세액	세금계산 수취부분	일반매입	10	78,100,000	7,810,000
		수출기업수입분납부유예	10-1		
		고정자산매입	11	158,000,000	15,800,000
	예정 신고누락분		12		
	매입자발행 세금계산서		13		
	그밖의공제 매입세액		14	1,600,000	160,000
	합계 (10-(10-1)+11+12+13+14)		15	237,700,000	23,770,000
	공제받지못할매입세액		16		
	차감계 (15-16)		17	237,700,000 ⑭	23,770,000

4 대손세액공제신고서 작성자의 부가가치세신고서 작성

1. [대손세액공제신고서] 작성(10~12월)

	당초공급일	대손사유	대손기준일	대손확정일	대손금액	대손세액	코드	거래상대방 상호	사업자등록번호	주민등록번호	성명
1	2021-10-10	파산	2021-10-10	20×1-12-20	2,200,000	200,000	00114	(주)카오물산	109-81-25501		안성문

2. [부가가치세신고서] 10월 1일 ~ 12월 31일

		구 분		금액	세율	세액
과세표준및매출세액	과세	세금계산서발급분	1	40,860,000	10/100	4,086,000
		매입자발행세금계산서	2		10/100	
		신용카드·현금영수증	3		10/100	
		기타	4		10/100	
	영세	세금계산서발급분	5		0/100	
		기타	6		0/100	
	예정신고누락분		7			
	대손세액가감		8			-200,000

	구분		금액	세율	세액
	전자신고및전자고지	54			10,000

3. [일반전표입력] 12월 20일

　(차) 대손충당금(109)　　　　　　　900,000원　　(대) 외상매출금　　　　　　2,200,000원
　　　 대손상각비(판)　　　　　　 1,100,000원　　　　 ((주)카오물산)
　　　 부가세예수금　　　　　　　　200,000원

[실무수행평가] - 부가가치세관리

번호	평가문제	배점	답
11	**평가문제 [계산서합계표 조회]**	1	(1,880,000)원
12	**평가문제 [세금계산서합계표 조회]**	2	(19,600,000)원
13	**평가문제 [세금계산서합계표 조회]**	2	(29)매
14	**평가문제 [매입매출전표입력 조회]**	2	(2)
15	**평가문제 [건물등감가상각자산취득명세서 조회]**	3	(8,000,000)원
16	**평가문제 [부가가치세신고서 조회]**	2	(158,000,000)원
17	**평가문제 [부가가치세신고서 조회]**	2	④
18	**평가문제 [대손세액공제신고서 조회]**	3	②
19	**평가문제 [부가가치세신고서 조회]**	3	(-200,000)원
20	**평가문제 [부가가치세신고서 조회]**	2	(759,200)원
	부가가치세 소계	22	

실무수행 3. 결산

[1] 수동결산 [일반전표입력] 12월 31일

(차) 외화장기차입금(원캐피탈)　　4,500,000원　　(대) 외화환산이익　　　　　4,500,000원

  ☞ 외화환산손익 = (1,350원 - 1,200원) × $30,000 = 4,500,000원(이익)

[2] 결산자료입력에 의한 자동결산

[결산자료입력 1]

- 단기대여금 대손상각비 설정액 = 12,000,000원 × 1% = 120,000원

① 방법 1.

  결산자료입력(기타의 대손상각비)란에 단기대여금 120,000원 입력

② 방법 2. [일반전표입력] 12월 31일

(차) 기타의대손상각비　　　　120,000원　　(대) 대손충당금(115)　　　120,000원

[결산자료입력 2]

- 결산자료입력에서 기말 원재료 5,250,000원, 재공품 8,300,000원, 제품 26,400,000원을 입력하고 전표추가(F3) 를 클릭하여 결산분개를 생성한다.

[이익잉여금처분계산서] 메뉴

- 이익잉여금처분계산서에서 처분일을 입력한 후, 전표추가(F3) 를 클릭하여 손익대체 분개를 생성한다.

[실무수행평가] - 재무회계

번호	평가문제	배점	답
21	**평가문제 [영수증수취명세서 조회]**	2	(5,835,000)원
22	**평가문제 [받을어음현황 조회]**	2	(34,000,000)원
23	**평가문제 [일/월계표 조회]**	2	(7,200,000)원
24	**평가문제 [일/월계표 조회]**	1	(791,000)원
25	**평가문제 [일/월계표 조회]**	1	(1,080,000)원
26	**평가문제 [일/월계표 조회]**	1	(6,060,000)원
27	**평가문제 [거래처원장 조회]**	2	③
28	**평가문제 [거래처원장 조회]**	1	(21,560,000)원
29	**평가문제 [손익계산서 조회]**	1	(1,100,000)원
30	**평가문제 [재무상태표 조회]**	2	(30,060,900)원

번호	평가문제	배점	답
31	**평가문제 [재무상태표 조회]**	1	(1,990,000)원
32	**평가문제 [재무상태표 조회]**	2	(602,700,000)원
33	**평가문제 [재무상태표 조회]**	2	(36,000,000)원
34	**평가문제 [재무상태표 조회]**	2	(41,550,000)원
35	**평가문제 [재무상태표 조회]**	1	②
재무회계 소계		23	

실무수행 4. 근로소득관리

① 주민등록등본에 의한 사원등록

관계	요 건		기본공제	추가(자녀)	판 단
	연령	소득			
본인(세대주)	–	–	○		
배우자	–	○	○		육아휴직급여(고용보험)는 비과세
자1(8)	○	○	○	자녀	
자2(1)	○	○	○		
처남(41)	×	○	○	장애(1)	장애인은 연령을 따지지 않는다.

[실무수행평가] – 근로소득관리 1

번호	평가문제[김태현 근로소득원천징수영수증 조회]	배점	답
36	25. 배우자 공제대상액	2	(1,500,000)원
37	26. 부양가족 공제대상인원(자녀 2명, 처남)	2	(3)명
38	28. 장애인 공제대상액(처남)	2	(2,000,000)원
39	31. 차감소득금액	1	(21,838,480)원
40	57. 자녀세액공제액(자1)	2	(150,000)원

※ 31은 프로그램이 자동계산하므로 시점(세법개정, 프로그램 업데이트)마다 달라질 수가 있습니다.

② 일용직사원의 원천징수

1. [일용직사원등록](2001. 선우진)

2. [일용직급여입력] 귀속년월 9월, 지급년월, 9월 근무일(20,21,22,25,26)

	현장	일	요	근	근무시간		지급액		기타비과세	고용보험	국민연금	건강보험	요양보험	소득세	지방소득세	임금총액	공제총액	차인지급액
	코드 현장명	자	일	무	정상	연장	정상	연장										
		20	수	O			250,000			2,250				2,700	270	250,000	5,220	244,780
		21	목	O			250,000			2,250				2,700	270	250,000	5,220	244,780
		22	금	O			250,000			2,250				2,700	270	250,000	5,220	244,780
		23	토	X														
		24	일	X														
		25	월	O			250,000			2,250				2,700	270	250,000	5,220	244,780
		26	화	O			250,000			2,250				2,700	270	250,000	5,220	244,780
		27	수	X														

3. [원천징수이행상황신고서] 귀속기간 9월, 지급기간 9월, 0.정기신고

	구분	코드	소득지급(과세미달,비과세포함)		징수세액				9.당월 조정 환급세액	10.소득세 등 (가산세 포함)
			4.인원	5.총지급액	6.소득세 등	7.농어촌특별세	8.가산세			
근로소득	간 이 세 액	A01	3	12,300,000	431,960					
	중 도 퇴 사	A02								
	일 용 근 로	A03	1	1,250,000	13,500					
	연말정산합계	A04								
	연말분납금액	A05								
	연말납부금액	A06								
	가 감 계	A10	4	13,550,000	445,460					445,460

[실무수행평가] - 근로소득관리 2

번호	평가문제	배점	답
41	[일용직(선우진) 9월 일용직급여입력 조회] 고용보험합계액	2	(11,250)원
42	[일용직(선우진) 9월 일용직급여입력 조회] 급여의 공제 총액	1	(26,100)원
43	[9월 원천징수이행상황신고서 조회] 5. 총지급액	1	(1,250,000)원
44	[9월 원천징수이행상황신고서 조회] 6. 소득세 등 금액	1	(13,500)원
45	[9월 원천징수이행상황신고서 조회] A10의 4.인원	1	(4)명

③ 국세청연말정산간소화 및 이외의 자료를 기준으로 연말정산(문지훈)

[연말정산 근로소득원천징수영수증]

1. 부양가족 등록수정

관계	요 건		기본공제	추가(자녀)	판 단
	연령	소득			
본인(세대주)	-	-	○		
모(73)	○	○	○	경로	일용근로소득은 분리과세소득
배우자	-	○	○		총급여액 5백만원 이하이고, 기타소득은 분리과세 선택
자1(15)	○	○	○	자녀	

2. 연말정산 대상여부 판단

항 목	요건		내역 및 대상여부	입력
	연령	소득		
의 료 비	×	×	• 모친의료비(안경은 500,000 한도)	○(65세 4,200,000)
신용카드	×	○	• 배우자 신용카드	○(신용 12,500,000 전통 5,500,000)
보 험 료	○	○	• 본인 실손보험 • 배우자 암보험	○(일반 480,000) ○(일반 960,000)
교 육 비	×	○	• 본인 대학교 등록금 • 자 비인가 대안학교 교육비 세액공제대상이 아님	○(본인 4,500,000) ×

2. 의료비 세액공제

	공제대상자					지급처			지급명세		
	부양가족 관계코드	성명	내 외	주민등록번호	본인등 해당여부	상호	사업자번호	의료증빙 코 드	건수	지급액	실손의료보험금
1	소득자의 직계존	정진향	내	510102-2111116	○			국세청	1	4,200,000	

3. 신용카드 소득공제(배우자)

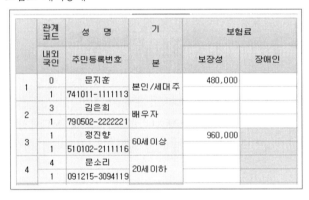

4. 보험료 세액공제

관계 코드		성 명	기	보험료	
내외 국인		주민등록번호	본	보장성	장애인
1	0	문지훈	본인/세대주	480,000	
	1	741011-1111113			
2	3	김은희	배우자		
	1	790502-2222221			
3	1	정진향	60세이상	960,000	
	1	510102-2111116			
4	4	문소리	20세이하		
	1	091215-3094119			

5. 교육비 세액공제

6. 정산명세 조회

특별소득공제	34.주택	11년이전 차입분	15년미만	>		특별세액공제	61.보장성보험	1,440,000	>	120,000
			15~29년	>			62.의 료 비	4,200,000	>	376,200
			30년이상	>			63.교 육 비	4,500,000	>	675,000
		12년이후 차입분(15년이상)	고정or비거치	>		64.기부금	정치	10만원이하	>	
			기타대출	>				10만원초과	>	
	나.장기주택저당차입금이자상환액	15년이후 차입분(15년이상)	고정&비거치	>			나.법정기부금		>	
			고정or비거치	>			다.우리사주기부금		>	
			기타대출	>			라.지정기부금(종교외)		>	
		15년이후 차입분(10~15년)	고정or비거치	>			마.지정기부금(종교)		>	
	35.기부금(이월분)			>			65.계			1,171,200
	36.계				2,763,000		66.표준세액공제		>	
37.차 감 소 득 금 액					31,529,000	67.납 세 조 합 공 제			>	
그밖의소득공제	38.개인연금저축			>		68.주 택 차 입 금			>	
	39.소기업·소상공인공제부금			>		69.외 국 납 부			>	
	40.주택마련저축	가.청약저축		>		70.월세액			>	
		나.주택청약종합저축		>						
		다.근로자주택마련저축		>						
	41.투자조합출자 등			>						
	42.신용카드등	18,000,000		>	1,560,000					
	43.우리사주조합 출연금			>						
	44.고용유지중소기업근로자			>						
	45.장기집합투자증권저축			>		71.세 액 공 제 계				1,981,200
	46.청년형장기집합투자증권저축			>		72.결 정 세 액(50-55-71)				1,254,150
	47.그 밖의 소 득 공 제 계				1,560,000	82.실 효 세 율(%) (72/21)×100%				2.2%

[실무수행평가] – 근로소득관리 3

번호	평가문제 [문지훈 근로소득원천징수영수증 조회]	배점	답
46	42. 신용카드 소득공제 대상액	2	(1,560,000)원
47	61. 보장성 보험 세액공제액	3	(120,000)원
48	62. 의료비 세액공제액	2	(376,200)원
49	63. 교육비 세액공제액	2	(675,000)원
50	82. 실효세율(2.2%)	1	②
	근로소득 소계	25	

←참고사항 : 총급여액 56,400,000원→

※ 시험시 프로그램이 자동계산되어진 것으로 답을 입력하시고 시간이 남으시면 체크해 보시기 바랍니다.

		한도	공제율	대상금액	세액공제
1. 보험료	일반	1백만원	12%	1,440,000	120,000
2. 의료비	특정	-	15%	4,200,000	376,200
	☞의료비세액공제 = [4,200,000-총급여액(56,400,000)×3%]×15% = 376,200				
3. 교육비	본인	-	15%	4,500,000	675,000

합격율	시험년월
67%	2023.10

실무이론평가

[1] 다음 설명과 관련된 회계정보의 질적 특성은?

> • 상장법인인 (주)한공은 1분기 손익계산서를 기한 내에 공시하지 않았다. 이로 인해 기업의 투자자들은 투자의사결정 시점에 필요한 정보를 제공받지 못하였다.

① 표현의 충실성 ② 중립성
③ 검증가능성 ④ 적시성

[2] 다음 중 재고자산과 관련하여 잘못 설명하고 있는 사람은 누구인가?

> 호영 : 컴퓨터를 판매하는 회사의 재무팀에서 사용하는 컴퓨터는 재고자산이 아니야.
> 준희 : 재고자산의 판매비용이 상승하면 재고자산평가손실 금액이 증가할 수 있어.
> 준수 : 비정상적으로 발생한 재고감모손실은 영업외비용에 해당해.
> 민경 : 선적지 인도조건으로 매입한 운송중인 재고는 기말재고에서 제외시켜야 해.

※ 1차 저작권자의 저작권 침해 소지가 있어 삽화 삽입은 어려우니 양해바랍니다.

① 호영 ② 준희
③ 준수 ④ 민경

[3] 다음은 (주)한공의 20x1년 12월 31일 현재 보유중인 상품에 대한 자료이다. 20x1년 손익계산서에 인식할 재고자산평가손실은 얼마인가?

수 량	장부상 단가	단위당 예상 판매가격	단위당 예상 판매비용
1,000개	100원	120원	30원

① 재고자산평가손실 30,000원 ② 재고자산평가손실은 없다.
③ 재고자산평가손실 10,000원 ④ 재고자산평가손실 20,000원

[4] 다음 중 무형자산으로 회계처리해야 하는 거래는?

① 조직 개편으로 인한 부서별 명패 교환비용을 지출하였다.

② 프로젝트 초기의 연구단계에서 연구비를 지출하였다.

③ 다른 회사와 합병하면서 영업권을 취득하였다.

④ 재경팀 직원에게 세무교육을 실시하고 강사료를 지급하였다.

[5] (주)한공의 오류 수정 전 당기순이익은 5,000,000원이다. 다음 회계처리 오류사항을 수정한 후의 당기순이익은 얼마인가?

> • 지급 당시 전액 비용처리한 보험료 기간 미경과분 300,000원을 계상 누락하다.
> • 차입금에 대한 발생이자 미지급분 200,000원을 계상 누락하다.

① 4,900,000원 ② 5,000,000원
③ 5,100,000원 ④ 5,300,000원

[6] 다음은 (주)한공의 20x1년 상품거래 내역이다. 매출원가를 계산하면 얼마인가?(단, 선입선출법을 적용한다.)

> 1월 1일 기초상품 재고 300개의 금액은 300,000원이다.
> 7월 1일 400개를 단위당 1,500원에 외상 매입하였다.
> 10월 1일 550개를 1,375,000원에 외상 매출하였다.

①   675,000원 ②   900,000원
③ 1,000,000원 ④ 1,375,000원

[7] 다음 중 부가가치세법상 재화와 용역의 공급시기로 옳지 않은 것은?

① 수출재화: 수출재화의 선(기)적일

② 폐업시 잔존재화: 폐업하는 때

③ 단기할부판매: 대가의 각 부분을 받기로 한 때

④ 위탁판매: 수탁자의 공급일

[8] 다음은 신발제조업을 영위하는 (주)한공의 20x1년 2기 확정신고기간의 거래내역이다. 부가가치세법상 매출세액은 얼마인가?(단, 주어진 자료의 금액에는 부가가치세가 포함되어 있지 않다.)

• 국내 매출액	70,000,000원
• 하치장 반출액	10,000,000원
• 국외(수출) 매출액	50,000,000원
• 거래처에 무상으로 제공한 견본품의 시가	8,000,000원

① 7,000,000원
② 10,000,000원
③ 12,000,000원
④ 15,000,000원

[9] 다음 자료는 (주)한공에서 근무하는 거주자 김회계 씨가 20x1년에 근로를 제공하고 받은 대가이다. 이를 토대로 김회계 씨의 20x1년 총급여액을 계산하면 얼마인가?

• 월정액 급여	50,000,000원
• 상여금	6,000,000원
• 자녀학자금	5,000,000원
• 차량보조금(월 100,000원, 회사 지급규정에 의한 실비변상적 금액)	1,200,000원
• 식대(월 200,000원, 현물식사 제공받음.)	2,400,000원

① 56,000,000원
② 58,400,000원
③ 63,400,000원
④ 64,600,000원

[10] 다음 중 소득세법상 인적공제에 대한 설명으로 옳지 않은 것은?
① 기본공제 대상자 1인당 150만원을 소득공제 한다.
② 과세기간 종료일 전에 사망한 경우 해당연도에는 인적공제 적용 대상에서 제외한다.
③ 인적공제 대상자 판정 시 장애인은 나이의 적용을 받지 않는다.
④ 직계비속은 생계를 같이하는 부양가족으로 본다.

■■■■■■ **실무수행평가**

(주)바람바람(2660)은 선풍기 제조업 및 부동산임대업을 영위하는 법인기업으로 회계기간은 제7기 (20x1.1.1. ~ 20x1.12.31.)이다. 제시된 자료와 자료설명을 참고하여, [수행과제]를 완료하고 [평가문제]의 물음에 답하시오.

실무수행1 │ 거래자료 입력

실무프로세스 자료이다. [자료설명]을 참고하여 [수행과제]를 수행하시오.

① 3만원 초과 거래자료에 대한 영수증수취명세서 작성

영수증(고객용)		
결제기번호: 1180000985(2132) 상　　　호: 상록운수(주) 사업자번호: 210-81-08059 대　표　자: 김택영 차 량 번호: 서울33자7311 주　　　소: 서울 서대문구 홍은동 346-3 전 화 번호: 023068403 거 래 일시: 20x1-01-25　14:10 승하차시간: 13:10 - 14:10 / 10.25km 승 차 요금:　35,000원 기 타 요금:　　　0원 할 인 요금:　　　0원 합　　　계:　35,000원 이용해 주셔서 감사합니다.	자료설명	영업부 직원 전현무가 출장 시 택시요금 35,000원을 현금으로 지급하고 받은 영수증이다.
	수행과제	1. 거래자료를 입력하시오. 2. 영수증수취명세서(2)와 　(1)서식을 작성하시오.

2 약속어음의 만기결제, 할인 및 배서양도

<table>
<tr><td colspan="2" align="center"><h2>전 자 어 음</h2></td></tr>
<tr><td>(주)바람바람 귀하</td><td align="right">00420230115123456789</td></tr>
<tr><td>금 일천만원정</td><td align="right"><u>10,000,000원</u></td></tr>
<tr><td colspan="2" align="center">위의 금액을 귀하 또는 귀하의 지시인에게 지급하겠습니다.</td></tr>
</table>

지급기일 20x1년 7월 15일   발행일 20x1년 1월 15일
지 급 지 우리은행   발행지 서울 강남구 강남대로 119(도곡동)
지급장소 삼성지점   주 소
                        발행인 (주)서원산업

자료설명	[2월 15일] (주)서원산업에서 수취하였던 전자어음을 우리은행에서 할인하고, 할인료 200,000원을 차감한 잔액은 우리은행 당좌예금 계좌로 입금받았다.
수행과제	1. 거래자료를 입력하시오.(매각거래로 처리할 것.) 2. 자금관련 정보를 입력하여 받을어음현황에 반영하시오.

3 계약금 입금

자료 1. 견적서 내역

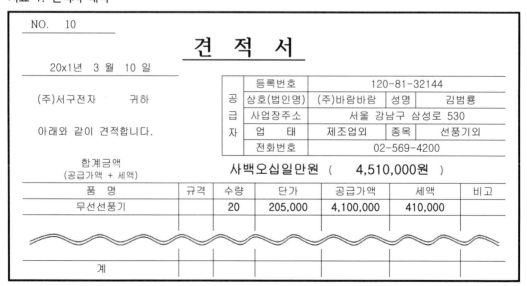

NO. 10

견 적 서

20x1년 3월 10일

(주)서구전자   귀하

아래와 같이 견적합니다.

공급자	등록번호	120-81-32144		
	상호(법인명)	(주)바람바람	성명	김범룡
	사업장주소	서울 강남구 삼성로 530		
	업 태	제조업외	종목	선풍기외
	전화번호	02-569-4200		

합계금액
(공급가액 + 세액)   사백오십일만원 (4,510,000원   )

품 명	규격	수량	단가	공급가액	세액	비고
무선선풍기		20	205,000	4,100,000	410,000	
계						

자료 2. 보통예금(국민은행) 거래내역

번호	거래일	내용	찾으신금액	맡기신금액	잔액	거래점
		계좌번호 719-119-123123 (주)바람바람				
1	20x1-3-10	계약금		451,000	***	***

자료설명	1. 자료 1은 제품 판매주문에 대하여 발급한 견적서이다. 2. 자료 2는 제품 판매주문에 대한 계약금(공급대가의 10%)을 국민은행 보통예금 계좌로 입금받은 내역이다.
수행과제	거래자료를 입력하시오.

실무수행2 | 부가가치세관리

부가가치세 신고 관련 자료이다. [자료설명]을 참고하여 [수행과제]를 수행하시오.

① 전자세금계산서 발급

거래명세서 (공급자 보관용)

공급자	등록번호	120-81-32144			공급받는자	등록번호	102-81-17053		
	상호	(주)바람바람	성명	김범룡		상호	(주)세방기업	성명	이용수
	사업장주소	서울 강남구 삼성로 530				사업장주소	서울 서대문구 간호대로 10		
	업태	제조업외	종사업장번호			업태	도소매업	종사업장번호	
	종목	선풍기외				종목	전자제품		

거래일자	미수금액	공급가액	세액	총 합계금액
20x1.4.5.		20,500,000	2,050,000	22,550,000

NO	월	일	품목명	규격	수량	단가	공급가액	세액	합계
1	4	5	무선 선풍기		100	205,000	20,500,000	2,050,000	22,550,000

비고	전미수액	당일거래총액	입금액	미수액	인수자
		22,550,000	2,550,000	20,000,000	

자료설명	1. 제품을 공급하고 발행한 거래명세서이다. 2. 전자세금계산서를 발급하고 대금 중 2,550,000원은 자기앞수표로 받고, 나머지는 다음달 10일까지 보통예금계좌로 입금받기로 하였다.

수행과제	1. 거래자료를 입력하시오.
	2. 전자세금계산서 발행 및 내역관리 를 통하여 발급·전송하시오.
	(전자세금계산서 발급 시 결제내역 및 전송일자는 고려하지 않을 것.)

2 수정전자세금계산서의 발급

전자세금계산서 (공급자 보관용)

승인번호

공급자	등록번호	120-81-32144			공급받는자	등록번호	220-87-12697		
	상호	(주)바람바람	성명 (대표자)	김범룡		상호	(주)가영산업	성명 (대표자)	이가영
	사업장 주소	서울 강남구 삼성로 530				사업장 주소	서울 강남구 테헤란로114길 38		
	업태	제조업외	종사업장번호			업태	도매업	종사업장번호	
	종목	선풍기외				종목	전자제품		
	E-Mail	baram@bill36524.com				E-Mail	gayoung@bill36524.com		

작성일자	20x1.4.10.	공급가액	2,000,000	세 액	200,000
비고					

월	일	품목명	규격	수량	단가	공급가액	세액	비고
4	10	계약금				2,000,000	200,000	

합계금액	현금	수표	어음	외상미수금	이 금액을	● 영수 ○ 청구	함
2,200,000	2,200,000						

자료설명	1. 4월 10일 제품을 공급하기로 하고 계약금을 수령한 후 전자세금계산서를 발급하였다.
	2. 본 거래에 대하여 노조파업으로 인한 일정 지연으로 물량 납품계약을 이행할 수 없 어 계약이 해제되었다.(계약해제일: 20x1.5.10.)
	3. 계약금은 해제일에 전액 현금으로 지급하였다.
수행과제	계약해제에 따른 수정전자세금계산서를 발급·전송하시오. (전자세금계산서 발급시 결제내역 입력 및 전송일자는 무시할 것.)

③ 부동산임대사업자의 부가가치세신고서 작성

자료 1. 부동산임대계약서

(사 무 실) 월 세 계 약 서					■ 임 대 인 용 □ 임 차 인 용 □ 사무소보관용		
부동산의 표시	소재지	서울 강남구 삼성로 530, 2층 201호					
	구 조	철근콘크리트조	용도	사무실		면적	95㎡
월 세 보 증 금 금		100,000,000원정		**월세 2,000,000원정(부가가치세 별도)**			

제 1 조 위 부동산의 임대인과 임차인 합의하에 아래와 같이 계약함.

제 2 조 위 부동산의 임대차에 있어 임차인은 보증금을 아래와 같이 지불키로 함.

계 약 금	10,000,000원정은 계약시 지불하고
중 도 금	원정은 년 월 일 지불하며
잔 금	90,000,000원정은 20x1년 9월 1일 중개업자 입회하에 지불함.

제 3 조 위 부동산의 명도는 20x1년 9월 1일로 함.

제 4 조 임대차 기간은 20x1년 9월 1일로부터 (24)개월로 함.

제 5 조 **월세금액은 매월(1)일에 지불키로** 하되 만약 기일내에 지불치 못할 시에는 보증금액에서
공제키로 함.(신한은행, 계좌번호: 112-58-252158, 예금주: (주)바람바람)

～～～～～～～～～～～～ 중 략 ～～～～～～～～～～～～

임 대 인	주소	서울 강남구 삼성로 530					
	사업자등록번호	120-81-32144	전화번호	02-569-4200	성명	(주)바람바...	

자료 2. 임대료 전자세금계산서 발급

전자세금계산서 (공급자 보관용)					승인번호		
공급자	등록번호	120-81-32144			등록번호	314-81-38777	
	상호	(주)바람바람	성명 (대표자)	김범룡	상호	(주)해신전자	성명 (대표자) 박상태
	사업장 주소	서울 강남구 삼성로 530			사업장 주소	서울 강남구 삼성로 530, 2층 201호	
	업태	제조업외	종사업장번호		업태	도매,무역업	종사업장번호
	종목	선풍기외			종목	전자제품외	
	E-Mail	baram@bill36524.com			E-Mail	haesin@bill36524.com	

작성일자	20x1.9.1.	공급가액	2,000,000	세 액	200,000
비고					

월	일	품목명	규격	수량	단가	공급가액	세액	비고
9	1	9월 임대료				2,000,000	200,000	

합계금액	현금	수표	어음	외상미수금	이 금액을	⦿ 영수 ○ 청구	함
2,200,000							

자료설명	1. 자료 1은 부동산임대계약 체결관련 서류이다. 2. 자료 2는 9월분 임대료에 대한 전자세금계산서이며, 임대료는 9월 1일 신한은행 보통예금계좌에 입금된 것을 확인하였다. 3. 간주임대료에 대한 부가가치세는 임대인이 부담하기로 하였다.
수행과제	1. 9월 1일 임대료에 대한 거래를 매입매출전표에 입력하시오.(전자세금계산서는 '전자입력'으로 처리할 것.) 2. 제2기 예정신고에 대한 부동산임대공급가액명세서를 작성하시오.(간주임대료 적용 이자율은 2.9%로 할 것.) 3. 간주임대료에 대한 회계처리를 9월 30일자로 매입매출전표에 입력하시오. 4. 9월 임대료 및 간주임대료에 대한 내용을 제2기 부가가치세 예정신고서에 반영하시오.

④ 신용카드매출전표발행집계표 작성자의 부가가치세신고서 작성

자료 1. 과세매출분에 대한 전자세금계산서 및 신용카드매출전표

전자세금계산서 (공급자 보관용) 승인번호

공급자	등록번호	120-81-32144			공급받는자	등록번호	113-81-43454		
	상호	(주)바람바람	성명(대표자)	김범룡		상호	하남전자(주)	성명(대표자)	장철환
	사업장주소	서울 강남구 삼성로 530				사업장주소	서울 강남구 강남대로 242-22		
	업태	제조업외	종사업장번호			업태	도매업	종사업장번호	
	종목	선풍기외				종목	전자제품		
	E-Mail	baram@bill36524.com				E-Mail	hanam@bill36524.com		

작성일자	20x1.10.5.	공급가액	3,000,000	세액	300,000
비고					

월	일	품목명	규격	수량	단가	공급가액	세액	비고
10	5	인공지능선풍기		10	300,000	3,000,000	300,000	

합계금액	현금	수표	어음	외상미수금	이 금액을	○ 영수 / ○ 청구	함
3,300,000							

신용카드매출전표

가 맹 점 명 : (주)바람바람
사업자번호 : 120-81-32144
대 표 자 명 : 김범룡
주   소 : 서울 강남구 삼성로 530

신 한 카 드 : 신용승인
거 래 일 시 : 20x1.10.5. 14:02:12
카 드 번 호 : 5310-7070-****-0787
유 효 기 간 : **/**
가맹점번호 : 96942515
매 입 사 : 신한카드사(전자서명전표)

판매금액   3,000,000원
부가세액   300,000원
합   계   3,300,000원

자료 2. 과세카드매출 자료

신용카드매출전표

가 맹 점 명 : (주)바람바람
사업자번호 : 120-81-32144
대 표 자 명 : 김범룡
주   소 : 서울 강남구 삼성로 530

신 한 카 드 : 신용승인
거 래 일 시 : 20x1.11.20. 14:12:08
카 드 번 호 : 5310-7070-****-0787
유 효 기 간 : **/**
가맹점번호 : 96942515
매 입 사 : 신한카드사(전자서명전표)

판매금액   500,000원
부가세액   50,000원
합   계   550,000원

자료 3. 과세현금매출 자료

현금영수증
CASH RECEIPT

거래일시   20x1-12-15   13:20:02
품명   제품
식별번호   208341****
승인번호   191224105
판매금액   300,000원
부가가치세   30,000원
봉사료   0원

합계   330,000원

현금영수증가맹점명   (주)바람바람
사업자번호   120-81-32144
대표자명 : 김범룡   TEL : 025694200
주소 : 서울 강남구 삼성로 530
CATID:1123973   전표No:

현금영수증 문의 : Tel 126
http://현금영수증.kr
감사합니다.

자료설명	자료 1. 하남전자(주)에 제품을 판매하고 발급한 전자세금계산서와 위 대금을 결제받으면서 발급한 신용카드매출전표이다. 자료 2. 개인 박수민에게 과세제품을 판매하고 발급한 신용카드매출전표이다. 자료 3. 개인 김수철에게 과세제품을 판매하고 발급한 현금영수증이다.

수행과제	1. 자료 1 ~ 자료 3의 거래를 매입매출전표에 입력하시오.
	  (전자세금계산서와 관련된 거래는 '전자입력'으로 처리할 것.)
	2. 제2기 부가가치세 확정 신고기간의 신용카드매출전표발행집계표를 작성하시오.
	3. 전자신고세액공제를 반영하여 제2기 부가가치세 확정신고서를 작성하시오.
	  – 제2기 부가가치세 확정신고서를 홈택스로 전자신고하여 전자신고세액공제 10,000원을 공제받기로 한다.

평가문제 입력자료 및 회계정보를 조회하여 [평가문제]의 답안을 입력하시오.(70점)

[실무수행평가] – 부가가치세관리

번호	평가문제	배점
11	**평가문제 [매입매출전표입력 조회]** 5월 10일자 수정세금계산서의 수정입력사유 코드번호를 입력하시오.	2
12	**평가문제 [세금계산서합계표 조회]** 제1기 확정 신고기간의 거래처 '(주)세방기업'에 전자발행된 세금계산서 공급가액은 얼마인가?	2
13	**평가문제 [세금계산서합계표 조회]** 제1기 확정 신고기간의 매출전자세금계산서 발급매수는 총 몇매인가?	2
14	**평가문제 [부동산임대공급가액명세서 조회]** 제2기 예정 신고기간의 부동산임대공급가액명세서의 보증금 이자(간주임대료) 금액은 얼마인가?	2
15	**평가문제 [부가가치세신고서 조회]** 제2기 예정 신고기간 부가가치세신고서의 과세_세금계산서발급분(1란) 금액은 얼마인가?	2
16	**평가문제 [부가가치세신고서 조회]** 제2기 예정 신고기간 부가가치세신고서의 그 밖의 공제매입세액(14란)의 세액은 얼마인가?	2
17	**평가문제 [부가가치세신고서 조회]** 제2기 예정 신고기간의 부가가치세 신고시에 작성되는 부가가치세 첨부서류에 해당하지 않는 것은? ① (면세)계산서합계표　　　　　② 부동산임대공급가액명세서 ③ 공제받지못할매입세액명세서　　④ 신용카드매출전표등수령금액합계표	2

18	**평가문제 [신용카드매출전표발행집계표 조회]** 제2기 확정 신고기간의 신용카드매출전표발행집계표의 「과세매출분-⑤합계」 금액은 얼마인가?	3
19	**평가문제 [부가가치세신고서 조회]** 제2기 확정 신고기간 부가가치세신고서의 과세_세금계산서발급분(1란) 금액은 얼마인가?	3
20	**평가문제 [부가가치세신고서 조회]** 제2기 확정 신고기간의 부가가치세 차가감납부할세액(27번란)은 얼마인가?	2
	부가가치세 소계	22

실무수행3 결산

[결산자료]를 참고하여 결산을 수행하시오.(단, 제시된 자료 이외의 자료는 없다고 가정함.)

① 수동결산

자료설명	12월 31일 현재 합계잔액시산표에서 확인되는 선급비용은 전액 공장 화재 보험료이다. 당사는 11월 1일 공장화재보험에 가입하였고 1년분 보험료 1,200,000원을 선납하고 자산처리하였다.
수행과제	보험료의 기간경과액을 계산하여 결산정리분개를 입력하시오.(월할계산할 것.)

② 결산자료입력에 의한 자동결산

자료설명	1. 당기 법인세등 28,000,000원을 계상하려고 한다.(법인세 중간예납세액이 선납세금 계정에 계상되어 있다.) 2. 기말재고자산 현황 <table><tr><td>구분</td><td>금액</td></tr><tr><td>원재료</td><td>25,000,000원</td></tr><tr><td>제 품</td><td>31,000,000원</td></tr></table>3. 이익잉여금처분계산서 처분 예정(확정)일 - 당기: 20x2년 2월 28일 - 전기: 20x1년 2월 28일
수행과제	결산을 완료하고 이익잉여금처분계산서에서 손익대체분개를 하시오. (단, 이익잉여금처분내역은 없는 것으로 하고 미처분이월이익잉여금 전액을 이월이익잉 여금으로 이월하기로 할 것.)

[실무수행평가] - 재무회계

번호	평가문제	배점
21	**평가문제 [영수증수취명세서 조회]** 영수증수취명세서(1)에 반영되는 '11.명세서제출 제외대상' 금액은 얼마인가?	2
22	**평가문제 [받을어음현황 조회]** 1/4분기(1월~3월)에 할인받은 받을어음의 총액은 얼마인가?	2
23	**평가문제 [거래처원장 조회]** 2월 말 우리은행(코드 98005)의 당좌예금 잔액은 얼마인가?	1
24	**평가문제 [거래처원장 조회]** 3월 말 국민은행(코드 98000)의 보통예금 잔액은 얼마인가?	2
25	**평가문제 [거래처원장 조회]** 4월 말 (주)세방기업(코드 02040)의 외상매출금 잔액은 얼마인가?	1
26	**평가문제 [거래처원장 조회]** 9월 말 보통예금 거래처별 잔액으로 옳지 않은 것은? ① 98000.국민은행 198,475,000원 ② 98001.신한은행 470,055,000원 ③ 98500.외환은행 104,000,000원 ④ 99500.하나은행 32,411,000원	1
27	**평가문제 [일/월계표 조회]** 1월에 발생한 여비교통비(판매관리비) 금액은 얼마인가?	1
28	**평가문제 [일/월계표 조회]** 3/4분기(7월~9월)에 발생한 세금과공과금(판매관리비)은 얼마인가?	1
29	**평가문제 [일/월계표 조회]** 4/4분기(10월~12월)에 발생한 제품매출 금액은 얼마인가?	2
30	**평가문제 [재무상태표 조회]** 3월 말 계정별 잔액으로 옳지 않은 것은? ① 지급어음 24,200,000원 ② 예수금 4,385,000원 ③ 가수금 15,000,000원 ④ 선수금 5,651,000원	1
31	**평가문제 [재무상태표 조회]** 5월 말 선수금 잔액은 얼마인가?	1
32	**평가문제 [재무상태표 조회]** 12월 말 선급비용 잔액은 얼마인가?	3
33	**평가문제 [재무상태표 조회]** 기말 제품 잔액은 얼마인가?	2
34	**평가문제 [재무상태표 조회]** 12월 말 미지급세금 잔액은 얼마인가?	2

번호	평가문제	배점
35	**평가문제 [재무상태표 조회]** 12월 말 이월이익잉여금(미처분이익잉여금) 잔액으로 옳은 것은? ① 323,524,110원 ② 327,344,271원 ③ 329,253,205원 ④ 411,459,714원	1
	재무회계 소계	23

실무수행4 │ 근로소득관리

인사급여 관련 자료이다. [자료설명]을 참고하여 [수행과제]를 수행하시오.

① 중도퇴사자의 원천징수
자료. 김승우 11월 급여자료

(단위: 원)

수당항목			공제항목					
기본급	직책수당	특별수당	국민 연금	건강 보험	고용 보험	장기 요양보험	건강 보험료정산	장기요양 보험료정산
4,000,000	800,000	2,000,000	180,000	141,800	61,200	18,160	18,210	1,200

자료설명	11월분 급여대장이다. 1. ESG 경영관리팀 김승우 팀장은 20x1년 11월 25일 퇴사하였다. 중도퇴사자 정산은 기등록되어 있는 자료 이외의 공제는 없는 것으로 한다. 2. 급여지급일은 당월 25일이다.
수행과제	1. [사원등록] 메뉴에 퇴사일자를 입력하시오. 2. [급여자료입력] 메뉴에 수당, 공제등록을 하시오. 3. 11월분 김승우 급여자료를 추가 입력하고 [중도퇴사자정산]버튼을 이용하여 중도퇴사자 정산내역을 급여자료에 반영하시오.(단, 구분 1.급여로 선택할 것.) 4. 11월 귀속분 [원천징수이행상황신고서]를 작성하시오.

[실무수행평가] - 근로소득관리 1

번호	평가문제	배점
36	**평가문제 [김승우 11월 급여자료입력 조회]** 김승우의 급여항목 중 과세대상 지급액은 얼마인가?	2
37	**평가문제 [김승우 11월 급여자료입력 조회]** 김승우의 공제액 합계액은 얼마인가?	2
38	**평가문제 [11월 원천징수이행상황신고서 조회]** 근로소득 가감계(A10) '5.총지급액'은 얼마인가?	1
39	**평가문제 [김승우 근로소득원천징수영수증 [중도]탭 조회]** '33.보험_가.건강' 공제대상액은 얼마인가?	1
40	**평가문제 [김승우 근로소득원천징수영수증 [중도]탭 조회]** 기납부세액 '75.주(현)근무지' 소득세 금액(지방소득세 제외)은 얼마인가?	1

② 주민등록등본에 의한 사원등록

자료 1. 김도경의 주민등록등본

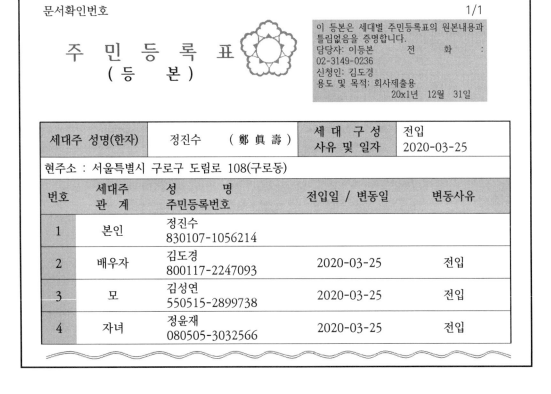

문서확인번호   1/1

주 민 등 록 표
(등 본)

이 등본은 세대별 주민등록표의 원본내용과 틀림없음을 증명합니다.
담당자: 이등본   전   화   :
02-3149-0236
신청인: 김도경
용도 및 목적: 회사제출용
20x1년 12월 31일

세대주 성명(한자)	정진수 (鄭 眞 壽)	세 대 구 성 사유 및 일자	전입 2020-03-25

현주소 : 서울특별시 구로구 도림로 108(구로동)

번호	세대주 관 계	성 명 주민등록번호	전입일 / 변동일	변동사유
1	본인	정진수 830107-1056214		
2	배우자	김도경 800117-2247093	2020-03-25	전입
3	모	김성연 550515-2899738	2020-03-25	전입
4	자녀	정윤재 080505-3032566	2020-03-25	전입

자료설명	사무직 사원 김도경(1002)의 사원등록을 위한 자료이다. 1. 부양가족은 김도경과 생계를 같이 한다. 2. 김도경은 근로소득금액 30,000,000원 이하로 이외의 소득은 없다. 3. 남편 정진수는 암환자로서 항시 치료를 요하는 중증환자이며, 별도의 소득이 없다. 4. 모 김성연은 노인일자리사업에 참여하여 총급여 4,000,000원이 있다. 5. 자녀 정윤재는 과학기술정보통신부에서 주관하는 국제과학기술경진대회에 참가하여 상금 2,000,000원을 수령하였다. 6. 세부담을 최소화하는 방법을 선택한다.
수행과제	[사원등록] 메뉴에서 부양가족명세를 작성하시오.

[실무수행평가] – 근로소득관리 2

번호	평가문제	배점
41	**평가문제 [김도경 근로소득원천징수영수증 조회]** '25.배우자' 공제대상액은 얼마인가?	2
42	**평가문제 [김도경 근로소득원천징수영수증 조회]** '26.부양가족' 공제대상액은 얼마인가?	1
43	**평가문제 [김도경 근로소득원천징수영수증 조회]** '28.장애인' 공제대상액은 얼마인가?	2
44	**평가문제 [김도경 근로소득원천징수영수증 조회]** '29.부녀자' 공제대상액은 얼마인가?	2
45	**평가문제 [김도경 근로소득원천징수영수증 조회]** '57.자녀세액공제' 세액공제액은 얼마인가?	2

③ 국세청연말정산간소화 및 이외의 자료를 기준으로 연말정산

자료설명	사무직 한준경(1001)의 연말정산을 위한 자료이다. 1. 사원등록의 부양가족현황은 사전에 입력되어 있다. 2. 부양가족은 한준경과 생계를 같이 한다. 3. 한준경은 무주택 세대주이며, 총급여는 7천만원 이하이다.
수행과제	[연말정산 근로소득원천징수영수증] 메뉴에서 연말정산을 완료하시오. 1. 의료비는 [의료비] 탭에서 입력하며, 국세청자료는 공제대상 합계금액을 1건으로 집계하여 입력한다. 2. 보험료와 교육비는 [소득공제] 탭에서 입력한다. 3. 연금계좌는 [정산명세] 탭에서 입력한다. 4. 월세는 [정산명세] 탭에서 입력한다.

자료 1. 한준경 사원의 부양가족등록 현황

연말정산관계	성명	주민번호	기타사항
0.본인	한준경	721010-1774918	세대주
3.배우자	서나리	730501-2775018	사업소득금액 30,000,000원이 있음.
1.소득자 직계존속	오영선	460901-2122786	소득 없음
4.직계비속	한준희	970927-1241853	장애인복지법에 따른 시각장애인

자료 2. 국세청간소화서비스 및 기타증빙자료

20x1년 귀속 소득 · 세액공제증명서류 : 기본(지출처별)내역 [의료비]

■ 환자 인적사항

성 명	주 민 등 록 번 호
오영선	460901-2******

■ 의료비 지출내역

(단위: 원)

사업자번호	상 호	종류	지출금액 계
109-04-16***	서울365**병원	일반	6,900,000
106-05-81***	***안경원	일반	400,000
의료비 인별합계금액			6,900,000
안경구입비 인별합계금액			400,000
산후조리원 인별합계금액			0
인별합계금액			**7,300,000**

 국 세 청
National Tax Service

• 본 증명서류는 「소득세법」 제165조 제1항에 따라 영수증 발급기관으로부터 수집한 서류로 소득·세액공제 충족 여부는 근로자가 직접 확인하여야 합니다.
• 본 증명서류에서 조회되지 않는 내역은 영수증 발급기관에서 직접 발급받으시기 바랍니다.

20x1년 귀속 소득·세액공제증명서류 : 기본내역 [실손의료보험금]

■ 피보험자 인적사항

성 명	주 민 등 록 번 호
오영선	460901-2******

■ 의료비 지출내역

(단위: 원)

상호	상품명	보험계약자		수령금액 계
사업자번호	계약(증권)번호	수익자		
(주)현대해상	(무)안심실손보험	460901-2******	오영선	900,000
201-81-81***	5022***	460901-2******	오영선	
인별합계금액				900,000

- 본 증명서류는 『소득세법』 제165조 제1항에 따라 영수증 발급기관으로부터 수집한 서류로 소득·세액공제 충족 여부는 근로자가 직접 확인하여야 합니다.
- 본 증명서류에서 조회되지 않는 내역은 영수증 발급기관에서 직접 발급받으시기 바랍니다.

20x1년 귀속 소득·세액공제증명서류: 기본(지출처별)내역 [보장성 보험, 장애인전용보장성보험]

■ 계약자 인적사항

성 명	주 민 등 록 번 호
한준경	721010-1******

■ 보장성보험(장애인전용보장성보험) 납입내역

(단위: 원)

종류	상 호	보험종류	주피보험자		납입금액 계
	사업자번호	증권번호			
	종피보험자1	종피보험자2	종피보험자3		
보장성	(주)현대해상	(무)안심실손보험	460901-2******	오영선	960,000
	201-81-81***	5022***			
장애인 보장성	AIG생명보험(주)	디딤돌보험	970927-1******	한준희	1,440,000
	106-81-41***	100540651**			
저축성	한화생명	e재테크저축보험	970927-1******	한준희	1,200,000
	104-81-28***				
인별합계금액					3,600,000

- 본 증명서류는 『소득세법』 제165조 제1항에 따라 영수증 발급기관으로부터 수집한 서류로 소득·세액공제 충족 여부는 근로자가 직접 확인하여야 합니다.
- 본 증명서류에서 조회되지 않는 내역은 영수증 발급기관에서 직접 발급받으시기 바랍니다.

20x1년 귀속 소득 · 세액공제증명서류: 기본(지출처별)내역 [교육비]

■ 학생 인적사항

성 명	주 민 등 록 번 호
한준경	721010-1******

■ 교육비 지출내역

교육비종류	학교명	사업자번호	납입금액 계
대학원	***대학원	**3-83-21***	6,500,000
인별합계금액			**6,500,000**

- 본 증명서류는 『소득세법』 제165조 제1항에 따라 영수증 발급기관으로부터 수집한 서류로 소득·세액공제 충족 여부는 근로자가 직접 확인하여야 합니다.
- 본 증명서류에서 조회되지 않는 내역은 영수증 발급기관에서 직접 발급받으시기 바랍니다.

20x1년 귀속 소득 · 세액공제증명서류: 기본내역[연금저축]

■ 가입자 인적사항

성 명	주 민 등 록 번 호
서나리	730501-2******

■ 연금저축 납입내역

(단위: 원)

상호	사업자번호	당해연도 납입금액	당해연도 납입액 중 인출금액	순납입금액
계좌번호				
삼성생명보험(주)	108-81-26***	4,000,000		4,000,000
013478008				
순납입금액 합계				**4,000,000**

- 본 증명서류는 『소득세법』 제165조 제1항에 따라 영수증 발급기관으로부터 수집한 서류로 소득·세액공제 충족 여부는 근로자가 직접 확인하여야 합니다.
- 본 증명서류에서 조회되지 않는 내역은 영수증 발급기관에서 직접 발급받으시기 바랍니다.

<table>
<tr><td colspan="4" align="center">월 세 납 입 영 수 증</td></tr>
</table>

■ 임대인

성명(법인명)	주성훈	주민등록번호(사업자번호)	860512-1875655
주소	서울특별시 용산구 서빙고로 36		

■ 임차인

성명	한준경	주민등록번호	721010-1774918
주소	서울특별시 구로구 도림로 33길 27		

■ 세부내용
- 임대차 기간: 20x1년 3월 1일 ~ 20x3년 2월 28일
- 임대차계약서상 주소지: 서울특별시 구로구 도림로 33길 27
- 월세금액: 700,000원 (20x1년 총액 7,000,000원)
- 주택유형: 단독주택, 주택계약면적 85㎡

[실무수행평가] – 근로소득관리 3

번호	평가문제	배점
46	**평가문제 [한준경 근로소득원천징수영수증 조회]** '60.연금저축' 세액공제액은 얼마인가? ① 0원 ② 300,000원 ③ 400,000원 ④ 600,000원	2
47	**평가문제 [한준경 근로소득원천징수영수증 조회]** '61.보장성보험' 세액공제액은 얼마인가?	2
48	**평가문제 [한준경 근로소득원천징수영수증 조회]** '62.의료비' 세액공제액은 얼마인가?	2
49	**평가문제 [한준경 근로소득원천징수영수증 조회]** '63.교육비' 세액공제액은 얼마인가?	2
50	**평가문제 [한준경 근로소득원천징수영수증 조회]** '70.월세액' 세액공제액은 얼마인가?	1
	근로소득 소계	25

실무이론평가

1	2	3	4	5	6	7	8	9	10
④	④	③	③	③	①	③	①	③	②

01 회계정보가 정보이용자에게 유용하기 위해서는 그 정보가 <u>의사결정에 반영될 수 있도록 적시에 제공되어야 한다.</u>

02 선적지 인도조건으로 매입한 경우 <u>선적시점에 재고자산을</u> 인식하므로 기말재고액에 포함되어야 한다.

03

수 량	장부상 단가 (가)	단위당 예상 판매가격 ①	단위당 예상 판매비용 ②	단위당 예상 순실현가능가치 (나) = ① - ②	단위당 평가손실 (가) - (나)
1,000개	100원	120원	30원	90원	10원

　재고자산평가손실 = 1,000개 × 10원 = 10,000원

04 <u>합병으로 취득한 영업권은 무형자산</u>이다. 나머지는 당기비용으로 인식한다.

05 수정후 당기순이익 = 수정전 당기순이익(5,000,000) + 보험료 선급분(300,000)
　　　　　　　　 - 이자 미지급분(200,000) = 5,100,000원

06 매출원가(선입선출) = 기초상품(300개 × 1,000) + 7월 1일 매입분(250개 × 1,500) = 675,000원

07 <u>단기할부판매시에는 인도기준을</u> 적용한다.

08 과세표준 = 국내매출액(70,000,000) + 수출(50,000,000) = 120,000,000원

　매출세액 = 국내과세표준(70,000,000) × 10% = 7,000,000원

　국외매출액은 영세율 과세 대상이므로 매출세액이 없으며, <u>하치장반출액과 무상으로 제공한 견본품은 과세표준에 해당하지 아니한다.</u>

09 총급여액 = 급여(50,000,000) + 상여(6,000,000) + 자녀학자금(5,000,000) + 식대(2,400,000)
　　　　　 = 63,400,000원

　월 차량보조금은 비과세이고, <u>현물식사를 제공받으므로 식대는 과세</u>된다.

10 과세기간 종료일 전에 <u>사망한 경우 사망일 전일의 상황에 따라 공제 여부를 판정</u>한다.

■■■■ **실무수행평가**

실무수행 1. 거래자료 입력

① 3만원 초과 거래자료에 대한 영수증수취명세서 작성 [일반전표입력] 1월 25일

(차) 여비교통비(판)   35,000원   (대) 현금   35,000원

[영수증수취명세서(2)]

	거래일자	상호	성명	사업장	사업자등록번호	거래금액	구분	계정코드	계정과목
□	20×1-02-20	(주)삼성화재				1,000,000	16	521	보험료
□	20×1-01-27	다모아마트(:	권다정	서울 서대문구 연희로 3	110-81-45128	200,000		811	복리후생비
□	20×1-01-25	상록운수(주	김택영	서울 서대문구 홍은동 346-	210-81-08059	35,000	28	812	여비교통비

[영수증수취명세서(1)]

1. 세금계산서, 계산서, 신용카드 등 미사용내역			
9. 구분	3만원 초과 거래분		
	10. 총계	11. 명세서제출 제외대상	12. 명세서제출 대상(10-11)
13. 건수	3	2	1
14. 금액	1,235,000	1,035,000	200,000

2. 3만원 초과 거래분 명세서제출 제외대상 내역						
구분	건수	금액	구분	건수	금액
15. 읍, 면 지역 소재			26. 부동산 구입		
16. 금융, 보험 용역	1	1,000,000	27. 주택임대용역		
17. 비거주자와의 거래			28. 택시운송용역	1	35,000
18. 농어민과의 거래			29. 전산발매통합관리시스템가입자와의		
19. 국가 등과의 거래			30. 항공기항행용역		
20. 비영리법인과의 거래			31. 간주임대료		
21. 원천징수 대상사업소			32. 연체이자지급분		
22. 사업의 양도			33. 송금명세서제출분		
23. 전기통신, 방송용역			34. 접대비필요경비부인분		
24. 국외에서의 공급			35. 유료도로 통행료		
25. 공매, 경매, 수용			36. 합계	2	1,035,000

② 약속어음의 만기결제, 할인 및 배서양도 [일반전표입력] 2월 15일

(차) 당좌예금(우리은행(당좌))   9,800,000원   (대) 받을어음   10,000,000원
     매출채권처분손실   200,000원   ((주)서원산업)

[받을어음 관리]

어음상태	2 할인(전액)	어음번호	00420230115123456789	수취구분	1 자수	발행일	20×1-01-15	만기일	20×1-07-15
발행인	02020	(주)서원산업		지급은행	100 국민은행			지점	삼성
배서인		할인기관	98005 우리은행(당좌)	지점	삼성	할인율 (%)		어음종류	6 전자
지급거래처				* 수령된 어음을 타거래처에 지급하는 경우에 입력합니다.					

③ 계약금 입금 [일반전표입력] 3월 10일

(차) 보통예금(국민은행(보통))　451,000원　　(대) 선수금((주)서구전자)　451,000원

실무수행 2. 부가가치세관리

① 전자세금계산서 발급

1. [매입매출전표] 4월 5일

거래유형	품명	공급가액	부가세	거래처	전자세금
11.과세	무선 선풍기	20,500,000	2,050,000	(주)세방기업	전자발행
분개유형	(차) 현금	2,550,000원	(대) 제품매출		20,500,000원
3.혼합	외상매출금	20,000,000원	부가세예수금		2,050,000원

2. [전자세금계산서 발행 및 내역관리] 기출문제 68회 참고

② 수정전자세금계산서의 발급

1. [수정전자세금계산서 발급]

① [매입매출전표입력] 4월 10일 전표선택 ➡ [수정세금계산서] 클릭 ➡ 수정사유(4.계약의 해제)를 선택 ➡ [확인(Tab)]을 클릭

② [수정세금계산서(매출)] 화면에서 수정분 [작성일 5월 10일], [공급가액 -2,000,000원], [세액 -200,000원] 자동반영 후 [확인(Tab)] 클릭

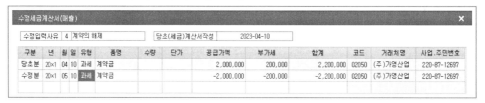

③ [매입매출전표입력] 5월 10일

거래유형	품명	공급가액	부가세	거래처	전자세금
11. 과세	계약금	-2,000,000	-200,000	(주)가영산업	전자발행
분개유형	(차) 현금	-2,200,000원	(대) 선수금		-2,000,000원
1.현금(혼합)			부가세예수금		-200,000원

2. [전자세금계산서 발행 및 내역관리] 기출문제 68회 참고

③ 부동산임대사업자의 부가가치세신고서 작성

1. [매입매출전표입력] 9월 1일

거래유형	품명	공급가액	부가세	거래처	전자세금
11.과세	9월 임대료	2,000,000	200,000	(주)해신전자	전자입력
분개유형	(차) 보통예금	2,200,000원	(대)	임대료수입(411)	2,000,000원
3.혼합	(신한은행(보통))			부가세예수금	200,000원

2. 부동산임대공급가액명세서(7~9월, 이자율 2.9%, ㈜해신전자, 2층,201호)

등록사항						
사업자등록번호	314-81-38777		주민등록번호		-------------	
면 적	95	m²	용 도	사무실		

계약내용					
임 대 기 간	2024-09-01	~	2026-08-31		?
계약내용(월)	보 증 금			100,000,000	
	월 세			2,000,000	
	관 리 비				

임대수입금액	※ 계(과세표준)금액은 부가세신고서[과세표준]에 입력요망 수입금액(제외)에 입력하면 안됨(국세청 검증사항)	
임 대 수 입 금 액 (30 일)	보증금이자(간주임대료)	237,704
	월 세	2,000,000
	관 리 비	0
	계 (과 세 표 준)	2,237,704
갱 신 일	------------- ? 비 고	

3. [매입매출전표입력] 9월 30일

거래유형	품명	공급가액	부가세	거래처	전자세금
14.건별	간주 임대료	237,704	23,770		
분개유형	(차) 세금과공과금(판)	23,770원	(대) 부가세예수금		23,770원
3.혼합					

4. [부가가치세신고서] 7월 1일 ~ 9월 30일

구 분			금액	세율	세액
과세표준	과세	세금계산서발급분	1	250,000,000	10/100	25,000,000
		매입자발행세금계산서	2		10/100	
		신용카드.현금영수증	3		10/100	
		기타	4	237,704	10/100	23,770

④ 신용카드매출전표발행집계표 작성자의 부가가치세신고서 작성

1. [매입매출전표입력]
   - 10월 5일

거래유형	품명	공급가액	부가세	거래처	전자세금
11.과세	인공지능선풍기	3,000,000	300,000	하남전자(주)	전자입력
분개유형	(차) 외상매출금	3,300,000원	(대) 제품매출		3,000,000원
4.카드	(신한카드)		부가세예수금		300,000원

   - 11월 20일

거래유형	품명	공급가액	부가세	거래처	전자세금
17.카과	제품	500,000	50,000	박수민	
분개유형	(차) 외상매출금	550,000원	(대) 제품매출		500,000원
4.카드(외상)	(신한카드)		부가세예수금		50,000원

   - 12월 15일

거래유형	품명	공급가액	부가세	거래처	전자세금
22.현과	제품	300,000	30,000	김수철	
분개유형	(차) 현금	330,000원	(대) 제품매출		300,000원
1.현금			부가세예수금		30,000원

2. [신용카드매출전표발행집계표] 10월 ~ 12월

1. 신용카드매출전표 등 발행금액 현황				
구 분	⑤합 계	⑥신용·직불·기명식 선불카드	⑦현금영수증	⑧직불·기명식 선불전자지급수단
합 계	4,180,000	3,850,000	330,000	
과세매출분	4,180,000	3,850,000	330,000	
면세매출분				
봉 사 료				

2. 신용카드매출전표등 발행금액(⑤합계) 중 세금계산서(계산서) 발급내역			
⑨ 세금계산서 발급금액	3,300,000	⑩ 계산서 발급금액	

3. [부가가치세신고서] 10월 1일 ~ 12월 31일

		구 분		금액	세율	세액
과세표준및매	과세	세금계산서발급분	1	273,000,000	10/100	27,300,000
		매입자발행세금계산서	2		10/100	
		신용카드·현금영수증	3	800,000	10/100	80,000
		기타	4		10/100	
	영세	세금계산서발급분	5		0/100	

   - 전자신고세액공제 : 10,000원

[실무수행평가] – 부가가치세관리

번호	평가문제	배점	답
11	평가문제 [매입매출전표입력 조회]	2	(4)
12	평가문제 [세금계산서합계표 조회]	2	(20,500,000)원
13	평가문제 [세금계산서합계표 조회]	2	(31)매
14	평가문제 [부동산임대공급가액명세서 조회] 2024년 366일	2	(237,704)원
15	평가문제 [부가가치세신고서 조회]	2	(252,000,000)원
16	평가문제 [부가가치세신고서 조회]	2	(13,000)원
17	평가문제 [부가가치세신고서 조회]	2	③
18	평가문제 [신용카드매출전표발행집계표 조회]	3	(4,180,000)원
19	평가문제 [부가가치세신고서 조회]	3	(273,000,000)원
20	평가문제 [부가가치세신고서 조회]	2	(24,313,200)원
	부가가치세 소계	22	

실무수행 3. 결산

① 수동결산 [일반전표입력] 12월 31일

(차) 보험료(제)	200,000원	(대) 선급비용	200,000원

※ 경과된 보험료 1,200,000원×2개월/12개월＝200,000원

② 결산자료입력에 의한 자동결산

[결산자료입력 1]

[일반전표입력] 12월 31일

(차) 법인세등	28,000,000원	(대) 선납세금	16,200,000원
		미지급세금	11,800,000원

[결산자료입력 2]

- 결산자료입력에서 기말 원재료 25,000,000원, 제품 31,000,000원을 입력하고 전표추가(F3) 를 클릭하여 결산분개를 생성한다.

[이익잉여금처분계산서] 메뉴

- 이익잉여금처분계산서에서 처분일을 입력한 후, 전표추가(F3) 를 클릭하여 손익대체 분개를 생성한다.

[실무수행평가] - 재무회계

번호	평가문제	배점	답
21	평가문제 [영수증수취명세서 조회]	2	(1,035,000)원
22	평가문제 [받을어음현황 조회]	2	(22,000,000)원
23	평가문제 [거래처원장 조회]	1	(33,300,000)원
24	평가문제 [거래처원장 조회]	2	(349,720,000)원
25	평가문제 [거래처원장 조회]	1	(20,000,000)원
26	평가문제 [거래처원장 조회]	1	①
27	평가문제 [일/월계표 조회]	1	(181,000)원
28	평가문제 [일/월계표 조회]	1	(1,803,770)원
29	평가문제 [일/월계표 조회]	2	(503,800,000)원
30	평가문제 [재무상태표 조회]	1	②
31	평가문제 [재무상태표 조회]	1	(13,651,000)원
32	평가문제 [재무상태표 조회]	3	(1,000,000)원
33	평가문제 [재무상태표 조회]	2	(31,000,000)원
34	평가문제 [재무상태표 조회]	2	(11,800,000)원
35	평가문제 [재무상태표 조회]	1	②
	재무회계 소계	23	

실무수행 4. 근로소득관리

① 중도퇴사자의 원천징수

1. [사원등록]

  사원등록에서 퇴사년월일(20x1년 11월 25일) 입력

2. [수당/공제등록]

3. [급여자료입력] 귀속년월 11월, 1.급여, 지급일 11월 25일

　　급여자료를 입력한 후, [중도퇴사자 정산]을 클릭하여 연말정산 결과를 반영한다.

□	코드	사원명	직급	감면율		급여항목	지급액		공제항목	공제액
□	1001	한준경				기본급	4,000,000		국민연금	180,000
□	1002	김도경				직책수당	800,000		건강보험	141,800
■	1003	김승우(중도인)				특별수당	2,000,000		고용보험	61,200
□									장기요양보험료	18,160
									건강보험료정산	18,210
									장기요양보험료정산	1,200
									소득세	474,870
									지방소득세	47,540

4. [원천징수이행상황신고서](귀속기간 11월, 지급기간 11월, 0.정기신고)

원천징수내역	부표-거주자	부표-비거주자	부표-법인원천							
구분		코드	소득지급(과세미달,비과세포함)		징수세액				9.당월 조정 환급세액	10.소득세 등 (가산세 포함)
			4.인원	5.총지급액	6.소득세 등	7.농어촌특별세	8.가산세			
근로소득	간이세액	A01	3	15,300,000	365,070					
	중도퇴사	A02	1	46,800,000	474,870					
	일용근로	A03								
	연말정산합계	A04								
	연말분납금액	A05								
	연말납부금액	A06								
	가 감 계	A10	4	62,100,000	839,940					839,940

[실무수행평가] – 근로소득관리 1

번호	평가문제	배점	답
36	[김승우 11월 급여자료입력 조회] 과세대상 지급액	2	(6,800,000)원
37	[김승우 11월 급여자료입력 조회] 공제액 합계액	2	(942,980)원
38	[11월 원천징수이행상황신고서 조회] 5.총지급액	1	(62,100,000)원
39	[김승우 근로소득원천징수영수증 [중도]탭 조회]	1	(1,778,970)원
40	[김승우 근로소득원천징수영수증 [중도]탭 조회]	1	(1,959,600)원

※ 36~40은 프로그램이 자동계산하므로 시점(세법개정, 프로그램 업데이트)마다 달라질 수가 있습니다.

② 주민등록등본에 의한 사원등록(김도경)

관계	요 건		기본 공제	추가 (자녀)	판 단
	연령	소득			
본인(여성)	–	–	○	부녀자	종합소득금액 3천만원 이하자
배우자	–	○	○	장애(3)	
모(69)	○	○	○		총급여액 5백만원 이하자
자(16)	○	○	○	자녀	기타소득금액=상금(2,000,000)×(1-80%) =400,000원

[실무수행평가] – 근로소득관리 2

번호	평가문제 [김도경 근로소득원천징수영수증 조회]	배점	답
41	25. 배우자공제 대상액	2	(1,500,000)원
42	26. 부양가족 공제 대상액(모친, 자녀)	1	(3,000,000)원
43	28. 장애인 공제 대상액	2	(2,000,000)원
44	29. 부녀자 공제대상액	2	(500,000)원
45	30. 자녀세액공제(1명)	2	(150,000)원

③ 국세청연말정산간소화 및 이외의 자료를 기준으로 연말정산(한준경)

〈연말정산 대상여부 판단〉

항 목	요건		내역 및 대상여부	입력
	연령	소득		
의 료 비	×	×	• 모친의료비(실손의료보험금 900,000 차감)	○(65세 6,400,000)
보 험 료	○ (×)	○	• 모친 실손보험 • 자의 장애인보장성 보험 • 자의 저축성보험은 대상에서 제외	○(일반 960,000) ○(장애인 1,440,000) ×
교 육 비	×	○	• 본인 대학원 등록금	○(본인 6,500,000)
연금저축	본인		• 배우자 연금저축	×
월세	본인외		• 무주택자이며 총급여액 8천만원(개정세법 24) 이하자의 월세액(85㎡ 이하)	○(월세 7,000,000)

1. 의료비 세액공제

	공제대상자					지급처			지급명세		
	부양가족 관계코드	성명	내외	주민등록번호	본인등 해당여부	상호	사업자번호	의료증빙 코드	건수	지급액	실손의료보험금
1	소득자의 직계존	오영선	내	460901-2122786	○			국세청	1	7,300,000	900,000

● 지급내역

2. 보험료 세액공제

정산명세	소득명세	소득공제	의료비	기부금

	관계코드	성 명	기	보험료	
	내외국인	주민등록번호	본	보장성	장애인
1	0	한준경	본인/세대주		
	1	721010-1774918			
2	3	서나리	부		
	1	730501-2775018			
3	1	오영선	60세이상	960,000	
	1	460901-2122786			
4	4	한준희	장애인		1,440,000
	1	970927-1241853			

3. 교육비 세액공제

정산명세	소득명세	소득공제	의료비	기부금	신용커

	관계코드	성 명	기	의료	교육비		
	내외국인	주민등록번호	본		구분	일반	장애인 특수교육
1	0	한준경	본인/세대주		본인	6,500,000	
	1	721010-1774918					

4. 월세 세액공제

월세액							×

2. 월세액 세액공제 명세 무주택자해당여부 ⦿ 여 ○ 부

임대인성명 (상호)	주민(사업자)등 록번호	주택유형	주택계약 면적(㎡)	임대차계약서상 주소지	임대차계약기간		월세액
					시작	종료	
주성훈	860512-1875655	단독주택	85.00	서울특별시 구로구 도림로 33길 2'	2024-03-01	2026-02-28	7,000,000

6. 정산명세 조회

특별소득공제	34.주택	나.장기주택저당차입금이자상환액	11년이전차입분	15년미만	>	
				15~29년	>	
				30년이상	>	
			12년이후차입분(15년이상)	고정or비거치	>	
				기타대출	>	
			15년이후차입분(15년이상)	고정&비거치	>	
				고정or비거치	>	
				기타대출	>	
			15년이후차입분(10~15년	고정or비거치	>	
	35.기부금(이월분)				>	
	36.계					2,939,400
37.차 감 소 득 금 액						34,110,600
	38.개인연금저축				>	
	39.소기업·소상공인공제부금				>	
그 주택마련	40.주택마련	가.청약저축			>	
		나.주택청약종합저축			>	

특별세액공제	61.보장성보험	2,400,000	>	265,200
	62.의 료 비	7,300,000	>	690,000
	63.교 육 비	6,500,000	>	975,000
64기부금	정치	10만원이하	>	
		10만원초과	>	
	나.법정기부금		>	
	다.우리사주기부금		>	
	라.지정기부금(종교외)		>	
	마.지정기부금(종교)		>	
65.계				1,930,200
66.표준세액공제			>	
67.납 세 조 합 공 제			>	
68.주 택 차 입 금			>	
69.외 국 납 부			>	
70.월세액			>	1,050,000

[실무수행평가] – 근로소득관리 3

번호	평가문제 [한준경 근로소득원천징수영수증 조회]	배점	답
46	60. 연금저축세액공제액	2	①
47	61. 보장성보험 세액공제액	2	(265,200)원
48	62. 의료비 세액공제액	2	(690,000)원
49	63 교육비 세액공제액	2	(975,000)원
50	70. 월세액 세액공제액	1	(1,050,000)원
	근로소득 소계	25	

←참고사항 : 총급여액 60,000,000원→

※ 시험시 프로그램이 자동계산되어진 것으로 답을 입력하시고 시간이 남으시면 체크해 보시기 바랍니다.

		한도	공제율	대상금액	세액공제
1. 보험료	일반	1백만원	12%	960,000	115,200
	장애인	1백만원	15%	1,440,000	150,000
	계			2,400,000	265,200
2. 의료비	특정	–	15%	6,400,000	690,000
	☞의료비세액공제 = [6,400,000−총급여액(60,000,000)×3%]×15% = 562,500				
3. 교육비	본인	–	15%	6,500,000	975,000
4. 월세	본인외	1,000만원	15%[*1]	7,000,000	1,050,000

*1.총급여액의 55백만원 초과일 경우 15%

합격율	시험년월
48%	2023.8

실무이론평가

[1] 다음 중 (ㄱ), (ㄴ)에 들어갈 회계정보의 질적특성으로 옳은 것은?

> • 유형자산을 역사적원가로 평가하면 일반적으로 측정의 (ㄱ) 은(는) 높아지나 (ㄴ) 이(가) 낮아질 수 있다.
>
> | | (ㄱ) | (ㄴ) |
> |---|---|---|
> | 가. | 목적적합성 | 신뢰성 |
> | 나. | 목적적합성 | 검증가능성 |
> | 다. | 신뢰성 | 목적적합성 |
> | 라. | 신뢰성 | 검증가능성 |

① 가   ② 나
③ 다   ④ 라

[2] 다음은 (주)한공의 무형자산 관련 자료이다. 이에 대한 설명으로 옳지 않은 것은?

> • (주)한공은 신제품 개발에 성공하여 20x1년 9월 1일부터 신제품 생산·판매를 시작하였다.
> • 신제품 개발에 소요된 금액은 30,000,000원이며, 자산요건을 충족하여 개발비로 계상하려고 한다.

① 개발비의 20x1년 9월 1일 장부금액은 30,000,000원이다.
② 개발비의 상각은 생산·판매를 시작한 20x1년 9월 1일부터 시작한다.
③ 차후에 개발비의 공정가치가 증가한 경우 공정가치를 장부금액으로 할 수 있다.
④ 개발비 손상을 시사하는 징후가 있다면 회수가능액을 추정한다.

[3] 다음은 (주)한공의 주식 관련 자료이다. 20x1년 당기순이익에 미치는 영향으로 옳은 것은?

> • 20x0년 5월 7일 장기투자목적으로 (주)서울의 주식 100주를 주당 1,000원에 취득하였다.
> • 20x0년 말 이 주식의 공정가치는 주당 1,200원이었다.
> • 20x1년 9월 30일 이를 주당 1,300원에 전량 매도하였다.

① 10,000원 증가　　　　　　　　　　② 20,000원 증가

③ 30,000원 증가　　　　　　　　　　④ 40,000원 증가

[4] 장부마감전 발견된 다음 오류 사항 중 당기순이익에 영향을 미치지 않는 것은?

① 대손상각비 미계상

② 감가상각비 미계상

③ 재고자산에 대한 평가손실 미계상

④ 매도가능증권에 대한 평가손실 미계상

[5] 다음 결산 정리사항을 반영한 후 당기순이익의 변동으로 옳은 것은?

> • 소모품 미사용액: 30,000원 (구입 시 80,000원 전액 비용처리됨)
> • 이자수익 기간경과분 발생액: 20,000원

① 50,000원 감소　　　　　　　　　　② 30,000원 감소

③ 20,000원 증가　　　　　　　　　　④ 50,000원 증가

[6] 다음 중 무형자산에 대한 설명으로 옳지 않은 것은?

① 연구단계에서 발생한 지출은 무형자산으로 인식하지 않는다.

② 전기에 비용으로 인식한 개발단계의 지출은 당기에 무형자산으로 인식할 수 없다.

③ 무형자산의 잔존가치는 없는 것을 원칙으로 한다.

④ 무형자산은 합리적인 상각방법을 정할 수 없는 경우에는 정률법으로 상각한다.

[7] 다음 중 부가가치세법상 신고·납부에 대한 설명으로 옳지 않은 것은?

① 법인사업자는 예정신고기간의 과세표준과 납부세액을 예정신고기간 종료일부터 25일 이내 신고·납부하는 것이 원칙이다.

② 조기환급신고를 할 때 이미 신고한 과세표준은 확정신고 시 포함하지 않는다.

③ 개인사업자의 부가가치세 예정고지세액이 50만원 미만인 경우 이를 징수하지 아니한다.

④ 주사업장 총괄납부를 하는 경우에 세금계산서는 주사업장에서 총괄하여 발급하여야 한다.

[8] 다음 자료를 토대로 의류제조업을 영위하는 (주)한공의 공제받을 수 있는 매입세액을 계산하면 얼마인가?(단, 세금계산서는 적법하게 수령하였다.)

• 거래처 방문용 소형승용차(2,000cc)의 매입세액	3,000,000원
• 공장부지의 조성과 관련된 매입세액	14,000,000원
• 해당 과세기간에 매입하였으나 과세기간 말 현재 사용하지 않은 원재료의 매입세액	8,000,000원
• 거래처 기업 업무추진(접대)와 관련된 매입세액	5,000,000원

① 8,000,000원
③ 19,000,000원
② 11,000,000원
④ 22,000,000원

[9] 다음의 자료를 토대로 사업자 김한공 씨의 20x1년 종합소득 산출세액을 계산하면 얼마인가?

가. 복식부기에 따라 계산한 사업소득금액	30,000,000원
나. 근로소득금액	50,000,000원
다. 종합소득공제와 그 밖의 소득공제 합계액	24,000,000원

라. 세율

종합소득과세표준	기본세율
1,400만원 이하	과세표준의 6%
1,400만원 초과 5,000만원 이하	84만원 + 1,400만원 초과금액의 15%
5,000만원 초과 8,800만원 이하	624만원 + 5,000만원 초과금액의 24%

① 7,680,000원
③ 10,620,000원
② 10,500,000원
④ 12,500,000원

[10] 다음 중 소득세법상 비과세 근로소득에 해당하지 않는 것은?
① 의료 취약지역의 의료인이 받는 벽지수당 월 20만원
② 국민건강보험법에 따라 사용자가 부담하는 건강보험료
③ 고용보험법에 의한 육아휴직수당
④ 출장 여비 등의 실제 비용을 별도로 받는 직원에 대한 자가운전보조금 월 20만원

실무수행평가

(주)아모레산업(2650)은 화장품 제조업을 영위하는 법인기업으로 회계기간은 제6기(20x1.1.1. ~ 20x1.12.31.)이다. 제시된 자료와 [자료설명]을 참고하여 [평가문제]의 물음에 답하시오.

실무수행1 거래자료 입력

실무프로세스 자료이다. [자료설명]을 참고하여 [수행과제]를 수행하시오.

① 3만원 초과 거래자료에 대한 영수증수취명세서 작성

자료. 공급자 정보

영 수 증 (공급받는자용)		

	(주)아모레산업	**귀하**

공급자	사 업 자 등 록 번 호	120-21-12348		
	상 호	원명상회	성명	최시현
	사 업 장 소 재 지	서울시 서대문구 충정로7길 29-8		
	업 태	도소매업외	종목	전기제품외

작성년월일	공급대가총액	비고
20x1.1.15.	₩ 200,000	

위 금액을 영수(청구)함.

월/일	품명	수량	단가	공급대가(금액)
1/15	형광등교체			200,000

위 금액을 **영수**(청구)함

자료설명

공장 형광등을 교체하고, 대금은 국민은행 보통예금계좌에서 이체하여 지급하였다.(원명상회는 일반과세사업자이다.)

수행과제

1. 거래자료를 입력하시오.
   ('수익적 지출'로 처리할 것.)
2. 영수증수취명세서(2)와 (1)서식을 작성하시오.

② 정부보조금에 의한 유/무형자산의 구입

■ 보통예금(국민은행) 거래내역

번호	거래일자	내용	찾으신금액	맡기신금액	잔액	거래점
		계좌번호 100-23-951241 (주)아모레산업				
1	20x1-2-11	중소벤처기업진흥공단		100,000,000	***	***
2	20x1-2-15	산업자원부		200,000,000	***	***

232

자료설명	1. 중소벤처기업진흥공단의 보조금은 운영자금충당목적으로 상환의무가 있다. (상환예정일: 20x3년 3월 10일, 장기차입금 처리할 것.) 2. 산업자원부의 보조금은 추후 생산설비 취득예정목적으로 상환의무가 없다.
수행과제	정부보조금 입금과 관련된 2월 11일 및 2월 15일의 거래자료를 각각 입력하시오.

③ 기타 일반거래

자료 1. 국민연금보험료 결정내역 통보서

서식기호 E8901	국민연금보험료 결정내역 통보서		
사업장관리번호	12481123440	사업장명칭	(주)아모레산업
해 당 년 월	20x1-02		

20x1년 2월분 개인별 보험료 내역

(단위: 원)

일련 번호	성 명	주민(외국인) 등록번호	기준소득월액	월보험료(계)	(사용자부담금)	(근로자기여금)
1	김태영	911109-1******	2,000,000	180,000	90,000	90,000
2	윤서연	850321-2******	3,800,000	342,000	171,000	171,000
대상자수		2명		522,000	261,000	261,000

이하생략

※ 당월에 납부할 연금보험료는 당월분 금액과 소급분 금액의 합산으로 결정됩니다.
※ 개인사업장 사용자의 국민연금보험료는 사용자부담금과 근로자기여금으로 구분하여 표기하였습니다.

자료 2. 보통예금(국민은행) 거래내역

번호	거래일	내용	찾으신금액	맡기신금액	잔액	거래점
		계좌번호 100-23-951241 (주)아모레산업				
1	20x1-3-10	국민연금관리공단	522,000		***	***

자료설명	1. 자료 1은 공장에 근무중인 김태영과 본사 관리부에 근무중인 윤서연의 2월분 국민 연금 결정내역 통보서이다. 2. 자료 2는 2월분 국민연금을 국민은행 보통예금 통장에서 이체하여 납부한 내역이다.
수행과제	국민연금 납부일의 거래자료를 입력하시오. (단, 국민연금회사부담금은 '세금과공과금'으로 회계처리할 것.)

실무수행2 | 부가가치세관리

부가가치세 신고 관련 자료이다. [자료설명]을 참고하여 [수행과제]를 수행하시오.

① 전자세금계산서 발급

자료 1. 보통예금(국민은행) 거래내역

		내용	찾으신금액	맡기신금액	잔액	거래점
번호	거래일	계좌번호 100-23-951241 (주)아모레산업				
1	20x1-04-20	(주)수려한		5,000,000	***	***

자료 2. 거래명세서

거래명세서 _(공급자 보관용)

공급자	등록번호	124-81-12344			공급받는자	등록번호	514-81-35782		
	상호	(주)아모레산업	성명	정지현		상호	(주)수려한	성명	김혜수
	사업장주소	경기도 수원시 팔달구 매산로 10 (매산로1가), 301호				사업장주소	서울특별시 광진구 광나루로 355		
	업태	제조업	종사업장번호			업태	도소매업	종사업장번호	
	종목	화장품				종목	화장품		

거래일자	미수금액	공급가액	세액	총 합계금액
20x1-05-10		20,000,000	2,000,000	22,000,000

NO	월	일	품목명	규격	수량	단가	공급가액	세액	합계
1	5	10	주름개선 크림		100	200,000	20,000,000	2,000,000	22,000,000

자료설명	1. 자료 1은 제품공급 전 (주)수려한으로부터 계약금으로 입금된 국민은행 보통예금 거래내역이다. 2. 자료 2는 (주)수려한에 제품을 공급하고 발급한 거래명세서이다. 계약금을 제외한 잔액은 6월 30일에 받기로 하였다.
수행과제	1. 5월 10일의 거래자료를 입력하시오. 2. 전자세금계산서 발행 및 내역관리 를 통하여 발급·전송하시오. (전자세금계산서 발급 시 결제내역 및 전송일자는 무시할 것.)

② 수정전자세금계산서의 발급

전자세금계산서 (공급자 보관용)

승인번호

공급자	등록번호	124-81-12344					공급받는자	등록번호	123-81-95134		
	상호	(주)아모레산업	성명(대표자)	정지현				상호	(주)올리브영	성명(대표자)	이수지
	사업장주소	경기도 수원시 팔달구 매산로 10 (매산로1가), 301호						사업장주소	서울 강남구 영동대로 521		
	업태	제조업		종사업장번호				업태	도소매업		종사업장번호
	종목	화장품						종목	화장품		
	E-Mail	amore@bill36524.com						E-Mail	olive@bill36524.com		

작성일자	20x1.6.3.	공급가액	9,000,000	세액	900,000
비고					

월	일	품목명	규격	수량	단가	공급가액	세액	비고
6	3	미백개선 크림		30	300,000	9,000,000	900,000	

합계금액	현금	수표	어음	외상미수금	이 금액을	○ 영수 / ● 청구 함
9,900,000				9,900,000		

자료설명	1. (주)올리브영에 제품을 공급하고 발급한 전자세금계산서이다. 2. 전자세금계산서의 공급단가를 320,000원으로 기재했어야 하나, 담당자의 실수로 공급단가를 300,000원으로 기재하여 발급하였음을 확인하였다.
수행과제	수정사유에 따른 수정전자세금계산서를 발급 전송하시오. (외상대금 및 제품매출에서 음수(-)로 처리하고 전자세금계산서 발급 시 결제내역 입력 및 전송일자는 고려하지 말 것.)

3 매입세액불공제내역 작성자의 부가가치세신고서 작성

자료 1. 공급가액(제품)내역 (7월 1일 ~ 9월 30일)

구 분	금 액	비 고
과세분(전자세금계산서)	240,000,000원	
면세분(전자계산서)	60,000,000원	
합 계	300,000,000원	

자료 2. 기계장치 매입금액 중 안분대상내역

전자세금계산서			(공급받는자 보관용)		승인번호	2023010123	

	등록번호	206-81-45981				등록번호	124-81-12344	
공급자	상호	(주)대주기계	성명(대표자)	황재원	공급받는자	상호	(주)아모레산업	성명(대표자)	정지현
	사업장주소	서울시 강남구 강남대로 272				사업장주소	경기도 수원시 팔달구 매산로 10 (매산로1가), 301호		
	업태	제조업	종사업장번호			업태	제조업	종사업장번호	
	종목	포장기계				종목	화장품		
	E-Mail	daeju@bill36524.com				E-Mail	amore@bill36524.com		

작성일자	20x1.8.7.	공급가액	20,000,000	세 액	2,000,000
비고					

월	일	품목명	규격	수량	단가	공급가액	세액	비고
8	7	고속분쇄기계				20,000,000	2,000,000	

합계금액	현금	수표	어음	외상미수금	이 금액을	○ 영수 / ● 청구	함
22,000,000				22,000,000			

자료설명	본 문제에 한하여 (주)아모레산업은 과세사업과 면세사업을 겸영하고 있다고 가정한다. 1. 자료 1은 제2기 부가가치세 예정신고기간의 공급가액 내역이다. 2. 자료 2는 제2기 부가가치세 예정신고기간의 과세사업과 면세사업에 공통으로 사용할 기계장치 매입자료이다.
수행과제	1. 자료 2의 거래자료를 입력하시오.(유형에서 '51.과세매입'으로 선택하고, '전자입력'으로 처리할 것.) 2. 제2기 부가가치세 예정신고기간의 매입세액불공제내역(공통매입세액 안분계산 내역)을 작성하고 제2기 예정 부가가치세 신고서에 반영하시오. (단, 자료 1과 자료 2에서 주어진 공급가액으로 계산하기로 할 것.) 3. 공통매입세액 안분계산에 대한 회계처리를 9월 30일자로 일반전표에 입력하시오.

④ 매입세액불공제내역 작성자의 부가가치세 신고서 작성

자료 1.

전자세금계산서					(공급받는자 보관용)		승인번호		2023010124	
공급자	등록번호	108-81-51419				공급받는자	등록번호	124-81-12344		
	상호	(주)수원중고 자동차	성명 (대표자)	이수원			상호	(주)아모레산업	성명 (대표자)	정지현
	사업장 주소	경기도 수원시 팔달구 매산로 1-10 (매산로1가)					사업장 주소	경기도 수원시 팔달구 매산로 10 (매산로1가), 301호		
	업태	도소매업		종사업장번호			업태	제조업		종사업장번호
	종목	자동차					종목	화장품		
	E-Mail	soo1@bill36524.com					E-Mail	amore@bill36524.com		

작성일자	20x1.10.15.	공급가액	25,000,000	세 액	2,500,000
비고					

월	일	품목명	규격	수량	단가	공급가액	세액	비고
10	15	그랜저IG				25,000,000	2,500,000	

합계금액	현금	수표	어음	외상미수금	이 금액을	○ 영수	함
27,500,000				27,500,000		● 청구	

자료 2.

전자세금계산서					(공급받는자 보관용)		승인번호		2023010125	
공급자	등록번호	101-81-21118				공급받는자	등록번호	124-81-12344		
	상호	(주)하모니마트	성명 (대표자)	이하늘			상호	(주)아모레산업	성명 (대표자)	정지현
	사업장 주소	서울특별시 서대문구 충정로7길 29-11 (충정로3가)					사업장 주소	경기도 수원시 팔달구 매산로 10 (매산로1가), 301호		
	업태	도소매업		종사업장번호			업태	제조업		종사업장번호
	종목	생활잡화					종목	화장품		
	E-Mail	hamo@bill36524.com					E-Mail	amore@bill36524.com		

작성일자	20x1.10.21.	공급가액	520,000	세 액	52,000
비고					

월	일	품목명	규격	수량	단가	공급가액	세액	비고
10	21	스팸세트		10	52,000	520,000	52,000	

합계금액	현금	수표	어음	외상미수금	이 금액을	○ 영수	함
572,000				572,000		● 청구	

자료 3.

```
                    매출전표

 카드종류              거래일자
 비씨카드             20x1.11.10.10:13:42
 카드번호(CARD NO)
 5000-1234-****-11**
 승인번호            금액   백        천        원
 20231110000231    AMOUNT  1 2 0 0 0 0 0
 일반     할부       부가세
 일시불              V.A.T      1 2 0 0 0 0
                    봉사료
         아이패드   CASHBACK
 거래유형
                    합계
                    TOTAL   1 3 2 0 0 0 0
 가맹점명
 전자마트
 대표자명            사업자번호
 이정원              603-13-34065
 전화번호            가맹점번호
 02-439-9846        84561114
 주소
 서울 구로구 구로동로 8

 상기의 거래 내역을 확인합니다.   서명   (주)아모레산업
```

자료설명	자료 1. 관리부 업무용으로 승용차(배기량 2,700cc)를 구입하고 발급받은 전자세금계산서이다.
	자료 2. 매출거래처에 증정할 선물을 구입하고 발급받은 전자세금계산서이다.
	자료 3. 대표이사(정지현)가 자녀에게 선물할 아이패드를 구입하고 발급받은 법인 신용카드매출전표이다. ('가지급금'으로 회계처리할 것.)
수행과제	1. 자료 1 ~ 3의 거래를 매입매출전표 및 일반전표에 입력하시오. (전자세금계산서와 관련된 거래는 '전자입력'으로 처리할 것.)
	2. 제2기 부가가치세 확정신고기간의 매입세액불공제내역을 작성하시오.
	3. 매입세액불공제내역 및 전자신고세액공제를 반영하여 제2기 부가가치세 확정신고서를 작성하시오. - 제2기 부가가치세 확정신고서를 홈택스로 전자신고하여 전자신고세액공제 10,000원을 공제받기로 한다.

평가문제 | **입력자료 및 회계정보를 조회하여 [평가문제]의 답안을 입력하시오.(70점)**

[실무수행평가] - 부가가치세관리

번호	평가문제	배점
11	**평가문제 [매입매출전표입력 조회]** 6월 3일자 수정세금계산서의 수정입력사유 코드번호를 입력하시오.	2
12	**평가문제 [세금계산서합계표 조회]** 제1기 확정 신고기간의 거래처'(주)수려한'에 전자발급된 세금계산서 공급가액은 얼마인가?	2
13	**평가문제 [세금계산서합계표 조회]** 제1기 확정 신고기간의 매출전자세금계산서 발급매수는 총 몇 매인가?	2
14	**평가문제 [매입세액불공제내역 조회]** 제2기 예정신고기간 매입세액불공제내역_3.공통매입세액 안분계산 내역의 불공제 매입세액은 얼마인가?	3
15	**평가문제 [부가가치세신고서 조회]** 제2기 예정신고기간 부가가치세신고서의 과세_세금계산서발급분(1란) 금액은 얼마인가?	2
16	**평가문제 [부가가치세신고서 조회]** 제2기 예정신고기간의 부가가치세 차가감납부할세액(27번란)은 얼마인가?	2
17	**평가문제 [부가가치세신고서 조회]** 제2기 예정 신고기간의 부가가치세 신고시에 작성되는 부가가치세 첨부서류에 해당하지 않는 것은? ① 계산서합계표 ② 신용카드매출전표등수령금액합계표 ③ 건물등감가상각자산취득명세서 ④ 공제받지못할매입세액명세서	2
18	**평가문제 [매입세액불공제내역 조회]** 제2기 확정신고기간 매입세액불공내역의 2.공제받지 못할 매입세액 내역의 내용으로 옳지 않은 것은? ① 사업과 직접 관련 없는 지출 관련 건수는 1건이다. ② 비영업용 소형 승용 자동차구입 및 유지관련 건수는 1건이다. ③ 접대비 및 이와 유사한 비용 관련 건수는 1건이다. ④ 공제받지 못할 매입세액은 총 2,552,000원이다.	3
19	**평가문제 [부가가치세신고서 조회]** 제2기 확정신고기간 부가가치세신고서의 세금계산서수취부분_고정자산매입(11란) 금액은 얼마인가?	2
20	**평가문제 [부가가치세신고서 조회]** 제2기 확정 신고기간의 부가가치세신고서의 차가감납부할세액(27번란)은 얼마인가?	2
	부가가치세 소계	22

실무수행3 | 결산

[결산자료]를 참고로 결산을 수행하시오.(단, 제시된 자료 이외의 자료는 없다고 가정함.)

① 수동결산
자료. 장기차입금 내역

은행	차입금액	차입일	상환일	비고
우리은행(차입)	20,000,000원	20x0년 6월 1일	20x2년 6월 1일	만기 원금일시상환
국민은행(차입)	40,000,000원	20x0년 6월 1일	20x3년 6월 1일	만기 원금일시상환
신한은행(차입)	30,000,000원	20x0년 1월 1일	20x4년 2월 28일	만기 원금일시상환

자료설명	20x1년 기말 현재 장기차입금 은행별 잔액내역이다.
수행과제	장기차입금에 대한 결산정리분개를 일반전표에 입력하시오.

② 결산자료입력에 의한 자동결산

자료설명	1. 당기 법인세등 15,000,000원을 계상하려고 한다.(법인세 중간예납세액 및 원천징수세액이 선납세금계정에 계상되어 있다.) 2. 기말재고자산 현황

구분	장부상내역			실사내역		
	단위당원가	수량	평가액	단위당원가	수량	평가액
원재료	23,000원	800개	18,400,000원	23,000원	800개	18,400,000원
제 품	50,000원	350개	17,500,000원	50,000원	200개	10,000,000원

※ 제품의 수량차이는 위탁판매제품으로 현재 수탁자의 창고에 보관중이다.

3. 이익잉여금처분계산서 처분확정(예정)일
  - 당기: 20x2년 3월 31일
  - 전기: 20x1년 3월 31일

수행과제	결산을 완료하고 이익잉여금처분계산서에서 손익대체분개를 하시오. (단, 이익잉여금처분내역은 없는 것으로 하고 미처분이익잉여금 전액을 이월이익잉여금으로 이월하기로 할 것.)

[실무수행평가] - 재무회계

번호	평가문제	배점
21	**평가문제 [영수증수취명세서 조회]** 영수증수취명세서(1)에 반영되는 '12.명세서제출 대상' 금액은 얼마인가?	1
22	**평가문제 [거래처원장 조회]** 5월 말 거래처별 외상매출금 잔액으로 옳지 않은 것은? ① 00101.(주)진성화장품 5,170,000원 ② 00102.(주)서린뷰티 24,125,000원 ③ 03170.(주)수려한 28,000,000원④ 05107.(주)필립뷰티플 15,900,000원	1
23	**평가문제 [일/월계표 조회]** 1/4분기(1~3월)에 발생한 수선비(제조경비) 금액은 얼마인가?	2
24	**평가문제 [일/월계표 조회]** 1/4분기(1~3월)에 발생한 세금과공과금(제조경비) 금액은 얼마인가?	2
25	**평가문제 [일/월계표 조회]** 2/4분기(4~6월)에 발생한 제품매출 금액은 얼마인가?	1
26	**평가문제 [일/월계표 조회]** 4/4분기(10월~12월)에 발생한 접대비(판매관리비) 금액은 얼마인가?	1
27	**평가문제 [재무상태표 조회]** 3월 말 보통예금 장부금액(보통예금총액-정부보조금)은 얼마인가?	2
28	**평가문제 [재무상태표 조회]** 3월 말 예수금 잔액은 얼마인가?	2
29	**평가문제 [재무상태표 조회]** 12월 말 가지급금 잔액은 얼마인가?	1
30	**평가문제 [재무상태표 조회]** 12월 말 기계장치 장부금액은 얼마인가?	2
31	**평가문제 [재무상태표 조회]** 12월 말 차량운반구 장부금액은 얼마인가?	2
32	**평가문제 [재무상태표 조회]** 12월 말 미지급세금 잔액은 얼마인가?	1
33	**평가문제 [재무상태표 조회]** 12월 말 비유동부채 금액은 얼마인가?	2
34	**평가문제 [재무상태표 조회]** 기말 제품 잔액은 얼마인가?	2
35	**평가문제 [재무상태표 조회]** 12월 말 이월이익잉여금(미처분이익잉여금) 잔액으로 옳은 것은? ① 282,692,140원 ② 394,125,400원 ③ 437,513,440원 ④ 509,164,850원	1
	재무회계 소계	23

실무수행4 | 근로소득관리

인사급여 관련 자료이다. [자료설명]을 참고하여 [수행과제]를 수행하시오.

① 가족관계증명서에 의한 사원등록

자료. 홍유찬의 가족관계증명서

[별지 제1호서식] <개정 2010.6.3>

가 족 관 계 증 명 서

등록기준지	서울특별시 강남구 강남대로 238-13

구분	성 명	출생연월일	주민등록번호	성별	본
본인	홍 유 찬	1964년 10월 11일	641011-1899772	남	南陽

가족사항

구분	성 명	출생연월일	주민등록번호	성별	본
자	홍 승 혁	1990년 08월 03일	900803-1785417	남	南陽
며느리	손 지 영	1988년 12월 12일	881212-2075525	여	一直
손녀	홍 아 름	2020년 12월 24일	201224-4023187	여	南陽

자료설명	20x1년 7월 1일에 입사한 부장 홍유찬(세대주)이 제출한 가족관계증명서이다. 1. 본인 홍유찬은 20x0년 배우자와 이혼하였다. 2. 자녀 홍승혁은 국가유공자이며, 별도의 소득은 없다. 3. 며느리 손지영은 장애인이 아니며 별도의 소득이 없다. 4. 손녀 홍아름은 별도의 소득이 없다. 5. 세부담을 최소화하는 방법을 선택한다.
수행과제	사원등록메뉴에서 부양가족명세를 작성하시오.

[실무수행평가] - 근로소득관리 1

번호	평가문제	배점
36	**평가문제 [홍유찬 근로소득원천징수영수증 조회]** '21.총급여'는 얼마인가?	2
37	**평가문제 [홍유찬 근로소득원천징수영수증 조회]** 기본공제 합계액은 얼마인가?	1
38	**평가문제 [홍유찬 근로소득원천징수영수증 조회]** '28.장애인' 추가공제액은 얼마인가?	2
39	**평가문제 [홍유찬 근로소득원천징수영수증 조회]** '30.한부모' 추가공제액은 얼마인가?	2
40	**평가문제 [홍유찬 근로소득원천징수영수증 조회]** 37.차감소득금액'은 얼마인가?	1

2 일용직사원의 원천징수

자료 1. 일용직사원 관련정보

성　　명	허성태(코드 5001)
거주구분(내국인 / 외국인)	거주자 / 내국인
주민등록번호	900909 - 1182817
입사일자	20x1년 11월 10일

자료 2. 일용직급여내역

성　명	계산내역	11월의 근무일
허성태	1일 170,000원×총 5일＝850,000원	15, 17, 21, 23, 25

자료설명	1. 자료 1, 2는 일용직 사원의 관련정보 및 급여지급내역이다. 2. 일용직 급여는 매일 지급하는 방식으로 한다. 3. 사회보험료 중 고용보험만 징수하기로 한다. 4. 제시된 사항 이외의 자료는 없는 것으로 한다.
수행과제	1. [일용직사원등록] 메뉴에 사원등록을 하시오. 2. [일용직급여입력] 메뉴에 급여내역을 입력하시오. 3. 11월 귀속분 원천징수이행상황신고서를 작성하시오.

[실무수행평가] - 근로소득관리 2

번호	평가문제	배점
41	**평가문제 [일용직(허성태) 11월 일용직급여입력 조회]** 공제항목 중 고용보험의 합계액은 얼마인가?	2
42	**평가문제 [일용직(허성태) 11월 일용직급여입력 조회]** 11월 급여의 차인지급액 합계는 얼마인가?	1
43	**평가문제 [11월 원천징수이행상황신고서 조회]** 근로소득에 대한 원천징수대상 인원은 총 몇 명인가?	2
44	**평가문제 [11월 원천징수이행상황신고서 조회]** 근로소득 일용근로(A03) '6.소득세 등' 금액은 얼마인가?	1
45	**평가문제 [11월 원천징수이행상황신고서 조회]** 근로소득 가감계(A10)의 '6.소득세 등' 금액은 얼마인가?	1

③ 국세청연말정산간소화 및 이외의 자료를 기준으로 연말정산

자료설명	사무직 정성화(1400)의 연말정산을 위한 자료이다. 1. 사원등록의 부양가족현황은 사전에 입력되어 있다. 2. 부양가족은 정성화와 함께 생계를 같이 한다.
수행과제	[연말정산 근로소득원천징수영수증] 메뉴에서 연말정산을 완료하시오. 1. 신용카드는 [신용카드] 탭에서 입력한다. 　(신용카드 일반사용 금액에는 아파트관리비 2,000,000원이 포함되어 있다.) 2. 보험료와 교육비는 [소득공제] 탭에서 입력한다. 　(김고은은 20x2년 출산예정으로 조은손해보험(주)에 납입한 태아보험료 내역이 있다.) 3. 연금계좌세액공제는 [정산명세] 탭에서 입력한다.

자료 1. 정성화 사원의 부양가족등록 현황

연말정산관계	성명	주민번호	기타사항
0.본인	정성화	741011-1111113	
1.배우자	김고은	790502-2222221	복권당첨소득 50,000,000원
1.소득자 직계존속	나문희	510102-2111116	배당소득 4,000,000원
4.직계비속	정진주	091215-3094119	

자료 2. 국세청간소화서비스 및 기타증빙자료

20x1년 귀속 소득 · 세액공제증명서류: 기본(사용처별)내역 [신용카드]

■ 사용자 인적사항

성 명	주 민 등 록 번 호
정성화	741011-1111***

■ 신용카드 등 사용금액 집계

일반	전통시장	대중교통	도서공연등	합계금액
9,500,000	3,500,000	0	0	13,000,000

 국 세 청
National Tax Service

• 본 증명서류는 『소득세법』 제165조 제1항에 따라 영수증 발급기관으로부터 수집한 서류로
  소득·세액공제 충족 여부는 근로자가 직접 확인하여야 합니다.
• 본 증명서류에서 조회되지 않는 내역은 영수증 발급기관에서 직접 발급받으시기 바랍니다.

20x1년 귀속 소득 · 세액공제증명서류: 기본(지출처별)내역 [보험료]

■ 계약자 인적사항

성 명	주 민 등 록 번 호
정성화	741011-1111***

■ 보장성보험(장애인전용보장성보험) 납입내역

(단위: 원)

종류	상 호	보험종류	주피보험자		납입금액 계
	사업자번호	증권번호	종피보험자		
보장성	조은손해보험(주)	**태아보험	790502-2222***	김고은	600,000
	106-81-41***	100540651**			
보장성	삼성생명보험(주)	든든실비보험	790502-2222***	김고은	450,000
	108-81-32***	004545217**			
인별합계금액					1,050,000

 국 세 청
National Tax Service

• 본 증명서류는 『소득세법』 제165조 제1항에 따라 영수증 발급기관으로부터 수집한 서류로
  소득·세액공제 충족 여부는 근로자가 직접 확인하여야 합니다.
• 본 증명서류에서 조회되지 않는 내역은 영수증 발급기관에서 직접 발급받으시기 바랍니다.

20x1년 귀속 소득 · 세액공제증명서류: 기본(지출처별)내역 [교육비]

■ 학생 인적사항

성 명	주 민 등 록 번 호
나문희	510102-2111***

■ 교육비 지출내역

(단위: 원)

교육비종류	학교명	사업자번호	납입금액 계
고등학교등록금	방송통신고등학교	108-90-15***	1,250,000
인별합계금액			1,250,000

- 본 증명서류는 「소득세법」 제165조 제1항에 따라 영수증 발급기관으로부터 수집한 서류로 소득·세액공제 충족 여부는 근로자가 직접 확인하여야 합니다.
- 본 증명서류에서 조회되지 않는 내역은 영수증 발급기관에서 직접 발급받으시기 바랍니다.

20x1년 귀속 세액공제증명서류: 기본내역[연금저축]

■ 가입자 인적사항

성 명	주 민 등 록 번 호
정성화	741011-1******

■ 연금저축 납입내역

(단위: 원)

상호	사업자번호	당해연도 납입금액	당해연도 납입액 중 인출금액	순납입금액
계좌번호				
(주)신한은행	134-81-54***	1,200,000		1,200,000
013479999				
순납입금액 합계				1,200,000

- 본 증명서류는 「소득세법」 제165조 제1항에 따라 영수증 발급기관으로부터 수집한 서류로 소득·세액공제 충족 여부는 근로자가 직접 확인하여야 합니다.
- 본 증명서류에서 조회되지 않는 내역은 영수증 발급기관에서 직접 발급받으시기 바랍니다.

[실무수행평가] - 근로소득관리 3

번호	평가문제	배점
46	**평가문제 [정성화 근로소득원천징수영수증 조회]** '42.신용카드' 최종공제액은 얼마인가?	2
47	**평가문제 [정성화 근로소득원천징수영수증 조회]** '61.보장성보험' 세액공제액은 얼마인가?	2
48	**평가문제 [정성화 근로소득원천징수영수증 조회]** '63.교육비' 세액공제액은 얼마인가?	2
49	**평가문제 [정성화 근로소득원천징수영수증 조회]** '60.연금저축' 세액공제액은 얼마인가?	2
50	**평가문제 [정성화 근로소득원천징수영수증 조회]** '77.차감징수세액(소득세)'은 얼마인가?	2
	근로소득 소계	25

실무이론평가

1	2	3	4	5	6	7	8	9	10
③	③	③	④	④	④	④	①	①	④

01 유형자산을 역사적원가로 평가하면 일반적으로 **검증가능성이 높으므로 측정의 신뢰성은 높아지나** 목적적합성은 낮아질 수 있다.

02 **무형자산은 재평가모형이 인정되지 않는다.**

03 매도가능증권처분이익 = [처분금액(1,300) − 취득원가(1,000)] × 100주 = 30,000원

04 **매도가능증권 평가손실은 기타포괄손익누계액**으로 당기손익에 영향을 주지 않는다.

05 순이익 변동금액 = 소모품(30,000) + 미수수익(20,000) = 50,000원(증가)

소모품의 미사용분 계상: (차) 소모품 30,000원 (대) 소모품비 30,000원

이자수익 미수분 계상: (차) 미수수익 20,000원 (대) 이자수익 20,000원

06 무형자산은 경제적 효익이 소비되는 행태를 반영하여 합리적인 방법으로 상각하며, **합리적인 상각방법을 정할 수 없는 경우에는 정액법으로 상각**한다.

07 주사업장 총괄납부를 하는 경우에도 **세금계산서는 각 사업장별로 작성·발급**하여야 한다.

08 해당 과세기간에 매입한 경우에는 **과세기간 말 현재 사용하지 않아도 원재료의 매입세액을 공제받을 수 있다**(나머지 금액들은 매입세액 불공제 대상이다).

09 종합소득금액 = 사업소득금액(30,000,000) + 근로소득금액(50,000,000) = 80,000,000원

과세표준 = 종합소득금액(80,000,000) − 소득공제(24,000,000) = 56,000,000원

산출세액 = 6,240,000원 + (56,000,000 − 50,000,000) × 24% = 7,680,000원

10 자가운전 보조금의 경우 **출장 여비 등을 받는 대신에 지급받는 금액 중 월 20만원까지 비과세** 적용됨.

▇▇▇▇ 실무수행평가

실무수행 1. 거래자료 입력

① 3만원 초과 거래자료에 대한 영수증수취명세서 작성

1. [일반전표입력] 1월 15일

   (차) 수선비(제)   200,000원   (대) 보통예금(국민은행(보통))   200,000원

2. [영수증수취명세서(2)]

	거래일자	상호	성명	사업장	사업자등록번호	거래금액	구분	계정코드	계정과목
	20×1-01-29	(주)해피뷰티	한시준	서울특별시 강남구 강남대	144-81-12955	35,000		172	소모품
	20×1-03-28	기업은행	한명준	서울특별시 강동구 천호대5	104-85-12616	125,000	16	931	이자비용
	20×1-01-15	원명상회	최시현	서울시 서대문구 충정로7길	120-21-12348	200,000		520	수선비

3. [영수증수취명세서(1)]

1. 세금계산서, 계산서, 신용카드 등 미사용내역

9. 구분	3만원 초과 거래분		
	10. 총계	11. 명세서제출 제외대상	12. 명세서제출 대상(10-11)
13. 건수	3	1	2
14. 금액	360,000	125,000	235,000

2. 3만원 초과 거래분 명세서제출 제외대상 내역

구분	건수	금액	구분	건수	금액
15. 읍, 면 지역 소재			26. 부동산 구입		
16. 금융, 보험 용역	1	125,000	27. 주택임대용역		
17. 비거주자와의 거래			28. 택시운송용역		

② 정부보조금에 의한 유/무형자산의 구입

1. [일반전표입력] 2월 11일

   (차) 보통예금(국민은행(보통))   100,000,000원   (대) 장기차입금   100,000,000원
                                                  (중소벤처기업진흥공단)

2. [일반전표입력] 2월 15일

   (차) 보통예금(국민은행(보통))   200,000,000원   (대) 정부보조금(104)   200,000,000원

③ 기타 일반거래 [일반전표입력] 3월 10일

   (차) 예수금   261,000원   (대) 보통예금   522,000원
     세금과공과금(제)   90,000원   (국민은행(보통))
     세금과공과금(판)   171,000원

실무수행 2. 부가가치세관리

① 전자세금계산서 발급

1. [매입매출전표입력] 5월 10일

거래유형	품명	공급가액	부가세	거래처	전자세금
11.과세	주름개선 크림	20,000,000원	2,000,000원	(주)수려한	전자발행
분개유형	(차) 외상매출금	17,000,000원	(대) 제품매출		20,000,000원
3.혼합	선수금	5,000,000원	부가세예수금		2,000,000원

2. [전자세금계산서 발행 및 내역관리] 기출문제 68회 참고

② 수정전자세금계산서의 발급

1. [수정세금계산서 발급]기출문제 68회 참고

① [매입매출전표 입력] 6월 3일 전표 선택 ➡ 수정세금계산서 클릭 ➡ [수정사유] 화면에서 [1.기재
사항 착오·정정, 착오항목: 1.공급가액 및 세액] 선택 후 확인(Tab)을 클릭

② [수정세금계산서(매출)] 화면에서 수정분 [단가 320,000원] 입력을 통해 공급가액과 세액을 반영
한 후 확인(Tab)을 클릭

③ [매입매출전표입력] 6월 3일에 수정분이 2건 입력된다.

거래유형	품명	공급가액	부가세	거래처	전자세금
11.과세	미백개선 크림	-9,000,000	-900,000	(주)올리브영	전자발행
분개유형	(차) 외상매출금	-9,900,000원	(대) 제품매출		-9,000,000원
2.외상(혼합)			부가세예수금		-900,000원

거래유형	품명	공급가액	부가세	거래처	전자세금
11.과세	미백개선 크림	9,600,000	960,000	(주)올리브영	전자발행
분개유형	(차) 외상매출금	10,560,000원	(대) 제품매출		9,600,000원
2.외상(혼합)			부가세예수금		960,000원

2. [전자세금계산서 발행 및 내역관리] 기출문제 68회 참고

③ 매입세액불공제내역 작성자의 부가가치세신고서 작성

1. [매입매출전표입력] 8월 7일

거래유형	품명	공급가액	부가세	거래처	전자세금
51.과세	고속분쇄기계	20,000,000	2,000,000	(주)대주기계	전자입력
분개유형	(차) 기계장치	20,000,000원		(대) 미지급금	22,000,000원
3.혼합	부가세대급금	2,000,000원			

2. [매입세액불공제내역] 7월 ~ 9월

	2.공제받지 못할 매입세액 내역	3.공통매입세액 안분계산 내역	4.공통매입세액의 정산내역		5.납부세액 또는 환급세액 재계산 내역	
	계산식	구분	과세.면세 사업 공통매입		(12)총공급가액 등 (총예정사용면적)	(13)면세공급가액 등 (총예정사용면적)	(14)불공제 매입세액 (⑪×⑬÷⑫)
			(10)공급가액	(11)세액			
1	1.공급가액기준		20,000,000	2,000,000	300,000,000	60,000,000	400,000

3. [부가가치세신고서] 7월 1일 ~ 9월 30일

공제받지못할매입세액명세 ✕

16 공제받지 못할매입	구분		금액	세액
	공제받지못할매입세액	50		
	공통매입세액면세사업	51	4,000,000	400,000

4. [일반전표입력] 9월 30일

(차) 기계장치　　400,000원　　(대) 부가세대급금　　400,000원

④ 매입세액불공제내역 작성자의 부가가치세 신고서 작성

1. [거래자료입력]

① [매입매출전표입력] 10월 15일

거래유형	품명	공급가액	부가세	거래처	전자세금
54.불공	그랜저IG	25,000,000	2,500,000	(주)수원중고자동차	전자입력
불공사유	3.비영업용 소형승용차 구입 및 유지				
분개유형	(차) 차량운반구	27,500,000원		(대) 미지급금	27,500,000원
3.혼합					

② [매입매출전표입력] 10월 21일

거래유형	품명	공급가액	부가세	거래처	전자세금
54.불공	스팸세트	520,000	52,000	(주)하모니마트	전자입력
불공사유	9.기업업무추진비(접대비) 관련 매입세액				
분개유형	(차) 접대비(판)	572,000원		(대) 미지급금	572,000원
3.혼합					

③ [일반전표입력] 11월 10일

(차) 가지급금(정지현)　　　　　1,320,000원　　　(대) 미지급금(비씨카드)　　　1,320,000원

2. [매입세액불공제내역] 10월 ~ 12월

2.공제받지 못할 매입세액 내역	3.공통매입세액 안분계산 내역		4.공통매입세액의 정산내역	5.납부세액 또는 환급세액 재계산 내역

공제받지 못할 매입세액 내역			
불공제 사유	세금계산서		
	매수	공급가액	매입세액
①필요한 기재사항 누락			
②사업과 직접 관련 없는 지출			
③비영업용 소형 승용 자동차구입 및 유지	1	25,000,000	2,500,000
④접대비 및 이와 유사한 비용 관련	1	520,000	52,000
⑤면세사업 관련			
⑥토지의 자본적 지출 관련			
⑦사업자등록 전 매입세액			
⑧금.구리 스크랩 거래계좌 미사용 관련 매입세액			
⑨ 합　　　계	2	25,520,000	2,552,000

3. [부가가치세신고서] 10월 1일 ~ 12월 31일

매입세액	세금계산 수취 부분	일반매입	10	31,688,000		3,168,800
		수출기업수입분납부유예	10-1			
		고정 자산매입	11	25,000,000		2,500,000
	예정 신고누락분		12			
	매입자발행 세금계산서		13			
	그밖의공제매입세액		14			
	합계 (10-(10-1)+11+12+13+14)		15	56,688,000		5,668,800
	공제받지못할매입세액		16	25,520,000		2,552,000
	차감계 (15-16)		17	31,168,000	⑪	3,116,800

- 전자신고세액공제 10,000원

[실무수행평가] - 부가가치세관리

번호	평가문제	배점	답
11	**평가문제 [매입매출전표입력 조회]**	2	(1)
12	**평가문제 [세금계산서합계표 조회]**	2	(30,000,000)원
13	**평가문제 [세금계산서합계표 조회]**	2	(34)매
14	**평가문제 [매입세액불공제내역 조회]**	3	(400,000)원
15	**평가문제 [부가가치세신고서 조회]**	2	(240,000,000)원
16	**평가문제 [부가가치세신고서 조회]**	2	(8,620,000)원
17	**평가문제 [부가가치세신고서 조회]**	2	②
18	**평가문제 [매입세액불공제내역 조회]**	3	①
19	**평가문제 [부가가치세신고서 조회]**	2	(25,000,000)원
20	**평가문제 [부가가치세신고서 조회]**	2	(20,552,700)원
	부가가치세 소계	22	

실무수행 3. 결산

① 수동결산 [일반전표입력] 12월 31일

    (차) 장기차입금(우리은행(차입금)) 20,000,000원   (대) 유동성장기부채   20,000,000원

                                                                (우리은행(차입금))

    ☞우리은행 차입금만 상환일이 1년 이내(내년도 상환)에 도래하므로 유동성대체 분개를 입력

② 결산자료입력에 의한 자동결산

[결산자료입력 1]

    (차) 법인세등   15,000,000원   (대) 선납세금   9,308,000원

                                                      미지급세금   5,692,000원

[결산자료입력2]

    - 결산자료입력에서 기말 원재료 18,400,000원, 제품 17,500,000원을 입력하고 전표추가(F3) 를 클릭하여 결산분개를 생성한다.

      ➜ 합계잔액시산표 재고자산금액과 일치

[이익잉여금처분계산서] 메뉴

    - 이익잉여금처분계산서에서 처분일을 입력한 후, 전표추가(F3) 를 클릭하여 손익대체분개를 생성한다.

[실무수행평가] - 재무회계

번호	평가문제	배점	답
21	평가문제 [영수증수취명세서 조회]	1	(235,000)원
22	평가문제 [거래처원장 조회]	1	④
23	평가문제 [일/월계표 조회]	2	(1,000,000)원
24	평가문제 [일/월계표 조회]	2	(4,290,000)원
25	평가문제 [일/월계표 조회]	1	(325,270,000)원
26	평가문제 [일/월계표 조회]	1	(1,272,000)원
27	평가문제 [재무상태표 조회]	2	(772,366,000)원
28	평가문제 [재무상태표 조회]	2	(1,465,000)원
29	평가문제 [재무상태표 조회]	1	(3,320,000)원
30	평가문제 [재무상태표 조회]	2	(221,400,000)원
31	평가문제 [재무상태표 조회]	2	(62,500,000)원
32	평가문제 [재무상태표 조회]	1	(5,692,000)원
33	평가문제 [재무상태표 조회]	2	(210,000,000)원

번호	평가문제	배점	답
34	평가문제 [재무상태표 조회]	2	(17,500,000)원
35	평가문제 [재무상태표 조회]	1	④
	재무회계 소계	23	

실무수행 4. 근로소득관리

① 가족관계증명서에 의한 사원등록(홍유찬)

관계	요 건		기본 공제	추가 (자녀)	판　　단
	연령	소득			
본인(세대주)	–	–	○	한부모	기본공제대상자인 직계비속이 있으므로 한부모 공제대상임.
자(34)	×	○	○	장애(2)	국가유공자로서 근로능력이 없는 자는 장애인에 해당함.
며느리(36)	–		부		장애인일 경우 기본공제가 가능
손녀(4)	○	○	○		

	연말정산관계	기본	세대	부녀	장애	경로 70세	출산 입양	자녀	한부모	성명	주민(외국인)번호	가족관계
1	0.본인	본인	○						○	홍유찬	내 641011-1899772	
2	4.직계비속(자녀	장애인			2					홍승혁	내 900803-1785417	05.자녀
3	5.직계비속(4제9	부								손지영	내 881212-2075525	06.며느리
4	5.직계비속(4제9	20세 이하								홍아름	내 201224-4023187	40.손

[실무수행평가] – 근로소득관리 1

번호	평가문제 [홍유찬 근로소득원천징수영수증 조회]	배점	답
36	21. 총급여	2	(35,000,000)원
37	기본공제 합계액(본인,자녀,손녀)	1	(4,500,000)원
38	28. 장애인 추가공제액	2	(2,000,000)원
39	30. 한부모추가공제액	2	(1,000,000)원
40	37. 차감소득금액	1	(16,775,000)원

※ 40은 프로그램이 자동계산하므로 시점(세법개정, 프로그램 업데이트)마다 달라질 수가 있습니다.

② 일용직사원의 원천징수

1. [일용직사원등록](5001.허성태)

2. [일용직급여입력] 귀속년월 11월, 지급년월 11월, 근무일 : 15, 17, 21, 23, 25일

3. [원천징수이행상황신고서] 귀속기간 11월, 지급기간 11월, 0.정기신고

원천징수내역	부표-거주자	부표-비거주자	부표-법인원천							
구분		코드	소득지급(과세미달,비과세포함)		징수세액				9.당월 조정 환급세액	10.소득세 등 (가산세 포함)	11.농어촌 특별세

	구분	코드	4.인원	5.총지급액	6.소득세 등	7.농어촌특별세	8.가산세	9.당월 조정 환급세액	10.소득세 등 (가산세 포함)	11.농어촌 특별세
근로소득	간이세액	A01	2	9,200,000	326,890					
	중 도 퇴 사	A02								
	일 용 근 로	A03	1	850,000						
	연말정산합계	A04								
	연말분납금액	A05								
	연말납부금액	A06								
	가 감 계	A10	3	10,050,000	326,890				326,890	

[실무수행평가] - 근로소득관리 2

번호	평가문제	배점	답
41	[일용직(허성태) 11월 일용직급여입력 조회] 고용보험	2	(7,650)원
42	[일용직(허성태) 11월 일용직급여입력 조회] 차인지급액	1	(842,350)원
43	[11월 원천징수이행상황신고서 조회] 원천징수대상 인원	2	(3)명
44	[11월 원천징수이행상황신고서 조회] 일용근로 6.소득세 등	1	(0)원
	☞ 일용근로 원천징수세액=(170,000-150,000)×6%×(1-55%)=540원→1,000원 미만인 경우 소액부징수		
45	[11월 원천징수이행상황신고서 조회] 가감계 6.소득세 등	1	(326,890)원

※ 41,42은 프로그램이 자동계산하므로 시점(세법개정, 프로그램 업데이트)마다 달라질 수가 있습니다.

③ 국세청연말정산간소화 및 이외의 자료를 기준으로 연말정산

〈연말정산 대상여부 판단〉

항 목	요건		내역 및 대상여부	입력
	연령	소득		
신용카드	×	○	• 본인 신용카드(아파트 관리비는 제외)	○(신용 7,500,000 전통 3,500,000)
보 험 료	○	○	• 배우자 태아보험(태아는 기본공제 대상자가 아니기 때문에 대상이 안됨)	×
			• 배우자 실비보험	○(일반 450,000)
교 육 비	×	○	• 직계존속의 교육비는 공제대상이 아님	×
연금계좌	본인		• 본인 납입	○(1,200,000)

1. 신용카드 소득공제

2. 보험료 세액공제

3. 연금계좌세액공제

구분		금융회사등	계좌번호	불입금액
3.연금저축	308	(주)신한은행	013479999	1,200,000

연금계좌 ✕

4. 정산명세 조회

특별소득공제	33.보험	가.건강	1,679,600	>	1,679,600	연금계좌	58.과학기술인공제		>			
		나.고용	378,000		378,000		59.근로자퇴직급여보장법		>			
	34.주택	가.주택임차 차입금 원리금상환액	대출기관	>			60.연금저축		>	180,000		
			거주자	>			60-1. ISA만기시연금계좌		>			
		11년이전 차입분	15년미만	>		특별세액공제	61.보장성보험	450,000	>	54,000		
			15~29년	>			62.의료비	0	>			
			30년이상	>			63.교육비	0	>			
	34.주택 나.장기주택 저당차입금 이자상환액	12년이후 차입분 (15년이상)	고정or비거치	>			64 기부금	정치	10만원이하		>	
			기타대출	>					10만원초과		>	
		15년이후 차입분 (15년이상)	고정&비거치	>				나.법정기부금		>	
			고정or비거치	>				다.우리사주기부금		>	
			기타대출	>				라.지정기부금(종교외)		>	
		15년이후 차입분 (10~15년)	고정or비거치	>				마.지정기부금(종교)		>	
	35.기부금(이월분)			>			65.계			54,000		
	36.계				2,057,600		66.표준세액공제		>			
37.차 감 소 득 금 액					19,502,400		67.납 세 조 합 공 제		>			
그밖의소득공제	38.개인연금저축			>			68.주 택 차 입 금		>			
	39.소기업·소상공인공제부금			>			69.외 국 납 부		>			
	40.주택마련저축	가.청약저축		>			70.월세액		>			
		나.주택청약종합저축		>								
		다.근로자주택마련저축		>								
	41.투자조합출자 등			>								
	42.신용카드등		11,000,000	>	200,000							
	43.우리사주조합 출연금			>								
	44.고용유지중소기업근로자			>								
	45.장기집합투자증권저축			>			71.세 액 공 제 계			1,052,000		
	46.청년형장기집합투자증권저축			>			72.결 정 세 액(50-55-71)			583,360		
	47.그 밖의 소득 공제 계				200,000		82.실 효 세 율(%) (72/21)×100%			1.4%		

		소득세	지방소득세	농어촌특별세	계
73.결정세액		583,360	58,336	0	641,696
기납부 세액	74.종(전) 근무지	0	0	0	0
	75.주(현) 근무지	1,115,400	111,500	0	1,226,900
76. 납부특례세액		0	0	0	0
77. 차감징수세액(73-74-75-76)		-532,040	-53,160	0	-585,200

[실무수행평가] - 근로소득관리 3

번호	평가문제 [정성화 근로소득원천징수영수증 조회]	배점	답
46	42. 신용카드 최종공제액	2	(200,000)원
47	61. 보장성보험 세액공제액	2	(54,000)원
48	63. 교육비 세액공제액	2	(0)원
49	60. 연금저축 세액공제액	2	(180,000)원
50	77. 차감징수세액(소득세)	2	(-532,040)원
근로소득 소계		25	

※ 46,50은 프로그램이 자동계산하므로 시점(세법개정, 프로그램 업데이트)마다 달라질 수가 있습니다.

←참고사항 : 총급여액 42,000,000원→

※ 시험시 프로그램이 자동계산되어진 것으로 답을 입력하시고 시간이 남으시면 체크해 보시기 바랍니다.

		한도	공제율	대상금액	세액공제
1. 보험료	일반	1백만원	12%	450,000	54,000
2. 연금계좌	연금저축	6백만원	15%[1]	1,200,000	180,000

*1.총급여액의 55백만원 이하일 경우 15%

기출문제

Tax Accounting Technician
세무정보처리 자격시험 2급

64회

합격율	시험년월
22%	2023.7

실무이론평가

01. 다음 중 선생님의 질문에 올바른 답변을 한 사람은?

> • 선생님 : 경영진과 독립적으로 내부회계관리제도에 대한 평가기능을 수행하는 담당조직은 무엇인가요?
> • 민수 : 감사위원회입니다.
> • 준희 : 대표이사입니다.
> • 지혜 : 경리부서입니다.
> • 수현 : 이사회입니다.

※ 1차 저작권자의 저작권 침해 소지가 있어 삽화 삽입은 어려우니 양해바랍니다.

① 민수   ② 준희   ③ 지혜   ④ 수현

02. 다음은 (주)한공의 본사 건물 관련 자료이다. 20x1년 1월 1일부터 건물의 처분시점까지 인식한 감가상각비는 얼마인가?

> • 건물의 20x0년말 장부금액은 2,000,000원이었다.
> • 이 건물을 20x1년 8월 1일 2,050,000원에 처분하고 250,000원의 처분이익이 발생하였다.

① 50,000원   ② 200,000원   ③ 250,000원   ④ 300,000원

03. 다음은 (주)한공의 퇴직급여에 관한 자료이다. 이에 대해 올바르게 설명하고 있는 것은?

퇴직급여충당부채			
⋮		기초	5,000,000원
		⋮	

- 20x1년말 현재 전종업원이 일시에 퇴직할 경우 지급하여야 할 퇴직금은 7,000,000원이고, 이는 퇴직급여규정의 개정으로 증가된 1,500,000원이 포함되어 있다.(전기 이전분 1,300,000원, 당기분 200,000원)
- 당기에 지급한 퇴직급여는 1,000,000원이다.

① 기말 재무상태표상 퇴직급여충당부채는 6,500,000원이다.
② 20x1년 손익계산서상의 퇴직급여는 3,000,000원이다.
③ 퇴직급여규정의 개정으로 증가된 전기 이전분 1,300,000원은 전기이익잉여금에 반영한다.
④ (주)한공은 확정기여형(DC) 퇴직연금제도를 적용하고 있다.

04. 제조업을 영위하는 (주)한공의 수정 전 영업이익은 6,000,000원이다. 다음의 결산정리사항을 반영한 수정 후 영업이익은 얼마인가?

- 미지급임차료 500,000원에 대한 회계처리를 누락하였다.
- 보험료선급분 100,000원을 전액 당기비용으로 처리하였다.
- 이자미수분 200,000원에 대한 회계처리를 누락하였다.

① 5,400,000원　　　② 5,500,000원　　　③ 5,600,000원　　　④ 5,800,000원

05. 다음 중 주식배당으로 인한 영향으로 옳지 않은 것은?
① 미교부주식배당금만큼 부채가 증가한다.
② 순자산의 유출없이 배당효과를 얻을 수 있다.
③ 자본금은 증가하지만 이익잉여금은 감소한다.
④ 자본 총액은 변동이 없으나 주식 수는 증가한다.

06. 장부마감 전 발견된 다음 오류사항 중 당기순이익에 영향을 미치는 것은?
① 주식할인발행차금의 미상각
② 유형자산처분손실을 판매비와관리비로 계상
③ 재고자산에 대한 평가손실 미계상
④ 매도가능증권에 대한 평가손실 미계상

07. 다음 중 부가가치세 과세대상 용역의 공급이 아닌 것은?

① 근로계약에 따라 근로를 제공하는 경우

② 특수관계인에게 사업용 부동산을 무상으로 임대하는 경우

③ 산업재산권을 대여하는 경우

④ 건설업자가 건설용역을 제공하면서 건설자재의 일부를 부담하는 경우

08. 다음 자료를 토대로 (주)한공의 20x1년 제2기 부가가치세 예정신고 시 과세표준을 계산하면 얼마인가? (단, 주어진 자료에는 부가가치세가 포함되지 아니하였다.)

• 제품 매출액	50,000,000원
• 국가에 무상으로 기증한 제품	20,000,000원(시가)
• 화재로 인하여 소실된 제품	5,000,000원(시가)
• 중고 기계장치 처분액	10,000,000원

① 55,000,000원
② 60,000,000원
③ 75,000,000원
④ 80,000,000원

09. 다음 중 과세대상 근로소득에 해당하는 것은?

① 사내근로복지기금으로부터 근로자의 자녀가 지급받는 학자금

② 월 20만원씩 받는 기자의 취재수당

③ 국외에서 근로를 제공하고 받는 급여 중 월 100만원

④ 퇴직시 받는 금액 중 퇴직소득에 속하지 않는 퇴직위로금

10. 제조업을 영위하는 개인사업자 김한공 씨의 20x1년도 사업소득금액을 계산하면?

가. 소득세 차감 전 순이익	100,000,000원
나. 손익계산서에 포함된 수익 항목	
• 예금 이자수입	2,000,000원
• 사업과 관련된 자산수증이익(이월결손금 보전에 충당하지 아니함)	3,000,000원
다. 손익계산서에 포함된 비용 항목	
• 교통사고벌과금	5,000,000원
• 김한공 씨의 배우자(영업부서에 근무)에 대한 급여	4,000,000원

① 101,000,000원
② 103,000,000원
③ 106,000,000원
④ 107,000,000원

▩▩▩ **실무수행평가**

(주)히말라야(2640)는 등산용품 제조업을 영위하는 법인기업으로 회계기간은 제6기(20x1.1.1. ~ 20x1.12.31.)이다. 제시된 자료와 [자료설명]을 참고하여 [평가문제]의 물음에 답하시오.

실무수행1 │ 거래자료 입력

실무프로세스 자료이다. [자료설명]을 참고하여 [수행과제]를 수행하시오.

① 3만원초과 거래자료에 대한 경비등의송금명세서 작성

자료 1. 공급자 정보

NO.	영 수 증 (공급받는자용)			
	(주)히말라야 귀하			
공급자	사 업 자 등 록 번 호	312-04-22512		
	상 호	동아가공	성명	옥수형
	사 업 장 소 재 지	서울특별시 서대문구 충정로7길 13-7		
	업 태	제조	종목	금형 외
작성일자	공급대가총액		비고	
20x1.1.10.	₩ 400,000			
공 급 내 역				
월/일	품명	수량	단가	금액
1/10	가공비			400,000
합 계		₩ 400,000		
위 금액을 영수(청구)함				

자료 2. 보통예금(국민은행) 거래내역

		내용	찾으신금액	맡기신금액	잔액	거래점
번호	거래일	계좌번호 204456-02-344714 (주)히말라야				
1	20x1-1-10	가공비	400,000		***	***

자료설명	동아가공에 제품제조에 필요한 가공용역을 의뢰하고 대금 400,000원을 국민은행 보통예금에서 송금하였다. 1. 자료 1은 공급자 정보이며, 해당사업자는 경비등의송금명세서 제출대상자에 해당한다. 2. 자료 2는 가공비 계좌이체 내역이다. (은행정보: 농협은행 44212-2153-700, 예금주: 동아가공 옥수형)

수행과제	1. 거래자료를 입력하시오. 2. 경비등의 송금명세서를 작성하시오.

② 퇴직연금
자료. 보통예금(국민은행) 거래내역

		내용	찾으신금액	맡기신금액	잔액	거래점
번호	거래일	계좌번호 204456-02-344714 (주)히말라야				
1	20x1-2-15	퇴직연금(DC형)	12,000,000		***	***

자료설명	5월분 퇴직연금(공장직원 7,000,000원, 본사 사무직 5,000,000원)을 이체하여 납입하였다. (단, 회사는 해당 직원에 대하여 국민은행에 확정기여형(DC형) 퇴직연금이 가입되어 있다.)
수행과제	거래자료를 입력하시오.

③ 기타 일반거래

자료 1. 출장비 지출 내역

지출내역	금액(원)	비고
숙박비	200,000	100,000원 × 2박
교통비	90,000	택시비 등
거래처식사	120,000	매출거래처 접대비(기업업무추진비)
지출 합계	410,000	

자료 2. 보통예금(국민은행) 내역

		내용	찾으신금액	맡기신금액	잔액	거래점
번호	거래일	계좌번호 204456-02-344714 (주)히말라야				
1	20x1-4-20	손호준	410,000		***	***

자료설명	1. 자료 1은 지역 영업점 및 거래처 출장을 마친 영업부 손호준 사원의 출장비 지출 내역이다. 2. 회사는 출장비의 경우 사후 정산 방식을 적용하고 있으며, 계좌이체일 기준으로 회계처리 하고 있다.
수행과제	거래자료를 입력하시오.

실무수행2 | 부가가치세관리

부가가치세 신고 관련 자료이다. [자료설명]을 참고하여 [수행과제]를 수행하시오.

1️⃣ 전자세금계산서 발급

거래명세서 (공급자 보관용)

공급자					공급받는자			
등록번호	120-81-32144			등록번호	514-81-35782			
상호	(주)히말라야	성명	최종길	상호	(주)야호산업	성명	김윤호	
사업장 주소	서울특별시 강남구 강남대로 246, 3층			사업장 주소	서울특별시 구로구 가마산로 134-10			
업태	제조업외	종사업장번호		업태	도소매업	종사업장번호		
종목	등산용품외			종목	등산용품			

거래일자	미수금액	공급가액	세액	총 합계금액
20x1.5.25		6,000,000	0	6,000,000

NO	월	일	품목명	규격	수량	단가	공급가액	세액	합계
1	5	25	등산장갑		100	60,000	6,000,000	0	6,000,000

자료설명	(주)야호산업에 내국신용장(Local L/C)에 의하여 제품을 공급하고 발급한 거래명세서이며, 물품대금은 전액 6월 30일에 받기로 하였다.
수행과제	1. 5월 25일의 거래자료를 입력하시오. 2. 전자세금계산서 발행 및 내역관리 를 통하여 발급 · 전송하시오. 　(전자세금계산서 발급 시 결제내역 및 전송일자는 고려하지 않는다.)

2 수정전자세금계산서의 발급

전자세금계산서 (공급자 보관용)

승인번호

공급자	등록번호	120-81-32144			공급받는자	등록번호	120-81-51234		
	상호	(주)히말라야	성명(대표자)	최종길		상호	(주)백두산업	성명(대표자)	백두산
	사업장주소	서울특별시 강남구 강남대로 246, 3층				사업장주소	서울특별시 구로구 구로중앙로 198		
	업태	제조업외	종사업장번호			업태	도소매업	종사업장번호	
	종목	등산용품외				종목	등산용품		
	E-Mail	yaho@bill36524.com				E-Mail	mountain@bill36524.com		

작성일자	20x1.6.20	공급가액	20,000,000	세 액	2,000,000
비고					

월	일	품목명	규격	수량	단가	공급가액	세액	비고
6	20	등산가방		200	100,000	20,000,000	2,000,000	

합계금액	현금	수표	어음	외상미수금	이 금액을	○ 영수 함 ● 청구
22,000,000				22,000,000		

자료설명	1. 6월 20일 제품을 공급하고 발급한 전자세금계산서이며 매입매출전표에 입력되어 있다. 2. 담당자의 착오로 동일 건을 이중 발급한 사실을 확인하였다.
수행과제	수정사유를 선택하여 수정전자세금계산서를 발급·전송하시오.(외상대금 및 제품매출에서 음수(-)로 처리하고 전자세금계산서 발급 시 결제내역 및 전송일자는 무시할 것.)

3 의제매입세액공제신고사업자의 부가가치세신고서 작성

자료 1. 농산물 구입관련 자료(전자계산서 수취)

전자계산서 (공급받는자 보관용)

승인번호

공급자	등록번호	219-81-25429			공급받는자	등록번호	120-81-32144		
	상호	(주)영동농협	성명(대표자)	김주희		상호	(주)히말라야	성명(대표자)	최종길
	사업장주소	서울특별시 강남구 강남대로 252 (도곡동)				사업장주소	서울특별시 강남구 강남대로 246, 3층		
	업태	도소매업	종사업장번호			업태	제조업외	종사업장번호	
	종목	농산물				종목	등산용품외		
	E-Mail	youngdong@bill36524.com				E-Mail	yaho@bill36524.com		

작성일자	20x1.7.15.	공급가액	5,000,000	비 고	

월	일	품목명	규격	수량	단가	공급가액	비고
7	15	사과		100	50,000	5,000,000	

합계금액	현금	수표	어음	외상미수금	이 금액을	○ 영수 함 ● 청구
5,000,000				5,000,000		

자료 2. 농산물 구입관련 자료(농민과의 거래)

농산물 공급 계약서

■ 공급자 인적사항

성 명	주 민 등 록 번 호
한세윤	820927-1032540

■ 계약내역

농산물 품목	공급량	납품일자	금 액
배	300상자	20x1.7.20.	15,000,000원
합계금액		15,000,000원	

■ 대금지급조건: 공급시기의 다음달 10일까지 지급

자료 3. 농산물 구입관련 자료(현금영수증 수취)

현 금 영 수 증 (고객용)

사업자등록번호 : 229-81-16010 이시만
사 업 자 명 : 하나로마트
단 말 기 I D : 73453259(tel:02-345-4546)
가 맹 점 주 소 : 서울특별시 서초구 청계산로 10
현금영수증 회원번호
  120-81-32144   (주)히말라야
승 인 번 호 : 83746302 (PK)
거 래 일 시 : 20x1년 7월 24일 10시29분15초
거 래 금 액 : 900,000원

휴대전화, 카드번호 등록
http://현금영수증.kr
국세청문의(126)
          38036925-gca10106-3870-U490
          《《《《이용해 주셔서 감사합니다.》》》》

자료설명	본 문제에 한하여 (주)히말라야는 농산물(과일)을 구입하여 가공식품(과세제품)을 제조 판매한다고 가정한다. 1. 자료 1은 사과 100상자를 외상으로 구입하고 발급받은 전자계산서이다. 2. 자료 2는 배 300상자를 농민(한세윤)으로부터 외상 구입하고 작성한 계약서이다. 3. 자료 3은 오렌지 30상자를 현금으로 구입하고 발급받은 현금영수증이다. 4. (주)히말라야는 중소기업에 해당하며, 의제매입세액 공제율은 4/104로 한다.
수행과제	1. 자료 1 ~ 3의 거래를 검토하여 의제매입세액공제 요건을 갖춘 거래는 매입매출전표에 입력하고, 그 외의 거래는 일반전표에 입력하시오. (의제매입세액공제신고서에 자동반영 되도록 적요를 선택할 것.) 2. 제2기 부가가치세 예정신고기간의 의제매입세액공제신고서를 작성하시오. 3. 의제매입세액공제내역을 제2기 부가가치세 예정신고서에 반영하시오. 4. 의제매입세액과 관련된 회계처리를 일반전표입력에 9월 30일자로 입력하시오. (공제세액은 '부가세대급금'으로 회계처리할 것.)

④ 수출실적명세서 작성자의 부가가치세 신고서 작성

자료 1. 수출신고필증(갑지)

수 출 신 고 필 증 (갑지)

※ 처리기간 : 즉시

제출번호 12345-04-0001230			⑤ 신고번호 071-10-090055857-4	⑥ 신고일자 20x1/11/10	⑦ 신고구분 H	⑧ C/S구분
①신 고 자 대한 관세법인 관세사 백용명						

②수 출 대 행 자 (주)히말라야	⑨ 거래구분 11	⑩ 종류 A	⑪ 결제방법 L./C

② **수 출 대 행 자** (주)히말라야
  (통관고유부호) (주)히말라야-1-74-1-12-4
수출자구분 A
수 출 화 주 (주)히말라야
  (통관고유부호) (주)히말라야-1-74-1-12-4
(주소) 서울특별시 강남구 강남대로 246, 3층
(대표자) 최종길
(소재지) 서울특별시 강남구 강남대로 246, 3층
(사업자등록번호) 120-81-32144

⑫ 목적국 JAPAN	⑬ 적재항 INC 인천항	⑭ 선박회사 (항공사) HANJIN
⑮ 선박명(항공편명) HANJIN SAVANNAH	⑯ 출항예정일자 20x1/11/30	⑰ 적재예정보세구역 03012202
⑱ 운송형태 10 BU		⑲ 검사희망일 20x1/11/25
⑳ 물품소재지 한진보세장치장 인천 중구 연안동 245-1		

③ **제 조 자** (주)히말라야
  (통관고유부호)(주)히말라야-1-74-1-12-4
  제조장소 214   산업단지부호

㉑ L/C번호 868EA-10-55554	㉒ 물품상태 N
㉓ 사전임시개청통보여부 A	㉔ 반송 사유

④ **구 매 자** 오사카상사
  (구매자부호) CNTOSHIN12347

㉕ 환급신청인 1 (1:수출대행자/수출화주, 2:제조자) 간이환급 NO

· 품명 · 규격 (란번호/총란수: 999/999)

㉖ 품 명 등산가방 ㉗ 거래품명 등산가방			㉘ 상표명 NO		
㉙ 모델 · 규격 텀블러			㉚ 성분	㉛ 수량 1,000(BOX)	㉜ 단가(JPY) 780

㉙ 모델 · 규격 텀블러		㉚ 성분	㉛ 수량 1,000(BOX)	㉜ 단가(JPY) 780	㉝ 금액(JPY) 780,000
㉞ 세번부호 1234.12-1234	㉟ 순중량 900KG		㊱ 수량 1,000(BOX)	㊲ 신고가격 (FOB)	￥800,000 ₩8,800,000
㊳ 송품장번호 AC-2023-00620	㊴ 수입신고번호		㊵ 원산지 Y	㊶ 포장갯수(종류)	1,000(BOX)
㊷ 수출요건확인(발급서류명)					
㊸ 총중량 950KG	㊹ 총포장갯수 1000C/T		㊺ 총신고가격 (FOB)		￥800,000 ₩8,800,000
㊻ 운임(₩)	㊼ 보험료(₩)		㊽ 결제금액	FOB-￥800,000	
㊾ 수입화물관리번호			㊿ 컨테이너번호 CKLU7845013		Y

※ 신고인기재란 수출자 : 제조/무역, 판촉물	51 세관기재란			

52 운송(신고)인 한진통운(주) 최진우 53 기간 20x1/11/10 부터 20x1/11/30 까지	54 적재의무 기한	20x1/ 11/30	55 담당자	990101 (이현구)	56 신고수리 일자	20x1/11/10

자료 2. 환율 내역

11월 5일	11월 10일	11월 30일
1,010원/100¥	1,030원/100¥	1,100원/100¥

자료설명	1. 자료 1은 11월 30일 선적한 일본 오사카상사에 대한 수출신고필증이다. 2. 자료 2는 환율 내역이다. 　(계약체결일: 11월 5일, 수출신고일: 11월 10일, 선적일: 11월 30일) 3. 수출대금은 전액 20x1년 12월 31일 받기로 하였다.
수행과제	1. 거래자료를 입력하시오. 2. 제2기 확정 신고기간의 수출실적명세서를 작성하시오. 3. 수출실적명세 및 전자신고세액공제를 반영하여 제2기 부가가치세 확정신고서를 작성하시오. 　- 제2기 부가가치세 확정신고서를 홈택스로 전자신고하여 전자신고세액공제 10,000원을 공제받기로 한다.

평가문제 | 입력자료 및 회계정보를 조회하여 [평가문제]의 답안을 입력하시오.(70점)

[실무수행평가] - 부가가치세관리

번호	평가문제	배점
11	**[환경설정 조회]** (주)히말라야의 환경설정 정보이다. 다음 중 올바르지 않은 것은? ① 계정과목코드체계는 세목미사용(3자리) 이다. ② 소수점관리는 수량: 1.버림, 단가: 1.버림, 금액: 3.반올림 으로 설정되어 있다. ③ 카드입력방식은 '1.공급대가(부가세포함)' 이다. ④ 카드채권에 대하여 120.미수금 계정을 사용한다.	2
12	**[매입매출전표입력 조회]** 6월 20일자 수정세금계산서의 수정사유를 코드로 입력하시오.	2
13	**[세금계산서합계표 조회]** 제1기 확정 신고기간의 거래처 '(주)야호산업'에 전자발행된 세금계산서 공급가액은 얼마인가?	2
14	**[세금계산서합계표 조회]** 제1기 확정 신고기간의 매출전자세금계산서 발급매수는 총 몇 매인가?	3
15	**[의제매입세액공제신고서 조회]** 제2기 예정 신고기간의 의제매입세액공제신고서의 의제매입세액은 총 얼마인가?	2
16	**[부가가치세신고서 조회]** 제2기 예정 신고기간 부가가치세신고서의 과세_세금계산서발급분(1란) 금액은 얼마인가?	2
17	**[부가가치세신고서 조회]** 제2기 예정 신고기간의 부가가치세 신고시에 작성되는 부가가치세 첨부서류에 해당하지 않는 것은? ① 세금계산서합계표 ② 계산서합계표 ③ 건물등감가상각자산취득명세서 ④ 의제매입세액공제신고서	2
18	**[수출실적명세서 조회]** 제2기 확정 신고기간의 수출실적명세서 '⑩수출한재화'의 원화금액은 얼마인가?	3
19	**[부가가치세신고서 조회]** 제2기 확정 신고기간의 부가가치세신고서에 반영되는 영세율 과세표준 총금액은 얼마인가?	2
20	**[부가가치세신고서 조회]** 제2기 확정 신고기간의 부가가치세 신고서와 관련된 설명으로 옳지 않은 것은? ① 과세표준 금액은 253,390,000원이다. ② 부가가치세 조기환급 대상이다. ③ 부가가치세 환급세액의 경우에는 전자신고세액공제를 적용받을 수 없다. ④ 국세환급금 계좌은행은 '국민은행'이다.	2
	부가가치세 소계	22

실무수행3 결산

[결산자료]를 참고로 결산을 수행하시오.(단, 제시된 자료 이외의 자료는 없다고 가정함.)

① 수동결산

자료설명	단기투자목적으로 구입한 유가증권에 대하여 일반기업회계기준에 따라 기말평가를 반영하시오. 단, 현재까지 일반기업회계기준에 따라 회계처리를 하였다.

구분	20x0.10.15. 취득원가	20x0.12.31. 공정가치	20x1.12.31. 공정가치
단기매매증권	15,000,000원	17,000,000원	14,000,000원

수행과제	결산정리분개를 입력하시오.

② 결산자료입력에 의한 자동결산

자료설명	1. 기말 단기대여금 잔액에 대하여 1%의 대손충당금을 보충법으로 설정한다. 2. 기말재고자산 현황

구분	장부상내역		실사내역	
	단위당원가	수량	단위당원가	수량
원재료	30,000원	300개	30,000원	300개
제 품	40,000원	450개	40,000원	420개

- 재고자산감모내역은 모두 정상적으로 발생한 감모손실이다.
3. 이익잉여금처분계산서 처분확정(예정)일
- 당기: 20x2년 3월 31일
- 전기: 20x1년 3월 31일

수행과제	결산을 완료하고 이익잉여금처분계산서에서 손익대체분개를 하시오. (단, 이익잉여금처분내역은 없는 것으로 하고 미처분이월이익잉여금 전액을 이월이익잉여금으로 이월할 것.)

[실무수행평가] - 재무회계

번호	평가문제	배점
21	**[경비등의송금명세서 조회]** 경비등송금명세서에 반영되는 농협은행의 은행코드번호(CD) 3자리를 입력하시오.	2
22	**[일/월계표 조회]** 1/4분기(1월~3월)에 발생한 제조경비 총금액은 얼마인가?	1

번호	평가문제	배점
23	**[일/월계표 조회]** 1/4분기(1월~3월)에 발생한 퇴직급여(판매관리비)는 얼마인가?	2
24	**[일/월계표 조회]** 2/4분기(4월~6월)에 발생한 판매관리비 금액으로 옳지 않은 것은? ① 복리후생비 2,292,000원 ② 여비교통비 1,195,000원 ③ 접대비 930,000원 ④ 통신비 176,500원	2
25	**[일/월계표 조회]** 2/4분기(4월~6월)에 발생한 제품매출 금액은 얼마인가?	1
26	**[일/월계표 조회]** 4/4분기(10월~12월)에 발생한 제품매출 금액은 얼마인가?	1
27	**[일/월계표 조회]** 4/4분기(10월~12월)에 발생한 영업외비용 금액은 얼마인가?	2
28	**[거래처원장 조회]** 3월 말 거래처별 보통예금 잔액으로 옳지 않은 것은? ① 98000.국민은행 623,247,000원 ② 98001.신한은행 116,316,000원 ③ 98003.우리은행 59,461,000원 ④ 98005.대구은행 7,800,000원	1
29	**[거래처원장 조회]** 5월 말 거래처별 외상매출금 잔액으로 옳지 않은 것은? ① 03300.(주)삼광산업 12,000,000원 ② 03350.(주)야호산업 8,200,000원 ③ 03400.(주)백두산업 22,000,000원 ④ 04003.(주)볼핑블루 33,000,000원	2
30	**[합계잔액시산표 조회]** 9월 말 원재료 잔액으로 옳은 것은? ① 381,954,029원 ② 382,530,952원 ③ 382,565,567원 ④ 382,757,874원	1
31	**[합계잔액시산표 조회]** 9월 말 외상매입금 잔액은 얼마인가?	2
32	**[재무상태표 조회]** 12월 말 단기매매증권 잔액은 얼마인가?	2
33	**[재무상태표 조회]** 12월 말 단기대여금 순장부금액은 얼마인가?	2
34	**[재무상태표 조회]** 기말 제품 금액은 얼마인가?	1
35	**[재무상태표 조회]** 12월말 이월이익잉여금(미처분이익잉여금) 잔액으로 옳은 것은? ① 285,120,269원 ② 355,109,431원 ③ 439,002,396원 ④ 524,102,891원	1
	재무회계 소계	23

실무수행4 | 근로소득관리

인사급여 관련 자료이다. [자료설명]을 참고하여 [수행과제]를 수행하시오.

1 주민등록등본에 의한 사원등록

자료. 진호개의 주민등록등본

문서확인번호				1/1

주 민 등 록 표
(등 본)

이 등본은 세대별 주민등록표의 원본내용과 틀림없음을 증명합니다.
담당자: 이등본   전화: 02-3149-0236
신청인: 진호개
용도 및 목적: 회사제출용
20x1년 12월 31일

세대주 성명(한자)	진호개 (進 護 開)	세 대 구 성 사 유 및 일 자	전입 2020-11-05

현주소 : 서울특별시 성북구 동소문로 179-12

번호	세대주 관 계	성 명 주민등록번호	전입일 / 변동일	변동사유
1	본인	진호개 830808-1042112		
2	배우자	송설 830426-2785411	2020-11-05	전입
3	자	진기우 040501-3200481	2020-11-05	전입
4	자	진미화 211215-4399489	2021-12-15	출생등록

자료설명	사무직 사원 진호개(1004)의 사원등록을 위한 자료이다. 1. 부양가족은 진호개와 생계를 같이 한다. 2. 본인 진호개는 장애인복지법상 시각 장애인이다. 3. 배우자 송설은 모친으로부터 상속받은 보통예금 50,000,000원이 있다. 4. 자녀 진기우는 교내 경진대회에서 상금 600,000원을 수령하였으며, 분리과세를 선택하였다. 5. 자녀 진미화는 별도 소득이 없다. 6. 세부담을 최소화하는 방법으로 선택한다.
수행과제	[사원등록] 메뉴에서 부양가족명세를 작성하시오.

[실무수행평가] - 근로소득관리 1

번호	평가문제	배점
36	**[진호개 근로소득원천징수영수증 조회]** 기본공제 대상 인원수(본인 포함)는 모두 몇 명인가?	1
37	**[진호개 근로소득원천징수영수증 조회]** '25.배우자' 공제대상액은 얼마인가?	2
38	**[진호개 근로소득원천징수영수증 조회]** '28.장애인' 공제대상액은 얼마인가?	1
39	**[진호개 근로소득원천징수영수증 조회]** '37.차감소득금액'은 얼마인가?	2
40	**[진호개 근로소득원천징수영수증 조회]** '57.자녀세액공제' 금액은 얼마인가?	2

2 급여명세에 의한 급여자료

자료 1. 12월 급여자료

(단위: 원)

사원	기본급	육아수당	차량 보조금	식대	국외근로 수당	국민 연금	건강 보험	고용 보험	장기 요양 보험	상조 회비
김래원	3,000,000	120,000	300,000	200,000		프로그램에서 자동 계산된 금액으로 공제한다.				30,000
손호준	4,000,000	0	300,000	200,000	1,000,000					

자료 2. 수당 및 공제요건

구분	코드	수당 및 공제명	내 용
수 당 등 록	101	기본급	설정된 그대로 사용한다.
	200	육아수당	초·중·고 기본공제 대상 자녀를 양육하는 경우 매월 고정적으로 지급하고 있다.
	201	차량보조금	차량을 소유한 직원들에게 지급하며, 출장 시에는 별도의 교통비를 지급하고 있다.
	202	식대	별도의 음식물은 제공하고 있지 않다.
	203	국외근로수당	해외 지사에 파견 근무 중인 사원에게 지급하고 있다.

자료설명	1. 자료 1에서 김래원은 관리부 대리이다.
	2. 자료 1에서 손호준은 영업부 사원이며, 20x1년 12월부터 싱가포르 지사에 파견되어 근무 중이다.
	3. 12월 귀속분 급여지급일은 당월 24일이며, 사회보험료는 자동 계산된 금액으로 공제한다.
	4. 전 직원은 급여 지급시 상조회비를 일괄공제하고 있다.
	5. 당사는 반기별 원천징수 납부대상자가 아니며, 전월 미환급세액 220,000원(지방소득세 22,000원 제외)이 있다.
수행과제	1. 사원등록에서 국외근로 비과세여부를 적용하시오.
	2. 급여자료입력 메뉴에 수당등록을 하시오.
	3. 12월분 급여자료를 입력하시오.(단, 구분 '1.급여'로 선택할 것.)
	4. 12월 귀속분 [원천징수이행상황신고서]를 작성하시오.

[실무수행평가] – 근로소득관리 2

번호	평가문제	배점
41	**[김래원 12월 급여자료입력 조회]** 12월 급여항목 중 과세대상 지급액은 얼마인가?	2
42	**[김래원 12월 급여자료입력 조회]** 12월 급여의 차인지급액은 얼마인가?	1
43	**[손호준 12월 급여자료입력 조회]** 12월 급여항목 중 비과세대상 지급액은 얼마인가?	2
44	**[손호준 12월 급여자료입력 조회]** 12월 급여의 공제액 합계는 얼마인가?	1
45	**[12월 원천징수이행상황신고서 조회]** '10.소득세 등' 총 합계 금액은 얼마인가?	2

③ 국세청연말정산간소화 및 이외의 자료를 기준으로 연말정산

자료설명	사무직 봉도진(1003)의 연말정산을 위한 자료이다.
	1. 사원등록의 부양가족현황은 사전에 입력되어 있다.
	2. 부양가족은 봉도진과 생계를 같이 한다.
수행과제	[연말정산 근로소득원천징수영수증] 메뉴에서 연말정산을 완료하시오.
	1. 신용카드와 현금영수증은 [신용카드] 탭에서 입력한다.
	2. 의료비는 [의료비] 탭에서 입력하며, 국세청자료는 공제대상 합계금액을 1건으로 집계하여 입력한다.(튼튼한의원의 의료비는 전액 건강증진약품 구입비용이다.)
	3. 보험료와 교육비는 [소득공제] 탭에서 입력한다.

자료 1. 봉도진 사원의 부양가족등록 현황

연말정산관계	성명	주민번호	기타사항
0.본인	봉도진	801215-1640707	
1.배우자	이희정	920426-2875651	총급여 35,000,000원
1.소득자 직계존속	이은실	520411-2899736	주거형편상 타지역에 거주 중이며, 별도 소득은 없다.
4.직계비속	봉은지	070711-4321578	중학생으로 타지역 기숙사에 생활 중이며, 별도 소득은 없다.
4.직계비속	봉지혁	200927-3321583	별도 소득은 없다.

자료 2. 국세청간소화서비스 및 기타증빙자료

20x1년 귀속 소득 · 세액공제증명서류: 기본(사용처별)내역 [신용카드]

■ 사용자 인적사항

성 명	주 민 등 록 번 호
봉도진	801215-1640***

■ 신용카드 등 사용금액 집계

일반	전통시장	대중교통	도서공연등	합계금액
8,300,000	1,700,000	0	0	10,000,000

 국 세 청 National Tax Service

- 본 증명서류는 『소득세법』 제165조 제1항에 따라 영수증 발급기관으로부터 수집한 서류로 소득·세액공제 충족 여부는 근로자가 직접 확인하여야 합니다.
- 본 증명서류에서 조회되지 않는 내역은 영수증 발급기관에서 직접 발급받으시기 바랍니다.

20x1년 귀속 소득 · 세액공제증명서류: 기본(사용처별)내역 [현금영수증]

■ 사용자 인적사항

성 명	주 민 등 록 번 호
이은실	520411-2899***

■ 신용카드 등 사용금액 집계

일반	전통시장	대중교통	도서공연등	합계금액
2,200,000	400,000	0	0	2,600,000

 국 세 청 National Tax Service

- 본 증명서류는 『소득세법』 제165조 제1항에 따라 영수증 발급기관으로부터 수집한 서류로 소득·세액공제 충족 여부는 근로자가 직접 확인하여야 합니다.
- 본 증명서류에서 조회되지 않는 내역은 영수증 발급기관에서 직접 발급받으시기 바랍니다.

20x1년 귀속 소득 · 세액공제증명서류 : 기본(지출처별)내역 [의료비]

■ 환자 인적사항

성 명	주 민 등 록 번 호
이은실	520411-2899***

■ 의료비 지출내역

(단위: 원)

사업자번호	상 호	종류	지출금액 계
109-04-16***	서울한방병원	일반	1,500,000
106-05-81***	튼튼한의원	일반	600,000
의료비 인별합계금액			2,100,000
안경구입비 인별합계금액			0
산후조리원 인별합계금액			0
인별합계금액			2,100,000

 국세청 National Tax Service

- 본 증명서류는 『소득세법』 제165조 제1항에 따라 영수증 발급기관으로부터 수집한 서류로 소득·세액공제 충족 여부는 근로자가 직접 확인해야 합니다.
- 본 증명서류에서 조회되지 않는 내역은 영수증 발급기관에서 직접 발급받으시기 바랍니다.

20x1년 귀속 소득 · 세액공제증명서류: 기본(지출처별)내역 [보험료]

■ 계약자 인적사항

성 명	주 민 등 록 번 호
봉도진	801215-1640***

■ 보장성보험(장애인전용보장성보험) 납입내역

(단위: 원)

종류	상 호	보험종류	주피보험자		납입금액 계
	사업자번호	증권번호	종피보험자		
보장성	장수손해보험(주)	**운전자보험	801215-1******	봉도진	1,200,000
	106-81-41***	100540651**			
인별합계금액					1,200,000

 국세청 National Tax Service

- 본 증명서류는 『소득세법』 제165조 제1항에 따라 영수증 발급기관으로부터 수집한 서류로 소득·세액공제 충족 여부는 근로자가 직접 확인하여야 합니다.
- 본 증명서류에서 조회되지 않는 내역은 영수증 발급기관에서 직접 발급받으시기 바랍니다.

20x1년 귀속 소득·세액공제증명서류: 기본(지출처별)내역 [교육비]

■ 학생 인적사항

성 명	주 민 등 록 번 호
봉도진	801215-1640***

■ 교육비 지출내역

(단위: 원)

교육비종류	학교명	사업자번호	지출금액 계
대학원등록금	**대학교	108-90-15***	2,500,000
인별합계금액			2,500,000

 국 세 청 National Tax Service

• 본 증명서류는 『소득세법』 제165조 제1항에 따라 영수증 발급기관으로부터 수집한 서류로 소득·세액공제 충족 여부는 근로자가 직접 확인하여야 합니다.
• 본 증명서류에서 조회되지 않는 내역은 영수증 발급기관에서 직접 발급받으시기 바랍니다.

■ 소득세법 시행규칙 [별지 제44호서식]　　　　　　　　　　　　　(앞쪽)

교 육 비 납 입 증 명 서

① 상 호	박윤숙 영어학원	② 사업자등록번호 111-90-11114
③ 대표자	박윤숙	④ 전 화 번 호
⑤ 주 소	서울특별시 강남구 논현로 92	

신청인	⑥ 성명 봉도진	⑦ 주민등록번호 801215-1640707
	⑧ 주소 서울특별시 강남구 강남대로 302-2	
대상자	⑨ 성명 봉은지	⑩ 신청인과의 관계 자

Ⅰ. 교육비 부담 명세

⑪ 납부연월	⑫ 종 류	⑬ 구 분	⑭ 총교육비(A)	⑮ 장학금 등 수혜액(B)		⑯ 공제대상 교육비부담액 (C=A-B)
				학비감면	직접지급액	
20x1. 4.	학원	수업료	350,000			350,000
20x1. 7.	학원	수업료	350,000			350,000
20x1.10.	학원	수업료	350,000			350,000
계			1,050,000			1,050,000
이하 생략						

[실무수행평가] - 근로소득관리 3

번호	평가문제	배점
46	**[봉도진 근로소득원천징수영수증 조회]** '47.그 밖의 소득공제' 합계액은 얼마인가?	2
47	**[봉도진 근로소득원천징수영수증 조회]** '61.보장성보험' 세액공제액은 얼마인가?	2
48	**[봉도진 근로소득원천징수영수증 조회]** '62.의료비' 세액공제액은 얼마인가?	2
49	**[봉도진 근로소득원천징수영수증 조회]** '63.교육비' 세액공제액은 얼마인가?	2
50	**[봉도진 근로소득원천징수영수증 조회]** '77.차감징수세액(소득세)'은 얼마인가?	1
	근로소득 소계	25

실무이론평가

1	2	3	4	5	6	7	8	9	10
①	②	②	③	①	③	①	②	④	②

01 경영진과 독립적으로 **내부회계관리제도에 대한 평가기능을 수행하는 역할은 감사위원회가 담당**한다.

02 처분시점 장부금액 = 처분금액(2,050,000원) − 처분이익(250,000) = 1,800,000원

20x1년 감가상각비 = 전기말 장부금액(2,000,000) − 처분시점장부금액(1,800,000)

= 200,000원(1.1~7.31)

03

퇴직급여충당부채

퇴사	1,000,000	기초	5,000,000
기말	①7,000,000	설정(퇴직급여)	②3,000,000
계	8,000,000	계	8,000,000

③ 퇴직급여규정의 개정으로 증가된 전기 이전분 1,300,000원도 **당기비용으로 처리**한다.

④ **퇴직급여충당부채를 설정하고 있으므로 확정연금형(DB) 퇴직연금제도를 적용**하고 있다.

04 수정 후 영업이익 = 수정 전 영업이익(6,000,000) − 미지급임차료(500,000)

+ 보험료선급분(100,000) = 5,600,000원

이자미수분은 영업이익에 영향을 미치지 않고, 당기순이익에 영향을 미친다.

05 **미교부주식배당금은 자본조정항목**으로 자본에 해당한다.

06 재고자산평가손실은 매출원가로 당기손익에 영향을 미친다.

07 **고용관계에 따라 근로를 제공하는 것은 용역의 공급으로 보지 아니한다.**

08 부가가치세 과세표준 = 매출액(50,000,000) + 기계장치(10,000,000) = 60,000,000원

국가 무상 기증은 면세 대상에 해당하며, 화재로 인한 손실은 재화의 공급이 아니다.

09 퇴직시 받는 금액 중 **퇴직소득에 속하지 않는 퇴직위로금은 근로소득**이다.

10 사업소득금액 = 소득세 차감전 순이익(100,000,000) − 예금이자(2,000,000) + 벌과금(5,000,000)

= 103,000,000원

이자수익은 이자소득으로 과세된다.

██████ **실무수행평가**

실무수행 1. 거래자료입력

① 3만원초과 거래자료에 대한 경비등의송금명세서 작성 [일반전표입력] 1월 10일

　(차) 외주가공비(제)　　　　　　　 400,000원　　　(대) 보통예금(국민은행(보통))　 400,000원

[경비등송금명세서]

번호	⑥거래일자	⑦법인명(상호)	⑧성명	⑨사업자(주민)등록번호	⑩거래내역	⑪거래금액	⑫송금일자	CD	⑬은행명	⑭계좌번호	계정코드
1	20×1-01-10	동아가공	옥수형	312-04-22512	가공비	400,000	20×1-01-10	011	농협은행	44212-2153-700	

② 퇴직연금 [일반전표입력] 2월 15일

　(차) 퇴직급여(제)　　　　　　　 7,000,000원　　　(대) 보통예금(국민은행(보통)) 12,000,000원
　　　퇴직급여(판)　　　　　　　 5,000,000원　　　　　(국민은행(보통))

③ 기타 일반거래 [일반전표입력] 4월 20일

　(차) 여비교통비(판)　　　　　　　 290,000원　　　(대) 보통예금(국민은행(보통))　 410,000원
　　　접대비(판)　　　　　　　　 120,000원

실무수행 2. 부가가치세관리

① 전자세금계산서 발급

1. [매입매출전표입력] 5월 25일

거래유형	품명	공급가액	부가세	거래처	전자세금
12.영세	등산장갑	6,000,000	0	(주)야호산업	전자발행
분개유형	(차) 외상매출금	6,000,000원	(대)	제품매출	6,000,000원
2.외상					

2. [전자세금계산서 발행 및 내역관리] 기출문제 68회 참고

② 수정전자세금계산서의 발급

1. [수정전자세금계산서 발급]

　① [매입매출전표입력]에서 6월 20일 전표 1건 선택 ➔ 툴바의 　수정세금계산서　를 클릭

　　➔ 수정사유(6.착오에 의한 이중발급 등)선택 ➔ 　확인(Tab)　을 클릭

| 수정사유 | 6. 착오에 의한 이중발급등 ▼ | (발행매수 : 1 매 발행) |
| 비 고 | 당초(세금)계산서작성일 20x1 년 06 월 20 일 |

② 수정세금계산서(매출)화면에서 수정분 [작성일 6월 20일], [공급가액 -20,000,000원],

[세액 -2,000,000원] 자동 반영 ➡ 확인(Tab) 을 클릭

| 수정입력사유 | 6 착오에 의한 이중발급등 | 당초(세금)계산서작성 | 20x1-06-20 |

구분	년	월	일	유형	품명	수량	단가	공급가액	부가세	합계	코드	거래처명	사업.주민번호
당초분	20x1	06	20	과세	등산가방	200	100,000	20,000,000	2,000,000	22,000,000	03400	(주)백두산업	120-81-51234
수정분	20x1	06	20	과세	등산가방	-200	100,000	-20,000,000	-2,000,000	-22,000,000	03400	(주)백두산업	120-81-51234

③ [매입매출전표입력] 화면에 수정분이 입력된다.

거래유형	품명	공급가액	부가세	거래처	전자세금
11.과세	등산가방	-20,000,000	-2,000,000	(주)백두산업	전자발행
분개유형	(차) 외상매출금	-22,000,000원	(대) 부가세예수금		-2,000,000원
2.외상			제품매출		-20,000,000원

2. [전자세금계산서 발행 및 내역관리] 기출문제 68회 참고

③ 의제매입세액공제신고사업자의 부가가치세신고서 작성

1. 거래자료입력

① [매입매출전표 입력] 7월 15일

거래유형	품명	공급가액	부가세	거래처	전자세금
53.면세	사과	5,000,000		(주)영동농협	전자입력
분개유형	(차) 원재료	5,000,000원	(대) 외상매입금		5,000,000원
2.외상(혼합)	(적요: 6.의제매입세액 원재료 차감)				

② [매입매출전표 입력] 7월 20일

거래유형	품명	공급가액	부가세	거래처	전자세금
60.면건	배	15,000,000		한세윤	
분개유형	(차) 원재료	15,000,000원	(대) 외상매입금		15,000,000원
2.외상(혼합)	(적요: 6.의제매입세액 원재료 차감)				

③ [매입매출전표 입력] 7월 24일

거래유형	품명	공급가액	부가세	거래처	전자세금
62.현면	오렌지	900,000		하나로마트	
분개유형	(차) 원재료	900,000원	(대) 현금		900,000원
1.현금	(적요: 6.의제매입세액 원재료 차감)				

2. [의제매입세액공제신고서] 7월 ~ 9월(공제율 4/104)

① ㈜영동농협

취득일자	구분	물품명	수량	매입가액	공제율	의제매입세액	건수	전표
20x1 -07-15	사업자(계산서)	사과	100	5,000,000	4/104	192,307	1	매입

② 하나로마트

취득일자	구분	물품명	수량	매입가액	공제율	의제매입세액	건수	전표
20x1 -07-24	사업자(신용카)	오렌지	30	900,000	4/104	34,615	1	매입

③ 한세윤

취득일자	구분	물품명	수량	매입가액	공제율	의제매입세액	건수	전표
20x1 -07-20	농.어민으로부	배	300	15,000,000	4/104	576,923	1	매입

3. [부가가치세신고서] 7월 1일 ~ 9월 30일

	구분		금액	세율	세액
14 그 밖의	신용매출전표수취/일반	41			
	신용매출전표수취/고정	42			
	의제매입세액/평창.광주	43	20,900,000	뒤쪽참조	803,845
	재활용폐자원등매입세	44		뒤쪽참조	

4. [일반전표입력] 9월 30일

(차) 부가세대급금   803,845원   (대) 원재료   803,845원

④ 수출실적명세서 작성자의 부가가치세 신고서 작성

1. [매입매출전표입력] 11월 30일

거래유형	품명	공급가액	부가세	거래처	전자세금
16. 수출	등산가방	8,800,000		오사카상사	
분개유형 2.외상(혼합)	(차) 외상매출금	8,800,000원	(대) 제품매출		8,800,000원

※ 과세표준＝수출신고필증의 ⑱결제금액(￥800,000)×선적일의 환율(11원/100￥)＝8,800,000원

2. [수출실적명세서] 10월 ~ 12월

	구분	건 수	외화금액	원화금액	비 고
	⑨합 계	1	800,000.00	8,800,000	
	⑩수 출 한 재 화	1	800,000.00	8,800,000	
	⑪기타영세율적용				기타영세율은 하단상세내역에 입력

NO		수출신고번호	기타영세율건수	(14)선(기)적일자	(15)통화코드	(16)환율	(17)외화	(18)원화
1		071-10-09-0055857-4		20x1 -11-10	JPY	11.0000	800,000.00	8,800,000

3. [부가가치세신고서] 10월 1일 ~ 12월 31일

		구 분		금액	세율	세액
과세표준및매출	과세	세금계산서발급분	1	214,590,000	10/100	21,459,000
		매입자발행세금계산서	2		10/100	
		신용카드.현금영수증	3		10/100	
		기타	4		10/100	
	영세	세금계산서발급분	5	30,000,000	0/100	
		기타	6	8,800,000	0/100	

	구분		금액	세율	세액
	전자신고및전자고지	54			10,000

[실무수행평가] - 부가가치세관리

번호	평가문제	배점	답
11	[환경설정 조회]	2	④
12	[매입매출전표입력 조회]	2	(6)
13	[세금계산서합계표 조회]	2	(8,000,000)원
14	[세금계산서합계표 조회]	3	(37)매
15	[의제매입세액공제신고서 조회]	2	(803,845)원
16	[부가가치세신고서 조회]	2	(20,000,000)원
17	[부가가치세신고서 조회]	2	③
18	[수출실적명세서 조회]	3	(8,800,000)원
19	[부가가치세신고서 조회]	2	(38,800,000)원
20	[부가가치세신고서 조회]	2	③
	부가가치세 소계	22	

실무수행 3. 결산

① 수동결산 [일반전표입력] 12월 31일

　　(차) 단기매매증권평가손　　　　3,000,000원　　　(대) 단기매매증권　　　　3,000,000원
　　☞ 평가손익 = 당기말 공정가치(14,000,000) − 전기말 공정가치(17,000,000) = △3,000,000원(손실)

② 결산자료입력에 의한 자동결산

[결산자료입력 1]

- 단기대여금 대손상각비 설정액 = 10,000,000원 × 1% = 100,000원
　① 방법 1.
　　결산자료입력(기타의 대손상각비)란에 단기대여금 100,000원 입력
　② 방법 2. [일반전표입력] 12월 31일
　　(차) 기타의대손상각비　　　　100,000원　　　(대) 대손충당금　　　　100,000원

[결산자료입력 2]

결산자료입력에서 기말 원재료 9,000,000원, 제품 16,800,000원을 입력하고 전표추가(F3) 를 클릭하여 결산분개를 생성한다.

　※ 제품의 재고자산감모손실중 정상적으로 발생한 감모는 매출원가에 산입되므로 별도의 회계처리를 하지 않는다.

[이익잉여금처분계산서] 메뉴

　　이익잉여금처분계산서에서 처분일을 입력한 후, 전표추가(F3) 를 클릭하여 손익대체 분개를 생성한다.

[실무수행평가] – 재무회계

번호	평가문제	배점	답
21	**[경비등의송금명세서 조회]**	2	(011)
22	**[일/월계표 조회]**	1	(13,240,000)원
23	**[일/월계표 조회]**	2	(8,000,000)원
24	**[일/월계표 조회]**	2	②
25	**[일/월계표 조회]**	1	(319,318,840)원
26	**[일/월계표 조회]**	1	(256,390,000)원
27	**[일/월계표 조회]**	2	(11,860,000)원
28	**[거래처원장 조회]**	1	④
29	**[거래처원장 조회]**	2	④

번호	평가문제	배점	답
30	[합계잔액시산표 조회]	1	①
31	[합계잔액시산표 조회]	2	(363,014,000)원
32	[재무상태표 조회]	2	(14,000,000)원
33	[재무상태표 조회]	2	(9,900,000)원
34	[재무상태표 조회]	1	(16,800,000)원
35	[재무상태표 조회]	1	②
	재무회계 소계	23	

실무수행 4. 근로소득관리

① 주민등록등본에 의한 사원등록(진호개, 2024)

관계	요 건		기본 공제	추가 (자녀)	판 단
	연령	소득			
본인(세대주)	–	–	○	장애(1)	
배우자	–	○	○		상속재산은 소득요건 대상이 아님
자1(20)	○	○	○	자녀	
자2(3)	○	○	○	–	

[실무수행평가] – 근로소득관리 1

번호	평가문제[진호개 근로소득원천징수영수증 조회]	배점	답
36	기본공제대상 인원	1	(4)명
37	배우자 공제대상액	2	(1,500,000)원
38	장애인 공제대상액	1	(2,000,000)원
39	차감소득금액	2	(15,971,500)원
40	자녀세액공제	2	(150,000)원

※ 39은 프로그램이 자동계산하므로 시점(세법개정, 프로그램 업데이트)마다 달라질 수가 있습니다.

② 급여명세에 의한 급여자료

1. [사원등록]

영업부 손호준 사원의 국외근로적용여부 수정

| 16. 국외근로적용여부 | 1 | 100만 | 17. 선원여부 | 0 | 부 |

2. [수당등록]

	코드	수당명	과세구분	근로소득유형
1	101	기본급	과세	1.급여
2	102	상여	과세	2.상여
3	200	육아수당	과세	1.급여
4	201	차량보조금	과세	1.급여
5	202	식대	비과세	2.식대	P01
6	203	국외근로수당	비과세	9.국외등근로(건설지원	M01

	코드	공제항목명	공제소득유형
1	501	국민연금	0.무구분
2	502	건강보험	0.무구분
3	503	고용보험	0.무구분
4	504	장기요양보험료	0.무구분
5	505	학자금상환액	0.무구분
6	903	농특세	0.사용
7	600	상조회비	0.무구분

☞ 초·중·고등학생의 육아수당 지급은 과세대상임.
   별도의 교통비를 지급하는 차량보조금은 과세대상임.

3. [급여자료입력] 귀속년월 12월, 지급일 ; 12월 24일

[김래원]

급여항목	지급액	공제항목	공제액
기본급	3,000,000	국민연금	135,000
육아수당	120,000	건강보험	106,350
차량보조금	300,000	고용보험	30,780
식대	200,000	장기요양보험료	13,620
		상조회비	30,000
		소득세	35,130
		지방소득세	3,510
		농특세	

[손호준]

급여항목	지급액	공제항목	공제액
기본급	4,000,000	국민연금	180,000
육아수당		건강보험	141,800
차량보조금	300,000	고용보험	38,700
국외근로수당	1,000,000	장기요양보험료	18,160
식대	200,000	상조회비	30,000
		소득세	236,010
		지방소득세	23,600
		농특세	

☞ 김래원 비과세=식대(200,000)   손호준 비과세=국외(1,000,000)+식대(200,000)=1,200,000원
☞ 소득세 등은 자동 계산되어집니다.

4. [원천징수이행상황신고서] 귀속기간 12월, 지급기간 12월,

원천징수내역	부표-거주자	부표-비거주자	부표-법인원천							

	구분	코드	소득지급(과세미달,비과세포함)		징수세액				9.당월 조정 환급세액	10.소득세 등 (가산세 포함)	11.농어촌 특별세
			4.인원	5.총지급액	6.소득세 등	7.농어촌특별세	8.가산세				
근로소득	간 이 세 액	A01	4	36,020,000	1,764,670						
	중 도 퇴 사	A02									
	일 용 근 로	A03									
	연말정산합계	A04									
	연말분납금액	A05									
	연말납부금액	A06									
	가 감 계	A10	4	36,020,000	1,764,670				220,000	1,544,670	

전월 미환급 세액의 계산			당월 발생 환급세액				18.조정대상환급 (14+15+16+17)	19.당월조정 환급액계	20.차월이월 환급액(18-19)	21.환급신청액
12.전월미환급	13.기환급신청	14.잔액12-13	15.일반환급	16.신탁재산	17.금융등	17.합병등				
220,000		220,000					220,000	220,000		

[실무수행평가] - 근로소득관리 2

번호	평가문제	배점	답
41	[김래원 12월 급여자료입력 조회] 과세대상지급액 기본급(3,000,000)+육아수당(120,000)+차량보조금(300,000)	2	(3,420,000)원
42	[김래원 12월 급여자료입력 조회] 차인지급액	1	(3,265,610)원
43	[손호준 12월 급여자료입력 조회] 비과세대상지급액 국외근로수당(1,000,000) + 식대(200,000)	2	(1,200,000)원
44	[손호준 12월 급여자료입력 조회] 급여의 공제액	1	(668,270)원
45	[12월 원천징수이행상황신고서 조회] 소득세등 총합계액	2	(1,544,670)원

※ 42,44,45은 프로그램이 자동계산되어지므로 시점(세법개정, 프로그램 업데이트)마다 달라질 수가 있습니다.

③ 국세청연말정산간소화 및 이외의 자료를 기준으로 연말정산(봉도진,2024)

〈기본공제대상 요건〉

관계	요 건		기본 공제	판 단
	연령	소득		
본인(세대주)	–	–	○	
배우자	–	×	부	총급여액 5백만원 초과자
모(72)	○	○	○	주거형편상 별거도 인정
자1(17)	○	○	○	
자2(4)	○	○	○	

항목	요건		내역 및 대상여부	입력
	연령	소득		
신용카드	×	○	• 본인 신용카드 • 모친 현금영수증	○(신용 8,300,000 전통 1,700,000) ○(현금 2,200,000 전통 400,000)
의 료 비	×	×	• 모친 의료비(건강증진용 한약은 제외)	○(65세이상 1,500,000)
보 험 료	○	○	• 본인 손해보험료	○(일반 1,200,000)
교 육 비	×	○	• 본인 대학원 등록금 ☞ 대학원은 본인만 대상 • 자1의 학원수강료 대상에서 제외	○(본인 2,500,000) ×

[연말정산 근로소득원천징수영수증]

1. 신용카드 소득공제

공제대상자			신용카드 등 공제대상금액								
내.외 관계	성 명 생년월일	구분	⑥소계(⑥+⑦+⑧+⑨+⑩+⑪)	⑥신용카드	⑦직불선불카드	⑧현금영수증	⑨도서공연박물관미술관사용분 (총급여7천만원이하자만)			⑩전통시장 사용분	⑪대중교통 이용분
							신용카드	직불선불카드	현금영수증		
내 본인	봉도진 1980-12-15	국세청자료	10,000,000	8,300,000						1,700,000	
		그밖의자료									
내 1	이은실 1952-04-11	국세청자료	2,600,000			2,200,000				400,000	
		그밖의자료									

2. 의료비 세액공제

정산명세	소득명세	소득공제	**의료비**	기부금	신용카드	연금투자명세	월세액명세

● 지 급 내 역

공제대상자					지급처		의료증빙코드	지급명세			난임시술비 해당 여부	중증질환 결핵환
부양가족 관계코드	성명	내외	주민등록번호	본인등 해당여부	상호	사업자번호		건수	지급액	실손의료보험금		
1 소득자의 직계존	이은실	내	520411-2899736	○			국세청	1	1,500,000		X	X

3. 소득공제

① 보험료 세액공제(봉도진)

관계코드 / 내외국인	성 명 / 주민등록번호	기본	소득100만원초과여부	부녀자	한부모	장애인	경로70	출산입양	자녀	구분	보험료			
											건강	고용	보장성	장애인
1	0 / 1	봉도진 / 801215-1640707	본인/세대주								국세청			1,200,000	
											기타	1,655,950	349,200		
2	3	이희정	부								국세청				

② 교육비 세액공제

관계코드 / 내외국인	성 명 / 주민등록번호	기본	교육비		
			구분	일반	장애인특수교육
1	0 / 1	봉도진 / 801215-1640707	본인/세대주	본인	2,500,000	

4. 정산명세 조회

특별소득공제						특별세액공제				
34.주택나.장기주택저당차입금이자상환액	11년이전차입분	15년미만	>			61.보장성보험	1,200,000	>	120,000	
		15~29년	>			62.의료비	1,500,000	>	30,600	
		30년이상	>			63.교육비	2,500,000	>	375,000	
	12년이후차입분(15년이상)	고정or비거치	>			64.기부금	정치	10만원이하	>	
		기타대출	>					10만원초과	>	
	15년이후차입분(15년이상)	고정&비거치	>				나.법정기부금		>	
		고정or비거치	>				다.우리사주기부금		>	
		기타대출	>				라.지정기부금(종교외)		>	
	15년이후차입분(10~15년	고정or비거치	>				마.지정기부금(종교)		>	
						65.계			525,600	
35.기부금(이월분)			>			66.표준세액공제		>		
36.계				2,005,150						
37.차 감 소 득 금 액				20,520,850		67.납 세 조 합 공 제		>		
38.개인연금저축			>			68.주 택 차 입 금		>		
39.소기업·소상공인공제부금			>			69.외 국 납 부		>		
40.주택마련저축	가.청약저축		>			70.월세액		>		
	나.주택청약종합저축		>							
	다.근로자주택마련저축		>							
41.투자조합출자 등			>							
42.신용카드등	12,600,000		>	720,000						
43.우리사주조합 출연금			>							
44.고용유지중소기업근로자			>							
45.장기집합투자증권저축			>			71.세 액 공 제 계			1,335,600	
46.청년형장기집합투자증권저축			>			72.결 정 세 액(50-55-71)			374,527	
47.그 밖의 소득 공제 계				720,000		82.실 효 세 율(%)(72/21)×100%			0.9%	

		소득세	지방소득세	농어촌특별세	계
73.결정세액		374,527	37,452	0	411,979
기납부 세액	74.종(전) 근무지	0	0	0	0
	75.주(현) 근무지	1,779,620	177,910	0	1,957,530
76. 납부특례세액		0	0	0	0
77. 차감징수세액(73-74-75-76)		-1,405,090	-140,450	0	-1,545,540

[실무수행평가] - 근로소득관리 3

번호	평가문제 [봉도진 근로소득원천징수영수증 조회]	배점	답
46	47.그 밖의 소득공제 합계액	2	(720,000)원
47	보장성보험료 세액공제액	2	(120,000)원
48	의료비세액공제액	2	(30,600)원
49	교육비 세액공제액	2	(375,000)원
50	차감징수소득세액	1	(-1,405,090)원
	근로소득 소계	25	

※ 46~50은 프로그램이 자동계산되어지므로 시점(세법개정, 프로그램 업데이트)마다 달라질 수가 있습니다.

〈참고사항 : 총급여액 43,200,000원〉

※ 시험시 프로그램이 자동계산되어진 것으로 답을 입력하시고 시간이 남으시면 체크해 보시기 바랍니다.

		한도	공제율	대상금액	세액공제
1. 보험료	일반	1백만원	12%	1,200,000	**120,000**
2. 의료비	특정	-	15%	1,500,000	**30,600**
	☞의료비세액공제 = [1,500,000 - 총급여액(43,200,000)×3%] × 15% = <u>166,500</u>				
3. 교육비	본인	-	15%	2,500,000	**375,000**

합격율	시험년월
22%	2023.6

▨▨▨▨▨▨ **실무이론평가**

01. 다음은 (주)한공의 회계담당자간 대화이다. 아래의 (가), (나)에 들어갈 내용으로 옳은 것은?

> • A직원 : 금년에 재고자산의 단위당 원가가 전년도에 비하여 상승한 이유가 있나요?
> • B직원 : 재고자산 평가방법을 올해부터 총평균법에서 선입선출법으로 변경하였기 때문입니다.
> • A직원 : 변경으로 인한 효과를 어떻게 처리해야 하나요?
> • B직원 : 재고자산 평가방법의 변경은 (가)에 해당하므로 그 변경효과를 (나)적용하는 것이
>   원칙입니다.

※ 1차 저작권자의 저작권 침해 소지가 있어 삽화 삽입은 어려우니 양해바랍니다.

	(가)	(나)		(가)	(나)
①	회계정책의 변경	전진적으로	②	회계추정의 변경	전진적으로
③	회계정책의 변경	소급하여	④	회계추정의 변경	소급하여

02. 다음은 (주)한공의 A기계장치 관련 자료이다. 20x1년 말에 인식할 유형자산손상차손 금액은 얼마인가?

> • 20x0년 1월 1일 A기계장치를 200,000,000원에 취득
> • 20x0년 12월 31일 A기계장치에 대한 감가상각비 계상
>   (차) 감가상각비 20,000,000원   (대) 감가상각누계액 20,000,000원
> • 20x1년 12월 31일 A기계장치에 대한 감가상각비 계상
>   (차) 감가상각비 20,000,000원   (대) 감가상각누계액 20,000,000원
> • 20x1년 말 A기계장치에 대한 손상검사를 실시한 결과, 처분 시 예상되는 순공정가치는 60,000,000
>   원, 계속사용가치는 70,000,000원으로 판단되었다.

① 60,000,000원　　　　　　　　　② 70,000,000원
③ 90,000,000원　　　　　　　　　④ 100,000,000원

03. 다음은 (주)한공의 상품 관련 자료이다. 이를 토대로 20x1년도 매출원가를 계산하면 얼마인가? (단, 재고자산평가손실은 모두 정상적인 것이다.)

[자료 1. 20x0년도]

기초상품재고액	당기매입액	기말상품재고액
1,000,000원	6,000,000원	취 득 원 가: 2,000,000원 순실현가능가치: 1,500,000원

[자료 2. 20x1년도]

기초상품재고액	당기매입액	기말상품재고액
×××	7,000,000원	취 득 원 가: 3,000,000원 순실현가능가치: 2,000,000원

① 5,500,000원　　② 6,000,000원　　③ 6,500,000원　　④ 7,000,000원

04. 다음 자료를 토대로 (주)한공의 재고자산 중 자연재해로 인해 유실된 금액을 계산하면 얼마인가?

〈재고자산 자료〉
- 기초상품재고액　　500,000원
- 당기상품매출액　2,000,000원

- 당기상품매입액　1,500,000원
- 매출총이익율 20%

〈재해 발생 후 재고자산 실사 결과 자료〉
- 기말상품재고 창고실사 결과 실재액　300,000원

① 100,000원　　② 200,000원　　③ 300,000원　　④ 500,000원

05. (주)한공은 20x1년 결산 후에 매출거래처인 (주)서울이 20x1년 12월에 파산하여 매출채권의 회수가 불가능한 사실을 알게 되었다. 이에 대한 회계처리 누락이 20x1년 재무제표에 미치는 영향으로 옳은 것은?(단, 대손충당금 잔액은 없다.)

① 매출의 과대계상
② 당기순이익의 과소계상
③ 자산의 과대계상
④ 이익잉여금의 과소계상

06. 다음은 (주)한공의 매도가능증권 관련 자료이다. 7월 1일자 회계처리로 옳은 것은?

- 20x0년 8월 10일 매도가능증권 1,000주를 1주당 공정가치 8,000원에 취득하다.
- 20x0년 12월 31일 매도가능증권을 1주당 공정가치 9,000원으로 평가하다.
- 20x1년 7월 1일 매도가능증권 1주당 7,000원에 모두 처분하고 주금은 현금으로 받다.

가. (차) 현   금   7,000,000원   (대) 매도가능증권   8,000,000원
         매도가능증권처분손실   1,000,000원

나. (차) 현   금   7,000,000원   (대) 매도가능증권   8,000,000원
         매도가능증권평가이익   1,000,000원

다. (차) 현   금   7,000,000원   (대) 매도가능증권   9,000,000원
         매도가능증권처분손실   2,000,000원

라. (차) 현   금   7,000,000원   (대) 매도가능증권   9,000,000원
         매도가능증권평가이익   1,000,000원
         매도가능증권처분손실   1,000,000원

---

① 가   ② 나   ③ 다   ④ 라

07. 부가가치세법상 재화의 수입에 대한 설명으로 옳지 않은 것은?

① 보세구역 내에서 보세구역 외의 장소로 공급하는 재화가 외국에서 도착한 물품인 경우 재화의 수입에 해당한다.

② 수출신고가 수리된 물품으로서 선적되지 아니한 물품을 보세구역에서 반입하는 경우는 재화의 수입에 해당하지 아니한다.

③ 외국에서 보세구역으로 재화를 반입하는 것은 재화의 수입에 해당한다.

④ 부가가치세가 과세되는 재화를 수입하는 경우에는 세관장이 수입세금계산서를 발급한다.

08. 다음은 제조업을 영위하는 일반과세자 (주)한공의 20x1년 제1기 부가가치세 확정신고와 관련된 매입세액 자료이다. 부가가치세법상 공제받을 수 있는 매입세액은 얼마인가?(단, 세금계산서는 적법하게 수취하였다.)

가. 공장용 화물차 유류대 관련 매입세액	3,400,000원
나. 거래처 기업업무추진용 선물세트 구입 관련 매입세액	1,000,000원
다. 사무용 비품 구입 관련 매입세액	4,000,000원
라. 토지 자본적 지출 관련 매입세액	2,500,000원

① 5,000,000원   ② 5,900,000원   ③ 6,500,000원   ④ 7,400,000원

09. 다음 중 연금소득에 대한 설명으로 옳지 않은 것은?

① 연금계좌에서 연금수령하는 경우의 연금소득은 연금수령한 날이 수입시기가 된다.
② 연금소득공제액이 900만원을 초과하는 경우에는 900만원을 공제한다.
③ 공적연금소득을 지급하는 원천징수의무자는 해당 과세기간의 다음 연도 2월분 공적연금 소득을 지급할 때에 연말정산을 하여야 한다.
④ 공적연금을 연금이 아닌 일시금으로 수령하는 경우에는 퇴직소득으로 과세한다.

10. 다음은 (주)한공에서 근무하는 김회계씨(총급여액 60,000,000원)의 연말정산자료의 일부이다. 20x1년 연말정산 시 적용하여야 할 의료비 세액공제액을 계산하면 얼마인가?

가. 시력보정용 안경구입비	600,000원
나. 국내 의료기관에서의 치료비	3,000,000원
다. 외국대학병원에서의 치료비	2,000,000원
라. 미용을 위한 성형수술비	1,000,000원

① 180,000원　② 255,000원　③ 571,000원　④ 720,000원

실무수행평가

(주)시원전자(2630)는 공기청정기 제조업을 영위하는 법인기업으로 회계기간은 제7기(20x1.1.1. ~ 20x1.12.31.)이다. 제시된 자료와 자료설명을 참고하여, [수행과제]를 완료하고 [평가문제]의 물음에 답하시오.

실무수행1 거래자료입력

실무프로세스 자료이다. [자료설명]을 참고하여 [수행과제]를 수행하시오.

1 3만원초과 거래자료에 대한 경비등의송금명세서 작성

■ 보통예금(국민은행) 거래내역

		내용	찾으신금액	맡기신금액	잔액	거래점
번호	거래일	계좌번호 719-119-123123 (주)시원전자				
1	20x1-1-10	임차료	500,000		***	***

공급자 정보

- 상   호: 현대개발
- 사업자등록번호: 120-07-27772
- 대   표   자: 이종민
- 주   소: 경기도 수원시 팔달구 매산로 10-7 (매산로1가)
- 은 행 정 보: 신한은행 011202-04-012368
- 예   금   주: 이종민(현대개발)

자료설명	원재료 단순 보관을 위해 현대개발에서 임차한 임야에 대한 1월분 임차료 500,000원을 국민은행 보통예금에서 이체하였다.(현대개발은 세금계산서 발급이 불가능한 간이과세자임.)
수행과제	1. 거래자료를 입력하시오.(단, 비용처리할 것.) 2. 경비등의 송금명세서를 작성하시오.(단, 영수증수취명세서 작성은 생략할 것.)

② 신규매입자산의 고정자산 등록

자료 1. 업무용승용차 구입내역

전자세금계산서					(공급받는자 보관용)			승인번호		

공급자	등록번호	101-81-09147			공급받는자	등록번호	120-81-32144		
	상호	현대자동차(주)	성명 (대표자)	정의선		상호	(주)시원전자	성명 (대표자)	오세정
	사업장 주소	서울특별시 서초구 헌릉로 12				사업장 주소	서울특별시 강남구 삼성로 530		
	업태	제조업	종사업장번호			업태	제조업외	종사업장번호	
	종목	자동차				종목	공기청정기		
	E-Mail	hdmotors@bill36524.com				E-Mail	cool@bill36524.com		

작성일자	20x1.2.5.	공급가액	60,000,000	세 액	6,000,000
비고					

월	일	품목명	규격	수량	단가	공급가액	세액	비고
2	5	제네시스G80				60,000,000	6,000,000	

합계금액	현금	수표	어음	외상미수금	이 금액을	○ 영수	함
66,000,000				66,000,000		● 청구	

자료 2. 업무용전용 자동차보험 가입내역

자동차보험증권

증 권 번 호	3954231	계 약 일	20x1년 2월 5일
보 험 기 간	20x1 년 2 월 5 일 00:00부터		20x2 년 2 월 4 일 24:00까지
차 량 번 호	315나5678	차 종	제네시스G80(3,500cc)
보험계약자	(주)시원전자	주민(사업자)번호	120-81-32144
피 보 험 자	(주)시원전자	주민(사업자)번호	120-81-32144

자료설명	1. 자료 1은 관리부에서 사용할 업무용승용차(5인승, 3,500cc)를 구입하고 발급받은 전자세금계산서이다. 2. 자료 2는 업무용승용차 구입에 따른 자동차보험 가입내역이다.
수행과제	1. 자료 1을 참고로 하여 매입매출자료를 입력하시오. (전자세금계산서와 관련된 거래는 '전자입력'으로 처리할 것.) 2. [고정자산등록]에서 신규취득한 자산을 등록하시오. (코드번호: 1000, 자산명: 제네시스G80, 상각방법: 정액법, 내용연수: 5년) 3. 자료 2를 참고로 하여 [업무용승용차등록]에서 신규 취득한 승용차를 등록하시오. – 코드번호: 1000 – 차종: 제네시스G80

③ 자본거래

자료 1. 신주발행 내역

주식 수	주당 액면가액	주당 발행가액	주식발행비용
3,500주	5,000원	15,000원	850,000원

자료 2. 보통예금(기업은행) 거래내역

번호	거래일	내용	찾으신금액	맡기신금액	잔액	거래점
		계좌번호 1588-9824-69555 (주)시원전자				
1	20x1-3-30	주식대금		51,650,000	***	***

자료설명	1. 자료 1은 임시주주총회에서 결의한 신주발행 내역이다. 2. 자료 2는 주식대금에서 주식발행비용을 차감하고 입금된 내역이다.
수행과제	주식발행일의 거래자료를 입력하시오.

실무수행2 | 부가가치세관리

부가가치세 신고 관련 자료이다. [자료설명]을 참고하여 [수행과제]를 수행하시오.

① 전자세금계산서 발급

거래명세서 (공급자 보관용)

공급자	등록번호	120-81-32144			공급받는자	등록번호	102-81-17053		
	상호	(주)시원전자	성명	오세정		상호	(주)클린기업	성명	이용수
	사업장주소	서울특별시 강남구 삼성로 530				사업장주소	서울특별시 서대문구 간호대로 10		
	업태	제조업외	종사업장번호			업태	도소매업	종사업장번호	
	종목	공기청정기				종목	전자제품		

거래일자	미수금액	공급가액	세액	총 합계금액
20x1.4.30.		12,000,000	1,200,000	13,200,000

NO	월	일	품목명	규격	수량	단가	공급가액	세액	합계
1	4	15	차량용 공기청정기		20	800,000	16,000,000	1,600,000	17,600,000
2	4	22	차량용 공기청정기		-5	800,000	-4,000,000	-400,000	-4,400,000

비 고	전미수액	당일거래총액	입금액	미수액	인수자
		13,200,000		13,200,000	

자료설명	(주)클린기업에 제품을 공급하고 전자세금계산서를 발급·전송하였다. (전자세금계산서는 매월말일 월합계로 발급하고 대금은 해당 월의 다음달 10일 입금받기로 할 것.)
수행과제	1. 4월 30일의 거래자료를 입력하시오. (복수거래 를 이용하여 입력하시오) 2. 전자세금계산서 발행 및 내역관리 를 통하여 발급·전송하시오. (전자세금계산서 발급 시 결제내역 및 전송일자는 고려하지 않는다.)

② 수정전자세금계산서의 발급

전자세금계산서			(공급자 보관용)			승인번호			

공급자	등록번호	120-81-32144			공급받는자	등록번호	220-87-12697		
	상호	(주)시원전자	성명 (대표자)	오세정		상호	예림산업(주)	성명 (대표자)	이예림
	사업장 주소	서울특별시 강남구 삼성로 530				사업장 주소	서울특별시 강남구 테헤란로114길 38		
	업태	제조업외	종사업장번호			업태	도매업	종사업장번호	
	종목	공기청정기				종목	전자제품		
	E-Mail	cool@bill36524.com				E-Mail	yerim@bill36524.com		

작성일자	20x1.6.22	공급가액	10,000,000	세 액	1,000,000
비고					

월	일	품목명	규격	수량	단가	공급가액	세액	비고
6	22	미니 공기청정기		100	100,000	10,000,000	1,000,000	

합계금액	현금	수표	어음	외상미수금	이 금액을	○ 영수	함
11,000,000				11,000,000		● 청구	

자료설명	1. 6월 22일 (주)예림산업에 제품을 공급하고 거래일에 전자세금계산서를 발급 및 전송하였다. 2. 6월 30일 (주)예림산업에 납품된 제품에 일부 불량이 발견되어 당초의 공급가액에 대해서 3%를 매출에누리로 확정하고 외상대금과 상계처리 하였다.
수행과제	수정사유를 선택하여 공급가액 변동에 따른 수정전자세금계산서를 발급·전송하시오.(공급가액 변동부분에 대해서만 회계처리하며, 외상대금 및 제품매출에서 음수(-)로 처리하고 전자세금계산서 발급 시 결제내역 및 전송일자는 무시 할 것.)

3 부동산임대사업자의 부가가치세신고서 작성

자료 1. 부동산임대차계약서

<table>
<tr><td colspan="7" align="center">(사무실)월세계약서</td><td>■ 임대인용
☐ 임차인용
☐ 사무소보관용</td></tr>
<tr><td rowspan="2">부동산의 표시</td><td>소재지</td><td colspan="6">서울특별시 강남구 삼성로 530, 2층 201호</td></tr>
<tr><td>구 조</td><td>철근콘크리트조</td><td>용도</td><td colspan="2">사무실</td><td>면적</td><td>95㎡</td></tr>
<tr><td colspan="2" align="center">월 세 보 증 금</td><td>금</td><td colspan="2">200,000,000원정</td><td>월세</td><td colspan="2">5,000,000원정(VAT 별도)</td></tr>
<tr><td colspan="8">제 1 조 위 부동산의 임대인과 임차인 합의하에 아래와 같이 계약함.</td></tr>
<tr><td colspan="8">제 2 조 위 부동산의 임대차에 있어 임차인은 보증금을 아래와 같이 지불키로 함.</td></tr>
<tr><td colspan="2">계 약 금</td><td colspan="6">200,000,000원정은 계약 시 지불하고</td></tr>
<tr><td colspan="2">중 도 금</td><td>원정은</td><td>년</td><td>월</td><td colspan="3">일 지불하며</td></tr>
<tr><td colspan="2">잔   금</td><td>원정은</td><td>년</td><td>월</td><td colspan="3">일 중개업자 입회하에 지불함.</td></tr>
<tr><td colspan="8">제 3 조 위 부동산의 명도는   20x1년   9월   1일로 함.</td></tr>
<tr><td colspan="8">제 4 조 임대차 기간은   20x1년   9월   1일로부터 (24   )개월로 함.</td></tr>
<tr><td colspan="8">제 5 조 월세금액은 매월 말일에 지불키로 하되 만약 기일내에 지불치 못할 시에는 보증금액에서 공제키로 함.</td></tr>
<tr><td colspan="8">제 6 조 임차인은 임대인의 승인하에 개축 또는 변조할 수 있으나 계약 대상물을 명도시에는 임차인이 일체 비용을 부담하여 원상복구 하여야 함.</td></tr>
<tr><td colspan="8">제 7 조 임대인과 중개업자는 별첨 중개물건 확인설명서를 작성하여 서명 날인하고 임차인은 이를 확인 수령함. 다만, 임대인은 중개물건 확인설명에 필요한 자료를 중개업자에게 제공하거나 자료수집에 따른 법령에 규정한 실비를 지급하고 대행케 하여야 함.</td></tr>
<tr><td colspan="8">제 8 조 본 계약을 임대인이 위약시는 계약금의 배액을 변상하며 임차인이 위약시는 계약금은 무효로 하고 반환을 청구 할 수 없음.</td></tr>
<tr><td colspan="8">제 9 조 부동산 중개업법 제 20 조 규정에 의하여 중개료는 계약당시 쌍방에서 법정수수료를 중개인에게 지불하여야 함.</td></tr>
<tr><td colspan="8"> </td></tr>
<tr><td colspan="8">본 계약을 증명하기 위하여 계약 당사자가 이의 없음을 확인하고 각각 서명·날인 후 임대인, 임차인 및 중개업자는 매장마다 간인하여야 하며, 각 1통씩 보관한다.

 20x1년   9월   1일 </td></tr>
<tr><td rowspan="2">임 대 인</td><td>주   소</td><td colspan="6">서울특별시 강남구 삼성로 530</td></tr>
<tr><td>사업자등록번호</td><td>120-81-32144</td><td>전화번호</td><td>02-569-4207</td><td>성명</td><td colspan="2">(주)시원전</td></tr>
<tr><td rowspan="2">임 차 인</td><td>주   소</td><td colspan="6">서울특별시 강남구 삼성로 530, 2층 201호</td></tr>
<tr><td>사업자등록번호</td><td>314-81-38777</td><td>전화번호</td><td>02-580-1952</td><td>성명</td><td colspan="2">(주)해신전</td></tr>
<tr><td rowspan="2">중개업자</td><td>주   소</td><td colspan="4">서울특별시 강남구 강남대로 252 대한빌딩 102호</td><td>허가번호</td><td>92240000-004</td></tr>
<tr><td>상   호</td><td>대한부동산</td><td>전화번호</td><td>02-578-2151</td><td>성명</td><td colspan="2">백 용 명</td></tr>
</table>

자료 2. 9월분 임대료

전자세금계산서				(공급자 보관용)			승인번호		

공급자	등록번호	120-81-32144			공급받는자	등록번호	314-81-38777		
	상호	(주)시원전자	성명(대표자)	오세정		상호	(주)해신전자	성명(대표자)	박상태
	사업장주소	서울특별서 강남구 삼성로 530				사업장주소	서울특별시 강남구 삼성로 530, 2층 201호		
	업태	제조업외	종사업장번호			업태	도소매업	종사업장번호	
	종목	공기청정기				종목	사무용기기		
	E-Mail	cool@bill36524.com				E-Mail	haesin@bill36524.com		

작성일자	20x1.9.30.	공급가액	5,000,000	세 액	500,000
비고					

월	일	품목명	규격	수량	단가	공급가액	세액	비고
9	30	임대료				5,000,000	500,000	

합계금액	현금	수표	어음	외상미수금	이 금액을	○ 영수	함
5,500,000						○ 청구	

자료설명	1. 자료 1은 (주)해신전자와 체결한 부동산임대차계약서이다. 2. 자료 2는 9월분 임대료를 국민은행 보통예금계좌로 입금 받고 발급한 전자세금계산서이다. 3. 간주임대료에 대한 부가가치세는 임차인이 부담하기로 하였으며, 9월 30일 간주임대료에 대한 부가가치세가 국민은행 보통예금계좌로 입금되었다.
수행과제	1. 9월 임대료를 매입매출전표에 입력하시오.(전자세금계산서와 관련된 거래는 '전자입력'으로 처리할 것) 2. 제2기 예정신고에 대한 부동산임대공급가액명세서를 작성하시오. (적용이자율 2.9%로 한다. 동 입력은 생략할 것) 3. 간주임대료에 대한 회계처리를 9월 30일자로 매입매출전표에 입력하시오. 4. 9월 임대료 및 간주임대료에 대한 내용을 제2기 부가가치세 예정신고서에 반영하시오.

④ 매입세액불공제내역 작성자의 부가가치세 신고서 작성

자료 1. 공통매입내역

취득일자	계정과목	공급가액	부가가치세
2021. 6.25.	건 물	200,000,000원	20,000,000원
20x0. 3. 5.	기계장치	50,000,000원	5,000,000원
20x1. 4.10.	토지	100,000,000원	–

자료 2. 과세기간의 제품매출(공급가액) 내역

일자	과세사업	면세사업	총공급가액	면세비율
20x1년 제1기	400,000,000원	100,000,000원	500,000,000원	20%
20x1년 제2기	360,000,000원	240,000,000원	600,000,000원	40%

자료설명	본 문제에 한하여 (주)시원전자는 과세사업과 면세사업을 겸영하고 있다고 가정한다. 1. 자료 1은 과세사업과 면세사업에 공통으로 사용되는 자산의 구입내역이다. 2. 자료 2는 20x1년 1기 및 20x1년 2기의 제품매출내역이다.(기 입력된 데이터는 무시하고 제시된 자료에 의할 것.)
수행과제	1. 공통매입세액 재계산을 하여 제2기 확정 부가가치세신고기간의 매입세액불공제내역서를 작성하시오. 2. 공통매입세액 재계산 결과 및 전자신고세액공제를 반영하여 제2기 부가가치세 확정신고서를 작성하시오. - 제2기 부가가치세 확정신고서를 홈택스에서 전자신고하여 전자신고세액공제 10,000원을 공제받기로 한다. 3. 공통매입세액 재계산 관련 회계처리를 일반전표입력에 12월 31일자로 입력하시오.

평가문제 | 입력자료 및 회계정보를 조회하여 [평가문제]의 답안을 입력하시오.(70점)

[실무수행평가] - 부가가치세관리

번호	평가문제	배점
11	**[세금계산서합계표 조회]** 제1기 확정 신고기간의 거래처 '(주)클린기업'에 전자발행된 세금계산서 공급가액은 얼마인가?	2
12	**[세금계산서합계표 조회]** 제1기 확정신고기간의 매출전자세금계산서 발급매수는 총 몇 매인가?	2
13	**[매입매출전표입력 조회]** 6월 30일자 수정세금계산서의 수정사유를 코드로 입력하시오.	2
14	**[부동산임대공급가액명세서 조회]** 제2기 예정 신고기간의 부동산임대공급가액명세서의 보증금 이자(간주임대료) 금액은 얼마인가?	2
15	**[부가가치세신고서 조회]** 제2기 예정 신고기간 부가가치세신고서의 과세_세금계산서발급분(1란) 금액은 얼마인가?	2
16	**[부가가치세신고서 조회]** 제2기 예정 신고기간 부가가치세신고서의 그밖의공제매입세액(14란) 세액은 얼마인가?	2
17	**[부가가치세신고서 조회]** 제2기 예정 신고기간의 부가가치세 신고시에 작성되는 부가가치세 첨부서류에 해당하지 않는 것은? ① 계산서합계표　　　　　　② 부동산임대공급가액명세서 ③ 건물등감가상각자산취득명세서　　④ 신용카드매출전표등수령금액합계표	3
18	**[매입세액불공제내역 조회]** 제2기 확정 신고기간의 납부세액 재계산 내역에 반영되는 면세비율 증감액은 몇 %인가?	3
19	**[부가가치세신고서 조회]** 제2기 확정 신고기간 부가가치세신고서의 공제받지못할매입세액(16란) 세액은 얼마인가?	2
20	**[부가가치세신고서 조회]** 제2기 확정 신고기간의 부가가치세 차가감납부할세액(27란)의 금액은 얼마인가?	2
	부가가치세 소계	22

실무수행3 결산

[결산자료]를 참고로 결산을 수행하시오.(단, 제시된 자료 이외의 자료는 없다고 가정함.)

① 수동결산

자료설명	(주)연성전자에서 영업자금을 차입하고 이자는 6개월마다 지급하기로 하였다. 　－ 차입기간: 20x1. 10. 1. ~ 2025. 9. 30. 　－ 차 입 액: 30,000,000원 (이자율 연 5%)
수행과제	결산정리분개를 입력하시오.(단, 이자는 월할계산할 것.)

② 결산자료입력에 의한 자동결산

자료설명	1. 무형자산내역								
	계정과목	자산 코드	자산명	취득일	취득가액	전기말 상각누계액	상각 방법	내용 연수	용도
	특허권	1000	미세먼지 방지기능	20x1.2.1	3,000,000원	－	정액법	5년	관리부

[고정자산등록] 메뉴에서 특허권에 대한 감가상각비를 계상하고, 결산에 반영하시오.

2. 기말재고자산 현황

구분	단위당 원가	단위당 시가	수량
제 품	62,000원	70,000원	500개

3. 이익잉여금처분계산서 처분확정(예정)일
　－ 당기: 20x2년 3월 31일
　－ 전기: 20x1년 3월 31일

수행과제	결산을 완료하고 이익잉여금처분계산서에서 손익대체분개를 하시오. (단, 이익잉여금처분내역은 없는 것으로 하고 미처분이익잉여금 전액을 이월이익잉여금으로 이월 할 것.)

[실무수행평가] - 재무회계

번호	평가문제	배점
21	**[경비등송금명세서 조회]** 경비등송금명세서에 반영되는 신한은행의 은행코드번호(CD) 3자리를 입력하시오.	2
22	**[업무용승용차등록 조회]** [업무용승용차 등록] 내용으로 옳지 않은 것은? ① 차량번호는 '315나5678'이다. ② 기본사항 2.고정자산코드는 '001000'이다. ③ 기본사항 5.경비구분은 '1.500번대'이다. ④ 기본사항 10.보험기간은 '20x1-02-05. ~ 20x2-02-04.'이다.	1
23	**[거래처원장 조회]** 3월 말 기업은행(코드98500) 보통예금 잔액은 얼마인가?	1
24	**[거래처원장 조회]** 5월 말 거래처별 외상매출금 잔액으로 옳지 않은 것은? ① 01116.(주)우주산업 5,500,000원 ② 02040.(주)클린기업 17,600,000원 ③ 03150.(주)비전통상 11,000,000원 ④ 04820.하남전자(주) 13,200,000원	1
25	**[거래처원장 조회]** 3/4분기(7월~9월)에 국민은행(코드98000) 보통예금 계정의 증가액은 얼마인가?	2
26	**[일/월계표 조회]** 1/4분기(1월~3월)에 발생한 임차료(제조) 금액은 얼마인가?	1
27	**[일/월계표 조회]** 2/4분기(4월~6월)에 발생한 제품매출 금액은 얼마인가?	1
28	**[손익계산서 조회]** 당기 발생한 영업외비용은 얼마인가?	2
29	**[재무상태표 조회]** 3월 말 차량운반구 장부금액은 얼마인가?	2
30	**[재무상태표 조회]** 3월 말 자본잉여금 금액은 얼마인가?	1
31	**[재무상태표 조회]]** 12월 말 건물의 장부금액은 얼마인가?	2
32	**[재무상태표 조회]** 12월 말 기계장치의 장부금액은 얼마인가?	2
33	**[재무상태표 조회]** 기말 제품 잔액은 얼마인가?	1
34	**[재무상태표 조회]** 12월 말 특허권 장부금액은 얼마인가?	3
35	**[재무상태표 조회]** 12월 말 이월이익잉여금(미처분이익잉여금) 잔액으로 옳은 것은? ① 195,194,251원 ② 298,251,180원 ③ 383,052,104원 ④ 423,169,587원	1
	재무회계 소계	23

실무수행4 근로소득관리

인사급여 관련 자료이다. [자료설명]을 참고하여 [수행과제]를 수행하시오.

1 중도퇴사자의 원천징수

자료. 마동석 5월 급여자료

(단위: 원)

수당항목			공제항목					
기본급	퇴직 위로금	특별 수당	국민 연금	건강 보험	고용 보험	장기 요양보험	건강 보험료 정산	장기요양 보험료 정산
3,500,000	2,000,000	1,000,000	157,500	124,070	58,500	15,890	−55,800	−3,050

자료설명	5월분 급여대장이다. 1. 관리부 마동석(1002)부장은 20x1년 5월 30일 퇴사하였다. 중도퇴사자 정산은 기등록되어 있는 자료 이외의 공제는 없는 것으로 한다. 2. 급여지급일은 매월 30일이다.
수행과제	1. [사원등록] 메뉴에 퇴사 일자를 입력하시오. 2. [급여자료입력]메뉴에 수당, 공제등록을 하시오. 3. 5월분 급여자료를 입력하고 [중도퇴사자정산]버튼을 이용하여 중도퇴사자 정산내역을 급여자료에 반영하시오.(단, 구분 1.급여로 선택할 것.) 4. 5월 귀속분 [원천징수이행상황신고서]를 작성하시오. 　(전월미환급세액 150,000원을 반영하고, 조정대상 환급액은 당월 환급 신청할 것.)

[실무수행평가] – 근로소득관리 1

번호	평가문제	배점
36	**[마동석 5월 급여자료입력 조회]** 급여항목 중 과세대상 지급액은 얼마인가?	2
37	**[마동석 5월 급여자료입력 조회]** 5월 급여의 소득세는 얼마인가?	2
38	**[마동석 5월 급여자료입력 조회]** 5월 급여의 공제총액은 얼마인가?	1
39	**[원천징수이행상황신고서 조회]** 중도퇴사자료가 반영된 '6.소득세'의 가감계는 얼마인가?	1
40	**[원천징수이행상황신고서 조회]** '21.환급신청액'은 얼마인가?	2

② 가족관계증명서에 의한 사원등록

자료설명	경영지원팀 윤혜린(1004) 팀장의 가족관계증명서이다. 1. 부양가족은 윤혜린과 생계를 같이하고 있으며 윤혜린이 세대주이다. 2. 시부 박재용은 소득이 없으며 항시 치료를 요하는 중증환자이다. 3. 시모 김인희는 부동산 양도소득금액 1,200,000원이 있다. 4. 배우자 박태수는 총급여 50,000,000원이 있다. 5. 자녀 박은식은 소득이 없다. 6. 세부담을 최소화하는 방법을 선택한다.
수행과제	[사원등록] 메뉴에서 부양가족명세를 작성하시오.

자료. 윤혜린의 가족관계증명서

가족관계증명서

등록기준지	서울특별시 관악구 관악로30길 10 (봉천동)

구분	성 명	출생년월일	주민등록번호	성별	본
본인	윤혜린	1982년 11월 11일	821111-2245111	여	坡平

가족사항

구분	성 명	출생년월일	주민등록번호	성별	본
시부	박재용	1951년 05월 05일	510505-1678526	남	密陽
시모	김인희	1953년 04월 02일	530402-2022340	여	全州
배우자	박태수	1979년 07월 13일	790713-1351206	남	密陽
자녀	박은식	2005년 02월 03일	050203-3023185	남	密陽

[실무수행평가] – 근로소득관리 2

번호	평가문제	배점
41	**[윤혜린 근로소득원천징수영수증 조회]** '26.부양가족' 공제대상 인원은 몇 명인가?	1
42	**[윤혜린 근로소득원천징수영수증 조회]** '27.경로우대' 공제대상액은 얼마인가?	2
43	**[윤혜린 근로소득원천징수영수증 조회]** '28.장애인' 공제대상액은 얼마인가?	2
44	**[윤혜린 근로소득원천징수영수증 조회]** '29.부녀자' 공제대상액은 얼마인가?	1
45	**[윤혜린 근로소득원천징수영수증 조회]** '57.자녀세액공제' 금액은 얼마인가?	1

③ 국세청연말정산간소화 및 이외의 자료를 기준으로 연말정산

자료설명	사무직 천지훈(1003)의 연말정산을 위한 자료이다. 1. 사원등록의 부양가족현황은 사전에 입력되어 있다. 2. 부양가족은 천지훈과 생계를 같이 한다. 3. 천지훈은 무주택 세대주이며, 총급여는 7천만원 이하이다.
수행과제	[연말정산 근로소득원천징수영수증] 메뉴에서 연말정산을 완료하시오. 1. 신용카드는 [신용카드] 탭에서 입력한다. 2. 보험료와 교육비는 [소득공제] 탭에서 입력한다. 3. 월세는 [정산명세] 탭에서 입력한다.

자료 1. 천지훈 사원의 부양가족등록 현황

연말정산관계	성명	주민번호	기타사항
0.본인	천지훈	860512-1875655	
3.배우자	백마리	880103-2774918	기본공제
2.배우자 직계존속	백현무	540608-1899730	부
2.배우자 직계존속	오민아	520411-2222220	기본공제, 경로
4.직계비속	천예진	091218-4094112	기본공제
6.형제자매	백은지	901111-2845670	기본공제, 장애인

자료 2. 국세청간소화서비스 및 기타증빙자료

20x1년 귀속 소득 · 세액공제증명서류: 기본(사용처별)내역 [신용카드]

■ 사용자 인적사항

성 명	주 민 등 록 번 호
백마리	880103-2774***

■ 신용카드 등 사용금액 집계

일반	전통시장	대중교통	도서공연등	합계금액
22,000,000	2,500,000	0	0	24,500,000

국 세 청
National Tax Service

- 본 증명서류는 『소득세법』 제165조 제1항에 따라 영수증 발급기관으로부터 수집한 서류로 소득·세액공제 충족 여부는 근로자가 직접 확인하여야 합니다.
- 본 증명서류에서 조회되지 않는 내역은 영수증 발급기관에서 직접 발급받으시기 바랍니다.

20x1년 귀속 소득 · 세액공제증명서류: 기본(사용처별)내역 [신용카드]

■ 사용자 인적사항

성 명	주 민 등 록 번 호
백은지	901111-2845***

■ 신용카드 등 사용금액 집계

일반	전통시장	대중교통	도서공연등	합계금액
1,800,000	0	600,000	0	2,400,000

 국 세 청 National Tax Service

• 본 증명서류는 『소득세법』 제165조 제1항에 따라 영수증 발급기관으로부터 수집한 서류로 소득·세액공제 충족 여부는 근로자가 직접 확인하여야 합니다.
• 본 증명서류에서 조회되지 않는 내역은 영수증 발급기관에서 직접 발급받으시기 바랍니다.

20x1년 귀속 소득 · 세액공제증명서류 : 기본(지출처별)내역
[보장성 보험, 장애인전용보장성보험]

■ 계약자 인적사항

성 명	주 민 등 록 번 호
천지훈	860512-1******

■ 보장성보험(장애인전용보장성보험) 납입내역

(단위: 원)

종류	상 호	보험종류	주피보험자		납입금액 계
	사업자번호	증권번호			
	종피보험자1	종피보험자2	종피보험자3		
보장성	한화생명보험(주)	실손의료보험	540608-1******	백현무	2,400,000
	108-81-15***				
저축성	MG손해보험	든든100세저축	520411-2******	오민아	6,000,000
	104-81-28***	000005523***			
인별합계금액					8,400,000

 국 세 청 National Tax Service

• 본 증명서류는 『소득세법』 제165조 제1항에 따라 영수증 발급기관으로부터 수집한 서류로 소득·세액공제 충족 여부는 근로자가 직접 확인하여야 합니다.
• 본 증명서류에서 조회되지 않는 내역은 영수증 발급기관에서 직접 발급받으시기 바랍니다.

20x1년 귀속 세액공제증명서류: 기본(지출처별)내역 [교육비]

■ 학생 인적사항

성 명	주 민 등 록 번 호
천예진	091218-4094***

■ 교육비 지출내역

교육비종류	학교명	사업자번호	납입금액 계
현장학습비	***중학교	**3-83-21***	300,000
교복	***교복사	**2-81-01***	800,000
인별합계금액			1,100,000

국 세 청
National Tax Service

- 본 증명서류는 『소득세법』 제165조 제1항에 따라 영수증 발급기관으로부터 수집한 서류로 소득·세액공제 충족 여부는 근로자가 직접 확인하여야 합니다.
- 본 증명서류에서 조회되지 않는 내역은 영수증 발급기관에서 직접 발급받으시기 바랍니다.

월 세 납 입 영 수 증

■ 임대인

성명(법인명)	김나영	주민등록번호(사업자번호)	800707-2026122
주소	서울특별시 마포구 월드컵로12길 99 (서교동, 서교빌라 707호)		

■ 임차인

성명	천지훈	주민등록번호	860512-1875655
주소	서울특별시 서초구 방배로15길 22		

■ 세부내용
 - 임대차 기간: 20x0년 2월 1일 ~ 20x2년 1월 31일
 - 임대차계약서상 주소지: 서울특별시 서초구 방배로15길 22
 - 월세금액: 400,000원 (20x1년 총액 4,800,000원)
 - 주택유형: 단독주택, 주택계약면적 85㎡

[실무수행평가] - 근로소득관리 3

번호	평가문제	배점
46	**[천지훈 근로소득원천징수영수증 조회]** '42.신용카드' 소득공제 최종공제액은 얼마인가?	2
47	**[천지훈 근로소득원천징수영수증 조회]** '61.보장성보험' 세액공제액은 얼마인가?	2
48	**[천지훈 근로소득원천징수영수증 조회]** '63.교육비' 세액공제액은 얼마인가?	2
49	**[천지훈 근로소득원천징수영수증 조회]** '70.월세액' 세액공제액은 얼마인가?	2
50	**[천지훈 근로소득원천징수영수증 조회]** '77.차감징수세액'(지방소득세 포함)은 얼마인가?	2
	근로소득 소계	25

실무이론평가

1	2	3	4	5	6	7	8	9	10
③	③	③	①	③	④	③	④	③	②

---

01 재고자산 평가방법의 변경은 (회계정책의 변경)에 해당하므로 그 변경효과를 (소급하여) 적용하여야 한다.

02 장부금액 = 취득가액(200,000,000) - 감가상각누계액(40,000,000) = 160,000,000원
회수가능가액 = MAX[순공정가치(60,000,000), 계속사용가치(70,000,000] = 70,000,000원
유형자산손상차손 = 회수가능가액(70,000,000) - 장부금액(160,000,000) = △90,000,000원

03 기초상품액은 저가법에 따라 순실현가능가치가 된다.

상 품(20X1)

기초상품	1,500,000	매출원가	6,500,000
순매입액	7,000,000	기말상품	2,000,000
계	8,500,000	계	8,500,000

04 매출원가 = 당기상품매출액(2,000,000) × 매출원가율(1 - 0.2) = 1,600,000원

상 품

기초상품	500,000	매출원가	1,600,000
순매입액	1,500,000	기말상품	400,000
계	2,000,000	계	2,000,000

유실된 재고자산 = 장부상 재고액(400,000) - 기말상품실재액(300,000) = 100,000원

05 〈누락된 회계처리〉

(차) 대손상각비　　　　　×××원　　　(대) 매출채권　　　　　×××원
자산이 과대계상되고 이익과 이익잉여금이 과대계상되었다.

06 처분손익(매도가능증권) = [처분가액(7,000) - 취득가액(8,000)] × 1,000주 = △1,000,000원(손실)

07 보세구역에서 국내로 재화를 반입하는 것을 재화의 수입으로 본다.

08 매입세액 = 화물차유류대(3,400,000) + 비품(4,000,000) = 7,400,000원
공장용 화물차 유류대와 사무용 비품 구입 관련 매입세액은 공제대상이며, 거래처 기업업무추진용 선물세트 구입 관련 매입세액과 토지 자본적 지출 관련 매입세액은 공제받지 못할 매입세액이다.

09 공적연금소득을 지급하는 원천징수의무자는 해당 과세기간의 **다음 연도 1월분 공적연금 소득을 지급할 때에 연말정산**을 하여야 한다.

10 의료비세액공제 대상액 = 안경구입(500,000) + 국내치료비(3,000,000) = 3,500,000원
{세액공제대상액(3,500,000) − 총급여액(60,000,000) × 3%} × 15% = 255,000원
외국대학병원에서의 치료비와 미용을 위한 성형수술비는 의료비 세액공제대상이 아니다.

▨▨▨▨ 실무수행평가

실무수행 1. 거래자료입력

① 3만원초과 거래자료에 대한 경비등의송금명세서 작성 [일반전표입력] 1월 10일

(차) 임차료(제)　　　　　　500,000원　　　(대) 보통예금(국민은행)　　　500,000원

[경비등송금명세서]

번호	⑥거래일자	⑦법인명(상호)	⑧성 명	⑨사업자(주민)등록번호	⑩거래내역	⑪거래금액	⑫송금일자	CD	⑬은행명	⑭계좌번호	계정코드
1	20×1-01-10	현대개발	이중민	120-07-27772	임차료	500,000	20×1-01-10	088	신한은행	011202-04-012366	

② 신규매입자산의 고정자산 등록

1. [매입매출전표입력] 2월 5일

거래유형	품명	공급가액	부가세	거래처	전자세금
54.불공	제네시스G80	60,000,000	6,000,000	현대자동차(주)	전자입력
불공제사유		3.비영업용 소형승용차 구입 및 유지			
분개유형	(차) 차량운반구	66,000,000원	(대) 미지급금		66,000,000원
3.혼합					

2. [고정자산등록] 1000.제네시스G80, 20X1.02.05,정액법)

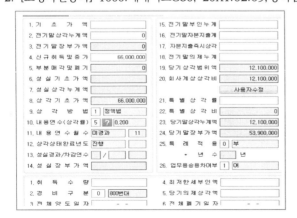

3. [업무용승용차등록] 01000, 차량번호315나5678 제네시스G80, 회사, 사용

1. 고 정 자 산 계 정 과 목	208	?	차량운반구
2. 고 정 자 산 코 드	001000	?	
3. 고 정 자 산 명	제네시스G80		
4. 취 득 일 자	20×1-02-05		
5. 경 비 구 분	0	800번대	
6. 명 의 구 분	0	회사차	
7. 임 차 기 간	----·--·-- ~ ----·--·--	?	
8. 기 초 주 행 누 적 거 리	km		
9. 보 험 가 입 여 부	0	업무전용자동차보험(법인)	참고
10. 보 험 기 간	20×1-02-05 ~ 20×2-02-04	?	
	----·--·-- ~ ----·--·--	?	

③ 자본거래 [일반전표입력] 3월 30일

(차) 보통예금(기업은행)	51,650,000원	(대) 자본금	17,500,000원
		주식발행초과금	34,150,000원

실무수행 2. 부가가치세관리

① 전자세금계산서 발급

1. [매입매출전표입력] 4월 30일(복수거래)

거래유형	품명	공급가액	부가세	거래처	전자세금
11.과세	차량용 공기청정기외	12,000,000	1,200,000	(주)클린기업	전자발행
분개유형	(차) 외상매출금	13,200,000원	(대) 제품매출		12,000,000원
2.외상			부가세예수금		1,200,000원

2. [전자세금계산서 발행 및 내역관리] 기출문제 68회 참고

② 수정전자세금계산서의 발급

1. [수정세금계산서 발급]

　① [매입매출전표입력] 6월 22일 전표선택 ➡ 수정세금계산서 클릭 ➡ 수정사유(2.공급가액변동)를
　　 선택 ➡ 확인(Tab)을 클릭

② [수정세금계산서(매출)] 화면에서 수정분 [작성일 6월 30일, 공급가액 -300,000원, 부가세 -30,000원]을 입력 ➡ 확인(Tab) 클릭

③ [매입매출전표입력] 6월 30일

거래유형	품명	공급가액	부가세	거래처	전자세금
11.과세	매출에누리	-300,000	-30,000	예림산업(주)	전자발행
분개유형	(차) 외상매출금	-330,000원	(대) 제품매출		-300,000원
2.외상			부가세예수금		-30,000원

2. [전자세금계산서 발행 및 내역관리] 기출문제 68회 참고

③ 부동산임대사업자의 부가가치세신고서 작성

1. [매입매출전표입력] 9월 30일

거래유형	품명	공급가액	부가세	거래처	전자세금
11.과세	임대료	5,000,000	500,000	(주)해신전자	전자입력
분개유형	(차) 보통예금	5,500,000원	(대) 임대료수입		5,000,000원
3.혼합	(국민은행)		부가세예수금		500,000원

2. [부동산임대공급가액명세서](7~9월) 적용이자율 : 2.9%, 366일

3. [매입매출전표입력] 9월 30일

거래유형	품명	공급가액	부가세	거래처	전자세금
14.건별	간주임대료	475,409	47,540		
분개유형	(차) 보통예금		47,540원	(대) 부가세예수금	47,540원
3.혼합	(국민은행)				

4. [부가가치세신고서] 7월 1일 ~ 9월 30일

구 분			금액	세율	세액
과세표준	과세	세금계산서발급분 ①1	255,000,000	10/100	25,500,000
		매입자발행세금계산서 ②2		10/100	
		신용카드·현금영수증 ③3		10/100	
		기타 ④4	475,409	10/100	47,540
		세금계산서발급분 ⑤5		0/100	

④ 매입세액불공제내역 작성자의 부가가치세 신고서 작성

1. [매입세액불공제내역](10~12월)

	계산식	구분	(20)해당재화의 매입세액	(21)경감률(%) (1- 체감률 x 과세기간수)			(22)증가또는감소된면세 공급가액(사용면적)비율(%)	(23)가산또는공제되는 매입세액(20 x 21 x 22)
				체감률	경과된 과세기간수	경감률		
1	1.건축.구축물	건물	20,000,000	5/100	5	75	20	3,000,000
2	2.기타 감가상각	기계장치	5,000,000	25/100	3	25	20	250,000

- 건물: 20,000,000원×(1 - 5%×5)×20%(면세증가비율)=3,000,000원
- 기계장치: 5,000,000×(1 - 25%×3)×20%(면세증가비율)=250,000원
- 토지는 면세대상이므로 제외

2. [부가가치세신고서] 10월 1일 ~ 12월 31일

16 공제받지 못할매입 세액명세	구분		금액	세액
	공제받지못할매입세액	50		
	공통매입세액면세사업	51	32,500,000	3,250,000
	대손처분받은세액	52		
	합계	53	32,500,000	3,250,000

그 밖의 경감·공제 세액 명세	구분		금액	세율	세액
	전자신고및전자고지	54			10,000
	전자세금발급세액	55			

3. [일반전표입력] 12월 31일

(차) 건물	3,000,000원	(대) 부가세대급금	3,000,000원
(차) 기계장치	250,000원	(대) 부가세대급금	250,000원

[실무수행평가] - 부가가치세관리

번호	평가문제	배점	답
11	[세금계산서합계표 조회]	2	(16,000,000)원
12	[세금계산서합계표 조회]	2	(32)매
13	[매입매출전표입력 조회]	2	(2)
14	[부동산임대공급가액명세서 조회]	2	(475,409)원
15	[부가가치세신고서 조회]	2	(255,000,000)원
16	[부가가치세신고서 조회]	2	(12,000)원
17	[부가가치세신고서 조회]	3	③
18	[매입세액불공제내역 조회]	3	(20)%
19	[부가가치세신고서 조회]	2	(3,250,000)원
20	[부가가치세신고서 조회]	2	(21,783,200)원
	부가가치세 소계	22	

실무수행 3. 결산

① 수동결산 [일반전표입력] 12월 31일

(차) 이자비용　　　　　　　　　　375,000원　　　(대) 미지급비용　　　　　　　375,000원

※ 미지급비용: 30,000,000원×5%×3/12＝375,000원

② 결산자료입력에 의한 자동결산

[결산자료입력 1] ① 고정자산등록(232.특허권, 1000.미세먼지방지기능,20x1-02-01)

② [결산자료입력]

결산자료입력에서 판매비관리비 특허권 상각비란에 550,000원을 직접 입력하고

[전표추가(F3)]를 클릭하여 결산분개를 생성한다.

[결산자료입력 2]

결산자료입력에서 기말 제품 31,000,000원을 입력하고 [전표추가(F3)]를 클릭하여 결산분개를 생성한다.

[이익잉여금처분계산서] 메뉴

이익잉여금처분계산서에서 처분일을 입력한 후, [전표추가(F3)]를 클릭하여 손익대체분개를 생성한다.

[실무수행평가] - 재무회계

번호	평가문제	배점	답
21	[경비등송금명세서 조회]	2	(088)
22	[업무용승용차등록 조회]	1	③
23	[거래처원장 조회]	1	(95,650,000)원
24	[거래처원장 조회]	1	
25	[거래처원장 조회]	2	(33,697,671)원
26	[일/월계표 조회]	1	(1,500,000)원
27	[일/월계표 조회]	1	(335,174,530)원
28	[손익계산서 조회]	2	(14,907,000)원
29	[재무상태표 조회]	2	(96,000,000)원
30	[재무상태표 조회]	1	(36,150,000)원
31	[재무상태표 조회]	2	(214,000,000)원
32	[재무상태표 조회]	2	(20,250,000)원
33	[재무상태표 조회]	1	(31,000,000)원
34	[재무상태표 조회]	3	(4,450,000)원
35	[재무상태표 조회]	1	③
	재무회계 소계	23	

실무수행 4. 근로소득관리

① 중도퇴사자의 원천징수

1. [사원등록]

　사원등록에서 퇴사년월일(20x1년 5월 30일) 입력

2. [수당/공제등록]

	코드	수당명	과세구분	근로소득유형
1	101	기본급	과세	1.급여
2	102	상여	과세	2.상여
3	200	퇴직위로금	과세	1.급여
4	201	특별수당	과세	1.급여

	코드	공제항목명	공제소득유형
1	501	국민연금	0.무구분
2	502	건강보험	0.무구분
3	503	고용보험	0.무구분
4	504	장기요양보험료	0.무구분
5	505	학자금상환액	0.무구분
6	903	농특세	0.사용
7	600	건강보험료정산	2.건강보험료정산
8	601	장기요양보험료정산	4.장기요양보험정산

3. [급여자료입력]

　급여자료를 입력한 후, [중도퇴사자 정산]을 클릭하여 연말정산 결과를 반영한다.

귀속년월 20x1 년 05 월 구분 1. 급여 　지급일 20x1 년 05 월 30 일 ? 　정렬 1. 코드

	코드	사원명	직급	감면율
	1001	김원일		
	1002	마동석(중도인		
	1003	천지훈		
	1004	윤혜린		

급여항목	지급액
기본급	3,500,000
퇴직위로금	2,000,000
특별수당	1,000,000

공제항목	공제액
국민연금	157,500
건강보험	124,070
고용보험	58,500
장기요양보험료	15,890
건강보험료정산	-55,800
장기요양보험료정산	-3,050
소득세	-431,910
지방소득세	-43,180
농특세	

　☞ 소득세 등은 자동계산되어집니다.

4. [원천징수이행상황신고서]귀속기간 5월, 지급기간 5월

	구분	코드	소득지급(과세미달,비과세포함)		징수세액				9.당월 조정 환급세액	10.소득세 등 (가산세 포함)	11.농어촌 특별세
			4.인원	5.총지급액	6.소득세 등	7.농어촌특별세	8.가산세				
근로소득	간 이 세 액	A01	3	14,500,000	194,890						
	중 도 퇴 사	A02	1	20,500,000	-431,910						
	일 용 근 로	A03									
	연말정산합계	A04									
	연말분납금액	A05									
	연말납부금액	A06									
	가 감 계	A10	4	35,000,000	-237,020						

전월 미환급 세액의 계산			당월 발생 환급세액				18.조정대상환급 (14+15+16+17)	19.당월조정 환급액계	20.차월이월 환급액(18-19)	21.환급신청액
12.전월미환급	13.기환급신청	14.잔액12-13	15.일반환급	16.신탁재산	17.금융등	17.합병등				
150,000		150,000	237,020				387,020		387,020	387,02

[실무수행평가] – 근로소득관리 1

번호	평가문제	배점	답
36	**[마동석 5월 급여자료입력 조회] 과세대상 지급액** 기본급(3,500,000) + 퇴직위로금(2,000,000) + 특별수당(1,000,000)	2	(6,500,000)원
37	**[마동석 5월 급여자료입력 조회] 급여의 소득세**	2	(-431,910)원
38	**[마동석 5월 급여자료입력 조회] 공제총액**	1	(-177,980)원
39	**[원천징수이행상황신고서 조회] 소득세 가감계**	1	(-237,020)원
40	**[원천징수이행상황신고서 조회] 환급신청액**	2	(387,020)원

※ 37~40은 프로그램이 자동계산하므로 시점(세법개정, 프로그램 업데이트)마다 달라질 수가 있습니다.

② 가족관계증명서에 의한 사원등록(윤혜린)2024

관계	요 건		기본 공제	추가 (자녀)	판 단
	연령	소득			
본인(세대주)	-	-	○		근로소득금액 32,150,000원
시부(73)	○	○	○	경로, 장애(3)	
시모(71)	○	×	부	-	소득금액 1백만원 초과자
배우자	-	×	부		총급여액 5백만원 초과자
자녀(19)	○	○	○	자녀	

21.총 급 여(16)		44,000,000
22.근 로 소 득 공 제	>	11,850,000
23.근 로 소 득 금 액	>	32,150,000

[실무수행평가] - 근로소득관리 2

번호	평가문제[윤혜린 근로소득원천징수영수증 조회]	배점	답
41	부양가족 공제 대상인원(시부, 자녀)	1	(2)명
42	경로우대공제 대상액(시부)	2	(1,000,000)원
43	장애인 공제대상액(시부)	2	(2,000,000)원
44	부녀자 공제대상액→종합소득금액 3천만원 초과자	1	(0)원
45	자녀세액공제액(자녀 1명)	1	(150,000)원

③ 국세청연말정산간소화 및 이외의 자료를 기준으로 연말정산

항 목	요건		내역 및 대상여부	입력
	연령	소득		
신용카드	×	○	• 배우자 신용카드 • 형제자매 신용카드는 대상에서 제외	○(신용 22,000,000 전통 2,500,000) ×
보 험 료	○	○	• 장인 실손의료보험(소득요건 미충족) • 장모 저축성 보험료는 대상에서 제외	× ×
교 육 비	×	○	• 자 현장학습비(한도 30만원)과 교복 　(한도 50만원)	○(초중고 800,000)
월 세	본인외		• 본인 월세	○(4,800,000)

[연말정산 근로소득원천징수영수증]

1. 신용카드 소득공제

| 정산명세 | 소득명세 | 소득공제 | 의료비 | 기부금 | 신용카드 | 연금투자명세 | 월세액명세 |

● 1. 공제대상자및대상금액

공제대상자			신용카드 등 공제대상금액								
내.외 관계	성 명 생년월일	구분	⑤소계(⑥+⑦+⑧+⑨+⑩+⑪)	⑥신용카드	⑦직불선불카드	⑧현금영수증	⑨도서공연박물관미술관사용분 (총급여 7천만원이하자만)			⑩전통시장사용분	⑪대중교통이용분
							신용카드	직불선불카드	현금영수증		
내 본인	천지훈 1986-05-12	국세청자료 그밖의자료									
내 3	백마리 1988-01-03	국세청자료 그밖의자료	24,500,000	22,000,000						2,500,000	

2. 소득공제 : 교육비 세액공제

5	4 1	천예진 091218-4094112	20세 이하	초중고	800,000
6	6 1	백은지 901111-2845670	장애인		

320

3. 월세 세액공제

월세액								×

2. 월세액 세액공제 명세 무주택자해당여부 ◉ 여 ○ 부

임대인성명 (상호)	주민(사업자)등 록번호	주택유형	주택계약 면적(㎡)	임대차계약서상 주소지	임대차계약기간 시작	임대차계약기간 종료	월세액
김나영	800707-2026122	단독주택	85.00	서울특별시 서초구 방배로15길 22	2023-02-01	2025-01-31	4,800,000

4. 정산명세 조회

특별소득공제	34.주택	11년이전 차입분	15년미만	>		특별세액공제		61.고용유지	0 >	
			15~29년	>			62.의료비	0 >	
			30년이상	>			63.교육비	800,000 >	120,000
	나.장기주택저당차입금이자상환액	12년이후 차입분 (15년이상)	고정or비거치	>			64.기부금	정치 10만원이하	>	
			기타대출	>				치 10만원초과	>	
		15년이후 차입분 (15년이상)	고정&비거치	>				나.법정기부금	>	
			고정or비거치	>				다.우리사주기부금	>	
			기타대출	>				라.지정기부금(종교외)	>	
		15년이후 차입분 (10~15년)	고정or비거치	>				마.지정기부금(종교)	>	
	35.기부금(이월분)			>			65.계		120,000
	36.계			2,228,840			66.표준세액공제	>	
37.차 감 소 득 금 액				30,461,160			67.납세조합공제	>	
그 밖의 소득공제	38.개인연금저축			>			68.주 택 차 입 금	>	
	39.소기업·소상공인공제부금			>			69.외 국 납 부	>	
	40.주택마련저축	가.청약저축		>			70.월세액	>	720,000
		나.주택청약종합저축		>					
		다.근로자주택마련저축		>					
	41.투자조합출자 등			>					
	42.신용카드등		24,500,000	2,125,000					
	43.우리사주조합 출연금			>					
	44.고용유지중소기업근로자			>					
	45.장기집합투자증권저축			>			71.세 액 공 제 계		1,650,000
	46.청년형장기집합투자증권저축			>			72.결 정 세 액(50-55-71)		1,340,424
	47.그 밖의 소득 공제 계			2,125,000			82.실 효 세 율(%) (72/21)×100%		2.3%

		소득세	지방소득세	농어촌특별세	계
73.결정세액		1,340,424	134,042	0	1,474,466
기납부 세액	74.종(전) 근무지	0	0	0	0
	75.주(현) 근무지	1,716,480	171,600	0	1,888,080
76. 납부특례세액		0	0	0	0
77. 차감징수세액(73-74-75-76)		-376,050	-37,550	0	-413,600

[실무수행평가] - 근로소득관리 3

번호	평가문제[천지훈 근로소득원천징수영수증 조회]	배점	답
46	42.신용카드 소득공제 최종공제액	2	(2,125,000)원
47	보장성보험료 세액공제(대상 없음)	2	(0)원
48	교육비세액공제	2	(120,000)원
49	월세액 세액공제	2	(720,000)원
50	차감징수세액(지방세 포함)	2	(-413,600)원
근로소득 소계		25	

<u>※ 46,50은 프로그램이 자동계산하므로 시점(세법개정, 프로그램 업데이트)마다 달라질 수가 있습니다.</u>

〈참고사항 : 총급여액 58,000,000원〉

※ 시험시 프로그램이 자동계산되어진 것으로 답을 입력하시고 시간이 남으시면 체크해 보시기 바랍니다.

		한도	공제율	대상금액	세액공제
1. 교육비	초중고	3백만원	15%	800,000	120,000
2. 월세	본인외	1,000만원	15%	4,800,000	720,000

←월세액 공제 총급여액 55백만원 초과 8천만원 이하 : 공제율 15%→

21.총 급 여(16)		58,000,000
22.근 로 소 득 공 제	〉	12,650,000
23.근 로 소 득 금 액	〉	45,350,000

기출 문제

Tax Accounting Technician
세무정보처리 자격시험 2급

62회

합격율	시험년월
21%	2023.5

실무이론평가

01. 다음은 (주)한공의 20x1년 12월 31일 현재 보유중인 상품에 대한 자료이다. 20x1년 손익계산서에 인식할 재고자산평가손실은 얼마인가?

수 량	장부상 단가	단위당 예상 판매가격	단위당 예상 판매비용
1,000개	100원	110원	30원

① 0원 ② 10,000원 ③ 20,000원 ④ 30,000원

02. 다음 자료를 토대로 (주)한공의 당기순이익을 계산하면 얼마인가?

〈기초 및 기말 자본〉
• 기초 자본 4,000,000원 • 기말 자본 7,000,000원

〈당기 중 자본거래〉
• 유상증자 3,000,000원 • 현금배당 1,000,000원 • 주식배당 2,000,000원

① 1,000,000원 ② 2,000,000원 ③ 3,000,000원 ④ 4,000,000원

03. 다음은 (주)한공이 20x1년 중 취득하여 보유중인 유가증권 내역이다. 20x1년말 결산시 유가증권의 평가 결과가 당기순이익에 미치는 영향으로 옳은 것은?

구분	종류	액면단가	취득단가	단위당 공정가치
단기매매증권	A주식 1,000주	5,000원	6,000원	7,000원
단기매매증권	B주식 3,000주	5,000원	8,000원	5,000원
매도가능증권	C주식 2,000주	5,000원	7,000원	9,000원

① 4,000,000원 증가 ② 4,000,000원 감소
③ 8,000,000원 증가 ④ 8,000,000원 감소

04. (주)한공은 사용하던 기계장치를 다음과 같이 거래처의 동종자산으로 교환하여 취득하였다. 새로운 기계장치의 취득원가로 옳은 것은?

> • (주)한공이 제공한 기계장치(A) 관련 금액
>   취득원가 30,000,000원   감가상각누계액 24,000,000원   공정가치 5,000,000원
> • 거래처로부터 제공받은 기계장치(B) 관련 금액
>   취득원가 20,000,000원   감가상각누계액 15,000,000원   공정가치 3,000,000원

① 3,000,000원   ② 4,000,000원   ③ 5,000,000원   ④ 6,000,000원

05. 다음은 (주)한공의 12월 중 상품 매매 자료이다. 재고자산의 평가방법으로 이동평균법과 총평균법을 적용할 때 12월말 상품재고액으로 옳은 것은?

일자	구분	수량	단가
12월 1일	월초재고	1,000개	100원
12월 8일	외상매입	1,000개	110원
12월 12일	상품매출	1,500개	500원
12월 16일	외상매입	1,000개	120원

	이동평균법	총평균법		이동평균법	총평균법
①	175,000원	155,000원	②	155,000원	175,000원
③	172,500원	165,000원	④	165,000원	172,500원

06. (주)한공의 외화매출 거래는 다음과 같다. 기말 재무상태표에 표시되는 외화외상매출금과 손익계산서에 인식하는 외화환산손익은 얼마인가?

> • 7월 1일 미국에 있는 거래처에 상품을 US$100,000에 외상으로 판매하였다.
>   판매시점 환율은 US$1=1,100원이다.
> • 12월 31일 결산시점 환율은 US$1=1,200원이다.

	외화외상매출금	외화환산손익
①	110,000,000원	외화환산손실 10,000,000원
②	110,000,000원	외화환산이익 10,000,000원
③	120,000,000원	외화환산손실 10,000,000원
④	120,000,000원	외화환산이익 10,000,000원

07. 다음은 과세사업자인 (주)한공의 거래내역이다. 이 중 부가가치세 과세거래에 해당하는 것은?

> 가. 담보목적으로 부동산을 제공하는 경우
> 나. 매입세액공제를 받지 못한 재화를 거래처에 증정하는 경우
> 다. 특수관계인에게 사업용 부동산을 무상으로 임대하는 경우
> 라. 건물을 교환하는 경우

① 가, 나   ② 나, 다   ③ 다, 라   ④ 가, 라

08. 다음은 일반과세자인 (주)한공의 20x1년 제1기 부가가치세 확정신고와 관련된 자료이다. 이 자료를 토대로 매출세액을 계산하면 얼마인가?

가. 상품공급액(부가가치세 포함)	66,000,000원
나. 매출채권의 회수지연에 따라 받은 연체이자	1,100,000원
다. 거래처의 파산으로 당기에 대손확정된 전기 과세표준에 포함된 매출채권(부가가치세 포함)	5,500,000원

① 5,400,000원   ② 5,500,000원   ③ 5,940,000원   ④ 6,050,000원

09. 다음은 김한공 씨의 수입 내역이다. 이를 토대로 원천징수대상 기타소득금액을 계산하면 얼마인가? 단, 실제 사용된 필요경비는 없는 것으로 가정한다.

가. 유실물의 습득으로 인한 보상금	2,000,000원
나. 주택입주 지체상금	1,000,000원
다. 고용관계 없이 다수인에게 강연을 하고 받은 대가	5,000,000원

① 3,200,000원   ② 4,200,000원   ③ 4,400,000원   ④ 5,000,000원

10. 다음 중 신용카드 등 사용금액에 대한 소득공제에 대한 설명으로 옳지 않은 것은?

① 고등학생의 교복을 신용카드로 구입한 경우 신용카드 등 사용금액에 대한 소득공제는 교육비세액 공제와 중복적용이 가능하다.
② 소득세법에 따라 세액공제를 적용받는 월세액은 신용카드 등 사용금액에 포함하지 아니한다.
③ 해외에서 사용한 금액은 신용카드 등 사용금액에 포함하지 아니한다.
④ 신용카드로 지급한 의료비에 대하여 의료비세액공제를 받은 경우에는 신용카드 등 사용금액에 대한 소득공제를 받을 수 없다.

■■■■■■■■ **실무수행평가**

(주)태평산업(2620)은 가정용 전기밥솥 제조업을 영위하는 법인기업으로 회계기간은 제7기(20x1.1.1. ~ 20x1.12.31.)이다. 제시된 자료와 자료설명을 참고하여, [수행과제]를 완료하고 [평가문제]의 물음에 답하시오.

실무수행1 │ 거래자료입력

실무프로세스 자료이다. [자료설명]을 참고하여 [수행과제]를 수행하시오.

① 3만원초과 거래자료에 대한 경비등송금명세서 작성
자료 1. 공급자 정보

영 수 증 (공급받는자용)			
(주) 태평산업 귀하			
공급자	사업자 등록번호	315-25-00910	
	상 호	번개화물	성명	이재훈
	사업장 소재지	서울특별시 성동구 상원길 59	
	업 태	운수업	종목	개별화물
작성 년월일	공급대가총액	비고	
20x1.1.5.	₩ 250,000		
위 금액을 영수(청구)함.			
월/일	품명	수량	단가	공급대가(금액)
1/5	운송료			250,000
입 금 계 좌 : 우리은행 123-124567-800			

자료 2. 보통예금(하나은행) 거래내역

번호	거래일	내용	찾으신금액	맡기신금액	잔액	거래점
		계좌번호 112-088-123123 (주)태평산업				
1	20x1-1-5	번개화물	250,000		***	***

자료설명	원재료를 매입하면서 당사 부담의 운반비를 번개화물(간이과세자)에 이체하여 지급하였다. 해당사업자는 경비등송금명세서 제출대상자에 해당한다.
수행과제	1. 거래자료를 입력하시오. 2. 경비등송금명세서를 작성하시오.(단, 영수증수취명세서 작성은 생략할 것.)

② 유/무형자산의 매각 (3점)

자료 1. 토지 매각시 매매계약서

토지 매매 계약서

본 부동산에 대하여 매도인과 매수인은 합의에 의하여 다음과 같이 매매계약을 체결한다.

1. 부동산의 표시

소재지		경기도 용인시 처인구 백암면 장평리 79-6		
토지	지목	대지	면적	6,611.57㎡ (2,000평)

2. 계약내용
제1조 위 부동산의 매매에 있어 매매대금 및 매수인의 대금 지불 시기는 다음과 같다.

매매대금	金	이억원정 (₩ 200,000,000)

(중략)

<특약사항>
토지 매매대금은 계약일에 일시불로 지급함.

20x1년 2월 21일

매 도 인	주소	강원도 춘천시 명동길 11 (조양동)				印
	주민등록번호	221-81-55552	전화	033-330-1234	성명	(주)태평산업
매 수 인	주소	서울특별시 금천구 서부샛길 606				印
	주민등록번호	109-13-67050	전화	02-513-0001	성명	금천산업

자료 2. 보통예금(국민은행) 거래내역

번호	거래일	내용	찾으신금액	맡기신금액	잔액	거래점
		계좌번호 101-25-859655 (주)태평산업				
1	20x1-02-21	토지매매대금		198,000,000	***	***

자료설명	1. 자료 1은 공장신축 목적으로 구입하였던 토지(20x1. 1. 10. 취득, 취득가액 190,000,000원)의 공장신축이 취소되어 처분한 계약서이다. 2. 자료 2는 부동산중개수수료(매매대금 200,000,000원의 1%)를 제외한 금액(198,000,000원)이 당사 국민은행 보통예금 계좌로 입금된 내역이다.
수행과제	2월 21일의 토지 처분일의 거래 자료를 일반전표에 입력하시오.

③ 퇴직금 지급

퇴직금 정산서

- 사업장명: (주)태평산업
- 성　　명: 송중기
- 생년월일: 1985년 10월 20일
- 퇴사일자: 20x1년 03월 31일
- 퇴직금 지급일자: 20x1년 03월 31일
- 퇴직금: 20,000,000원(『근로자퇴직급여 보장법』상 금액)
- 퇴직금 지급방법: 확정급여형퇴직연금(DB) 계좌에서 지급

자료설명	1. (주)태평산업은 확정급여형퇴직연금(DB)에 가입하여 퇴직금추계액의 100%를 불입하고 있다. 2. 송중기 퇴사시 퇴직금 전액을 개인형 퇴직연금(IRP)계좌로 지급한다.
수행과제	3월 31일 퇴직금 지급과 관련된 거래자료를 입력하시오.(거래처코드 입력은 생략할 것.)

실무수행2 | 부가가치세관리

부가가치세 신고 관련 자료이다. [자료설명]을 참고하여 [수행과제]를 수행하시오.

1 전자세금계산서 발급

거래명세서

(공급자 보관용)

공급자	등록번호	221-81-55552			공급받는자	등록번호	123-81-52149		
	상호	(주)태평산업	성명	장민국		상호	(주)중앙물산	성명	오민수
	사업장주소	강원도 춘천시 명동길 11(조양동)				사업장주소	서울특별시 송파구 송파대로 170		
	업태	제조업	종사업장번호			업태	도소매업	종사업장번호	
	종목	전기밥솥				종목	전자제품외		

거래일자	미수금액	공급가액	세액	총 합계금액
20x1.4.18.		12,000,000	1,200,000	13,200,000

NO	월	일	품목명	규격	수량	단가	공급가액	세액	합계
1	4	18	전기압력밥솥		30	400,000	12,000,000	1,200,000	13,200,000

자료설명	1. 제품을 공급하고 발행한 거래명세서이다. 2. 공급대가 중 1,200,000원은 (주)중앙물산이 발행한 당좌수표로 받았고, 잔액은 10일 후에 받기로 하였다.
수행과제	1. 거래자료를 입력하시오. 2. 전자세금계산서 발행 및 내역관리 를 통하여 발급·전송하시오. (전자세금계산서 발급 시 결제내역 및 전송일자는 무시할 것.)

② 수정전자세금계산서의 발급

전자세금계산서		(공급자 보관용)				승인번호			

공급자	등록번호	221-81-55552			공급받는자	등록번호	506-81-45111		
	상호	(주)태평산업	성명(대표자)	장민국		상호	(주)기남전자	성명(대표자)	장기남
	사업장주소	강원도 춘천시 명동길 11(조양동)				사업장주소	경상북도 포항시 남구 시청로 9		
	업태	제조업	종사업장번호			업태	제조.도소매업	종사업장번호	
	종목	전기밥솥				종목	가전제품		
	E-Mail	sot@bill36524.com				E-Mail	kinam@bill36524.com		

작성일자	20x1.6.1.	공급가액	20,000,000	세 액	2,000,000
비고					

월	일	품목명	규격	수량	단가	공급가액	세액	비고
6	1	전기밥솥		100	200,000	20,000,000	2,000,000	

합계금액	현금	수표	어음	외상미수금	이 금액을	○ 영수	함
22,000,000				22,000,000		● 청구	

자료설명	1. 6월 1일 제품을 공급하고 발급한 전자세금계산서이며 매입매출전표에 입력되어 있다. 2. 6월 10일 당초의 결제조건에 의하여 2% 할인된 금액만큼 차감하고 결제되었다.
수행과제	수정사유를 선택하여 공급가액 변동에 따른 수정전자세금계산서를 발급 · 전송하시오.(매출할인에 대해서만 회계처리하며, 외상대금 및 제품매출에서 음수(-)로 처리하고 전자세금계산서 발급 시 결제내역 및 전송일자는 무시할 것.)

3 건물등감가상각자산취득명세서 작성자의 부가가치세신고서 작성

자료 1. 기계장치 구입관련 자료

전자세금계산서					(공급받는자 보관용)		승인번호		
공급자	등록번호	869-88-01648			공급받는자	등록번호	221-81-55552		
	상호	(주)용인기계	성명(대표자)	김원선		상호	(주)태평산업	성명(대표자)	장민국
	사업장주소	경기도 용인시 기흥구 강남로 3				사업장주소	강원도 춘천시 명동길 11(조양동)		
	업태	제조업	종사업장번호			업태	제조업	종사업장번호	
	종목	전자기기				종목	전기밥솥		
	E-Mail	yongin@bill36524.com				E-Mail	sot@bill36524.com		

작성일자	20x1.7.10.	공급가액	20,000,000	세 액	2,000,000
비고					

월	일	품목명	규격	수량	단가	공급가액	세액	비고
7	10	프레스기계				20,000,000	2,000,000	

합계금액	현금	수표	어음	외상미수금	이 금액을	○ 영수	함
22,000,000				22,000,000		● 청구	

자료 2. 화물차 구입

전자세금계산서					(공급받는자 보관용)		승인번호		
공급자	등록번호	750-35-00091			공급받는자	등록번호	221-81-55552		
	상호	드림모터스	성명(대표자)	한석민		상호	(주)태평산업	성명(대표자)	장민국
	사업장주소	경기도 수원시 권선구 곡반정로 13번길 18				사업장주소	강원도 춘천시 명동길 11(조양동)		
	업태	도소매업	종사업장번호			업태	제조업	종사업장번호	
	종목	자동차				종목	전기밥솥		
	E-Mail	dream@bill36524.com				E-Mail	sot@bill36524.com		

작성일자	20x1.8.15.	공급가액	16,000,000	세 액	1,600,000
비고					

월	일	품목명	규격	수량	단가	공급가액	세액	비고
8	15	1.5트럭				16,000,000	1,600,000	

합계금액	현금	수표	어음	외상미수금	이 금액을	○ 영수	함
17,600,000				17,600,000		● 청구	

자료 3. 차량 수리비

```
                신용카드매출전표
--------------------------------------
카드종류: 롯데카드
회원번호: 6880-1256-****-40**
거래일시: 20x1.9.10. 10:01:23
거래유형: 신용승인
매    출:  1,000,000원
부 가 세:    100,000원
합    계:  1,100,000원
결제방법: 일시불
승인번호: 98776544
--------------------------------------
가맹점명: (주)블루핸즈 춘천점

            - 이 하 생 략 -
```

자료설명	자료 1. 제품 생산용 프레스 기계를 구입하고 발급받은 전자세금계산서이다. 자료 2. 물류팀에서 사용할 제품배송용 화물차를 구입하고 수취한 전자세금계산서이다. 자료 3. 영업부 승용자동차(개별소비세 과세대상, 5인승, 2,000cc)에 대한 자동차 수리비를 지출하고 수취한 신용카드매출전표이다. (자본적 지출로 처리할 것.)
수행과제	1. 자료 1 ~ 자료 3에 대한 거래자료를 입력하시오. (전자세금계산서와 관련된 거래는 '전자입력'으로 처리할 것.) 2. 제2기 예정신고기간의 건물등감가상각자산취득명세서를 작성하시오. 3. 제2기 예정 부가가치세 신고서에 반영하시오.

4 매입세액불공제내역 작성자의 부가가치세신고서 작성

자료 1. 수수료비용(판매관리비) 내역

전자세금계산서			(공급받는자 보관용)			승인번호		

공급자	등록번호	214-06-97431			공급받는자	등록번호	221-81-55552	
	상호	나이스회계법인	성명 (대표자)	김영남		상호	(주)태평산업	성명 (대표자)	장민국
	사업장 주소	서울특별시 강남구 강남대로 272				사업장 주소	강원도 춘천시 명동길 11(조양동)	
	업태	서비스업	종사업장번호			업태	제조업	종사업장번호
	종목	공인회계사				종목	전기밥솥	
	E-Mail	nice@bill36524.com				E-Mail	sot@bill36524.com	

작성일자	20x1.9.30.	공급가액	5,000,000	세 액	500,000
비고					

월	일	품목명	규격	수량	단가	공급가액	세액	비고
9	30	컨설팅 수수료비용				5,000,000	500,000	

합계금액	현금	수표	어음	외상미수금	이 금액을	○ 영수	함
5,500,000				5,500,000		◉ 청구	

자료 2. 공급가액 내역

구 분	제2기 예정	제2기 확정	계
과세분(전자세금계산서)	300,000,000원	370,000,000원	670,000,000원
면세분(전자계산서)	100,000,000원	230,000,000원	330,000,000원
합 계	400,000,000원	600,000,000원	1,000,000,000원

* 제2기 예정신고 시에 공통매입세액 중 안분계산을 통해 125,000원을 기 불공제 처리하였다.

자료설명	본 문제에 한하여 (주)태평산업은 과세사업과 면세사업을 겸영하고 있다고 가정한다. 1. 자료 1은 공통매입내역으로 과세·면세사업 사용 구분이 불가하다. 2. 자료 2는 제2기 예정 및 확정신고기간의 과세 및 면세 공급가액이다. 3. 제2기 과세기간 중 공통매입세액과 관련하여 주어진 자료 외에 다른 자료는 없다고 가정한다.
수행과제	1. 제2기 확정 [매입세액불공제내역]의 공통매입세액 정산내역을 작성하시오. 2. 매입세액불공제내역 및 전자신고세액공제를 반영하여 제2기 부가가치세 확정신고서 를 작성하시오. - 제2기 부가가치세 확정신고서를 홈택스로 전자신고하여 전자신고세액공제 10,000 원을 공제받기로 한다. 3. 공통매입세액의 정산내역에 의한 회계처리를 12월 31일자로 일반전표에 입력하시오.

평가문제 **입력자료 및 회계정보를 조회하여 [평가문제]의 답안을 입력하시오.(70점)**

[실무수행평가] - 부가가치세관리

번호	평가문제	배점
11	**[회사등록 조회]** (주)태평산업의 회사등록 정보이다. 다음 중 올바르지 않은 것은? ① (주)태평산업은 내국법인이며, 사업장 종류별 구분은 "비중소기업"에 해당한다. ② (주)태평산업의 업종(기준경비율)코드는 '293001'로 제조업에 해당한다. ③ (주)태평산업의 국세환급사유 발생시 하나은행으로 입금된다. ④ 전자세금계산서 관리를 위한 담당자 E-mail은 sot@bill36524.com이다.	2
12	**[매입매출전표입력 조회]** 6월 10일자 수정세금계산서의 수정입력사유를 코드로 입력하시오.	2
13	**[세금계산서합계표 조회]** 제1기 확정 신고기간의 거래처 '(주)중앙물산'에 전자발행된 세금계산서 공급가액은 얼마인가?	2
14	**[세금계산서합계표 조회]** 제1기 확정 신고기간의 매출전자세금계산서 발급매수는 총 몇 매인가?	2
15	**[건물등감가상각자산취득명세서 조회]** 제2기 예정 신고기간의 건물등감가상각취득명세서에서 조회되는 차량운반구(자산구분코드 3)공급가액은 얼마인가?	2
16	**[부가가치세신고서 조회]** 제2기 예정 신고기간 부가가치세신고서의 세금계산서수취부분_고정자산매입(11란) 금액은 얼마인가?	2
17	**[부가가치세신고서 조회]** 제2기 예정 신고기간의 부가가치세 신고시에 작성되는 부가가치세 첨부서류에 해당하지 않는 것은? ① 세금계산서합계표 　　　　　② 수출실적명세서 ③ 건물등감가상각자산취득명세서 　　④ 신용카드매출전표등수령금액합계표	3
18	**[부가가치세신고서 조회]** 제2기 예정신고기간 부가가치세 신고서에 관련된 내용으로 옳지 않은 것은? ① 과세표준 금액은 300,000,000원이다. ② 과세표준 명세의 '수입금액제외' 금액은 3,000,000원이다. ③ 예정신고이므로 환급세액에 대하여 조기환급을 적용하지 않는다. ④ 국세환급금 계좌은행은 '하나은행'이다.	3
19	**[매입세액불공제내역 조회]** 제2기 확정 신고기간의 공통매입세액 정산내역에 반영되는 면세비율은 몇 %인가? (소수점 이하 기재 생략할 것.)	2
20	**[부가가치세신고서 조회]** 제2기 확정 신고기간의 부가가치세 차가감납부할세액(27번란)은 얼마인가?	2
	부가가치세 소계	22

실무수행3 | 결산

[결산자료]를 참고로 결산을 수행하시오.(단, 제시된 자료 이외의 자료는 없다고 가정함.)

1 수동결산

자료설명	당기에 취득후 소모품 계정으로 처리한 소모성 물품의 사용액은 800,000원이며, 제조부(30%)와 관리부(70%)가 사용한 것으로 확인되었다.
수행과제	결산정리분개를 입력하시오.

2 결산자료입력에 의한 자동결산

자료설명	1. 기말재고자산 현황

구 분	단위당 원가	단위당 순실현가능가치	장부수량	실사수량	비고
원재료	10,000	12,000	500개	450개	50개 수량부족
제품	30,000	45,000	1,000개	1,000개	-

(1) 원재료 50개 수량부족분은 원가성이 없는 것으로 확인되었다.
(2) 당사는 저가법으로 재고자산을 평가하고 있다.

2. 이익잉여금처분계산서 처분확정(예정)일
  - 당기: 20x2년 3월 31일
  - 전기: 20x1년 3월 31일

수행과제	결산을 완료하고 이익잉여금처분계산서에서 손익대체분개를 하시오. (단, 이익잉여금처분내역은 없는 것으로 하고 미처분이익잉여금 전액을 이월이익잉여금으로 이월하기로 할 것.)

[실무수행평가] – 재무회계

번호	평가문제	배점
21	**[경비등송금명세서 조회]** 경비등송금명세서에 반영되는 우리은행의 은행코드번호(CD)를 입력하시오.	1
22	**[현금출납장 조회]** 4월 한 달 동안 '현금' 입금액은 얼마인가?	1
23	**[거래처원장 조회]** 3월 말 국민은행(코드 98001)의 보통예금 잔액은 얼마인가?	2
24	**[거래처원장 조회]** 4월 말 거래처별 외상매출금 잔액으로 옳지 않은 것은? ① 01116.(주)중앙물산 28,500,000원 ② 03150.(주)기성물산 110,000,000원 ③ 04001.(주)유니전자 5,500,000원 ④ 04003.(주)오투전자 2,310,000원	2
25	**[거래처원장 조회]** 6월 말 (주)기남전자(코드 04004)의 외상매출금 잔액은 얼마인가?	1
26	**[거래처원장 조회]** 9월 말 롯데카드(코드 99601)의 미지급금 잔액은 얼마인가?	2
27	**[일/월계표 조회]** 1/4분기(1월~3월) 원재료 증가액은 얼마인가?	1
28	**[손익계산서 조회]** 당기 손익계산서의 수수료비용(판매관리비)은 얼마인가?	2
29	**[손익계산서 조회]** 당기 손익계산서의 영업외비용은 얼마인가?	1
30	**[합계잔액시산표 조회]** 3월 말 퇴직급여충당부채 잔액은 얼마인가?	2
31	**[합계잔액시산표 조회]** 9월 말 미지급금 잔액은 얼마인가?	2
32	**[재무상태표 조회]** 12월 말 소모품 잔액은 얼마인가?	1
33	**[재무상태표 조회]** 12월 말 토지 금액은 얼마인가?	2
34	**[재무상태표 조회]** 기말 원재료 금액은 얼마인가?	2
35	**[재무상태표 조회]** 12월 말 이월이익잉여금(미처분이익잉여금) 잔액으로 옳은 것은? ① 169,251,810원 ② 251,120,133원 ③ 399,338,937원 ④ 423,520,189원	1
	재무회계 소계	23

실무수행4 근로소득관리

인사급여 관련 자료이다. [자료설명]을 참고하여 [수행과제]를 수행하시오.

① 주민등록등본에 의한 사원등록

자료 1. 윤세리의 주민등록등본

문서확인번호				1/1

주 민 등 록 표
(등 본)

이 등본은 세대별 주민등록표의 원본내용과 틀림없음을 증명합니다.
담당자: 이등본   전화: 02-3149-0236
신청인: 윤세리
용도 및 목적: 회사제출용
20x1년 12월 31일

세대주 성명(한자)	이정혁 (李 政 革)	세 대 구 성 사 유 및 일 자	전입 2021-12-05

현주소 : 서울특별시 구로구 도림로 108(구로동)

번호	세대주 관 계	성 명 주민등록번호	전입일 / 변동일	변동사유
1	본인	이정혁 821010-1774916		
2	배우자	윤세리 850426-2785416	2021-12-05	전입
3	모	김윤희 550515-2899738	2021-12-05	전입
4	자	이치수 090701-3013459	2021-12-05	전입
5	형제	이무혁 800827-1222225	2021-12-05	전입

자료설명	사무직 사원 윤세리(1300)의 사원등록을 위한 자료이다. 1. 부양가족은 윤세리와 생계를 같이 한다. 2. 남편 이정혁은 사업소득 관련 결손금 8,000,000원과 근로소득금액 6,000,000원이 있다. 3. 모 김윤희는 과세대상인 공무원 총연금액(연금소득공제 전) 3,000,000원이 있다. 4. 자녀 이치수는 별도 소득이 없다. 5. 형제 이무혁은 시각장애인이며, 근로소득금액 5,000,000원이 있다. 6. 세부담을 최소화하는 방법으로 선택한다.
수행과제	[사원등록] 메뉴에서 부양가족명세를 작성하시오.

[실무수행평가] - 근로소득관리 1

번호	평가문제 [윤세리 근로소득원천징수영수증 조회]	배점
36	'25.배우자' 공제대상액은 얼마인가?	2
37	'26.부양가족' 공제대상액은 얼마인가?	2
38	'28.장애인' 공제대상액은 얼마인가?	1
39	'29.부녀자' 공제대상액은 얼마인가?	2
40	'56.자녀세액공제' 공제대상 자녀는 몇 명인가?	1

② 일용직사원의 원천징수

자료 1. 일용직사원 관련정보

성 명	천경수 (코드 4001)
거주구분(내국인 / 외국인)	거주자 / 내국인
주민등록번호	860925 - 1182817
입사일자	20x1년 12월 1일

자료 2. 일용직급여내역

성 명	계산내역	12월의 근무일
천경수	1일180,000원×총 5일 = 900,000원	5, 7, 9, 12, 14

자료설명	1. 자료 1, 2는 일용직 사원(생산라인 보조)의 관련정보 및 급여지급내역이다. 2. 일용직 급여는 일정기간 지급하는 방식으로 한다. 3. 사회보험료 중 고용보험(0.9%)만 징수하기로 한다. 4. 제시된 사항 이외의 자료는 없는 것으로 한다.
수행과제	1. [일용직사원등록] 메뉴에 사원등록을 하시오. 2. [일용직급여입력] 메뉴에 급여내역을 입력하시오. 3. 12월 귀속분 원천징수이행상황신고서를 작성하시오.

[실무수행평가] - 근로소득관리 2

번호	평가문제	배점
41	**[일용직(천경수) 12월 일용직급여입력 조회]** 공제항목 중 고용보험의 합계액은 얼마인가?	2
42	**[일용직(천경수) 12월 일용직급여입력 조회]** 12월 급여의 차인지급액 합계는 얼마인가?	2
43	**[12월 원천징수이행상황신고서 조회]** 근로소득에 대한 원천징수대상 인원은 총 몇 명인가?	2
44	**[12월 원천징수이행상황신고서 조회]** 근로소득 일용근로(A03) '6.소득세 등' 금액은 얼마인가?	1

③ 국세청연말정산간소화 및 이외의 자료를 기준으로 연말정산

자료설명	사무직 김나영(1400)의 연말정산을 위한 자료이다. 1. 사원등록의 부양가족현황은 사전에 입력되어 있다. 2. 부양가족은 김나영과 생계를 같이 한다. 3. 김나영은 20x1년 8월 31일까지 (주)평화산업에서 근무하고 퇴직하였다.
수행과제	[연말정산 근로소득원천징수영수증] 메뉴에서 연말정산을 완료하시오. 1. 종전근무지 관련서류는 [소득명세] 탭에서 입력한다. 2. 장기주택저당차입금 이자상환액(소득공제요건 충족)은 [정산명세] 탭에서 입력한다. 3. 의료비는 [의료비] 탭에서 입력하며, 국세청자료는 공제대상 합계금액을 1건으로 집계하여 입력한다. 4. 기부금은 [기부금] 탭에서 입력한다.

자료 1. 김나영 사원의 부양가족등록 현황

연말정산관계	성명	주민번호	기타사항	
0.본인	김나영	880103-2774918		
1.배우자	이민재	900512-1887561	근로소득금액	12,000,000원
1.소득자 직계존속	이정희	520411-2222220	이자소득 사적연금소득	10,000,000원 12,000,000원
4.직계비속	이지은	201218-4094113		

자료 2. 김나영 사원의 전근무지 정산내역

(8쪽 중 제1쪽)

거주구분	거주자1 / 비거주자2	
거주지국 대한민국	거주지국코드	kr
내·외국인	내국인1/외국인9	
외국인단일세율적용	여 1 / 부 2	
외국법인소속파견근로자여부	여 1 / 부 2	
국적 대한민국	국적코드	kr
세대주 여부	세대주1 / 세대원2	
연말정산 구분	계속근로1 / 중도퇴사2	

[√]근로소득 원천징수영수증
[ ]근로소득 지 급 명 세 서

([√]소득자 보관용 [ ]발행자 보관용 [ ]발행자 보고용)

관리
번호

징 수 의무자	① 법인명(상 호) (주)평화산업	② 대 표 자(성 명) 이동은
	③ 사업자등록번호 305-86-11110	④ 주 민 등 록 번 호
	③-1 사업자단위과세자여부 여 1 / 부 2	
	⑤ 소 재 지(주소) 대전광역시 동구 가양남로 10	
소득자	⑥ 성 명 김나영	⑦ 주 민 등 록 번 호 880103-2774918
	⑧ 주 소 서울특별시 서대문구 충정로 7길 30(충정로2가)	

	구 분	주(현)	종(전)	종(전)	⑯-1 납세조합	합 계
Ⅰ 근무처 별소득 명세	⑨ 근 무 처 명	(주)평화산업				
	⑩ 사업자등록번호	305-86-11110				
	⑪ 근무기간	20x1.1.1.~ 20x1.8.31.	~	~	~	~
	⑫ 감면기간	~	~	~	~	~
	⑬ 급 여	28,000,000				28,000,000
	⑭ 상 여	7,000,000				7,000,000
	⑮ 인 정 상 여					
	⑮-1 주식매수선택권 행사이익					
	⑮-2 우리사주조합인출금					
	⑮-3 임원 퇴직소득금액 한도초과액					
	⑮-4					
	⑯ 계	35,000,000				35,000,000
Ⅱ 비과세 및 감면 소득 명세	⑱ 국외근로 M0X					
	⑱-1 야간근로수당 O0X					
	⑱-2 출산·보육수당 Q0X					
	⑱-4 연구보조비 H0X					
	~					
	⑲ 수련보조수당 Y22					
	⑳ 비과세소득 계					
	⑳-1 감면소득 계					

	구 분			⑳ 소 득 세	㉛ 지방소득세	㉜ 농어촌특별세
Ⅲ 세액 명세	㉓ 결 정 세 액			1,300,500	130,050	
	㉔ 종(전)근무지 (결정세액란의 세액 기재)	사업자 등록 번호				
기납부 세 액						
	㉕ 주(현)근무지			1,401,880	140,180	
	㉖납부특례세액					
	㉗ 차 감 징 수 세 액 (㉓-㉔-㉕-㉖)			-101,380	-10,130	

국민연금보험료 : 1,093,500원
건강보험료 : 833,750원
장기요양보험료 : 96,040원
고용보험료 : 280,000원

위의 원천징수액(근로소득)을 정히 영수(지급)합니다.

20x1년 8월 31일

징수(보고)의무자 (주)평화산업 (서명)

대 전 세 무 서 장 귀하

210mm×297mm[백상지 80g/㎡(재활용품)]

자료 3. 국세청간소화서비스 및 기타증빙자료

20x1년 귀속 소득 · 세액공제증명서류 : 기본(취급기관별)내역
[장기주택저당차입금 이자상환액]

■ 계약자 인적사항

성 명	주 민 등 록 번 호
김나영	880103-2774***

■ 장기주택저당차입금 이자상환액 부담내역 (단위: 원)

취급기관	대출종류	최초차입일 최종상환예정일	상환기간	주택 취득일	저당권 설정일	연간 합계액	소득공제 대상액
		차입금	고정금리 차입금	비거치식 상환차입금	당해년 원금상환액		
(주)신한은행 (201-81-72***)	주택구입 자금대출	2012-08-02 2032-08-02	20년	2012-08-01	2012-08-02	1,200,000	1,200,000
		30,000,000	0	30,000,000	3,000,000		
인별합계금액							1,200,000

국 세 청
National Tax Service

- 본 증명서류는 『소득세법』 제165조 제1항에 따라 영수증 발급기관으로부터 수집한 서류로 소득·세액공제 충족 여부는 근로자가 직접 확인하여야 합니다.
- 본 증명서류에서 조회되지 않는 내역은 영수증 발급기관에서 직접 발급받으시기 바랍니다.

20x1년 귀속 소득 · 세액공제증명서류 : 기본(지출처별)내역 [의료비]

■ 환자 인적사항

성 명	주 민 등 록 번 호
이정희	520411-2******

■ 의료비 지출내역 (단위: 원)

사업자번호	상 호	종류	납입금액 계
109-04-16***	서울**병원	일반	1,800,000
106-05-81***	***의원	일반	400,000
의료비 인별합계금액			2,200,000
안경구입비 인별합계금액			0
산후조리원 인별합계금액			0
인별합계금액			2,200,000

국 세 청
National Tax Service

- 본 증명서류는 『소득세법』 제165조 제1항에 따라 영수증 발급기관으로부터 수집한 서류로 소득·세액공제 충족 여부는 근로자가 직접 확인하여야 합니다.
- 본 증명서류에서 조회되지 않는 내역은 영수증 발급기관에서 직접 발급받으시기 바랍니다.

일련번호	0233	기 부 금 영 수 증

※ 아래의 작성방법을 읽고 작성하여 주시기 바랍니다.

① 기부자

성명(법인명)	김 나 영	주민등록번호 (사업자등록번호)	880103-*******
주소(소재지)	서울특별시 성북구 대사관로11가길 36		

② 기부금 단체

단 체 명	제일성결교회	사업자등록번호 (고유번호)	106-82-99369
소 재 지	서울 영등포구 영등포로 21	기부금공제대상 기부금단체 근거법령	소득세법 제34조제1항

③ 기부금 모집처(언론기관 등)

단 체 명		사업자등록번호	
소 재 지			

④ 기부내용

유형	코드	구분	연월일	내용	기 부 금 액			
					합계	공제대상 기부금액	공제제외 기부금	
							기부장려금 신청금액	기타
종교단체	41	금전	20x1.12.20.	기부금	600,000	600,000		

- 이 하 생 략 -

[실무수행평가] - 근로소득관리 3

번호	평가문제	배점
45	**[김나영 근로소득원천징수영수증 조회]** '36.특별소득공제 합계'의 공제대상액은 얼마인가?	2
46	**[김나영 근로소득원천징수영수증 조회]** '56.근로소득' 세액공제액은 얼마인가?	1
47	**[김나영 근로소득원천징수영수증 조회]** '62.의료비' 세액공제액은 얼마인가?	2
48	**[김나영 근로소득원천징수영수증 조회]** '64.기부금' 세액공제액은 얼마인가?	2
49	**[김나영 근로소득원천징수영수증 조회]** 기납부세액(소득세)은 얼마인가?('74.종(전)근무지'와 '75.주(현)근무지'의 합계액)	2
50	**[김나영 근로소득원천징수영수증 조회]** '77.차감징수세액(소득세)'은 얼마인가?	1
	근로소득 소계	25

실무이론평가

1	2	3	4	5	6	7	8	9	10
③	①	④	④	③	④	③	②	②	④

01

수 량	장부상 단가 (가)	단위당 예상 판매가격 ①	단위당 예상 판매비용 ②	단위당 예상 순실현가능가치 (나)=①-②	단위당 평가손실 (가) - (나)
1,000개	100원	110원	30원	80원	20원

재고자산평가손실 = 1,000개 × 단위당 평가손실(20) = 20,000원

02 당기순이익 = 기말자본(7,000,000) − 기초자본(4,000,000) − 유상증자(3,000,000)

       + 현금배당(1,000,000) = 1,000,000원

주식배당으로 인한 자본의 변동은 없으므로 고려하지 않는다.

03 A주식의 평가: 1,000주 × (7,000원 − 6,000원) = 단기매매증권평가이익   1,000,000원

   B주식의 평가: 3,000주 × (5,000원 − 8,000원) = 단기매매증권평가손실 <u>9,000,000원</u>

                                        당기순이익 <u>8,000,000원</u> 감소

매도가능증권평가손익(기타포괄손익누계액)은 당기순이익에 영향을 미치지 않는다.

04 동종자산의 교환으로 취득한 유형자산의 **취득원가는 교환을 위하여 제공한 자산의 장부금액**으로 한다.

  (차) 감가상각누계액(A)   24,000,000원   (대) 기계장치(A)   30,000,000원

      기계장치(B)   6,000,000원

05 기말재고 = 기초(1,000) + 매입(2,000) − 매출(1,500) = 1,500개

상 품(총평균법)

				매출원가			
기초	1,000개	@100	100,000				
매입	1,000개	@110	110,000				
	1,000개	@120	120,000	**기말**	1,500개	@110	165,000
계	*3,000개*	*@110*	330,000	계			

〈이동평균법〉

구입순서	수량	단가	금액	재고수량	재고금액	평균단가
기초	1,000	100	100,000	1,000	100,000	@100
구입(12.8)	1,000	110	110,000	2,000	210,000	@105
판매(12.12)	△1,500			500	52,500	@105
구입(12.16)	1,000	120	120,000	1,500	172,500	@115

06 기말 외화외상매출금 = US$100,000 × 1,200원 = 120,000,000원

외화환산손익 = US$100,000 × [공정가액(1,200) − 장부가액(1,100)] = 10,000,000원(이익)

07 담보목적으로 부동산을 제공하는 경우와 **매입세액공제를 받지 못한 재화를 거래처에 증정하는 경우는 과세거래에 해당하지 않는다.**

특수관계인에게 부동산을 무상으로 임대하는 경우와 건물을 교환한 경우는 과세거래에 해당한다.

08 매출세액 = 상품(66,000,000 × 10/110) − 대손세액(5,500,000 × 10/110) = 5,500,000원

09 기타소득금액 = 유실물보상금(2,000,000) + 주택입주지체상금[1,000,000원 × (1 − 80%)]

+ 강연료[5,000,000 × (1 − 60%)] = 4,200,000원

실제 사용된 필요경비가 없는 경우 **주택입주 지체상금은 80%, 고용관계 없이 다수인에게 강연을 하고 받은 대가는 60%의 필요경비가 인정**된다. 유실물의 습득으로 인한 보상금은 실제필요경비만 인정된다.

10 **신용카드로 지급한 의료비에 대하여 의료비세액공제는 중복적용이 가능하다.**

■■■■■ 실무수행평가

실무수행 1. 거래자료입력

① 3만원초과 거래자료에 대한 경비등송금명세서 작성

1. [일반전표입력] 1월 5일

    (차) 원재료　　　　　　　　　250,000원　　　　(대) 보통예금(하나은행)　　　250,000원

2. [경비등의송금명세서]

번호	⑥ 거래일자	⑦ 법인명(상호)	⑧ 성 명	⑨사업자(주민)등록번호	⑩ 거래내역	⑪ 거래금액	⑫ 송금일자	CD	⑬ 은행명	⑭ 계좌번호	계정코드
1	20×101-05	번개화물	이재훈	315-25-00910	운송료	250,000	2023-01-05	020	우리은행	123-1234567-800	

② 유/무형자산의 매각 [일반전표입력] 2월 21일

    (차) 보통예금(국민은행)　　198,000,000원　　　(대) 토지　　　　　　　　190,000,000원

                                         유형자산처분이익　　8,000,000원

③ 퇴직금 지급 [일반전표입력] 3월 31일

    (차) 퇴직급여충당부채   20,000,000원   (대) 퇴직연금운용자산   20,000,000원

실무수행 2. 부가가치세관리

① 전자세금계산서 발급

1. [매입매출전표입력] 4월 18일

거래유형	품명	공급가액	부가세	거래처	전자세금
11.과세	전기압력밥솥	12,000,000	1,200,000	(주)중앙물산	전자발행
분개유형	(차) 외상매출금	12,000,000원	(대)	제품매출	12,000,000원
3.혼합	현금	1,200,000원		부가세예수금	1,200,000원

2. [전자세금계산서 발행 및 내역관리] 기출문제 68회 참고

② 수정전자세금계산서의 발급

1. [수정전자세금계산서 발급]

    ① [매입매출전표입력] 6월 1일 전표선택 ➡ [수정세금계산서] 클릭 ➡ 수정사유(2.공급가액변동)를 선택 ➡ [확인(Tab)]을 클릭

    ② [수정세금계산서(매출)] 화면에서 수정분 [작성일 6월 10일], [공급가액 -400,000원], [세액 -40,000원]을 입력한 후 [확인(Tab)]을 클릭

수정입력사유	2	공급가액 변동			당초(세금)계산서작성		20×1-06-01				
구분	년	월	일	유형	품명	수량	단가	공급가액	부가세	합계	코드	거래처명	사업.주민번호
당초분	20×1	06	01	과세	전기밥솥	100	200,000	20,000,000	2,000,000	22,000,000	04004	(주)기남전자	506-81-45111
수정분	20×1	06	10	과세	매출할인			-400,000	-40,000	-440,000	04004	(주)기남전자	506-81-45111
					합 계			19,600,000	1,960,000	21,560,000			

    ③ [매입매출전표입력] 6월 10일

거래유형	품명	공급가액	부가세	거래처	전자세금
11. 과세	매출할인	-400,000	-40,000	(주)기남전자	전자발행
분개유형	(차) 외상매출금	-440,000원	(대)	제품매출	-400,000원
2. 외상				부가세예수금	-40,000원

2. [전자세금계산서 발행 및 내역관리] 기출문제 68회 참고

③ 건물등감가상각자산취득명세서 작성자의 부가가치세신고서 작성

1. [거래자료입력]
   - [매입매출전표입력] 7월 10일

거래유형	품명	공급가액	부가세	거래처	전자세금
51.과세	프레스 기계	20,000,000	2,000,000	(주)용인기계	전자입력
분개유형	(차) 기계장치	20,000,000원	(대) 미지급금		22,000,000원
3.혼합	부가세대급금	2,000,000원			

   - [매입매출전표입력] 8월 15일

거래유형	품명	공급가액	부가세	거래처	전자세금
51.과세	1.5트럭	16,000,000	1,600,000	드림모터스	전자입력
분개유형	(차) 차량운반구	16,000,000원	(대) 미지급금		17,600,000
3.혼합	부가세대급금	1,600,000원			

   - [일반전표입력] 9월 10일(**카드사용분 중 불공제는 일반전표에 입력**한다.)
     (차) 차량운반구   1,100,000원   (대) 미지급금(롯데카드)   1,100,000원

2. [건물등감가상각자산취득명세서] 7월 ~ 9월

취득내역	감가상각자산 종류	건 수	공급가액	세 액	비 고
	합 계	2	36,000,000	3,600,000	
	(1) 건 물 · 구 축 물				
	(2) 기 계 장 치	1	20,000,000	2,000,000	
	(3) 차 량 운 반 구	1	16,000,000	1,600,000	
	(4) 기타감가상각자산				

일련번호	취득일자 월	취득일자 일	상 호	사업자등록번호	자산구분	공급가액	세 액	건 수	유 형
1	07	10	(주)용인기계	869-88-01648	2 기 계 장 치	20,000,000	2,000,000	1	세금계산서
2	08	15	드림모터스	750-35-00091	3 차 량 운 반 구	16,000,000	1,600,000	1	세금계산서

3. [부가가치세신고서] 7월 1일 ~ 9월 30일

매입	세금계산 수취부분	일반매입	10	256,500,004		25,650,000
		수출기업수입분납부유예	10-1			
	세금계산 수취부분	고정자산매입	11	36,000,000		3,600,000
	예정신고		12			

④ 매입세액불공제내역 작성자의 부가가치세신고서 작성

1. [4. 공통매입세액의 정산내역] 10월~12월

	2.공제받지 못할 매입세액 내역		3.공통매입세액 안분계산 내역		4.공통매입세액의 정산내역		5.납부세액 또는 환급세액 재계산 내역

	계산식	구분	(15)총공통매입세액	(16)면세사업 확정비율(%) 면세공급가액(면세사용면적)	총공급가액(총사용면적)	면세비율(%)	(17)불공제매입세액총액((15)×(16))	(18)기 불공제매입세액	(19)가산또는공제되는매입세액((17)-(18))
1	1.면세공급가액기준		500,000	330,000,000	1,000,000,000	33.000000	165,000	125,000	40,000

2. [부가가치세신고서] 10월 1일 ~ 12월 31일

구분		금액	세액
16 공제받지 못할매입	공제받지못할매입세액 50		
	공통매입세액면세사업 51	400,000	40,000
	대손처분받은세액 52		

구분		금액	세율	세액
	전자신고및전자고지 54			10,000
	전자세금발급세액 55			

3. [일반전표입력] 12월 31일

    (차) 수수료비용(판)   40,000원   (대) 부가세대급금   40,000원

[실무수행평가] - 부가가치세관리

번호	평가문제	배점	답
11	[회사등록 조회]	2	①
12	[매입매출전표입력 조회]	2	(2)
13	[세금계산서합계표 조회]	2	(22,000,000)원
14	[세금계산서합계표 조회]	2	(32)매
15	[건물등감가상각자산취득명세서 조회]	2	(16,000,000)원
16	[부가가치세신고서 조회]	2	(36,000,000)원
17	[부가가치세신고서 조회]	3	④
18	[부가가치세신고서 조회]	3	③
19	[매입세액불공제내역 조회]	2	(33)%
20	[부가가치세신고서 조회]	2	(32,373,200)원
	부가가치세 소계	22	

실무수행 3. 결산

① 수동결산 [일반전표입력] 12월 31일

(차) 소모품비(제)	240,000원	(대) 소모품	800,000원
소모품비(판)	560,000원		

② 결산자료입력에 의한 자동결산

[결산자료입력 1] [일반전표입력] 12월 31일

(차) 재고자산감모손실　　　　　　　　　500,000원　　　(대) 원재료(타계정으로 대체)　500,000원

[결산자료입력 2]

결산자료입력에서 기말 원재료 4,500,000원, 기말 제품 30,000,000원 입력하고 전표추가(F3) 를 클릭하여 결산분개를 생성한다.

[이익잉여금처분계산서] 메뉴

이익잉여금처분계산서에서 처분일을 입력한 후, 전표추가(F3) 를 클릭하여 손익대체 분개를 생성한다.

[실무수행평가] - 재무회계

번호	평가문제	배점	답
21	[경비등송금명세서 조회]	1	(020)
22	[현금출납장 조회]	1	(10,940,000)원
23	[거래처원장 조회]	2	(366,180,000)원
24	[거래처원장 조회]	2	②
25	[거래처원장 조회]	1	(21,560,000)원
26	[거래처원장 조회]	2	(3,100,000)원
27	[일/월계표 조회]	1	(109,640,000)원
28	[손익계산서 조회]	2	(5,965,000)원
29	[손익계산서 조회]	1	(14,532,000)원
30	[합계잔액시산표 조회]	2	(32,000,000)원
31	[합계잔액시산표 조회]	2	(67,807,900)원
32	[재무상태표 조회]	1	(200,000)원
33	[재무상태표 조회]	2	(253,000,000)원
34	[재무상태표 조회]	2	(4,500,000)원
35	[재무상태표 조회]	1	③
	재무회계 소계	23	

실무수행 4. 근로소득관리

① 주민등록등본에 의한 사원등록(윤세리,2024)

관계	요 건		기본 공제	추가 (자녀)	판 단
	연령	소득			
본인(여성)	–	–	○	부녀자	종합소득금액 3천만원 이하자
배우자(세대주)	–	○	○		종합소득금액＝근로소득금액(6,000,000)－사업소득 결손금(8,000,000)＝△2,000,000원
모(69)	○	○	○		총연금액이 350만원 이하인 경우 전액 공제된다. 따라서 연금소득금액은 0이다.
자(15)	○	○	○	자녀	
형제(44)	×	×	부		총급여액 5백만원 초과자

〈윤세리 연말정산근로소득원천징수영수증 조회〉

구 분		공제대상액
21.총 급 여(16)		40,000,000
22.근 로 소 득 공 제	>	11,250,000
23.근 로 소 득 금 액	>	28,750,000

[실무수행평가] – 근로소득관리 1

번호	평가문제[윤세리 근로소득원천징수영수증 조회]	배점	답
36	25.배우자 공제 대상액	2	(1,500,000)원
37	26.부양가족 공제대상액(모친, 아들 2명)	2	(3,000,000)원
38	28.장애인 공제 대상액	1	(0)원
39	29.부녀자공제대상애	2	(500,000)원
40	56.자녀세액공제 공제대상 자녀	1	(1)명

2 일용직사원의 원천징수

1. [일용직사원등록](4001.천경수) 급여지급방법 : 1.일정기간 지급, 고용보험율 : 0.9%

```
관련 사항 등록

 1.  입  사  년  월  일    20×1 년 12 월 01 일  ?
 2.  퇴  사  년  월  일         년    월    일  ?
 3.  주 민 등 록 번 호   내외국인 0  내국인   860925-1182817
 4.  주              소        ?
 5.  전  화  번  호     )   -        6. 핸드폰번호    )   -
 7.  E m a i l 등 록          @            직접입력      ▾
 8.  은행/계좌번호/예금주        ?                          천경수
 9.  직종/부서/직급      현    장        ?       직  종    ?
                      부    서        ?       직  급    ?
                      프 로 젝 트        ?
10.  국적/체류자격      국    적  100  ? 한국    체 류 자 격    ?
11.  거주구분/거주지국    거 주 구 분 0 거주자      거 주 지 국  KR  ? 대한민국
12.  퇴직금적용         0 부
13.  단기예술인여부       0 부            단기예술인 사업장        ?

급여 사항 등록

13.  급  여  지  급  방  법  1  일정기간지급
14.  정  상  급  여      180,000 원 급여유형 0 일급직
15.  연  장  급  여           0 원 연장급여방식 0 일급직
16.  국  민  연  금  0 일당              0 원 지급방식 0 일지급
17.  건  강  보  험  0 일당              0 원 지급방식 0 일지급
18.  요  양  보  험  0 부               0
19.  고  용  보  험  율  1 여   0.9 % 지급방식 0 일지급
```

2. [일용직급여입력]귀속년월 12월, 지급년월 12월

| | 현장 | 일 | 요 | 근 | 근무시간 | | 지급액 | | 기타비과세 | 고용보험 | 국민연금 | 건강보험 | 요양보험 | 소득세 | 지방소득세 | 임금총액 | 공제총액 | 차인지급액 |
	코드	현장명	자	일	무	정상	연장	정상	연장										
☐			01	금	X														
☐			02	토	X														
☐			03	일	X														
☐			04	월	X														
☐			05	화	○			180,000			1,620				810	80	180,000	2,510	177,490
☐			06	수	X														
☐			07	목	○			180,000			1,620				810	80	180,000	2,510	177,490
☐			08	금	X														
☐			09	토	○			180,000			1,620				810	80	180,000	2,510	177,490
☐			10	일	X														
☐			11	월	X														
☐			12	화	○			180,000			1,620				810	80	180,000	2,510	177,490
☐			13	수	X														
☐			14	목	○			180,000			1,620				810	80	180,000	2,510	177,490
☐			15	금	X														
	합계		5			900,000					8,100				4,050	400	900,000	12,550	887,450

3. [원천징수이행상황신고서]귀속기간 12월, 지급기간 12월, 0.정기신고

구분		코드	소득지급(과세미달,비과세포함)		징수세액			9.당월 조정 환급세액	10.소득세 등 (가산세 포합)
			4.인원	5.총지급액	6.소득세 등	7.농어촌특별세	8.가산세		
근로소득	간 이 세 액	A01	3	27,500,000	744,390				
	중 도 퇴 사	A02							
	일 용 근 로	A03	1	900,000	4,050				
	연말정산합계	A04							
	연말분납금액	A05							
	연말납부금액	A06							
	가 감 계	A10	4	28,400,000	748,440				748,440

[실무수행평가] – 근로소득관리 2

번호	평가문제	배점	답
41	[일용직(천경수) 12월 일용직급여입력 조회] 고용보험 합계액	2	(8,100)원
42	[일용직(천경수) 12월 일용직급여입력 조회] 급여의 차인지급액	2	(887,450)원
43	[12월 원천징수이행상황신고서 조회] 원천징수대상 인원	2	(4)명
44	[12월 원천징수이행상황신고서 조회] 일용근로 6.소득세등 금액	1	(4,050)원

※ 41,42은 프로그램이 자동계산하므로 시점(세법개정, 프로그램 업데이트)마다 달라질 수가 있습니다.

③ 국세청연말정산간소화 및 이외의 자료를 기준으로 연말정산(김나영,2024)

1. 종전근무지 입력

근무처명	사업자 등록번호	급여	상여	보험료 명세				세액명세		근무 기간
				건강보험	장기요양	고용보험	국민연금	소득세	지방소득세	
㈜평화산업	305-86-11110	28,000,000	7,000,000	833,750	96,040	280,000	1,093,500	1,300,500	130.050	1.1~8.31

2. 기본공제대상 요건

관계	요 건		기본공제	판 단
	연령	소득		
본인(여성)	–	–	○	
배우자	–	×	부	종합소득금액 1백만원 초과자
모(72)	○	○	○	사적연금 15백만원 이하(개정세법 24) 선택적 분리과세
딸(12)	○	○	○	

3. 연말정산 대상여부 판단

항 목	요건		내역 및 대상여부	입력
	연령	소득		
의 료 비	×	×	• 모친 의료비	○(65세 2,200,000)
기부금	×	○	• 본인 종교단체	○(종교단체 600,000)
장기주택 이자상환액	본인		• 본인 장기주택차입금 이자상환액	○(1,200,000)

4. 주택자금 소득공제(장기주택저당 차입금 이자상환액)

		상환 30년이상(한도1,500)		
장기주택	2012년 이후(15년 이상상환	고정금리 or 비거치 (1,500)	1,200,000	1,200,000
		기타상환(한도500)		

5. 의료비 세액공제

| | 정산명세 | 소득명세 | 소득공제 | **의료비** | 기부금 | 신용카드 | 연금투자명세 | 월세액명세 | | | | | |

지급내역

	공제대상자					지급처		지급명세				난임시술비 해당 여부	중증질환 결핵환자등	산후조리원 해당여부 (7천만원이 하)
	부양가족 관계코드	성명	내 외	주민등록번호	본인등 해당여부	상호	사업자번호	의료증빙 코드	건수	지급액	실손의료보험금			
1	소득자의 직계존	이정회	내	520411-2222220	○			국세청	1	2,200,000		X	X	X

6. 기부금 세액공제

1. 해당연도 기부명세

NO	기부자				기부처		유형	코드	기부명세			구분	내용
	관계	성명	내·외	주민번호	사업자번호	상호		건수	합계금액	기부대상액	장려금신청		
1	1.본인	김나영	내	880103-2774918	106-82-99369	제일성결교회	종교	41	1	600,000	600,000		기타 금전

7. 정산명세 조회

소 득 공 제	나. 장기 주택 저당 차입 금 이자 상환 액	12년이후 차입분 (15년이상)	고정or비거치	>	1,200,000	세 액 공 제	특 별 세 액 공 제	64 기 부 금	정 치	10만원이하	>	
			기타대출	>						10만원초과	>	
		15년이후 차입분 (15년이 상)	고정&비거치	>					나.법정기부금		>	
			기타대출	>					다.우리사주기부금		>	
		15년이후 차입분 (10~15년)	고정or비거치	>					라.지정기부금(종교외)		>	
									마.지정기부금(종교)		>	120,000
	35.기부금(이월분)		>					65.계				229,500
	36.계			3,085,070				66.표준세액공제			>	
	37.차 감 소 득 금 액			26,491,430			67.납 세 조 합 공 제			>		
	38.개인연금저축		>				68.주 택 차 입 금			>		
	39.소기업·소상공인공제부금		>				69.외 국 납 부			>		
그 밖 의 소 득 공 제	40. 주택 마련 저축	가.청약저축	>				70.월 세 액			>		
		나.주택청약종합저축	>									
		다.근로자주택마련저축	>									
	41.투자조합출자 등		>									
	42.신용카드등		>	0								
	43.우리사주조합 출연금		>									
	44.고용유지중소기업근로자		>									
	45.장기집합투자증권저축		>				71.세 액 공 제 계				889,500	
	46.청년형장기집합투자증권저축		>				72.결 정 세 액(50-55-71)				1,824,214	
	47.그 밖의 소득 공제 계						82.실 효 세 율(%) (72/21)×100%				3.7%	

		소득세	지방소득세	농어촌특별세	계
	73.결정세액	1,824,214	182,421	0	2,006,635
기납부 세액	74.종(전) 근무지	1,300,500	130,050	0	1,430,550
	75.주(현) 근무지	29,160	2,880	0	32,040
	76. 납부특례세액	0	0	0	0
	77. 차감징수세액 (73-74-75-76)	494,550	49,490	0	544,040

[실무수행평가] – 근로소득관리 3

번호	평가문제 [김나영 근로소득원천징수영수증 조회]	배점	답
45	36.특별소득공제 합계의 공제대상액	2	(3,085,070)원
46	56.근로소득 세액공제액	1	(660,000)원
47	62.의료비 세액공제액	2	(109,500)원
48	64.기부금 세액공제액(한시적으로 세액공제율 20%)	2	(120,000)원
49	기납부세액(소득세)(74+75)	2	(1,329,660)원
50	77.차감징수세액(소득세)	1	(494,550)원
	근로소득 소계	25	

※ 45~50은 프로그램이 자동계산하므로 시점(세법개정, 프로그램 업데이트)마다 달라질 수가 있습니다.

〈참고사항 : 총급여액 49,000,000원〉

※ 시험시 프로그램이 자동계산되어진 것으로 답을 입력하시고 시간이 남으시면 체크해 보시기 바랍니다.

		한도	공제율	대상금액	세액공제
1. 의료비	특정	–	15%	2,200,000	109,500
	☞의료비세액공제 = [2,200,000 – 총급여액(49,000,000)×3%] × 15% = 562,500				

실무이론평가

01. 다음 중 재고자산에 관한 설명으로 옳지 않은 것은?

① 재고자산감모손실 중 정상적으로 발생한 감모손실은 매출원가에 가산한다.

② 물가가 지속적으로 상승하는 상황에서 선입선출법을 적용한 경우의 기말재고액은 이동평균법, 총평균법, 후입선출법을 적용한 경우의 기말재고액보다 크다.

③ 재고자산감모손실 중 비정상적으로 발생한 감모손실은 영업외비용으로 처리한다.

④ 저가법을 적용함으로써 발생한 재고자산평가손실은 영업외비용으로 처리한다.

02. (주)한공은 20x1년 1월 1일 다음의 조건으로 사채를 발행하였다. 20x1년말 손익계산서상 사 채관련 이자비용은 얼마인가?

> – 액면금액 100,000,000원(3년 만기), 발행금액 97,400,000원
> – 액면이자율 5%(매년 말 지급), 유효이자율 6%

① 4,870,000원　　　② 5,000,000원　　　③ 5,844,000원　　　④ 6,000,000원

03. (주)한공은 당기 중 다음과 같이 유상증자를 2차례 실시하였다. 재무상태표에 계상될 주식발행초과금은 얼마인가?(단, 전기 말 주식발행초과금과 주식할인발행차금 잔액은 없는 것으로 한다.)

> • 3월 5일 발행주식수 1,000주, 1주당 발행금액 15,000원(액면금액 @10,000원)
> 　　　　　주식발행 수수료는 없었다.
> • 9월 20일 발행주식수 1,000주, 1주당 발행금액 9,000원(액면금액 @10,000원)
> 　　　　　주식발행 수수료 100,000원이 발생하였다.

① 3,900,000원　　　② 4,000,000원　　　③ 4,100,000원　　　④ 5,000,000원

04. 다음은 (주)한공의 저작권 관련 자료이다. 2024년의 저작권상각액은 얼마인가?

- 2020년 1월 1일 저작권을 10,000,000원에 취득하였다.(내용연수 10년, 잔존가치 없음, 정액법 상각)
- 2024년 1월 1일 자본적지출 600,000원이 발생하였다.(단, 내용연수는 연장되지 않는다.)

① 0원 ② 1,000,000원 ③ 1,100,000원 ④ 1,200,000원

05. 다음 자료를 토대로 기말현재 퇴직금추계액을 계산하면 얼마인가?

〈총계정원장의 일부〉

	퇴직급여충당부채				
4/5	보통예금	2,000,000	1/1	전기이월	6,000,000

〈결산정리사항〉

12월 31일 (차) 퇴직급여	3,000,000원	(대) 퇴직급여충당부채	3,000,000원

① 1,000,000원 ② 4,000,000원 ③ 7,000,000원 ④ 9,000,000원

06. 다음은 (주)한공이 정부보조금을 수령하여 취득한 차량운반구 관련 자료이다. 20x1년 결산정리 후 재무상태표의 차량운반구 장부금액은 얼마인가?

- 취득일: 20x1년 1월 1일
- 취득원가: 12,000,000원 (보통예금 지급)
- 정부보조금: 4,000,000원 (보통예금 수령)
- 내용연수: 5년, 잔존가치: 없음, 정액법 적용

① 5,600,000원 ② 6,400,000원 ③ 8,000,000원 ④ 9,600,000원

07. 세금계산서(또는 전자세금계산서)에 대한 설명으로 옳지 않은 것은?

① 법인사업자는 모두 전자세금계산서 의무발급대상이나, 개인사업자는 일정한 요건에 해당하는 경우에만 전자세금계산서 의무발급대상이다.

② 전자세금계산서 발급명세는 전자세금계산서 발급 후 10일 이내에 국세청장에게 전송하여야 한다.

③ 공급받는 자의 등록번호는 세금계산서의 필요적 기재사항이다.

④ 필요적 기재사항 등이 착오 외의 사유로 잘못 적힌 경우는 재화나 용역의 공급일이 속하는 과세기간에 대한 확정신고기간까지 수정세금계산서를 발급할 수 있다.

08. 다음 자료를 토대로 도매업을 영위하는 (주)한공의 20x1년 제1기 확정신고기간 부가가치세 과세표준을 계산하면 얼마인가?

거래내용	공급가액
상품국내매출액	4,000,000원(매출할인 1,000,000원 차감 전)
상품수출액	2,000,000원
거래처에 무상 제공한 견본품	1,500,000원(시가 2,000,000원)
공급받는 자에게 도달하기 전에 파손된 재화 가액	5,000,000원

① 3,000,000원   ② 5,000,000원   ③ 6,500,000원   ④ 8,000,000원

09. 다음은 거주자 김회계 씨(과장)가 (주)한공으로부터 수령한 소득자료이다. 이를 이용하여 20x1년 김회계 씨의 총급여액을 계산하면 얼마인가?

가. 기본급: 36,000,000원(월 3,000,000원)
나. 상여금: 3,000,000원
다. 식 대: 2,400,000원(월 200,000원, 식사는 제공받지 않음.)
라. 자녀보육수당: 2,400,000원(월 200,000원, 김회계씨의 6세 이하 자녀는 2명임.)

① 39,000,000원   ② 40,200,000원   ③ 41,400,000원   ④ 42,600,000원

10. 다음 중 소득세법상 소득공제 및 세액공제에 대한 설명으로 옳지 않은 것은?
① 특별세액 공제대상 교육비에는 초·중등교육법에 따른 학교에서 실시하는 방과후 학교 수업료 및 교재구입비가 포함된다.
② 근로소득자 본인의 종교단체 기부금은 기부금세액공제 대상이다.
③ 종합소득이 있는 거주자가 공적연금보험료를 납입한 경우 전액 소득공제한다.
④ 의료비 지출액에 대해서는 신용카드소득공제와 의료비 세액공제를 중복하여 적용할 수 없다.

■■■■■ **실무수행평가**

(주)청정산업(2610)은 정수기 제조업을 영위하는 법인기업으로 회계기간은 제6기(20x1.1.1. ~ 20x1.12.31.)이다. 제시된 자료와 자료설명을 참고하여, [수행과제]를 완료하고 [평가문제]의 물음에 답하시오.

실무수행1	거래자료입력

실무프로세스 자료이다. [자료설명]을 참고하여 [수행과제]를 수행하시오.

① 3만원 초과 거래 자료에 대한 영수증 수취명세서 작성

<table>
<tr><td colspan="6">NO.   영 수 증 (공급받는자용)</td></tr>
<tr><td colspan="6">(주)청정산업   귀하</td></tr>
<tr><td rowspan="5">공급자</td><td>사 업 자
등록번호</td><td colspan="4">122-56-12346</td></tr>
<tr><td>상 호</td><td colspan="2">선우인쇄</td><td>성명</td><td>이선우</td></tr>
<tr><td>사 업 장
소 재 지</td><td colspan="4">서울특별시 중구 퇴계로51길</td></tr>
<tr><td>업 태</td><td colspan="2">제조업외</td><td>종목</td><td>인쇄외</td></tr>
<tr><td>작성일자</td><td colspan="3">공급대가총액</td><td>비고</td></tr>
<tr><td colspan="2">20x1.1.4.</td><td colspan="3">₩ 50,000</td><td></td></tr>
<tr><td colspan="6">공 급 내 역</td></tr>
<tr><td>월/일</td><td>품명</td><td>수량</td><td>단가</td><td colspan="2">금액</td></tr>
<tr><td>1/4</td><td>직원명함</td><td>2</td><td>25,000</td><td colspan="2">50,000</td></tr>
<tr><td colspan="3">합 계</td><td colspan="3">₩ 50,000</td></tr>
<tr><td colspan="6">위 금액을 (영수)청구)함</td></tr>
</table>

자료설명	영업부 직원 명함 인쇄를 의뢰하고, 제작 대금은 현금으로 지급하고 수취한 영수증이다. 회사는 이 거래가 지출증명서류 미수취 가산세 대상인지를 검토하려고 한다.
수행과제	1. 거래자료를 입력하시오. 2. 영수증수취명세서(1)과 (2) 서식을 작성하시오.

② 단기매매증권구입 및 매각

자료 1. 차량구입시 채권 구입

	NO. 7

춘천시 지역개발채권 매입필증
(증빙서류 첨부용)

채 권 매 입 금 액	금삼십만원정 (₩300,000)		
성 명 / 업 체 명	(주)청정산업	주민등록번호 (사업자 번호)	1208132144
주 소	강원도 춘천시 명동길 11 (조양동)		
대 리 인 (성 명)	****	주 민 등 록 번 호	720125-******
청 구 기 관	******		
※ 용도 1. 자동차 신규등록 2. 자동차 이전등록 3. 각종 허가 및 신고 4. 각종 계약체결			

자료 2. 보통예금(기업은행) 거래내역

		내용	찾으신금액	맡기신금액	잔액	거래점
번호	거래일	계좌번호 986-1568-5754 (주)청정산업				
1	20x1-2-14	공채구입	300,000		***	***

자료설명	본사 업무용 차량을 구입하면서 법령에 의한 공채를 액면금액으로 구입하고 기업은행 보통예금 계좌에서 이체하여 지급하였다.(공채 매입시 공정가치는 260,000원이며 '단기매매증권'으로 회계처리할 것.)
수행과제	거래자료를 입력하시오.

③ 통장사본에 의한 거래자료입력

자료. 보통예금(기업은행) 거래내역

		내용	찾으신금액	맡기신금액	잔액	거래점
번호	거래일	계좌번호 986-1568-5754 (주)청정산업				
1	20x1-4-12	퇴직연금	6,000,000		***	***

자료설명	자료는 기업은행 보통예금 계좌에서 삼성생명으로 자동이체된 퇴직연금 이체내역이다. 구분 / 금액 표

구분	금액	
확정급여형(DB)형	3,000,000원	
확정기여형(DC)형	사무직 1,500,000원	생산직 1,500,000원
합계	6,000,000원	

수행과제	거래자료를 입력하시오.

실무수행2 | 부가가치세관리

부가가치세 신고 관련 자료이다. [자료설명]을 참고하여 [수행과제]를 수행하시오.

① 전자세금계산서 발급

거래명세서 (공급자 보관용)

공급자	등록번호	120-81-32144			공급받는자	등록번호	102-81-17053		
	상호	(주)청정산업	성명	오세훈		상호	(주)코웨이산업	성명	윤춘호
	사업장 주소	강원도 춘천시 명동길 11(조양동)				사업장 주소	서울특별시 서대문구 간호대로 10 (홍제동)		
	업태	제조업외	종사업장번호			업태	도소매업	종사업장번호	
	종목	정수기외				종목	정수기외		

거래일자	미수금액	공급가액	세액	총 합계금액
20x1.5.15.		6,000,000	600,000	6,600,000

NO	월	일	품목명	규격	수량	단가	공급가액	세액	합계
1	5	15	온수정수기		10	600,000	6,000,000	600,000	6,600,000

자료설명	1. (주)코웨이산업에 제품을 공급하고 발급한 거래명세서이다. 2. 회사는 (주)코웨이산업에서 4월 10일 계약금 2,000,000원을 수령하였으며 잔액은 국민은행 보통예금계좌로 이체받았다.
수행과제	1. 거래명세서에 의해 매입매출자료를 입력하시오. 2. 전자세금계산서 발행 및 내역관리 를 통하여 발급·전송하시오. (전자세금계산서 발급 시 결제내역 및 전송일자는 무시할 것.)

② 수정전자세금계산서의 발급

전자세금계산서			(공급자 보관용)			승인번호		

공급자	등록번호	120-81-32144			공급받는자	등록번호	105-81-47288	
	상호	(주)청정산업	성명 (대표자)	오세훈		상호	(주)웰스산업	성명 (대표자)	박종길
	사업장 주소	강원도 춘천시 명동길 11(조양동)				사업장 주소	서울특별시 금천구 시흥대로 405 (독산동)	
	업태	제조업외	종사업장번호			업태	도소매업	종사업장번호
	종목	정수기외				종목	정수기외	
	E-Mail	chungjung@bill36524.com				E-Mail	wells@bill36524.com	

작성일자	20x1.6.15.	공급가액	12,000,000	세 액	1,200,000
비고					

월	일	품목명	규격	수량	단가	공급가액	세액	비고
6	15	미니정수기		100	120,000	12,000,000	1,200,000	

합계금액	현금	수표	어음	외상미수금	이 금액을	○ 영수	함
13,200,000				13,200,000		● 청구	

자료설명	1. (주)웰스산업에 제품을 공급하고 발급한 전자세금계산서이다. 2. 전자세금계산서의 공급단가를 130,000원으로 기재했어야 하나, 담당자의 실수로 공급단가를 120,000원으로 기재하여 발급하였음을 확인하였다.
수행과제	수정사유에 따른 수정전자세금계산서를 발급 전송하시오. (외상대금 및 제품매출에서 음수(-)로 처리하고 전자세금계산서 발급 시 결제내역 입력 및 전송일자는 고려하지 말 것.)

③ 의제매입세액공제신고사업자의 부가가치세신고서 작성

자료 1. 면세매입 계산서

계산서			(공급받는자 보관용)		승인번호		

공급자	등록번호	101-90-39264			공급받는자	등록번호	120-81-32144	
	상호	온누리농산	성명 (대표자)	지미화		상호	(주)청정산업	성명 (대표자)	오세훈
	사업장 주소	경기도 안양시 동안구 흥안대로 313				사업장 주소	강원도 춘천시 명동길 11(조양동)	
	업태	축산물	종사업장번호			업태	제조업외	종사업장번호
	종목	농축수산물				종목	정수기외	
	E-Mail	onnuri@naver.com				E-Mail	chungjung@bill36524.com	

작성일자	20x1.7.10.	공급가액	10,000,000	비 고	

월	일	품목명	규격	수량	단가	공급가액	비고
7	10	돼지고기	kg	200	50,000	10,000,000	

합계금액	현금	수표	어음	외상미수금	이 금액을	◉ 영수 ○ 청구	함
10,000,000	10,000,000						

자료 2. 농산물 거래 내역서

농산물 거래 내역서

■ 공급자 인적사항

성 명	주 민 등 록 번 호
이지웅	740502-1245119

■ 거래 내역

농산물 품목	수량	납품일자	금 액
배추	30kg	20x1.7.15.	600,000원
합계금액			600,000원

■ 대금지급조건: 납품 시 현금 결제

자료 3. 미가공 농산물(보리) 구입관련 자료

```
            현금영수증
           CASH RECEIPT
-------------------------------------------

   거래일시        20x1-07-30  14:15:27
   품명                           보리
   식별번호            208341****
   승인번호             165656304
   판매금액            2,200,000원
   부가가치세                   0원
   봉사료                        0원

   합계                 2,200,000원

-------------------------------------------

   현금영수증가맹점명           하나로마트
   사업자번호           229-81-16010
   대표자명: 신영호     TEL: 02 755 1112
   주소: 서울특별시 서초구 청계산로 10
   CATID: 1123973          전표No:

   현금영수증 문의: Tel 126
   http://현금영수증.kr
   감사합니다.
```

자료설명	본 문제에 한하여 음식점업을 겸업 운영한다고 가정하며, 아래 자료는 음식점업과 관련된 내역이다. 1. 자료 1은 돼지고기를 현금으로 구입하고 수취한 계산서이다. 2. 자료 2는 배추를 농민으로부터 현금으로 직접 구입하고 수취한 농산물 거래 내역서이다. 3. 자료 3은 미가공 농산물(보리 10가마니)을 현금으로 구입한 현금영수증이다. 4. 자료 1 ~ 3의 계정과목은 원재료로 처리하고, 법인 음식점업 공제율은 6/106으로 한다. 5. 단, 회사는 중소기업에 해당한다.
수행과제	1. 자료 1 ~ 3의 거래를 검토하여 의제매입세액공제 요건을 갖춘 거래는 매입매출전표에 입력하고, 그 외의 거래는 일반전표에 입력하시오. (의제매입세액공제신고서에 자동반영 되도록 적요를 선택할 것.) 2. 제2기 부가가치세 예정신고기간의 의제매입세액공제신고서를 작성하시오. 3. 의제매입세액공제내역을 제2기 부가가치세 예정신고서에 반영하시오. 4. 의제매입세액과 관련된 회계처리를 일반전표입력에 9월 30일자로 입력하시오. (공제세액은 '부가세대급금'으로 회계처리할 것.)

4 신용카드매출전표등 수령금액합계표 작성자의 부가가치세신고서 작성

자료 1.

매 출 전 표

카드종류	거래일자
삼성카드	20x1.10.2.10:25:11

카드번호(CARD NO)
9410-3256-****-2351

승인번호	금액	백	천	원
30010947	AMOUNT		5 0 0 0 0	

일반	할부	부가세		5 0 0 0
일시불		V.AT		

	경유	봉사료 CASHBACK		

거래유형				
신용승인	합계 TOTAL		5 5 0 0 0	

가맹점명	
춘천주유소	

대표자명	사업자번호
추상훈	229-98-01188

전화번호	가맹점번호
033-457-8004	312110073

주소
강원 춘천시 동내면 세실로 38

상기의 거래 내역을 확인합니다.   서명 *(주)청정산업*

자료 2.

신 용 카 드 매 출 전 표

가 맹 점 명 향정원
사 업 자 번 호 215-03-80780
대 표 자 명 백종원
주   소 서울 강남 테헤란로8길 29

현대카드   신용승인
거래일시   20x1-11-4 오후 14:08:04
카드번호   6880-1256-****-4056
유효기간   **/**
가맹점번호   123460001
매입사 : 현대카드(전자서명전표)

공 급 금 액   200,000원
부가세금액   20,000원
합   계   220,000원

자료 3.

```
            ** 현금영수증 **
              (지출증빙용)

사업자등록번호   : 477-07-00913
사업자명         오피스알파
단말기ID        : 73453259(tel:02-257-1004)
가맹점주소       : 서울 강남구 테헤란로 51길

현금영수증 회원번호
 120-81-32144         (주)청정산업
승인번호         : 57231010
거래일시         : 20x1년 12월 6일 10시10분10초

공 급 금 액              300,000원
부가세금액               30,000원
총 합 계                330,000원

휴대전화, 카드번호 등록
http://현금영수증.kr
국세청문의(126)
38036925-GCA10106-3870-U490
    <<<<<<이용해 주셔서 감사합니다.>>>>>>
```

자료설명	1. 자료 1은 공장 화물트럭에 주유하고 결제한 법인 신용카드매출전표이다. 2. 자료 2는 매출처 직원 기업업무추진(접대)를 하고 결제한 법인 신용카드매출전표이다. 3. 자료 3은 관리부에서 사용할 소모품을 구입하고 수취한 현금영수증이다. (자산으로 처리할 것.) 단, 제시된 자료의 거래처는 모두 일반과세자이다.
수행과제	1. 자료 1 ~ 3을 일반전표 및 매입매출전표에 입력하시오. 2. 제2기 확정 신용카드매출전표등 수령금액 합계표를 작성하시오. 3. 신용카드매입 및 전자신고세액공제를 반영하여 제2기 부가가치세 확정신고서를 작성하시오. - 제2기 부가가치세 확정신고서를 홈택스에서 전자신고하여 전자신고세액공제 10,000원을 공제받기로 한다.

평가문제 | 입력자료 및 회계정보를 조회하여 [평가문제]의 답안을 입력하시오.(70점)

[실무수행평가] - 부가가치세관리

번호	평가문제	배점
11	**[세금계산서합계표 조회]** 제1기 확정신고기간의 거래처 '(주)코웨이산업'에 전자발행된 세금계산서 공급가액은 얼마인가?	2
12	**[세금계산서합계표 조회]** 제1기 확정신고기간의 매출전자세금계산서 발급매수는 총 몇 매인가?	2
13	**[매입매출전표입력 조회]** 6월 15일자 수정세금계산서의 수정입력사유를 코드로 입력하시오.	2
14	**[의제매입세액공제신고서 조회]** 제2기 예정신고기간의 의제매입세액공제신고서의 '의제매입세액 계'는 얼마인가?	2
15	**[부가가치세신고서 조회]** 제2기 예정신고기간 부가가치세신고서의 과세_세금계산서발급분(1란) 금액은 얼마인가?	2
16	**[부가가치세신고서 조회]** 제2기 예정신고기간의 부가가치세 신고시에 작성되는 부가가치세 첨부서류에 해당하지 않는 것은? ① 세금계산서합계표 ② 신용카드매출전표등수령금액합계표 ③ 의제매입세액공제신고서 ④ (면세)계산서합계표	2
17	**[부가가치세신고서 조회]** 제2기 예정신고기간의 부가가치세 신고시와 관련된 설명으로 옳지 않은 것은? ① 과세표준 금액은 226,800,000원이다. ② 부가가치세 조기환급은 적용받을 수 없다. ③ 전자신고세액공제는 확정신고시에만 적용받을 수 있다. ④ 국세환급금 계좌은행은 '국민은행'이다.	2
18	**[신용카드매출전표등 수령금액 합계표(갑) 조회]** 제2기 확정신고기간의 신용카드매출전표 수령금액 합계표(갑)에 반영되는 신용카드 매입 명세 합계(공급가액)는 얼마인가?	3
19	**[부가가치세신고서 조회]** 제2기 확정신고기간 부가가치세신고서에 반영되는 과세표준명세의 '수입금액제외' 금액은 얼마인가?	2
20	**[부가가치세신고서 조회]** 제2기 확정신고기간의 부가가치세 차가감납부할(환급받을)세액(27란)의 금액은 얼마인가? (환급세액인 경우 음수(-)로 입력할 것.)	3
	부가가치세 소계	22

실무수행3 | 결산

[결산자료]를 참고로 결산을 수행하시오.(단, 제시된 자료 이외의 자료는 없다고 가정함.)

① 수동결산

자료설명	결산일 현재 보유한 외화부채는 다음과 같다.				
	계정과목	금액	거래처	전기말 적용환율	결산일 적용환율
	외화장기차입금	US$100,000	tesla.co.kr	US$1 / 1,300원	US$1 / 1,290원
수행과제	결산정리분개를 입력하시오.				

② 결산자료입력에 의한 자동결산

자료설명	1. 당기 법인세는 14,232,000원이고 법인지방소득세는 1,423,200원이다. 　법인세와 법인지방소득세는 법인세등으로 계상한다.(법인세 중간예납세액 및 원천징수세액은 선납세금계정에 계상되어 있다.) 2. 기말재고자산 현황 <table><tr><td>구분</td><td>평가금액</td></tr><tr><td>제 품</td><td>30,000,000원</td></tr></table>※ 기말제품 평가액에는 시용판매 조건으로 고객에게 인도한 제품 2,000,000원(구입의사 미표시분)이 포함되어 있지 않다. 3. 이익잉여금처분계산서 처분확정(예정)일 　- 당기: 20x2년 3월 31일 　- 전기: 20x1년 3월 31일
수행과제	결산을 완료하고 이익잉여금처분계산서에서 손익대체분개를 하시오. (단, 이익잉여금처분내역은 없는 것으로 하고 미처분이월이익잉여금 전액을 이월이익잉여금으로 이월하기로 한다.)

[실무수행평가] - 재무회계

번호	평가문제	배점
21	**[영수증수취명세서 조회]** 영수증수취명세서(1)에 반영되는 '12.명세서제출 대상' 금액은 얼마인가?	2
22	**[거래처원장 조회]** 6월 말 국민은행(코드 98000) 보통예금 잔액은 얼마인가?	1
23	**[일/월계표 조회]** 1/4분기(1월~3월)에 발생한 도서인쇄비(판매관리비) 총금액은 얼마인가?	1
24	**[일/월계표 조회]** 2/4분기(4월~6월)에 발생한 퇴직급여(판매관리비)는 얼마인가?	1
25	**[일/월계표 조회]** 2/4분기(4월~6월)에 발생한 제품매출 금액은 총 얼마인가?	2
26	**[일/월계표 조회]** 4/4분기(10월~12월)에 발생한 차량유지비(제조)는 얼마인가?	1
27	**[합계잔액시산표 조회]** 6월 말 단기매매증권 잔액은 얼마인가?	1
28	**[합계잔액시산표 조회]** 6월 말 퇴직연금운용자산 잔액은 얼마인가?	2
29	**[재무상태표 조회]** 9월 말 원재료 잔액으로 옳은 것은? ① 352,685,398원 ② 352,809,926원 ③ 352,912,724원 ④ 353,375,963원	2
30	**[재무상태표 조회]** 12월 말 차량운반구 장부금액은 얼마인가?	1
31	**[재무상태표 조회]** 12월 말 외화장기차입금 잔액은 얼마인가?	2
32	**[재무상태표 조회]** 기말 제품 잔액은 얼마인가?	2
33	**[재무상태표 조회]** 12월 말 미지급세금 잔액은 얼마인가?	1
34	**[재무상태표 조회]** 12월 말 소모품 잔액은 얼마인가?	3
35	**[재무상태표 조회]** 12월 말 이월이익잉여금(미처분이익잉여금) 잔액으로 옳은 것은? ① 152,168,150원 ② 225,120,269원 ③ 279,702,471원 ④ 320,158,743원	1
	재무회계 소계	23

실무수행4 근로소득관리

인사급여 관련 자료이다. [자료설명]을 참고하여 [수행과제]를 수행하시오.

① 가족관계증명서에 의한 사원등록

자료 1. 윤현우의 가족관계증명서

[별지 제1호서식] <개정 2010.6.3>

가 족 관 계 증 명 서

등록기준지	경기도 평택시 경기대로 701 (지제동)				

구분	성 명	출생연월일	주민등록번호	성별	본
본인	윤 현 우	1974년 10월 11일	741011-1111113	남	坡平

가족사항					

구분	성 명	출생연월일	주민등록번호	성별	본
부	윤 두 식	1938년 09월 22일	380922-1785417	남	坡平
모	이 채 민	1940년 11월 12일	401112-2075529	여	慶州
배우자	이 다 정	1980년 01월 17일	800117-2247093	여	全州
자녀	윤 만 세	2015년 08월 12일	150812-4985710	여	坡平
형제	윤 도 준	1977년 09월 15일	770915-1927311	남	坡平

자료설명	20x1년 4월 1일에 입사한 사원 윤현우(1004)가 제출한 가족관계증명서이다. 1. 윤현우는 세대주이다. 2. 부 윤두식은 부동산임대소득금액 20,000,000원이 있다. 3. 모 이채민은 일용 근로소득 6,000,000원이 있다. 4. 배우자 이다정은 복권당첨소득 15,000,000원이 있다. 5. 자녀 윤만세는 20x1년 10월 입양한 자녀이다. 6. 형제 윤도준은 장애인복지법에 따른 장애인이며, 총급여액 6,000,000원이 있다. 7. 세부담을 최소화하는 방법을 선택한다.
수행과제	사원등록메뉴에서 부양가족명세를 작성하시오.

[실무수행평가] - 근로소득관리 1

번호	평가문제 [윤현우 근로소득원천징수영수증 조회]	배점
36	본인과 배우자를 포함한 부양가족의 기본공제 대상액은 얼마인가?	2
37	'27.경로우대' 추가공제액은 얼마인가?	2
38	'28.장애인' 추가공제액은 얼마인가?	2
39	공제대상자녀 세액공제액은 얼마인가?	1
40	출산입양 세액공제액은 얼마인가?	1

2 급여명세에 의한 급여자료

자료 1. 12월 급여자료

(단위: 원)

사원	기본급	육아수당	자격증수당	식대	월차수당	야간근로수당	국민연금	건강보험	고용보험	장기요양보험
박성욱	5,000,000	120,000	200,000	220,000	100,000	0	프로그램에서 자동 계산된 금액으로 공제한다.			
김도훈	2,100,000	0	100,000	220,000	100,000	800,000				

자료 2. 수당 및 공제요건

구분	코드	수당 및 공제명	내 용
수당등록	101	기본급	설정된 그대로 사용한다.
	200	육아수당	출산 및 6세 이하 자녀를 양육하는 경우 매월 고정적으로 지급하고 있다.
	201	자격증수당	직무관련 자격 취득시 자격증수당을 지급하고 있다.
	202	식대	야근시에는 야식을 제공하고 있으며, 야식을 제외한 별도의 음식물은 제공하고 있지 않다.
	203	월차수당	전월에 만근한 사원에게 수당을 지급하고 있다.
	204	야간근로수당	생산직 사원에게 연장근로시간에 대하여 수당을 지급하고 있다.

자료설명	1. 자료 1에서 박성욱은 영업부 과장이다. 2. 자료 1에서 김도훈은 생산직 사원이며, 전년도 총급여액은 3,800만원이다. 3. 12월 귀속분 급여지급일은 당월 25일이며, 사회보험료는 자동 계산된 금액으로 공제한다. 4. 당사는 반기별 원천징수 납부대상자가 아니며, 전월미환급세액 33,000원(지방소득세 3,000원 포함)이 있다.
수행과제	1. 사원등록에서 생산직 비과세여부를 적용하시오. 2. 급여자료입력 메뉴에 수당등록을 하시오. 3. 12월분 급여자료를 입력하시오.(단, 구분 '1.급여'로 선택할 것.) 4. 12월 귀속분 [원천징수이행상황신고서]를 작성하시오.

[실무수행평가] – 근로소득관리 2

번호	평가문제	배점
41	**[박성욱 12월 급여자료입력 조회]** 급여항목 중 비과세대상 지급액은 얼마인가?	2
42	**[박성욱 12월 급여자료입력 조회]** 12월 급여의 차인지급액은 얼마인가?	1
43	**[김도훈 12월 급여자료입력 조회]** 급여항목 중 과세대상 지급액은 얼마인가?	2
44	**[김도훈 12월 급여자료입력 조회]** 수당항목 중 과세대상 야간근로수당 금액은 얼마인가?	1
45	**[12월 원천징수이행상황신고서 조회]** '10.소득세 등' 총 합계 금액은 얼마인가?	2

③ 국세청연말정산간소화 및 이외의 자료를 기준으로 연말정산

자료설명	사무직 이익준(1003)의 연말정산을 위한 자료이다. 1. 사원등록의 부양가족현황은 사전에 입력되어 있다. 2. 부양가족은 이익준과 생계를 같이 한다.
수행과제	[연말정산 근로소득원천징수영수증] 메뉴에서 연말정산을 완료하시오. 1. 의료비는 [의료비] 탭에서 입력하며, 국세청자료는 공제대상 합계금액을 1건으로 집계하여 입력한다. (단, 실손의료보험금 500,000원을 수령하였다.) 2. 보험료와 교육비는 [소득공제] 탭에서 입력한다. 3. 연금계좌는 [정산명세] 탭에서 입력한다.

자료 1. 이익준 사원의 부양가족등록 현황

연말정산관계	성명	주민번호	기타사항
0.본인	이익준	781010-1774911	세대주
3.배우자	채송화	781202-2045671	이자소득 4,000,000원과 배당소득 8,000,000원 있음
1.소득자 직계존속	박희진	430411-2222229	소득 없음
4.직계비속	이우주	181218-3094111	소득 없음

자료 2. 국세청간소화서비스 및 기타증빙자료

20x1년 귀속 소득·세액공제증명서류 : 기본(지출처별)내역 [의료비]

■ 환자 인적사항

성 명	주 민 등 록 번 호
이우주	181218-3******

■ 의료비 지출내역

(단위: 원)

사업자번호	상 호	종류	지출금액 계
109-04-16***	서울**병원	일반	2,500,000
106-05-81***	***안경원	일반	700,000
의료비 인별합계금액			2,500,000
안경구입비 인별합계금액			700,000
산후조리원 인별합계금액			0
인별합계금액			3,200,000

 국 세 청
National Tax Service

• 본 증명서류는 『소득세법』 제165조 제1항에 따라 영수증 발급기관으로부터 수집한 서류로 소득·세액공제 충족 여부는 근로자가 직접 확인하여야 합니다.
• 본 증명서류에서 조회되지 않는 내역은 영수증 발급기관에서 직접 발급받으시기 바랍니다.

20x1년 귀속 소득 · 세액공제증명서류 : 기본(지출처별)내역
[보장성 보험, 장애인전용보장성보험]

■ 계약자 인적사항

성 명	주 민 등 록 번 호
이익준	781010-1******

■ 보장성보험(장애인전용보장성보험) 납입내역

(단위: 원)

종류	상 호	보험종류			납입금액 계
	사업자번호	증권번호	주피보험자		
	종피보험자1	종피보험자2	종피보험자3		
보장성	한화생명보험(주)	실손의료보험	181218-3094***	이우주	1,200,000
	108-81-15***	202112345**			
보장성	삼성생명보험(주)	실버든든보험	430411-2222***	박희진	1,800,000
	106-81-41***	100540651**			
인별합계금액					3,000,000

 국 세 청 National Tax Service

- 본 증명서류는 『소득세법』 제165조 제1항에 따라 영수증 발급기관으로부터 수집한 서류로 소득·세액공제 충족 여부는 근로자가 직접 확인하여야 합니다.
- 본 증명서류에서 조회되지 않는 내역은 영수증 발급기관에서 직접 발급받으시기 바랍니다.

20x1년 귀속 세액공제증명서류: 기본내역[퇴직연금]

■ 가입자 인적사항

성 명	주 민 등 록 번 호
이익준	781010-1******

■ 퇴직연금 납입내역

(단위: 원)

상호	사업자번호	당해연도 납입금액	당해연도 납입액 중 인출금액	순납입금액
계좌번호				
신한생명보험(주)	108-81-26***	2,400,000		2,400,000
12345204578				
순납입금액 합계				2,400,000

 국 세 청 National Tax Service

- 본 증명서류는 『소득세법』 제165조 제1항에 따라 영수증 발급기관으로부터 수집한 서류로 소득·세액공제 충족 여부는 근로자가 직접 확인하여야 합니다.
- 본 증명서류에서 조회되지 않는 내역은 영수증 발급기관에서 직접 발급받으시기 바랍니다.

20x1년 귀속 세액공제증명서류: 기본내역[연금저축]

■ 가입자 인적사항

성 명	주 민 등 록 번 호
채송화	781202-2******

■ 연금저축 납입내역

(단위: 원)

상호	사업자번호	당해연도 납입금액	당해연도 납입액 중 인출금액	순납입금액
계좌번호				
신한생명보험(주)	108-81-26***	4,500,000	3,000,000	1,500,000
013479999				
순납입금액 합계				1,500,000

- 본 증명서류는 『소득세법』제165조 제1항에 따라 영수증 발급기관으로부터 수집한 서류로 소득·세액공제 충족 여부는 근로자가 직접 확인하여야 합니다.
- 본 증명서류에서 조회되지 않는 내역은 영수증 발급기관에서 직접 발급받으시기 바랍니다.

[실무수행평가] – 근로소득관리 3

번호	평가문제 [이익준 근로소득원천징수영수증 조회]	배점
46	'연금계좌' 세액공제액은 얼마인가?	2
47	'61.보장성보험' 세액공제액은 얼마인가?	2
48	'62.의료비' 세액공제액은 얼마인가?	2
49	'77.차감징수세액(소득세)'은 얼마인가?	2
50	'82.실효세율은 몇 %인가?	1
	근로소득 소계	25

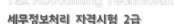

실무이론평가

1	2	3	4	5	6	7	8	9	10
④	③	①	③	③	②	②	②	①	④

01 저가법을 적용함으로써 발생한 **재고자산평가손실은 매출원가에 가산**한다.

02 사채관련 이자비용 = 발행금액(97,400,000) × 유효이자율(6%) = 5,844,000원

액면이자 = 액면금액(100,000,000) × 액면이자율(5%) = 5,000,000원

(차) 이자비용	5,844,000원	(대) 현금	5,000,000원
		사채할인발행차금	844,000원

03 3월 5일 거래에서 **주식발행초과금 5,000,000원 발생**하고, 9월 20일 거래에서 **주식할인발행차금 1,100,000원 발생**한다. 따라서 상계 처리 후 주식발행초과금의 잔액은 3,900,000원이다.

04 저작권상각비 = 취득가액(10,000,000) ÷ 내용연수(10년) = 1,000,000원/년

2024.1.1. 장부금액 = 취득가액(10,000,000) − 1,000,000 × 4년(20~23) = 6,000,000원

2024년 상각비 = [장부금액(6,000,000) + 자본적지출(600,000)] ÷ 잔여내용연수(6년) = 1,100,000원

05

퇴직급여충당부채

퇴사	2,000,000	기초	6,000,000
기말	**7,000,000**	설정	3,000,000
계	9,000,000	계	9,000,000

06 감가상각비 = 취득가액(12,000,000) ÷ 5년 = 2,400,000원/년

제거되는 국가보조금 = 4,000,000원 ÷ 5년 = 800,000원/년

x1년말 장부금액 = 취득가액(12,000,000) − 감가상각누계액(2,400,000) −
　　　　　　　 − 정부보조금(4,000,000 − 800,000) = 6,400,000원

07 전자세금계산서 발급명세는 전자세금계산서 **발급일의 다음날까지 국세청장에게 전송**하여야 한다.

08 과세표준 = 상품 국내매출액(4,000,000) − 매출할인(1,000,000) + 수출액(2,000,000)
　　　　　 = 5,000,000원

견본품과 파손된 재화는 과세표준에 포함하지 아니한다.

09 총급여액 = 기본급(36,000,000) + 상여금(3,000,000) = 39,000,000원

자녀보육수당은 자녀수와 관계 없이 **월 20만원(개정세법 24)까지만 비과세**를 적용한다.

10 **의료비 지출액에 대해서는 신용카드소득공제와 의료비 세액공제를 중복하여 적용**할 수 있다.

■■■■■■■ **실무수행평가**

실무수행 1. 거래자료입력

① 3만원 초과 거래 자료에 대한 영수증 수취명세서 작성

1. [일반전표입력] 1월 4일

| (차) 도서인쇄비(판) | 50,000원 | (대) 현금 | 50,000원 |

2. [영수증수취명세서(2)]

	거래일자	상 호	성 명	사업장	사업자등록번호	거래금액	구분	계정코드	계정과목
□	20×1-01-02	오메가문구	박성규	서울특별시 강남구 강남대로 93:	229-81-27370	600,000		830	소모품비
□	20×1-01-31	신한은행	이종호	서울특별시 서초구 헌릉로 12	514-81-35782	120,000	16	931	이자비용
□	20×1-01-04	선우인쇄	이선우	서울특별시 중구 퇴계로51길	122-56-12346	50,000		826	도서인쇄비

영수증수취명세서 / 영수증수취명세서(2) / 영수증수취명세서(1) / 해당없음 / 기

3. [영수증수취명세서(1)]

2. 3만원 초과 거래분 명세서제출 제외대상 내역

구분	건수	금액	구분	건수	금액
15. 읍, 면 지역 소재			26. 부동산 구입		
16. 금융, 보험 용역	1	120,000	27. 주택임대용역		
17. 비거주자와의 거래			28. 택시운송용역		

② 단기매매증권구입 및 매각 [일반전표입력] 2월 14일

| (차) 단기매매증권 | 260,000원 | (대) 보통예금(기업은행(보통)) | 300,000원 |
| 차량운반구 | 40,000원 | | |

③ 통장사본에 의한 거래자료입력 [일반전표입력] 4월 12일

(차) 퇴직연금운용자산(삼성생명)	3,000,000원	(대) 보통예금(기업은행(보통))	6,000,000원
퇴직급여(판)	1,500,000원		
퇴직급여(제)	1,500,000원		

실무수행 2. 부가가치세관리

① 전자세금계산서 발급

1. [매입매출전표입력] 5월 15일

거래유형	품명	공급가액	부가세	거래처	전자세금
11.과세	온수정수기	6,000,000	600,000	(주)코웨이산업	전자발행
분개유형	(차) 보통예금		4,600,000원	(대) 제품매출	6,000,000원
3.혼합	(국민은행(보통))			부가세예수금	600,000원
	선수금		2,000,000원		

2. [전자세금계산서 발행 및 내역관리] 기출문제 68회 참고

② 수정전자세금계산서의 발급

1. [수정세금계산서 발급]

① [매입매출전표 입력] 6월15일 전표 선택 ➡ 수정세금계산서 클릭 ➡ [수정사유] 화면에서 [1.기재사항 착오·정정, 착오항목: 1.공급가액 및 세액] 선택 후 확인(Tab)을 클릭

② [수정세금계산서(매출)] 화면에서 수정분 [단가 130,000원] 입력을 통해 공급가액과 세액을 반영한 후 확인(Tab)을 클릭

③ [매입매출전표입력] 6월 15일에 수정분이 2건 입력된다.

거래유형	품명	공급가액	부가세	거래처	전자세금
11.과세	미니정수기	-12,000,000	-1,200,000	(주)웰스산업	전자발행
분개유형	(차) 외상매출금		-13,200,000원	(대) 제품매출	-12,000,000원
2.외상(혼합)				부가세예수금	-1,200,000원

거래유형	품명	공급가액	부가세	거래처	전자세금
11.과세	미니정수기	13,000,000	1,300,000	(주)웰스산업	전자발행
분개유형	(차) 외상매출금		14,300,000원	(대) 제품매출	13,000,000원
2.외상(혼합)				부가세예수금	1,300,000원

2. [전자세금계산서 발행 및 내역관리] 기출문제 68회 참고

③ 의제매입세액공제신고사업자의 부가가치세신고서 작성

1. [거래자료입력]
   - [매입매출전표입력] 7월 10일

거래유형	품명	공급가액	부가세	거래처	전자세금
53.면세	돼지고기	10,000,000		온누리농산	
분개유형	(차) 원재료	10,000,000원	(대) 현금		10,000,000원
1.현금	(적요6.의제매입세액원재료차감)				

   - [일반전표입력] 7월 15일

   (차) 원재료   600,000원   (대) 현금   600,000원

   ※ 음식점업은 농어민으로부터 면세 농산물 등을 직접 공급받은 경우 계산서 등을 수취하여야 의제매입세액 공제대상이다..

   - [매입매출전표입력] 7월 30일

거래유형	품명	공급가액	부가세	거래처	전자세금
62.현면	보리	2,200,000		하나로마트	
분개유형	(차) 원재료	2,200,000원	(대) 현금		2,200,000원
1.현금	(적요6.의제매입세액원재료차감)				

2. [의제매입세액공제신고서] 7월 ~ 9월(공제율 음식점업 6/106)
① 온누리농산

취득일자	구분	물품명	수량	매입가액	공제율	의제매입세액	건수	전표
20×1-07-10	사업자(계산서	돼지고기	200	10,000,000	6/106	566,037	1	입력

② 하나로마트

주민등록번호	------ - -------			사업자등록번호	229-81-16010			
취득일자	구분	물품명	수량	매입가액	공제율	의제매입세액	건수	전표
20×1-07-30	사업자(신용카	보리	10	2,200,000	6/106	124,528	1	입력

3. [부가가치세신고서] 7월 1일 ~ 9월 30일

그밖의공제 매입세액	14	12,200,000	690,565

4. [일반전표입력] 9월 30일

   (차) 부가세대급금   690,565원   (대) 원재료   690,565원

4 신용카드매출전표등 수령금액합계표 작성자의 부가가치세신고서 작성

1. 거래자료 입력

① [매입매출전표 입력] 10월 2일

거래유형	품명	공급가액	부가세	거래처	전자세금
57.카과	화물트럭주유	50,000	5,000	춘천주유소	
분개유형	(차) 차량유지비(제)	50,000원	(대) 미지급금		55,000원
3.혼합(카드)	부가세대급금	5,000원		(삼성카드)	

② [일반전표입력] 11월 4일

기업업무추진비(접대비) 관련 매입세액은 공제가 불가능하므로 일반전표에 입력한다.

　(차) 접대비(판) 　　　　220,000원 　　　(대) 미지급금(현대카드) 　　220,000원

③ [매입매출전표 입력] 12월 6일

거래유형	품명	공급가액	부가세	거래처	전자세금
61.현과	소모품	300,000	30,000	오피스알파	
분개유형	(차) 소모품	300,000원	(대) 현금		330,000원
1.현금(혼합)	부가세대급금	30,000원			

2. [신용카드매출전표등 수령금액 합계표] 10월 ~ 12월

신용카드 등 매입명세 합계

구 분	거래건수	공급가액	세액
합 계	2	350,000	35,000
현 금 영 수 증	1	300,000	30,000
화 물 운 전 자 복 지 카 드			
사 업 용 신 용 카 드	1	50,000	5,000
기 타 신 용 카 드 등			

그 밖의 신용·직불카드, 기명식선불카드, 직불전자지급수단 및 기명식선불전자지급수단 매출전표 수령금액 합계 　　크게

	유형	거래내역				가맹점(공급자)		회원 인적사항		
		거래일자	공급가액	세액	건수	상 호	사업자등록번호	성명(법인명)	카드회원번호	승인번호
1	사업용	20×1-10-02	50,000	5,000	1	춘천주유소	229-98-01188	삼성카드	9410-3256-1235-2351	
2	현금	20×1-12-06	300,000	30,000	1	오피스알파	477-07-00913			

3. [부가가치세신고서] 10월 1일 ~ 12월 31일

그밖의공제매입세액명세　　✕

구분		금액	세율	세액
신용매출전표수취/일반	41	350,000		35,000
신용매출전표수취/고정	42			

그 밖의 경감·공제 세액 명세　　✕

구분		금액	세율	세액
전자신고및전자고지	54			10,000

[실무수행평가] - 부가가치세관리

번호	평가문제	배점	답
11	[세금계산서합계표 조회]	2	(56,000,000)원
12	[세금계산서합계표 조회]	2	(32)매
13	[매입매출전표입력 조회]	2	(1)
14	[의제매입세액공제신고서 조회]	2	(690,565)원
15	[부가가치세신고서 조회]	2	(196,800,000)원
16	[부가가치세신고서 조회]	2	(정답없음)
17	[부가가치세신고서 조회]	2	②
18	[신용카드매출전표등 수령금액 합계표(갑) 조회]	3	(350,000)원
19	[부가가치세신고서 조회]	2	(10,000,000)원
20	[부가가치세신고서 조회]	3	(−13,477,800)원
	부가가치세 소계	22	

실무수행 3. 결산

① 수동결산 [일반전표입력] 12월 31일

    (차) 외화장기차입금(tesla.co.kr)   1,000,000원   (대) 외화환산이익   1,000,000원

    ※ 환산손익(부채) = US$100,000×(1,290원 − 1,300원) = △1,000,000원(이익)

② 결산자료입력에 의한 자동결산

[결산자료입력 1]

① 선납세금 정리 [일반전표입력] 12월 31일

    (차) 법인세등   7,521,000원   (대) 선납세금   7,521,000원

② 법인세등 계상 [결산자료입력] '법인세 계상'란에 8,134,200원 입력후 전표추가

    ※ 추가계상액 = 법인세(14,232,000) + 지방소득세(1,423,200) − 선납세금(7,521,000)원 = 8,134,200원

[결산자료입력 2]

결산자료입력에서 기말 제품 32,000,000원을 입력하고 전표추가(F3) 를 클릭하여 결산분개를 생성한다.

[이익잉여금처분계산서] 메뉴

이익잉여금처분계산서에서 처분일을 입력한 후, 전표추가(F3) 를 클릭하여 손익대체 분개를 생성한다.

[실무수행평가] - 재무회계

번호	평가문제	배점	답
21	[영수증수취명세서 조회]	2	(650,000)원
22	[거래처원장 조회]	1	(129,618,200)원
23	[일/월계표 조회]	1	(90,000)원
24	[일/월계표 조회]	1	(1,500,000)원
25	[일/월계표 조회]	2	(335,140,000)원
26	[일/월계표 조회]	1	(2,150,000)원
27	[합계잔액시산표 조회]	1	(1,460,000)원
28	[합계잔액시산표 조회]	2	(33,000,000)원
29	[재무상태표 조회]	2	①
30	[재무상태표 조회]	1	(50,040,000)원
31	[재무상태표 조회]	2	(129,000,000)원
32	[재무상태표 조회]	2	(32,000,000)원
33	[재무상태표 조회]	1	(8,134,200)원
34	[재무상태표 조회]	3	(510,000)원
35	[재무상태표 조회]	1	③
	재무회계 소계	23	

실무수행 4. 근로소득관리

1 가족관계증명서에 의한 사원등록(윤현우, 2024)

관계	요 건		기본공제	추가(자녀)	판 단
	연령	소득			
본인(세대주)	–	–	○		
부(86)	○	×	부		종합소득금액 1백만원 초과자
모(84)	○	○	○	경로	일용근로소득은 분리과세소득
배우자	–	○	○		복권당첨소득은 분리과세소득
자(9)	○	○	○	자녀입양(1)	
동생(47)	×	×	부		총급여액 5백만원 초과자

[실무수행평가] - 근로소득관리 1

번호	평가문제 [윤현우 근로소득원천징수영수증 조회]	배점	답
36	기본공제대상액(4명×1,500,000/인)	2	(6,000,000)원
37	27. 경로우대 추가공제액(모친)	2	(1,000,000)원
38	28. 장애인 추가공제액(없음)	2	(0)원
39	**공제대상자녀 세액공제액(자녀 1인)**	1	(150,000)원
40	출산입양 세액공제(첫째)	1	(300,000)원

② 급여명세에 의한 급여자료

1. [사원등록]
   - 생산직 김도훈은 <u>직전 과세연도 총급여액이 3,000만원을 초과하므로 연장근로비과세 적용 대상이</u>
     <u>아님.</u>

   18. 생 산 직 등 여 부 [1] 여 연장근로비과세 [0] 부

2. [수당등록] 식대는 야식을 제공하더라도 비과세요건을 충족함.

	수당등록	공제등록	비과세/감면설정	사회보험	
	코드	수당명	과세구분	근로소득유형	
1	101	기본급	과세	1.급여	
2	102	상여	과세	2.상여	
3	200	육아수당	비과세	7.육아수당	Q01
4	201	자격증수당	과세	1.급여	
5	202	식대	비과세	2.식대	P01
6	203	월차수당	과세	1.급여	
7	204	야간근로수당	비과세	1.연장근로	O01

3. [급여자료입력-12월] 지급일 25일

[박성욱]

급여항목	지급액	공제항목	공제액
기본급	5,000,000	국민연금	225,000
육아수당	120,000	건강보험	177,250
자격증수당	200,000	고용보험	48,060
식대	220,000	장기요양보험료	22,700
월차수당	100,000	소득세	354,140
야간근로수당		지방소득세	35,410
		농특세	

[김도훈]

급여항목	지급액	공제항목	공제액
기본급	2,100,000	국민연금	135,000
육아수당		건강보험	106,350
자격증수당	100,000	고용보험	28,080
식대	220,000	장기요양보험료	13,620
월차수당	100,000	소득세	84,620
야간근로수당	800,000	지방소득세	8,460
		농특세	

☞ 비과세(박성욱) = 육아수당(120,000) + 식대(200,000) = 320,000원 → 육아수당 월 20만원(개정세법 24)

   비과세(김도훈) = 식대(200,000)

☞ 소득세 등은 자동 계산되어집니다.

4. [원천징수이행상황신고서] 귀속기간 12월, 지급기간 12월, 0.정기신고

원천징수내역	부표-거주자	부표-비거주자	부표-법인원천

구분		코드	소득지급(과세미달,비과세포함)		징수세액				9.당월 조정 환급세액	10.소득세 등 (가산세 포함)	11.농어촌 특별세
			4.인원	5.총지급액	6.소득세 등	7.농어촌특별세	8.가산세				
근로소득	간 이 세 액	A01	2	8,960,000	438,760						
	중 도 퇴 사	A02									
	일 용 근 로	A03									
	연말정산합계	A04									
	연말분납금액	A05									
	연말납부금액	A06									
	가 감 계	A10	2	8,960,000	438,760				30,000	408,760	

전월 미환급 세액의 계산			당월 발생 환급세액				18.조정대상환급 (14+15+16+17)	19.당월조정 환급액계	20.차월이월 환급액(18-19)	21.환급신청액
12.전월미환급	13.기환급신청	14.잔액12-13	15.일반환급	16.신탁재산	17.금융등	17.합병등				
30,000		30,000						30,000	30,000	

[실무수행평가] – 근로소득관리 2

번호	평가문제	배점	답
41	**[박성욱 12월 급여자료입력 조회]** 비과세대상 지급액 = 육아수당(120,000) + 식대(200,000)	2	(320,000)원
42	**[박성욱 12월 급여자료입력 조회]** 급여의 차인 지급액	1	(4,777,440)원
43	**[김도훈 12월 급여자료입력 조회]** 총 과세대상지급액 = 기본급(2,100,000) + 자격증수당(100,000) 　　　　　　　　+ 식대(20,000) + 월차수당(100,000) 　　　　　　　　+ 야간수당(800,000) = 3,120,000원	2	(3,120,000)원
44	**[김도훈 12월 급여자료입력 조회]** 과세대상 야간근로수당 : 직전년도 총급여액이 3천만원 초과이므로 전액 과세	1	(800,000)원
45	**[12월 원천징수이행상황신고서 조회]** 10.소득세 등 총합계금액	2	(408,760)원

※ 42,45은 프로그램이 자동계산하므로 시점(세법개정, 프로그램 업데이트)마다 달라질 수가 있습니다.

③ 국세청연말정산간소화 및 이외의 자료를 기준으로 연말정산(이익준,2024)

〈연말정산 대상여부 판단〉

항 목	요건		내역 및 대상여부	입력
	연령	소득		
의 료 비	×	×	• 아들 진료비(<u>안경은 500,000 한도</u>) 실손의료보험금은 차감	○(일반 2,500,000)
보 험 료	○ (×)	○	• 아들 실손의료보험 • 모친 실버든든 보험	○(일반 1,200,000) ○(일반 1,800,000)
퇴직연금 및 저축	본인		• 본인 퇴직연금 • 배우자 연금저축은 대상에서 제외	○(2,400,000) ×

1. 의료비 세액공제

	공제대상자				지급처			지급명세			난임시술비 해당 여부	중증질환 결핵환자등	산후조리원 해당여부 (7천만원이하)
	부양가족 관계코드	성명	내외	주민등록번호	본인등 해당여부	상호	사업자번호	의료증빙 코드	건수	지급액	실손의료보험금			
1	직계비속(자녀,입	이우주	내	181218-3094111	X			국세청	1	3,000,000	500,000	X	X	X

2. 보험료 세액공제

	내외 국인	주민등록번호	본	건강	고용	보장성	장애인
3	1	박희진	60세 이상			1,800,000	
	1	430411-2222229					
4	4	이우주	20세 이하			1,200,000	
	1	181218-3094111					

3. 연금계좌 세액공제

구분	금융회사등		계좌번호	불입금액
1.퇴직연금	406	신한생명보험(주)	12345204578	2,400,000

4. 정산명세 조회

특별소득공제	33.보험	가.건강	1,726,450	>	1,726,450	연금계좌	58.과학기술인공제		>		
		나.고용	368,000	>	368,000		59.근로자퇴직급여보장법		>		360,000
	34.주택 - 가.주택임차 차입금 원리금상환액	대출기관		>			60.연금저축		>		
		거주자		>			60-1. ISA만기시연금계좌		>		
	34.주택 나.장기주택 저당 차입금 이자 상환액	11년이전 차입분	15년미만		>		특별세액공제	61.보장성보험	3,000,000	>	120,000
			15~29년		>			62.의료비	3,000,000	>	177,000
			30년이상		>			63.교육비	0	>	
		12년이후 차입분 (15년이상)	고정or비거치		>			64기부금	정치	10만원이하		>	
			기타대출		>					10만원초과		>	
		15년이후 차입분 (15년이상)	고정&비거치		>				나.법정기부금		>	
			고정or비거치		>				다.우리사주기부금		>	
			기타대출		>				라.지정기부금(종교외)		>	
		15년이후 차입분 (10~15년)	고정or비거치		>				마.지정기부금(종교)		>	
	35.기부금(이월분)			>			65.계			297,000
	36.계				2,094,450		66.표준세액공제		>	
37.차 감 소 득 금 액				19,075,550		67.납 세 조 합 공 제		>	
그 밖 의 소 득 공 제	38.개인연금저축			>			68.주 택 차 입 금		>	
	39.소기업·소상공인공제부금			>			69.외 국 납 부		>	
	40.주택마련저축	가.청약저축		>			70.월세액		>	
		나.주택청약종합저축		>					
		다.근로자주택마련저축		>					
	41.투자조합출자 등			>					
	42.신용카드등		0	>					
	43.우리사주조합 출연금			>					
	44.고용유지중소기업근로자			>					
	45.장기집합투자증권저축			>		71.세 액 공 제 계			1,317,000
	46.청년형장기집합투자증권저축			>		72.결 정 세 액(50-55-71)			284,332
	47.그 밖의 소득 공제 계					82.실 효 세 율(%)(72/21)×100%			0.6%

		소득세	지방소득세	농어촌특별세	계
73.결정세액		284,332	28,433	0	312,765
기납부 세액	74.종(전) 근무지	0	0	0	0
	75.주(현) 근무지	979,550	97,900	0	1,077,450
76. 납부특례세액		0	0	0	0
77. 차감징수세액(73-74-75-76)		-695,210	-69,460	0	-764,670

[실무수행평가] - 근로소득관리 3

번호	평가문제 [이익준 근로소득원천징수영수증 조회]	배점	답
46	연금계좌 세액공제액	2	(360,000)원
47	61. 보장성 보험 세액공제액	2	(120,000)원
48	62. 의료비 세액공제	2	(177,000)원
49	77. 차감징수세액(소득세)	2	(-695,210)원
50	82. 실효세율	1	0.6%
	근로소득 소계	25	

〈참고사항 : 총급여액 44,000,000원〉

※ 시험시 프로그램이 자동계산되어진 것으로 답을 입력하시고 시간이 남으시면 체크해 보시기 바랍니다.

		한도	공제율	대상금액	세액공제
1. 보험료	일반	1백만원	12%	3,000,000	120,000
2. 의료비	일반	–	15%	2,500,000	177,000
	☞ 의료비세액공제 = [2,500,000 – 총급여액(44,000,000)×3%]×15% = 177,000				
3. 연금계좌	퇴직연금	7백만원	15%	2,400,000	360,000

	합격율	시험년월
	54%	2023.3

▩▩▩▩ **실무이론평가**

01. 다음 중 선생님의 질문에 대하여 바르게 대답한 학생은?

> - 선생님 : 회계정책의 변경에 포함되는 예를 한 가지씩 발표해보세요?
> - 명희 : 재고자산의 진부화 여부에 대한 판단과 평가가 해당됩니다.
> - 설아 : 재고자산평가방법의 변경은 회계정책의 변경에 해당됩니다.
> - 민종 : 우발부채의 추정은 회계정책의 변경에 해당됩니다.
> - 우성 : 감가상각자산의 내용연수 변경이 해당됩니다.

※ 1차 저작권자의 저작권 침해 소지가 있어 삽화 삽입은 어려우니 양해바랍니다.

① 명희   ② 설아   ③ 민종   ④ 우성

02. 다음은 (주)한공의 7월 상품 거래내역이다. 선입선출법에 의한 7월 매출원가와 매출총이익은 얼마인가?

	수 량	단 가	금 액
• 7월 1일 기초:	50개	100원	5,000원
• 7월 12일 매입:	100개	120원	12,000원
• 7월 20일 매출:	80개	200원	16,000원

	매출원가	매출총이익
①	8,600원	8,400원
②	8,600원	7,400원
③	8,400원	8,600원
④	7,400원	8,600원

03. (주)한공은 20x1년 3월 1일에 1년분 보험료 2,400,000원을 납부하면서 전액 비용처리하였다. 이에 대한 결산정리사항으로 옳은 것은? (단, 월할계산을 가정한다.)

① (차) 선급비용 400,000원　　(대) 보험료　　400,000원
② (차) 선급비용 600,000원　　(대) 보험료　　600,000원
③ (차) 보험료　　400,000원　　(대) 선급비용 400,000원
④ (차) 보험료　　600,000원　　(대) 선급비용 600,000원

04. 다음 총계정원장 자료를 바탕으로 외상매출금 기말잔액에 대한 대손추정액을 계산하면 얼마인가?

대손충당금			
7/ 6 외상매출금	30,000	1/ 1 전기이월	130,000
12/31 차기이월	200,000	12/31 대손상각비	100,000
	230,000		230,000

① 30,000원　　　② 100,000원　　　③ 130,000원　　　④ 200,000원

05. 다음 자료를 토대로 (주)한공이 20x1년 손익계산서에 계상할 토지 재평가손익을 계산하면 얼마인가?

- (주)한공은 20x0년에 공장을 건설할 목적으로 토지를 2,000,000원에 취득하였으며, 매 보고기간마다 재평가모형을 적용하기로 하였다.
- 20x0년말과 20x1년말 토지의 공정가치는 각각 2,200,000원과 1,800,000원이다.

① 재평가손실 200,000원　　　　　② 재평가손실 400,000원
③ 재평가이익 200,000원　　　　　④ 재평가이익 400,000원

06. (주)한공은 20x0년에 장기투자 목적으로 (주)서울의 주식을 1,000,000원에 취득하고 매도가능증권으로 분류하였다. 다음 자료에 의해 20x2년에 인식할 매도가능증권처분손익을 계산하면 얼마인가?

- 20x0년말 공정가치:　900,000원
- 20x1년말 공정가치: 1,200,000원
- 20x2년중 처분금액: 1,100,000원

① 매도가능증권처분손실 100,000원
② 매도가능증권처분손실 200,000원
③ 매도가능증권처분이익 100,000원
④ 매도가능증권처분이익 200,000원

07. 다음 중 부가가치세법상 재화의 공급이 아닌 것은?

① 매매계약에 따라 재화를 인도하거나 양도하는 경우

② 자기가 주요자재의 전부 또는 일부를 부담하고 상대방으로부터 인도받은 재화를 가공하여 새로운 재화를 만들어 인도하는 경우

③ 재화의 인도 대가로서 다른 재화를 인도받거나, 용역을 제공받는 교환계약에 따라 재화를 인도하거나 양도하는 경우

④ 재화를 잃어버리거나 재화가 멸실된 경우

08. 다음은 제조업을 영위하는 일반과세자 (주)한공의 20x1년 제1기 부가가치세 확정신고와 관련된 매입세액 자료이다. 부가가치세법상 공제받을 수 있는 매입세액은 얼마인가?(단, 세금계산서는 적법하게 수취하였다.)

가. 공장용 화물차 유류대 관련 매입세액:	2,500,000원
나. 거래처 발송용 추석 선물세트 구입 관련 매입세액:	1,000,000원
다. 사무용 비품 구입 관련 매입세액:	4,000,000원
라. 토지 자본적 지출 관련 매입세액:	3,400,000원

① 5,000,000원 ② 5,900,000원 ③ 6,500,000원 ④ 7,400,000원

09. 다음 자료를 토대로 거주자 김한공 씨의 20x1년도 귀속 종합소득금액을 계산하면 얼마인가?(단, 모든 소득은 국내에서 발생한 것으로 세법에서 규정된 원천징수는 적법하게 이루어졌으며 필요경비는 확인되지 않는다.)

가. 은행예금이자	3,000,000원
나. 비상장주식의 양도소득	5,000,000원
다. 유실물 습득으로 인한 보상금	6,000,000원

① 3,000,000원 ② 6,000,000원 ③ 8,000,000원 ④ 14,000,000원

10. 다음 중 근로소득자의 연말정산에 대한 설명으로 옳지 않은 것은?

• 현호 : 해당 과세기간 중에 이혼한 배우자는 기본공제를 적용받을 수 없어.
• 예지 : 인적공제 적용 시 장애인은 나이의 제한을 받지 않아.
• 제형 : 인적공제 합계액이 종합소득금액을 초과하는 경우 그 초과하는 금액은 없는 것으로 해.
• 지영 : 부녀자공제와 한부모공제는 동시에 적용받을 수 있어.

※ 1차 저작권자의 저작권 침해 소지가 있어 삽화 삽입은 어려우니 양해바랍니다.

① 현호 ② 예지 ③ 제형 ④ 지영

■■■■ 실무수행평가

(주)네팔산업(2600)은 등산용품 제조업을 영위하는 법인기업으로 회계기간은 제6기(20x1.1.1. ~ 20x1.12. 31.)이다. 제시된 자료와 자료설명을 참고하여, [수행과제]를 완료하고 [평가문제]의 물음에 답하시오.

실무수행1 │ 거래자료입력

실무프로세스 자료이다. [자료설명]을 참고하여 [수행과제]를 수행하시오.

1. 3만원초과 거래자료에 대한 경비 등 송금명세서 작성

자료 1. 부동산 임대차계약서

	□ 임대인용 ■ 임차인용 □ 사무소보관용

(사 무 실) 월 세 계 약 서

부동산의 표시	소재지	서울특별시 강남구 강남대로 246, 3층			
	구 조	철근콘크리트조	용도	사무실	면적	80㎡

월 세 보 증 금	금 20,000,000원정	월세 2,000,000원정

제 1 조 위 부동산의 임대인과 임차인 합의하에 아래와 같이 계약함.
제 2 조 위 부동산의 임대차에 있어 임차인은 보증금을 아래와 같이 지불키로 함.

계 약 금	10,000,000원정은 계약시 지불하고
중 도 금	원정은 년 월 일 지불하며
잔 금	10,000,000원정은 20x1년 1월 1일 중개업자 입회하에 지불함.

제 3 조 위 부동산의 명도는 20x1년 1월 1일로 함.

제 4 조 임대차 기간은 20x1년 1월 1일로부터 (24)개월로 함.

제 5 조 **월세금액은 매월 25일에 지불키로** 하되 만약 기일내에 지불치 못할 시에는 보증금액에서 공제하기로 함.(기업은행, 계좌번호: 801210-52-072659, 예금주: 이도물산)

〜〜〜 중 략 〜〜〜

임 대 인	주 소	서울 서초구 서초중앙로18길 43					
	사업자등록번호	211-08-98342	전화번호	02-555-1255	상호	이도물산㊞
					대표자	이창성

자료 2. 보통예금(국민은행) 거래내역

번호	거래일	내용	찾으신금액	맡기신금액	잔액	거래점
		계좌번호 204456-02-344714 (주)네팔산업				
1	20x1-1-25	이도물산	2,000,000		***	***

자료설명	1. 자료 1은 영업부서에서 사용할 사무실 임대차계약서이며, 임대인은 간이 과세자이다.(이도물산은 세금계산서 발급이 불가능한 간이과세자임.) 2. 자료 2는 1월분 월세를 국민은행 보통예금 계좌에서 이체한 내역이다.
수행과제	1. 1월 25일의 거래자료를 일반전표에 입력하시오. 2. 부동산 임대차계약서를 참조하여 경비등송금명세서를 작성하시오.(단, 영수증수취명세서 작성은 생략할 것.)

2. 약속어음의 만기결제, 할인 및 배서양도

전 자 어 음

(주)네팔산업 귀하   00420230110123456789

금 일천만원정   <u>10,000,000원</u>

위의 금액을 귀하 또는 귀하의 지시인에게 지급하겠습니다.

지급기일 20x1년 4월 10일   발행일 20x1년 1월 10일
지 급 지 국민은행   발행지 서울특별시 강남구 강남대로
지급장소 역삼지점   주 소 262-12
                              발행인 (주)버팔로

자료설명	[2월 10일] (주)버팔로로부터 받아 보관 중이던 전자어음을 2월 10일에 국민은행에서 할인하고, 할인료를 차감한 잔액은 국민은행 보통예금계좌에 입금하였다. (단, 할인율은 연 12%, 월할계산, 매각거래로 처리할 것.)
수행과제	1. 어음의 할인과 관련된 거래자료를 입력하시오. 2. 자금관련정보를 입력하여 받을어음현황에 반영하시오.

3. 기타 일반거래

자료 1. 건강보험료 영수증

자료 2. 보통예금(국민은행) 거래내역

번호	거래일	내용	찾으신금액	맡기신금액	잔액	거래점
		계좌번호 204456-02-344714 (주)네팔산업				
1	20x1-4-10	건강보험료	526,960		***	***

자료설명	1. 자료 1은 2월 급여지급분에 대한 건강보험료와 장기요양보험료 영수증이다. 2. 자료 2는 납부기한일에 건강보험료 등을 납부하지 못하여 연체가산금(10,520원)을 포함한 금액을 4월 10일 국민은행 보통예금 계좌에서 이체한 내역이다. 3. 해당 건강보험료(장기요양보험료 포함) 516,440원은 각각 회사50%(258,220원)와 종업원이 50%(258,220원)씩 부담하고 있으며, 회사부담분 258,220원은 생산직 129,110원, 사무직 129,110원이다.
수행과제	건강보험료 및 장기요양보험료 납부일의 거래자료를 입력하시오. (단, 건강보험 및 장기요양보험료 회사부담금은 '복리후생비'로 회계처리 하고, 연체가산금은 '잡손실' 계정과목을 사용할 것.)

실무수행2 | 부가가치세관리

부가가치세 신고 관련 자료이다. [자료설명]을 참고하여 [수행과제]를 수행하시오.

1. 전자세금계산서 발급

<table>
<tr><td colspan="9" align="center">거 래 명 세 서</td><td colspan="2">(공급자 보관용)</td></tr>
<tr><td rowspan="5">공급자</td><td>등록번호</td><td colspan="4">120-81-32144</td><td rowspan="5">공급받는자</td><td>등록번호</td><td colspan="3">514-81-35782</td></tr>
<tr><td>상호</td><td colspan="2">(주)네팔산업</td><td>성명</td><td>최종길</td><td>상호</td><td colspan="2">(주)메아리</td><td>성명</td><td>김세창</td></tr>
<tr><td>사업장
주소</td><td colspan="4">서울특별시 강남구 강남대로 246, 3층</td><td>사업장
주소</td><td colspan="3">서울특별시 구로구 가마산로 134-10</td></tr>
<tr><td>업태</td><td colspan="2">제조업외</td><td colspan="2">종사업장번호</td><td>업태</td><td colspan="2">도소매업</td><td>종사업장번호</td></tr>
<tr><td>종목</td><td colspan="4">등산용품외</td><td>종목</td><td colspan="3">등산용품</td></tr>
</table>

거래일자	미수금액	공급가액	세액	총 합계금액
20x1.5.25.		6,000,000	영세율	6,000,000

NO	월	일	품목명	규격	수량	단가	공급가액	세액	합계
1	5	25	등산모자		100	60,000	6,000,000	영세율	6,000,000

자료설명	(주)메아리에 구매확인서(approval of purchase)에 의하여 제품을 공급하고 발급한 거래명세서이며, 물품대금은 전액 6월 30일에 받기로 하였다.
수행과제	1. 거래자료를 입력하시오. 2. 전자세금계산서 발행 및 내역관리 를 통하여 발급·전송하시오. (전자세금계산서 발급 시 결제내역 및 전송일자는 무시할 것.)

2. 수정전자세금계산서의 발급

전자세금계산서					(공급자 보관용)		승인번호		

공급자	등록번호	120-81-32144			공급받는자	등록번호	120-81-51234		
	상호	(주)네팔산업	성명 (대표자)	최종길		상호	(주)설악산업	성명 (대표자)	설악산
	사업장 주소	서울특별시 강남구 강남대로 246, 3층				사업장 주소	서울특별시 구로구 구로중앙로 198		
	업태	제조업외	종사업장번호			업태	도소매업	종사업장번호	
	종목	등산용품외				종목	등산용품		
	E-Mail	nepal@bill36524.com				E-Mail	mountain@bill36524.com		

작성일자	20x1.6.10.	공급가액	5,000,000	세 액	500,000
비고					

월	일	품목명	규격	수량	단가	공급가액	세액	비고
6	10	계약금				5,000,000	500,000	

합계금액	현금	수표	어음	외상미수금	이 금액을	● 영수	함
5,500,000	5,500,000					○ 청구	

자료설명	1. 6월 10일 제품을 공급하기로 하고 계약금을 수령한 후 전자세금계산서를 발급하였다. 2. 본 거래에 대하여 노동조합파업으로 인한 공장가동 중단으로 납품계약을 이행할 수 없어 해제되었다.(계약해제일: 20x1.6.20.) 3. 계약금은 해제일에 전액 현금으로 지급하였다.
수행과제	수정사유를 선택하여 수정전자세금계산서를 발급·전송하시오.(전자세금계산서 발급 시 결제내역 및 전송일자는 고려하지 않는다.)

3. 신용카드매출전표발행집계표 작성자의 부가가치세신고서 작성

자료 1.

  - 영세율전자세금계산서

영세율전자세금계산서 (공급자 보관용)						승인번호		
공급자	등록번호	120-81-32144			공급받는자	등록번호	105-81-21518	
	상호	(주)네팔산업	성명 (대표자)	최종길		상호	(주)승연무역	성명 (대표자)	성승연
	사업장 주소	서울특별시 강남구 강남대로 246, 3층				사업장 주소	서울 서대문구 충정로7길 19-7 (충정로 3가)	
	업태	제조업외	종사업장번호			업태	무역업	종사업장번호
	종목	등산용품외				종목	등산용품	
	E-Mail	nepal@bill36524.com				E-Mail	sung@bill36524.com	

작성일자	20x1.7.9.	공급가액	4,000,000	세 액	영세율

비고								

월	일	품목명	규격	수량	단가	공급가액	세액	비고
7	9	등산복		10	400,000	4,000,000	0	

합계금액	현금	수표	어음	외상미수금	이 금액을	○ 영수	함
4,000,000				4,000,000		● 청구	

  - 신용카드매출전표

```
              신용카드매출전표
- - - - - - - - - - - - - - - - - - - - - - - - -
카드종류: 비씨카드
회원번호: 1236-4875-****-1**6
회 원 명: (주)승연무역
거래일시: 20x1.7.9. 10:01:23
거래유형: 신용승인
매    출:  4,000,000원
부 가 세:
합    계:  4,000,000원
결제방법: 일시불
승인번호: 45678912
- - - - - - - - - - - - - - - - - - - - - - - - -
가맹점번호: 690134722

가맹점명: (주)네팔산업
              - 이 하 생 략 -
```

자료 2.

매 출 전 표

카드종류	거래일자					
우리카드	20x1.7.13.10:13:42					
카드번호(CARD NO)						
2112-3535-****-67**						
승인번호	금액 AMOUNT	백		천		원
20220713800023		3	0 0	0	0	0
일반 할부	부가세 V.A.T			3	0 0	0 0
일시불						
등산화	봉사료 CASHBACK					
거래유형	합계 TOTAL	3	3 0	0	0	0
가맹점명						
(주)네팔산업						
대표자명	사업자번호					
최종길	120-81-32144					
전화번호	가맹점번호					
02-569-4209	203469274					
주소						
서울특별시 강남구 강남대로 246, 3층						

상기의 거래 내역을 확인합니다.   서명   (주)삼광산업

자료 3.

현금영수증
(지출증빙용)

사업자등록번호: 120-81-32144
사업자명: (주)네팔산업
단말기ID: 53123563(tel:02-1234-1234)
가맹점주소: 서울특별시 강남구 강남대로 246,
3층

현금영수증 회원번호
123-51-12121   이주영
승인번호: 44556677
거래일시: 20x1년 7월 21일 14시10분14초

공급금액: 190,000원
부 가 세: 19,000원
합   계: 209,000원

- 이 하 생 략 -

자료설명	1. 자료 1은 (주)승연무역에 제품을 공급하면서 영세율전자세금계산서를 발급하고, 대금결제 시 발행한 신용카드매출전표이다. 2. 자료 2는 (주)삼광산업에 제품을 매출하고 발급한 신용카드매출전표이다. 3. 자료 3은 개인사업자 이주영에게 제품을 매출하고 발급한 현금영수증이다.
수행과제	1. 자료 1 ~ 자료 3의 거래를 매입매출전표에 입력하시오. (전자세금계산서와 관련된 거래는 '전자입력'으로 처리할 것.) 2. 제2기 부가가치세 예정신고기간의 신용카드매출전표발행집계표를 작성하시오. 3. 제2기 부가가치세예정신고서에 반영하시오.

4. 수출실적명세서 작성자의 부가가치세신고서 작성

자료 1. 수출신고필증(갑지)

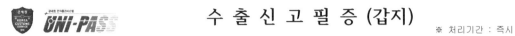

수 출 신 고 필 증 (갑지)

※ 처리기간 : 즉시

제출번호 12345-04-0001230					
①신 고 자 대한 관세법인 관세사 백용명	⑤신고번호 071-12-18-0055857-4	⑥세관.과 130-82	⑦신고일자 20x1/11/15	⑧신고구분 H	⑨C/S구분
②수 출 대 행 자 (주)네팔산업 (통관고유부호) (주)자유-1-74-1-12-4 수출자구분 A 수 출 화 주 (주)네팔산업 (통관고유부호) (주)자유-1-74-1-12-4 (주소) 서울특별시 강남구 강남대로 246, 3층 (대표자) 최종길 (소재지) 서울특별시 강남구 강남대로 246, 3층 (사업자등록번호) 120-81-32144	⑩거래구분 11		⑪종류 A	⑫결제방법 TT	
	⑬목적국 US USA		⑭적재항 INC 인천항	⑮선박회사 (항공사) HJSC	
	⑯선박명(항공편명) HANJIN SAVANNAH		⑰출항예정일자 20x1/11/22	⑱적재예정보세구역 03012202	
	⑲운송형태 10 BU		⑳검사희망일 20x1/11/20		
	㉑물품소재지 한진보세장치장 인천 중구 연안동 245-1				
③제 조 자 (주)네팔산업 (통관고유부호) (주)네팔산업-1-74-1-12-4 제조장소 214 산업단지부호	㉒L/C번호 868EA-10-55554			㉓물품상태 N	
	㉔사전임시개청통보여부 A			㉕반송 사유	
④구 매 자 K2 Co., Ltd. (구매자부호) CNTOSHIN12347	㉖환급신청인 1 (1:수출대행자/수출화주, 2:제조자) 간이환급 NO				
• 품명 • 규격 (란번호/총란수: 999/999)					
㉗품 명 등산용품 ㉘거래품명 등산용품		㉙상표명 NO			
㉚모델 · 규격 ABC-1 250	㉛성분		㉜수량 400(BOX)	㉝단가(US$) 30	㉞금액(US$) 12,000
㉟세번부호 1234.12-1234	㊱순중량	870KG	㊲수량 5,000(BOX)	㊳신고가격 (FOB)	$12,000 ₩13,440,000
㊴송품장번호 AC-2013-00620	㊵수입신고번호		㊶원산지 Y	㊷포장갯수(종류)	300C/T
㊸수출요건확인(발급서류명)					
㊹총중량 950KG	㊺총포장갯수	5,000C/T	㊻총신고가격 (FOB)		$12,000 ₩13,440,000
㊼운임(₩)	㊽보험료(₩)		㊾결제금액	FOB-$12,000	
㊿수입화물관리번호			51컨테이너번호	CKLU2005013	Y
※ 신고인기재란 수출자 : 제조/무역, 전자제품			52세관기재란		
53운송(신고)인 한라통운(주) 박운송 54기간 20x1/011/15 부터 20x1/11/30 까지	55적재의무 기한 20x1/ 11/20		56담당자 990101 (이지훈)		57신고수리 일자 20x1/11/15

자료 2. 기준환율 내역

11월 10일	11월 15일	11월 20일
1,100원/USD	1,120원/USD	1,120원/USD

자료설명	1. 자료 1은 미국의 K2 Co., Ltd.에 제품을 선적지인도조건으로 직수출하고 신고한 수출 신고필증이다. 2. 수출계약일은 11월 10일이고, 수출대금은 11월 15일에 전액 원화로 환가하여 국민은행 보통예금 계좌로 입금되었다. 3. 수출물품은 11월 20일에 선적하였다.
수행과제	1. 자료 2와 11월 15일의 거래자료를 참고하여 선적일의 거래자료를 입력하시오. 2. 제2기 확정신고기간의 수출실적명세서를 작성하시오. 3. 제2기 부가가치세 확정신고서에 반영하시오.

평가문제 입력자료 및 회계정보를 조회하여 [평가문제]의 답안을 입력하시오.(70점)

[실무수행평가] - 부가가치세관리

번호	평가문제	배점
11	**평가문제 [환경설정 조회]** (주)네팔산업의 환경설정 정보이다. 다음 중 올바르지 않은 것은? ① 계정과목코드체계는 세목미사용(3자리) 이다. ② 소수점관리는 '수량 1.버림, 단가 1.버림, 금액 3.반올림' 으로 설정되어 있다. ③ 카드입력방식은 '2.공급가액(부가세제외)' 이다. ④ 카드채무에 대하여 '253.미지급금' 계정을 사용한다.	2
12	**평가문제 [매입매출전표입력 조회]** 6월 20일자 수정세금계산서의 수정사유를 코드로 입력하시오.	2
13	**평가문제 [세금계산서합계표 조회]** 제1기 확정 신고기간의 거래처 '(주)메아리'에 전자발행된 세금계산서 공급가액은 얼마인가?	2
14	**평가문제 [세금계산서합계표 조회]** 제1기 확정 신고기간의 매출전자세금계산서 발급매수는 총 몇 매인가?	2
15	**평가문제 [신용카드매출전표발행집계표 조회]** 제2기 예정 신고기간의 신용카드매출전표발행집계표의 「과세매출분」 합계금액은 얼마인가?	2
16	**평가문제 [부가가치세신고서 조회]** 제2기 예정신고기간 부가가치세신고서의 영세_세금계산서발급분(5란) 금액은 얼마인가?	2
17	**평가문제 [부가가치세신고서 조회]** 제2기 예정 신고기간의 부가가치세 신고시에 작성되는 부가가치세 첨부서류에 해당하지 않는 것은? ① 세금계산서합계표　　② 신용카드매출전표발행집계표 ③ 영세율매출명세서　　④ 건물등감가상각자산취득명세서	2

번호	평가문제	배점
18	**평가문제 [수출실적명세서 조회]** 제2기 확정 신고기간의 수출실적명세서 ⑩수출한재화 원화금액은 얼마인가?	3
19	**평가문제 [부가가치세신고서 조회]** 제2기 확정 신고기간의 부가가치세신고서에 반영되는 영세율 과세표준 총금액은 얼마인가?	2
20	**평가문제 [부가가치세신고서 조회]** 제2기 확정 신고기간의 부가가치세 그밖의공제매입세액(14란) 세액은 얼마인가?	3
	부가가치세 소계	22

실무수행3 결산

[결산자료]를 참고로 결산을 수행하시오.(단, 제시된 자료 이외의 자료는 없다고 가정함.)

1. 수동결산

매도가능증권 명세

종목명: (주)삼성전자 보통주

년월일	내역	수량	주당 취득단가	주당 공정가치	비고
20x0.05.27.	취득	100주	50,000원		
20x1.12.31.	평가	100주		60,000원	
20x1.12.31.	평가	100주		48,000원	

자료설명	자료는 당사가 보유하고 있는 매도가능증권 명세이며 전기 말 평가는 기업회계기준에 따라 적절하게 이루어졌다.
수행과제	결산정리분개를 입력하시오.

2. 결산자료입력에 의한 자동결산

자료설명	1. 기말현재 퇴직급여추계액 전액을 퇴직급여충당부채로 설정하고자 한다. 기말 현재 퇴직급여추계액 및 당기 퇴직급여충당부채 설정 전의 퇴직급여충당부채 잔액은 다음과 같다.

부 서	퇴직금추계액	퇴직급여충당부채잔액
생산부	32,000,000원	25,000,000원
관리부	26,000,000원	15,000,000원

2. 기말재고자산 현황

(단위: 원)

구 분	실사내역		
	단위당원가	수량	평가액
원재료	50,000	500	25,000,000
제 품	100,000	350	35,000,000

※ 기말원재료 평가액에는 도착지 인도조건의 운송중인 재고 5,000,000원이 포함되어있지 않다.

3. 이익잉여금처분계산서 처분확정(예정)일
  - 당기: 20x2년 3월 31일
  - 전기: 20x1년 3월 31일

수행과제	결산을 완료하고 이익잉여금처분계산서에서 손익대체분개를 하시오.(단, 이익잉여금처분내역은 없는 것으로 하고 미처분이익잉여금 전액을 이월이익잉여금으로 이월하기로 할 것.)

[실무수행평가] - 재무회계

번호	평가문제	배점
21	**평가문제 [경비등송금명세서 조회]** 경비등송금명세서에 반영되는 기업은행의 은행코드번호(CD)를 입력하시오.	1
22	**평가문제 [받을어음 현황조회]** 1/4분기(1월~3월)에 할인한 받을어음의 총액은 얼마인가?	1
23	**평가문제 [거래처원장 조회]** 5월 말 거래처별 외상매출금 잔액으로 옳지 않은 것은? ① 03350.(주)메아리 8,200,000원 ② 03360.샤크산업(주) 19,800,000원 ③ 03400.(주)설악산업 2,200,000원 ④ 04003.(주)볼핑블루 3,300,000원	2
24	**평가문제 [거래처원장 조회]** 9월 말 우리카드(코드 99602)의 외상매출금 잔액은 얼마인가?	2
25	**평가문제 [일/월계표 조회]** 1/4분기(1월~3월) 발생한 임차료(판매관리비)는 얼마인가?	2
26	**평가문제 [일/월계표 조회]** 1/4분기(1월~3월)에 발생한 영업외비용 총액은 얼마인가?	2
27	**평가문제 [일/월계표 조회]** 2/4분기(4월~6월) 발생한 복리후생비(제조)는 얼마인가?	1

번호	평가문제	배점
28	**평가문제 [일/월계표 조회]** 4/4분기(10월~12월)제품매출 발생액은 얼마인가?	1
29	**평가문제 [합계잔액시산표 조회]** 4월 말 예수금 잔액은 얼마인가?	2
30	**평가문제 [합계잔액시산표 조회]** 6월 말 선수금 잔액은 얼마인가?	1
31	**평가문제 [손익계산서 조회]** 전기대비 당기 수선비의 증감액은 얼마인가?	1
32	**평가문제 [재무상태표 조회]** 기말 원재료 금액은 얼마인가?	2
33	**평가문제 [재무상태표 조회]** 12월 말 퇴직급여충당부채 잔액은 얼마인가?	2
34	**평가문제 [재무상태표 조회]** 12월 말 매도가능증권평가손익은 얼마인가? (평가손실인 경우 음수(-)로 입력할 것)	2
35	**평가문제 [재무상태표 조회]** 12월 말 이월이익잉여금(미처분이익잉여금) 잔액으로 옳은 것은? ① 242,510,873원　　　② 352,489,970원 ③ 423,510,981원　　　④ 589,510,632원	1
	재무회계 소계	23

실무수행4 | 근로소득관리

인사급여 관련 자료이다. [자료설명]을 참고하여 [수행과제]를 수행하시오.

1. 일용직사원의 원천징수
자료 1. 이지원의 주민등록표

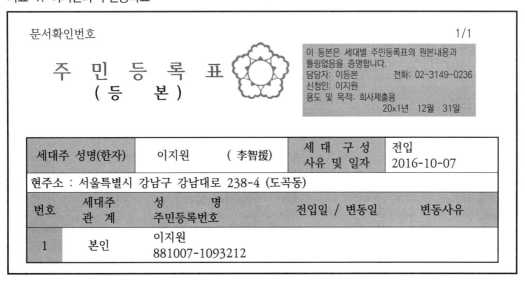

자료 2. 일용직급여내역

성명	급여	계산내역	12월의 근무일수
이지원	1,000,000원	1일 200,000원 × 총5일	5, 6, 7, 8, 9일
합계	1,000,000원		

자료설명	1. 자료 1은 본사 일용직 사원 이지원(2201)의 주민등록표이다. (입사연월일: 20x1.12.4.) 2. 자료 2는 일용직 사원 이지원의 급여지급내역이다. 3. 일용직 급여는 매일 지급하는 방식으로 한다. 4. 사회보험 중 고용보험은 원천징수한다.(프로그램에서 자동 계산된 금액으로 공제할 것.) 5. 제시된 사항 이외의 자료는 없는 것으로 한다.
수행과제	1. [일용직사원등록] 메뉴에 사원등록을 하시오.(단, 제시된 사항만 입력하기로 하고 우편번호는 생략할 것.) 2. [일용직급여입력] 메뉴에 급여내역을 입력하시오. 3. 12월 귀속분 원천징수이행상황신고서를 작성하시오.

[실무수행평가] – 근로소득관리 1

번호	평가문제	배점
36	**평가문제 [이지원 12월 일용직급여입력 조회]** 12월 원천징수 대상 소득세 합계는 얼마인가?	2
37	**평가문제 [이지원 12월 일용직급여입력 조회]** 12월 일용직 급여 지급시 공제총액 합계는 얼마인가?	2
38	**평가문제 [원천징수이행상황신고서 조회]** 12월분 근로소득 가감계(A10)의 총 인원은 몇 명인가?	2
39	**평가문제 [원천징수이행상황신고서 조회]** 12월분 근로소득 가감계(A10)의 '6.소득세 등' 금액은 얼마인가?	2

2. 중도퇴사자의 원천징수

자료. 8월 급여자료

(단위: 원)

기본급	공제 항목					
	국민연금	건강보험	고용보험	장기요양보험	건강보험료정산	장기요양보험료정산
3,500,000	157,500	124,070	31,500	15,890	25,320	3,850

자료설명	김현준 사원(코드 102)의 급여자료이다. 1. 급여지급일은 매월 25일이다. 2. 생산부 김현준 사원은 20x1년 8월 25일에 퇴직하였다. 　 중도퇴사자 정산 시 기 등록되어 있는 자료 이외의 공제는 없는 것으로 한다.
수행과제	1. [사원등록] 메뉴에서 김현준 사원의 퇴사일을 입력하시오. 2. 공제등록에 600.건강보험료정산, 601.장기요양보험료정산을 등록하시오. 3. 8월분 급여자료를 입력하고 [중도퇴사자정산]버튼을 이용하여 중도퇴사자 정산내역을 급여자료에 반영하시오.(단, 구분 1.급여로 선택할 것.) 4. 8월 귀속분 [원천징수이행상황신고서]를 작성하시오. 　 (조정대상 환급액은 다음 달로 이월하기로 한다.)

[실무수행평가] - 근로소득관리 2

번호	평가문제	배점
40	**평가문제 [김현준 8월 급여자료 조회]** 8월 중도퇴사자 정산시 김현준의 차인지급액은 얼마인가?	2
41	**평가문제 [김현준 연말정산 근로소득원천징수영수증 [중도]탭 조회]** '75.주(현) 근무지 기납부세액' 소득세는 얼마인가?	2
42	**평가문제 [김현준 연말정산 근로소득원천징수영수증 [중도]탭 조회]** '77.차감징수세액 계'(지방소득세 포함)는 얼마인가?	2
43	**평가문제 [김현준 연말정산 근로소득원천징수영수증 [중도]탭 조회]** '81.실효세율'은 몇 %인가?	1
44	**평가문제 [8월 원천징수이행상황신고서 조회]** 근로소득 가감계(A10)의 '6.소득세 등' 금액은 얼마인가?	1

3. 국세청연말정산간소화 및 이외의 자료를 기준으로 연말정산

자료설명	사무직 이무상(104)의 연말정산을 위한 자료이다. 1. 사원등록의 부양가족현황은 사전에 입력되어 있다. 2. 배우자 김세희의 의료비 지출내역에는 건강검진 비용 2,050,000원과 안경구입비 750,000원이 포함되어 있다. 3. 부양가족은 이무상과 생계를 같이 한다.
수행과제	[연말정산 근로소득원천징수영수증] 메뉴에서 연말정산을 완료하시오. 1. 의료비세액공제는 [의료비] 탭에서 입력하며, 국세청자료는 공제대상 합계금액을 1건으로 집계하여 입력한다. 2. 신용카드등소득공제는 [신용카드] 탭에서 입력한다. 3. 보험료세액공제는 [소득공제] 탭에서 입력한다. 4. 소득공제 및 세액공제는 최대한 세부담을 최소화하는 방향으로 선택한다.

자료 1. 이무상의 부양가족등록 현황

연말정산관계	기본공제	추가공제	성 명	주민등록번호
0.본인	본인		이무상	760101 - 1774915
1.소득자의 직계존속	60세이상	경로자공제	이영근	400202 - 1560211
3.배우자	부		김세희	841212 - 2772917
6.형제자매	부		이인웅	830207 - 1120325

자료 2. 이무상의 국세청 간소화 서비스 자료 및 기타자료

20x1년 귀속 소득·세액공제증명서류 : 기본(지출처별)내역 [의료비]

■ 환자 인적사항

성 명	주 민 등 록 번 호
김세희	841212-2*******

■ 의료비 지출내역

(단위: 원)

사업자번호	상 호	종류	지출금액 계
1-15-16*	참빛병원	일반	2,050,000
2-23-21*	빛나안경점	안경 또는 콘텍트렌즈 구입비용	750,000
의료비 인별합계금액			2,050,000
안경구입비 인별합계금액			750,000
산후조리원 인별합계금액			
인별합계금액			2,800,000

 국세청 National Tax Service

- 본 증명서류는 『소득세법』제165조 제1항에 따라 영수증 발급기관으로부터 수집한 서류로 소득·세액공제 충족 여부는 근로자가 직접 확인하여야 합니다.
- 본 증명서류에서 조회되지 않는 내역은 영수증 발급기관에서 직접 발급받으시기 바랍니다.

20x1년 귀속 소득·세액공제증명서류 [신용카드]

■ 사용자 인적사항

성 명	주 민 등 록 번 호
이인웅	830207-1******

■ 신용카드 등 사용금액 집계

일반	전통시장	대중교통	도서공연 등	합계금액
1,450,000	0	150,000	0	1,600,000

■ 신용카드 등 사용내역

(단위: 원)

구분	사업자번호	상호	종류	공제대상금액합계
신용카드	202-81-48***	신한카드 주식회사	대중교통	150,000
신용카드	214-81-37***	비씨카드(주)	일반	1,450,000
인별합계금액				1,600,000

 국세청 National Tax Service

- 본 증명서류는 『소득세법』제165조 제1항에 따라 영수증 발급기관으로부터 수집한 서류로 소득·세액공제 충족 여부는 근로자가 직접 확인하여야 합니다.
- 본 증명서류에서 조회되지 않는 내역은 영수증 발급기관에서 직접 발급받으시기 바랍니다.

20x1년 귀속 소득 · 세액공제증명서류 [현금영수증]

■ 사용자 인적사항

성 명	주 민 등 록 번 호
이무상	760101-1******

■ 현금영수증 사용내역

일반	전통시장	대중교통	도서공연 등	합계금액
13,000,000	5,450,000	450,000	0	18,900,000

- 본 증명서류는 『소득세법』 제165조 제1항에 따라 영수증 발급기관으로부터 수집한 서류로 소득·세액공제 충족 여부는 근로자가 직접 확인하여야 합니다.
- 본 증명서류에서 조회되지 않는 내역은 영수증 발급기관에서 직접 발급받으시기 바랍니다.

20x1년 귀속 소득 · 세액공제증명서류 : 기본내역(지출처별)내역
[보장성 보험, 장애인전용보장성보험]

■ 계약자 인적사항

성 명	주 민 등 록 번 호
이무상	760101-1*******

■ 보장성보험(장애인전용보장성보험) 납입내역

(단위: 원)

종류	상 호	보험종류	주피보험자		납입금액 계
	사업자번호	증권번호	종피보험자		
보장성	LIG손해보험(주)	운전자	760101-1******	이무상	720,000
	126-81-41***	5478965**			
보장성	삼성생명보험(주)	백세시대보험	400202-1******	이영근	950,000
	108-81-32***	004545217**			
인별합계금액					1,670,000

- 본 증명서류는 『소득세법』 제165조 제1항에 따라 영수증 발급기관으로부터 수집한 서류로 소득·세액공제 충족 여부는 근로자가 직접 확인하여야 합니다.
- 본 증명서류에서 조회되지 않는 내역은 영수증 발급기관에서 직접 발급받으시기 바랍니다.

[실무수행평가] – 근로소득관리 3

번호	평가문제	배점
45	**평가문제 [이무상 근로소득원천징수영수증 조회]** '42.신용카드 등' 소득공제 최종공제액은 얼마인가?	2
46	**평가문제 [이무상 근로소득원천징수영수증 조회]** '56.근로소득' 세액공제액은 얼마인가?	1
47	**평가문제 [이무상 근로소득원천징수영수증 조회]** '61.보장성보험' 세액공제액은 얼마인가?	2
48	**평가문제 [이무상 근로소득원천징수영수증 조회]** '62.의료비' 세액공제액은 얼마인가?	2
49	**평가문제 [이무상 근로소득원천징수영수증 조회]** '77.차감징수세액' 소득세 금액은 얼마인가?	1
50	**평가문제 [이무상 근로소득원천징수영수증 조회]** '82.실효세율'은 몇 %인가?	1
	근로소득 소계	25

실무이론평가

1	2	3	4	5	6	7	8	9	10
②	②	①	④	①	③	④	③	②	④

01 **재고자산평가방법의 변경은 회계정책의 변경**이고, 나머지는 회계추정의 변경에 해당한다.

02 7월 매출원가(선) = (기초, 50개×100원) + (7.12, 30개×120원) = 8,600원

7월 매출총이익 = 매출액(16,000) – 매출원가(8,600) = 7,400원

03 20x2년 귀속 보험료(1.1~2.E)는 선급비용으로 처리하고 보험료를 감소시킨다.

- 선급비용 = 2,400,000원×2개월/12개월 = 400,000원

04 대손추정액은 12월 31일 차기이월금액(200,000)이다.

05 재평가잉여금은 기타포괄손익누계액이고 재평가손실은 당기손실로 인식한다.

	취득가액	공정가액	평가이익(재평가잉여금)	평가손실(당기손실)
전기	2,000,000	2,200,000	200,000	0
당기		1,800,000	△200,000	*200,000*
계			0	200,000

06 매도가능증권처분손익 = 처분가액(1,100,000) – 취득가액(1,000,000) = 100,000원(처분이익)

07 **재화를 잃어버리거나 재화가 멸실된 경우에는 재화의 공급으로 보지 않는다.**

08 화물차유류대(2,500,000) + 비품구입(4,000,000) = 6,500,000원

공장용 화물차 유류대와 사무용 비품 구입 관련 매입세액은 공제대상이며, 거래처 발송용 추석 선물세트 구입 관련 매입세액과 토지 자본적 지출 관련 매입세액은 공제받지 못할 매입세액이다.

09 가. 금융소득이 2,000만원 이하이므로 분리과세한다.

나. 비상장주식의 양도소득은 양도소득에 해당한다.

다. 유실물 습득으로 인한 보상금은 실제 필요경비만 인정하는 **기타소득으로서 필요경비가 확인되지 아니하므로 기타소득금액은 6,000,000원**이다. 이는 3,000,000원을 초과하므로 종합과세한다.

10 **부녀자공제(50만원)와 한부모공제(100만원)에 동시에 해당하는 경우 한부모공제를 적용**받는다.

▨▨▨▨ 실무수행평가

실무수행 1. 거래자료입력

1. 3만원초과 거래자료에 대한 경비 등 송금명세서 작성

(1) [일반전표 입력] 1월 25일

(차) 임차료(판)	2,000,000원	(대) 보통예금(국민은행(보통))	2,000,000원

(2) 경비등송금명세서

● 거래 및 송금내역, 공급자

번호	⑥거래일자	⑦법인명(상호)	⑧성명	⑨사업자(주민)등록번호	⑩거래내역	⑪거래금액	⑫송금일자	⑬	⑬은행명	⑭계좌번호	계정코드
1	-01-25	이도물산	이창성	211-08-98342	임차료	2,000,000	-01-25	003	기업은행	801210-52-072659	

2. 약속어음의 만기결제, 할인 및 배서양도 [일반전표입력] 2월 10일

(차) 매출채권처분손실	200,000원	(대) 받을어음	10,000,000원
보통예금(국민은행(보통))	9,800,000원	((주)버팔로)	

※ 할인료(매출채권처분손실): 10,000,000원×12%×2개월/12개월 = 200,000원

● 받을어음 관리 　　　　　　　　　　　　　　　　　　　　　　삭제(F5)

어음상태	2 할인(전액)	어음번호	00420230110123456789	수취구분	1 자수	발행일	20×1-01-10	만기일	20×1-04-10
발행인	00104	(주)버팔로		지급은행	100	국민은행		지 점	역삼
배서인		할인기관	98000 국민은행(보통)	지 점		할인율(%)		12 어음종류 6 전자	
지급거래처					* 수령된 어음을 타거래처에 지급하는 경우에 입력합니다.				

3. 기타 일반거래 [일반전표입력] 4월 10일

(차) 예수금	258,220원	(대) 보통예금	526,960원
복리후생비(제)	129,110원	(국민은행(보통))	
복리후생비(판)	129,110원		
잡손실	10,520원		

실무수행 2. 부가가치세관리

1. 전자세금계산서 발급

(1) [매입매출전표입력] 5월 25일

거래유형	품명	공급가액	부가세	거래처	전자세금
12.영세	등산모자	6,000,000	0	(주)메아리	전자발행
분개유형	(차) 외상매출금		6,000,000원	(대) 제품매출	6,000,000원
2.외상					

(2) [전자세금계산서 발행 및 내역관리] 기출문제 68회 참고

2. 수정전자세금계산서의 발급

(1) [수정세금계산서 발급]

① [매입매출전표 입력] 6월 10일 전표 선택 ➡ 수정세금계산서 클릭 ➡ [수정사유] 화면에서 [4. 계약 의 해제, 당초(세금)계산서 작성일: 20x1년 6월 10일] 선택후 확인(Tab) 을 클릭

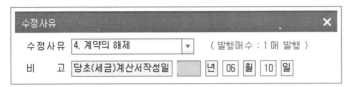

② [수정세금계산서(매출)] 화면에서 수정분 [작성일 6월 20일], [공급가액 -5,000,000원], [세액 -500,000원] 자동반영 후 확인(Tab) 클릭

구분	년	월	일	유형	품명	수량	단가	공급가액	부가세	합계	코드	거래처명	사업.주민번호
당초분		06	10	과세	계약금			5,000,000	500,000	5,500,000	03400	(주)설악산업	120-81-51234
수정분		06	20	과세	계약금			-5,000,000	-500,000	-5,500,000	03400	(주)설악산업	120-81-51234

수정세금계산서(매출)
수정입력사유 4 계약의 해제   당초(세금)계산서작성 -06-10

③ [매입매출전표입력] 6월 20일

거래유형	품명	공급가액	부가세	거래처	전자세금
11. 과세	계약금	-5,000,000	-500,000	(주)설악산업	전자발행
분개유형	(차) 현금	-5,500,000원	(대) 선수금		-5,000,000원
1.현금(혼합)			부가세예수금		-500,000원

(2) [전자세금계산서 발행 및 내역관리] 기출문제 68회 참고

3. 신용카드매출전표발행집계표 작성자의 부가가치세신고서 작성

(1) [매입매출전표입력]

- 7월 9일

거래유형	품명	공급가액	부가세	거래처	전자세금
12.영세	등산복	4,000,000		(주)승연무역	전자입력
분개유형	(차) 외상매출금	4,000,000원	(대) 제품매출		4,000,000원
4.카드	(비씨카드)				

- 7월 13일

거래유형	품명	공급가액	부가세	거래처	전자세금
17.카과	등산화	300,000	30,000	(주)삼광산업	
분개유형	(차) 외상매출금	330,000원	(대) 제품매출		300,000원
4.카드(혼합)	(우리카드)		부가세예수금		30,000원

- 7월 21일

거래유형	품명	공급가액	부가세	거래처	전자세금
22.현과	제품	190,000	19,000	이주영	
분개유형	(차) 현금	209,000원	(대) 제품매출		190,000원
1.현금			부가세예수금		19,000원

(2) [신용카드매출전표발행집계표] 7월~9월

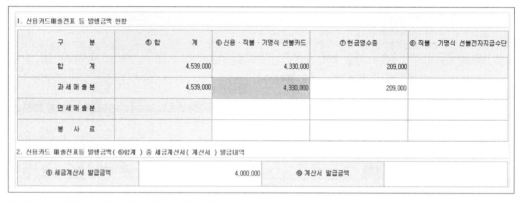

(3) [부가가치세신고서] 7월 1일 ~ 9월 30일

		구 분		금액	세율	세액
과세표준및매출세액	과세	세금계산서발급분	1	13,000,000	10/100	1,300,000
		매입자발행세금계산서	2		10/100	
		신용카드.현금영수증	3	490,000	10/100	49,000
		기타	4		10/100	
	영세	세금계산서발급분	5	14,000,000	0/100	
		기타	6		0/100	
	예정신고누락분		7			
	대손세액가감		8			
	합계		9	27,490,000	㉑	1,349,000

4. 수출실적명세서 작성자의 부가가치세신고서 작성

(1) [매입매출전표입력] 11월 20일

거래유형	품명	공급가액	부가세	거래처	전자세금
16.수출	등산용품	13,440,000		K2 Co., Ltd.	
분개유형	(차) 선수금	13,440,000원	(대) 제품매출		13,440,000원
3.혼합					

※ **공급시기가 되기 전에 원화로 환가한 경우 그 환가한 금액을 과세표준**으로 한다.

(2) [수출실적명세서] 10월 ~ 12월

구 분	건 수	외화금액	원화금액	비 고
⑨합 계	1	12,000.00	13,440,000	•
⑩수출한재화	1	12,000.00	13,440,000	
⑪기타영세율적용				기타영세율은 하단상세내역에 입력

NO	□	수출신고번호	기타영세율건수	(14)선(기)적일자	(15)통화코드	(16)환율	(17)외화	(18)원화
1	□	071-12-18-0055857-4		2023-11-20	USD	1,120.0000	12,000.00	13,440,000

(3) [부가가치세신고서] 10월 1일 ~ 12월 31일

영세	세금계산서발급분	5	5,000,000	0/100	
	기타	6	13,440,000	0/100	

[실무수행평가] - 부가가치세관리

번호	평가문제	배점	답
11	**평가문제 [환경설정 조회]**	2	③
12	**평가문제 [매입매출전표입력 조회]**	2	4
13	**평가문제 [세금계산서합계표 조회]**	2	8,000,000
14	**평가문제 [세금계산서합계표 조회]**	2	36
15	**평가문제 [신용카드매출전표발행집계표 조회]**	2	4,539,000
16	**평가문제 [부가가치세신고서 조회]**	2	14,000,000
17	**평가문제 [부가가치세신고서 조회]**	2	④
18	**평가문제 [수출실적명세서 조회]**	3	13,440,000
19	**평가문제 [부가가치세신고서 조회]**	2	18,440,000
20	**평가문제 [부가가치세신고서 조회]**	3	15,000
	부가가치세 소계	22	

실무수행 3. 결산

1. 수동결산

[일반전표입력] 12월 31일

| (차) 매도가능증권평가익 | 1,000,000원 | (대) 매도가능증권(178) | 1,200,000원 |
| 매도가능증권평가손 | 200,000원 | | |

※ **매도가능증권평가손실과 매도가능증권평가이익은 상계 후 잔액만 재무상태표에 기재**한다.

	취득가액	공정가액	평가이익	평가손실
전기	5,000,000	6,000,000	1,000,000	0
당기		4,800,000	△1,000,000	200,000
계			0	200,000

2. 결산자료입력에 의한 자동결산

[결산자료입력 1]

- 퇴직급여(전입액)란에 제조: 7,000,000원, 판매관리비: 11,000,000원을 입력한다.

※ 생산부: 퇴직금추계액 32,000,000원 - 퇴직급여충당부채잔액 25,000,000원 = 7,000,000원

관리부: 퇴직금추계액 26,000,000원 - 퇴직급여충당부채잔액 15,000,000원 = 11,000,000원

[결산자료입력 2]

- 결산자료입력에서 기말 원재료 25,000,000원, 제품 35,000,000원을 입력하고 전표추가(F3) 를 클릭하여 결산분개를 생성한다.

[이익잉여금처분계산서] 메뉴

- 이익잉여금처분계산서에서 처분일을 입력한 후, 전표추가(F3) 를 클릭하여 손익대체 분개를 생성한다.

[실무수행평가] - 재무회계

번호	평가문제	배점	답
21	평가문제 [경비등송금명세서 조회]	1	003
22	평가문제 [받을어음 현황조회]	1	15,000,000
23	평가문제 [거래처원장 조회]	2	③
24	평가문제 [거래처원장 조회]	2	1,430,000
25	평가문제 [일/월계표 조회]	2	2,750,000
26	평가문제 [일/월계표 조회]	2	846,000
27	평가문제 [일/월계표 조회]	1	1,629,110
28	평가문제 [일/월계표 조회]	1	255,293,110
29	평가문제 [합계잔액시산표 조회]	2	1,067,780
30	평가문제 [합계잔액시산표 조회]	1	7,506,000
31	평가문제 [손익계산서 조회]	1	426,000
32	평가문제 [재무상태표 조회]	2	25,000,000
33	평가문제 [재무상태표 조회]	2	58,000,000
34	평가문제 [재무상태표 조회]	2	-200,000
35	평가문제 [재무상태표 조회]	1	②
	재무회계 소계	23	

실무수행 4. 근로소득관리

1. 일용직사원의 원천징수

(1) [일용직사원등록](2201. 이지원)

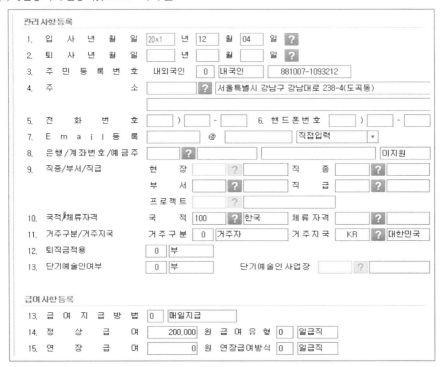

(2) [일용직급여입력] 귀속년월 12월, 지급년월 12월

(3) [원천징수이행상황신고서] 귀속기간 12월, 지급기간 12월, 0.정기신고

원천징수내역		부표-거주자	부표-비거주자	부표-법인원천						
구분		코드	소득지급(과세미달,비과세포함)		징수세액				9.당월 조정 환급세액	10.소득세 등 (가산세 포함)
			4.인원	5.총지급액	6.소득세 등	7.농어촌특별세	8.가산세			
근로소득	간 이 세 액	A01	2	8,000,000	393,910					
	중 도 퇴 사	A02								
	일 용 근 로	A03	1	1,000,000	6,750					
	연말정산합계	A04								
	연말분납금액	A05								
	연말납부금액	A06								
	가 감 계	A10	3	9,000,000	400,660					400,660

[실무수행평가] - 근로소득관리 1

번호	평가문제	배점	답
36	평가문제 [이지원 12월 일용직급여입력 조회]	2	6,750
37	평가문제 [이지원 12월 일용직급여입력 조회] 공제총액	2	16,400
38	평가문제 [원천징수이행상황신고서 조회]	2	3
39	평가문제 [원천징수이행상황신고서 조회] 6.소득세등 금액	2	400,660

※ 37,39은 프로그램이 자동계산되어지므로 시점(세법개정, 프로그램 업데이트)마다 달라질 수가 있습니다.

2. 중도퇴사자의 원천징수(김현준)

(1) [사원등록] 20.퇴사년월일 20x1년 8월 25일

(2) [급여자료입력] 귀속년월 8월, 1.급여, 지급일 8월25일

	수당등록	공제등록	비과세/감면설정	사회보험
	코드	공제항목명		공제소득유형
1	501	국민연금		0.무구분
2	502	건강보험		0.무구분
3	503	고용보험		0.무구분
4	504	장기요양보험료		0.무구분
5	505	학자금상환액		0.무구분
6	903	농특세		0.사용
7	600	건강보험료정산		2.건강보험료정산
8	601	장기요양보험료정산		4.장기요양보험료정산

급여항목	지급액	공제항목	공제액
기본급	3,500,000	국민연금	157,500
		건강보험	124,070
		고용보험	31,500
		장기요양보험료	15,890
		건강보험료정산	25,320
		장기요양보험료정산	3,850
		소득세	-626,710
		지방소득세	-62,650
		농특세	

과　　　세	3,500,000		
비 과 세			
감면 소득		공제액 계	-331,230
지급액 계	3,500,000	차인지급액	3,831,230

(3) [원천징수이행상황신고서] 귀속기간 8월, 지급기간 8월, 0.정기신고

구분		코드	소득지급(과세미달,비과세포함)		징수세액			9.당월 조정 환급세액	10.소득세 등 (가산세 포함)	11.농어촌 특별세
			4.인원	5.총지급액	6.소득세 등	7.농어촌특별세	8.가산세			
근로소득	간 이 세 액	A01	3	11,500,000	393,910					
	중 도 퇴 사	A02	1	28,000,000	-626,710					
	일 용 근 로	A03								
	연말정산합계	A04								
	연말분납금액	A05								
	연말납부금액	A06								
	가 감 계	A10	4	39,500,000	-232,800					

전월 미환급 세액의 계산			당월 발생 환급세액				18.조정대상환급 (14+15+16+17)	19.당월조정 환급액계	20.차월이월 환급액(18-19)	21.환급신청액
12.전월미환급	13.기환급신청	14.잔액12-13	15.일반환급	16.신탁재산	17.금융등	17.합병등				
			232,800				232,800		232,800	

[실무수행평가] - 근로소득관리 2

번호	평가문제	배점	답
40	**평가문제 [김현준 8월 급여자료 조회]** 차인지급액	2	3,831,230
41	**평가문제 [김현준 연말정산 근로소득원천징수영수증 [중도]탭 조회]** 75. 기납부세액 소득세	2	995,540
42	**평가문제 [김현준 연말정산 근로소득원천징수영수증 [중도]탭 조회]** 77.차감징수세액 계(지방소득세 포함)	2	-689,360
43	**평가문제 [김현준 연말정산 근로소득원천징수영수증 [중도]탭 조회]** 81.실효세율	10	1.3%
44	**평가문제 [8월 원천징수이행상황신고서 조회]** 6. 소득세 등	1	-232,800

※ 40,41,42,43,44은 프로그램이 자동계산되어지므로 시점(세법개정, 프로그램 업데이트)마다 달라질 수가 있습니다.

3. 국세청연말정산간소화 및 이외의 자료를 기준으로 연말정산(이무상)

항 목	요건		내역 및 대상여부	입력
	연령	소득		
의 료 비	×	×	• 배우자 의료비(안경은 500,000 한도)	○(일반 2,550,000)
신용카드	×	○	• 형제, 자매는 대상에서 제외 • 본인 현금영수증	× (현금 13,000,000 전통 5,450,000 대중교통 450,000)
보 험 료	○ (×)	○	• 본인 운전자보험료 • 부친 보장성보험료	○(일반 720,000) ○(일반 950,000)

[연말정산 근로소득원천징수영수증]

(1) 의료비 세액공제

	공제대상자					지급처			지급명세		
	부양가족 관계코드	성명	내 외	주민등록번호	본인등 해당여부	상호	사업자번호	의료증빙 코 드	건수	지급액	실손의료보험금
1	배우자	김세희	내	841212-2772917	×			국세청	1	2,550,000	

(2) 신용카드 등 소득공제

(3) 보험료 세액공제

	관계 코드	성 명	기 본	소득 100 만원 초과 여부	부 녀 자	한 부 모	장 애 인	경 로 우 70-	출 산 입 양	자 녀	구 분	보험료			
	내외 국인	주민등록번호										건강	고용	보장성	장애인
1	0	이무상	본인/세대주								국세청			720,000	
	1	760101-1774915									기타	1,919,520	432,000		
2	3	김세희	부								국세청				
	1	841212-2772917									기타				
3	1	이영근	60세이상					○			국세청			950,000	

(4) 정산명세 조회

특별소득공제	33.보험	가.건강	1,919,520	>	1,919,520	연금계좌	58.과학기술인공제		>	
		나.고용	432,000	>	432,000		59.근로자퇴직급여보장법		>	
	34.주택 - 가.주택임차 차입금 원리금상환액	대출기관		>			60.연금저축		>	
		거주자		>			60-1. ISA만기시연금계좌		>	
	34.주택 나.장기주택저당차입금이자상환액	11년이전 차입분	15년미만	>		특별세액공제	61.보장성보험	1,670,000	>	120,000
			15~29년	>			62.의 료 비	2,550,000	>	166,500
			30년이상	>			63.교 육 비	0	>	
		12년이후 차입분 (15년이상)	고정or비거치	>			64기부금	정치	10만원이하	>	
			기타대출	>					10만원초과	>	
		15년이후 차입분 (15년이상)	고정&비거치	>				나.법정기부금		>	
			고정or비거치	>				다.우리사주기부금		>	
			기타대출	>				라.지정기부금(종교외)		>	
		15년이후 차입분 (10~15년)	고정or비거치	>				마.지정기부금(종교)		>	
	35.기부금(이월분)			>			65.계			286,500
	36.계				2,351,520		66.표준세액공제		>	
37.차 감 소 득 금 액					27,338,480		67.납 세 조 합 공 제		>	
그 밖의 소득공제	38.개인연금저축			>			68.주 택 차 입 금		>	
	39.소기업·소상공인공제부금			>			69.외 국 납 부		>	
	40.주택마련저축	가.청약저축		>			70.월세액		>	
		나.주택청약종합저축		>						
		다.근로자주택마련저축		>						
	41.투자조합출자 등			>						
	42.신용카드등		18,900,000	>	2,660,000					
	43.우리사주조합 출연금			>						
	44.고용유지중소기업근로자			>						
	45.장기집합투자증권저축			>			71.세 액 공 제 계			946,500
	46.청년형장기집합투자증권저축			>			72.결 정 세 액(50-55-71)			1,495,272
	47.그 밖의 소득 공제 계				2,660,000		82.실 효 세 율(%) (72/21)×100%			3.1%

		소득세	지방소득세	농어촌특별세	계
73.결정세액		1,495,272	149,527	0	1,644,799
기납부 세액	74.종(전) 근무지	0	0	0	0
	75.주(현) 근무지	2,195,400	219,480	0	2,414,880
76. 납부특례세액		0	0	0	0
77. 차감징수세액 (73-74-75-76)		-700,120	-69,950	0	-770,070

[실무수행평가] - 근로소득관리 3

번호	평가문제[이무상 근로소득원천징수영수증 조회]	배점	답
45	평가문제 42.신용카드 등 소득공제 금액	2	2,660,000
46	평가문제 56.근로소득 세액공제액	1	660,000
47	평가문제 61.보장성보험 세액공제액	2	120,000
48	평가문제 62.의료비 세액공제액	2	166,500
49	평가문제 77.차감징수세액 소득세	1	-700,120
50	평가문제 82.실효세율	1	3.1%
	근로소득 소계	25	

※ 45~50은 프로그램이 자동계산되어지므로 시점(세법개정, 프로그램 업데이트)마다 달라질 수가 있습니다.

〈참고사항 : 총급여액 48,000,000원〉

※ 시험시 프로그램이 자동계산되어진 것으로 답을 입력하시고 시간이 남으시면 체크해 보시기 바랍니다.

		한도	공제율	대상금액	세액공제
1. 보험료	일반	1백만원	12%	1,670,000	**120,000**
2. 의료비	일반	–	15%	2,550,000	**166,500**
	☞의료비세액공제 = [2,550,000 − 총급여액(48,000,000)×3%]×15% = **166,500**				

합격율	시험년월
46%	2023.2

■■■■■■ **실무이론평가**

01. 다음 중 내부회계관리제도에 대한 설명으로 옳지 않은 것은?

① 기업은 내부고발자를 보호하는 프로그램을 갖추어야 한다.

② 외부에 공시되는 재무제표의 신뢰성 확보를 주된 목적으로 한다.

③ 회계감사를 수행하는 외부감사인이 따라야 할 감사절차를 규정하고 있다.

④ 재고자산이 보관된 창고에 대한 물리적 접근을 통제하는 것도 내부회계관리제도 범위에 포함된다.

02. 다음 중 매출원가 계산에 영향을 미치지 않는 것은?

① 재고자산평가손실

② 정상적으로 발생한 재고자산감모손실

③ 재고자산의 매출시 운반비

④ 재고자산의 매입에누리와 환출

03. 다음은 (주)한공의 20x1년 대손 관련 자료이다. 20x1년 손익계산서에 계상될 대손상각비는 얼마인가?

1월 1일	매출채권에 대한 대손충당금 기초잔액은 400,000원이다.
4월 20일	매출채권 300,000원이 회수불능으로 판명되어 대손처리하였다.
10월 15일	전년도에 대손처리했던 매출채권 중 100,000원을 현금으로 회수하였다.
12월 31일	기말 매출채권 잔액 100,000,000원 중 1%를 회수불확실한 금액으로 추정한다.

① 800,000원　　　② 900,000원　　　③ 1,000,000원　　　④ 1,300,000원

04. (주)한공은 당기 중 유상증자를 2차례 실시하였다. 다음 자료를 토대로 재무상태표에 표시되는 주식발행초과금을 계산하면 얼마인가?(단, 전기 말 주식발행초과금과 주식할인발행차금 잔액은 없는 것으로 가정한다.)

> • 3월 5일 발행주식수 1,000주, 1주당 발행금액 20,000원(액면: @10,000원)
>   주식발행 수수료는 없다.
> • 9월 20일 발행주식수 1,000주, 1주당 발행금액   8,000원(액면: @10,000원)
>   주식발행 수수료 200,000원이 발생하였다.

① 7,800,000원   ② 8,000,000원   ③ 8,200,000원   ④ 10,000,000원

05. 다음은 (주)한공의 외화매출 관련 자료이다. 이를 토대로 계산한 외화외상매출금과 외화환산손익은 얼마인가?

> • 7월 1일 : 미국에 있는 거래처에 상품을 US$1,000에 외상으로 판매하였다. 판매시점 환율은
>   US$1=1,000원이다.
> • 12월 31일 : 결산시점의 환율은 US$1=1,100원이다.

	외화외상매출금	외화환산손익
①	1,000,000원	외화환산손실 100,000원
②	1,000,000원	외화환산이익 100,000원
③	1,100,000원	외화환산손실 100,000원
④	1,100,000원	외화환산이익 100,000원

06. 다음은 (주)한공이 20x1년 중 취득하여 보유중인 유가증권 내역이다. 20x1년말 결산시 유가증권의 평가 결과로 옳은 것은?

구분	종류	액면단가	취득단가	단위당 공정가치
단기매매증권	A주식 1,000주	5,000원	6,000원	7,000원
단기매매증권	B주식 3,000주	5,000원	8,000원	5,000원
매도가능증권	C주식 2,000주	5,000원	7,000원	9,000원

① 당기순이익이 1,000,000원 증가한다.
② 당기순이익이 4,000,000원 감소한다.
③ 당기순이익이 8,000,000원 감소한다.
④ 당기순이익이 9,000,000원 감소한다.

07. 다음 중 부가가치세 공급가액에 포함되는 것은?

> 가. 인도 전에 파손된 원재료 가액
> 나. 재화 또는 용역의 공급과 직접 관련이 되지 아니하는 국고보조금
> 다. 장기외상매출금의 할부이자 상당액
> 라. 제품의 외상판매가액에 포함된 운송비

① 가, 나 　　　　② 가, 다 　　　　③ 가, 라 　　　　④ 다, 라

08. 다음은 컴퓨터 제조업을 영위하는 (주)한공의 20x1년 제2기 부가가치세 확정신고기간(20x1.10.1.~ 20x1.12.31.)의 자료이다. 이를 토대로 부가가치세 납부세액을 계산하면 얼마인가?(단, 모든 거래금액은 부가가치세가 포함되어 있지 않고 필요한 세금계산서는 적법하게 수취하였다.)

> • 국내 매출액: 300,000,000원
> • 직수출액: 120,000,000원
> • 컴퓨터 부품 매입액: 110,000,000원
> • 배달용 1톤 트럭 구입액: 70,000,000원
> • 거래처 증정용 선물구입액: 8,000,000원

① 11,200,000원　　② 12,000,000원　　③ 23,200,000원　　④ 24,000,000원

09. 다음은 거주자 김회계 씨의 20x1년 귀속 이자소득과 배당소득 내역이다. 김회계 씨의 종합과세대상 이자소득과 배당소득은 얼마인가? (단, 외국법인으로부터 받은 현금배당금을 제외하고는 모두 소득세법에 따라 적법하게 원천징수되었다.)

> 가. 내국법인으로부터 받은 현금배당금 　　　　　4,000,000원
> 나. 직장공제회 초과반환금 　　　　　　　　　　9,000,000원
> 다. 외국법인으로부터 받은 현금배당금 　　　　　3,000,000원
> 라. 비영업대금의 이익 　　　　　　　　　　　　12,000,000원

① 3,000,000원　　② 13,000,000원　　③ 16,000,000원　　④ 19,000,000원

10. 다음 중 20x1년 귀속 소득세법상 기타소득에 대한 설명으로 옳은 것은?
① 복권 당첨소득 중 3억원 초과분은 20%의 세율로 원천징수한다.
② 연금계좌에서 연금 외 수령한 기타소득은 무조건 종합과세 대상 기타소득에 해당한다.
③ 법인세법에 의하여 처분된 기타소득의 수입시기는 그 법인의 해당 사업연도 결산확정일이다.
④ 뇌물, 알선수재 및 배임수재에 따라 받은 금품의 기타소득금액의 합계액이 300만원 이하인 경우 분리과세를 선택할 수 있다.

▒▒▒ 실무수행평가

(주)반도산업(2590)은 골프용품 제조업을 영위하는 법인기업으로 회계기간은 제6기(20x1.1.1. ~ 20x1.12.31.)이다. 제시된 자료와 자료설명을 참고하여, [수행과제]를 완료하고 [평가문제]의 물음에 답하시오.

▌실무수행1 │ 거래자료입력

실무프로세스 자료이다. [자료설명]을 참고하여 [수행과제]를 수행하시오.

1. 3만원 초과 거래 자료에 대한 영수증수취명세서 작성

영 수 증 (공급받는자용)				
NO.				
(주)반도산업 귀하				
공급자	사업자등록번호	119-15-50400		
	상호	비둘기마트	성명	이문희
	사업장소재지	강원도 춘천시 명동길 22		
	업태	도,소매업	종목	생활용품
작성일자	공급대가총액			비고
20x1.2.15.	₩ 100,000			
공 급 내 역				
월/일	품명	수량	단가	금액
2/15	간식			100,000
합 계	₩ 100,000			
위 금액을 (영수)(청구)함				

자료설명

생산부 공장직원들을 위한 간식을 현금으로 구입하고 수취한 영수증이다. 회사는 이 거래가 지출증명서류 미수취 가산세 대상인지를 검토하려고 한다.

수행과제

1. 거래자료를 입력하시오.
2. 영수증수취명세서(2)와 (1)서식을 작성하시오.

2. 기타일반거래

저축보험 가입증명서

▶ 보험종목: 행복자산만들기 보험　　　　▶ 증권번호: 3355897

피보험자	(주)반도산업	계약자	(주)반도산업
		계약일자	20x1년 3월 1일
보험기간	20x1년 3월 1일 부터　2024년 2월 28일 까지		

▶ 가입내역

증권번호	3355897	1회보험료	(저축성보험)540,000원
			(보장성보험) 60,000원
보험종목	행복자산만들기 보험	계약기간	5년

▶ 담보사항

납입방법: 보통은행 계좌 이체
204456-02-344714
납입일: 매월1일

보험회사: 교보생명

■ 보통예금(국민은행) 거래내역

번호	거래일	내 용	찾으신금액	맡기신금액	잔 액	거래점
		계좌번호 204456-02-344714 (주)반도산업				
1	20x1-3-1	1회차 납입금 (교보생명보험)	600,000		***	***

자료설명	1. 영업부 직원들에 대한 보험료 1회분을 국민은행 보통예금 계좌에서 지급하였다. 2. 보험료 600,000원 중 저축성보험 540,000원은 자산(장기성예금)으로 처리하고 보장성 보험 60,000원은 비용으로 처리하기로 하였다.
수행과제	거래자료를 입력하시오.

3. 기타일반거래

전자계산서			(공급받는자 보관용)			승인번호		

공급자	등록번호	101-90-21110			공급받는자	등록번호	120-81-32144	
	상호	대신환경	성명 (대표자)	유은종		상호	(주)반도산업	성명 (대표자) 김강남
	사업장 주소	서울시 강남구 강남대로 65				사업장 주소	강원도 춘천시 명동길 11(조양동)	
	업태	서비스업	종사업장번호			업태	제조업외	종사업장번호
	종목	하수처리시설관리외				종목	골프용품외	
	E-Mail	daesin@naver.com				E-Mail	bando@bill36524.com	

작성일자	20x1.4.5	공급가액	2,150,000	비 고	

월	일	품목명	규격	수량	단가	공급가액	비고
4	5	정화조청소				2,150,000	

합계금액	현금	수표	어음	외상미수금	이 금액을	○ 영수 ● 청구 함
2,150,000				2,150,000		

자료설명	대신환경으로부터 공장 정화조 청소용역을 제공받고 발급받은 전자계산서이다.
수행과제	거래자료를 입력하시오. (전자계산서는 '전자입력'으로 처리하고, '수수료비용' 계정과목을 사용할 것.)

실무수행2 | 부가가치세관리

부가가치세 신고 관련 자료이다. [자료설명]을 참고하여 [수행과제]를 수행하시오.

1. 전자세금계산서 발급

자료 1. 거래명세서

거래명세서 (공급자 보관용)									

공급자

등록번호	120-81-32144		
상호	(주)반도산업	성명	김강남
사업장 주소	강원도 춘천시 명동길 11(조양동)		
업태	제조업외	종사업장번호	
종목	골프용품외		

공급받는자

등록번호	514-81-32112		
상호	(주)중고나라	성명	이상훈
사업장 주소	서울 강남구 강남대로112길 28		
업태	도소매업	종사업장번호	
종목	중고가전		

거래일자	미수금액	공급가액	세액	총 합계금액
20x1.4.10.		1,000,000	100,000	1,100,000

NO	월	일	품목명	규격	수량	단가	공급가액	세액	합계
1	4	10	복사기		1	1,000,000	1,000,000	100,000	1,100,000

자료 2. 보통예금(국민은행) 거래내역

		내용	찾으신금액	맡기신금액	잔액	거래점
번호	거래일	계좌번호 204456-02-344714 (주)반도산업				
1	20x1-4-10	복사기매각		1,100,000	***	***

자료설명	1. 자료 1은 사용하던 복사기 1대(취득원가 3,000,000원, 감가상각누계액 2,500,000원)를 매각하고 발급한 거래명세서이다. 2. 자료 2는 비품 매각대금(부가세 포함)이 입금된 국민은행 보통예금 거래내역이다. 3. 당기 양도일까지의 감가상각비는 계상하지 않기로 한다.
수행과제	1. 거래자료를 입력하시오. 2. 전자세금계산서 발행 및 내역관리 를 통하여 발급·전송하시오. (전자세금계산서 발급 시 결제내역 및 전송일자는 무시할 것.)

2. 수정전자세금계산서의 발급

전자세금계산서				(공급자 보관용)		승인번호		

전자세금계산서 (공급자 보관용) 승인번호

공급자	등록번호	120-81-32144			공급받는자	등록번호	120-81-32159	
	상호	(주)반도산업	성명(대표자)	김강남		상호	(주)유정산업 성명(대표자) 최유정	
	사업장주소	강원도 춘천시 명동길 11(조양동)				사업장주소	인천 남동구 정각로 16 (구월동, 구월빌딩)	
	업태	제조업외	종사업장번호			업태	도소매업 종사업장번호	
	종목	골프용품외				종목	골프용품	
	E-Mail	bando@bill36524.com				E-Mail	yoojung@bill36524.com	

작성일자	20x1.5.10	공급가액	30,000,000	세 액	3,000,000
비고					

월	일	품목명	규격	수량	단가	공급가액	세액	비고
5	10	골프화		500	60,000	30,000,000	3,000,000	

합계금액	현금	수표	어음	외상미수금	이 금액을	○ 영수 / ● 청구	함
33,000,000				33,000,000			

자료설명	5월 10일 (주)유정산업에 제품을 공급하고 전자세금계산서를 발급하였다. 본 건에 대하여 다음과 같이 내국신용장을 발급받아 영세율을 적용하려고 한다. - 내국신용장 발급일자: 20x1년 7월 15일 - 개설은행: 국민은행 춘천지점
수행과제	수정사유를 선택하여 수정전자세금계산서를 발급·전송하시오. ※ 전자세금계산서는 전자세금계산서 발행 및 내역관리 메뉴에서 발급·전송한다. (전자세금계산서 발급 시 결제내역 입력과 전송일자는 무시할 것.)

3. 매입세액불공제내역 작성자의 부가가치세 신고서 작성

자료 1. 공급가액(제품)내역 (7월 1일 ~ 9월 30일)

구 분	금 액	비 고
과세분(전자세금계산서)	196,800,000원	
면세분(전자계산서)	49,200,000원	
합 계	246,000,000원	

자료 2. 기계장치 매입내역

전자세금계산서			(공급받는자 보관용)			승인번호		

	등록번호	101-81-83017				등록번호	120-81-32144	
공급자	상호	(주)대영기계	성명 (대표자)	김대수	공급받는자	상호	(주)반도산업	성명 (대표자)	김강남
	사업장 주소	서울 동대문구 망우로 70				사업장 주소	강원도 춘천시 명동길 11(조양동)	
	업태	제조업	종사업장번호			업태	제조업외	종사업장번호
	종목	기계외				종목	골프용품외	
	E-Mail	daeyoung@bill36524.com				E-Mail	bando@bill36524.com	

작성일자	20x1.7.4.	공급가액	25,000,000	세 액	2,500,000
비고					

월	일	품목명	규격	수량	단가	공급가액	세액	비고
7	4	기계장치				25,000,000	2,500,000	

합계금액	현금	수표	어음	외상미수금	이 금액을	○ 영수	함
27,500,000				27,500,000		● 청구	

자료설명	본 문제에 한하여 (주)반도산업은 과세사업과 면세사업을 겸영하고 있다고 가정한다. 1. 자료 1은 제2기 부가가치세 예정신고기간의 공급가액 내역이다. 2. 자료 2는 제2기 부가가치세 예정신고기간의 과세사업과 면세사업에 공통으로 사용할 기계장치 매입자료이다.
수행과제	1. 자료 2의 거래자료를 입력하시오.(유형에서 '51.과세매입'으로 선택하고, '전자입력'으로 처리할 것.) 2. 제2기 부가가치세 예정신고기간의 매입세액불공제내역(공통매입세액 안분계산 내역)을 작성하시오. (단, 자료 1과 자료 2에서 주어진 공급가액으로 계산하기로 함.) 3. 제2기 부가가치세 예정신고서에 반영하시오. 4. 공통매입세액 안분계산에 대한 회계처리를 9월 30일자로 입력하시오.

428

4. 건물등감가상각자산취득명세서 작성자의 부가가치세신고서 작성

자료 1. 소프트웨어 구입관련 자료

	전자세금계산서 (공급받는자 보관용)				승인번호		

공급자	등록번호	106-81-57571			공급받는자	등록번호	120-81-32144	
	상호	(주)스마트산업	성명(대표자)	이성희		상호	(주)반도산업	성명(대표자)	김강남
	사업장주소	서울 마포구 마포대로 8				사업장주소	강원도 춘천시 명동길 11(조양동)	
	업태	제조업	종사업장번호			업태	제조업외	종사업장번호
	종목	기계				종목	골프용품외	
	E-Mail	smart@bill36524.com				E-Mail	bando@bill36524.com	

작성일자	20x1.10.15.	공급가액	30,000,000	세 액	3,000,000
비고					

월	일	품목명	규격	수량	단가	공급가액	세액	비고
10	15	스마트팩토리솔루션				30,000,000	3,000,000	

합계금액	현금	수표	어음	외상미수금	이 금액을	○ 영수	함
33,000,000				33,000,000		● 청구	

자료 2. 건물증축공사 기성청구 자료

	전자세금계산서 (공급받는자 보관용)				승인번호		

공급자	등록번호	108-81-21220			공급받는자	등록번호	120-81-32144	
	상호	(주)인우건설	성명(대표자)	이인우		상호	(주)반도산업	성명(대표자)	김강남
	사업장주소	서울 강남구 양재대로 340				사업장주소	강원도 춘천시 명동길 11(조양동)	
	업태	건설업	종사업장번호			업태	제조업외	종사업장번호
	종목	건축공사				종목	골프용품외	
	E-Mail	inwoo@bill36524.com				E-Mail	bando@bill36524.com	

작성일자	20x1.11.14.	공급가액	50,000,000	세 액	5,000,000
비고					

월	일	품목명	규격	수량	단가	공급가액	세액	비고
11	14	건물증축공사				50,000,000	5,000,000	

합계금액	현금	수표	어음	외상미수금	이 금액을	○ 영수	함
55,000,000				55,000,000		● 청구	

자료 3. 비품 구입관련 자료

```
            ** 현금영수증 **
              (지출증빙용)

사업자등록번호  : 342-81-00349
사업자명       : (주)애플전자
단말기ID       : 53453259(tel:02-349-5545)
가맹점주소     : 서울 서대문구 충정로7길 19-7(충정로 3가)

현금영수증 회원번호
120-81-32144 (주)반도산업
승인번호              : 73738585    (PK)
거래일시              : 20x1년 12월 7일
- - - - - - - - - - - - - - - - - - - - - - - - - - - -
공급금액                        1,500,000원
부가세금액                        150,000원
총합계                          1,650,000원
- - - - - - - - - - - - - - - - - - - - - - - - - - - -
휴대전화, 카드번호 등록
http://현금영수증.kr
국세청문의(126)
38036925-GCA10106-3870-U490
       <<<<<<이용해 주셔서 감사합니다.>>>>>>
```

자료설명	1. 자료 1은 스마트공장 구축의 일환으로 생산부에서 사용할 소프트웨어를 외상으로 구입하고 발급받은 전자세금계산서이다. 2. 자료 2는 공장건물 증축공사에 따른 전자세금계산서이며 대금은 11월 30일에 지급하기로 하였다.(자본적 지출로 처리할 것.) 3. 자료 3은 경영지원팀 사무실에서 사용할 복사기를 구입하고 받은 현금영수증이다.(자산으로 처리할 것.)
수행과제	1. 자료 1 ~ 자료 3의 거래를 매입매출전표에 입력하시오. (전자세금계산서와 관련된 거래는 '전자입력'으로 처리할 것.) 2. 제2기 확정신고기간의 건물등감가상각자산취득명세서를 작성하시오. 3. 아래 전자신고세액공제를 반영하여 제2기 부가가치세 확정신고서를 작성하시오. 　- 제2기 부가가치세 확정신고서를 홈택스에서 전자신고하여 전자신고세액공제 10,000원을 공제받기로 한다.

평가문제

입력자료 및 회계정보를 조회하여 [평가문제]의 답안을 입력하시오.(70점)

[실무수행평가] - 부가가치세관리

번호	평가문제	배점
11	**평가문제 [계산서합계표 조회]** 제1기 확정 신고기간의 면세계산서 수취금액은 얼마인가?	2
12	**평가문제 [매입매출전표입력 조회]** 5월 10일자 수정세금계산서의 수정입력사유 코드번호를 입력하시오.	2
13	**평가문제 [세금계산서합계표 조회]** 제1기 확정 신고기간의 매출전자세금계산서 발급매수는 총 몇 매인가?	2
14	**평가문제 [부가가치세신고서 조회]** 제1기 확정 신고기간의 부가가치세신고서에 반영되는 영세율 과세표준 금액은 얼마인가?	2
15	**평가문제 [부가가치세신고서 조회]** 제1기 확정 신고기간 부가가치세신고서의 과세표준에 반영되는 수입금액제외 총액은 얼마인가?	2
16	**평가문제 [매입세액불공제내역 조회]** 제2기 예정 신고기간 매입세액불공제내역 '3.공통매입세액 안분계산 내역'의 불공제 매입세액은 얼마인가?	2
17	**평가문제 [부가가치세신고서 조회]** 제2기 예정 신고기간 부가가치세신고서의 차가감납부할세액(27란) 세액은 얼마인가?	2
18	**평가문제 [부가가치세신고서 조회]** 제2기 예정 신고기간의 부가가치세 신고시에 작성되는 부가가치세 첨부서류에 해당하지 않는 것은? ① 계산서합계표　　　　　　　② 건물등감가상각자산취득명세서 ③ 신용카드매출전표등수령금액합계표　　④ 공제받지못할매입세액명세서	3
19	**평가문제 [부가가치세신고서 조회]** 제2기 확정 신고기간의 부가가치세신고서의 세금계산서수취부분_고정자산매입(11란) 금액은 얼마인가?	3
20	**평가문제 [부가가치세신고서 조회]** 제2기 확정 신고기간의 부가가치세 차가감납부할세액(27번란)은 얼마인가?	2
	부가가치세 소계	22

431

실무수행3 | 결산

[결산자료]를 참고로 결산을 수행하시오.(단, 제시된 자료 이외의 자료는 없다고 가정함.)

1. 수동결산

자료설명	1. 전기이월 된 선수수익(이자수익)에는 당기 도래분 250,000원이 있다. 2. 9월 1일에 보험료를 지급하고 전액 보험료(판) 계정으로 회계처리하였다.

가입대상	보험회사	보험금납입액	보험적용기간
자동차	(주)삼성화재	816,000원	20x1년 09월 01일 ~ 20x2년 08월 31일

수행과제	1. 전기 선수수익 중 당기 도래분에 대하여 1월 1일자로 회계처리하시오. 2. 당기 발생분 보험료(판)에 대하여 12월 31일자로 결산정리분개를 하시오. (월할 계산할 것.)

2. 결산자료입력에 의한 자동결산

자료설명	1. 기말재고 실사내역

(단위: 원)

구 분	실사내역		
	단위당원가	수량	평가액
원재료	40,000	250	10,000,000
제 품	80,000	500	40,000,000

※ 기말제품에는 시용판매에 따른 시송품 중 구입의사 미표시분 5,000,000원이 포함되어 있지 않다.

2. 이익잉여금처분계산서 처분확정(예정)일
 - 당기: 20x1년 3월 31일
 - 전기: 20x0년 3월 31일

수행과제	결산을 완료하고 이익잉여금처분계산서에서 손익대체분개를 하시오. (단, 이익잉여금처분내역은 없는 것으로 하고 미처분이익잉여금 전액을 이월이익잉여금으로 이월하기로 한다.)

[실무수행평가] – 재무회계

번호	평가문제	배점
21	**평가문제 [영수증수취명세서 조회]** 영수증수취명세서(1)에 반영되는 '12.명세서제출 대상' 금액은 얼마인가?	1
22	**평가문제 [일/월계표 조회]** 1/4분기(1월~3월) 발생한 복리후생비(제조)는 얼마인가?	2
23	**평가문제 [일/월계표 조회]** 1/4분기(1월~3월) 발생한 보험료(판매관리비)는 얼마인가?	2
24	**평가문제 [일/월계표 조회]** 2/4분기(4월~6월) 발생한 제조경비 총액은 얼마인가?	2
25	**평가문제 [일/월계표 조회]** 2/4분기(4월~6월) 발생한 영업외수익은 얼마인가?	2
26	**평가문제 [거래처원장 조회]** 12월 말 현재 국민은행의 보통예금 잔액은 얼마인가?	1
27	**평가문제 [합계잔액시산표 조회]** 4월 말 투자자산 금액은 얼마인가?	1
28	**평가문제 [합계잔액시산표 조회]** 4월 말 미지급금 잔액은 얼마인가?	1
29	**평가문제 [손익계산서 조회]** 당기에 발생한 이자수익은 얼마인가?	2
30	**평가문제 [재무상태표 조회]** 9월 말 기계장치 장부금액은 얼마인가?	2
31	**평가문제 [재무상태표 조회]** 12월 말 선급비용 잔액은 얼마인가?	2
32	**평가문제 [재무상태표 조회]** 기말 제품 잔액은 얼마인가?	1
33	**평가문제 [재무상태표]** 12월 말 유형자산 계정 장부금액으로 옳지 않은 것은? ① 토지　　512,000,000원　　② 건물 850,000,000원 ③ 차량운반구 35,000,000원　　④ 비품 24,300,000원	1
34	**평가문제 [재무상태표 조회]** 12월 말 무형자산 금액은 얼마인가?	2
35	**평가문제 [재무상태표 조회]** 12월 말 이월이익잉여금(미처분이익잉여금) 잔액으로 옳은 것은? ① 125,410,123원　　② 218,846,431원 ③ 385,120,691원　　④ 435,720,156원	1
	재무회계 소계	23

실무수행4 | 근로소득관리

인사급여 관련 자료이다. [자료설명]을 참고하여 [수행과제]를 수행하시오.

1. 가족관계증명서에 의한 사원등록

[별지 제1호서식] <개정 2010.6.3>

가족관계증명서

등록기준지	서울시 서대문구 충정로9길 15 (충정로2가)

구분	성 명	출생연월일	주민등록번호	성별	본
본인	서윤종	1977년 12월 19일	771219-1021517	남	利川

가 족 사 항

구분	성명	출생연월일	주민등록번호	성별	본
부	서경석 (사망)	1943년 05월 02일	430502-1205211	남	利川
배우자	이지숙	1978년 06월 14일	780614-2021054	여	密陽
자녀	서영수	2001년 07월 22일	010722-3023451	남	利川
자녀	서영희	2008년 09월 01일	080901-4689553	여	利川

자료설명	재경팀에서 근무 중인 관리직 서윤종(2001)의 가족관계증명서이다. 1. 부 서경석은 장애인복지법에 따른 장애인으로 당해 1월 15일 사망하였고, 별도의 소득은 없다. 2. 배우자 이지숙은 사적연금소득 13,000,000원이 있다. 3. 자녀 서영수는 현재 퇴사 후 구직활동 중이다. 재직 중 총급여 4,800,000원을 받았고, 구직활동 중 실업급여 3,000,000원을 수령하였다. 4. 자녀 서영희는 타지역 학교의 기숙사에서 생활하고 있으며, 별도의 소득은 없다. 5. 세부담을 최소화하는 방법을 선택한다.
수행과제	사원등록에서 부양가족명세를 작성하시오.

[실무수행평가] - 근로소득관리 1

번호	평가문제	배점
36	**평가문제 [서윤종 근로소득원천징수영수증 조회]** '25.배우자' 공제대상액은 얼마인가?	2
37	**평가문제 [서윤종 근로소득원천징수영수증 조회]** '26.부양가족' 공제대상액은 얼마인가?	2
38	**평가문제 [서윤종 근로소득원천징수영수증 조회]** '27.경로우대' 공제대상액은 얼마인가?	1
39	**평가문제 [서윤종 근로소득원천징수영수증 조회]** '28.장애인' 공제대상액은 얼마인가?	2
40	**평가문제 [서윤종 근로소득원천징수영수증 조회]** '56.자녀세액공제' 세액공제액은 얼마인가?	1

2. 일용직사원의 원천징수

자료 1. 김삼식의 주민등록등본

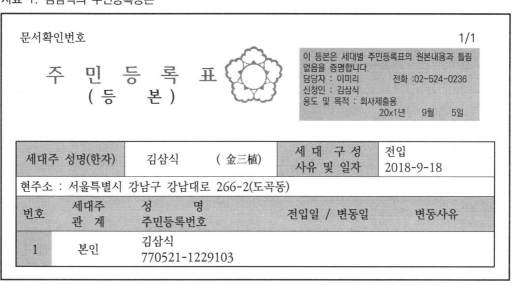

세대주 성명(한자)	김삼식 (金三植)	세대구성 사유 및 일자	전입 2018-9-18

현주소 : 서울특별시 강남구 강남대로 266-2(도곡동)

번호	세대주 관 계	성 명 주민등록번호	전입일 / 변동일	변동사유
1	본인	김삼식 770521-1229103		

자료 2. 일용직급여내역

성명	입사일	급여	계산내역	9월의 근무일수
김삼식	20x1.9.5.	1,000,000원	1일 250,000원 × 총4일	5, 6, 7, 8일

자료설명	1. 자료 1, 2는 일용직 사원 관련 정보 및 급여지급내역이다. 2. 일용직 급여는 매일 지급하는 방식으로 한다. 3. 사회보험료 중 고용보험만 징수하기로 한다. 4. 제시된 사항 이외의 자료는 없는 것으로 한다.
수행과제	1. [일용직사원등록] 메뉴에 사원등록을 하시오.(사원코드 1000번으로 등록하고, 우편번호 입력은 생략할 것.) 2. [일용직급여입력] 메뉴에 급여내역을 입력하시오. 3. 9월 귀속분 원천징수이행상황신고서를 작성하시오.

[실무수행평가] – 근로소득관리2

번호	평가문제	배점
41	**평가문제 [일용직(김삼식) 9월 일용직급여입력 조회]** 공제항목 중 고용보험의 합계액은 얼마인가?	2
42	**평가문제 [일용직(김삼식) 9월 일용직급여입력 조회]** 9월 급여의 차인지급액 합계는 얼마인가?	2
43	**평가문제 [9월 원천징수이행상황신고서 조회]** 근로소득 지급인원은 모두 몇 명인가?	2
44	**평가문제 [9월 원천징수이행상황신고서 조회]** 근로소득에 대한 '10. 소득세 등'은 얼마인가?	1

3. 국세청연말정산간소화 및 이외의 자료를 기준으로 연말정산

자료설명	사무직 이승엽 대리(1004)의 연말정산을 위한 국세청 제공자료 및 기타자료이다. 1. 사원등록의 부양가족현황은 사전에 입력되어 있다. 2. 부양가족은 이승엽과 생계를 같이 한다. 3. 이승엽은 무주택 세대주로서 총급여액이 7,000만원 이하이다.
수행과제	[연말정산근로소득원천징수영수증] 메뉴를 이용하여 연말정산을 완료하시오. 　– 신용카드소득공제는 [신용카드] 탭에서 입력한다. 　– 보험료세액공제는 [소득공제] 탭에서 입력한다. 　– 교육비세액공제는 [소득공제] 탭에서 입력한다. 　– 월세액세액공제는 [정산명세] 탭에서 입력한다. 　　(임대차계약서상 주소지는 이승엽의 현 주소지와 동일함.)

자료 1. 이승엽 대리의 부양가족내역

	연말정산관계	기본	세대	부녀	장애	경로 70세	출산 입양	자녀	한부모	성명		주민 (외국인)번호	가족관계
1	0.본인	본인	○							이승엽	내	690601-1985018	
2	3.배우자	배우자								김희애	내	781111-2222220	02.배우자
3	1.(소)직계존속	부								이춘희	내	380505-1111111	03.부
4	4.직계비속(자녀	20세 이하						○		이대한	내	070203-3023180	05.자녀

자료 2. 이승엽의 국세청 간소화 서비스 자료 및 기타자료

20x1년 귀속 소득 · 세액공제증명서류 [신용카드]

■ 사용자 인적사항

성 명	주 민 등 록 번 호
이승엽	690601-1******

■ 신용카드 사용내역

(단위: 원)

일반 인별합계금액	13,450,000
전통시장 인별합계금액	0
대중교통 인별합계금액	650,000
인별합계금액	14,100,000

 국 세 청
National Tax Service

- 본 증명서류는 『소득세법』 제165조 제1항에 따라 영수증 발급기관으로부터 수집한 서류로 소득·세액공제 충족 여부는 근로자가 직접 확인하여야 합니다.
- 본 증명서류에서 조회되지 않는 내역은 영수증 발급기관에서 직접 발급받으시기 바랍니다.

20x1년 귀속 소득 · 세액공제증명서류 [현금영수증]

■ 사용자 인적사항

성 명	주 민 등 록 번 호
김희애	781111-2******

■ 현금영수증 사용내역

(단위: 원)

일반 인별합계금액	620,000
전통시장 인별합계금액	3,450,000
대중교통 인별합계금액	230,000
인별합계금액	4,300,000

 국 세 청
National Tax Service

- 본 증명서류는 『소득세법』 제165조 제1항에 따라 영수증 발급기관으로부터 수집한 서류로 소득·세액공제 충족 여부는 근로자가 직접 확인하여야 합니다.
- 본 증명서류에서 조회되지 않는 내역은 영수증 발급기관에서 직접 발급받으시기 바랍니다.

20x1년 귀속 소득 · 세액공제증명서류 : 기본(지출처별)내역
[보장성 보험, 장애인전용보장성보험]

■ 계약자 인적사항

성 명	주 민 등 록 번 호
이승엽	690601-1******

■ 보장성보험(장애인전용보장성보험) 납입내역

(단위: 원)

종류	상 호	보험종류	주피보험자		납입금액 계
	사업자번호	증권번호			
	종피보험자1	종피보험자2	종피보험자3		
보장성	삼성생명보험(주)	**생명보험	380505-1******	이춘희	2,100,000
	106-81-41***	100540651**			
보장성	동부화재(주)	**어린이보험	070203-3******	이대한	550,000
	108-81-15***	5478965**			
인별합계금액					2,650,000

 국세청 National Tax Service

- 본 증명서류는 『소득세법』 제165조 제1항에 따라 영수증 발급기관으로부터 수집한 서류로 소득·세액공제 충족 여부는 근로자가 직접 확인하여야 합니다.
- 본 증명서류에서 조회되지 않는 내역은 영수증 발급기관에서 직접 발급받으시기 바랍니다.

20x1년 귀속 소득 · 세액공제증명서류 : 기본(지출처별)내역 [교육비]

■ 학생 인적사항

성 명	주 민 등 록 번 호
김희애	781111-2******

■ 교육비 지출내역

(단위: 원)

교육비구분	학교명	사업자번호	납입금액 계
대학교등록금	**사이버 대학교	108-90-15***	5,000,000
인별합계금액			5,000,000

 국세청 National Tax Service

- 본 증명서류는 『소득세법』 제165조 제1항에 따라 영수증 발급기관으로부터 수집한 서류로 소득·세액공제 충족 여부는 근로자가 직접 확인하여야 합니다.
- 본 증명서류에서 조회되지 않는 내역은 영수증 발급기관에서 직접 발급받으시기 바랍니다.

월세 납입 내역서

가입자 (임차인)	성명	이승엽	주민등록번호	690601-1985018
	주소	서울특별시 관악구 신림로 45길 삼성아파트 101동 1402호		
출금계좌번호		우리은행 1002-33-246807		
(임대인)	성명	김영숙	주민등록번호	541201-2135218
	주소	경기도 파주시 송학3길 4 이산아트빌 201호		
입금계좌번호		국민은행 551-1232-5656		

세부내용

- 임대차 기간: 20x1년 7월 1일 ~ 20x3년 6월 30일
- 임대차계약서상 주소지: 서울특별시 관악구 신림로 45길 삼성아파트 101동 1402호
- 주택유형: 아파트, 계약면적 85㎡(국민주택 규모 이하)

조회 기간 : 20x1.01.01. ~ 20x1.12.31.

SEQ	일자	금액(원)	수취인명 (임대인)	은행명	수취인계좌
1	20x1.07.01	750,000	김영숙	국민은행	551-1232-5656
2	20x1.08.01	750,000	김영숙	국민은행	551-1232-5656
3	20x1.09.01	750,000	김영숙	국민은행	551-1232-5656
4	20x1.10.01	750,000	김영숙	국민은행	551-1232-5656
5	20x1.11.01	750,000	김영숙	국민은행	551-1232-5656
6	20x1.12.01	750,000	김영숙	국민은행	551-1232-5656
합계액		4,500,000	사용목적	소득공제신청	

월세를 위와 같이 납입하였음을 증명하여 주시기 바랍니다.

20x1년 12월 31일

신청인 이승엽 (서명 또는 날인)

[실무수행평가] - 근로소득관리3

번호	평가문제	배점
45	**평가문제 [이승엽 근로소득원천징수영수증 조회]** '42.신용카드등' 소득공제 최종공제액은 얼마인가?	2
46	**평가문제 [이승엽 근로소득원천징수영수증 조회]** '60.보장성보험' 공제대상금액은 얼마인가?	2
47	**평가문제 [이승엽 근로소득원천징수영수증 조회]** '62.교육비' 세액공제액은 얼마인가?	2
48	**평가문제 [이승엽 근로소득원천징수영수증 조회]** '69.월세액' 세액공제액은 얼마인가?	2
49	**평가문제 [이승엽 근로소득원천징수영수증 조회]** '74.기납부세액(소득세)'은 얼마인가?	1
50	**평가문제 [이승엽 근로소득원천징수영수증 조회]** '81.실효세율(%)'은 몇 %인가?	1
	근로소득 소계	25

실무이론평가

1	2	3	4	5	6	7	8	9	10
③	③	①	①	④	③	④	②	①	③

01 내부회계관리제도는 외부감사인이 따라야 하는 절차가 아니라, **기업 내부의 구성원들에 의하여 운영되는 제도**이다.

02 재고자산 매출시 운반비는 판매비와관리비에 포함된다.

03 기말대손충당금 = 1억원 × 1% = 1,000,000원

대손충당금

대손	300,000	기초	400,000
		회수	100,000
기말	1,000,000	*대손상각비(설정?)*	*800,000*
계	1,300,000	계	1,300,000

04 3월 5일 주식발행 = [발행가(20,000) - 액면가(10,000)] × 1,000주 = 10,000,000원(할증발행)

9월20일 주식발행 = [발행가(8,000) - 액면가(10,000)] × 1,000주 - 수수료(200,000)

= △2,200,000원(할인발행)

3월 5일거래에서 주식발행초과금 10,000,000원 발생하고, 9월 20일 거래에서 주식할인발행차금 2,200,000원 발생한다. 따라서 상계 처리 후 주식발행초과금의 잔액은 7,800,000원이다.

05 외화외상매출금은 화폐성 항목이므로 기말 환율로 환산하여 기말 재무상태표에 표시한다.

기말외화외상매출금 = $1,000 × 1,100원 = 1,100,000원

환산손익 = [공정가액(1,100) - 장부가액(1,000)] × $1,000 = 100,000원(환산이익)

06 A주식(단기매매증권) = 1,000주 × (7,000원 - 6,000원) = 1,000,000원(이익)

B주식(단기매매증권) = 3,000주 × (5,000원 - 8,000원) = △9,000,000원(손실)

C주식은 매도가능증권으로 **매도가능증권평가손익은 기타포괄손익누계액(자본)에 반영**한다.

07 장기외상매출금의 할부이자 상당액과 제품의 외상판매가액에 포함된 운송비는 부가가치세 공급가액에 포함된다.

08 매출세액 = 300,000,000원 × 10% + 120,000,000원 × 0% = 30,000,000원

매입세액 = 110,000,000원 × 10% + 70,000,000원 × 10% = 18,000,000원

납부세액 = 매출세액(30,000,000) - 매입세액(18,000,000) = 12,000,000원

09 **직장공제회 초과반환금은 무조건 분리과세대상**이며, 이를 제외한 이자·배당소득의 합계액이 1,900만원으로 2,000만원을 초과하지 않는다. 그러므로 **무조건 종합과세대상인 외국법인으로부터 받은 현금배당금에 대해서만 종합과세**한다.

10 ① 복권 당첨 소득 중 **3억원 초과분은 30%의 세율**로 원천징수한다.

② 연금계좌에서 **연금 외 수령한 기타소득은 무조건 분리과세 대상 기타소득**에 해당한다.

④ **뇌물, 알선수재 및 배임수재에 따라 받은 금품은 무조건 종합과세 대상 기타소득**에 해당한다.

실무수행평가

실무수행 1. 거래자료입력

1. 3만원 초과 거래 자료에 대한 영수증수취명세서 작성

(1) [일반전표입력] 2월 15일

   (차) 복리후생비(제)　　　　　　100,000원　　　(대) 현금　　　　　　　100,000원

(2) [영수증수취명세서(2)]

(3) [영수증수취명세서(1)]

2. 기타일반거래 [일반전표입력] 3월 1일

　　(차) 장기성예금(교보생명보험)　　　540,000원　　　(대) 보통예금(국민은행(보통))　600,000원.
　　　　보험료(판)　　　　　　　　　　 60,000원

3. 기타일반거래 [매입매출전표입력] 4월 5일

거래유형	품명	공급가액	부가세	거래처	전자세금
53.면세	정화조청소	2,150,000		대신환경	전자입력
분개유형	(차) 수수료비용	2,150,000원 (대) 미지급금			2,150,000원
3.혼합					

실무수행 2. 부가가치세관리

1. 전자세금계산서 발급

(1) [매입매출전표입력] 4월 10일

거래유형	품명	공급가액	부가세	거래처	전자세금
11.과세	복사기	1,000,000	100,000	(주)중고나라	전자발행
분개유형	(차) 감가상각누계액(213)	2,500,000원	(대) 비품		3,000,000원
	보통예금	1,100,000원	부가세예수금		100,000원
3.혼합	(국민은행(보통))		유형자산처분이익		500,000원

(2) [전자세금계산서 발행 및 내역관리] 기출문제 68회 참고

2. 수정전자세금계산서의 발급

(1) [수정전자세금계산서 발급]

　① [매입매출전표입력] 5월 10일 전표선택 ➡ 　수정세금계산서　 ➡ [수정사유](5.내국신용장 사후 개설)
　　를 선택 ➡ [내국신용장개설일(7월 15일)]을 입력하고 　확인(Tab)　을 클릭

　② 수정세금계산서(매출)화면에서 수량, 단가, 공급가액을 입력한 후 　확인(Tab)　을 클릭

③ 수정세금계산서 2건에 대한 회계처리가 자동 반영된다.

거래유형	품명	공급가액	부가세	거래처	전자세금
11.과세	골프화	-30,000,000	-3,000,000	(주)유정산업	전자발행
분개유형	(차) 외상매출금	-33,000,000원	(대) 제품매출		-30,000,000원
2.외상			부가세예수금		-3,000,000원

거래유형	품명	공급가액	부가세	거래처	전자세금
12.영세	골프화	30,000,000		(주)유정산업	전자발행
분개유형	(차) 외상매출금	30,000,000원	(대) 제품매출		30,000,000원
2.외상					

(2) [전자세금계산서 발행 및 내역관리] 기출문제 68회 참고

3. 매입세액불공제내역 작성자의 부가가치세 신고서 작성

(1) [매입매출전표입력] 7월 4일

거래유형	품명	공급가액	부가세	거래처	전자세금
51.과세	기계장치	25,000,000	2,500,000	(주)대영기계	전자입력
분개유형	(차) 기계장치	25,000,000원	(대) 미지급금		27,500,000원
3.혼합	부가세대급금	2,500,000원			

(2) [매입세액불공제내역] 7월~9월

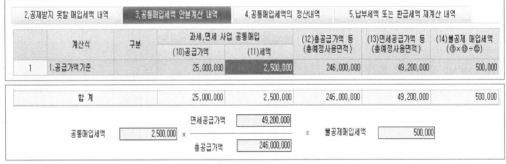

(3) [부가가치세신고서] 7월 1일 ~ 9월 30일

(4) [일반전표입력] 9월 30일

    (차) 기계장치   500,000원   (대) 부가세대급금   500,000원

4. 건물등감가상각자산취득명세서 작성자의 부가가치세신고서 작성

(1) [매입매출전표입력]

- 10월 15일

거래유형	품명	공급가액	부가세	거래처	전자세금
51.과세	스마트팩토리솔루션	30,000,000	3,000,000	(주)스마트산업	전자입력
분개유형	(차) 소프트웨어	30,000,000원	(대) 미지급금		33,000,000원
3.혼합	부가세대급금	3,000,000원			

- 11월 14일

거래유형	품명	공급가액	부가세	거래처	전자세금
51.과세	건물증축공사	50,000,000	5,000,000	(주)인우건설	전자입력
분개유형	(차) 건물	50,000,000원	(대) 미지급금		55,000,000원
3.혼합	부가세대급금	5,000,000원			

- 12월 7일

거래유형	품명	공급가액	부가세	거래처	전자세금
61.현과	복사기	1,500,000	150,000	(주)애플전자	
분개유형	(차) 비품	1,500,000원	(대) 현금		1,650,000원
1.현금	부가세대급금	150,000원			

(2) [건물등감가상각자산취득명세서] 10월~12월

	감가상각자산 종류	건 수	공 급 가 액	세 액	비 고
취득 내역	합 계	3	81,500,000	8,150,000	
	(1) 건 물·구 축 물	1	50,000,000	5,000,000	
	(2) 기 계 장 치				
	(3) 차 량 운 반 구				
	(4) 기타감가상각자산	2	31,500,000	3,150,000	

일련번호	취득일자 월	취득일자 일	상 호	사업자등록번호	자 산 구 분	공 급 가 액	세 액	건 수	유 형
1	10	15	(주)삼보마켓	612-81-13326	4 기타감가상각자산	30,000,000	3,000,000	1	세금계산서
2	11	14	(주)인우건설	108-81-21220	1 건 물 / 구 축 물	50,000,000	5,000,000	1	세금계산서
3	12	07	(주)애플전자	342-81-00349	4 기타감가상각자산	1,500,000	150,000	1	신용카드 등

(3) [부가가치세신고서] 10월 1일 ~ 12월 31일

매입세액	세금계산 수취부분	일반매입	10	36,600,000		3,660,000
		수출기업수입분납부유예	10-1			
		고정자산매입	11	80,000,000		8,000,000
	예정신고누락분		12			
	매입자발행세금계산서		13			
	그밖의공제매입세액		14	1,500,000		150,000
	합계 (10-(10-1)+11+12+13+14)		15	118,100,000		11,810,000
	공제받지못할매입세액		16			
	차감계 (15-16)		17	118,100,000	⊕	11,810,000
납부(환급)세액 (㉮매출세액 -⊕매입세액)					ⓓ	11,874,000

구분		금액	세율	세액
전자신고세액공제	54			10,000

평가문제 | 입력자료 및 회계정보를 조회하여 [평가문제]의 답안을 입력하시오.(70점)

[실무수행평가] – 부가가치세관리

번호	평가문제	배점	답
11	평가문제 [계산서합계표 조회]	2	2,350,000
12	평가문제 [매입매출전표입력 조회]	2	5
13	평가문제 [세금계산서합계표 조회]	2	25
14	평가문제 [부가가치세신고서 조회]	2	30,000,000
15	평가문제 [부가가치세신고서 조회]	2	6,000,000
16	평가문제 [매입세액불공제내역 조회]	2	500,000
17	평가문제 [부가가치세신고서 조회]	2	11,900,000
18	평가문제 [부가가치세신고서 조회]	3	③
19	평가문제 [부가가치세신고서 조회]	3	80,000,000
20	평가문제 [부가가치세신고서 조회]	2	11,864,000
	부가가치세 소계	22	

실무수행 3. 결산

1. 수동결산

[일반전표입력] 1월 1일

    (차) 선수수익   250,000원   (대) 이자수익   250,000원

[일반전표입력] 12월 31일

    (차) 선급비용   272,000원   (대) 보험료   272,000원

     ☞선급비용 = 816,000원×8월÷12월 = 272,000원

2. 결산자료입력에 의한 자동결산

[결산자료입력]

- 결산자료입력에서 기말 원재료 10,000,000원, 제품 45,000,000원을 입력하고 전표추가(F3) 를 클릭하여 결산분개를 생성한다.

[이익잉여금처분계산서]

- 이익잉여금처분계산서에서 **처분일을 입력한 후,** 전표추가(F3) **를 클릭하여 손익대체 분개**를 생성한다.

[실무수행평가] - 재무회계

번호	평가문제	배점	답
21	평가문제 [영수증수취명세서 조회]	1	835,000
22	평가문제 [일/월계표 조회]	2	1,600,000
23	평가문제 [일/월계표 조회]	2	896,000
24	평가문제 [일/월계표 조회]	2	10,050,000
25	평가문제 [일/월계표 조회]	2	1,500,000
26	평가문제 [거래처원장 조회]	1	193,250,000
27	평가문제 [합계잔액시산표 조회]	1	95,540,000
28	평가문제 [합계잔액시산표 조회]	1	29,295,000
29	평가문제 [손익계산서 조회]	2	2,810,000
30	평가문제 [재무상태표 조회]	2	97,500,000
31	평가문제 [재무상태표 조회]	2	272,000
32	평가문제 [재무상태표 조회]	1	45,000,000
33	평가문제 [재무상태표]	1	④
34	평가문제 [재무상태표 조회]	2	57,000,000
35	평가문제 [재무상태표 조회]	1	모두정답
	재무회계 소계	23	

실무수행 4. 근로소득관리

1. 가족관계증명서에 의한 사원등록(서윤종)

관계	요 건		기본 공제	추가 (자녀)	판 단
	연령	소득			
본인(세대주)	-	-	○		
부(81)	○	○	○	경로,장애(1)	사망전일로 판단
배우자	-	○	○		사적연금이 15백만원 초과하더라도 분리과세 선택가능(개정세법 24)
자1(23)	×	○	부		총급여액 5백만원이하자이고 실업급여는 소득금액에서 제외
자2(16)	○	○	○	자녀	종합소득금액 1백만원 초과자

[실무수행평가] - 근로소득관리 1

번호	평가문제 [서윤종 근로소득원천징수영수증 조회]	배점	답
36	**평가문제 배우자공제**	2	1,000,000
37	**평가문제 부양가족공제대상액(2명, 부친, 자1)**	2	3,000,000
38	**평가문제 경로우대공제(부친)**	1	1,000,000
39	**평가문제 장애인공제(부친)**	2	2,000,000
40	**평가문제 자녀세액공제(자2)**	1	150,000

2. 일용직사원의 원천징수

(1) [일용직사원등록] 1000.김상식

```
1.  입 사 년 월 일     20x1 년 09 월 05 일  [?]
2.  퇴 사 년 월 일        년    월    일  [?]
3.  주 민 등 록 번 호   내외국인 0 내국인   770521-1229103
4.  주          소          [?] 서울특별시 강남구 강남대로 266-2(도곡동)

5.  전 화 번 호     )   -      6. 핸드폰번호    )   -
7.  E m a i l 등록        @          직접입력  ▼
8.  은행/계좌번호/예금주      [?]                  김상식
9.  직종/부서/직급     현  장    [?]       직  종      [?]
                      부  서    [?]       직  급      [?]
                      프 로 젝 트 [?]
10. 국적/체류자격     국  적 100 [?] 한국   체류자격     [?]
11. 거주구분/거주지국  거 주 구 분 0 거주자   거 주 지 국 KR [?] 대한민국
12. 퇴직금적용           0 부
13. 단기예술인여부        0 부       단기예술인 사업장      [?]
```

급여사항등록

```
13. 급 여 지 급 방 법  0  매일지급
14. 정 상 급 여      250,000 원 급여유형 0 일급직
15. 연 장 급 여            0 원 연장급여방식 0 일급직
16. 국 민 연 금  0 일당              0 원 지급방식 0 일지급
17. 건 강 보 험  0 일당              0 원 지급방식 0 일지급
18. 요 양 보 험  0 부
19. 고 용 보 험 율 1 여    0.9 % 지급방식 0 일지급
```

(2) [일용직급여입력] 귀속년월 9월, 지급년월 9월

코드 현장명	일자	요일	근무	근무시간 정상	연장	지급액 정상	연장	기타비과세	고용보험	국민연금	건강보험	요양보험	소득세	지방소득세	임금총액	공제총액	차인지급액
	05	월	○			250,000			2,250				2,700	270	250,000	5,220	244,780
	06	화	○			250,000			2,250				2,700	270	250,000	5,220	244,780
	07	수	○			250,000			2,250				2,700	270	250,000	5,220	244,780
	08	목	○			250,000			2,250				2,700	270	250,000	5,220	244,780
합계	4					1,000,000			9,000				10,800	1,080	1,000,000	20,880	979,120

(3) [원천징수이행상황신고서] 귀속기간 9월, 지급기간 9월, 0.정기신고

	원천징수내역	부표-거주자	부표-비거주자	부표-법인원천					

| | 구분 | 코드 | 소득지급(과세미달,비과세포함) | | 징수세액 | | | 9.당월 조정 환급세액 | 10.소득세 등 (가산세 포합) |
			4.인원	5.총지급액	6.소득세 등	7.농어촌특별세	8.가산세		
근로소득	간 이 세 액	A01	4	12,500,000	393,810				
	중 도 퇴 사	A02							
	일 용 근 로	A03	1	1,000,000	10,800				
	연말정산합계	A04							
	연말분납금액	A05							
	연말납부금액	A06							
	가 감 계	A10	5	13,500,000	404,610				404,610

[실무수행평가] – 근로소득관리2

번호	평가문제	배점	답
41	평가문제 [일용직(김삼식) 9월 일용직급여입력 조회] 고용보험합계	2	9,000
42	평가문제 [일용직(김삼식) 9월 일용직급여입력 조회] 차인지급액	2	979,120
43	평가문제 [9월 원천징수이행상황신고서 조회]	2	5
44	평가문제 [9월 원천징수이행상황신고서 조회] 10.소득세 등	1	404,610

※ 41,42,44은 프로그램이 자동계산되어지므로 시점(세법개정, 프로그램 업데이트)마다 달라질 수가 있습니다.

3. 국세청연말정산간소화 및 이외의 자료를 기준으로 연말정산(이승엽)

항 목	요건		내역 및 대상여부	입력
	연령	소득		
신용카드	×	○	• 본인 신용카드 • 배우자 현금영수증	○(일반 13,450,000 대중 650,000) ○(일반 620,000 전통 3,450,000 대중 230,000)
보 험 료	○ (×)	○	• 부친 생명보험(소득요건 미충족) • 자 보장성보험료	× ○(일반 550,000)
교 육 비	×	○	• 배우자 대학교 등록금	○(대학 5,000,000)
월세	본인외		• 본인 월세	○(4,500,000)

(1) 신용카드등 소득공제

공제대상자							신용카드 등 공제대상공액					
내.외 성 명 관 계 생년월일	구분	ⓐ소득(ⓐ-①-③-④-⑤-⑥)	⑦신용카드	⑧직불선불카드	⑨현금영수증		⑩도서공연박물관미술관사용분 (총급여7천만원이하자만)			⑪전통시장 사용분	⑫대중교통 이용분
							신용카드	직불선불카드	현금영수증		
내 이승엽 본인 1969-06-01	국세청자료	14,100,000	13,450,000								650,000
	그밖의자료										
내 김희애 3 1978-11-11	국세청자료	4,300,000			520,000					3,450,000	230,000
	그밖의자료										

(2) 보험료 세액공제

4	4	이대한	20세 이하	550,000
	1	070203-3023180		

(3) 교육비 세액공제

정산명세	소득명세	소득공제	의료비	기부금	신용카드	연금투자명세	월세액명세

관계코드	성 명	기	보험료		의료비				교육비		
내외국인	주민등록번호	본	보장성	장애인	일반	난임	65세이상, 장애인,건보 산정특례자	실손의료 보험금	구분	일반	장애인 특수교육
1 0 1	이승엽 690601-1985018	본인/세대주	,500						본인		
2 3 1	김희애 781111-2222220	배우자							대학생	5,000,000	

(4) 월세액 세액공제

월세액								✕
2. 월세액 세액공제 명세						무주택자해당여부 ⦿ 여 ◯ 부		
임대인성명 (상호)	주민(사업자)등 록번호	주택유형	주택계약 면적(㎡)	임대차계약서상 주소지	임대차계약기간		월세액
					시작	종료	
김영숙	541201-2135218	아파트	85.00	서울특별시 관악구 신림로 45길 십	2022-07-01	2024-06-30	4,500,000

[실무수행평가] - 근로소득관리3

번호	평가문제 [이승엽 근로소득원천징수영수증 조회]	배점	답
45	평가문제 42.신용카드등 소득공제	2	1,966,750
46	평가문제 60.보장성보험 공제대상액	2	550,000
47	평가문제 62.교육비 세액공제액	2	750,000
48	평가문제 69.월세액 세액공제액	2	765,000
49	평가문제 74.기납부세액(소득세)	1	2,354,150
50	평가문제 81. 실효세율	1	2.2%
총 점			

※ 45,48,49,50은 프로그램이 자동계산되어지므로 시점(세법개정, 프로그램 업데이트)마다 달라질 수가 있습니다.

〈참고사항 : 총급여액 52,500,000원〉

※ 시험시 프로그램이 자동계산되어진 것으로 답을 입력하시고 시간이 남으시면 체크해 보시기 바랍니다.

		한도	공제율	대상금액	세액공제
1. 보험료	일반	1백만원	12%	**550,000**	120,000
2. 교육비	대학생	9백만원	15%	5,000,000	**750,000**
3. 월세		1,000만원 (개정세법 24)	17%	4,500,000	**765,000**

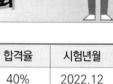
합격율	시험년월
40%	2022.12

■■■■ **실무이론평가**

01. 선생님의 질문에 대하여 바르게 대답한 학생은?

> • 선생님 : 회계정책의 변경에 포함되는 예를 한가지씩 발표해보세요.
> • 민주 : 재고자산의 진부화 여부에 대한 판단과 평가가 해당됩니다.
> • 태연 : 재고자산평가방법의 변경은 회계정책의 변경에 해당됩니다.
> • 도형 : 우발부채의 추정은 회계정책의 변경에 해당됩니다.
> • 경호 : 감가상각자산의 내용연수 변경이 해당됩니다.

※ 1차 저작권자의 저작권 침해 소지가 있어 삽화 삽입은 어려우니 양해바랍니다.

① 민주   ② 태연   ③ 도형   ④ 경호

02. 다음은 (주)한공의 매출채권 대손과 관련된 자료이다. 이를 토대로 매출채권 기말 잔액을 계산하면 얼마인가?

> • 8월 20일 거래처 파산으로 외상매출금 60,000원이 대손 확정되다.
> • 12월 31일 매출채권 잔액에 대하여 1%의 대손을 추정하다.

대손충당금					
8/20	외상매출금	60,000원	1/1	전기이월	100,000원
			12/31	대손상각비	30,000원

대손상각비				
12/31	대손충당금	30,000원		

① 3,000,000원   ② 4,000,000원   ③ 6,000,000원   ④ 7,000,000원

03. 다음은 (주)한공의 11월 상품 거래내역이다. 11월 매출원가와 월말 상품재고액은 얼마인가? (선입선출법 적용)

	수량	단가	금액
• 11월 1일 기초:	100개	150원	15,000원
• 11월 12일 매입:	100개	170원	17,000원
• 11월 20일 매출:	120개	400원	48,000원
• 11월 25일 매입:	50개	160원	8,000원

	매출원가	상품재고액
①	21,600원	18,400원
②	18,400원	21,600원
③	19,200원	20,800원
④	20,800원	19,200원

04. 다음 자료를 토대로 퇴직급여충당부채 기말잔액을 계산하면 얼마인가?

퇴직급여충당부채					
4/5	보통예금	2,000,000	1/1	전기이월	6,000,000

〈결산정리사항〉
12월 31일 (차) 퇴직급여 5,000,000원 (대) 퇴직급여충당부채 5,000,000원

① 1,000,000원   ② 4,000,000원
③ 7,000,000원   ④ 9,000,000원

05. 다음은 (주)한공의 20x1년 12월 31일 수정전 잔액시산표 중 손익계산서 관련 계정 내역과 결산정리사항을 나타낸 자료이다. 결산정리사항을 반영한 20x1년 법인세차감전순이익은 얼마인가?

자료 1.

잔액시산표(수정전)

20x1년 12월 31일

㈜한공 (단위:원)

차변	계정과목	대변
	⋮	
	매출	90,000,000
30,000,000	매출원가	
17,000,000	급여	
10,000,000	임차료	
	유형자산처분이익	7,000,000
30,000,000	이자비용	

자료 2. 결산정리사항

> 가. 임차료는 20x1년 1월 1일에 2년치를 선급한 것이다.
> 나. 20x1년 12월 31일 현재 미수이자 5,000,000원이 반영되지 않았다.

① 5,000,000원 ② 10,000,000원
③ 15,000,000원 ④ 20,000,000원

06. 다음은 (주)한공의 기계장치 처분 관련 자료이다. 이를 토대로 20x1년도에 계상한 감가상각비를 계산하면 얼마인가?

> • 20x1년 1월 1일 현재 장부금액: 2,500,000원
> • 20x1년 7월 1일 처분금액: 2,000,000원 (현금수령, 처분손실 200,000원 발생)

① 200,000원 ② 300,000원
③ 500,000원 ④ 700,000원

07. 다음 중 부가가치세법상 주사업장 총괄납부와 사업자단위과세에 대한 설명으로 옳은 것은?
  ① 사업자단위과세는 사업자단위과세적용사업장에서 납부 뿐만 아니라 신고도 총괄하여 할 수 있다.
  ② 주사업장 총괄납부를 하는 경우에 세금계산서는 주사업장에서 총괄하여 발급해야 한다.
  ③ 주사업장 총괄납부 사업자가 주사업장 총괄납부를 포기할 때에는 납부하려는 과세기간 종료 20일 전에 포기신고서를 제출하여야 한다.
  ④ 법인이 주사업장 총괄납부를 하려는 경우 지점을 주된 사업장으로 할 수 없다.

08. 다음은 전자제품 제조업을 영위하는 (주)한공의 20x1년 제2기 확정신고기간(20x1.10.1.~20x1.12.31.)의 자료이다. 이를 토대로 부가가치세 과세표준을 계산하면 얼마인가?(단, 주어진 자료의 금액은 부가가치세가 포함되어 있지 않은 금액이며, 세금계산서 등 필요한 증빙서류는 적법하게 발급하였거나 수령하였다.)

가. 외상판매액(수출액 3,000,000원 포함)	13,000,000원
나. 비영업용 소형승용차의 매각액	5,000,000원
다. 토지매각액	6,000,000원
라. 재화 공급과 직접 관련되지 않는 국고보조금 수령액	2,500,000원

① 15,000,000원

② 18,000,000원

③ 20,500,000원

④ 26,500,000원

09. 다음 중 소득세법상 연금소득과 관련한 내용을 잘못 설명하고 있는 사람은?

- 서준 : 공적연금은 해당과세기간의 다음연도 1월분 공적연금소득을 지급할 때에 연말정산을 해.
- 미애 : 사적연금액 1,500만원 초과인 경우에도 분리과세를 선택할 수 있어.
- 강별 : 연금소득은 실제 필요경비를 공제하지 아니하고 연금소득공제를 통해 일정한 금액을 공제해.
- 재현 : 연금소득공제 한도액은 연600만원이야.

※ 1차 저작권자의 저작권 침해 소지가 있어 삽화 삽입은 어려우니 양해바랍니다.

① 서준

② 미애

③ 강별

④ 재현

10. 다음 자료를 토대로 거주자 김한공 씨의 20x1년도 종합소득과세표준을 계산하면 얼마인가?(단, 모든 소득은 세법에 따라 적법하게 원천징수가 되었다.)

가. 비영업대금의 이익	5,000,000원
나. 내국법인으로부터 받는 이익의 배당	10,000,000원
다. 근로소득금액	30,000,000원
라. 종합소득공제액	20,000,000원

① 10,000,000원

② 15,000,000원

③ 20,000,000원

④ 25,000,000원

■■■■ **실무수행평가**

(주)뷰티플러스(2580)는 화장품 제조업 및 부동산임대업을 영위하는 법인기업으로 회계기간은 제6기 (20x1.1.1. ~ 20x1.12.31.)이다. 제시된 자료와 자료설명을 참고하여, [수행과제]를 완료하고 [평가문제]의 물음에 답하시오.

실무수행1 | 거래자료 입력

실무프로세스 자료이다. [자료설명]을 참고하여 [수행과제]를 수행하시오.

1. 3만원초과 거래자료에 대한 경비등송금명세서 작성
자료 1. 공급자정보

• 상　　　　　 호 : 구로부동산중개
• 사업자등록번호　 : 107-21-21510
• 대　 표　 자 : 이봉준
• 주　　　　　 소 : 서울특별시 구로구 디지털로 306, 108호
• 은　행　정　보 : 우리은행 552-21-1153-800
• 예　 금　 주 : 이봉준

자료 2. 보통예금(국민은행) 거래내역

		내용	찾으신금액	맡기신금액	잔액	거래점
번호	거래일	계좌번호 100-23-951241　(주)뷰티플러스				
1	20x1-1-10	구로부동산중개	1,200,000		***	***

자료설명	공장시설 확충을 위하여 토지를 취득하고 구로부동산중개에 중개수수료를 지급하였다. 1. 자료 1은 공급자정보이며 해당사업자는 경비등송금명세서 제출대상자에 해당한다. 2. 자료 2는 토지 중개수수료 계좌이체내역이다.
수행과제	1. 거래 자료를 입력하시오. 2. 경비등송금명세서를 작성하시오.(단, 영수증수취명세서 작성은 생략할 것.)

2. 약속어음 발행거래

전 자 어 음

(주)성수메이드 귀하　　　　　　　　00420220210123456789

금 일천만원정　　　　　　　　　　　**10,000,000원**

위의 금액을 귀하 또는 귀하의 지시인에게 지급하겠습니다.

지급기일 20x1년 5월 10일　　　　**발행일** 20x1년 2월 10일
지 급 지 국민은행　　　　　　　　**발행지** 경기도 수원시 팔달구 매산로 10
지급장소 팔달지점　　　　　　　　**주 소** (매산로1가), 301호
　　　　　　　　　　　　　　　　발행인 (주)뷰티플러스

자료설명	[2월 10일] 매입처 (주)성수메이드의 외상매입금 중 일부를 전자어음을 발행하여 지급하였다.
수행과제	1. 전자어음을 등록하시오. - 수령일: 20x1. 2. 10. - 금융기관: 국민은행(98000) - 어음번호: 00420220210123456789 2. 거래자료를 입력하시오. 3. 자금관련 정보를 입력하여 지급어음현황에 반영하시오.

3. 급여 지급

자료 1. 3월분 급여지급내역

(3월분) 급 여 명 세 서

(단위: 원)

구분	지급항목				공제항목				
	기본급	직책수당	식대	급여총액	소득세	국민연금	고용보험	공제계	차인 지급액
	차량 보조금	가족수당	근속수당		지방 소득세	건강 및 장기요양 보험료	가불금		
영업팀 (이승철)	2,800,000	100,000	100,000	3,400,000	93,400	139,500	24,800	1,388,670	2,011,330
	200,000	100,000	100,000		9,340	121,630	1,000,000		

자료 2. 보통예금(국민은행) 거래내역

번호	거래일	내용	찾으신금액	맡기신금액	잔액	거래점
		계좌번호 100-23-951241 (주)뷰티플러스				
1	20x1-03-25	3월 급여	2,011,330		***	***

자료설명	1. 자료 1은 영업팀 이승철 사원의 3월 급여명세서이다. (가불금은 '주·임·종단기채권' 계정에 계상되어 있다.) 2. 자료 2는 위 급여를 보통예금 계좌에서 종업원 급여 통장으로 이체한 내역이다.
수행과제	거래자료를 입력하시오.(지급항목은 '급여' 계정으로 통합하여 회계처리할 것.)

실무수행2 부가가치세관리

부가가치세 신고 관련 자료이다. [자료설명]을 참고하여 [수행과제]를 수행하시오.

1. 전자세금계산서 발급

자료 1. 보통예금(국민은행) 거래내역

번호	거래일	내용	찾으신금액	맡기신금액	잔액	거래점
		계좌번호 100-23-951241 (주)뷰티플러스				
1	20x1-04-10	(주)수려한		8,000,000	***	***

자료 2. 거래명세서

거 래 명 세 서
(공급자 보관용)

	등록번호	124-81-12344				등록번호	514-81-35782		
공급자	상호	(주)뷰티플러스	성명(대표자)	정지현	공급받는자	상호	(주)수려한	성명	김혜수
	사업장주소	경기도 수원시 팔달구 매산로 10 (매산로1가), 301호				사업장주소	서울특별시 광진구 광나루로 355		
	업태	제조업외	종사업장번호			업태	도소매업	종사업장번호	
	종목	화장품외				종목	화장품		

거래일자	미수금액	공급가액	세액	총 합계금액
20x1.4.17		20,000,000원	2,000,000	22,000,000

NO	월	일	품목명	규격	수량	단가	공급가액	세액	합계
1	4	17	주름개선 크림				20,000,000	2,000,000	22,000,000

자료설명	1. 자료 1은 제품공급 전 (주)수려한으로부터 계약금으로 입금된 국민은행 보통예금 거래내역이다. 2. 자료 2는 (주)수려한에 제품을 공급하고 발급한 거래명세서이다. 계약금을 제외한 잔액은 6월 말일에 받기로 하였다.
수행과제	1. 4월 17일의 거래자료를 입력하시오. 2. 전자세금계산서 발행 및 내역관리 를 통하여 발급·전송하시오. (전자세금계산서 발급 시 결제내역 및 전송일자는 무시할 것.)

2. 수정전자세금계산서의 발급

전자세금계산서 (공급자 보관용)

승인번호

공급자	등록번호	124-81-12344			공급받는자	등록번호	123-81-95134		
	상호	(주)뷰티플러스	성명 (대표자)	정지현		상호	(주)오앤영	성명 (대표자)	이수지
	사업장 주소	경기도 수원시 팔달구 매산로 10 (매산로1가), 301호				사업장 주소	서울 강남구 영동대로 521		
	업태	제조업외	종사업장번호			업태	도소매업	종사업장번호	
	종목	화장품외				종목	화장품		
	E-Mail	beauty@bill36524.com				E-Mail	olive@bill36524.com		

작성일자	20x1.6.27.	공급가액	9,000,000	세액	900,000
비고					

월	일	품목명	규격	수량	단가	공급가액	세액	비고
6	27	미백개선 크림		30	300,000	9,000,000	900,000	

합계금액	현금	수표	어음	외상미수금	이 금액을	○ 영수 ● 청구	함
9,900,000				9,900,000			

자료설명	1. 제품을 공급하고 발급한 전자세금계산서이다. 2. 담당자의 착오로 작성년월일 6월 30일이 6월 27일로 잘못 기재되었다.
수행과제	수정사유를 선택하여 수정전자세금계산서를 발급·전송하시오. ※ 전자세금계산서는 전자세금계산서 발행 및 내역관리 메뉴에서 발급·전송한다. (전자세금계산서 발급 시 결제내역 입력과 전송일자는 무시할 것.)

3. 부동산임대사업자의 부가가치세신고서 작성

자료 1. 부동산임대차계약서

(사 무 실) 월 세 계 약 서							■ 임 대 인 용 □ 임 차 인 용 □ 사무소보관용	
부동산의 표시	소재지	경기도 수원시 팔달구 매산로 1-8, 13층 1302호					
	구 조	철근콘크리트조	용도	사무실		면적	95㎡
월 세 보 증 금	금	100,000,000원정		월세	3,000,000원정(VAT 별도)		

제 1 조 위 부동산의 임대인과 임차인 합의하에 아래와 같이 계약함.

제 2 조 위 부동산의 임대차에 있어 임차인은 보증금을 아래와 같이 지불키로 함.

계 약 금	10,000,000원정은 계약 시 지불하고			
중 도 금	원정은	년	월	일 지불하며
잔 금	90,000,000원정은	20x1년	9월	30일 중개업자 입회하에 지불함.

제 3 조 위 부동산의 명도는   20x1년   9월   1일로 함.

제 4 조 임대차 기간은   20x1년   9월   1일로부터 (24   )개월로 함.

제 5 조 **월세금액은 매월 말일에 지불키로** 하되 만약 기일내에 지불치 못할 시에는 보증금액에서 공제키로 함.

제 6 조 임차인은 임대인의 승인하에 개축 또는 변조할 수 있으나 계약 대상물을 명도시에는 임차인이 일체 비용을 부담하여 원상복구 하여야 함.

제 7 조 임대인과 중개업자는 별첨 중개물건 확인설명서를 작성하여 서명 날인하고 임차인은 이를 확인 수령함. 다만, 임대인은 중개물건 확인설명에 필요한 자료를 중개업자에게 제공하거나 자료수집에 따른 법령에 규정한 실비를 지급하고 대행케 하여야 함.

제 8 조 본 계약을 임대인이 위약시는 계약금의 배액을 변상하며 임차인이 위약시는 계약금은 무효로 하고 반환을 청구 할 수 없음.

제 9 조 부동산 중개업법 제 20 조 규정에 의하여 중개료는 계약당시 쌍방에서 수수료를 중개인에게 지불하여야 함.

본 계약을 증명하기 위하여 계약 당사자가 이의 없음을 확인하고 각각 서명·날인 후 임대인, 임차인 및 중개업자는 매장마다 간인하여야 하며, 각 1통씩 보관한다.

20x1년   9월   1일

임 대 인	주 소	경기도 수원시 팔달구 매산로 10					
	사업자등록번호	124-81-12344	전화번호	031-563-2121	성명	(주)뷰티플러스	
임 차 인	주 소	경기도 수원시 팔달구 매산로 1-8					
	사업자등록번호	125-81-21453	전화번호	031-541-1110	성명	(주)대성산업	
중개업자	주 소	서울 강남구 강남대로 252 대한빌딩 102호		허가번호	92240000-004		
	상 호	대한부동산	전화번호	02-225-3535	성명	백 용 명	

자료 2. 9월분 임대료

전자세금계산서			(공급자 보관용)			승인번호			

공급자	등록번호	124-81-12344				공급받는자	등록번호	125-81-21453		
	상호	(주)뷰티플러스	성명 (대표자)	정지현			상호	(주)대성산업	성명 (대표자)	남영석
	사업장 주소	경기도 수원시 팔달구 매산로 10 (매산로1가), 301호					사업장 주소	경기도 수원시 팔달구 매산로 1-8		
	업태	제조업외		종사업장번호			업태	도소매업		종사업장번호
	종목	화장품외					종목	사무용기기		
	E-Mail	beauty@bill36524.com					E-Mail	daesung@daum.net		

작성일자	20x1.9.30.	공급가액	3,000,000	세 액	300,000

비고								

월	일	품목명	규격	수량	단가	공급가액	세액	비고
9	30	임대료				3,000,000	300,000	

합계금액	현금	수표	어음	외상미수금	이 금액을	● 영수 ○ 청구	함
3,300,000							

자료설명	1. 자료 1은 (주)대성산업과 체결한 부동산임대차계약서이다. 2. 자료 2는 9월분 임대료를 국민은행 보통예금계좌로 입금 받고 발급한 전자세금계산서이다. 3. 간주임대료에 대한 부가가치세는 임대인이 부담하기로 하였다.

수행과제	1. 9월 임대료를 매입매출전표에 입력하시오.(전자세금계산서와 관련된 거래는 '전자입력'
	   으로 처리할 것.)
	2. 제2기 예정신고에 대한 부동산임대공급가액명세서를 작성하시오.
	   (적용이자율 2.9% 가정할 것)
	3. 간주임대료에 대한 회계처리를 9월 30일자로 매입매출전표에 입력하시오.
	4. 9월 임대료 및 간주임대료에 대한 내용을 제2기 부가가치세 예정신고서에 반영하시오.

4. 대손세액공제신고서 작성자의 부가가치세신고서 작성

자료.

전자세금계산서			(공급자 보관용)				승인번호		

공급자	등록번호	124-81-12344			공급받는자	등록번호	109-81-25501		
	상호	(주)뷰티플러스	성명(대표자)	정지현		상호	(주)산소화장품	성명(대표자)	김수현
	사업장주소	경기도 수원시 팔달구 매산로 10 (매산로1가), 301호				사업장주소	서울 서대문구 충정로7길 115		
	업태	제조업외	종사업장번호			업태	제조업	종사업장번호	
	종목	화장품외				종목	화장품		
	E-Mail	beauty@bill36524.com				E-Mail	sanso@bill36524.com		

작성일자	2021.10.1	공급가액	2,000,000	세 액	200,000
비고					

월	일	품목명	규격	수량	단가	공급가액	세액	비고
10	1	제품		40	50,000	2,000,000	200,000	

합계금액	현금	수표	어음	외상미수금	이 금액을	○ 영수 ● 청구	함
2,200,000				2,200,000			

자료설명	1. 자료는 제품을 외상으로 판매하고 발급했던 전자세금계산서이다. 2. 20x1년 12월 20일 (주)산소화장품의 파산으로 인하여 채권 전액이 대손으로 확정되었다.
수행과제	1. 자료에 대한 대손요건을 판단하여 제2기 부가가치세 확정 신고기간의 대손세액공제신고서를 작성하시오. 2. 대손세액 및 전자신고세액공제를 반영하여 제2기 부가가치세 확정신고서를 작성하시오. 　– 제2기 부가가치세 확정신고서를 홈택스에서 전자신고하여 전자신고세액공제 10,000원을 공제받기로 한다. 3. 대손확정일(12월 20일)의 대손세액공제 및 대손채권(외상매출금)에 대한 회계처리를 입력하시오.

평가문제 | **입력자료 및 회계정보를 조회하여 [평가문제]의 답안을 입력하시오.(70점)**

[실무수행평가] - 부가가치세관리

번호	평가문제	배점
11	**평가문제 [매입매출전표입력 조회]** 6월 30일자 수정세금계산서의 수정입력사유 코드번호를 입력하시오.	2
12	**평가문제 [세금계산서합계표 조회]** 제1기 확정 신고기간의 거래처 '(주)수려한'에 전자발행된 세금계산서 공급가액은 얼마인가?	2
13	**평가문제 [세금계산서합계표 조회]** 제1기 확정 신고기간의 매출전자세금계산서 발급매수는 총 몇 매인가?	2
14	**평가문제 [부동산임대공급가액명세서 조회]** 제2기 예정 신고기간의 부동산임대공급가액명세서의 보증금 이자(간주임대료) 금액은 얼마인가?	2
15	**평가문제 [부가가치세신고서 조회]** 제2기 예정 신고기간 부가가치세신고서의 과세_세금계산서발급분(1란) 금액은 얼마인가?	2
16	**평가문제 [부가가치세신고서 조회]** 제2기 예정 신고기간 부가가치세신고서의 공제받지못할매입세액(16란) 세액은 얼마인가?	2
17	**평가문제 [부가가치세신고서 조회]** 제2기 예정 신고기간의 부가가치세 신고시에 작성되는 부가가치세 첨부서류에 해당하지 않는 것은? ① 계산서합계표 ② 부동산임대공급가액명세서 ③ 수출실적명세서 ④ 공제받지못할매입세액명세서	3
18	**평가문제 [대손세액공제신고서 조회]** 제2기 확정신고기간 대손세액공제신고서에 관한 설명으로 옳지 않은 것은? ① 당초공급일은 2021년 10월 1일이다. ② 대손기준일은 2기 확정 신고기한인 20x2년 1월 25일이다. ③ 대손세액공제는 확정신고시만 적용가능하다. ④ 대손사유는 '1.파산'이다.	3
19	**평가문제 [부가가치세신고서 조회]** 제2기 확정신고기간 부가가치세신고서의 대손세액가감(8란) 금액은 얼마인가?	2
20	**평가문제 [부가가치세신고서 조회]** 제2기 확정 신고기간의 부가가치세 차가감납부할세액(27번란)은 얼마인가?	2
	부가가치세 소계	22

실무수행3 | 결산

[결산자료]를 참고로 결산을 수행하시오.(단, 제시된 자료 이외의 자료는 없다고 가정함.)

1. 수동결산
자료. 장기차입금 내역

거래처	금액	차입시기	비고
우리은행 (차입금)	20,000,000원	2018년 3월 1일	만기일은 20x3년 4월 30일이며, 만기일에 원금을 일시상환한다.
국민은행 (차입금)	40,000,000원	2020년 7월 1일	20x2년 6월 30일부터 5년간 원금을 균등분할 상환한다.
신한은행 (차입금)	30,000,000원	2019년 2월 28일	만기일은 20x2년 2월 28일이며, 만기일에 원금을 일시상환한다.
계	90,000,000원		

자료설명	20x1년 기말 현재 장기차입금 은행별 잔액내역이다.
수행과제	장기차입금에 대한 결산정리분개를 일반전표에 입력하시오.

2. 결산자료입력에 의한 자동결산

자료설명	1. 당기 법인세등 15,000,000원을 계상하려고 한다.(법인세 중간예납세액 및 원천징수세액이 선납세금계정에 계상되어 있다.) 2. 기말재고자산 현황 <table><tr><th>구분</th><th>금액</th></tr><tr><td>원재료</td><td>35,000,000원</td></tr><tr><td>제 품</td><td>52,000,000원</td></tr></table>3. 이익잉여금처분계산서 처분확정(예정)일 　- 당기: 20x2년 3월 31일 　- 전기: 20x1년 3월 31일
수행과제	결산을 완료하고 이익잉여금처분계산서에서 손익대체분개를 하시오. (단, 이익잉여금처분내역은 없는 것으로 하고 미처분이익잉여금 전액을 이월이익잉여금으로 이월하기로 할 것.)

[실무수행평가] - 재무회계

번호	평가문제	배점
21	**평가문제 [경비등송금명세서 조회]** 경비등송금명세서에 반영되는 우리은행의 은행코드번호(CD)를 입력하시오.	1
22	**평가문제 [지급어음현황 조회]** 2/4분기(4월~6월)에 상환예정인 지급어음 총액은 얼마인가?	1
23	**평가문제 [일/월계표 조회]** 1/4분기(1월~3월) 발생한 급여(판매관리비)는 얼마인가?	2
24	**평가문제 [일/월계표 조회]** 1/4분기(1월~3월) 토지 계정의 증가액은 얼마인가?	2
25	**평가문제 [거래처원장 조회]** 6월 말 거래처별 외상매출금 잔액으로 옳지 않은 것은? ① 03170.(주)수려한 19,500,000원 ② 03180.(주)오앤영 19,800,000원 ③ 04200.(주)현대화장품 12,000,000원 ④ 05107.(주)필립뷰티플 15,950,000원	1
26	**평가문제 [거래처원장 조회]** 3/4분기(7월~9월)에 발생한 국민은행의 보통예금 입금액은 얼마인가?	1
27	**평가문제 [손익계산서 조회]** 당기 손익계산서의 세금과공과금(판매관리비)은 얼마인가?	2
28	**평가문제 [손익계산서 조회]** 당기 손익계산서의 대손상각비(판매관리비)는 얼마인가?	2
29	**평가문제 [재무상태표 조회]** 6월 말 주.임.종단기채권 잔액은 얼마인가?	1
30	**평가문제 [재무상태표 조회]** 6월 말 외상매입금 잔액은 얼마인가?	2
31	**평가문제 [재무상태표 조회]** 6월 말 선수금 잔액은 얼마인가?	2
32	**평가문제 [재무상태표 조회]** 12월 말 기말 원재료 잔액은 얼마인가?	1
33	**평가문제 [재무상태표 조회]** 12월 말 미지급세금 잔액은 얼마인가?	2
34	**평가문제 [재무상태표 조회]** 12월 말 장기차입금 잔액은 얼마인가?	2
35	**평가문제 [재무상태표 조회]** 12월 말 이월이익잉여금(미처분이익잉여금) 잔액으로 옳은 것은? ① 251,850,121원 ② 326,458,150원 ③ 461,204,197원 ④ 521,485,125원	1
	재무회계 소계	23

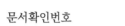 **근로소득관리**

인사급여 관련 자료이다. [자료설명]을 참고하여 [수행과제]를 수행하시오.

1. 주민등록등본에 의한 사원등록

문서확인번호   1/1

주 민 등 록 표
(등 본)

이 등본은 세대별 주민등록표의 원본내용과 틀림없음을 증명합니다.
담당자: 이상영   전화: 02-3149-0236
신청인: 김진혁
용도 및 목적: 회사제출용

20x1년 12월 31일

세대주 성명(한자)	김 진 혁 (金 進 革)	세 대 구 성 사유 및 일자	전입 2018-4-25

현주소 : 서울특별시 구로구 도림로7 105동805호(구로동,행복아파트)

번호	세대주 관 계	성 명 주민등록번호	전입일 / 변동일	변동사유
1	본인	김진혁 760825-1111114	2018-4-25	
2	배우자	이연희 760822-2321235	2018-4-25	전입
3	장모	김혜영 420110-2919386	2018-4-25	전입
4	자	김우영 071001-3132997	2018-4-25	전입
5	자	김주영 130802-4777776	2018-4-25	전입
6	형제	김은희 830827-2222220	2018-4-25	전입

자료설명	20x1년 8월 1일에 입사한 사무직 사원 김진혁(1300)의 주민등록표이다. 1. 배우자 및 부양가족은 김진혁과 생계를 같이 한다. 2. 이연희는 총급여 7,000,000원이 있다. 3. 김혜영은 일용근로소득 7,800,000원이 있다. 4. 자녀는 모두 수입이 없다. 5. 김은희는 장애인 복지법에 의한 장애인으로, 지역 장애인복지관에서 강연을 하고 받은 기타소득 2,000,000원이 있다. 6. 세부담을 최소화 하는 방법으로 선택하여 입력한다.
수행과제	사원등록메뉴에서 김진혁의 부양가족명세를 작성하시오.

[실무수행평가] - 근로소득관리1

번호	평가문제	배점
36	**평가문제 [김진혁 근로소득원천징수영수증 조회]** 기본공제 대상 인원수(본인포함)는 모두 몇 명인가?	2
37	**평가문제 [김진혁 근로소득원천징수영수증 조회]** '26.부양가족' 공제대상액은 얼마인가?	2
38	**평가문제 [김진혁 근로소득원천징수영수증 조회]** '27.경로우대' 공제대상액은 얼마인가?	2
39	**평가문제 [김진혁 근로소득원천징수영수증 조회]** '28.장애인' 공제대상액은 얼마인가?	1
40	**평가문제 [김진혁 근로소득원천징수영수증 조회]** '56.자녀세액공제' 금액은 얼마인가?	1

2. 중도퇴사자의 원천징수

자료. 7월 중도퇴사자 급여자료

(단위: 원)

기본급	공 제 항 목					
	국민연금	건강보험	고용보험	장기요양보험	건강보험료정산	장기요양보험료정산
4,000,000	180,000	139,800	36,000	17,150	25,320	3,850

자료설명	생산부 강수용 사원(코드 1200)의 급여자료이다. 1. 급여지급일은 매월 25일이다. 2. 생산부 강수용 사원은 20x1년 7월 25일에 퇴직하였다. 중도퇴사자 정산 시 등록되어 있는 자료 이외의 공제는 없는 것으로 한다.
수행과제	1. 강수용 사원의 퇴사일을 입력하시오. 2. 공제등록에 600.건강보험료정산, 601.장기요양보험료정산을 등록하시오. 3. 7월분 급여자료를 입력하고 [중도퇴사자정산]버튼을 이용하여 중도퇴사자 정산내역을 급여자료에 반영하시오.(단, 구분 '1.급여'로 선택할 것.) 4. 7월 귀속분 [원천징수이행상황신고서]를 작성하시오.(조정대상 환급액은 당월 환급 신청할 것.)

[실무수행평가] - 근로소득관리 2

번호	평가문제	배점
41	**평가문제 [수당및공제등록]** '600.건강보험료정산' 공제항목 공제소득유형 코드번호를 입력하시오.	2
42	**평가문제 [강수용 7월 급여자료 조회]** 7월 급여의 차인지급액은 얼마인가?	2
43	**평가문제 [7월 원천징수이행상황신고서 조회]** 근로소득 '5.총지급액(가감계 A10)'은 얼마인가?	2
44	**평가문제 [7월 원천징수이행상황신고서 조회]** 근로소득에 대한 소득세 '21.환급신청액'은 얼마인가?	1

3. 국세청연말정산간소화 및 이외의 자료를 기준으로 연말정산

자료설명	영업부 최진영(1400)의 연말정산을 위한 자료이다. 1. 사원등록의 부양가족현황은 사전에 입력되어 있다. 2. 부양가족은 최진영과 생계를 같이 하고 있다. 3. 배우자 이미숙은 자녀 최미솔을 출산하였으며, 그에 대한 의료비 내역이 국세청간소화 자료에 반영되어 있다. 4. 신용카드사용내역의 총지급액에는 회사경비로 지출한 금액이 포함되어 있으며, 회사로부터 [직원신용카드 경비사용명세서]를 발급받았다. 5. 자녀 최미라는 유치원에 다니고 있으며, 현장체험 학습비 납입증명서를 발급받았다. 6. 당해 최진영의 총급여액은 7,000만원 이하이다.
수행과제	[연말정산 근로소득원천징수영수증] 메뉴를 이용하여 연말정산을 완료하시오. 1. 의료비세액공제는 [의료비] 탭에서 입력하며, 국세청자료는 공제대상 합계금액을 1건으로 집계하여 입력한다. 2. 신용카드소득공제는 [신용카드] 탭에서 입력한다. 3. 교육비세액공제는 [소득공제] 탭에서 입력한다. 4. 연금계좌세액공제는 [정산명세] 탭에서 입력한다.

자료 1. 최진영 사원의 부양가족등록 현황

연말정산관계	성명	주민번호	기타사항
0.본인	최진영	761215-1111113	세대주
3.배우자	이미숙	790321-2222226	소득 없음
4.직계비속	최미라	160122-3122229	소득 없음
4.직계비속	최미솔	230103-3133330	소득 없음

자료 2. 국세청간소화서비스 및 기타증빙자료

20x1년 귀속 소득·세액공제증명서류 : 기본(지출처별)내역 [의료비]

■ 환자 인적사항

성 명	주 민 등 록 번 호
이미숙	790321-2******

■ 의료비 지출내역

(단위: 원)

사업자번호	상 호	종류	납입금액 계
106-05-81***	***산후조리원	일반	2,000,000
의료비 인별합계금액			0
안경구입비 인별합계금액			0
산후조리원 인별합계금액			2,000,000
인별합계금액			2,000,000

 국 세 청 National Tax Service

- 본 증명서류는 『소득세법』 제165조 제1항에 따라 영수증 발급기관으로부터 수집한 서류로 소득·세액공제 충족 여부는 근로자가 직접 확인하여야 합니다.
- 본 증명서류에서 조회되지 않는 내역은 영수증 발급기관에서 직접 발급받으시기 바랍니다.

20x1년 귀속 소득·세액공제증명서류 [신용카드]

■ 사용자 인적사항

성 명	주 민 등 록 번 호
최진영	761215-1******

■ 신용카드등 사용금액 집계

일반	전통시장 사용분	대중교통 이용분	도서, 공연 등	합계금액
29,300,000	0	0	0	29,300,000

 국 세 청 National Tax Service

- 본 증명서류는 『소득세법』 제165조 제1항에 따라 영수증 발급기관으로부터 수집한 서류로 소득·세액공제 충족 여부는 근로자가 직접 확인하여야 합니다.
- 본 증명서류에서 조회되지 않는 내역은 영수증 발급기관에서 직접 발급받으시기 바랍니다.

직원신용카드 경비사용명세서

회사명: (주)뷰티플러스   20x1년 연말정산

성 명	주 민 등 록 번 호	카드사용금액	근무기간
최진영	761215-1******	2,300,000	20x1.01.01.-20x1.12.31.

교 육 비 납 입 증 명 서

① 상 호: 바른유치원	② 사업자등록번호: 106-90-20115
③ 대표자: 김민정	④ 전화번호: 02) 578-9515

⑤ 주 소: 서울특별시 강남구 강남대로 544

신청인	⑥ 성명: 최진영	⑦ 주민등록번호: 761215-1111113
	⑧ 주소: 서울특별시 관악구 신림로 22길 15-22 대일아파트 302호	
대상자	⑨ 성명: 최미라	신청인과의 관계: 자

■ 교육비 부담내역

납부연월	구분	총 교육비	교육비 본인부담금액
3월	현장체험학습비	100,000원	100,000원
5월	현장체험학습비	122,000원	122,000원
8월	현장체험학습비	156,000원	156,000원
10월	현장체험학습비	112,000원	112,000원
계		490,000원	490,000원

20x1년 귀속 소득 · 세액공제증명서류 : 기본(지출처별)내역 [연금저축]

■ 가입자 인적사항

성 명	주 민 등 록 번 호
최진영	761215-1******

■ 연금저축 납입내역

(단위: 원)

상 호	사업자번호	당해연도 납입금액	당해연도 납입액 중 인출금액	순납입금액
계좌번호				
신한금융투자(주)	124-81-10***	12,000,000	2,000,000	10,000,000
45875412				
순납입금액 합계				10,000,000

 국 세 청
National Tax Service

- 본 증명서류는 「소득세법」 제165조 제1항에 따라 영수증 발급기관으로부터 수집한 서류로 소득·세액공제 충족 여부는 근로자가 직접 확인하여야 합니다.
- 본 증명서류에서 조회되지 않는 내역은 영수증 발급기관에서 직접 발급받으시기 바랍니다.

[실무수행평가] – 근로소득관리 3

번호	평가문제	배점
45	**평가문제 [최진영 근로소득원천징수영수증 조회]** '42.신용카드등' 소득공제 최종 공제액은 얼마인가?	2
46	**평가문제 [최진영 근로소득원천징수영수증 조회]** '59.연금저축' 세액공제액은 얼마인가?	2
47	**평가문제 [최진영 근로소득원천징수영수증 조회]** '61.의료비' 세액공제액은 얼마인가?	2
48	**평가문제 [최진영 근로소득원천징수영수증 조회]** '62.교육비' 세액공제액은 얼마인가?	2
49	**평가문제 [최진영 근로소득원천징수영수증 조회]** '76.차감징수세액(소득세)'은 얼마인가?	1
50	**평가문제 [최진영 근로소득원천징수영수증 조회]** '81.실효세율(%)'은 몇 %인가?	1
	근로소득 소계	25

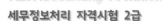

실무이론평가

1	2	3	4	5	6	7	8	9	10
②	④	②	④	④	②	①	②	④	①

01 **재고자산평가방법의 변경은 회계정책의 변경**이고, 나머지는 회계추정의 변경에 해당한다.

02 매출채권 기말 잔액 = 기말대손충당금(70,000) ÷ 대손추정율(1%) = 7,000,000원

대손충당금

대손	60,000	기초	100,000
기말	**70,000**	대손상각비	30,000
계	130,000	계	130,000

03 기말재고수량 = 기초(100) + 매입(100) − 매출(120) + 매입(50) = 130개

선입선출법이므로 매출원가는 먼저 구입한 것이 매출원가를 구성한다.

상 품

기초	100개	@150	15,000	매출원가	100개	@150		*18,400*
매입	100개	@170	17,000		20개	@170		
	50개	@160	8,000	기말	130개	@170, @160		*21,600*
계(판매가능재고)			40,000	계				40,000

04

퇴직급여충당부채

지 급	2,000,000	기초잔액	6,000,000
기말잔액	**9,000,000**	설정	5,000,000
계	11,000,000	계	11,000,000

05 총수익(대변합계) = 매출(90,000,000) + 유형자산처분이익(7,000,000) = 97,000,000원

총비용(차변합계) = 매출원가(30,000,000) + 급여(17,000,000) + 임차료(10,000,000)

　　　　　　　　　 + 이자비용(30,000,000) = 87,000,000원

수정전 법인세 차감전순이익 = 총수익(97,000,000) − 총비용(87,000,000) = 10,000,000원

수정후 법인세차감전순이익 = 수정전이익 + 선급임차료(5,000,000원 − 차기분) + 미수수익(5,000,000)

　　　　　　　　　　　　　 = 20,000,000원

06 처분손실(△200,000) = 처분가액(2,000,000) − **장부가액(2,200,000)**

처분시점까지 감가상각비 = 처분시점장부가액(2,200,000) − 기초장부가액(2,500,000) = △300,000원

07 ② 주사업장 총괄납부를 하는 경우에도 세금계산서는 각 **사업장별로 작성·발급**해야 한다.

③ 주사업장 총괄납부 사업자가 주사업장 총괄납부를 포기할 때에는 납부하려는 **과세기간 개시 20일 전에 포기신고서**를 제출하여야 한다.

④ 법인이 **주사업장 총괄납부를 하려는 경우 지점을 주된 사업장으로 할 수 있다.**

08 과세표준 = 외상판매액(13,000,000) + 비영업용 소형승용차의 매각액(5,000,000) = 18,000,000원

토지매각은 면세에 해당하고, 재화 공급과 직접 관련되지 않는 국고보조금 수령액은 공급가액에 포함하지 않는다.

09 연금소득공제 한도액은 연 900만원이다. **사적연금액이 1,500만원(개정세법 24)을 초과해도 분리과세를 선택할 수 있다.**

10 조건부 금융소득의 합계액이 2,000만원 이하이므로 종합소득으로 과세할 금융소득은 없다.

종합소득금액 = 30,000,000원(근로소득금액)

종합소득과세표준 = 종합소득금액(30,000,000) - 종합소득공제액(20,000,000) = 10,000,000원

■ 실무수행평가

실무수행 1. 거래자료입력

1. 3만원초과 거래자료에 대한 경비등송금명세서 작성

(1) [일반전표입력] 1월 10일

| (차) 토지 | 1,200,000원 | (대) 보통예금(국민은행(보통)) | 1,200,000원 |

(2) [경비등송금명세서]

번호	⑥거래일자	⑦법인명(상호)	⑧성명	⑨사업자(주민)등록번호	⑩거래내역	⑪거래금액	⑫송금일자	CD	⑬은행명	⑭계좌번호	계정코드
1	-01-10	구로부동산중개	이봉준	107-21-21510	토지중개수수료	1,200,000	-01-10	020	우리은행	552-21-1153-800	

2. 약속어음 발행거래

(1) [어음등록] 일반전표입력 상단부의 [어음등록]을 이용해 전자어음을 등록한다.

1. 수령일	20x1-02-10
2. 어음종류	4.전자
3. 구분	수령
4. 어음으로대체	
5. 금융기관	98000 국민은행(보통)
6. 시작어음번호	004202202101234
7. 매수	1

(2) [일반전표입력] 2월 10일

　(차) 외상매입금((주)성수메이드)　10,000,000원　　　　(대) 지급어음((주)성수메이드)　10,000,000원

(3) [지급어음관리]

지급어음 관리								삭제(F5)
어음상태	2 발행	어음번호	00420222021012345678	9	어음종류	4 전자	발행일	20×1-02-10
만기일	20×1-05-10	지급은행	98000 국민은행(보통)		지점	팔달		

3. 급여 지급 [일반전표입력] 3월 25일

　(차) 급여(판)　　　　　　　　　3,400,000원　　　　(대) 보통예금(국민은행(보통))　2,011,330원
　　　　　　　　　　　　　　　　　　　　　　　　　　　주 · 임 · 종단기채권(이승철) 1,000,000원
　　　　　　　　　　　　　　　　　　　　　　　　　　　예수금　　　　　　　　　　 388,670원

실무수행 2. 부가가치세관리

1. 전자세금계산서 발급

(1) [매입매출전표입력] 4월 17일

거래유형	품명	공급가액	부가세	거래처	전자세금
11.과세	주름개선 크림	20,000,000원	2,000,000원	(주)수려한	전자발행
분개유형	(차) 외상매출금	14,000,000원	(대) 제품매출		20,000,000원
3.혼합	선수금	8,000,000원	부가세예수금		2,000,000원

(2) [전자세금계산서 발행 및 내역관리] 기출문제 68회 참고

2. 수정전자세금계산서의 발급

(1) [매입매출전표입력] 6월 27일

① 6월 27일 전표에서 상단 수정세금계산서 를 클릭하여 수정사유(1.기재사항 착오 · 정정)를 선택하고
비고 란에 [2.작성년월일]을 선택하여 [확인]을 클릭한다.

② 수정세금계산서(매출)화면에서 6월 30일과 수량, 단가를 입력한 후 확인(Tab) 을 클릭한다.

수정입력사유	1	기재사항 착오 정정			기재사항착오항목		2. 작성년월일				
구분	년	월	일	유형	품명	수량	단가	공급가액	부가세	합계	코드	거래처명	사업.주민번호
당초분		06	27	과세	미백개선 크림	30	300,000	9,000,000	900,000	9,900,000	03180	(주)오앤영	123-81-95134
수정분		06	27	과세	미백개선 크림	-30	300,000	-9,000,000	-900,000	-9,900,000	03180	(주)오앤영	123-81-95134
수정분		06	30	과세	미백개선 크림	30	300,000	9,000,000	900,000	9,900,000	03180	(주)오앤영	123-81-95134
합 계								9,000,000	900,000	9,900,000			

③ 수정세금계산서 2건에 대한 회계처리가 자동 반영된다.

→ 6월 27일 당초에 발급한 과세세금계산서의 (-)세금계산서 발급분에 대한 회계처리

거래유형	품명	공급가액	부가세	거래처	전자세금
11.과세	미백개선 크림	-9,000,000	-900,000	(주)오앤영	
분개유형	(차) 외상매출금	-9,900,000원	(대)	제품매출	-9,000,000원
2.외상				부가세예수금	-900,000원

→ 6월 30일 수정분 세금계산서 발급분에 대한 회계처리

거래유형	품명	공급가액	부가세	거래처	전자세금
11.과세	미백개선 크림	9,000,000	900,000	(주)오앤영	
분개유형	(차) 외상매출금	9,900,000원	(대)	제품매출	9,000,000원
2.외상				부가세예수금	900,000원

(2) [전자세금계산서 발행 및 내역관리] 기출문제 68회 참고

3. 부동산임대사업자의 부가가치세신고서 작성

(1) [매입매출전표입력] 9월 30일

거래유형	품명	공급가액	부가세	거래처	전자세금
11.과세	임대료	3,000,000	300,000	(주)대성산업	전자입력
분개유형	(차) 보통예금	3,300,000원	(대)	임대료수입(412)	3,000,000원
3.혼합	(국민은행(보통))			부가세예수금	300,000원

(2) [부동산임대공급가액명세서](7~9월) 정기예금이자율 2.9%로 가정

(3) [매입매출전표입력] 9월 30일

거래유형	품명	공급가액	부가세	거래처	전자세금
14.건별	간주임대료	237,704	23,770		
분개유형 3.혼합	(차) 세금과공과금(판)		23,770원	(대) 부가세예수금	23,770원

(4) [부가가치세신고서] 7월 1일 ~ 9월 30일

		구 분		금액	세율	세액
과세표준및매출세액	과세	세금계산서발급분	1	199,800,000	10/100	19,980,000
		매입자발행 세금계산서	2		10/100	
		신용카드·현금영수증	3		10/100	
		기타	4	237,704	10/100	23,770
	영세	세금계산서발급분	5		0/100	
		기타	6		0/100	
	예정신고누락분		7			
	대손세액가감		8			
	합계		9	200,037,704	㉮	20,003,770

4. 대손세액공제신고서 작성자의 부가가치세신고서 작성

(1) [대손세액공제신고서](10~12월)

	당초공급일	대손사유	대손기준일	대손확정일	대손금액	대손세액	코드	거래상대방 상호	사업자등록번호	주민등록번호	성명
1	2021-10-01	파산	2021-10-01	20×1-12-20	2,200,000	200,000	00114	(주)산소화장품	109-81-25501		김수현

(2) [부가가치세신고서] 10월 1일 ~ 12월 31일

		구분		금액	세율	세액
준및매출세액	영세	세금계산서발급분	5		0/100	
		기타	6	69,907,500	0/100	
	예정신고누락분		7			
	대손세액가감		8			-200,000
	합계		9	306,247,500	㉮	23,434,000

	구분		금액	세율	세액
	전자신고세액공제	54			10,000

(3) [일반전표입력] 12월 20일 (대손충당금 잔액 확인 후 입력)

(차) 대손충당금(109)	1,500,000원	(대) 외상매출금	2,200,000원
대손상각비(판)	500,000원	((주)산소화장품)	
부가세예수금	200,000원		

[실무수행평가] - 부가가치세관리

번호	평가문제	배점	답
11	[매입매출전표입력 조회] 수정입력사유코드번호	2	1
12	[세금계산서합계표 조회] ㈜수려한에 전자발급된 세금계산서 공급가액	2	25,000,000
13	[세금계산서합계표 조회] 매출전자세금계산서 발급매수	2	35
14	[부동산임대공급가액명세서 조회] 보증금이자(간주임대료)	2	237,704
15	[부가가치세신고서 조회] 과세-세금계산서 발급분	2	199,800,000
16	[부가가치세신고서 조회] 공제받지못할 매입세액	2	900,000
17	[부가가치세신고서 조회] 첨부서류	3	③
18	[대손세액공제신고서 조회] 대손세액공제 신고서	3	②
19	[부가가치세신고서 조회] 신고서상 대손세액	2	-200,000
20	[부가가치세신고서 조회] 차가감납부할세액	2	20,308,000
	부가가치세 소계	22	

실무수행 3. 결산

1. 수동결산 [일반전표입력] 12월 31일

(차) 장기차입금(국민은행(차입금))	8,000,000원	(대) 유동성장기부채(국민은행(차입금))	8,000,000원
(차) 장기차입금(신한은행(차입금))	30,000,000원	(대) 유동성장기부채(신한은행(차입금))	30,000,000원

2. 결산자료입력에 의한 자동결산

[결산자료입력 1] [일반전표입력] 12월 31일 선납세금과 미지급법인세 분개

(차) 법인세등	15,000,000원	(대) 선납세금	9,308,000원
		미지급세금	5,692,000원

[결산자료입력 2] 기말재고 입력

- 결산자료입력에서 기말 원재료 35,000,000원, 제품 52,000,000원을 입력하고 전표추가(F3) 를 클릭하여 결산분개를 생성한다.

[이익잉여금처분계산서]

- **이익잉여금처분계산서에서 처분일을 입력한 후, 전표추가(F3) 를 클릭하여 손익대체 분개를 생성**한다.

[실무수행평가] - 재무회계

번호	평가문제	배점	답
21	[경비등송금명세서 조회] 우리은행의 은행코드 번호	1	020
22	[지급어음현황 조회] 지급어음총액	1	25,000,000
23	[일/월계표 조회] 급여(판)	2	32,350,000
24	[일/월계표 조회] 토지계정의 증가액	2	63,200,000
25	[거래처원장 조회] 거래처별 외상매출금 잔액	1	③
26	[거래처원장 조회] 국민은행 보통예금 입금액	1	113,300,000
27	[손익계산서 조회] 세금과공과금(판)	2	2,230,770
28	[손익계산서 조회] 대손상각비(판)	2	500,000
29	[재무상태표 조회] 주임종단기채권 잔액	1	2,500,000
30	[재무상태표 조회] 외상매입금 잔액	2	706,490,000
31	[재무상태표 조회] 선수금 잔액	2	14,254,000
32	[재무상태표 조회] 기말 원재료 잔액	1	35,000,000
33	[재무상태표 조회] 미지급세금 잔액	2	5,692,000
34	[재무상태표 조회] 장기차입금 잔액	2	52,000,000
35	[재무상태표 조회] 이월이익잉여금 잔액	1	③
	재무회계 소계	23	

실무수행 4. 근로소득관리

1. 주민등록등본에 의한 사원등록(김진혁)

관계	요 건		기본 공제	추가 (자녀)	판　　　　단	
	연령	소득				
본인(세대주)	–	–	○			
배우자	–	×	부		총급여액 5백만원초과자	
장모(82)	○	○	○	경로	일용근로소득은 분리과세소득	
자1(17)	○	○	○	자녀		
자2(11)	○	○	○	자녀		
자매(41)	×	○	○	장애(1)	기타소득금액 1백만원 이하자 ☞기타소득(2,000,000)×(1-60%)=800,000원	

[실무수행평가] - 근로소득관리1

번호	평가문제 [김진혁 근로소득원천징수영수증 조회]	배점	답
36	기본공제 대상 인원수(본인포함)	2	5
37	부양가족 공제대상액 ☞부양가족(장모, 자1,자2, 누이) 4명×1,500,000원=6,000,000원	2	6,000,000
38	경로우대 공제대상액	2	1,000,000
39	장애인 공제대상액	1	2,000,000
40	자녀세액공제 금액(자녀 1명 150,000원 추가 1명 200,000원 -개정세법 24)	1	350,000

2. 중도퇴사자의 원천징수(강수용)

(1) [사원등록]

- 사원등록에서 퇴사년월일(20x1년 7월 25일) 입력

(2) [수당/공제등록]

	코드	공제항목명	공제소득유형
1	501	국민연금	0.무구분
2	502	건강보험	0.무구분
3	503	고용보험	0.무구분
4	504	장기요양보험료	0.무구분
5	505	학자금상환액	0.무구분
6	903	농특세	0.사용
7	600	건강보험료정산	2.건강보험료정산
8	601	장기요양보험료정산	4.장기요양보험정산

(3) [급여자료입력] 7월 25일
  - [중도퇴사자 정산]을 반영함.

급여항목	지급액	공제항목	공제액
기본급	4,000,000	국민연금	180,000
		건강보험	139,800
		고용보험	36,000
		장기요양보험료	17,150
		건강보험료정산	25,320
		장기요양보험료정산	3,850
		소득세	-455,520
		지방소득세	-45,540
		농특세	

☞ 소득세 등은 자동 계산 되어 집니다.

(4) [원천징수이행상황신고서]귀속기간 7월, 지급기간 7월

구분		코드	소득지급(과세미달,비과세포함)		징수세액				9.당월 조정 환급세액	10.소득세 등 (가산세 포함)	11.농어촌 특별세
			4.인원	5.총지급액	6.소득세 등	7.농어촌특별세	8.가산세				
근로소득	간이세액	A01	2	8,000,000	105,840						
	중도퇴사	A02	1	28,000,000	-455,520						
	일용근로	A03									
	연말정산합계	A04									
	연말분납금액	A05									
	연말납부금액	A06									
	가 감 계	A10	3	36,000,000	-349,680						

전월 미환급 세액의 계산			당월 발생 환급세액				18.조정대상환급 (14+15+16+17)	19.당월조정 환급액계	20.차월이월 환급액(18-19)	21.환급신청액
12.전월미환급	13.기환급신청	14.잔액12-13	15.일반환급	16.신탁재산	17.금융등	17.합병등				
			349,680				349,680		349,680	349,680

[실무수행평가] - 근로소득관리 2

번호	평가문제	배점	답
41	[수당및공제등록] 건강보험료 정산 공제항목 공제소득유형 코드번호	2	2
42	[강수용 7월 급여자료 조회] 차인지급액	2	4,098,940
43	[7월 원천징수이행상황신고서 조회] 총지급액	2	36,000,000
44	[7월 원천징수이행상황신고서 조회] 환급신청액	1	349,680

※ 42,43,44은 프로그램이 자동계산되어지므로 시점(세법개정, 프로그램 업데이트)마다 달라질 수가 있습니다.

3. 국세청연말정산간소화 및 이외의 자료를 기준으로 연말정산(최진영) 총급여액 48백만원

항 목	요건 연령	요건 소득	내역 및 대상여부	입력
의 료 비	×	×	• 배우자 의료비(산후조리원)1회당 한도 2백만원	○(일반 2,000,000)
신용카드	×	○	• 본인 신용카드(회사 경비 차감)	○(신용 27,000,000)
교육비	×	○	• 자 1 취학전 아동의 현장체험 학습비는 대상이 아님	×
연금저축	본인		• 연금저축 순납입액	○(10,000,000)

(1) 의료비 세액공제

(2) 신용카드등 소득공제

(3) 연금저축 세액공제

[실무수행평가] - 근로소득관리 3

번호	평가문제 [최진영 근로소득원천징수영수증 조회]	배점	답
45	신용카드등 소득공제 최종공제액	2	2,250,000
46	연금저축세액공제	2	600,000
47	의료비세액공제	2	84,000
48	교육비세액공제	2	0
49	차감징수세액(소득세)	1	-807,220
50	실효세율	1	0.8%
	근로소득 소계	25	

※ 45,46,49,50은 프로그램이 자동계산되어지므로 시점(세법개정, 프로그램 업데이트)마다 달라질 수가 있습니다.

〈참고사항 : 세액공제 총급여액 48,000,000원〉

※ 시험시 프로그램이 자동계산되어진 것으로 답을 입력하시고 시간이 남으시면 체크해 보시기 바랍니다.

		한도	공제율	대상금액	세액공제
1. 의료비	일반	7백만원	15%	2,000,000	84,000
	☞의료비세액공제 = [2,000,000 - 총급여액(48,000,000)×3%]×15% = 84,000				
2. 연금계좌	연금저축	4백만원(50세 미만)	15%[1]	10,000,000	600,000

*1. 총급여액의 55백만원 초과일 경우 12%

합격율	시험년월
31%	2022.11

실무이론평가

01. 다음 대화 중 빈칸에 들어갈 내용으로 옳은 것은?

> • A : 과장님, 지난 연말 거래처 직원 결혼 축의금 100,000원을 신입직원이 기부금으로 입력한
>   오류가 결산과정에서 발견되었습니다.
> • B : 그래? 그렇다면 수정전 결산서상에는 (   ) 되었겠군. 수정하도록 하세요.

※ 1차 저작권자의 저작권 침해 소지가 있어 삽화 삽입은 어려우니 양해바랍니다.

① 영업이익 100,000원 과대계상
② 당기순이익 100,000원 과대계상
③ 영업이익 100,000원 과소계상
④ 당기순이익 100,000원 과소계상

02. 다음 중 무형자산으로 회계처리해야 하는 거래는?
① 다른 회사와 합병하면서 영업권을 취득하였다.
② 프로젝트 초기의 연구단계에서 연구비를 지출하였다.
③ 조직 개편으로 인한 부서별 명패 교환비용을 지출하였다.
④ 재경팀 직원에게 회계교육을 실시하고 강사료를 지급하였다.

03. 다음은 (주)한공이 정부보조금을 수령하여 취득한 기계장치 관련 자료이다. 20x1년 손익계산서에 계상
될 감가상각비는 얼마인가?

> - 20x1. 1. 1. 기계장치 취득
> - 취득원가 3,000,000원, 정부보조금 500,000원
> - 내용연수 5년, 잔존가치 없음, 정액법 상각

① 450,000원　　　② 500,000원　　　③ 540,000원　　　④ 600,000원

04. 다음 중 사채 발행에 대한 설명으로 옳지 <u>않은</u> 것은?

① 사채의 기말 장부금액은 발행 시점의 유효이자율을 적용하여 평가한다.

② 사채할증발행차금은 사채 액면금액에서 차감하는 형식으로 재무상태표에 보고한다.

③ 유효이자율법을 적용하는 경우 사채할인발행차금상각액은 기간이 경과함에 따라 매년 증가한다.

④ 사채에 대한 액면이자 금액은 매년 일정하다.

05. 다음은 (주)한공의 12월 상품 거래내역이다. 재고자산의 평가방법을 총평균법으로 적용할 경우 매출총이익은 얼마인가?

일자	구분	수량	단가
12월 1일	기초재고	100개	1,000원
12월 5일	외상매입	100개	1,200원
12월 9일	상품매출	150개	4,000원
12월 15일	외상매입	100개	1,400원

① 390,000원　　　② 420,000원　　　③ 440,000원　　　④ 450,000원

06. 다음은 (주)한공의 합계잔액시산표의 일부이다. 20x1년 10월 1일에 외상매출금 100,000원이 회수 불가능하게 된 경우를 회계처리할 때 차변에 표시되는 계정과목과 금액으로 옳은 것은?

합계잔액시산표(대손 반영전)

(주)한공		20x1. 10. 1.		(단위 : 원)
차 변		계정과목	**대 변**	
잔 액	합 계		합 계	잔 액
500,000	1,500,000	외상매출금	1,000,000	
	30,000	대손충당금	50,000	20,000
		···		

① 대손상각비　　100,000원

② 대손충당금　　100,000원

③ 대손충당금　　20,000원 , 대손상각비　　80,000원

④ 대손충당금　　50,000원 , 대손상각비　　50,000원

07. 다음 중 부가가치세 과세거래에 대한 설명으로 옳은 것은?

① 광업권의 양도는 재화의 공급에 해당하지 않는다.

② 화재로 인하여 재화가 멸실된 경우에는 재화의 공급에 해당한다.

③ 지체상금의 수령은 과세거래에 해당하지 않는다.

④ 현물출자에 의하여 재화를 인도하는 것은 과세거래에 해당하지 않는다.

08. 다음은 일반과세자인 (주)한공(전자제품 제조업)의 20x1년 제2기 부가가치세 확정신고기간의 내역이다. 이 중 매출세액에서 공제 가능한 매입세액은 얼마인가?(단, 세금계산서는 적법하게 수취하였고, 매입세액을 공제받기 위한 절차를 모두 이행하였다.)

• 원재료 구입 관련 매입세액	2,500,000원
• 거래처 기업업무추진(접대)용품 구입 관련 매입세액	1,000,000원
• 대표이사 업무용 승용차(3,500cc) 구입 관련 매입세액	3,000,000원
• 제품 제조용 기계장치 구입 관련 매입세액	1,200,000원

① 2,500,000원 ② 3,700,000원
③ 5,500,000원 ④ 6,700,000원

09. 다음은 (주)한공에 근무하는 거주자 김회계(남성, 45세) 씨의 20x1년말 현재 부양가족 현황이다. 김회계 씨가 적용받을 수 있는 기본공제와 추가공제의 합계액은 얼마인가?

가. 김회계 씨의 종합소득금액: 60,000,000원
나. 부양가족 현황(모두 생계를 같이 함.)

구분	나이	소득	비고
배우자	40세	없음	
자녀	15세	없음	장애인임
부친	75세	사업소득금액 300만원	
모친	73세	없음	

① 6,000,000원 ② 7,000,000원
③ 8,000,000원 ④ 9,000,000원

10. 다음 중 소득세법상 연말정산과 과세표준 확정신고에 대한 설명으로 옳지 <u>않은</u> 것은?
① 근로소득과 연말정산되는 사업소득이 있는 자는 과세표준 확정신고를 하여야 한다.
② 원천징수의무자는 매월 급여 지급시 간이세액표에 따른 소득세를 원천징수하고 다음 연도 2월분 급여 지급시 연말정산을 한다.
③ 소득세법에 따라 연말정산한 공적연금소득만이 있는 자가 다른 종합소득이 없는 경우에는 과세표준 확정신고를 하지 않아도 된다.
④ 일용근로자의 근로소득은 연말정산에 의해 납세의무가 종결된다.

실무수행평가

(주)산들산업(2570)은 공기청정기 제조업을 영위하는 법인기업으로 회계기간은 제7기(20x1.1.1. ~ 20x1.12.31.)이다. 제시된 자료와 자료설명을 참고하여, [수행과제]를 완료하고 [평가문제]의 물음에 답하시오.

실무수행1 | 거래자료 입력

실무프로세스 자료이다. [자료설명]을 참고하여 [수행과제]를 수행하시오.

1. 3만원 초과 거래자료에 대한 영수증수취명세서 작성

자료 1. 자동차보험증권

자동차보험증권

증 권 번 호	202203011683	계 약 일	20x1년 3월 1일
보 험 기 간	20x1 년 3 월 1 일 00:00부터		20x2 년 3 월 1 일 24:00까지
보 험 계 약 자	(주)산들산업	주민(사업자)번호	120-81-32144
피 보 험 자	(주)산들산업	주민(사업자)번호	120-81-32144

보험료 납입사항

총보험료	72 만원	납입보험료	72 만원	미납입 보험료	0 원

자료 2. 보통예금(국민은행) 거래내역

		내용	찾으신금액	맡기신금액	잔액	거래점
번호	거래일	계좌번호 205-02-1111116 (주)산들산업				
1	20x1-03-01	보험료	720,000		***	***

자료설명	3월 1일 생산부 차량에 대하여 (주)삼성화재 차량종합보험에 가입하고 1년분 보험료를 국민은행 보통예금 계좌에서 이체하여 납부하였다.
수행과제	1. 거래자료를 입력하시오.(비용으로 회계처리 할 것.) 2. 지출증명서류 미수취에 따른 영수증수취명세서(2)와 (1)서식을 작성하시오. (공급자의 인적사항 입력은 생략하기로 할 것.)

2. 약속어음 수취거래

전 자 어 음

(주)산들산업 귀하   00420220320123456789

금 일천만원정   10,000,000원

위의 금액을 귀하 또는 귀하의 지시인에게 지급하겠습니다.

지급기일 20x1년 6월 20일	발행일 20x1년 3월 20일
지 급 지 국민은행	발행지 서울특별시 강남구 삼성로 317
지급장소 삼성지점	주 소
	발행인 (주)삼송물산

자료설명	[3월 20일] (주)삼송물산의 외상매출금 잔액과 제품매출에 대한 계약금을 전자어음으로 수취하였다.
수행과제	1. 거래처원장을 조회하여 거래자료를 입력하시오. 2. 자금관련정보를 입력하여 받을어음현황에 반영하시오.

3. 기타 일반거래

자료. 배당금 지급안내문

| 배정내역 | 주주번호 | 000050000020005***** | | 주주명 | (주)산들산업 |

주주 구분	주식 종류	배당 일수	소유 주식수	배당(정)률		배당금	배정 주식수	단수주	단주 기준가	단주 대금 지급액
				현금 배당율	주식 배정율					
실물 소유분 (명부)	보통주									
증권회사 위탁분 (실질)	보통주	365	5,000	0.220		2,500,000				

자료설명	1. 투자목적으로 보유하고 있는 제일산업(주) 주식에 대한 연차배당이 3월 28일 주주총회 에서 결의되어 배당금 지급안내문을 받았다. 2. 제일산업(주) 주식은 매도가능증권으로 분류되어 있다.
수행과제	결의일자에 거래자료를 입력하시오.

실무수행2 부가가치세관리

부가가치세 신고 관련 자료이다. [자료설명]을 참고하여 [수행과제]를 수행하시오.

1. 전자세금계산서 발급
자료 1. 보통예금(국민은행) 거래내역

번호	거래일	내용	찾으신금액	맡기신금액	잔액	거래점
		계좌번호 205-02-1111116 (주)산들산업				
1	20x1-05-10	(주)청정기업		5,000,000	***	***

자료 2.

거래명세서				(공급자 보관용)				

공급자	등록번호	120-81-32144			공급받는자	등록번호	102-81-17053		
	상호	(주)산들산업	성명	오세정		상호	(주)청정기업	성명	이용수
	사업장주소	서울 강남구 삼성로 530				사업장주소	서울 서대문구 간호대로 10		
	업태	제조업외	종사업장번호			업태	도소매업	종사업장번호	
	종목	공기청정기				종목	전자제품		

거래일자	미수금액	공급가액	세액	총 합계금액
20x1.5.15		16,000,000	1,600,000	17,600,000

NO	월	일	품목명	규격	수량	단가	공급가액	세액	합계
1	5	15	차량용 공기청정기		20	800,000	16,000,000	1,600,000	17,600,000

비 고	전미수액	당일거래총액	입금액	미수액	인수자
		17,600,000	5,000,000	12,600,000	

자료설명	1. 자료 1은 제품 공급전 (주)청정기업로부터 계약금으로 입금된 국민은행 보통예금 거래 내역이며 계약금에 대해서는 세금계산서를 발급하지 않았다. 2. 자료 2는 (주)청정기업에 제품을 공급하고 발급한 거래명세서이다. 계약금을 제외한 잔 액은 6월 15일에 받기로 하였다.
수행과제	1. 5월 15일의 거래자료를 입력하시오. 2. 전자세금계산서 발행 및 내역관리 를 통하여 발급 · 전송하시오. (전자세금계산서 발급 시 결제내역 및 전송일자는 고려하지 않을 것.)

2. 수정전자세금계산서의 발급

전자세금계산서		(공급자 보관용)		승인번호		

공급자	등록번호	120-81-32144			공급받는자	등록번호	220-87-12697	
	상호	(주)산들산업	성명 (대표자)	오세정		상호	예림산업(주)	성명 (대표자)	이예림
	사업장 주소	서울 강남구 삼성로 530				사업장 주소	서울 강남구 테헤란로114길 38	
	업태	제조업외	종사업장번호			업태	도매업	종사업장번호
	종목	공기청정기				종목	전자제품	
	E-Mail	sandl@bill36524.com				E-Mail	yerim@bill36524.com	

작성일자	20x1.6.11.	공급가액	6,000,000	세 액	600,000

비고	

월	일	품목명	규격	수량	단가	공급가액	세액	비고
6	11	공기청정기		20	300,000	6,000,000	600,000	

합계금액	현금	수표	어음	외상미수금	이 금액을	○ 영수 ● 청구	함
6,600,000				6,600,000			

자료설명	1. 6월 11일 예림산업(주)에 제품을 공급하고 거래일에 전자세금계산서를 발급 및 전송하였다. 2. 6월 15일 예림산업(주)에 납품된 제품에 불량이 발견되어 전량 회수하고 수정전자세금계산서를 발급하기로 하였다.
수행과제	수정사유를 선택하여 환입에 따른 수정전자세금계산서를 발급·전송하시오.(환입된 금액에 대해서만 회계처리하며, 외상대금 및 제품매출에서 음수(−)로 처리하고 전자세금계산서 발급 시 결제내역 및 전송일자는 무시할 것.)

3. 의제매입세액공제신고사업자의 부가가치세신고서 작성

자료 1. 미가공 닭 구입관련 자료

NO.	영 수 증 (공급자용)

(주)산들산업 귀하

공급자	사업자 등록번호	119-15-50400		
	상호	해우정육	성명	박장민
	사업장 소재지	경기도 용인시 처인구 양지면 양지리 42		
	업태	소매업	종목	닭

작성일자	공급대가총액	비고
20x1.7.10.	₩ 240,000	

공 급 내 역

월/일	품명	수량	단가	금액
7/10	닭	30	8,000	240,000
합 계				₩240,000

위 금액을 (영수)(청구)함

자료 2. 미가공 소고기 구입관련 자료

신용카드매출전표

카드종류: 삼성카드
회원번호: 5555-4444-****-****
거래일시: 20x1.8.5. 14:06:22
거래유형: 신용승인
매　　출: 1,600,000원
합　　계: 1,600,000원
결제방법: 일시불
승인번호: 34569633

가맹점명: 장수농산 (101-90-39264)

- 이 하 생 략 -

자료 3. 미가공 돼지고기 구입자료

공 급 계 약 서

■ 공급자 인적사항

성　　명	주 민 등 록 번 호
이승우	740502-1245119

■ 계약내역

농산물 품목	공급량	납품일자	금　　액
미가공 돼지고기	10BOX	20x1.9.10.	2,200,000원
합계금액			2,200,000원

■ 대금지급조건: 납품일에 당사 국민은행 보통예금 계좌에서 이체

자료설명	본 문제에 한하여 (주)산들산업은 축산물을 구입하여 가공식품(과세제품)을 제조 · 판매한다고 가정한다. 1. 자료 1은 미가공 닭 30마리를 현금으로 구입하고 수취한 영수증이다. 2. 자료 2는 미가공 소고기 5BOX를 구입하고 수취한 신용카드매출전표이다. 3. 자료 3은 미가공 돼지고기 10BOX를 농민으로부터 직접 구입하고 받은 계약서이며 당사 국민은행 보통예금계좌에서 이체하였다. 4. (주)산들산업은 중소기업에 해당하며, 공제율은 4/104로 한다.
수행과제	1. 자료 1~3의 거래를 검토하여 의제매입세액공제 요건을 갖춘 거래는 매입매출전표에 입력하고, 그 외의 거래는 일반전표입력에 입력하시오.(의제매입세액공제신고서에 자동반영 되도록 적요를 선택할 것.) 2. 제2기 부가가치세 예정신고기간의 의제매입세액공제신고서를 작성하시오. 3. 제2기 부가가치세 예정신고서에 반영하시오. 4. 의제매입세액과 관련된 회계처리를 일반전표입력에 9월 30일자로 입력하시오.

4. 신용카드매출전표등 수령금액합계표 작성자의 부가가치세신고서 작성

자료 1.

매출전표

카드종류	거래일자
삼성카드	20x1.10.20.10:25:11

카드번호(CARD NO)
5555-4444-****-1006

승인번호	금액 AMOUNT	백	천	원
30010947			6 0 0 0 0	

일반	할부	부가세 V.A.T		6 0 0 0	
일시불					

	휘발유	봉사료 CASHBACK			
거래유형					

신용승인	합계 TOTAL		6 6 0 0 0	

가맹점명
대영주유소

대표자명	사업자번호
김대수	125-81-28548

전화번호	가맹점번호
02-457-8004	312110073

주소
서울시 구로구 경인로 100(오류동)

상기의 거래 내역을 확인합니다.   서명 (주)산들산업

자료 2.

신용카드매출전표

가 맹 점 명 진영주유소
사업자번호 105-90-55780
대 표 자 명 백진영
주   소 서울시 서대문구 연희로103
           (연희동)

롯 데 카 드   신용승인
거 래 일 시   20x1-10-24 오후 14:08:04
카 드 번 호   1233-1252-****-1110
유 효 기 간   **/**
가맹점번호   123460001
매 입 사 : 하나카드(전자서명전표)

상 품 명   금액
경   유   55,000

공 급 금 액   50,000원
부가세금액   5,000원
합   계   55,000원

자료 3.

```
              ** 현금영수증 **
                (지출증빙용)

사업자등록번호    : 220-81-12128  이수정
사업자명        : (주)신도리코
단말기ID        : 73453259(tel:02-257-1004)
가맹점주소       : 서울시 강남구 테헤란로51길

현금영수증 회원번호
 120-81-32144              (주)산들산업
승인번호         : 57231010
거래일시         : 20x1년 10월 28일 10시10분10초

공 급 금 액                    3,000,000원
부 가 세 금 액                   300,000원
총  합  계                     3,300,000원

휴대전화, 카드번호 등록
http://현금영수증.kr
국세청문의(126)
38036925-GCA10106-3870-U490
   〈〈〈〈〈〈이용해 주셔서 감사합니다.〉〉〉〉〉〉
```

자료설명	1. 자료 1은 영업부 업무용 승용차(개별소비세 과세대상, 배기량 1,600cc)에 주유하고 결제한 법인 신용카드매출전표이다. 2. 자료 2는 공장 화물차에 주유하고 결제한 법인 신용카드매출전표이다. 3. 자료 3은 관리부에서 사용할 복사기를 구입하고 수취한 현금영수증이다.(자산으로 처리할 것.) 단, 제시된 자료의 거래처는 모두 일반과세자이다.
수행과제	1. 자료 1 ~ 자료 3의 거래자료를 입력하시오. 2. 제2기 확정 신용카드매출전표등 수령금액 합계표를 작성하시오. 3. 신용카드매입 및 전자신고세액공제를 반영하여 제2기 부가가치세 확정신고서를 작성하시오. - 제2기 부가가치세 확정신고서를 홈택스에서 전자신고하여 전자신고세액공제 10,000원을 공제받기로 한다.

평가문제 | 입력자료 및 회계정보를 조회하여 [평가문제]의 답안을 입력하시오.(70점)

[실무수행평가] - 부가가치세관리

번호	평가문제	배점
11	**평가문제 [세금계산서합계표 조회]** 제1기 확정 신고기간의 거래처 '(주)청정기업'에 전자발행된 세금계산서 공급가액은 얼마인가?	2
12	**평가문제 [세금계산서합계표 조회]** 제1기 확정 신고기간의 매출전자세금계산서 발급매수는 총 몇 매인가?	2
13	**평가문제 [매입매출전표입력 조회]** 6월 15일자 수정세금계산서의 수정입력사유 코드번호를 입력하시오	2
14	**평가문제 [의제매입세액공제신고서 조회]** 제2기 예정 신고기간의 의제매입세액공제신고서의 의제매입세액은 얼마인가?	2
15	**평가문제 [부가가치세신고서 조회]** 제2기 예정 신고기간 부가가치세신고서의 과세_세금계산서발급분(1란) 금액은 얼마인가?	2
16	**평가문제 [부가가치세신고서 조회]** 제2기 예정 신고기간 부가가치세신고서의 그밖의 공제매입세액(14란)의 세액은 얼마인가?	2
17	**평가문제 [부가가치세신고서 조회]** 제2기 예정 신고기간의 부가가치세 신고시에 작성되는 부가가치세 첨부서류에 해당하지 않는 것은? ① 세금계산서합계표 ② 신용카드매출전표등수령금액합계표 ③ 의제매입세액공제신고서 ④ 계산서합계표	2
18	**평가문제 [신용카드매출전표등 수령금액 합계표(갑) 조회]** 제2기 확정 신고기간의 신용카드매출전표등 수령금액 합계표(갑)에 반영되는 '신용카드 등 매입명세 합계'의 공급가액은 얼마인가?	3
19	**평가문제 [부가가치세신고서 조회]** 제2기 확정 신고기간 부가가치세신고서의 그밖의공제매입세액(14란)의 세액은 얼마인가?	2
20	**평가문제 [부가가치세신고서 조회]** 제2기 확정 신고기간의 부가가치세 차가감납부할세액(27란)의 세액은 얼마인가?	3
	부가가치세 소계	22

실무수행3 결산

[결산자료]를 참고로 결산을 수행하시오.(단, 제시된 자료 이외의 자료는 없다고 가정함.)

1. 수동결산

자료설명	장부상 20x1년말 현재 가수금은 (주)장원전자의 외상매출금 입금액 8,800,000원과 태평기기(주)의 단기대여금 회수금액 4,500,000원으로 밝혀졌다.
수행과제	가수금에 대한 결산정리분개를 일반전표에 입력하시오.

2. 결산자료입력에 의한 자동결산

자료설명	1. 무형자산내역

계정과목	자산코드	자산명	취득일	취득가액	전기말 상각누계액	상각방법	내용연수	용도
소프트웨어	2000	ERP 프로그램	20x1.4.1.	10,000,000원	–	정액법	5년	관리부

[고정자산등록] 메뉴에서 소프트웨어에 대한 감가상각비를 계상하고, 결산에 반영하시오.

2. 기말재고자산 현황

구분	단위당 원가	단위당 시가	수량
제 품	52,000원	60,000원	500개

3. 이익잉여금처분계산서 처분확정(예정)일
 - 당기: 20x2년 3월 31일
 - 전기: 20x1년 3월 31일

수행과제	결산을 완료하고 이익잉여금처분계산서에서 손익대체분개를 하시오. (단, 이익잉여금처분내역은 없는 것으로 하고 미처분이익잉여금 전액을 이월이익잉여금으로 이월하기로 한다.)

[실무수행평가] - 재무회계

번호	평가문제	배점
21	**평가문제 [영수증수취명세서 조회]** 영수증수취명세서(1)에 반영되는 '11.명세서제출 제외대상' 금액은 얼마인가?	2
22	**평가문제 [거래처원장 조회]** 5월 말 거래처별 외상매출금 잔액으로 옳지 않은 것은? ① 00200.(주)수창기기 7,425,000원 　② 02040.(주)청정기업 14,800,000원 ③ 03150.(주)비전통상 33,000,000원 　④ 04820.하남전자(주) 11,000,000원	1
23	**평가문제 [받을어음현황 조회]** 6월에 만기가 도래하는 받을어음 총액은 얼마인가?	1
24	**평가문제 [일/월계표 조회]** 1/4분기(1월~3월)에 발생한 제조경비 총금액은 얼마인가?	1
25	**평가문제 [일/월계표 조회]** 1/4분기(1월~3월)에 발생한 영업외수익은 얼마인가?	2
26	**평가문제 [일/월계표 조회]** 2/4분기(4월~6월)에 발생한 제품매출 총금액은 얼마인가?	1
27	**평가문제 [일/월계표 조회]** 4/4분기(10월~12월)에 발생한 차량유지비(판매관리비)는 얼마인가?	1
28	**평가문제 [재무상태표 조회]** 3월 말 미수금 잔액은 얼마인가?	2
29	**평가문제 [재무상태표 조회]** 3월 말 선수금 잔액은 얼마인가?	2
30	**평가문제 [재무상태표 조회]** 9월 말 원재료 잔액으로 옳은 것은? ① 501,740,099원 　② 501,824,265원 ③ 501,833,946원 　④ 501,980,099원	1
31	**평가문제 [재무상태표 조회]** 12월 말 단기대여금 잔액은 얼마인가?	2
32	**평가문제 [재무상태표 조회]** 기말 제품 잔액은 얼마인가?	2
33	**평가문제 [재무상태표 조회]** 12월 말 비품 장부금액은 얼마인가?	1
34	**평가문제 [재무상태표 조회]** 12월 말 소프트웨어 장부금액은 얼마인가?	3
35	**평가문제 [재무상태표 조회]** 12월 말 이월이익잉여금(미처분이익잉여금) 잔액으로 옳은 것은? ① 320,159,150원 　② 457,251,911원 ③ 517,185,315원 　④ 676,123,980원	1
	재무회계 소계	23

실무수행4 | 근로소득관리

인사급여 관련 자료이다. [자료설명]을 참고하여 [수행과제]를 수행하시오.

1. 급여명세에 의한 급여자료
자료 1. 7월 급여자료

(단위: 원)

사원	기본급	직책수당	자격수당	식대	자녀수당	자가운전보조금	국민연금	건강보험	고용보험	장기요양보험
이기중	2,500,000	50,000	100,000	150,000	100,000	200,000	프로그램에서 자동 계산된 금액으로 공제 한다			

자료 2. 수당 및 공제요건

구분	코드	수당 및 공제명	내용
수당등록	101	기본급	설정된 그대로 사용한다.
	102	상여	
	200	직책수당	직책별로 매월 차등 지급하고 있다.
	201	자격수당	TAT 2급 자격증 취득자에게 매월 월정액으로 지급하고 있다.
	202	식 대	중식은 별도로 제공하고 있지 않으나 야근시 저녁식사를 별도로 제공하고 있다.
	203	자녀수당	초·중·고 재학 중 자녀를 대상으로 1인당 100,000원씩 매월 월정액으로 지급하고 있다.
	204	자가운전보조금	전 직원에게 매월 월정액으로 지급하고 있으며, 시내출장시 별도의 여비를 지급하고 있다.

자료설명	본사 이기중(1020) 과장의 급여자료이다. 1. 급여지급일은 매월 25일이다. 2. 사회보험료는 자동 계산된 금액으로 공제한다.
수행과제	1. 급여자료입력 메뉴에 수당등록을 하시오. 2. 7월분 급여자료를 입력하시오.(구분: '1급여'로 할 것.) 3. 7월 귀속분 [원천징수이행상황신고서]를 작성하시오.

[실무수행평가] - 근로소득관리 1

번호	평가문제	배점
36	**평가문제 [이기중 7월 급여자료 조회]** 급여항목 중 과세대상 금액은 얼마인가?	2
37	**평가문제 [이기중 7월 급여자료 조회]** 수당항목 중 과세대상 식대 금액은 얼마인가?	2
38	**평가문제 [이기중 7월 급여자료 조회]** 급여항목 중 비과세 금액은 총 얼마인가?	2
39	**평가문제 [이기중 7월 급여자료 조회]** 7월분 급여의 차인지급액은 얼마인가?	1
40	**평가문제 [이기중 7월 원천징수이행상황신고서 조회]** '10.소득세 등' 금액은 얼마인가?	1

2. 주민등록등본에 의한 사원등록

자료 1. 정덕호의 주민등록등본

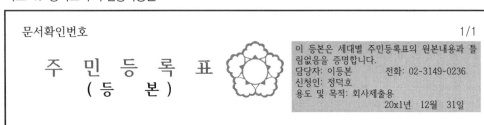

문서확인번호				1/1

주 민 등 록 표
(등 본)

이 등본은 세대별 주민등록표의 원본내용과 틀림없음을 증명합니다.
담당자: 이등본   전화: 02-3149-0236
신청인: 정덕호
용도 및 목적: 회사제출용
20x1년 12월 31일

세대주 성명(한자)	정덕호 (政德護)	세 대 구 성 사유 및 일자	전입 2018-11-05

현주소 : 서울시 구로구 도림로 108(구로동)

번호	세대주 관계	성 명 주민등록번호	전입일 / 변동일	변동사유
1	본인	정덕호 721010-1774918		
2	배우자	김해숙 750426-2111111	2018-11-05	전입
3	부	정태흥 421110-1919012	2018-11-05	전입
4	자	정현우 961001-1299482	2018-11-05	전입
5	자	정유진 041215-4399484	2018-11-05	전입
6	형제	정수연 830827-2222220	2020-01-22	전입

자료 2. 정태흥의 장애인증명서

장 애 인 증 명 서

1. 증명서 발급기관													
① 상 호	한국병원	② 사업자등록번호	1	0	1	–	9	0	–	1	0	0	4	4
③ 대표자(성 명)	조영훈												
④ 소 재 지	서울시 종로구 낙산1길 14-7(동숭동)												

2. 소득자 (또는 증명서 발급 요구자)													
⑤ 성 명	정덕호	⑥ 주민등록번호	7	2	1	0	1	0	–	1	7	7	4	9	1	8
⑦ 주 소	서울시 구로구 도림로 108(구로동)												

3. 장애인													
⑧ 성 명	정태흥	⑨ 주민등록번호	4	2	1	1	0	–	1	9	1	9	0	1	2
⑩ 소득자와의관계	부	⑪ 장 애 예 상 기 간	■영구 □비영구(. . .부터 . .까지)										
⑫ 장 애 내 용	제 3 호	⑬ 용 도	소득공제 신청용										

위 사람은 「소득세법」 제51조 제1항 제2호 및 동법 시행령 제107조 제1항에 따른 장애인에 해당하는 자임을 증명합니다.

자료설명	사무직 사원 정덕호(1010)의 사원등록을 위한 자료이다. 1. 부양가족은 정덕호와 생계를 같이 한다. 2. 배우자 김해숙과는 20x1년 12월 31일 현재 이혼소송 중 별거상태이며, 주택입주 지체상금 2,000,000원이 있다. 3. 부 정태흥은 항시 치료를 요하는 중증환자에 해당하며, 소득세법에 따라 원천징수 된 이자소득 9,000,000원과 배당소득 8,000,000원이 있다. 4. 자녀 정현우는 대학생이며 일용근로소득 3,000,000원이 있다. 5. 자녀 정유진과 동생 정수연은 별도 소득이 없다. 6. 세부담을 최소화하는 방법으로 선택한다.
수행과제	[사원등록] 메뉴에서 부양가족명세를 작성하시오.

[실무수행평가] – 근로소득관리 2

번호	평가문제	배점
41	**평가문제 [정덕호 근로소득원천징수영수증 조회]** 기본공제 대상 인원수(본인포함)는 모두 몇 명인가?	2
42	**평가문제 [정덕호 근로소득원천징수영수증 조회]** '26.부양가족' 공제대상액은 얼마인가?	2
43	**평가문제 [정덕호 근로소득원천징수영수증 조회]** '27.경로우대' 공제대상액은 얼마인가?	2
44	**평가문제 [정덕호 근로소득원천징수영수증 조회]** '28.장애인' 공제대상액은 얼마인가?	1
45	**평가문제 [정덕호 근로소득원천징수영수증 조회]** '56.자녀세액공제' 금액은 얼마인가?	1

3. 국세청연말정산간소화 및 이외의 자료를 기준으로 연말정산

자료설명	사무직 권민호(1030)의 연말정산을 위한 자료이다. 1. 사원등록의 부양가족현황은 사전에 입력되어 있다. 2. 부양가족은 권민호와 생계를 같이 하고 있다. 3. 직계존속 권혁재의 의료비중 한의원의 지출내역은 전액 건강보조약품 구입관련 비용이다.
수행과제	[연말정산 근로소득원천징수영수증] 메뉴에서 연말정산을 완료하시오. 1. 의료비세액공제는 [의료비] 탭에서 입력하며, 국세청자료는 공제대상 합계금액을 1건으로 집계하여 입력한다. 2. 보험료세액공제와 교육비세액공제는 [소득공제] 탭에서 입력한다.

자료 1. 권민호 사원의 부양가족등록 현황

연말정산관계	성명	주민번호	기타사항
0.본인	권민호	741011-1111113	세대주
3.배우자	이채민	790502-2222221	소득 없음
1.소득자 직계존속	권혁재	500102-1111116	소득 없음
4.직계비속	권진찬	091215-3094119	소득 없음

자료 2. 국세청간소화서비스 및 기타자료

20x1년 귀속 소득 · 세액공제증명서류 : 기본(지출처별)내역 [의료비]

■ 환자 인적사항

성 명	주 민 등 록 번 호
권혁재	500102-1******

■ 의료비 지출내역

(단위: 원)

사업자번호	상 호	종류	납입금액 계
109-04-16***	대한**병원	일반	2,200,000
106-05-81***	***의원	일반	200,000
6-05-81*	***한의원	일반	800,000
인별합계금액			3,200,000

 국 세 청 National Tax Service

• 본 증명서류는 「소득세법」 제165조 제1항에 따라 영수증 발급기관으로부터 수집한 서류로 소득·세액공제 충족 여부는 근로자가 직접 확인하여야 합니다.
• 본 증명서류에서 조회되지 않는 내역은 영수증 발급기관에서 직접 발급받으시기 바랍니다.

20x1년 귀속 소득·세액공제증명서류: 기본(지출처별)내역 [보험료]

■ 계약자 인적사항

성 명	주 민 등 록 번 호
권민호	741011-1******

■ 보장성보험 납입내역

(단위: 원)

종류	상 호	보험종류	주피보험자		납입금액 계
	사업자번호	증권번호	종피보험자		
보장성	교보생명보험(주)	**생명보험	741011-1******	권민호	1,000,000
	106-81-41***	100540651**			
저축성	KEB자녀사랑보험	**생명보험	091215-3******	권진찬	800,000
	108-81-15***	24451255**			
보장성	동부화재보험(주)	자동차보험	741011-1******	권민호	1,200,000
	108-81-15***	345225510**			
인별합계금액					3,000,000

 국 세 청
National Tax Service

• 본 증명서류는 『소득세법』 제165조 제1항에 따라 영수증 발급기관으로부터 수집한 서류로 소득·세액공제 충족 여부는 근로자가 직접 확인하여야 합니다.
• 본 증명서류에서 조회되지 않는 내역은 영수증 발급기관에서 직접 발급받으시기 바랍니다.

20x1년 귀속 소득·세액공제증명서류 : 기본(지출처별)내역 [교육비]

■ 학생 인적사항

성 명	주 민 등 록 번 호
이채민	790502-2******

■ 교육비 지출내역

(단위: 원)

교육비구분	학교명	사업자번호	납입금액 계
대학원	**대학교	108-90-15***	12,000,000
인별합계금액			12,000,000

 국 세 청
National Tax Service

• 본 증명서류는 『소득세법』 제165조 제1항에 따라 영수증 발급기관으로부터 수집한 서류로 소득·세액공제 충족 여부는 근로자가 직접 확인하여야 합니다.
• 본 증명서류에서 조회되지 않는 내역은 영수증 발급기관에서 직접 발급받으시기 바랍니다.

20x1년 귀속 소득·세액공제증명서류 : 기본(지출처별)내역 [교육비]

■ 학생 인적사항

성 명	주 민 등 록 번 호
권진찬	091215-3******

■ 교육비 지출내역

(단위: 원)

교육비구분	학교명	사업자번호	납입금액 계
중학교	**중학교	**3-83-21***	850,000
교복구입비	**교복	**1-15-40***	600,000
인별합계금액			1,450,000

 국 세 청
National Tax Service

- 본 증명서류는 『소득세법』 제165조 제1항에 따라 영수증 발급기관으로부터 수집한 서류로 소득·세액공제 충족 여부는 근로자가 직접 확인하여야 합니다.
- 본 증명서류에서 조회되지 않는 내역은 영수증 발급기관에서 직접 발급받으시기 바랍니다.

교육비납입증명서

① 상 호	엘리하이 영어학원	② 사업자등록번호	103-90-20115	
③ 대 표 자	홍 진 경		④ 전화번호	070-2165-7777
⑤ 소 재 지	서울 강남구 대치동 255		전화번호	070-2165-7777
신청인	⑥ 성 명: 권 민 호		⑦ 주민등록번호: 741011-1111113	
	⑧ 주 소: 서울특별시 강남구 압구정로 344			
대상자	⑨ 성 명: 권 진 찬		⑩ 신청인과의 관계: 자	

교 육 비 납 입 내 역 (20x1년도)

납 부 연 월	구 분	총 교 육 비	교육비 부담금액
8월	학원 수업료	400,000원	400,000원
9월	학원 수업료	400,000원	400,000원
10월	학원 수업료	400,000원	400,000원
11월	학원 수업료	400,000원	400,000원
12월	학원 수업료	400,000원	400,000원
계		2,000,000원	2,000,000원

[실무수행평가] - 근로소득관리 3

번호	평가문제	배점
46	**평가문제 [권민호 근로소득원천징수영수증 조회]** '60.보장성보험'의 공제대상 지출액은 얼마인가?	2
47	**평가문제 [권민호 근로소득원천징수영수증 조회]** '61.의료비'의 세액공제액은 얼마인가?	2
48	**평가문제 [권민호 근로소득원천징수영수증 조회]** '62.교육비'의 공제대상 지출액은 얼마인가?	2
49	**평가문제 [권민호 득원천징수영수증 조회]** '76.차감징수세액(소득세)'은 얼마인가?	2
50	**평가문제 [권민호 근로소득원천징수영수증 조회]** '81.실효세율(%)'은 몇 %인가?	1
	근로소득 소계	25

실무이론평가

1	2	3	4	5	6	7	8	9	10
①	①	②	②	②	③	③	②	④	④

01 거래처 직원 결혼 축의금은 판매비와관리비 항목인 접대비에 해당하나, 기부금은 영업외비용으로 분류된다. 따라서, **영업이익이 과대계상되나 당기순이익에는 영향이 없다.**

02 **합병으로 취득한 영업권은 무형자산**이다. 나머지는 당기비용으로 인식한다.

03 **순액(정액법일 경우)으로 계산하면 쉽게 계산**된다.
감가상각비 = [취득원가(3,000,000) - 정부보조금(500,000)]÷5년 = 500,000원
〈총액 계산방법-제시된 답안〉
기계장치에 대한 총 감가상각비 = 3,000,000원×1년/5년 = 600,000원
총 감가상각비 중 정부보조금 해당분 = 500,000원×1년/5년 = 100,000원
손익계산서에 계상될 감가상각비 = 600,000원 - 100,000원 = 500,000원

04 사채할증발행차금은 **사채 액면금액에 가산하는 형식으로 재무상태표에 보고**한다.

05 매출액 = 150개×4,000원 = 600,000원

상 품(총평균법)							
기초	100개	@1,000	100,000	매출원가	150개	@1,200	180,000
매입	100개	@1,200	120,000				
	100개	@1,400	140,000	기말			
계	*300개*	*@1,200*	360,000	계			

매출총이익 = 매출액(600,000) - 매출원가(180,000) = 420,000원

06 외상매출금이 회수불능이면 대손충당금 잔액으로 충당하고, 부족한 금액은 대손상각비로 처리한다.

07 ① **광업권의 양도는 재화의 공급에 해당**한다.
② 화재로 인하여 재화가 멸실된 경우에는 재화의 공급에 해당하지 않는다.
④ **현물출자에 의하여 재화를 인도하는 것은 과세거래**에 해당한다.

08 원재료(2,500,000) + 기계장치(1,200,000) = 3,700,000원
기업업무추진비(접대비) 관련 매입세액 및 개별소비세 과세 대상 소형승용차 구입 관련 매입세액은 불공제 대상이다.

09

관계	요 건		기본 공제	추가 공제	판 단
	연령	소득			
본인	–	–	○		
배우자	–	○	○		
자녀(15)	○	○	○	장애	
부친(75)	○	×	부		사업소득금액 1백만원 초과자
모친(73)	○	○	○	경로	

- **기본공제(4명)** = 1,500,000 × 4 = 6,000,000원   - **경로우대공제(1명)** = 1,000,000원
- **장애인공제(1명)** = 2,000,000원   ∴ **총공제액** = 9,000,000원

10 **일용근로자의 근로소득은 분리과세**되므로 연말정산 대상이 아니다.

■■■■ **실무수행평가**

실무수행 1. 거래자료입력

1. 3만원 초과 거래자료에 대한 영수증수취명세서 작성

(1) [일반전표입력] 3월 1일

(차) 보험료(제)   720,000원   (대) 보통예금(국민은행)   720,000원

(2) [영수증수취명세서(2)]

	거래일자	상 호	성 명	사업장	사업자등록번호	거래금액	구분	계정코드	계정과목	적요
	-01-20	카카오택시			119-15-50400	40,000	28	812	여비교통비	택시요금
	-02-03	제일카센타	마정남	서울 강남구 압구정로 52	106-08-12514	200,000		822	차량유지비	차량수리
	-03-01	(주)삼성화재				720,000	16	521	보험료	차량종합보험

(3) [영수증수취명세서(1)]

1. 세금계산서, 계산서, 신용카드 등 미사용내역

9. 구분	3만원 초과 거래분		
	10. 총계	11. 명세서제출 제외대상	12. 명세서제출 대상(10-11)
13. 건수	3	2	1
14. 금액	960,000	760,000	200,000

2. 3만원 초과 거래분 명세서제출 제외대상 내역

구분	건수	금액	구분	건수	금액
15. 읍, 면 지역 소재			26. 부동산 구입		
16. 금융, 보험 용역	1	720,000	27. 주택임대용역		
17. 비거주자와의 거래			28. 택시운송용역	1	40,000
18. 농어민과의 거래			29. 전산발매통합관리시스템가입자와의		
19. 국가 등과의 거래			30. 항공기항행용역		

2. 약속어음 수취거래

(1) [거래처원장] 조회 3월 30일 (주)삼송물산의 외상매출금 잔액 5,500,000원 확인

코드	거래처	전기(월)이월	차변	대변	잔액	사업자번호	코드
00129	(주)삼송물산		5,500,000		5,500,000	305-81-39563	

(2) [일반전표입력] 3월 20일

(차) 받을어음((주)삼송물산)	10,000,000원	(대) 외상매출금((주)삼송물산)	5,500,000원
		선수금((주)삼송물산)	4,500,000원

받을어음 관리							삭제(F5)
어음상태 1 보관	**어음종류** 6 전자		**어음번호** 00420220320123456789			**수취구분** 1 자수	
발행인 00129 (주)삼송물산		**발행일** 20×1-03-20		**만기일** 20×1-06-20	**배서인**	
지급은행 100 국민은행	지점 삼성지점	할인기관		지점	할인율(%)	
지급거래처			* 수령된 어음을 타거래처에 지급하는 경우에 입력합니다.				

3. 기타 일반거래 [일반전표입력] 3월 28일

(차) 미수금(제일산업(주))	2,500,000원	(대) 배당금수익(903)	2,500,000원

실무수행 2. 부가가치세관리

1. 전자세금계산서 발급

(1) [매입매출전표입력] 5월 15일

거래유형	품명	공급가액	부가세	거래처	전자세금
11.과세	차량용 공기청정기	16,000,000	1,600,000	(주)청정기업	전자발행
분개유형	(차) 외상매출금	12,600,000원	(대) 제품매출		16,000,000원
3.혼합	선수금	5,000,000원	부가세예수금		1,600,000원

(2) [전자세금계산서 발행 및 내역관리] 기출문제 68회 참고

2. 수정전자세금계산서의 발급

(1) [수정세금계산서 발급]

① [매입매출전표 입력] 6월 11일 전표 선택 ➡ 수정세금계산서 클릭 ➡ [수정사유] 화면에서 [3.환입] 선택 후 확인(Tab)을 클릭

② [수정세금계산서(매출)] 화면에서 수정분 [작성일 6월 15일] [수량 -20, 단가 300,000원] 입력을 통해 공급가액과 세액을 반영한 후 확인(Tab)을 클릭

수정입력사유	3	환입		당초(세금)계산서작성		-06-11					
구분	년	월	일	유형	품명	수량	단가	공급가액	부가세	합계	코드	거래처명	사업.주민번호
당초분		06	11	과세	공기청정기	20	300,000	6,000,000	600,000	6,600,000	02050	예림산업(주)	220-87-12697
수정분		06	15	과세	공기청정기	-20	300,000	-6,000,000	-600,000	-6,600,000	02050	예림산업(주)	220-87-12697

③ [매입매출전표입력] 6월 15에 수정분이 1건 입력된다.

거래유형	품명	공급가액	부가세	거래처	전자세금
11.과세	공기청정기	-6,000,000	-600,000	예림산업(주)	전자발행
분개유형	(차) 외상매출금	-6,600,000원	(대) 제품매출		-6,000,000원
2.외상(혼합)			부가세예수금		-600,000원

(2) [전자세금계산서 발행 및 내역관리] 기출문제 68회 참고

3. 의제매입세액공제신고사업자의 부가가치세신고서 작성

(1) 전표입력

① [일반전표입력] 7월 10일

    (차) 원재료   240,000원   (대) 현금   240,000원

    ※ 사업자로부터 영수증을 수취하는 경우에는 의제매입세액 공제대상이 아니다.

② [매입매출전표입력] 8월 5일

거래유형	품명	수량	공급가액	부가세	거래처	전자세금
58.카면	미가공 소고기	5	1,600,000		장수농산	
분개유형	(차) 원재료		1,600,000원	(대) 외상매입금		1,600,000원
3.혼합(외상)	(적요6.의제매입세액원재료차감)			(삼성카드)		

③ [매입매출전표입력] 9월 10일

거래유형	품명	수량	공급가액	부가세	거래처	전자세금
60.면건	미가공 돼지고기	10	2,200,000		이승우	
분개유형	(차) 원재료		2,200,000원	(대) 보통예금		2,200,000원
3.혼합	(적요6.의제매입세액원재료차감)			(국민은행)		

※ 제조업을 영위하는 사업자가 농·어민으로부터 직접 구입하는 경우에는 의제매입세액 공제대상이다.

(2) [의제매입세액공제신고서] 7월 ~ 9월 중소제조업을 영위하는 사업자의 공제율: 4/104

	공급자	매입처 명세	매입세액정산(의제)						
1	이승우	주민등록번호	740502-1245119			사업자등록번호	----------		
2	장수농산	취득일자	구분	물품명	수량	매입가액	공제율	의제매입세액	건수	전표
3		-09-10	농.어민으로부뉴	미가공 돼지고기	10	2,200,000	4/104	84,615	1	매입

505

공급자		매입처 명세	매입세액정산(의제)							
1	이승우	주민등록번호	-------		사업자등록번호		101-90-39264			
2	장수농산	취득일자	구분	물품명	수량	매입가액	공제율	의제매입세액	건수	전표
3		-08-05	사업자(신용ㅋ	미가공 소고기	5	1,600,000	4/104	61,538	1	매입

(3) [부가가치세신고서] 7월 1일 ~ 9월 30일

그밖의공제매입세액명세 ✕

	구분		금액	세율	세액
	신용매출전표수취/일반	41	150,000		15,000
	신용매출전표수취/고정	42			
14 그	의제매입세액/평창,광주	43	3,800,000	뒤쪽참조	146,153

(4) [일반전표입력] 9월 30일

(차) 부가세대급금　　　　　　146,153원　　　(대) 원재료　　　　　　146,153원

4. 신용카드매출전표등 수령금액합계표 작성자의 부가가치세신고서 작성

(1) 거래자료 입력

① [일반전표입력] 10월 20일

(차) 차량유지비(판)　　　　　　66,000원　　　(대) 미지급금(삼성카드)　　　　66,000원

② [매입매출전표 입력] 10월 24일

거래유형	품명	공급가액	부가세	거래처	전자세금
57.카과	주유대	50,000	5,000	진영주유소	
분개유형	(차) 차량유지비(제)	50,000원	(대) 미지급금		55.000원
4.카드	부가세대급금	5,000원	(하나카드)		

③ [매입매출전표 입력] 10월 28일

거래유형	품명	공급가액	부가세	거래처	전자세금
61.현과	복사기	3,000,000	300,000	(주)신도리코	
분개유형	(차) 비품	3,000,000원	(대) 현금		3,300,000원
1.현금	부가세대급금	300,000원			

(2) [신용카드매출전표등 수령금액 합계표] 10월 ~ 12월

  - 상단의 '불러오기' 아이콘을 클릭하여 입력 데이터를 자동반영한다.

구 분	거 래 건 수	공 급 가 액	세 액
합 계	2	3,050,000	305,000
현 금 영 수 증	1	3,000,000	300,000
화물 운전자 복지카드			
사 업 용 신 용 카 드	1	50,000	5,000
기 타 신 용 카 드 등			

그 밖의 신용·직불카드, 기명식선불카드, 직불전자지급수단 및 기명식선불전자지급수단 매출전표 수령금액 합계   [크게]

	유형	거래내역				가맹점(공급자)			회원 인적사항	
		거래일자	공급가액	세액	건수	상 호	사업자등록번호	성명(법인명)	카드회원번호	승인번호
1	사업용	-10-24	50,000	5,000	1	진영주유소	105-90-55780	하나카드	1233-1252-4550-1110	
2	현금	-10-28	3,000,000	300,000	1	(주)신도리코	220-81-12128			

(3) [부가가치세신고서] 10월 1일 ~ 12월 31일

구분		금액	세율	세액
	신용매출전표수취/일반 41	50,000		5,000
14	신용매출전표수취/고정 42	3,000,000		300,000

구분		금액	세율	세액
전자신고세액공제 54				10,000

[실무수행평가] - 부가가치세관리

번호	평가문제	배점	답
11	[세금계산서합계표 조회] ㈜청정기업 전자세금계산서 발급 공급가액	2	18,000,000
12	[세금계산서합계표 조회] 매출전자세금계산서 발급매수	2	26
13	[매입매출전표입력 조회] 수정입력사유 코드번호	2	3
14	[의제매입세액공제신고서 조회] 의제매입세액	2	146,153
15	[부가가치세신고서 조회] 과세_세금계산서 발급분	2	250,000,000
16	[부가가치세신고서 조회] 그밖의 공제매입세액	2	161,153
17	[부가가치세신고서 조회] 첨부서류	2	④
18	[신용카드매출전표등 수령금액 합계표(갑) 조회] 신용카드등 매입명세의 합계 공급가액	3	3,050,000
19	[부가가치세신고서 조회] 그밖의 공제매입세액	2	305,000
20	[부가가치세신고서 조회] 차가감납부할 세액	3	3,628,200
부가가치세 소계		22	

실무수행 3. 결산

1. 수동결산 [일반전표입력]

(차) 가수금	13,300,000원	(대) 외상매출금((주)장원전자)	8,800,000원
		단기대여금(태평기기(주))	4,500,000원

2. 결산자료입력에 의한 자동결산

[결산자료입력 1]

① 고정자산등록(240.소프트웨어, 취득일 당기 4.1, 정액법)

주요등록사항	추가등록사항	자산변동사항		
1. 기 초 가 액		15. 전기말부인누계		
2. 전기말상각누계액	0	16. 전기말자본지출계		
3. 전 기 말 장 부 가 액	0	17. 자본지출즉시상각		
4. 신 규 취 득 및 증 가	10,000,000	18. 전 기 말 의 제 누 계		
5. 부 분 매 각 및 폐 기	0	19. 당 기 상 각 범 위 액	1,500,000	
6. 성 실 기 초 가 액		20. 회 사 계 상 상 각 비	1,500,000	
7. 성 실 상 각 누 계 액			사용자수정	
8. 상 각 기 초 가 액	10,000,000	21. 특 별 상 각 률		
9. 상 각 방 법	1 정액법	22. 특 별 상 각 비	0	
10. 내용연수(상각률)	5 ? 0.200	23. 당기말상각누계액	1,500,000	
11. 내 용 연 수 월 수	미경과 9	24. 당 기 말 장 부 가 액	8,500,000	
12. 상각상태완료년도	진행	25. 특 례 적 용	0 부	
13. 성실경과/차감연수	/	* 년 수	년	
14. 성 실 장 부 가 액		26. 업무용승용차여부	0 부	

1. 취 득 수 량		4. 최 저 한 세 부 인 액	
2. 경 비 구 분	0 800번대	5. 당 기 의 제 상 각 액	
3. 전 체 양 도 일 자	----.--.--	6. 전 체 폐 기 일 자	----.--.--

② [결산자료입력]

결산자료입력에서 판매비관리비 소프트웨어 상각비란에 1,500,000원을 직접 입력하고
전표추가(F3) 를 클릭하여 결산분개를 생성한다.

[결산자료입력 2]

- 결산자료입력에서 기말 제품 26,000,000원을 입력하고 전표추가(F3) 를 클릭하여 결산분개를 생성
한다.

[이익잉여금처분계산서] 메뉴

- **이익잉여금처분계산서에서 처분일을 입력한 후, 전표추가(F3) 를 클릭하여 손익대체분개를 생성**한다.

[실무수행평가] - 재무회계

번호	평가문제	배점	답
21	[영수증수취명세서 조회] 명세서 제출 제외대상	2	760,000
22	[거래처원장 조회] 거래처별 외상매출금 잔액	1	③
23	[받을어음현황 조회]만기가 도래하는 받을어음 총액	1	22,000,000
24	[일/월계표 조회] 1/4분기 제조경비	1	9,620,000
25	[일/월계표 조회] 1/4분기 영업외수익	2	2,900,000
26	[일/월계표 조회] 2/4분기 제품매출	1	290,960,000
27	[일/월계표 조회] 4/4분기 차량유지비(판)	1	1,643,000
28	[재무상태표 조회] 3월말 미수금 잔액	2	36,100,000
29	[재무상태표 조회] 3월말 선수금 잔액	2	9,750,000
30	[재무상태표 조회] 9월말 원재료 잔액	1	③
31	[재무상태표 조회] 12월말 단기대여금 잔액	2	15,000,000
32	[재무상태표 조회] 기말 제품잔액	2	26,000,000
33	[재무상태표 조회] 12월말 비품 장부금액	1	4,000,000
34	[재무상태표 조회] 12월말 소프트웨어 장부금액	3	8,500,000
35	[재무상태표 조회] 12월말 이월이익잉여금 잔액	1	③
	재무회계 소계	23	

실무수행 4. 근로소득관리

1. 급여명세에 의한 급여자료

(1) [수당등록]

	코드	수당명	과세구분	근로소득유형	
1	101	기본급	과세	1.급여	
2	102	상여	과세	2.상여	
3	200	직책수당	과세	1.급여	
4	201	자격수당	과세	1.급여	
5	202	식대	비과세	2.식대	P01
6	203	자녀수당	과세	1.급여	
7	204	자가운전보조금	과세	1.급여	

수당등록 / 공제등록 / 비과세/감면설정 / 사회보험

☞ 근로자가 야간근무 등 시간외 근무시 식사나 기타음식물을 제공하여도 식대는 비과세대상이다.

(2) [급여자료입력]

급여항목	지급액	공제항목	공제액
기본급	2,500,000	국민연금	157,500
직책수당	50,000	건강보험	122,320
자격수당	100,000	고용보험	27,000
식대	150,000	장기요양보험료	15,000
자녀수당	100,000	소득세	67,350
자가운전보조금	200,000	지방소득세	6,730
		농특세	
과 세	2,950,000		
비 과 세	150,000		
감면 소득		공제액 계	395,900
지급액 계	3,100,000	차인지급액	2,704,100

지급	등록	대출

지급/공제 조회구분 : 1.현재사원_당월

항목	TX	금액
기본급	과세	2,500,000
직책수당	과세	50,000
자격수당	과세	100,000
식대	과세	50,000
식대	비과	100,000
과 세		3,000,000
비 과 세		100,000
감면 소득		0
지급액 계		3,100,000

공제항목	지급액
국민연금	157,500
건강보험	122,320
고용보험	27,000
장기요양보험료	15,000
소득세	67,350
지방소득세	6,730
농특세	
공제액 계	395,900
차인지급액	2,704,100

주민(외국인)번호 : 791211-1807626

☞ **비과세금액=식대(150,000)**

☞ 소득세 등은 자동계산되어집니다.

(3) [원천징수이행상황신고서] 귀속기간 7월, 지급기간 7월, 0.정기신고

		소득지급(과세미달,비과세포함)		징수세액				9.당월 조정 환급세액	10.소득세 등 (가산세 포함)
구분	코드	4.인원	5.총지급액	6.소득세 등	7.농어촌특별세	8.가산세			
간 이 세 액	A01	1	2,950,000	67,350					
중 도 퇴 사	A02								

[실무수행평가] – 근로소득관리 1

번호	평가문제 [이기중 7월 급여자료 조회]	배점	답
36	과세대상 금액(식대 150,000원 제외)	2	2,950,000
37	과세대상 식대금액	2	0
38	비과세 총금액(식대 20만원 한도)	2	150,000
39	급여의 차인지급액	1	2,707,090
40	[이기중 7월 원천징수이행상황신고서 조회] 소득세등 금액	1	62,640

※ 36~40은 프로그램이 자동계산되어지므로 시점(세법개정, 프로그램 업데이트)마다 달라질 수가 있습니다.

2. 주민등록등본에 의한 사원등록

관계	요 건		기본 공제	추가 (자녀)	판 단
	연령	소득			
본인(세대주)	–	–	○		
배우자	–	○	○		12/31 현재 주민등록상 기준 **주택입주지체상금은 80%필요경비 기타소득이므로 소득금액 충족**
부(82)	○	○	○	경로,장애(3)	조건부 금융소득 2천만원 이하자
자1(28)	×	○	부		일용근로소득은 분리과세소득
자2(20)	○	○	○	자녀	
형제(41)	×	○	부		

[실무수행평가] – 근로소득관리 2

번호	평가문제 [정덕호 근로소득원천징수영수증 조회]	배점	답
41	기본공제대상 인원수(본인포함)	2	4
42	부양가족공제대상액(본인, 배우자 제외-부친, 자녀 2명)	2	3,000,000
43	경로우대 공제대상액(부친)	2	1,000,000
44	장애인 공제대상액(부친)	1	2,000,000
45	자녀세액공제 금액(자녀2)	1	150,000

3. 국세청연말정산간소화 및 이외의 자료를 기준으로 연말정산(권민호 총급여액 40,000,000원)

〈기본공제대상 요건〉

관계	요 건		기본 공제	판 단
	연령	소득		
본인(세대주)	–	–	○	
배우자	–	○	○	
부(74)	○	○	○	
자(15)	○	○	○	

〈연말정산 대상 판단〉

관계	요 건		내역 및 대상여부	입력
	연령	소득		
의 료 비	×	×	• 부친의료비(건강보호약품 제외)	○(65세 2,400,000)
보 험 료	○	○	• 본인 생명보험료(저축성보험 제외)	○(일반 2,200,000)
교 육 비	×	○	• 배우자 대학원 수업료 　☞ 대학원은 본인만 대상 • 자 교육비(교복은 50만원 한도) 　학원비는 대상에서 제외	× ○(중학 1,350,000)

[실무수행평가] - 근로소득관리 3

번호	평가문제 [권민호 근로소득원천징수영수증 조회]	배점	답
46	보장성 보험의 공제대상 지출액	2	2,200,000
47	의료비 세액공제액	2	180,000
48	교육비 공제대상 지출액	2	1,350,000
49	차감징수세액(소득세)	2	-600,920
50	실효세율(%)	1	0.7
	근로소득 소계	25	

※ 49,50은 프로그램이 자동계산되어지므로 시점(세법개정, 프로그램 업데이트)마다 달라질 수가 있습니다.

〈참고사항 : 세액공제 총급여액 40,000,000원〉

※ 시험시 프로그램이 자동계산되어진 것으로 답을 입력하시고 시간이 남으시면 체크해 보시기 바랍니다.

		한도	공제율	대상금액	세액공제
1. 의료비	특정	–	15%	2,400,000	180,000
	☞의료비세액공제 = [2,400,000-총급여액(40,000,000)×3%]×15% = 180,000				

■■■■■■■ **실무이론평가**

01. 다음 중 회계정보의 질적 특성 중 목적적합성에 대한 설명으로 옳지 <u>않은</u> 것은?
　① 회계정보가 정보이용자의 의사결정에 반영될 수 있도록 적시에 제공되어야 한다.
　② 회계정보는 그 정보가 나타내고자 하는 대상을 충실히 표현하고 있어야 한다.
　③ 회계정보는 정보이용자의 당초 기대치를 확인 또는 수정할 수 있게 함으로써 의사결정에 차이를 가져올 수 있다.
　④ 회계정보는 정보이용자가 기업실체의 과거, 현재 또는 미래 사건의 결과에 대한 예측을 하는 데 도움이 된다.

02. 다음은 (주)한공의 20x1년 12월 31일 현재 보유중인 상품에 대한 자료이다. 20x1년 손익계산서에 계상될 재고자산평가손실은 얼마인가?

수 량	장부상 단가	단위당 예상 판매가격	단위당 예상 판매비용
1,000개	100원	110원	30원

　① 0원
　② 10,000원
　③ 20,000원
　④ 30,000원

03. 다음은 (주)한공의 주식발행 관련 대화이다. 주식발행이 자본에 미치는 영향을 모두 고른 것은?

> • 임과장 : 채무상환 자금이 부족하여 외부 자금 조달이 매우 급합니다.
> • 김대리 : 우리 회사 주식의 가치가 동종 기업보다 높으니 주식을 발행하여 조달하는 것이 좋겠습니다.
> • 임과장 : 그럼, 주당 발행금액은 얼마까지 가능할까요?
> • 김대리 : 주당 액면금액의 2배로 발행할 수 있을 것 같습니다.

> 가. 자본금이 증가한다.
> 나. 자본잉여금이 증가한다.
> 다. 자본 총액이 증가한다.

※ 1차 저작권자의 저작권 침해 소지가 있어 삽화 삽입은 어려우니 양해바랍니다.

① 가   ② 가, 나

③ 나, 다   ④ 가, 나, 다

04. (주)한공은 20x0년에 장기투자 목적으로 (주)공인의 주식을 1,000,000원에 취득하고 매도가능증권으로 분류하였다. 다음 자료를 토대로 20x2년에 인식할 매도가능증권처분손익을 계산하면 얼마인가?

> • 20x0년말 공정가치: 900,000원
> • 20x1년말 공정가치: 1,200,000원
> • 20x2년중 처분금액: 1,100,000원 (현금 수령)

① 매도가능증권처분손실 100,000원

② 매도가능증권처분손실 200,000원

③ 매도가능증권처분이익 100,000원

④ 매도가능증권처분이익 200,000원

05. (주)한공은 다음과 같이 사용하던 기계장치를 거래처의 동종자산으로 교환하여 취득하였다. 새로운 기계장치의 취득원가로 옳은 것은?

> • (주)한공이 제공한 기계장치 관련 금액
>   취득원가 30,000,000원   감가상각누계액 24,000,000원   공정가치 5,000,000원
> • 거래처로부터 제공받은 기계장치 관련 금액
>   취득원가 20,000,000원   감가상각누계액 15,000,000원   공정가치 3,000,000원

① 3,000,000원   ② 4,000,000원

③ 5,000,000원   ④ 6,000,000원

06. 다음 자료에 의해 (주)한공의 회계연도 말 재무상태표에 표시될 매출채권 금액을 계산하면 얼마인가?

• 기초매출채권 100,000원	• 당기총매출액 3,000,000원
• 매출채권회수액 500,000원	• 당기현금매출액 300,000원

① 2,300,000원
② 2,600,000원
③ 2,800,000원
④ 3,000,000원

07. 다음 중 부가가치세법상 영세율과 면세에 대한 설명으로 옳은 것은?

① 면세사업자는 매입 시 부담한 부가가치세액을 공제받을 수 있다.
② 영세율 적용대상자는 과세사업자로서 부가가치세법의 제반의무를 이행해야 한다.
③ 영세율 적용대상자는 매입 시 부담한 부가가치세액을 공제받을 수 없다.
④ 면세사업자는 면세를 포기하지 않아도 영세율을 적용받을 수 있다.

08. 다음은 제조업을 영위하는 (주)한공의 20x1년 2기 예정신고기간(20x1.7.1. ~ 20x1.9.30.)의 거래내역이다. 부가가치세법상 매출세액은 얼마인가?(단, 주어진 자료의 금액에는 부가가치세가 포함되어 있지 않다.)

• 국내 매출액	7,000,000원
• 하치장 반출액	1,000,000원
• 국외(수출) 매출액	5,000,000원
• 매입세액 공제 받은 제품의 대표자 개인적 사용분(시가 1,000,000원)	800,000원

① 700,000원
② 780,000원
③ 800,000원
④ 1,300,000원

09. 다음은 (주)한공의 영업부장으로 근무하고 있는 김공인 씨가 20x1년에 회사에서 지급(또는 제공)받은 금액 및 이익이다. 다음 중 소득세 과세대상 근로소득에 해당하는 것을 모두 고르면?

가. 여비의 명목으로 받는 월액의 급여
나. 자녀의 학자금 수령액
다. 법인세법에 따라 상여로 처분된 금액
라. 식사의 제공을 받지 않고 수령한 20만원의 식대

① 가, 나
② 나, 라
③ 가, 나, 다
④ 나, 다, 라

10. 다음 자료를 토대로 거주자 김한공 씨의 20x1년도 종합소득산출세액을 계산하면 얼마인가?
(단, 원천징수대상이 되는 소득은 세법에 따라 적절하게 원천징수 되었다.)

• 정기적금 이자 만기 수령금액	5,000,000원
• 사업소득금액	36,000,000원
• 기타소득금액	4,000,000원
• 종합소득공제	3,000,000원

• 종합소득세율은 다음과 같다.

종합소득과세표준	세율	누진공제액
1,400만원 이하	6%	–
5,000만원 이하	15%	1,260,000원

① 4,290,000원 　② 5,550,000원 　③ 5,220,000원 　④ 6,300,000원

■ 실무수행평가

(주)가마솥산업(2560)은 가정용 전기밥솥 제조업을 영위하는 법인기업으로 회계기간은 제7기(20x1.1.1. ~ 20x1.12.31.)이다. 제시된 자료와 자료설명을 참고하여, [수행과제]를 완료하고 [평가문제]의 물음에 답하시오.

실무수행1 　거래자료입력

실무프로세스 자료이다. [자료설명]을 참고하여 [수행과제]를 수행하시오.

1. 3만원초과 거래자료에 대한 경비등송금명세서 작성
자료 1.

납 품 확 인 증

(주)가마솥산업 귀하

품 명	상추 20박스
금 액	400,000 원

위와 같이 납품하였음을 확인함.

20x1년 1월 24일

성　　　　명: 김금동
주민등록번호: 670928-1000315
주　　　　소: 경기도 화성시 봉담읍 100
계 좌 번 호: 국민은행 0123456-125451

자료 2.

이체확인증

이 체 일 시	20x1-01-24 14:30:20	입 금 은 행	국민은행
입 금 계 좌 번 호	0123456-125451	예 금 주	김금동
이 체 금 액	400,000원	수 수 료	
C M S 코 드		출 금 계 좌	
송 금 인	(주)가마솥산업		
메 모			

상기내용과 같이 이체가 완료되었음을 확인합니다.
20x1년 1월 24일 (주)하나은행

이체일
20x1/01/24
하나은행

✦ KEB 하나은행

¶ 본 명세는 고객의 편의를 위해 제공되는 것으로, 거래의 참고용으로만 사용하실 수 있습니다.

자료설명	1. 자료 1은 공장 직원식당에서 사용할 상추를 농어민에게 직접 구입하고 받은 납품확인증이다. 2. 자료 2는 구입대금을 당사 하나은행 보통예금계좌에서 송금한 이체확인증이다.
수행과제	1. 거래자료를 입력하시오. 2. 경비등송금명세서를 작성하시오.(단, 영수증수취명세서 작성은 생략할 것.)

2. 약속어음의 만기결제, 할인 및 배서양도

전 자 어 음

(주)가마솥산업 귀하   00420220120123456789

금 일천이백만원정   <u>12,000,000원</u>

위의 금액을 귀하 또는 귀하의 지시인에게 지급하겠습니다.

지급기일 20x1년 7월 20일   발행일 20x1년 1월 20일
지 급 지 국민은행   발행지
지급장소 역삼지점   주 소 서울특별시 강남구 역삼로 23
                              발행인 (주)세정물산

자료설명	[2월 10일] 제품매출처 (주)세정물산에서 받아 보관중인 전자어음을 (주)삼주무역의 외상매입금 12,000,000원을 결제하기 위하여 배서양도 하였다.
수행과제	1. 거래자료를 입력하시오. 2. 자금관련정보를 입력하여 받을어음 현황에 반영하시오.

3. 단기매매증권 구입 및 매각

자료 1. 단기매매증권 매입관련 자료

	취득목적	주식수	액면금액	취득단가	거래수수료
1	단기투자목적	1,000주	5,000원	6,800원	125,000원

자료 2. 보통예금(국민은행) 거래내역

		내용	찾으신금액	맡기신금액	잔액	거래점
번호	거래일	계좌번호 101-25-859655 (주)가마솥산업				
1	20x1-3-9	주식 구입	6,925,000		***	***

자료설명	1. 자료 1은 본사가 단기투자목적으로 매입한 주식내역이다. 2. 자료 2는 주식매입대금을 지급한 국민은행 보통예금거래 내역이다.
수행과제	주식매입과 관련한 거래자료를 입력하시오.

실무수행2 | 부가가치세관리

부가가치세 신고 관련 자료이다. [자료설명]을 참고하여 [수행과제]를 수행하시오.

1. 전자세금계산서 발급

거래명세서			(공급자 보관용)			

공급자	등록번호	221-81-55552			공급받는자	등록번호	123-81-52149		
	상호	(주)가마솥산업	성명	장민국		상호	(주)중앙산업	성명	오민수
	사업장 주소	강원도 춘천시 명동길 11(조양동)				사업장 주소	서울특별시 송파구 송파대로 170		
	업태	제조업	종사업장번호			업태	도소매업	종사업장번호	
	종목	전기밥솥				종목	전자제품외		

거래일자	미수금액	공급가액	세액	총 합계금액
20x1.4.16.		8,000,000원	800,000원	8,800,000원

NO	월	일	품목명	규격	수량	단가	공급가액	세액	합계
1	4	16	전기압력밥솥		20	400,000	8,000,000	800,000	8,800,000

자료설명	1. 제품을 공급하고 전자세금계산서를 발급하였다. 2. 전자세금계산서를 발행하고 대금은 전액 롯데카드로 결제받았다. (카드결제 대금은 외상매출금으로 처리할 것.)
수행과제	1. 거래자료를 입력하시오. 2. 전자세금계산서 발행 및 내역관리 를 통하여 발급 · 전송하시오. (전자세금계산서 발급 시 결제내역 및 전송일자는 무시할 것.)

2. 수정전자세금계산서의 발급

전자세금계산서				(공급자 보관용)			승인번호			

공급자	등록번호	221-81-55552				공급받는자	등록번호	506-81-45111		
	상호	(주)가마솥산업	성명 (대표자)	장민국			상호	(주)기남전자	성명 (대표자)	장기남
	사업장 주소	강원도 춘천시 명동길 11(조양동)					사업장 주소	경상북도 포항시 남구 시청로 9		
	업태	제조업		종사업장번호			업태	제조.도소매업		종사업장번호
	종목	전기밥솥					종목	가전제품		
	E-Mail	sot@bill36524.com					E-Mail	kinam@bill36524.com		

작성일자	20x1.6.1.	공급가액	15,000,000	세 액	1,500,000
비고					

월	일	품목명	규격	수량	단가	공급가액	세액	비고
6	1	전기밥솥		50	300,000	15,000,000	1,500,000	

합계금액	현금	수표	어음	외상미수금	이 금액을	○ 영수 ◉ 청구	함
16,500,000				16,500,000			

자료설명	1. 6월 1일 제품을 공급하고 발급한 전자세금계산서이며 매입매출전표에 입력되어 있다. 2. 담당자의 착오로 동일 건을 이중 발급한 사실을 확인하였다.
수행과제	수정사유를 선택하여 수정전자세금계산서를 발급 · 전송하시오.(외상대금 및 제품 매출에서 음수(-)로 처리하고 전자세금계산서 발급 시 결제내역 및 전송일자는 고려하지 않을 것.)

3. 수출실적명세서 작성자의 부가가치세 신고서 작성

자료 1. 수출신고필증(갑지)

수 출 신 고 필 증 (갑지)

UNI-PASS 관세청 전자통관시스템

※ 처리기간 : 즉시

제출번호	32245-69-11110001	⑤ 신고번호		⑥ 세관.과	⑦ 신고일자	⑧ 신고구분	⑨ C/S구분
① 신 고 자	인천 관세법인 관세사 최고봉	12356-22-413508-X		130-82	20x1/7/13	H	

② 수 출 자 (주)가마솥산업		⑩ 거래구분 11	⑪ 종류 A	⑫ 결제방법 TT
(통관고유부호) (주)가마솥산업-1-74-1-12-4		⑬ 목적국 CN CHINA	⑭ 적재항 INC 인천항	⑮ 선박회사 (항공사) HJSC
수출자구분 A		⑯ 선박명(항공편명) HANJIN SAVANNAH	⑰ 출항예정일자 20x10714	⑱ 적재예정보세구역 03012202
수 출 화 주 (주)가마솥산업 (통관고유부호)		⑲ 운송형태 10 BU		⑳ 검사희망일 20x1/7/13
(주)가마솥산업-1-74-1-12-4 (주소) 강원도 춘천시 명동길 11 (대표자) 장민도 101 (소재지) (사업자등록번호) 221-81-55552		㉑ 물품소재지 한진보세장치장 인천 중구 연안동 245-1		

③ 제 조 자 (주)가마솥산업		㉒ L/C번호 868EA-10-55554	㉓ 물품상태 N
(통관고유부호) (주)가마솥산업 -1-74-1-12-4		㉔ 사전임시개청통보여부 A	㉕ 반송 사유
제조장소 214 산업단지부호			

④ 구 매 자 baidu Co., Ltd	㉖ 환급신청인 1 (1:수출대행자/수출화주, 2:제조자)
(구매자부호) CNTOSHIN12347	간이환급 NO

· 품명 · 규격 (란번호/총란수: 999/999)

㉗ 품 명 압력밥솥	㉙ 상표명 NO
㉘ 거래품명 압력밥솥	

㉚ 모델·규격 ABC-1 250		㉛ 성분	㉜ 수량 30(EA)	㉝ 단가(CNY) 8000	㉞ 금액(CNY) 240,000
㉟ 세번부호	1234.12-1234	㊱ 순중량 500KG	㊲ 수량 30(EA)	㊳ 신고가격 (FOB)	元240,000 ₩46,512,000
㊴ 송품장번호	AC-2013-00620	㊵ 수입신고번호	㊶ 원산지 Y	㊷ 포장갯수(종류)	30BOX

㊸ 수출요건확인(발급서류명)				
㊹ 총중량	950KG	㊺ 총포장갯수 5,000C/T	㊻ 총신고가격 (FOB)	元240,000 ₩46,512,000
㊼ 운임(₩)		㊽ 보험료(₩)	㊾ 결제금액	元240,000
㊿ 수입화물관리번호			51 컨테이너번호	CKLU2005013 Y

※ 신고인기재란	52 세관기재란
수출자 : 제조/무역, 전자제품	

53 운송(신고)인 한라통운(주) 박운송	55 적재의무 기한	20x1/7/14	56 담당자	990101 (김태호)	57 신고수리 일자	20x1/7/13
54 기간 20x1/7/13 부터 20x1/7/14 까지						

자료 2. 기준환율 내역

외화금액	수출신고일	선적일	7월 13일 기준환율	7월 14일 기준환율
CNY 240,000	7월 13일	7월 14일	193.80원/CNY	194.50원/CNY

자료설명	1. 자료 1은 중국의 baidu Co.,Ltd에 제품을 직수출하고 신고한 수출신고필증이다. 대금은 다음 달 말일에 거래은행을 통하여 송금받기로 하였다. 2. 자료 2는 기준환율 내역이다.
수행과제	1. 거래자료를 입력하시오. 2. 제2기 예정 신고기간의 수출실적명세서를 작성하시오. 3. 제2기 부가가치세 예정신고서에 반영하시오.

4. 매입세액불공제내역 작성자의 부가가치세신고서 작성

자료 1. 전자세금계산서

전자세금계산서					(공급받는자 보관용)			승인번호		
공급자	등록번호	211-81-12221				공급받는자	등록번호	221-81-55552		
	상호	세계자동차(주)	성명(대표자)	이동철			상호	(주)가마솥산업	성명(대표자)	장민국
	사업장주소	서울특별시 강남구 역삼로 213					사업장주소	강원도 춘천시 명동길 11(조양동)		
	업태	소매업	종사업장번호				업태	제조업	종사업장번호	
	종목	자동차매매					종목	전기밥솥		
	E-Mail	dh987654@bill36524.com					E-Mail	sot@bill36524.com		
작성일자		20x1.10.27.	공급가액		27,000,000		세 액		2,700,000	
비고										

월	일	품목명	규격	수량	단가	공급가액	세액	비고
10	27	소나타		1	27,000,000	27,000,000	2,700,000	

합계금액	현금	수표	어음	외상미수금	이 금액을	○ 영수	함
29,700,000				29,700,000		● 청구	

자료 2. 전자세금계산서

전자세금계산서					(공급받는자 보관용)			승인번호		
공급자	등록번호	213-32-12326				공급받는자	등록번호	221-81-55552		
	상호	지에스마트	성명(대표자)	박광수			상호	(주)가마솥산업	성명(대표자)	장민국
	사업장주소	서울특별시 서대문구 충정로7길 386					사업장주소	강원도 춘천시 명동길 11(조양동)		
	업태	도소매	종사업장번호				업태	제조업	종사업장번호	
	종목	식자재외					종목	전기밥솥		
	E-Mail	24mart@bill36524.com					E-Mail	sot@bill36524.com		
작성일자		20x1.11.28.	공급가액		3,000,000		세 액		300,000	
비고										

월	일	품목명	규격	수량	단가	공급가액	세액	비고
11	28	선물세트		30	100,000	3,000,000	300,000	

합계금액	현금	수표	어음	외상미수금	이 금액을	● 영수	함
3,300,000	3,300,000					○ 청구	

자료 3. 신용카드매출전표

매 출 전 표

카드종류	거래일자
삼성카드	20x1-12-30 14:32:21

카드번호(CARD NO)
1234-1234-****-1**4

승인번호	금액	백		천		원
20221230143221	AMOUNT	2 0 0 0 0 0				
일반	할부	부가세 V.A.T	2 0 0 0 0			
일시불						
		봉사료 CASHBACK				
거래유형		합계 TOTAL	2 2 0 0 0 0			
신용승인						

가맹점명
평가옥

대표자명	사업자번호
이영숙	137-09-34727

전화번호	가맹점번호
02-569-1250	18376244

주소
서울특별시 강남구 압구정로 344-12

상기의 거래 내역을 확인합니다. 서명 (주)가마솥산업

자료설명	1. 자료 1은 영업부의 업무용으로 승용차(개별소비세 과세대상, 5인승, 2,000cc)를 외상으로 구입하고 발급받은 전자세금계산서이다. 2. 자료 2는 제품 매출거래처에 증정할 선물을 현금으로 구입하고 발급받은 전자세금계산서이다. 3. 자료 3은 원재료 매입거래처 직원과 친목도모를 위한 식대를 결제하고 발급받은 신용카드매출전표이다.
수행과제	1. 자료 1~3의 거래자료를 입력하시오.(전자세금계산서와 관련된 거래는 '전자입력'으로 처리할 것.) 2. 제2기 확정신고기간의 [매입세액불공제내역]을 작성하시오. 3. 매입세액불공제내역 및 전자신고세액공제를 반영하여 제2기 부가가치세 확정신고서를 작성하시오. - 제2기 부가가치세 확정신고서를 홈택스로 전자신고하여 전자신고세액공제 10,000원을 공제받기로 한다.

평가문제 입력자료 및 회계정보를 조회하여 [평가문제]의 답안을 입력하시오.(70점)

[실무수행평가] - 부가가치세관리

번호	평가문제	배점
11	**[회사등록 조회]** (주)가마솥산업의 회사등록 정보이다. 다음 중 올바르지 않은 것은? ① (주)가마솥산업은 내국법인이며, 사업장 종류별 구분은 "중소기업"에 해당한다. ② (주)가마솥산업의 업종(기준경비율)코드는 '293001'로 제조업에 해당한다. ③ (주)가마솥산업의 국세환급사유 발생시 '국민은행'으로 입금된다. ④ 전자세금계산서 관리를 위한 담당자 E-mail은 sot@bill36524.com이다.	2
12	**[매입매출전표입력 조회]** 6월 1일자 수정세금계산서의 수정입력사유 코드번호를 입력하시오.	2
13	**[세금계산서합계표 조회]** 제1기 확정신고기간의 거래처 '(주)중앙산업'에 전자발행된 세금계산서 총공급가액은 얼마인가?	2
14	**[세금계산서합계표 조회]** 제1기 확정신고기간의 매출전자세금계산서 발급매수는 총 몇 매인가?	2
15	**[수출실적명세서 조회]** 제2기 예정신고기간의 수출실적명세서 '⑩수출한재화'의 원화금액은 얼마인가?	2
16	**[부가가치세신고서 조회]** 제2기 예정신고기간의 부가가치세신고서에 반영되는 영세율 과세표준 총액은 얼마인가?	2
17	**[부가가치세신고서 조회]** 제2기 예정신고기간의 부가가치세 신고시에 작성되는 부가가치세 첨부서류에 해당하지 않는 것은? ① 세금계산서합계표　　② 수출실적명세서 ③ 건물등감가상각자산취득명세서　　④ 공제받지못할매입세액명세서	3
18	**[매입세액불공제내역 조회]** 제2기 확정신고기간 매입세액불공제내역의 '2.공제받지 못할 매입세액 내역'의 내용으로 옳은 것은? ① 사업과 직접 관련 없는 지출 관련 건수는 1건이다 ② 비영업용 소형 승용 자동차구입 및 유지관련 건수는 1건이다. ③ 기업업무추진비(접대비) 및 이와 유사한 비용 관련 건수는 2건이다 ④ 공제받지 못할 매입세액내역은 확정신고시에만 제출한다.	3
19	**[부가가치세신고서 조회]** 제2기 확정신고기간 부가가치세신고서의 고정자산매입(11란)의 금액은 얼마인가?	2
20	**[부가가치세신고서 조회]** 제2기 확정신고기간의 부가가치세 차가감납부할세액(27란)은 얼마인가?	2
	부가가치세 소계	22

실무수행3   결산

[결산자료]를 참고로 결산을 수행하시오.(단, 제시된 자료 이외의 자료는 없다고 가정함.)

1. 수동결산

자료설명	결산일 현재 정기예금에 대한 내용이다. 당기분 경과이자를 인식하고자 한다. (단, 이자계산은 월할계산으로 하되 1월 미만은 1월로 한다.)					
	거래처	발생일자	만기일자	금액	이자율	이자지급일
	우리은행	20x1.08.01.	20x2.08.01.	30,000,000원	4%	20x2.08.01.
수행과제	결산정리분개를 입력하시오.					

2. 결산자료입력에 의한 자동결산

자료설명	1. 기말 현재 퇴직급여추계액 전액을 퇴직급여충당부채로 설정하고자 한다. 기말 현재 퇴직급여추계액 및 당기 퇴직급여충당부채 설정 전의 퇴직급여충당부채 잔액은 다음과 같다.		
	부 서	퇴직급여추계액	퇴직급여충당부채 잔액
	생산부	52,300,000원	40,000,000원
	영업부	26,500,000원	12,000,000원

2. 기말재고자산 현황

구 분	실사내역		
	단위당원가	수량	평가액
원재료	100,000원	450	45,000,000원
제 품	250,000원	420	105,000,000원

※ 기말원재료 평가액에는 선적지 인도조건의 운송중인 재고 5,000,000원이 포함되어 있지 않다.

3. 이익잉여금처분계산서 처분확정(예정)일
   - 당기: 20x2년 3월 31일
   - 전기: 20x1년 3월 31일

수행과제	결산을 완료하고 이익잉여금처분계산서에서 손익대체분개를 하시오. (단, 이익잉여금처분내역은 없는 것으로 하고 미처분이익잉여금 전액을 이월이익잉여금으로 이월하기로 한다.)

[실무수행평가] – 재무회계

번호	평가문제	배점
21	**[경비등송금명세서 조회]** 경비등송금명세서에 반영되는 국민은행의 은행코드번호(CD)를 입력하시오.	1
22	**[받을어음현황 조회]** 1/4분기(1월~3월)에 배서양도한 받을어음의 총액은 얼마인가?	1
23	**[거래처원장 조회]** 3월 말 국민은행(코드 98001)의 보통예금 잔액은 얼마인가?	2
24	**[거래처원장 조회]** 4월 말 롯데카드(코드 99601)의 외상매출금 잔액은 얼마인가?	2
25	**[거래처원장 조회]** 6월 말 거래처별 외상매출금 잔액으로 옳지 않은 것은? ① 04003.(주)오투전자 2,310,000원 ② 04004.(주)기남전자 33,000,000원 ③ 04005.(주)하이전자 4,400,000원 ④ 04820.전자마트(주) 11,000,000원	1
26	**[일/월계표 조회]** 1/4분기(1월~3월) 발생한 복리후생비(제조)는 얼마인가?	2
27	**[일/월계표 조회]** 1/4분기(1월~3월) 발생한 수수료비용(영업외비용)은 얼마인가?	1
28	**[일/월계표 조회]** 3/4분기(7월~9월)에 발생한 제품매출은 얼마인가?	2
29	**[손익계산서 조회]** 당기 손익계산서의 접대비(판매관리비)는 얼마인가?	1
30	**[손익계산서 조회]** 당기 손익계산서의 이자수익(영업외수익)은 얼마인가?	2
31	**[재무상태표 조회]** 3월 말 외상매입금 잔액은 얼마인가?	2
32	**[재무상태표 조회]** 12월 말 차량운반구 장부금액은 얼마인가?	1
33	**[재무상태표 조회]** 12월 말 퇴직급여충당부채 잔액은 얼마인가?	2
34	**[재무상태표 조회]** 12월 말 기말 원재료 잔액은 얼마인가?	2
35	**[재무상태표 조회]** 12월 말 이월이익잉여금(미처분이익잉여금) 잔액으로 옳은 것은? ① 261,352,110원 ② 351,120,152원 ③ 461,352,164원 ④ 586,363,112원	1
	재무회계 소계	23

실무수행4 | 근로소득관리

인사급여 관련 자료이다. [자료설명]을 참고하여 [수행과제]를 수행하시오.

1. 급여명세에 의한 급여자료
자료 1. 9월 급여자료

(단위: 원)

사원	기본급	육아수당	자격증 수당	식대	야간근로수당	국민 연금	건강 보험	고용 보험	장기 요양보험
최예나	3,500,000	100,000	200,000	120,000	0	프로그램에서 자동 계산된 금액으 로 공제한다.			
배대광	2,100,000	0	200,000	120,000	300,000				

자료 2. 수당 및 공제요건

구분	코드	수당 및 공제명	내 용
수 당 등 록	101	기본급	설정된 그대로 사용한다.
	102	상 여	
	200	육아수당	출산 및 6세 이하 자녀를 양육하는 경우 매월 고정적으로 지급하고 있다.
	201	자격증수당	직무관련 자격 취득시 자격증수당을 지급하고 있다.
	202	식 대	회사에서 식당을 운영하며, 식사를 제공하고 있다.
	203	야간근로수당	생산직 사원에게 연장근로시간에 대하여 수당을 지급하고 있다.

자료설명	1. 자료 1에서 최예나는 영업부 과장이다. 2. 자료 1에서 배대광은 생산직 사원이며, 20x0년 총급여액은 3,300만원이다. 3. 9월 귀속분 급여지급일은 당월 25일이며, 사회보험료는 자동 계산된 금액으로 공제한다. 4. 당사는 반기별 원천징수 납부대상자가 아니다.
수행과제	1. 사원등록에서 생산직 비과세여부를 적용하시오. 2. 급여자료입력 메뉴에 수당등록을 하시오. 3. 9월분 급여자료를 입력하시오.(단, 구분 '1.급여'로 선택할 것.) 4. 9월 귀속분 [원천징수이행상황신고서]를 작성하시오.

[실무수행평가] - 근로소득관리 1

번호	평가문제	배점
36	**[최예나 9월 급여자료입력 조회]** 급여항목 중 과세대상 지급액은 얼마인가?	2
37	**[최예나 9월 급여자료입력 조회]** 수당항목 중 과세대상 식대 금액은 얼마인가?	2

번호	평가문제	배점
38	**[배대광 9월 급여자료입력 조회]** 수당항목 중 과세대상 야간근로수당 금액은 얼마인가?	2
39	**[배대광 9월 급여자료입력 조회]** 9월 급여의 차인지급액은 얼마인가?	1
40	**[9월 원천징수이행상황신고서 조회]** '10.소득세 등' 총 합계 금액은 얼마인가?	1

2. 일용직사원의 원천징수

자료 1. 일용직사원 관련정보

성 명	우영우 (코드 3001)
거주구분(내국인 / 외국인)	거주자 / 내국인
주민등록번호	960725 - 1182814
입사일자	20x1년 10월 1일

자료 2. 일용직급여내역

성 명	계산내역	10월의 근무일
우영우	1일 220,000원 × 총 4일 = 880,000원	4, 5, 6, 7일

자료설명	1. 자료 1, 2는 일용직 사원의 관련정보 및 급여지급내역이다. 2. 일용직 급여는 매일 지급하는 방식으로 한다. 3. 사회보험료 중 고용보험만 징수하기로 한다. 4. 제시된 사항 이외의 자료는 없는 것으로 한다.
수행과제	1. [일용직사원등록] 메뉴에 사원등록을 하시오. 2. [일용직급여입력] 메뉴에 급여내역을 입력하시오. 3. 10월 귀속분 원천징수이행상황신고서를 작성하시오.

[실무수행평가] - 근로소득관리 2

번호	평가문제	배점
41	**[일용직(우영우) 10월 일용직급여입력 조회]** 공제항목 중 고용보험의 총액은 얼마인가?	2
42	**[일용직(우영우) 10월 일용직급여입력 조회]** 10월 급여의 차인지급액 합계는 얼마인가?	1
43	**[10월 원천징수이행상황신고서 조회]** 근로소득에 대한 원천징수대상 인원은 총 몇 명인가?	2
44	**[10월 원천징수이행상황신고서 조회]** '6.소득세 등'에서 일용근로 대상 원천징수 세액은 얼마인가?	2

3. 국세청연말정산간소화 및 이외의 자료를 기준으로 연말정산

자료설명	사무직 임종욱(1003)의 연말정산을 위한 자료이다. 1. 사원등록의 부양가족현황은 사전에 입력되어 있다. 2. 부양가족은 임종욱과 생계를 같이 한다. 3. 임종욱은 20x1년 8월 31일까지 (주)동서울산업에서 근무하고 퇴직하였다.
수행과제	[연말정산 근로소득원천징수영수증] 메뉴에서 연말정산을 완료하시오. 1. 종전근무지 관련서류는 [소득명세] 탭에서 입력한다. 2. 의료비세액공제는 [의료비] 탭에서 입력하며, 국세청자료는 공제대상 합계금액을 1건으로 집계하여 입력한다.(단, 실손의료보험금 500,000원을 수령하였다.) 3. 보험료세액공제와 교육비세액공제는 [소득공제] 탭에서 입력한다. 4. 연금계좌세액공제는 [정산명세] 탭에서 입력한다.

자료 1. 임종욱 사원의 부양가족등록 현황

연말정산관계	성명	주민번호	기타사항
0.본인	임종욱	721010-1774918	세대주
3.배우자	이혜인	770202-2045678	소득 없음.
1.소득자 직계존속	이정희	430411-2222229	장애인 복지법에 의한 장애인이며, 부동산임대소득금액 2,000,000원 있음.
4.직계비속	임지은	121218-3094117	소득 없음.

자료 2. 임종욱 사원의 전근무지 정산내역

(8쪽 중 제1쪽)

거주구분	거주자1 / 비거주자2
거주지국 대한민국 거주지국코드	kr
내·외국인	내국인1 /외국인9
외국인단일세율적용	여 1 / 부 2
외국법인소속파견근로자여부	여 1 / 부 2
국적 대한민국 국적코드	kr
세대주 여부	세대주1, 세대원2
연말정산 구분	계속근로1 중도퇴사2

[√]근로소득 원천징수영수증
[ ]근로소득 지 급 명 세 서

([√]소득자 보관용 [ ]발행자 보관용 [ ]발행자 보고용)

관리
번호

징 수 의무자	① 법인명(상 호)(주)동서울산업	② 대 표 자(성 명) 김나영
	③ 사업자등록번호 504-81-43121	④ 주 민 등 록 번 호
	③-1 사업자단위과세자여부 여 1 / 부 2	
	⑤ 소 재 지(주소) 서울특별시 금천구 시흥대로 429	

소득자	⑥ 성 명 임종욱	⑦ 주 민 등 록 번 호 721010-1774918
	⑧ 주 소 서울특별시 서대문구 충정로 7길 30(충정로2가)	

	구 분	주(현)	종(전)	종(전)	⑯-1 납세조합	합 계
I 근무처별 소득명세	⑨ 근 무 처 명	(주)동서울산업				
	⑩ 사업자등록번호	504-81-43121				
	⑪ 근무기간	20x1.1.1.~ 20x1.8.31.	~	~	~	~
	⑫ 감면기간	~	~	~	~	~
	⑬ 급 여	20,000,000				20,000,000
	⑭ 상 여	6,000,000				6,000,000
	⑮ 인 정 상 여					
	⑮-1 주식매수선택권 행사이익					
	⑮-2 우리사주조합인출금					
	⑮-3 임원 퇴직소득금액 한도초과액					
	⑮-4					
	⑯ 계	26,000,000				26,000,000

	구분	코드				
II 비과세 및 감면소득명세	⑱ 국외근로	M0X				
	⑱-1 야간근로수당	O0X				
	⑱-2 출산·보육수당	Q0X				
	⑱-4 연구보조비	H0X				
	~					
	⑲ 수련보조수당	Y22				
	⑳ 비과세소득 계					
	⑳-1 감면소득 계					

	구 분	⑧ 소 득 세	⑧ 지방소득세	⑧ 농어촌특별세
III 세액명세	⑭ 결 정 세 액	150,000	15,000	
	기납부 세액 ⑮ 종(전)근무지 (결정세액란의 세액 기재) 사업자등록번호			
	⑯ 주(현)근무지	220,000	22,000	
	⑰ 납부특례세액			
	⑱ 차 감 징 수 세 액(⑭-⑮-⑯-⑰)	-70,000	-7,000	

국민연금보험료 : 540,000원	위의 원천징수액(근로소득)을 정히 영수(지급)합니다.
건강보험료 : 367,200원	
장기요양보험료 : 31,240원	20x1년
고용보험료 : 78,000원	징수(보고)의무자 (주)동서울산업 (서명)
	금 천 세 무 서 장 귀하

210mm×297mm[백상지 80g/㎡(재활용품)]

자료 3. 국세청간소화서비스 및 기타증빙자료

20x1년 귀속 소득·세액공제증명서류 : 기본(지출처별)내역 [의료비]

■ 환자 인적사항

성 명	주 민 등 록 번 호
임지은	121218-3******

■ 의료비 지출내역

(단위: 원)

사업자번호	상 호	종류	납입금액 계
109-04-16***	서울**병원	일반	2,300,000
106-05-81***	***의원	일반	400,000
의료비 인별합계금액			2,700,000
안경구입비 인별합계금액			0
산후조리원 인별합계금액			0
인별합계금액			2,700,000

 국 세 청 National Tax Service

- 본 증명서류는 『소득세법』 제165조 제1항에 따라 영수증 발급기관으로부터 수집한 서류로 소득·세액공제 충족 여부는 근로자가 직접 확인하여야 합니다.
- 본 증명서류에서 조회되지 않는 내역은 영수증 발급기관에서 직접 발급받으시기 바랍니다.

20x1년 귀속 소득·세액공제증명서류 : 기본(지출처별)내역
[보장성 보험, 장애인전용보장성보험]

■ 계약자 인적사항

성 명	주 민 등 록 번 호
임종욱	721010-1******

■ 보장성보험(장애인전용보장성보험) 납입내역

(단위: 원)

종류	상 호 사업자번호 종피보험자1	보험종류 증권번호 종피보험자2	주피보험자 종피보험자3		납입금액 계
저축성	한화생명보험(주) 108-81-15***	장기저축보험	770202-2045***	이혜인	1,200,000
보장성	삼성생명보험(주) 106-81-41***	암보험 100540651**	721010-1774***	임종욱	1,800,000
인별합계금액					3,000,000

 국 세 청 National Tax Service

- 본 증명서류는 『소득세법』 제165조 제1항에 따라 영수증 발급기관으로부터 수집한 서류로 소득·세액공제 충족 여부는 근로자가 직접 확인하여야 합니다.
- 본 증명서류에서 조회되지 않는 내역은 영수증 발급기관에서 직접 발급받으시기 바랍니다.

■ 장애인특수교육비납입증명서 ■

1. 교육생

① 성 명	이정희	② 주민등록번호	430411-2******

2. 장애인특수교육시설

③ 시 설 명	늘함께발달센터	④ 사업자등록번호	119-15-50400
⑤ 소 재 지	경기도 수원시 팔달구 매산로1 (매산로1가)	⑥ 전화번호	070-2165-5512
⑦ 시설구분	■ 사회복지사업법에 의한 사회복지시설 □ 민법에 의하여 설립된 비영리법인으로서 보건복지부장관이 장애인재활교육을 실시하는 기관으로 인정한 법인 □ 위 시설 또는 법인과 유사한 것으로서 외국에 있는 시설 또는 법인		

교 육 비 납 입 내 역 (20x1년도)

⑧ 납 부 월 일	⑨ 납 입 금 액	⑩ 납 부 월 일	⑨ 납 입 금 액
1월		7월	300,000원
2월		8월	300,000원
3월	300,000원	9월	300,000원
4월	300,000원	10월	300,000원
5월	300,000원	11월	300,000원
6월	300,000원	12월	300,000원
계	3,000,000원	사용목적	소득공제용

소득세법 제52조 및 소득세법시행령 제113조 제1항의 규정에 의하여 위와 같이 장애인특수교육비를 납부하였음을 증명합니다.

20x1년 12월 31일

교육기관장 유 진 호

20x1년 귀속 세액공제증명서류: 기본내역[연금저축]

■ 가입자 인적사항

성 명	주 민 등 록 번 호
이혜인	770202-2******

■ 연금저축 납입내역

(단위: 원)

상호	사업자번호	당해연도 납입금액	당해연도 납입액 중 인출금액	순납입금액
계좌번호				
(주)신한은행	134-81-54***	4,500,000		4,500,000
013479999				
순납입금액 합계		4,500,000		

 국 세 청
National Tax Service

- 본 증명서류는 『소득세법』 제165조 제1항에 따라 영수증 발급기관으로부터 수집한 서류로 소득·세액공제 충족 여부는 근로자가 직접 확인하여야 합니다.
- 본 증명서류에서 조회되지 않는 내역은 영수증 발급기관에서 직접 발급받으시기 바랍니다.

[실무수행평가] – 근로소득관리 3

번호	평가문제	배점
45	**[임종욱 근로소득원천징수영수증 조회]** '48.종합소득과세표준'은 얼마인가?	1
46	**[임종욱 근로소득원천징수영수증 조회]** '59.연금저축' 공제대상 지출 금액은 얼마인가?	2
47	**[임종욱 근로소득원천징수영수증 조회]** '60.보장성보험' 세액공제액은 얼마인가?	2
48	**[임종욱 근로소득원천징수영수증 조회]** '61.의료비' 세액공제액은 얼마인가?	2
49	**[임종욱 근로소득원천징수영수증 조회]** '62.교육비' 세액공제액은 얼마인가?	2
50	**[임종욱 근로소득원천징수영수증 조회]** '76.차감징수세액(소득세)'은 얼마인가?	1
	근로소득 소계	25

실무이론평가

1	2	3	4	5	6	7	8	9	10
②	③	④	③	④	①	②	③	③	①

01 표현의 충실성을 설명한 것으로서 신뢰성의 하위 속성에 해당한다.

02

수 량	장부상 단가 (가)	단위당 예상 판매가격 ①	단위당 예상 판매비용 ②	단위당 예상 순실현가능가치 (나) = ① − ②	단위당 평가손실 (가) − (나)
1,000개	100원	110원	30원	80원	20원

재고자산평가손실 = 1,000개 × 20원 = 20,000원

03 주당 액면금액의 2배로 발행하면 할증발행을 하게 된다.
주식의 액면금액만큼 자본금이 증가하고, **주식발행초과금이 발생하여 자본잉여금이 증가**하게 된다.
자본금과 자본잉여금이 증가한 만큼 자본총액도 증가한다.

04 **처분손익(매도가능증권) = 처분가액(1,100,000) − 취득가액(1,000,000) = +100,000원(처분이익)**

05 동종자산의 교환으로 취득한 유형자산의 취득원가는 교환을 위하여 **제공한 자산의 장부금액으로 한다.**
제공한 자산의 장부가액 = 취득원가(30,000,000) − 감가상각누계액(24,000,000) = 6,000,000원

06 외상매출액 = 총매출액(3,000,000) − 현금매출액(300,000) = 2,700,000원

매출채권

기초잔액	100,000	회수액	500,000
외상매출액	2,700,000	*기말잔액*	*2,300,000*
계	2,800,000	계	2,800,000

07 ① 면세사업자는 **매입시 부담한 부가가치세액을 공제받을 수 없다.**
③ 영세율 적용대상자는 매입 시 부담한 부가가치세액을 공제받을 수 있다.
④ 면세사업자는 **면세포기를 하여야만 영세율을 적용받을 수 있다.**

08 국외매출액은 영세율 과세 대상이므로 매출세액이 없으며, **하치장반출액은 과세거래에서 제외된다.**
매입세액 공제 받은 제품의 대표자 개인적 사용분은 시가로 과세된다.
매출세액 = [국내매출액(7,000,000) + 간주공급(1000,000)] × 10% = 800,000원

09 식사의 제공을 받지 않고 수령한 20만원의 식대를 제외하고 모두 과세대상 근로소득에 해당한다.

10 과세표준 = 사업소득금액(36,000,000) + 기타소득금액(4,000,000) - 소득공제(3,000,000)

= 37,000,000원

산출세액 = 37,000,000원 × 15% - 1,260,000원 = 4,290,000원

정기적금 이자 만기 수령액(이자소득)은 2,000만원 미만이므로 분리과세한다.

실무수행평가

실무수행 1. 거래자료입력

1. 3만원초과 거래자료에 대한 경비등송금명세서 작성

(1) [일반전표입력] 1월 24일

    (차) 복리후생비(판)　　　　　　　　　　400,000원　　　　(대) 보통예금(하나은행(보통))　400,000원

(2) [경비등송금명세서]

2. 약속어음의 만기결제, 할인 및 배서양도 [일반전표입력] 2월 10일

    (차) 외상매입금((주)삼주무역)　　12,000,000원　　　(대) 받을어음((주)세정물산) 12,000,000원

[받을어음현황]

- 대변 받을어음 계정에서 자금관리 BOX: 어음상태(3.배서),

어음번호(00420220120123456789), 지급거래처(01122.(주)삼주무역) 입력

● 받을어음 관리								삭제(F5)
어음상태 3 배서	**어음번호** 00420220120123456789		수취구분 1 자수	발행일 20×1-01-20	만기일 20×1-07-20			
발행인 02000	(주)세정물산		지급은행 100 국민은행		지 점 역삼			
배서인	할인기관		지 점	할인율 (%)	어음종류 6 전자			
지급거래처 01122	(주)삼주무역		* 수령된 어음을 타거래처에 지급하는 경우에 입력합니다.					

3. 단기매매증권 구입 및 매각 [일반전표입력] 3월 9일

    (차) 단기매매증권　　　　　　　　6,800,000원　　　(대) 보통예금　　　　　　　　6,925,000원

        수수료비용(영업외비용)　　　125,000원　　　　　　(국민은행)

실무수행 2. 부가가치세관리

1. 전자세금계산서 발급

(1) [매입매출전표입력] 4월 16일

거래유형	품명	공급가액	부가세	거래처	전자세금
11.과세	전기압력밥솥	8,000,000	800,000	(주)중앙산업	전자발행
분개유형	(차) 외상매출금(롯데카드)	8,800,000원	(대) 제품매출		8,000,000원
3.혼합 또는 4.카드			부가세예수금		800,000원

(2) [전자세금계산서 발행 및 내역관리] 기출문제 68회 참고

2. 수정전자세금계산서의 발급

(1) [수정전자세금계산서 발급]

① [매입매출전표입력]에서 6월 1일 전표 1건 선택 → 툴바의 수정세금계산서 룰 클릭

  → 수정사유(6.착오에 의한 이중발급 등)선택 → 확인(Tab)을 클릭

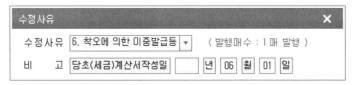

② 수정세금계산서(매출)화면에서 수정분 [작성일 6월 1일], [공급가액 -15,000,000원],

  [세액 -1,500,000원]을 입력한 후 확인(Tab) 클릭

구분	년	월	일	유형	품명	수량	단가	공급가액	부가세	합계	코드	거래처명	사업.주민번호
당초분		06	01	과세	전기밥솥	50	300,000	15,000,000	1,500,000	16,500,000	04004	(주)기남전자	506-81-45111
수정분		06	01	과세	전기밥솥	-50	300,000	-15,000,000	-1,500,000	-16,500,000	04004	(주)기남전자	506-81-45111

수정입력사유 6 착오에 의한 이중발급등　당초(세금)계산서작성 　-06-01

③ [매입매출전표입력] 6월 1일

거래유형	품명	공급가액	부가세	거래처	전자세금
11.과세	전기밥솥	-15,000,000	-1,500,000	(주)기남전자	전자발행
분개유형	(차) 외상매출금	-16,500,000원	(대) 제품매출		-15,000,000원
2.외상			부가세예수금		-1,500,000원

(2) [전자세금계산서 발행 및 내역관리] 기출문제 68회 참고

3. 수출실적명세서 작성자의 부가가치세 신고서 작성

(1) [매입매출전표입력] 7월 14일

거래유형	품명	공급가액	부가세	거래처	전자세금
16.수출	압력밥솥	46,680,000		baidu Co.,Ltd	
분개유형	(차) 외상매출금	46,680,000원	(대) 제품매출		46,680,000원
2.외상	(baidu Co.,Ltd)				

☞ 과세표준 = 수출신고필증의 ④결제금액 × 선적일의 기준환율CNY(元)240,000 × 194.50원

= 46,680,000원

(2) [수출실적명세서] 7월 ~ 9월

구 분	건 수	외화금액	원화금액	비 고
⑨합 계	1	240,000.00	46,680,000	
⑩수 출 한 재 화	1	240,000.00	*46,680,000	
⑪기타영세율적용				기타영세율은 하단상세내역에 입력

NO	☐	수출신고번호	기타영세율건수	(14)선(기)적일자	(15)통화코드	(16)환율	(17)외화	(18)원화
1	☐	12356-22-413508-X		20×1-07-14	CNY	194.5000	240,000.00	46,680,000

(3) [부가가치세신고서] 7월 1일 ~ 9월 30일

영세	세금계산서발급분	5	5,000,000	0/100	*
	기타	6	46,680,000	0/100	

4. 매입세액불공제내역 작성자의 부가가치세신고서 작성

(1) [매입매출전표입력]

- 10월 27일

거래유형	품명	공급가액	부가세	거래처	전자세금
54.불공	소나타	27,000,000	2,700,000	세계자동차(주)	전자입력
불공사유	3. 비영업용 소형승용차 구입 및 유지				
분개유형	(차) 차량운반구	29,700,000원	(대) 미지급금		29,700,000원
3.혼합			(세계자동차(주))		

- 11월 28일

거래유형	품명	공급가액	부가세	거래처	전자세금
54.불공	선물세트	3,000,000	300,000	지에스마트	전자입력
불공사유	9. 기업업무추진비(접대비) 관련 매입세액				
분개유형	(차) 접대비(판)	3,300,000원	(대) 현금		3,300,000원
1.현금					

(2) [일반전표입력] 12월 30일

(차) 접대비(제)   220,000원   (대) 미지급금(삼성카드)   220,000원

(3) [매입세액불공제내역] 10~12월

2.공제받지 못할 매입세액 내역	3.공통매입세액 안분계산 내역	4.공통매입세액의 정산내역	5.납부세액 또는 환급세액 재계산 내역

	공제받지 못할 매입세액 내역		
불공제사유	세금계산서		
	매수	공급가액	매입세액
①필요한 기재사항 누락			
②사업과 직접 관련 없는 지출			
③비영업용 소형 승용 자동차구입 및 유지	1	27,000,000	2,700,000
④접대비 및 이와 유사한 비용 관련	1	3,000,000	300,000

(4) [부가가치세신고서] 10월 1일 ~ 12월 31일

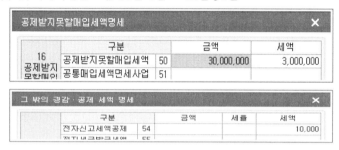

	구분		금액	세액
16 공제받지 못할매입	공제받지못할매입세액	50	30,000,000	3,000,000
	공통매입세액면세사업	51		

	구분		금액	세율	세액
	전자신고세액공제	54			10,000
	전자 세금발급 내역	55			

[실무수행평가] - 부가가치세관리

번호	평가문제	배점	답
11	[회사등록 조회] 18. 국세 환급금 계좌 081 ? 하나은행	2	③
12	[매입매출전표입력 조회] 수정입력사유 코드번호	2	6
13	[세금계산서합계표 조회] ㈜중앙산업 전자발행된 세금계산서 총공급가액	2	18,000,000
14	[세금계산서합계표 조회]1기 확정신고기간 매출전자세금계산서 발급매수	2	33
15	[수출실적명세서 조회] ⑩수출한 재화의 원화금액	2	46,680,000
16	[부가가치세신고서 조회] 영세율과세표준 총액	2	51,680,000
17	[부가가치세신고서 조회] 첨부서류가 아닌 것은?	3	④
18	[매입세액불공제내역 조회] 공제받지 못할 매입세액의 내용	3	②
19	[부가가치세신고서 조회] 고정자산 매입란	2	29,000,000
20	[부가가치세신고서 조회] 차가감납부할세액	2	23,733,200
	부가가치세 소계	22	

실무수행 3. 결산

1. 수동결산

[일반전표입력] 12월 31일

　(차) 미수수익　　　　　　　　　500,000원　　　(대) 이자수익　　　　　　　500,000원

　　☞ 경과이자 = 정기예금액(30,000,000) × 이자율(4%) × 기간경과(5/12) = 500,000원

2. 결산자료입력에 의한 자동결산

[결산자료입력 1]

　– 퇴직급여(전입액)란에 제조: 12,300,000원, 판매관리비: 14,500,000원을 입력한다.

　　※ 생산부: 퇴직급여추계액(52,300,000) – 설정전퇴직급여충당부채 잔액(40,000,000) = 12,300,000원

　　※ 영업부: 퇴직급여추계액(26,500,000) – 설정전퇴직급여충당부채잔액(12,000,000) = 14,500,000원

[결산자료입력 2]

　– 결산자료입력에서 기말 원재료 50,000,000원, 제품 105,000,000원을 입력하고

　　[전표추가(F3)] 를 클릭하여 결산분개를 생성한다.

[이익잉여금처분계산서] 메뉴

　– **이익잉여금처분계산서에서 처분일을 입력한 후, [전표추가(F3)] 를 클릭하여 손익대체 분개를 생성**한다.

[실무수행평가] – 재무회계

번호	평가문제	배점	답
21	[경비등송금명세서 조회] 국민은행의 은행코드번호(CD)	1	004
22	[받을어음현황 조회] 1/4분기 배서양도한 받을어음	1	17,500,000
23	[거래처원장 조회] 국민은행의 보통예금 잔액	2	35,325,000
24	[거래처원장 조회] 롯데카드의 외상매출금 잔액	2	14,630,000
25	[거래처원장 조회] 거래처별 외상매출금 잔액	1	②
26	[일/월계표 조회] 1/4분기 복리후생비(제)의 금액	2	1,950,000
27	[일/월계표 조회] 1/4분기 수수료비용(영업외비용)의 금액	1	155,000
28	[일/월계표 조회] 3/4분기 제품매출의 금액	2	388,680,000
29	[손익계산서 조회] 당기 접대비(판매관리비)의 금액	1	6,698,000
30	[손익계산서 조회] 당기 이자수익의 금액	2	3,420,000
31	[재무상태표 조회] 3월말 외상매입금 잔액	2	164,868,000
32	[재무상태표 조회] 12월말 차량운반구 장부금액	1	60,700,000
33	[재무상태표 조회] 12월말 퇴직급여충당금 잔액	2	78,800,000

번호	평가문제	배점	답
34	[재무상태표 조회] 12월말 원재료 잔액	2	50,000,000
35	[재무상태표 조회] 12월말 이월이익잉여금 잔액	1	④
	재무회계 소계	23	

실무수행 4. 근로소득관리

1. 급여명세에 의한 급여자료

(1) [사원등록]

  생산직 배대광은 직전 과세연도 총급여액이 3,000만원을 초과하므로 연장근로비과세 적용 대상이 아님.

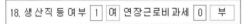

18. 생산직 등 여부 [1] 여 연장근로비과세 [0] 부

(2) [수당등록]

	코드	수당명	과세구분	근로소득유형	
1	101	기본급	과세	1.급여	
2	102	상여	과세	2.상여	
3	200	육아수당	비과세	7.육아수당	Q01
4	201	자격증수당	과세	1.급여	
5	202	식대	과세	1.급여	
6	203	야간근로수당	비과세	1.연장근로	001

  ☞ 식대는 현물식사를 제공하므로 과세

(3) [급여자료입력]

  [최예나]

급여항목	지급액	공제항목	공제액
기본급	3,500,000	국민연금	157,500
육아수당	100,000	건강보험	122,320
자격증수당	200,000	고용보험	34,380
식대	120,000	장기요양보험료	15,000
야간근로수당		소득세	159,050
		지방소득세	15,900
		농특세	

  [배대광]

급여항목	지급액	공제항목	공제액
기본급	2,100,000	국민연금	94,500
육아수당		건강보험	73,390
자격증수당	200,000	고용보험	24,480
식대	120,000	장기요양보험료	9,000
야간근로수당	300,000	소득세	60,460
		지방소득세	6,040
		농특세	

  ☞ 소득세 등은 자동 계산됩니다.

(4) [원천징수이행상황신고서] (귀속기간 9월, 지급기간 9월,0.정기신고)

| 원천징수내역 | 부표-거주자 | 부표-비거주자 | 부표-법인원천 | | | | | | | | |

구분	코드	소득지급(과세미달,비과세포함)		징수세액			9.당월 조정 환급세액	10.소득세 등 (가산세 포함)	11.농어촌 특별세
		4.인원	5.총지급액	6.소득세 등	7.농어촌특별세	8.가산세			
간 이 세 액	A01	2	6,640,000	219,510					
중 도 퇴 사	A02								

[실무수행평가] - 근로소득관리 1

번호	평가문제	배점	답
36	[최예나 9월 급여자료입력 조회] 과세대상 지급액	2	3,820,000
37	[최예나 9월 급여자료입력 조회] 과세대상 식대	2	120,000
38	[배대광 9월 급여자료입력 조회] 과세대상 야간근로수당	2	300,000
39	[배대광 9월 급여자료입력 조회] 급여의 차인지급액	1	2,452,130
40	[9월 원천징수이행상황신고서 조회] 10.소득세등 금액	1	219,510

※ 39, 40은 프로그램에서 자동계산되어지므로 달라질 수 있습니다.

2. 일용직사원의 원천징수

(1) [일용직사원등록](3001.우영우)

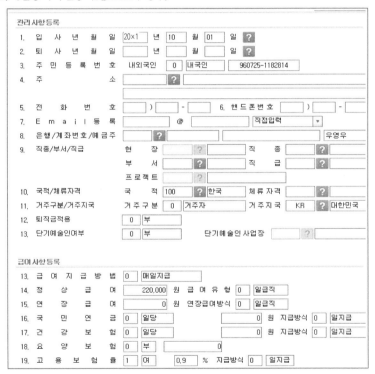

(2) [일용직급여입력](귀속년월 10월, 지급년월 10월)

	현장 코드	현장명	일자	요일	근무	근무시간 정상	근무시간 연장	지급액 정상	지급액 연장	기타비과세	고용보험	국민연금	건강보험	요양보험	소득세	지방소득세	임금총액	공제총액	차인지급액
			01	토	X														
			02	일	X														
			03	월	X														
			04	화	O			220,000			1,980				1,890	180	220,000	4,050	215,950
			05	수	O			220,000			1,980				1,890	180	220,000	4,050	215,950
			06	목	O			220,000			1,980				1,890	180	220,000	4,050	215,950
			07	금	O			220,000			1,980				1,890	180	220,000	4,050	215,950

※ 만근공수 : 월 만근근무인 경우 정상지급액에 금액을 입력합니다.

(3) [원천징수이행상황신고서](귀속기간 10월, 지급기간 10월, 0.정기신고)

원천징수내역	부표-거주자	부표-비거주자	부표-법인원천							

	구분	코드	소득지급(과세미달.비과세포함)		징수세액				9.당월 조정 환급세액	10.소득세 등 (가산세 포함)	11.농어촌 특별세
			4.인원	5.총지급액	6.소득세 등	7.농어촌특별세	8.가산세			
근로소득	간 이 세 액	A01	3	9,600,000	245,800					
	중 도 퇴 사	A02								
	일 용 근 로	A03	1	880,000	7,560					

[실무수행평가] – 근로소득관리 2

번호	평가문제	배점	답
41	[일용직(우영우) 10월 일용직급여입력 조회] 고용보험총액	2	7,920
42	[일용직(우영우) 10월 일용직급여입력 조회] 차인지급액	1	863,800
43	[10월 원천징수이행상황신고서 조회] 원천징수대상인원	2	4
44	[10월 원천징수이행상황신고서 조회] 일용근로소득 원천징수세액	2	7,560

※ 41, 42는 프로그램에서 자동계산되어지므로 달라질 수 있습니다.

3. 국세청연말정산간소화 및 이외의 자료를 기준으로 연말정산(임종욱)

〈기본공제대상 요건〉

관계	요 건		기본 공제	판 단
	연령	소득		
본인(세대주)	–	–	○	
배우자	–	○	○	
모(81)	○	×	부	종합소득금액 1백만원 초과자
자(12)	○	○	○	

항 목	요건		내역 및 대상여부	입력
	연령	소득		
의 료 비	×	×	• 자 의료비(**실손의료보험금 500,000 차감**)	○(일반 2,200,000)
보 험 료	○ (×)	○	• 배우자 저축성보험료 • 본인 암보험	× ○(일반 1,800,000)
교 육 비	×	○ (×)	• 모친의 장애인 특수교육비(**소득요건 미충족 해도 되고, 직계존속이어도 대상이 됨**)	○(장애 3,000,000)
연금저축	본인		• 본인만 대상임.	×

[연말정산 근로소득원천징수영수증]
(1) 종전근무지 입력

근무 처명	사업자 등록번호	급여	상여	보험료 명세				세액명세		근무 기간
				건강 보험	장기 요양	고용 보험	국민 연금	소득세	지방 소득세	
㈜동서울 산업	503-81- 43121	20,000,000	6,000,000	367,200	31,240	78,000	540,000	150,000	150,000	1.1~7.31

(2) 의료비 세액공제

정산명세	소득명세	소득공제	의료비	기부금	신용카드	연금투자명세	월세액명세

● 지 급 내 역

	공제대상자					지급처		지급명세				난임시술비 해당 여부	중증질환 결핵환자등	산후조리원 해당여부 (7천만원이 하)
	부양가족 관계코드	성명	내 외	주민등록번호	본인등 해당여부	상호	사업자번호	의료증빙 코 드	건수	지급액	실손의료보험금			
1	직계비속(자녀,입	임지은	내	121218-3094117	×			국세청	1	2,700,000	500,000	X	X	X
2														

(3) 소득공제 탭에서 보험료 및 교육비 입력

[실무수행평가] - 근로소득관리 3

번호	평가문제	배점	답
45	[임종욱 근로소득원천징수영수증 조회] 종합소득과세표준	1	20,426,710
46	[임종욱 근로소득원천징수영수증 조회] 연금저축공제대상 지출금액	2	0
47	[임종욱 근로소득원천징수영수증 조회] 보장성 보험세액공제액	2	120,000
48	[임종욱 근로소득원천징수영수증 조회] 의료비 세액공제액	2	159,000
49	[임종욱 근로소득원천징수영수증 조회] 교육비세액공제액	2	450,000
50	[임종욱 근로소득원천징수영수증 조회] 차감징수소득세	1	-266,750
	근로소득 소계	25	

※ 45, 50 프로그램이 자동계산되어지므로 시점(프로그램 업데이트)마다 달라질 수가 있습니다.

〈참고사항 : 총급여액 38,000,000원〉

		한도	공제율	대상금액	세액공제
1. 보험료	일반	1백만원	12%	1.800,000	120,000
2. 의료비	일반	-	15%	2,200,000	159,000
	☞의료비세액공제 = [2,200,000 - 총급여액(38,000,000)×3%]×15% = 159,000				
3. 교육비	장애인	-	15%	3,000,000	450,000

기출문제

Tax Accounting Technician
세무정보처리 자격시험 2급

55회

합격율	시험년월
45%	2022.9

실무이론평가

01. 다음 대화 내용에서 선생님의 질문에 대해 올바른 답변을 한 사람은?

> • 선생님 : 조직구성원이 이사회와 경영진이 제시한 경영방침이나 지침에 따라 업무를 수행할 수
> 있도록 마련된 정책 및 절차와 이러한 정책 및 절차가 준수되도록 하기 위한 제반활
> 동을 의미하는 내부통제의 구성요소는 무엇인가요?
> • 민종 : 통제환경입니다.
> • 서의 : 위험평가입니다.
> • 수진 : 통제활동입니다.
> • 상훈 : 모니터링입니다.

※ 1차 저작권자의 저작권 침해 소지가 있어 삽화 삽입은 어려우니 양해바랍니다.

① 민종   ② 서희
③ 수진   ④ 상훈

02. 다음은 (주)한공의 상품 관련 자료이다. 이를 토대로 20x1년도 매출원가를 계산하면 얼마인가?(재고자산을 저가법으로 평가하고 있으며, 평가손실은 정상적인 것으로 가정한다.)

기초상품재고액	당기매입액	기말상품재고액
1,500,000원	7,000,000원	취 득 원 가: 3,000,000원 순실현가능가치: 2,000,000원

① 3,500,000원   ② 5,000,000원
③ 6,500,000원   ④ 7,000,000원

03. 다음의 [(가)], [(나)]에 들어갈 회계정보의 질적특성을 올바르게 표시한 것은?

> 시장성 없는 유가증권에 대해 역사적원가를 적용하면 자산가액 측정치의 [(가)]은 높으나 유가
> 증권의 실제 가치를 나타내지 못하여 [(나)]이 저하될 수 있다.

	(가)	(나)		(가)	(나)
①	검증가능성	신뢰성	②	비교가능성	신뢰성
③	검증가능성	목적적합성	④	목적적합성	검증가능성

04. 다음은 (주)한공의 기계장치 관련 거래 내용이다. 20x1년 감가상각비는 얼마인가?

> • 20x1년 1월 1일: 기계장치를 20,000,000원에 취득하였다.
>   (내용연수 5년, 잔존가치 0원, 정액법)
> • 20x1년 7월 1일: 기계장치에 대하여 3,600,000원의 자본적지출이 발생하였다.
>   (월할상각하며, 내용연수의 변화는 없다고 가정한다.)

① 2,000,000원
② 2,400,000원
③ 3,600,000원
④ 4,400,000원

05. (주)한공은 당기 중 유상증자를 2차례 실시하였다. 다음 자료를 토대로 재무상태표에 표시되는 주식발행
초과금을 계산하면 얼마인가?(단, 전기 말 주식발행초과금과 주식할인발행차금 잔액은 없는 것으로 가정
한다.)

> • 3월 5일 발행주식수 1,000주, 1주당 발행금액 10,000원(액면금액 5,000원),
>   주식발행 수수료는 없다.
> • 9월 20일 발행주식수 1,000주, 1주당 발행금액 4,000원(액면금액 5,000원),
>   주식발행 수수료 100,000원이 발생하였다.

① 3,900,000원
② 4,000,000원
③ 4,100,000원
④ 5,000,000원

06. 다음 중 부가가치세법상 영세율과 면세에 대한 설명으로 옳은 것은?
① 면세사업자는 매입 시 부담한 부가가치세액을 공제받을 수 있다.
② 영세율 적용대상자는 과세사업자로서 부가가치세법의 제반의무를 이행해야 한다.
③ 면세는 소비지국 과세원칙을 구현하기 위한 제도이다.
④ 간이과세자는 영세율을 적용받을 수 없다.

07. 제조업을 영위하는 (주)한공의 20x1년 1기 부가가치세 확정신고기간 공급가액에 대한 자료이다. 매출세액은 얼마인가?

• 국내 매출액	4,400,000원
• 수출액	2,000,000원
• 토지매각액	3,000,000원
• 거래처에 제공한 판매장려품	(시가: 500,000원) 400,000원

① 490,000원   ② 540,000원   ③ 550,000원   ④ 750,000원

08. 다음 중 이자소득의 수입시기에 대한 설명으로 잘못 연결된 것은?

① 통지예금의 이자 – 인출일
② 저축성 보험의 보험차익 – 보험금 또는 환급금의 지급일 또는 중도해지일
③ 무기명 채권의 이자와 할인액 – 약정에 따른 지급일
④ 환매조건부 채권 또는 증권의 매매차익 – 약정에 의한 환매수일(또는 환매도일)과 실제 환매수일 (또는 환매도일) 중 빠른 날

09. (주)한공의 생산팀 과장으로 근무하고 있는 김회계 씨가 20x1년에 회사에서 지급(또는 제공)받은 금액 및 이익은 다음과 같다. 다음 중 근로소득 총급여액에 포함하는 것을 모두 고르면?

가. 사택을 무상으로 제공받음으로써 얻은 이익
나. 사보에 배낭여행기를 기고하고 받은 금액
다. 월 20만원씩 받은 자가운전보조금(김한공 씨는 차량을 소유하고 있지 않음)
라. 월 10만원씩 지급받은 식대(별도로 식사를 제공받음)

① 가, 나   ② 다, 라   ③ 가, 다   ④ 나, 라

10. 다음은 거주자 김한공 씨(57세)의 동거가족 현황이다. 이를 토대로 김한공씨의 20x1년도 종합소득과세표준 계산 시 공제되는 인적공제액을 계산하면 얼마인가?

구 분	나 이	비 고
배우자	52세	소득 없음
장인	79세	20x1.3.27.사망, 소득 없음
아들	25세	장애인, 사업소득금액 5,000,000원 있음
딸	17세	소득 없음

① 6,000,000원   ② 7,000,000원   ③ 8,500,000원   ④ 9,500,000원

실무수행평가

(주)골프버디(2550)는 골프용품 제조업을 영위하는 법인기업으로 회계기간은 제6기(20x1.1.1. ~ 20x1.12.31.)이다. 제시된 자료와 [자료설명]을 참고하여 [수행과제]를 완료하고 [평가문제]의 물음에 답하시오.

실무수행1 | 거래자료입력

실무프로세스 자료이다. [자료설명]을 참고하여 [수행과제]를 수행하시오.

1. 3만원 초과 거래자료에 대한 영수증수취명세서 작성

영수증(고객용)
결제기번호: 190335018(0000) 상   호: 카카오택시 사업자번호: 217-11-12342 대 표 자: 양재훈 차 량 번호: 54수2427 주   소: 서울 구로구 디지털로 32 전 화 번호: 01012341234 거 래 일시: 20x1-01-31 14:27 승하차시간: 13:13 - 14:27 / 14.12km 승 차 요금: 32,000원 기 타 요금: 3,000원 할 인 요금: 0원 합   계 : 35,000원
이용해 주셔서 감사합니다.

자료설명	영업부 직원 유재석이 출장 시 택시요금 35,000원을 현금으로 지급하고 받은 영수증이다.
평가문제	1. 거래자료를 입력하시오. 2. 영수증수취명세서(2)와 (1)서식을 작성하시오.

2. 약속어음 수취거래, 만기결제, 할인 및 배서양도

전 자 어 음

(주)골프버디 귀하   00420220120123456780

금 일천일백만원정   <u>11,000,000원</u>

위의 금액을 귀하 또는 귀하의 지시인에게 지급하겠습니다.

지급기일 20x1년 5월 20일 **지 급 지** 국민은행 **지급장소** 역삼지점	**발행일** 20x1년 1월 20일 **발행지** **주 소** 서울 강남구 강남대로 399-20 **발행인** (주)나이스클럽

자료설명	(주)나이스클럽에 제품매출시 보관 중이던 전자어음을 2월 20일에 국민은행에서 할인하고, 할인료를 차감한 잔액은 국민은행 보통예금계좌에 입금받았다. (단, 할인율은 연 12%, 월할계산, 매각거래로 처리할 것.)
수행과제	1. 어음의 할인과 관련된 거래자료를 입력하시오. 2. 자금관련정보를 입력하여 받을어음현황에 반영하시오.

3. 계약금 입금

자료 1. 견적서 내역

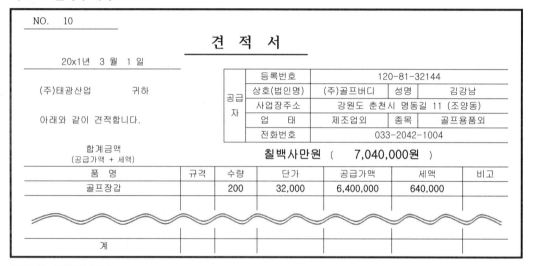

자료 2. 입금표 내역

자료설명	1. 자료 1은 제품(골프장갑) 판매주문에 대하여 발급한 견적서이다. 2. 자료 2는 제품(골프장갑) 판매주문에 대한 계약금(공급대가의 10%)을 국민은행 보통예금 계좌로 입금받고 발급한 입금표이다.
수행과제	거래자료를 입력하시오.

실무수행2 │ 부가가치세관리

부가가치세 신고 관련 자료이다. [자료설명]을 참고하여 [수행과제]를 수행하시오.

1. 전자세금계산서 발급

거래명세서
(공급자 보관용)

공급자	등록번호	120-81-32144			공급받는자	등록번호	220-81-15085		
	상호	(주)골프버디	성명	김강남		상호	(주)고려산업	성명	최재수
	사업장 주소	강원도 춘천시 명동길 11(조양동)				사업장 주소	서울 서초구 강남대로 156-4		
	업태	제조업외	종사업장번호			업태	도소매업	종사업장번호	
	종목	골프용품외				종목	골프용품		

거래일자	미수금액	공급가액	세액	총 합계금액
20x1.4.30.		15,200,000	1,520,000	16,720,000

NO	월	일	품목명	규격	수량	단가	공급가액	세액	합계
1	4	30	골프모자		380	40,000	15,200,000	1,520,000	16,720,000

자료설명	(주)고려산업에 제품을 공급하고 전자세금계산서를 발급·전송하였다. 대금은 다음달 15일까지 받기로 하였다.
수행과제	1. 거래명세서에 의해 매입매출자료를 입력하시오 2. 전자세금계산서 발행 및 내역관리 를 통하여 발급·전송하시오. 　(전자세금계산서 발급 시 결제내역 및 전송일자는 고려하지 않을 것.)

2. 수정전자세금계산서 발급

전자세금계산서				(공급자 보관용)		승인번호		

공급자	등록번호	120-81-32144			공급받는자	등록번호	120-81-32159	
	상호	(주)골프버디	성명 (대표자)	김강남		상호	(주)유정산업	성명 (대표자)	최유정
	사업장 주소	강원도 춘천시 명동길 11(조양동)				사업장 주소	인천 남동구 정각로 16(구월동)	
	업태	제조업외	종사업장번호			업태	도소매업	종사업장번호
	종목	골프용품외				종목	골프용품	
	E-Mail	golfbudy@bill36524.com				E-Mail	yoojung@bill36524.com	

작성일자	20x1.5.10.	공급가액	30,000,000	세 액	3,000,000
비고					

월	일	품목명	규격	수량	단가	공급가액	세액	비고
5	10	골프화		500	60,000	30,000,000	3,000,000	

합계금액	현금	수표	어음	외상미수금	이 금액을	○ 영수	함
33,000,000				33,000,000		● 청구	

자료설명	1. 5월 10일 (주)유정산업에 제품을 공급하고 전자세금계산서를 거래일에 발급·전송하였다. 2. 5월 20일 상호 협의에 따라 이미 납품한 품목의 공급가액을 3% 할인하기로 결정하였다.
수행과제	수정사유를 선택하여 공급가액 변동에 따른 수정전자세금계산서를 발급·전송하시오.(매출할인에 대해서만 회계처리하며, 외상대금 및 제품매출에서 음수(-)로 처리하고 전자세금계산서 발급 시 결제내역 및 전송일자는 무시할 것.)

3. 건물등감가상각자산취득명세서 작성자의 부가가치세신고서 작성

자료 1. 기계장치 구입관련 자료

전자세금계산서 (공급받는자 보관용) 　승인번호

공급자							
등록번호	106-81-57571						
상호	(주)대림산업	성명(대표자)	이동준				
사업장주소	서울시 서대문구 충정로 7길 28-22 (충정로3가)						
업태	제조업		종사업장번호				
종목	전자기기						
E-Mail	daerim@bill36524.com						

공급받는자			
등록번호	120-81-32144		
상호	(주)골프버디	성명(대표자)	김강남
사업장주소	강원도 춘천시 명동길 11(조양동)		
업태	제조업외		종사업장번호
종목	골프용품외		
E-Mail	golfbudy@bill36524.com		

작성일자	공급가액	세 액
20x1.7.10.	15,000,000	1,500,000

비고

월	일	품목명	규격	수량	단가	공급가액	세액	비고
7	10	자동화 기계 수선비				15,000,000	1,500,000	

합계금액	현금	수표	어음	외상미수금	이 금액을	○ 영수 ◉ 청구	함
16,500,000				16,500,000			

자료 2. 건물신축공사 계약금 자료

전자세금계산서 (공급받는자 보관용) 　승인번호

공급자							
등록번호	108-81-21220						
상호	(주)에이스건설	성명(대표자)	한석민				
사업장주소	서울시 서대문구 충정로7길 12 (충정로2가)						
업태	건설업		종사업장번호				
종목	건축공사						
E-Mail	ace@bill36524.com						

공급받는자			
등록번호	120-81-32144		
상호	(주)골프버디	성명(대표자)	김강남
사업장주소	강원도 춘천시 명동길 11(조양동)		
업태	제조업외		종사업장번호
종목	골프용품외		
E-Mail	golfbudy@bill36524.com		

작성일자	공급가액	세 액
20x1.8.15.	100,000,000	10,000,000

비고

월	일	품목명	규격	수량	단가	공급가액	세액	비고
8	15	건물신축공사 계약금				100,000,000	10,000,000	

합계금액	현금	수표	어음	외상미수금	이 금액을	◉ 영수 ○ 청구	함
110,000,000							

자료 3. 노트북 구입

```
              신용카드매출전표
- - - - - - - - - - - - - - - - - - - - - - - - -
카드종류: 삼성카드
회원번호: 5680-6017-****-40**
거래일시: 20x1.9.10. 10:01:23
거래유형: 신용승인
매    출:  1,000,000원
부 가 세:    100,000원
합    계:  1,100,000원
결제방법: 일시불
승인번호: 98776544

- - - - - - - - - - - - - - - - - - - - - - - - -
- - - - - - - - - - - - - - - - - - - - - - - - -

가맹점명: 전자마트(주)

          - 이 하 생 략 -
```

자료설명	자료 1. 생산부에서 사용할 자동화 기계장치의 수선비에 대해 발급받은 전자세금계산서이다.(자본적지출로 처리할 것.) 자료 2. 본사사옥신축공사 계약금을 국민은행 보통예금 계좌에서 이체하여 지급하고 발급받은 전자세금계산서이다. 자료 3. 전자마트(주)로부터 대표이사 김강남이 개인적으로 사용할 노트북을 구입하고 수취한 신용카드매출전표이다. ('가지급금'계정으로 처리하며, 거래처 코드: 03090.김강남 사용할 것.)
수행과제	1. 자료 1 ~ 자료 3에 대한 거래자료를 매입매출전표 및 일반전표에 입력 하시오. (전자세금계산서와 관련된 거래는 '전자입력'으로 처리할 것.) 2. 제2기 예정신고기간의 건물등감가상각자산취득명세서를 작성하시오. 3. 제2기 예정 부가가치세 신고서에 반영하시오.

4. 신용카드매출전표발행집계표 작성자의 부가가치세신고서 작성

자료 1. 과세매출분에 대한 전자세금계산서 및 신용카드매출전표

전자세금계산서				(공급자 보관용)			승인번호			
공급자	등록번호	120-81-32144				공급받는자	등록번호	113-81-43454		
	상호	(주)골프버디	성명(대표자)	김강남			상호	(주)대국골프	성명(대표자)	한지우
	사업장주소	강원도 춘천시 명동길 11(조양동)					사업장주소	서울시 마포구 마포대로 8		
	업태	제조업외		종사업장번호			업태	도소매업		종사업장번호
	종목	골프용품외					종목	골프용품		
	E-Mail	golfbudy@bill36524.com					E-Mail	dwlee@bill36524.com		

작성일자	20x1.12.1.	공급가액	2,100,000	세액	210,000
비고					

월	일	품목명	규격	수량	단가	공급가액	세액	비고
12	1	골프채		10	210,000	2,100,000	210,000	

합계금액	현금	수표	어음	외상미수금	이 금액을	● 영수	함
2,310,000						○ 청구	

신용카드매출전표

가 맹 점 명 : (주)골프버디
사업자번호 : 120-81-32144
대 표 자 명 : 김강남
주　　　소 : 강원도 춘천시 명동길 11

신 한 카 드 : 신용승인
거 래 일 시 : 20x1.12.1. 15:05:16
카 드 번 호 : 5310-7070-****-0787
유 효 기 간 : **/**
가맹점번호 : 705636711
매 입 사 : 신한카드사(전자서명전표)

판매금액　　　　　2,100,000원
부가세액　　　　　　210,000원
합　　계　　　　　2,310,000원

자료 2. 과세카드매출 자료

신용카드매출전표

가 맹 점 명 : (주)골프버디
사업자번호 : 120-81-32144
대 표 자 명 : 김강남
주   소 : 강원도 춘천시 명동길 11

신 한 카 드 : 신용승인
거 래 일 시 : 20x1.12.21. 15:05:16
카 드 번 호 : 5310-7070-****-0787
유 효 기 간 : **/**
가맹점번호 : 705636711
매 입 사 : 신한카드사(전자서명전표)

판매금액   300,000원
부가세액   30,000원
합   계   330,000원

자료 3. 과세현금매출 자료

현금영수증
CASH RECEIPT

거래일시	20x1-12-24 14:38:04
품명	제품
식별번호	208341****
승인번호	191224105
판매금액	**200,000원**
부가가치세	**20,000원**
봉사료	**0원**
합계	**220,000원**

현금영수증가맹점명   (주)골프버디
사업자번호   120-81-32144
대표자명 : **김강남**   TEL : 03320421004
주소 : 강원도 춘천시 명동길 11
CATID:1123973   전표No:

현금영수증 문의 : Tel 126
http://현금영수증.kr
감사합니다.

자료설명	자료 1. (주)대국골프에 제품을 판매하고 발급한 전자세금계산서와 위 대금을 결제받으면서 발급한 신용카드매출전표이다. 자료 2. 개인 김은영에게 과세제품을 판매하고 발급한 신용카드매출전표이다. 자료 3. 개인 박요하에게 과세제품을 판매하고 발급한 현금영수증이다.
수행과제	1. 자료 1~자료 3의 거래를 매입매출전표에 입력하시오. (전자세금계산서와 관련된 거래는 '전자입력'으로 처리할 것.) 2. 제2기 부가가치세 확정신고기간의 신용카드매출전표발행집계표를 작성하시오. 3. 제2기 부가가치세확정신고서에 반영하시오.

평가문제 | 입력자료 및 회계정보를 조회하여 [평가문제]의 답안을 입력하시오.(70점)

[실무수행평가] - 부가가치세관리

번호	평가문제	배점
11	**[매입매출전표입력 조회]** 5월 20일자 수정세금계산서의 수정입력사유 코드번호를 입력하시오.	2
12	**[세금계산서합계표 조회]** 제1기 확정 신고기간의 거래처 '(주)고려산업'에 전자발행된 세금계산서 공급가액은 얼마인가?	2
13	**[세금계산서합계표 조회]** 제1기 확정 신고기간의 매출전자세금계산서 발급매수는 총 몇매인가?	2
14	**[건물등감가상각자산취득명세서 조회]** 제2기 예정 신고기간의 건물등감가상각취득명세서에서 조회되는 기타감가상각자산(자산구분코드 4)공급가액은 얼마인가?	3
15	**[부가가치세신고서 조회]** 제2기 예정 신고기간 부가가치세신고서의 세금계산서수취부분_고정자산매입(11란) 금액은 얼마인가?	2
16	**[부가가치세신고서 조회]** 제2기 예정 신고기간의 부가가치세신고서에 반영되는 부가율은 얼마인가?(부가가치세신고서 조회 후 우측 상단의 부가율을 조회할 것.) ① 52%　　　　　　② 65% ③ 74%　　　　　　④ 82%	1
17	**[부가가치세신고서 조회]** 제2기 예정 신고기간의 부가가치세 신고시에 작성되는 부가가치세 첨부서류에 해당하지 않는 것은? ① 세금계산서합계표　②　계산서합계표 ③ 건물등감가상각자산취득명세서　　　④ 공제받지못할매입세액명세서	2
18	**[신용카드매출전표발행집계표 조회]** 제2기 확정 신고기간의 신용카드매출전표발행집계표의 「과세매출분」 합계금액은 얼마인가?	3
19	**[부가가치세신고서 조회]** 제2기 확정신고기간 부가가치세신고서의 과세_세금계산서발급분(1란) 금액은 얼마인가?	3
20	**[부가가치세신고서 조회]** 제2기 확정 신고기간의 부가가치세 차가감납부할세액(27란)은 얼마인가?	2
	부가가치세 소계	22

실무수행3 | 결산

[결산자료]를 참고하여 결산을 수행하시오.(단, 제시된 자료 이외의 자료는 없다고 가정함.)

1. 수동결산

자료설명	12월 31일 현재 합계잔액시산표에서 확인되는 선급비용은 전액 공장 화재 보험료이다. 당사는 10월 1일 공장화재보험에 가입하였고 1년분 보험료 2,400,000원을 선납하고 자산처리하였다.
수행과제	보험료의 기간경과액을 계산하여 결산정리분개를 입력하시오.(월할계산할 것.)

2. 결산자료입력에 의한 자동결산

자료설명	1. 기말 단기대여금 잔액에 대하여 1%의 대손충당금을 보충법으로 설정한다.
	2. 기말재고자산 현황
	<table><tr><th>구 분</th><th>평가액</th></tr><tr><td>원재료</td><td>4,850,000원</td></tr><tr><td>재공품</td><td>15,400,000원</td></tr><tr><td>제 품</td><td>23,900,000원</td></tr></table>3. 이익잉여금처분계산서 처분확정(예정)일
	  - 당기: 20x2년 2월 28일
	  - 전기: 20x1년 2월 28일

수행과제	결산을 완료하고 이익잉여금처분계산서에서 손익대체분개를 하시오. (단, 이익잉여금처분내역은 없는 것으로 하고 미처분이월이익잉여금 전액을 이월이익잉여금으로 이월하기로 한다.)

[실무수행평가] - 재무회계

번호	평가문제	배점
21	**[영수증수취명세서 조회]** 영수증수취명세서(1)에 반영되는 '11.명세서제출 제외대상' 금액은 얼마인가?	2
22	**[받을어음현황 조회]** 1/4분기(1월~3월)에 할인받은 받을어음의 총액은 얼마인가?	2
23	**[일/월계표 조회]** 1월에 발생한 여비교통비(판매관리비) 금액은 얼마인가?	2
24	**[일/월계표 조회]** 1/4분기(1월~3월)에 발생한 영업외비용 금액은 얼마인가?	1

번호	평가문제	배점
25	**[일/월계표 조회]** 4/4분기(10월~12월)에 발생한 영업외비용 금액은 얼마인가?	1
26	**[거래처원장 조회]** 3월 말 국민은행(코드 98000)의 보통예금 잔액은 얼마인가?	1
27	**[거래처원장 조회]** 4월 말 거래처별 외상매출금 잔액으로 옳지 않은 것은? ① 00101.(주)삼보마켓 5,170,000원 ② 00102.(주)캘러웨이 25,025,000원 ③ 03020.(주)태광산업 15,000,000원 ④ 03040.(주)고려산업 32,720,000원	2
28	**[거래처원장 조회]** 6월 말 (주)유정산업(코드 03050)의 외상매출금 잔액은 얼마인가?	1
29	**[거래처원장 조회]** 12월 말 신한카드(코드 99602)의 외상매출금 잔액은 얼마인가?	1
30	**[재무상태표 조회]** 3월 말 계정별 잔액으로 옳지 않은 것은? ① 지급어음 33,000,000원 ② 예수금 926,000원 ③ 가수금 27,000,000원 ④ 선수금 39,210,000원	2
31	**[재무상태표 조회]** 9월 말 유형자산 금액은 얼마인가?	2
32	**[재무상태표 조회]** 9월 말 가지급금 잔액은 얼마인가?	1
33	**[재무상태표 조회]** 12월 말 선급비용 잔액은 얼마인가?	2
34	**[재무상태표 조회]** 기말 원재료 잔액은 얼마인가?	2
35	**[재무상태표 조회]** 12월 말 이월이익잉여금(미처분이익잉여금) 잔액으로 옳은 것은? ① 152,339,125원 ② 230,125,330원 ③ 404,510,904원 ④ 525,984,452원	1
	재무회계 소계	23

실무수행4 | 근로소득관리

인사급여 관련 자료이다. [자료설명]을 참고하여 [수행과제]를 수행하시오.

1. 가족관계증명서에 의한 사원등록

[별지 제1호서식] <개정 2010.6.3>

가 족 관 계 증 명 서

등록기준지	서울시 강남구 삼성로 212, 103동 506호(대치동, 은마아파트)

구분	성 명	출생연월일	주민등록번호	성별	본
본인	조성준	1977년 05월 21일	770521-1026818	남	恩津

가족사항

구분	성명	출생연월일	주민등록번호	성별	본
모	김은자	1940년 11월 12일	401112-2075529	여	金海
배우자	박인혜	1980년 01월 17일	800117-2247093	여	仁同
자녀	조하늘	2007년 02월 03일	070203-3023180	남	恩津
자녀	조바다	2015년 01월 23일	150123-4070787	여	恩津
형제	조도일	1975년 09월 15일	750915-1927317	남	恩津

자료설명	사원 조성준(세대주)이 제출한 가족관계증명서이다. 1. 김은자(직계존속)는 주거형편상 별거하고 있으며, 별도의 소득이 없다. 2. 박인혜(배우자)는 복권당첨소득 20,000,000원이 있다. 3. 조하늘과 조바다(직계비속)는 별도의 소득이 없다. 4. 조도일(형제)은 장애인복지법에 따른 청각장애인이며 별도의 소득은 없다. 5. 세부담을 최소화하는 방법을 선택한다.
수행과제	사원등록메뉴에서 부양가족명세를 작성하시오.

[실무수행평가] – 근로소득관리 1

번호	평가문제	배점
36	**[조성준 근로소득원천징수영수증 조회]** 기본공제 대상에 해당하는 인원(본인포함)은 몇 명인가?	1
37	**[조성준 근로소득원천징수영수증 조회]** 소득자 본인과 배우자 기본공제액을 합한 금액은 얼마인가?	1
38	**[조성준 근로소득원천징수영수증 조회]** '27.경로우대' 추가공제액은 얼마인가?	2
39	**[조성준 근로소득원천징수영수증 조회]** '28.장애인' 추가공제액은 얼마인가?	2
40	**[조성준 근로소득원천징수영수증 조회]** '56.자녀세액공제' 금액은 얼마인가?	2

2. 급여명세에 의한 급여자료

자료 1. 12월 급여자료

(단위: 원)

사원	기본급	직책수당	문화수당	식대	자녀수당	자가운전보조금	국민연금	건강보험	고용보험	장기요양보험
이진욱	2,500,000	50,000	100,000	150,000	100,000	200,000	프로그램에서 자동 계산된 금액으로 공제 한다			

자료 2. 수당 및 공제요건

구분	코드	수당 및 공제명	내용
수당등록	101	기본급	설정된 그대로 사용한다.
	102	상여	
	200	직책수당	직책별로 매월 차등 지급하고 있다.
	201	문화수당	복지정책의 일환으로 매월 지급하고 있다.
	202	식 대	매월 지급하고 있으며, 중식은 제공하고 있지 않다.
	203	자녀수당	초중고 재학 중 자녀를 대상으로 1인당 100,000원씩 매월 고정적으로 지급하고 있다.
	204	자가운전보조금	본인차량을 업무에 이용하며, 별도 수당은 지급하지 않고 있다.

자료설명	본사 이진욱 대리의 급여자료이다. 1. 급여지급일은 매월 말일이다. 2. 사회보험료는 자동 계산된 금액으로 공제한다.
수행과제	1. 급여자료입력 메뉴에 수당등록을 하시오. 2. 12월분 급여자료를 입력하시오.(구분: 1급여로 할 것.) 3. 12월 귀속분 [원천징수이행상황신고서]를 작성하시오.

[실무수행평가] – 근로소득관리 2

번호	평가문제	배점
41	**[이진욱 12월 급여자료 조회]** 수당항목 중 과세대상 문화수당 금액은 얼마인가?	2
42	**[이진욱 12월 급여자료 조회]** 수당항목 중 비과세대상 식대 금액은 얼마인가?	2
43	**[이진욱 12월 급여자료 조회]** 수당항목 중 비과세대상 자가운전보조금 금액은 얼마인가?	2
44	**[이진욱 12월 급여자료 조회]** 12월분 급여에 대한 차인지급액은 얼마인가?	1
45	**[원천징수이행상황신고서 조회]** '6.소득세 등' 금액은 얼마인가?	1

3. 국세청연말정산간소화 및 이외의 자료를 기준으로 연말정산

자료설명	사무직 김윤성의 연말정산을 위한 국세청 제공자료 및 기타자료이다. 1. 사원등록메뉴에 부양가족은 입력되어 있다. 2. 이현자(직계존속)는 기초노령연금을 월 200,000원씩 지급받고 있다. 3. 이은영(배우자)은 기타소득(문예창작소득) 8,000,000원(필요경비 60%)이 있다. 4. 김지원은 대학생으로 소득이 없다. 5. 김지수는 중학생으로 소득이 없다.

수행과제	1. [사원등록] 메뉴에 부양가족명세를 수정하시오.
	  (세부담을 최소화 하는 방법으로 선택할 것.)
	2. [연말정산근로소득원천징수영수증] 메뉴를 이용하여 연말정산을 완료하시오
	  – 의료비세액공제는 [의료비] 탭에서 입력하며, 국세청자료는 공제대상 합계금액을 1건으로 집계하여 입력한다.
	  – 보험료세액공제는 [소득공제] 탭에서 입력한다.
	  – 교육비세액공제는 [소득공제] 탭에서 입력한다.
	  – 연금계좌세액공제는 [정산명세] 탭에서 입력한다.

자료 1. 김윤성의 부양가족내역

연말정산관계	성명	주민등록번호	기타 사항
0.본인	김윤성	690902-1030745	세대주
1.소득자 직계존속	이현자	460901-2122786	
3.배우자	이은영	730527-2381047	
4.직계비속	김지원	930321-2145246	
4.직계비속	김지수	070119-4030223	

자료 2. 국세청간소화서비스 및 기타자료

20x1년 귀속 소득 · 세액공제증명서류 : 기본(지출처별)내역 [의료비]

■ 환자 인적사항

성 명	주 민 등 록 번 호
이은영	730527-2381***

■ 의료비 지출내역

(단위: 원)

사업자번호	상 호	종류	납입금액 계
109-04-16***	한국**병원	일반	2,550,000
106-05-81***	***의원	일반	200,000
102-81-35***	**안경점	안경 또는 콘텍트렌즈 구입비용	700,000
의료비 인별합계금액			2,750,000
안경구입비 인별합계금액			700,000
산후조리원 인별합계금액			
인별합계금액			3,450,000

국 세 청
National Tax Service

• 본 증명서류는 『소득세법』 제165조 제1항에 따라 영수증 발급기관으로부터 수집한 서류로
  소득·세액공제 충족 여부는 근로자가 직접 확인하여야 합니다.
• 본 증명서류에서 조회되지 않는 내역은 영수증 발급기관에서 직접 발급받으시기 바랍니다.

20x1년 귀속 소득 · 세액공제증명서류 : 기본(지출처별)내역
[보장성 보험, 장애인전용보장성보험]

■ 계약자 인적사항

성 명	주 민 등 록 번 호
김윤성	690902-1******

■ 보장성보험(장애인전용보장성보험) 납입내역

(단위: 원)

종류	상 호	보험종류		납입금액 계
	사업자번호	증권번호	주피보험자	
	종피보험자1	종피보험자2	종피보험자3	
보장성	삼성생명보험(주)	**생명보험		600,000
	106-81-41***	100540651**	460901-2******	이현자	
보장성	대한화재보험(주)	자녀건강보험		350,000
	108-81-15***	20x012345**	070119-4******	김지수	
인별합계금액				950,000

 국 세 청 National Tax Service

• 본 증명서류는 『소득세법』 제165조 제1항에 따라 영수증 발급기관으로부터 수집한 서류로 소득·세액공제 충족 여부는 근로자가 직접 확인하여야 합니다.
• 본 증명서류에서 조회되지 않는 내역은 영수증 발급기관에서 직접 발급받으시기 바랍니다.

20x1년 귀속 소득 · 세액공제증명서류 : 기본(지출처별)내역 [교육비]

■ 학생 인적사항

성 명	주 민 등 록 번 호
김지원	930321-2******

■ 교육비 지출내역

(단위: 원)

교육비구분	학교명	사업자번호	납입금액 계
대학교	**대학교	108-90-15***	8,000,000
인별합계금액			8,000,000

 국 세 청 National Tax Service

• 본 증명서류는 『소득세법』 제165조 제1항에 따라 영수증 발급기관으로부터 수집한 서류로 소득·세액공제 충족 여부는 근로자가 직접 확인하여야 합니다.
• 본 증명서류에서 조회되지 않는 내역은 영수증 발급기관에서 직접 발급받으시기 바랍니다.

20x1년 귀속 소득 · 세액공제증명서류 : 기본(지출처별)내역 [교육비]

■ 학생 인적사항

성 명	주 민 등 록 번 호
김윤성	690902-1******

■ 교육비 지출내역

(단위: 원)

교육비구분	학교명	사업자번호	납입금액 계
대학원	**대학교	107-90-32***	5,000,000
인별합계금액			5,000,000

- 본 증명서류는 『소득세법』 제165조 제1항에 따라 영수증 발급기관으로부터 수집한 서류로 소득·세액공제 충족 여부는 근로자가 직접 확인하여야 합니다.
- 본 증명서류에서 조회되지 않는 내역은 영수증 발급기관에서 직접 발급받으시기 바랍니다.

20x1년 귀속 소득 · 세액공제증명서류 : 기본(지출처별)내역 [연금저축]

■ 가입자 인적사항

성 명	주 민 등 록 번 호
김윤성	690902-1******

■ 연금저축 납입내역

(단위: 원)

상 호	사업자번호	당해연도 납입금액	당해연도 납입액 중 인출금액	순납입금액
계좌번호				
(주)신한은행	110-81-72***	3,600,000		3,600,000
2448130651				
순납입금액 합계				3,600,000

- 본 증명서류는 『소득세법』 제165조 제1항에 따라 영수증 발급기관으로부터 수집한 서류로 소득·세액공제 충족 여부는 근로자가 직접 확인하여야 합니다.
- 본 증명서류에서 조회되지 않는 내역은 영수증 발급기관에서 직접 발급받으시기 바랍니다.

[실무수행평가] – 근로소득관리3

번호	평가문제	배점
46	**[김윤성 근로소득원천징수영수증 조회]** '49.산출세액'은 얼마인가?	1
47	**[김윤성 근로소득원천징수영수증 조회]** '59.연금저축' 세액공제액은 얼마인가?	2
48	**[김윤성 근로소득원천징수영수증 조회]** '60.보장성보험' 세액공제액은 얼마인가?	2
49	**[김윤성 근로소득원천징수영수증 조회]** '61.의료비' 세액공제액은 얼마인가?	2
50	**[김윤성 근로소득원천징수영수증 조회]** '62.교육비' 세액공제액은 얼마인가?	2
	근로소득 소계	25

실무이론평가

1	2	3	4	5	6	7	8	9	10
③	③	③	④	①	②	①	③	②	②

01 내부통제의 구성요소 중 통제활동에 대한 설명이다.

02 기말재고(저가법) = Min[취득원가(3,000,000), 순실현가능가치(2,00,000)] = 2,000,000원
평가손실은 매출원가로 처리한다.

재고자산

기초재고	1,500,000	*매출원가*	*6,500,000*
총매입액	7,000,000	기말재고	2,000,000
계	8,500,000	계	8,500,000

03 시장성 없는 유가증권에 대해 **역사적 원가를 적용하면 자산가액 측정치의 검증가능성은 높으나** 유가증권의 **실제 가치(공정가액)를 나타내지 못하여 목적적합성이 저하**될 수 있다.

04 상반기의 감가상각비 = 20,000,000원 ÷ 5년 × 6개월 / 12개월 = 2,000,000원
장부가액 = [취득가액(20,000,000) - 감가상각누계액(2,000,000)] = 18,000,000원
자본적 지출 후 장부가액 = 장부가액(18,000,000) + 자본적지출(3,600,000) = 21,600,000원
하반기 감가상각비 = 장부가액(21,600,000) × 6개월 / 54개월 = 2,400,000원
당기 감가상각비 = 상반기(2,000,000) + 하반기(2,400,000) = 4,400,000원

05 3월 5일 유상증자 = 발행가액(1,000주 × 10,000) - 액면금액(1,000주 × 5,000) = 5,000,000원(할증)
9월 20일 유상증자 = 발행가액(1,000주 × 4,000 - 100,000) - 액면금액(1,000주 × 5,000) = -1,100,000원(할인)
주식발행초과금 잔액 = 5,000,000(할증) - 1,100,000(할인) = 3,900,000원

06 ① **면세사업자는 매입 시 부담한 부가가치세액을 공제받을 수 없다.**
③ 영세율은 소비지국 과세원칙을 구현하기 위한 제도이다.
④ **간이과세자도** 부가가치세법상 과세사업자이므로 **영세율을 적용받을 수 있다.**

07 매출세액 = [국내매출액(4,400,000) + 간주공급(500,000)] × 10% = 490,000원
수출액은 영세율과세대상으로 매출세액이 없으며, 토지매각액은 면세대상임
판매장려품의 공급가액은 시가를 적용함

08 **무기명 채권(소유주가 누군지 모르므로 약정이 없음)의 이자와 할인액: 실제 지급을 받은 날**

09 "가. 종업원이 사택을 무상으로 제공받음으로써 얻는 이익은 근로소득이 아니다."라는 설명은 잘못된 설명이다. 2021년 세법개정으로 주택을 제공받음으로써 얻는 이익은 근로소득이고 이중 주주가 아닌 임원, 임원이 아닌 종업원등이 받는 사택제공이익은 비과세소득으로 규정하였다.

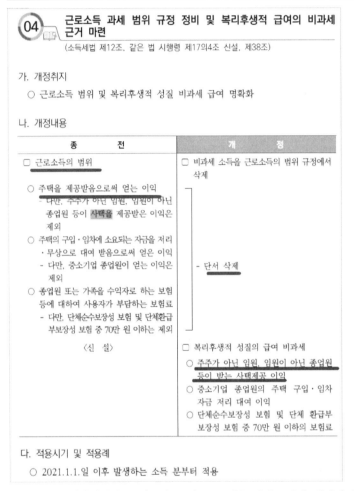

나. 사보에 배낭여행기를 기고하고 받은 금액은 기타소득에 해당한다.

다. 김한공 씨는 **차량을 소유하고 있지 않으므로 자가운전보조금은 근로소득 총급여액에 포함**된다.

라. **식사를 별도로 제공받으므로 식대는 근로소득 총급여액에 포함**된다.

10

관계	요 건		기본 공제	추가 공제	판 단
	연령	소득			
본인	–	–	○		
배우자	–	○	○		
장인(79)	○	○	○	경로	사망일 전일로 판단
장남(25)	×	×	부		사업소득금액 1백만원 초과자
장녀(17)	○	○	○		

• 기본공제(4명) = 1,500,000 × 4 = 6,000,000원   • 경로우대공제(1명) = 1,000,000원

■■■■■■ **실무수행평가**

실무수행 1. 거래자료입력

1. 3만원 초과 거래자료에 대한 영수증수취명세서 작성

(1) [일반전표입력] 1월 31일

(차) 여비교통비(판)	35,000원	(대) 현금	35,000원

(2) [영수증수취명세서(2)]

	거래일자	상 호	성 명	사업장	사업자등록번호	거래금액	구분	계정코드	계정과목
	-02-21	(주)삼성화재				835,000	16	821	보험료
	-01-13	샤인실업	최재수	서울 구로구 구로동로 27	106-08-12514	200,000		520	수선비
	-01-31	카카오택시	양재훈	서울 구로구 디지털로 32	217-11-12342	35,000	28	812	여비교통비

(3) [영수증수취명세서(1)]

영수증수취명세서(2) 　영수증수취명세서(1) 　해당없음

1. 세금계산서, 계산서, 신용카드 등 미사용내역

9. 구분	3만원 초과 거래분		
	10. 총계	11. 명세서제출 제외대상	12. 명세서제출 대상(10-11)
13. 건수	3	2	1
14. 금액	1,070,000	870,000	200,000

2. 3만원 초과 거래분 명세서제출 제외대상 내역

구분	건수	금액	구분	건수	금액
15. 읍, 면 지역 소재			26. 부동산 구입		
16. 금융, 보험 용역	1	835,000	27. 주택임대용역		
17. 비거주자와의 거래			28. 택시운송용역	1	35,000
18. 농어민과의 거래			29. 전산발매통합관리시스템가입자와의		
19. 국가 등과의 거래			30. 항공기항행용역		
20. 비영리법인과의 거래			31. 간주임대료		
21. 원천징수 대상사업소			32. 연체이자지급분		
22. 사업의 양도			33. 송금명세서제출분		
23. 전기통신, 방송용역			34. 접대비필요경비부인분		
24. 국외에서의 공급			35. 유료도로 통행료		
25. 공매, 경매, 수용			36. 합계	2	870,000

2. 약속어음 수취거래, 만기결제, 할인 및 배서양도

(1) [일반전표입력] 2월 20일

(차) 매출채권처분손실	330,000원	(대) 받을어음	11,000,000원
보통예금(국민은행(보통))	10,670,000원	((주)나이스클럽)	

☞ 할인료(매출채권처분손실) = 만기가액(11,000,000) × 12% × 3개월/12개월 = 330,000원

(2) [자금관리]

● 받을어음 관리　　　　　　　　　　　　　　　　　　　　　　　　　　삭제(F5)

어음상태	2 할인(전액)	어음번호	00420220120123456780	수취구분	1 자수	발행일	20×1-01-20	만기일	20×1-05-20
발행인	01500 (주)나이스클럽			지급은행	100 국민은행			지 점	역삼지점
배서인		할인기관	98000 국민은행(보통)	지 점	춘천	할인율 (%)	12	어음종류	6 전자
지급거래처					* 수령된 어음을 타거래처에 지급하는 경우에 입력합니다.				

3. 계약금 입금 [일반전표입력] 3월 1일

(차) 보통예금(국민은행(보통))	704,000원	(대) 선수금((주)태광산업)	704,000원

실무수행 2. 부가가치세관리

1. 전자세금계산서 발급

(1) [매입매출전표입력] 4월 30일

거래유형	품명	공급가액	부가세	거래처	전자세금
11.과세	골프모자	15,200,000	1,520,000	(주)고려산업	전자발행
분개유형	(차) 외상매출금	16,720,000원	(대) 제품매출		15,200,000원
2.외상			부가세예수금		1,520,000원

(2) [전자세금계산서 발행 및 내역관리] 기출문제 68회 참고

2. 수정전자세금계산서 발급

(1) [수정전자세금계산서 발급]

① [매입매출전표입력] 5월 10일 전표선택 ➡ 수정세금계산서 클릭 ➡ 수정사유(2.공급가액변동)를 선택 ➡ 확인(Tab) 을 클릭

② [수정세금계산서(매출)] 화면에서 수정분 [작성일 5월 20일], [공급가액 -900,000원], [세액 -90,000원]을 입력한 후 확인(Tab) 을 클릭

③ [매입매출전표입력] 5월 20일

거래유형	품명	공급가액	부가세	거래처	전자세금
11. 과세	매출할인	-900,000	-90,000	(주)유정산업	전자발행
분개유형	(차) 외상매출금	-990,000원	(대) 제품매출		-900,000원
2. 외상			부가세예수금		-90,000원

(2) [전자세금계산서 발행 및 내역관리] 기출문제 68회 참고

3. 건물등감가상각자산취득명세서 작성자의 부가가치세신고서 작성

(1) [거래자료입력]

- [매입매출전표입력] 7월 10일

거래유형	품명	공급가액	부가세	거래처	전자세금
51.과세	자동화기계 수선비	15,000,000	1,500,000	(주)대림산업	전자입력
분개유형	(차) 기계장치	15,000,000원	(대) 미지급금		16,500,000원
3.혼합	부가세대급금	1,500,000원			

- [매입매출전표입력] 8월 15일

거래유형	품명	공급가액	부가세	거래처	전자세금
51.과세	건물신축공사 계약금	100,000,000	10,000,000	(주)에이스건설	전자입력
분개유형	(차) 건설중인자산	100,000,000원	(대) 보통예금		110,000,000원
3.혼합	부가세대급금	10,000,000원	(국민은행(보통))		

- [일반전표입력] 9월 10일

    (차) 가지급금(김강남)   1,100,000원   (대) 미지급금(삼성카드)   1,100,000원

  ※ **대표이사의 개인적인 물품구입은 사업무관으로 매입세액 공제대상**이 아니며, 세금계산서를 수취하지 않고 신용카드매출전표를 수취하였으므로 일반전표입력에 입력한다.

(2) [건물등감가상각자산취득명세서] 7월 ~ 9월

일련번호	취득일자 월	일	상 호	사업자등록번호	자 산 구 분	공 급 가 액	세 액	건 수	유 형
1	07	10	(주)대림산업	106-81-57571	2 기 계 장 치	15,000,000	1,500,000	1	세금계산서
2	08	15	(주)에이스건설	108-81-21220	4 기타감가상각자산	100,000,000	10,000,000	1	세금계산서

(3) [부가가치세신고서] 7월 1일 ~ 9월 30일

매입세액				
세금계산 수취부분	일반매입	10	78,344,614	7,834,461
	수출기업수입분납부유예	10-1		
	고정자산매입	11	115,000,000	11,500,000
예정신고누락분		12		
매입자발행세금계산서		13		
그밖의공제매입세액		14		
합계 (10-(10-1)+11+12+13+14)		15	193,344,614	19,334,461
공제받지못할매입세액		16	1,200,000	120,000
차감계 (15-16)		17	192,144,614 ㉰	19,214,461

4. 신용카드매출전표발행집계표 작성자의 부가가치세신고서 작성

(1) [매입매출전표입력]

- 12월 1일

거래유형	품명	공급가액	부가세	거래처	전자세금
11.과세	골프채	2,100,000	210,000	(주)대국골프	전자입력
분개유형	(차) 외상매출금	2,310,000원	(대) 제품매출		2,100,000원
4.카드	(신한카드)		부가세예수금		210,000원

- 12월 21일

거래유형	품명	공급가액	부가세	거래처	전자세금
17.카과	제품	300,000	30,000	김은영	
분개유형	(차) 외상매출금	330,000원		(대) 제품매출	300,000원
4.카드(외상)	(신한카드)			부가세예수금	30,000원

- 12월 24일

거래유형	품명	공급가액	부가세	거래처	전자세금
22.현과	제품	200,000	20,000	박요하	
분개유형	(차) 현금	220,000원		(대) 제품매출	200,000원
1.현금				부가세예수금	20,000원

(2) [신용카드매출전표발행집계표] 10월 ~ 12월

1. 신용카드매출전표 등 발행금액 현황

구 분	⑤ 합 계	⑥ 신용 · 직불 · 기명식 선불카드	⑦ 현금영수증	⑧ 직불 · 기명식 선불전자지급수단
합 계	2,860,000	2,640,000	220,000	
과 세 매 출 분	2,860,000	2,640,000	220,000	
면 세 매 출 분				
봉 사 료				

2. 신용카드 매출전표등 발행금액(⑤합계) 중 세금계산서(계산서) 발급내역

⑨ 세금계산서 발급금액	2,310,000	⑩ 계산서 발급금액	

(3) [부가가치세신고서] 10월 1일 ~ 12월 31일

구 분			금액	세율	세액
과세표준및매출세액	과세	세금계산서발급분	1	33,940,000	10/100	3,394,000
		매입자발행세금계산서	2		10/100	
		신용카드.현금영수증	3	500,000	10/100	50,000
		기타	4		10/100	
	영세	세금계산서발급분	5		0/100	
		기타	6		0/100	
	예정신고누락분		7			
	대손세액가감		8			
	합계		9	34,440,000	㉒	3,444,000

[실무수행평가] - 부가가치세관리

번호	평가문제	배점	답
11	[매입매출전표입력 조회] 수정입력사유 코드번호	2	2
12	[세금계산서합계표 조회] '(주)고려산업'에 전자세금계산서 공급가액	2	15,200,000
13	[세금계산서합계표 조회] 매출전자세금계산서 발급매수	2	29
14	[건물등감가상각자산취득명세서 조회] 기타감가상각자산 공급가액	3	100,000,000
15	[부가가치세신고서 조회] 세금계산서수취부분_고정자산매입금액	2	115,000,000
16	[부가가치세신고서 조회] 부가율	1	③

번호	평가문제	배점	답
17	[부가가치세신고서 조회] 부가가치세 첨부서류	2	②
18	[신용카드매출전표발행집계표 조회] 「과세매출분」 합계금액	3	2,860,000
19	[부가가치세신고서 조회] 세금계산서발급분(1란) 금액은 얼마인가?	3	33,940,000
20	[부가가치세신고서 조회] 차가감납부할세액은 얼마인가?	2	327,200
	부가가치세 소계	22	

실무수행 3. 결산

1. 수동결산 [일반전표입력] 12월 31일

(차) 보험료(제)　　　　　　600,000원　　　(대) 선급비용　　　　　600,000원

☞ 당기보험료＝2,400,000원×3/12＝600,000원

2. 결산자료입력에 의한 자동결산

[결산자료입력 1]　단기대여금 대손상각비 설정액＝20,000,000원×1%＝200,000원

① 방법 1.

결산자료입력(기타의 대손상각비)란에 단기대여금 200,000원 입력

② 방법 2. [일반전표입력] 12월 31일

(차) 기타의대손상각비(영업외)　200,000원　　　(대) 대손충당금(단기대여금)　200,000원

[결산자료입력 2]

- 결산자료입력에서 기말 원재료 4,850,000원, 재공품 15,400,000원, 제품 23,900,000원을 입력하고 전표추가(F3) 를 클릭하여 결산분개를 생성한다.

[이익잉여금처분계산서] 메뉴

- 이익잉여금처분계산서에서 **처분일을 입력한 후,** 전표추가(F3) 를 클릭하여 **손익대체 분개를 생성**한다.

[실무수행평가] - 재무회계

번호	평가문제	배점	답
21	[영수증수취명세서 조회] '11.명세서제출 제외대상' 금액	2	870,000
22	[받을어음현황 조회]1/4분기에 할인받은 받을어음의 총액	2	23,000,000
23	[일/월계표 조회] 1월에 발생한 여비교통비(판매관리비) 금액	2	1,280,000
24	[일/월계표 조회] 1/4분기에 발생한 영업외비용 금액	1	1,126,000
25	[일/월계표 조회] 4/4분기에 발생한 영업외비용 금액	1	8,960,000
26	[거래처원장 조회] 3월 말 국민은행 보통예금 잔액	1	141,662,000
27	[거래처원장 조회] 4월 말 거래처별 외상매출금 잔액	2	②

번호	평가문제	배점	답
28	[거래처원장 조회] 6월 말 (주)유정산업의 외상매출금 잔액	1	32,010,000
29	[거래처원장 조회]12월 말 신한카드(99602)의 외상매출금 잔액	1	3,740,000
30	[재무상태표 조회] 3월 말 계정별 잔액	2	③
31	[재무상태표 조회] 9월 말 유형자산 금액	2	561,300,000
32	[재무상태표 조회] 9월 말 가지급금 잔액	1	2,100,000
33	[재무상태표 조회] 12월 말 선급비용 잔액	2	1,800,000
34	[재무상태표 조회] 기말 원재료 잔액	2	4,850,000
35	[재무상태표 조회]12월 말 이월이익잉여금(미처분이익잉여금) 잔액	1	③
재무회계 소계		23	

실무수행 4. 근로소득관리

1. 가족관계증명서에 의한 사원등록(조성준)

관계	요 건		기본 공제	추가 (자녀)	판 단
	연령	소득			
본인(세대주)	-	-	○		
모(84)	○	○	○	경로	주거형편상 별거도 인정
배우자	-	○	○		복권당첨소득은 분리과세소득
자1(17)	○	○	○	자녀	
자2(9)	○	○	○	자녀	
형제(49)	×	○	○	장애(1)	장애인은 연령요건을 따지지 않는다.

[실무수행평가] – 근로소득관리 1

번호	평가문제	배점	답
36	[조성준 근로소득원천징수영수증 조회] 기본공제 대상에 해당하는 인원	1	6
37	[조성준 근로소득원천징수영수증 조회] 소득자 본인과 배우자 기본공제액을 합한 금액	1	3,000,000
38	[조성준 근로소득원천징수영수증 조회] 경로우대 추가공제액	2	1,000,000
39	[조성준 근로소득원천징수영수증 조회] 장애인' 추가공제액	2	2,000,000
40	[조성준 근로소득원천징수영수증 조회] 자녀세액공제 금액	2	152,654

<u>40.자녀세액공제 금액은 2명이므로 350,000원(개정세법 24)인데, 산출세액이 적어서 자녀세액공제를 전체를 받지 못하여 152,654원이 나온 것임. 그리고 프로그램이 자동계산되어지므로 달라질 수가 있습니다.</u>

2. 급여명세에 의한 급여자료

(1) 수당등록

	수당등록	공제등록		비과세/감면설정	사회보험
	코드	수당명	과세구분	근로소득유형	
1	101	기본급	과세	1.급여	
2	102	상여	과세	2.상여	
3	200	직책수당	과세	1.급여	
4	201	문화수당	과세	1.급여	
5	202	식대	비과세	2.식대	
6	203	자녀수당	과세	1.급여	
7	204	자가운전보조금	비과세	3.자가운전	

(2) 급여자료입력(지급일 20x1년 12월 31일, 1020.이진욱)

	코드	사원명	직급	감면율	급여항목	지급액	공제항목	공제액
	1000	김윤성(연말)			기본급	2,500,000	국민연금	112,500
	1010	최예나			직책수당	50,000	건강보험	87,370
■	1020	이진욱			문화수당	100,000	고용보험	22,400
	1030	조성준			식대	150,000	장기요양보험료	10,720
					자녀수당	100,000	소득세	67,300
					자가운전보조금	200,000	지방소득세	6,730
							농특세	

				과 세	2,750,000		
				비 과 세	350,000		
				감 면 소 득		공제액 계	307,020
	인원(퇴직)	4(0)		지급액 계	3,100,000	차인지급액	2,792,980

☞ 비과세금액 = 식대(150,000) + 자가운전보조금(200,000) = 350,000원

(3) 원천징수이행상황신고서 조회(귀속기간 12월, 지급기간 12월, 0.정기신고)

[실무수행평가] - 근로소득관리 2

번호	평가문제	배점	답
41	[이진욱 12월 급여자료 조회] 과세대상 문화수당 금액	2	100,000
42	[이진욱 12월 급여자료 조회] 비과세대상 식대 금액(한도 20만원)	2	150,000
43	[이진욱 12월 급여자료 조회] 비과세대상 자가운전보조금 금액	2	200,000
44	[이진욱 12월 급여자료 조회] 12월분 급여에 대한 차인지급액	1	2,792,980
45	[원천징수이행상황신고서 조회] '6.소득세 등' 금액	1	67,300

※ 44, 45는 프로그램에서 자동계산되어지므로 달라질 수 있습니다.

3. 국세청연말정산간소화 및 이외의 자료를 기준으로 연말정산

(1) [사원등록] 메뉴의 부양가족명세(김윤성) 총급여액 55,000,000원

관계	요 건		기본 공제	추가 (자녀)	판　　　　단
	연령	소득			
본인(세대주)	–	–	○		
모(78)	○	○	○	경로	기초노령연금은 소득에서 제외
배우자	–	×	부		**기타소득금액=8,000,000×(1−60%)=3,200,000원**
자1(31)	×	○	부		
자2(17)	○	○	○	자녀	

(2) [연말정산 근로소득원천징수영수증]

항 목	요건		내역 및 대상여부	입력
	연령	소득		
의 료 비	×	×	• 배우자 의료비(**안경은 500,000 한도**)	○(일반 3,250,000)
보 험 료	○ (×)	○	• 모친 생명보험료 • 자2 건강보험료	○(일반 600,000) ○(일반 350,000)
교 육 비	×	○	• 자1 대학교 등록금 • 본인 대학원 등록금	○(대학 8,000,000) ○(본인 5,000,000)
연금저축	본인		• 본인 연금저축	○(3,600,000)

① 의료비 지급명세서

의료비공제대상자		지급처	지급명세				산후 조리원
성명	본인등 해당여부	의료증빙코드	금액	실손의료 보험금	난입 시술비	미숙아등	
이은영	3	국세청장	3,250,000				

② 소득공제 탭

	구 분	보험료		교육비	
		보장성	장애인	일반	장애인특수
본인	국세청			5,000,000	
모친	국세청	600,000			
자1	국세청			8,000,000	
자2	국세청	350,000			

③ 연금저축

구분		금융회사등	계좌번호	불입금액
3.연금저축	308	(주)신한은행	2448123651	3,600,000

					값				
23.근로소득금액			>	42,500,000	49.산 출 세 액		>		3,709,036
기본공제	24.본 인			1,500,000	50.『소득세법』		>		
	25.배 우 자				51.조세특례제한법(52제외)		>		
	26.부양가족	2_명		3,000,000	세액감면	52.중소기업취업자감면/조특30		>	
추가공제	27.경로우대	1_명		1,000,000		53.조세조약(원어민교사)		>	
	28.장애인	__명				54.세액감면계			
	29.부녀자								
	30.한부모가족								
연금보험공제	31.국민연금보험료		>	2,475,000		세액공제구분			세액공제액
	32.공적연금보험공제	가.공무원연금	>			55.근 로 소 득		>	660,000
		나.군인연금	>		56자녀세액공제	공제대상자녀	1_명		150,000
		다.사립학교교직원연금	>			출산입양	__명		
		라.별정우체국연금	>						
특별소득공제	33.보험	가.건강	2,158,090	>	2,158,090	연금계좌	57.과학기술인공제	>	
		나.고용	440,000	>	440,000		58.근로자퇴직급여보장법	>	
	34.주택-가.주택임차차입금원리금상환액	대출기관	>			59.연금저축	>	540,000
		거주자	>			59-1. ISA만기시연금계좌	>	
	34.주택 나.장기주택저당차입금이자상환액	11년이전차입분	15년미만	>		특별세액공제	60.보장성보험	950,000	>	114,000
			15~29년	>			61.의 료 비	3,250,000	>	240,000
			30년이상	>			62.교 육 비	13,000,000	>	1,950,000
		12년이후차입분(15년이상)	고정or비거치	>		63기부금	정치	10만원이하	>	
			기타대출	>				10만원초과	>	
		15년이후차입분(15년이상)	고정&비거치	>			나.법정기부금	>	
			고정or비거치	>			다.우리사주기부금	>	
			기타대출	>			라.지정기부금(종교외)	>	
		15년이후차입분(10~15년)	고정or비거치	>			마.지정기부금(종교)	>	
	35.기부금(이월분)		>		세액공제	64.계			2,304,000
	36.계			2,598,090		65.표준세액공제			
37.차감소득금액				31,926,910	66.납세조합공제		>		

45.장기집합투자증권저축	>		71.결 정 세 액(49-54-70)		55,036
46.그 밖의 소득 공제 계			81.실 효 세 율(%) (71/21)×100%		0.1%

		소득세	지방소득세	농어촌특별세	계
72.결정세액		55,036	5,503	0	60,539
기납부세액	73.종(전) 근무지	0	0	0	0
	74.주(현) 근무지	3,855,170	385,440	0	4,240,610
75. 납부특례세액		0	0	0	0
76. 차감징수세액(72-73-74-75)		-3,800,130	-379,930	0	-4,180,060

[실무수행평가] - 근로소득관리3

번호	평가문제	배점	답
46	[김윤성 근로소득원천징수영수증 조회] '49.산출세액'	1	3,529,036
47	[김윤성 근로소득원천징수영수증 조회] '59.연금저축' 세액공제액	2	415,036
48	[김윤성 근로소득원천징수영수증 조회] '60.보장성보험' 세액공제액	2	114,000
49	[김윤성 근로소득원천징수영수증 조회] '61.의료비' 세액공제액	2	240,000
50	[김윤성 근로소득원천징수영수증 조회] '62.교육비' 세액공제액	2	1,950,000
	근로소득 소계	25	

※ 46, 47는 프로그램에서 자동계산되어지므로 달라집니다.

〈참고사항 : 총급여액 55,000,000원〉

		한도	공제율	대상금액	세액공제
1. 보험료	일반	1백만원	12%	950,000	114,000
2. 의료비	일반	–	15%	3,250,000	240,000
	☞의료비세액공제 = 3,250,000 – 총급여액(55,000,000)×3%] × 15% = 240,000				
3. 교육비	본인	–	15%	5,000,000	750,000
	대학교	9백만원	15%	8,000,000	1,200,000
4. 연금저축	연금저축	6백만원	15%	3,600,000	540,000*

* 산출세액<공제세액이 적은 경우 한도까지 공제되므로 조회를 통하여 답을 작성하셔야 합니다.

기출문제

Tax Accounting Technician
세무정보처리 자격시험 2급

54회

합격율	시험년월
49%	2022.8

■■■■■■ **실무이론평가**

01. 자산에 대한 설명 중 옳지 않은 것은?

① 자산으로 인식하기 위해서는 당해 자산에 미래 경제적 효익이 내재되어 있어야 한다.

② 자산의 존재를 판단하기 위해서 물리적 형태가 필수적인 것은 아니다.

③ 자산의 정의를 충족하기 위해서는 반드시 법적권리를 보유하여야 인식할 수 있다.

④ 자산은 과거 사건의 결과 기업이 통제하고 있고, 미래 경제적 효익이 기업에 유입될 것으로 기대되는 자원이다.

02. 다음은 (주)한공의 12월 중 상품 매매 자료이다. 재고자산의 평가방법을 선입선출법으로 적용한 경우 매출원가와 매출총이익은 각각 얼마인가?

일자	구분	수량	단가
12월 1일	기초재고	100개	1,000원
12월 5일	외상매입	100개	1,200원
12월 9일	상품매출	150개	4,000원
12월 15일	외상매입	100개	1,400원

	매출원가	매출총이익
①	150,000원	450,000원
②	160,000원	440,000원
③	160,000원	435,000원
④	180,000원	420,000원

03. 다음 자료에 의하여 (주)한공이 20x1년 1월 1일부터 기계장치의 처분시점까지 인식할 감가상각비는 얼마인가?

> • (주)한공이 보유하고 있는 기계장치의 20x0년말 장부금액은 1,800,000원이었다.
> • (주)한공이 20x1년 8월 1일 1,900,000원에 처분하면서 200,000원의 처분이익이 발생하였다.

① 0원   ② 100,000원
③ 200,000원   ④ 300,000원

04. 다음 중 당기순이익을 증가시키는 결산정리사항이 <u>아닌</u> 것은?
① 전액 비용으로 처리한 보험료 중 선급분 계상
② 전액 수익으로 인식한 이자수익 중 선수분 계상
③ 기간 경과한 임대료 미수분 계상
④ 전액 비용으로 처리한 소모품비 중 소모품미사용액 계상

05. (주)한공은 20x1년 1월 1일에 액면금액 1,000,000원, 액면이자율 5%, 만기 3년, 이자는 매년 말에 지급하는 조건으로 사채를 발행하였다. 발행시점의 시장이자율과 유효이자율은 6%로 동일하며, 발행가액은 974,000원이다. 20x1년말 손익계산서상 사채관련 이자비용은 얼마인가?
① 48,700원   ② 50,000원
③ 58,440원   ④ 60,000원

06. 사업자가 매입세액공제를 받은 재화를 다음과 같은 용도로 사용하는 경우 부가가치세 과세거래에 해당하는 것은?
① 견본품을 무상으로 제공하는 경우
② 면세사업을 위하여 사용하는 경우
③ 작업복·작업모·작업화로 사용하는 경우
④ 자기사업상의 기술개발을 위하여 시험용으로 사용하는 경우

07. 다음은 컴퓨터 제조업을 영위하는 (주)한공의 20x1년 1기 부가가치세 확정신고기간의 자료이다. 이를 토대로 부가가치세 납부세액을 계산하면 얼마인가?(단, 모든 거래금액은 부가가치세가 포함되어 있지 않고 필요한 세금계산서는 적법하게 수취하였다.)

- 국내 매출액: 30,000,000원
- 직수출액: 12,000,000원
- 컴퓨터 부품 매입액: 11,000,000원
- 배달용 1톤 트럭 구입액: 15,000,000원
- 거래처 증정용 선물구입액: 3,000,000원

① 100,000원 ② 400,000원
③ 1,600,000원 ④ 1,900,000원

08. 다음 중 금융소득의 과세방법에 대하여 바르게 설명하고 있는 사람은?

- 인철 : 부부의 금융소득 합계금액이 2,000만원을 초과하면 종합과세 대상이야.
- 선희 : 원천징수되지 않은 이자소득은 조건부 종합과세 대상이야.
- 동원 : 비실명 금융소득은 무조건 분리과세 돼.
- 민주 : 금융소득의 필요경비는 인정받을 수 있어.

※ 1차 저작권자의 저작권 침해 소지가 있어 삽화 삽입은 어려우니 양해바랍니다.

① 인철 ② 선희
③ 동원 ④ 민주

09. 다음은 거주자 김한공 씨의 20x1년 소득 내역이다. 이를 토대로 김한공 씨의 종합소득 과세대상 소득금액을 계산하면 얼마인가?

- 논·밭을 작물 생산에 이용하게 함으로써 발생하는 총수입금액 : 10,000,000원 (필요경비 6,000,000원)
- 건물을 임대하고 임대료로 받은 소득 : 24,000,000원 (필요경비 14,000,000원)
- 「복권 및 복권기금법」에 따른 복권 당첨금 : 20,000,000원 (필요경비는 확인되지 아니함.)
- 일시적인 문예창작의 대가 : 15,000,000원 (필요경비는 확인되지 아니함.)

① 16,000,000원 ② 26,000,000원
③ 49,000,000원 ④ 59,000,000원

10. 다음은 (주)한공에 근무하는 김회계씨의 신용카드 사용내역이다. 신용카드 등 소득공제 대상 사용금액은 얼마인가?

• 아파트 관리비	2,500,000원
• 중학생인 자녀 영어학원비	4,000,000원
• 맹장 수술비용	2,000,000원
• 해외에서 사용한 신용카드 사용액	1,300,000원

① 6,000,000원
② 6,500,000원
③ 7,300,000원
④ 9,800,000원

실무수행평가

(주)제니스전자(2540)는 공기청정기 제조업을 영위하는 법인기업으로 회계기간은 제7기(20x1.1.1. ~ 20x1.12.31.)이다. 제시된 자료와 자료설명을 참고하여, [수행과제]를 완료하고 [평가문제]의 물음에 답하시오.

실무수행1 | 거래자료입력

실무프로세스 자료이다. [자료설명]을 참고하여 [수행과제]를 수행하시오.

1. 3만원 초과 거래자료에 대한 영수증수취명세서 작성

일련번호	087

기부금 영수증

1. 기부자

성명(법인명)	(주)제니스전자	주민등록번호 (사업자등록번호)	120-81-32144
주소(소재지)	서울 강남구 삼성로 530		

2. 기부금 단체

단 체 명	(재)교보교육재단	사업자등록번호 (고유번호)	101-82-21513
소 재 지	서울 동대문구 왕산로 10	기부금공제대상 기부금단체 근거법령	소득세법 제34조제1항

4. 기부내용

유 형	코드	구분	연월일	내 용	기 부 금 액			
					합계	공제대상 기부금액	공제제외 기부금	
							기부장려금 신청금액	기타
특례기부금	10	금전	20x1.1.15.	장학기금	6,000,000	6,000,000		

자료설명	1. 비영리법인인 (재)교보교육재단에 장학기금을 현금으로 기부하고 수취한 기부금영수증이다. 2. 이 거래가 지출증명서류 미수취가산세 대상인지를 검토하려고 한다.
수행과제	1. 거래자료를 입력하시오. 2. 영수증수취명세서(2)와 (1)서식을 작성하시오.

2. 약속어음의 만기결제, 할인 및 배서양도

전 자 어 음

(주)제니스전자 귀하 00420220110123456789

금 이천만원정 20,000,000원

위의 금액을 귀하 또는 귀하의 지시인에게 지급하겠습니다.

지급기일 20x1년 7월 10일   **발행일** 20x1년 1월 10일
지 급 지 우리은행   **발행지** 서울 강남구 강남대로 119(도곡동)
지급장소 방배지점   **주 소**
    발행인 (주)블루산업

자료설명	[2월 10일] (주)블루산업에서 수취하였던 전자어음을 우리은행에서 할인하고, 할인료 300,000원을 차감한 잔액은 우리은행 당좌예금 계좌로 입금받았다.
수행과제	1. 거래자료를 입력하시오.(매각거래로 처리할 것.) 2. 자금관련 정보를 입력하여 받을어음현황에 반영하시오.

3. 리스회계

전자계산서			(공급받는자 보관용)		승인번호		

공급자	등록번호	125-81-74533			공급받는자	등록번호	120-81-32144		
	상호	(주)현대캐피탈	성명 (대표자)	박병수		상호	(주)제니스전자	성명 (대표자)	오세정
	사업장 주소	서울 강남구 강남대로 772				사업장 주소	서울 강남구 삼성로 530		
	업태	금융서비스업	종사업장번호			업태	제조업외	종사업장번호	
	종목	대출및리스				종목	공기청정기		
	E-Mail	hyundai@bill36524.com				E-Mail	zenith@bill36524.com		

작성일자	20x1.3.10.	공급가액	770,000	비 고	

월	일	품목명	규격	수량	단가	공급가액	비고
3	10	기계리스료				770,000	

합계금액	현금	수표	어음	외상미수금	이 금액을	○ 영수 ◉ 청구	함
770,000				770,000			

581

자료설명	(주)현대캐피탈과 운용리스계약을 맺고 공장용 기계장치를 사용하고 있으며, 3월분 리스료에 대하여 발급받은 전자계산서이다.
수행과제	거래자료를 입력하시오. (임차료로 처리하며, 전자계산서와 관련된 거래는 '전자입력'으로 처리할 것.)

실무수행2 | 부가가치세관리

부가가치세 신고 관련 자료이다. [자료설명]을 참고하여 [수행과제]를 수행하시오.

1. 전자세금계산서 발급

거래명세서   (공급자 보관용)

	등록번호	120-81-32144				등록번호	102-81-17053		
공급자	상호	(주)제니스전자	성명	오세정	공급받는자	상호	(주)클린기업	성명	윤춘호
	사업장 주소	서울 강남구 삼성로 530				사업장 주소	서울 서대문구 간호대로 10		
	업태	제조업외	종사업장번호			업태	도소매업	종사업장번호	
	종목	공기청정기				종목	전자제품		

거래일자	미수금액	공급가액	세액	총 합계금액
20x1.4.1.		22,500,000	2,250,000	24,750,000

NO	월	일	품목명	규격	수량	단가	공급가액	세액	합계
1	4	1	휴대용 공기청정기		100	225,000	22,500,000	2,250,000	24,750,000

비 고	전미수액	당일거래총액	입금액	미수액	인수자
		24,750,000		24,750,000	

자료설명	1. 제품을 공급하고 발행한 거래명세서이다. 2. 전자세금계산서를 발급하고 대금은 전액 농협카드로 결제를 받았다. (카드결제 대금은 외상매출금으로 처리할 것.)
수행과제	1. 거래자료를 입력하시오. 2. 전자세금계산서 발행 및 내역관리 를 통하여 발급 · 전송하시오. (전자세금계산서 발급 시 결제내역 및 전송일자는 고려하지 않을 것.)

2. 수정전자세금계산서의 발급

전자세금계산서			(공급자 보관용)			승인번호		

<table>
<tr><td rowspan="6">공급자</td><td>등록번호</td><td colspan="3">120-81-32144</td><td rowspan="6">공급받는자</td><td>등록번호</td><td colspan="3">220-87-12697</td></tr>
<tr><td>상호</td><td>(주)제니스전자</td><td>성명
(대표자)</td><td>오세정</td><td>상호</td><td>예림산업(주)</td><td>성명
(대표자)</td><td>이예림</td></tr>
<tr><td>사업장
주소</td><td colspan="3">서울 강남구 삼성로 530</td><td>사업장
주소</td><td colspan="3">서울 강남구 테헤란로114길 38</td></tr>
<tr><td>업태</td><td>제조업외</td><td colspan="2">종사업장번호</td><td>업태</td><td>도매업</td><td colspan="2">종사업장번호</td></tr>
<tr><td>종목</td><td>공기청정기</td><td colspan="2"></td><td>종목</td><td>전자제품</td><td colspan="2"></td></tr>
<tr><td>E-Mail</td><td colspan="3">zenith@bill36524.com</td><td>E-Mail</td><td colspan="3">yerim@bill36524.com</td></tr>
</table>

작성일자	20x1.4.18.	공급가액	1,500,000	세 액	150,000

비고								

월	일	품목명	규격	수량	단가	공급가액	세액	비고
4	18	계약금				1,500,000	150,000	

합계금액	현금	수표	어음	외상미수금	이 금액을	● 영수	함
1,650,000	1,650,000					○ 청구	

자료설명	1. 4월 18일 제품을 공급하기로 하고 계약금을 수령한 후 전자세금계산서를 발급하였다. 2. 본 거래에 대하여 제품생산 공장의 일정 지연으로 물량 납품계약을 이행할 수 없어 해제되었다.(계약해제일: 20x1.5.10.) 3. 계약금은 해제일에 전액 현금으로 지급하였다.
수행과제	계약해제에 따른 수정전자세금계산서를 발급·전송하시오. (전자세금계산서 발급시 결제내역 입력 및 전송일자는 무시할 것.)

3. 부동산임대사업자의 부가가치세신고서 작성

자료 1. 부동산임대계약서

(사 무 실) 월 세 계 약 서						■ 임 대 인 용 ☐ 임 차 인 용 ☐ 사 무 소 보 관 용
부동산의 표시	소재지	서울 구로구 경인로 638(구로동) 3층 301호				
	구 조	철근콘크리트조	용도	사무실	면적	130㎡
월 세 보 증 금	금	200,000,000원정		월세	3,000,000원정(부가가치세 별도)	

제 1 조 위 부동산의 임대인과 임차인 합의하에 아래와 같이 계약함.

제 2 조 위 부동산의 임대차에 있어 임차인은 보증금을 아래와 같이 지불키로 함.

계 약 금	원정은 계약시 지불하고
중 도 금	원정은 년 월 일 지불하며
잔 금	200,000,000원정은 20x1년 9월 1일 중개업자 입회하에 지불함.

제 3 조 위 부동산의 명도는 20x1년 9월 1일로 함.

제 4 조 임대차 기간은 20x1년 9월 1일로부터 (24)개월로 함.

제 5 조 **월세금액은 매월(1)일에 지불**키로 하되 만약 기일내에 지불치 못할 시에는 보증금액에서 공제키로 함.(국민은행, 계좌번호: 719-119-123123, 예금주: (주)제니스전자)

〰〰〰〰〰〰〰 중 략 〰〰〰〰〰〰〰

임 대 인	주 소	서울 강남구 삼성로 530				
	사업자등록번호	120-81-32144	전화번호	02-504-0262	성명	(주)제니스전…

자료 2. 임대료 전자세금계산서 발급

전자세금계산서		(공급자 보관용)		승인번호			
공급자	등록번호	120-81-32144		공급받는자	등록번호	207-81-55745	
	상호	(주)제니스전자	성명 (대표자) 오세정		상호	(주)경기물산	성명 (대표자) 하동준
	사업장 주소	서울 강남구 삼성로 530			사업장 주소	서울 구로구 경인로 638(구로동) 3층 301호	
	업태	제조업외	종사업장번호		업태	운수업	종사업장번호
	종목	공기청정기			종목	물류	
	E-Mail	zenith@bill36524.com			E-Mail	kyungki@naver.com	
작성일자	20x1.9.1.	공급가액	3,000,000		세 액	300,000	

월	일	품목명	규격	수량	단가	공급가액	세액	비고
9	1	9월 임대료				3,000,000	300,000	

합계금액	현금	수표	어음	외상미수금	이 금액을	⦿ 영수 ◯ 청구	함
3,300,000							

자료 설명	1. 자료 1은 부동산임대계약 체결관련 서류이다. 2. 자료 2는 9월분 임대료에 대한 전자세금계산서이며, 임대료는 9월 1일 국민은행 보통예금 계좌에 입금된 것을 확인하였다. 3. 간주임대료(**정기예금이자율은 2.9%로 가정**)에 대한 부가가치세는 임대인이 부담하기로 하였다.
수행 과제	1. 9월 1일 임대료에 대한 거래를 매입매출전표에 입력하시오.(전자세금계산서는 '전자입력'으 로 처리할 것.) 2. 제2기 예정신고에 대한 부동산임대공급가액명세서를 작성하시오. 3. 간주임대료에 대한 회계처리를 9월 30일자로 매입매출전표에 입력하시오. 4. 9월 임대료 및 간주임대료에 대한 내용을 제2기 부가가치세 예정신고서에 반영하시오.

4. 대손세액공제신고서 작성자의 부가가치세신고서 작성

자료.

전자세금계산서

(공급자 보관용) 승인번호

공급자	등록번호	120-81-32144			공급받는자	등록번호	305-81-39563		
	상호	(주)제니스전자	성명 (대표자)	오세정		상호	(주)삼송물산	성명 (대표자)	진태영
	사업장 주소	서울 강남구 삼성로 530				사업장 주소	서울 강남구 삼성로 317		
	업태	제조업외	종사업장번호			업태	도소매업	종사업장번호	
	종목	공기청정기				종목	전자제품외		
	E-Mail	zenith@bill36524.com				E-Mail	samsong@bill36524.com		

작성일자	20x1.4.6.	공급가액	3,000,000	세 액	300,000
비고					

월	일	품목명	규격	수량	단가	공급가액	세액	비고
4	6	제품		30	100,000	3,000,000	300,000	

합계금액	현금	수표	어음	외상미수금	이 금액을	○ 영수 ● 청구	함
3,300,000				3,300,000			

자료설명	1. 자료는 (주)삼송물산과의 매출거래 시에 발급한 전자세금계산서이다. 2. (주)삼송물산은 20x1년 12월 20일에 서울중앙지방법원에 의해 '민사소송법'에 따른 화해권 고결정이 확정되었다.(단, 대손사유의 8.기타입력을 선택하여 '재판상 화해'로 입력할 것.)

수행과제	1. 자료에 대한 대손요건을 판단하여 제2기 부가가치세 확정 신고기간의 대손세액공제신고
	서를 작성하시오.
	2. 대손세액 및 전자신고세액공제를 반영하여 제2기 부가가치세 확정신고서를 작성하시오.
	  - 제2기 부가가치세 확정신고서를 홈택스에서 전자신고하여 전자신고세액공제 10,000
	    원을 공제받기로 한다.
	3. 대손확정일(12월 20일)의 대손세액공제 및 대손채권(외상매출금)에 대한 회계처리를 입
	력하시오.

평가문제	입력자료 및 회계정보를 조회하여 [평가문제]의 답안을 입력하시오.(70점)

[실무수행평가] - 부가가치세관리

번호	평가문제	배점
11	**[계산서합계표 조회]** 제1기 예정 신고기간의 면세계산서 수취금액은 얼마인가?	2
12	**[세금계산서합계표 조회]** 제1기 확정 신고기간의 거래처 '(주)클린기업'에 전자발행된 세금계산서 공급가액은 얼마인가?	2
13	**[매입매출전표입력 조회]** 5월 10일자 수정세금계산서의 수정입력사유 코드번호를 입력하시오.	2
14	**[부동산임대공급가액명세서 조회]** 제2기 예정 신고기간의 부동산임대공급가액명세서의 보증금 이자(간주임대료) 금액은 얼마인가?	2
15	**[부가가치세신고서 조회]** 제2기 예정 신고기간 부가가치세신고서의 과세_세금계산서발급분(1란) 금액은 얼마인가?	2
16	**[부가가치세신고서 조회]** 제2기 예정 신고기간 부가가치세신고서의 그 밖의 공제매입세액(14란)의 세액은 얼마인가?	2
17	**[부가가치세신고서 조회]** 제2기 예정 신고기간의 부가가치세 신고시에 작성되는 부가가치세 첨부서류에 해당하지 않는 것은? ① 세금계산서합계표 ② 부동산임대공급가액명세서 ③ 건물등감가상각자산취득명세서 ④ 신용카드매출전표등수령금액합계표	2
18	**[대손세액공제신고서 조회]** 제2기 확정 신고기간 대손세액공제신고서에 관한 설명으로 옳지 않은 것은? ① 대손기준일은 20x1년 4월 6일이다 ② 대손확정일은 20x1년 12월 20일이다 ③ 대손금액으로 입력할 금액은 3,000,000원이다 ④ 대손사유는 '8.기타입력-재판상 화해'이다.	3
19	**[부가가치세신고서 조회]** 제2기 확정 신고기간 부가가치세신고서의 대손세액가감(8란) 세액은 얼마인가?	3
20	**[부가가치세신고서 조회]** 제2기 확정 신고기간의 부가가치세 차가감납부할세액(27번란)은 얼마인가?	2
	부가가치세 소계	22

실무수행3 | 결산

[결산자료]를 참고하여 결산을 수행하시오.(단, 제시된 자료 이외의 자료는 없다고 가정함.)

1. 수동결산

자료설명	결산일 현재 보유한 외화 부채는 다음과 같다.				
	계정과목	발생일자	거래처	금액	결산시 환율
	외화장기차입금	20x1.9.5.	홍콩은행	$40,000(1,100원/$)	1,150원/$
수행과제	결산정리분개를 입력하시오.				

2. 결산자료입력에 의한 자동결산

자료설명	1. 당기 법인세등을 35,000,000원을 계상하려고 한다.(법인세 중간예납세액이 선납세금계정에 계상되어 있다.) 2. 기말재고자산 현황 | 구분	금액
원재료	27,000,000원
제 품	32,000,000원 | 3. 이익잉여금처분계산서 처분확정(예정)일 　- 당기: 20x2년 2월 28일 　- 전기: 20x1년 2월 28일
수행과제	결산을 완료하고 이익잉여금처분계산서에서 손익대체분개를 하시오. (단, 이익잉여금처분내역은 없는 것으로 하고 미처분이월이익잉여금 전액을 이월이익잉여금으로 이월하기로 한다.)

[실무수행평가] – 재무회계

번호	평가문제	배점
21	**[영수증수취명세서 조회]** 영수증수취명세서(1)에 반영되는 '11.명세서제출 제외대상' 금액은 얼마인가?	2
22	**[받을어음현황 조회]** 당사가 1/4분기(1월~3월)에 할인받은 받을어음의 총액은 얼마인가?	2
23	**[거래처원장 조회]** 2월 말 우리은행(코드 98005)의 당좌예금 잔액은 얼마인가?	1
24	**[거래처원장 조회]** 4월 말 농협카드(코드 99601)의 외상매출금 잔액은 얼마인가?	2
25	**[거래처원장 조회]** 9월 말 보통예금 거래처별 잔액으로 옳지 않은 것은? ① 98000.국민은행 211,176,614원 ② 98001.신한은행 468,213,061원 ③ 98500.외환은행 100,000,000원 ④ 99500.하나은행 17,460,889원	1
26	**[일/월계표 조회]** 1월에 발생한 영업외비용 금액은 얼마인가?	1
27	**[일/월계표 조회]** 1/4분기(1월~3월)에 발생한 임차료(제조)는 얼마인가?	1
28	**[일/월계표 조회]** 3/4분기(7월~9월)에 발생한 세금과공과금(판매관리비)은 얼마인가?	1
29	**[손익계산서 조회]** 당기 손익계산서의 대손상각비(판매관리비)는 얼마인가?	2
30	**[재무상태표 조회]** 3월 말 미지급금 잔액은 얼마인가?	1
31	**[재무상태표 조회]** 5월 말 선수금 잔액은 얼마인가?	1
32	**[재무상태표 조회]** 12월 말 미지급세금 잔액은 얼마인가?	2
33	**[재무상태표 조회]** 12월 말 외화장기차입금 잔액은 얼마인가?	3
34	**[재무상태표 조회]** 기말 제품 잔액은 얼마인가?	2
35	**[재무상태표 조회]** 12월 말 이월이익잉여금(미처분이익잉여금) 잔액으로 옳은 것은? ① 330,022,141원 ② 420,125,330원 ③ 550,125,440원 ④ 625,984,452원	1
	재무회계 소계	23

실무수행4 | 근로소득관리

인사급여 관련 자료이다. [자료설명]을 참고하여 [수행과제]를 수행하시오.

1. 주민등록등본에 의한 사원등록

문서확인번호   1/1

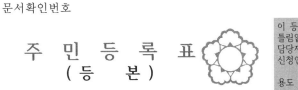

주 민 등 록 표
(등   본)

이 등본은 세대별 주민등록표의 원본내용과
틀림없음을 증명합니다.
담당자: 이등본   전화: 02-3149-0236
신청인: 최진언

용도 및 목적: 회사제출용
20x1년 12월 31일

세대주 성명(한자)		최진언 (崔 眞 彦)	세대 구 성 사유 및 일자	전입 2000-10-24
현주소 : 서울특별시 서대문구 충정로7길 30				
번호	세대주 관 계	성 명 주민등록번호	전입일 / 변동일	변동사유
1	본인	최진언 750321-1111115		
2	배우자	김해경 770202-2045678	2008-10-30	전입
3	모	김미자 430411-2222229	2011-04-15	전입
4	자	최서영 180310-4231457	2018-03-10	전입
5	자	최서준 220101-4231450	2022-01-01	출생

자료설명	20x1년 6월 1일 입사한 최진언의 주민등록표이다. 1. 부양가족은 최진언과 생계를 같이 한다. 2. 김해경(배우자)은 소득이 없으며, 장애인복지법에 의한 장애인에 해당한다. 3. 김미자(직계존속)는 암환자로서 항시 치료를 요하는 중증환자이며, 소득이 없다. 4. 최서영과 최서준(직계비속)은 미취학 아동이며, 소득이 없다. 5. 세부담을 최소화하는 방법을 선택한다.
수행과제	사원등록메뉴에서 부양가족명세를 작성하시오.

[실무수행평가] – 근로소득관리 1

번호	평가문제	배점
36	**[최진언 근로소득원천징수영수증 조회]** 기본공제 대상 인원수(본인포함)는 총 몇 명인가?	1
37	**[최진언 근로소득원천징수영수증 조회]** '25.배우자' 기본공제액은 얼마인가?	1
38	**[최진언 근로소득원천징수영수증 조회]** '27.경로우대' 추가공제액은 얼마인가?	2
39	**[최진언 근로소득원천징수영수증 조회]** '28.장애인' 추가공제액은 얼마인가?	2
40	**[최진언 근로소득원천징수영수증 조회]** '56.출산입양(자녀세액공제)' 세액공제액은 얼마인가? ① 0원 ② 93,619원 ③ 147,619원 ④ 201,619원	1

2. 급여자료입력

자료. 2월 급여자료

(단위: 원)

사원	기본급	가족 수당	식대	야간근로 수당	국민 연금	건강 보험	고용 보험	장기요양 보험	상조회비
송민기	1,800,000	50,000	150,000	200,000	프로그램에서 자동 계산된 금액으로 공제한다.				5,000

자료설명	생산부 사원 송민기의 급여자료이다. 1. 2월 급여 지급일은 2월 25일이다. 2. 가족수당은 가족수에 따라 일정금액을 지급하고 있다. 3. 식대는 매월 고정적으로 지급하고 있으며, 별도의 식사 및 기타음식물은 제공하지 않는다. 4. 야간근로수당은 정상적인 근로수당을 초과하여 근무할 경우 지급하고 있으며, 사무직은 과세, 생산직은 비과세를 적용하고 있다. 5. 직전연도 총급여액은 29,000,000원이다. 6. 사회보험은 자동계산된 금액으로 공제한다.
수행과제	1. 사원등록메뉴에서 생산직여부와 야간근로수당의 비과세 대상여부를 반영하시오. 2. 급여자료입력 메뉴에 수당 및 공제등록을 하시오. (상조회비 공제소득유형은 0.무구분 으로 선택할 것.) 3. 2월 급여자료를 입력하시오.(구분: 1급여로 할 것.) 4. 원천징수이행상황신고서를 작성하시오.

[실무수행평가] - 근로소득관리 2

번호	평가문제	배점
41	**[송민기 2월 급여자료 조회]** 수당항목 중 과세대상 가족수당 금액은 얼마인가?	2
42	**[송민기 2월 급여자료 조회]** 수당항목 중 과세대상 식대 금액은 얼마인가?	2
43	**[송민기 2월 급여자료 조회]** 수당항목 중 비과세대상 야간근로수당 금액은 얼마인가?	2
44	**[송민기 2월 급여자료 조회]** 2월 급여의 차인지급액은 얼마인가?	2
45	**[원천징수이행상황신고서]** '10.소득세 등' 총 합계금액은 얼마인가?	1

3. 국세청연말정산간소화 및 이외의 자료를 기준으로 연말정산

자료설명	사무직 배인철의 연말정산을 위한 국세청 제공자료 및 기타자료이다. 1. 사원등록메뉴에 부양가족은 입력되어 있다. 2. 박금자(직계존속)는 소득이 없다. 3. 김민주(배우자)는 이자소득 6,000,000과 배당소득 18,000,000원이 있다.(이자소득과 배당소득은 원천징수되었다.) 4. 배상훈(직계비속)은 총급여액 4,800,000원이 있다. 5. 배영민(직계비속)은 미취학 아동으로 소득이 없다.

수행과제	1. [사원등록] 메뉴에 부양가족명세를 수정하시오.(세부담을 최소화 하는 방법으로 선택한다)
	2. [연말정산근로소득원천징수영수증] 메뉴를 이용하여 연말정산을 완료하시오.
	  – 보험료세액공제는 [소득공제] 탭에서 입력한다.
	  – 교육비세액공제는 [소득공제] 탭에서 입력한다.
	  – 연금계좌세액공제는 [정산명세] 탭에서 입력한다.

자료 1. 배인철 사원의 부양가족내역

연말정산관계	성명	주민등록번호	기타 사항
0.본인	배인철	721010-1774918	세대주
1.소득자 직계존속	박금자	460901-2122786	
3.배우자	김민주	730501-2775018	
4.직계비속	배상훈	970927-1241853	
4.직계비속	배영민	191030-3123440	

자료 2. 국세청간소화서비스 및 기타자료

20x1년 귀속 소득·세액공제증명서류: 기본(지출처별)내역 [보험료]

■ 계약자 인적사항

성 명	주 민 등 록 번 호
배인철	721010-1******

■ 보장성보험(장애인전용보장성보험) 납입내역

(단위: 원)

종류	상 호	보험종류	주피보험자		납입금액 계
	사업자번호	증권번호	종피보험자		
보장성	장수생명보험(주)	**생명보험	460901-2******	박금자	1,800,000
	106-81-41***	100540651**			
보장성	안전화재보험(주)	자동차보험	721010-1******	배인철	1,080,000
	108-81-15***				
인별합계금액					2,880,000

 국 세 청 National Tax Service

- 본 증명서류는 「소득세법」 제165조 제1항에 따라 영수증 발급기관으로부터 수집한 서류로 소득·세액공제 충족 여부는 근로자가 직접 확인하여야 합니다.
- 본 증명서류에서 조회되지 않는 내역은 영수증 발급기관에서 직접 발급받으시기 바랍니다.

20x1년 귀속 소득·세액공제증명서류: 기본(지출처별)내역 [교육비]

■ 학생 인적사항

성 명	주 민 등 록 번 호
김민주	730501-2******

■ 교육비 지출내역

(단위: 원)

교육비종류	학교명	사업자번호	납입금액 계
대학원등록금	**대학교	108-90-15***	7,500,000
인별합계금액			7,500,000

 국 세 청 National Tax Service

- 본 증명서류는 「소득세법」 제165조 제1항에 따라 영수증 발급기관으로부터 수집한 서류로 소득·세액공제 충족 여부는 근로자가 직접 확인하여야 합니다.
- 본 증명서류에서 조회되지 않는 내역은 영수증 발급기관에서 직접 발급받으시기 바랍니다.

■ 소득세법 시행규칙 [별지 제44호서식] (앞쪽)

교 육 비 납 입 증 명 서

① 상 호	성림어학원	② 사업자등록번호	111-90-11114
③ 대표자	강석현	④ 전 화 번 호	
⑤ 주 소	서울시 강남구 논현로 92		

신청인	⑥ 성명 배인철		⑦ 주민등록번호	721010-1774918
	⑧ 주소 서울시 서초구 방배로 242			
대상자	⑨ 성명 배영민		⑩ 신청인과의 관계	자

Ⅰ. 교육비 부담 명세

⑪ 납부연월	⑫ 종 류	⑬ 구 분	⑭ 총교육비(A)	⑮ 장학금 등 수혜액(B)		⑯ 공제대상 교육비부담액(C=A-B)
				학비감면	직접지급액	
20x1. 4.	학원	수업료	350,000			350,000
20x1. 7.	학원	수업료	350,000			350,000
20x1.10.	학원	수업료	350,000			350,000
계			1,050,000			1,050,000
이하 생략						

20x1년 귀속 소득 · 세액공제증명서류: 기본내역[연금저축]

■ 가입자 인적사항

성 명	주 민 등 록 번 호
배인철	721010-1******

■ 연금저축 납입내역

(단위: 원)

상호	사업자번호	당해연도 납입금액	당해연도 납입액 중 인출금액	순납입금액
계좌번호				
삼성생명보험(주)	123-81-10***	4,800,000		4,800,000
004-121-20301				
순납입금액 합계				4,800,000

20x1년 귀속 소득 · 세액공제증명서류: 기본내역[연금저축]

■ 가입자 인적사항

성 명	주 민 등 록 번 호
김민주	730501-2******

■ 연금저축 납입내역

(단위: 원)

상호	사업자번호	당해연도 납입금액	당해연도 납입액 중 인출금액	순납입금액
계좌번호				
(주)국민은행	134-81-54***	6,000,000	1,000,000	5,000,000
0123654789				
순납입금액 합계				5,000,000

국 세 청
National Tax Service

• 본 증명서류는『소득세법』제165조 제1항에 따라 영수증 발급기관으로부터 수집한 서류로 소득·세액공제 충족 여부는 근로자가 직접 확인하여야 합니다.
• 본 증명서류에서 조회되지 않는 내역은 영수증 발급기관에서 직접 발급받으시기 바랍니다.

[실무수행평가] – 근로소득관리 3

번호	평가문제	배점
46	**[배인철 근로소득원천징수영수증 조회]** '37.차감소득금액'은 얼마인가?	2
47	**[배인철 근로소득원천징수영수증 조회]** '59.연금저축' 세액공제액은 얼마인가?	2
48	**[배인철 근로소득원천징수영수증 조회]** '60.보장성보험' 세액공제액은 얼마인가?	2
49	**[배인철 근로소득원천징수영수증 조회]** '62.교육비' 세액공제액은 얼마인가?	2
50	**[배인철 근로소득원천징수영수증 조회]** '81.실효세율'은 몇 %인가?	1
	근로소득 소계	25

실무이론평가

1	2	3	4	5	6	7	8	9	10
③	②	②	②	③	②	②	③	①	①

01 경우에 따라서는 **법적권리가 없어도 자산의 정의를 충족**할 수 있다.

02 매출원가(선입선출법) = 100개(기초)×1,000원+50개(12/5)×1,200원 = 160,000원

매출총이익 = 매출액(150개×4,000원) - 매출원가(160,000) = 440,000원

03 당기 8월 1일 처분시점 장부금액 = 처분가액(1,900,000) - 처분이익(200,000) = 1,700,000원

20x1년 감가상각비 = 1,800,000원(전기말 장부금액) - 1,700,000원(당기 처분시 장부금액)

= 100,000원

04 ① (차) 선급보험료 ××× (대) 보험료 ××× (당기순이익 증가)

② (차) 이자수익 ××× (대) 선수수익 ××× (당기순이익 감소)

③ (차) 미수수익 ××× (대) 임대료수익 ××× (당기순이익 증가)

④ (차) 소모품 ××× (대) 소모품비 ××× (당기순이익 증가)

05 손익계산서상 이자비용 = 발행가액(974,000)×유효이자율(6%) = 58,440원

06 **면세사업을 위하여 사용하는 것만 재화의 공급**으로 본다.

07 매출세액 = 국내매출액(30,000,000)×10% = 3,000,000원(직수출액은 영세율)

매입세액 = [부품(11,000,000)+트럭(15,000,000)]×10% = 2,600,000원(거래처 선물구입은 불공제)

납부세액 = 매출세액(3,000,000) - 매입세액(2,600,000) = 400,000원

08 ① **금융소득종합과세는 인별 과세**이다.

② **원천징수되지 않은 이자소득은 무조건 종합과세**이다

④ 금융소득의 필요경비는 인정 받을 수 없다.

09 사업소득금액(건물 임대) = 총수입금액(24,000,000) - 필요경비(14,000,000) = 10,000,000원

기타소득금액(문예창작) = 총수입금액(15,000,000)×(1-60%) = 6,000,000원

종합소득금액 = 사업소득금액(10,000,000)+기타소득금액(6,000,000) = 16,000,000원

※ 논·밭을 작물 생산에 이용하게 함으로써 발생하는 소득은 비과세소득이고, **복권 당첨금은 분리과세 기타소득**에 해당한다.

10 **아파트관리비와 해외에서 사용한 신용카드 사용액은 공제대상에서 제외**된다.

■■■■■■ 실무수행평가

실무수행 1. 거래자료입력

1. 3만원 초과 거래자료에 대한 영수증수취명세서 작성 [일반전표입력] 1월 15일

(차) 기부금   6,000,000원   (대) 현금   6,000,000원

[영수증수취명세서(2)]

거래일자	상 호	성 명	사업장	사업자등록번호	거래금액	구분	계정코드	계정과목
-02-20	(주)삼성화재				1,000,000	16	521	보험료
-01-27	다모아마트	권다정	서울 서대문구 연희로 3	110-81-45128	200,000		811	복리후생비
-01-15	(재)교보교육		서울 동대문구 왕산로 10	101-82-21513	6,000,000	20	933	기부금

[영수증수취명세서(1)]

1. 세금계산서, 계산서, 신용카드 등 미사용내역			
9. 구분	3만원 초과 거래분		
	10. 총계	11. 명세서제출 제외대상	12. 명세서제출 대상(10-11)
13. 건수	3	2	1
14. 금액	7,200,000	7,000,000	200,000

2. 3만원 초과 거래분 명세서제출 제외대상 내역					
구분	건수	금액	구분	건수	금액
15. 읍, 면 지역 소재			26. 부동산 구입		
16. 금융, 보험 용역	1	1,000,000	27. 주택임대용역		
17. 비거주자와의 거래			28. 택시운송용역		
18. 농어민과의 거래			29. 전산발매통합관리시스템가입자와의		
19. 국가 등과의 거래			30. 항공기항행용역		
20. 비영리법인과의 거래	1	6,000,000	31. 간주임대료		
21. 원천징수 대상사업소			32. 연체이자지급분		
22. 사업의 양도			33. 송금명세서제출분		
23. 전기통신, 방송용역			34. 접대비필요경비부인분		
24. 국외에서의 공급			35. 유료도로 통행료		
25. 공매, 경매, 수용			36. 합계	2	7,000,000

2. 약속어음의 만기결제, 할인 및 배서양도

(1) [일반전표입력] 2월 10일

(차) 당좌예금(우리은행(당좌))   19,700,000원   (대) 받을어음((주)블루산업) 20,000,000원
매출채권처분손실   300,000원

(2) [받을어음 관리]

◎ 받을어음 관리							삭제(F5)
어음상태 2 할인(전액)	어음번호 00420220110123456789	수취구분 1 자수	발행일 20×1-01-10	만기일 20×1-07-10
발행인 02020 (주)블루산업		지급은행 100 국민은행		지 점 방배지점
배서인	할인기관 98005 우리은행 (당좌)	지 점 삼성	할인율 (%)	어음종류 6 전자
지급거래처			* 수령된 어음을 타거래처에 지급하는 경우에 입력합니다.	

3. 리스회계 [매입매출전표입력] 3월 10일

거래유형	품명	공급가액	부가세	거래처	전자세금
53.면세	기계리스료	770,000		(주)현대캐피탈	전자입력
분개유형	(차) 임차료(제)	770,000원		(대) 미지급금	770,000원
3.혼합					

실무수행 2. 부가가치세관리

1. 전자세금계산서 발급

(1) [매입매출전표] 4월 1일

거래유형	품명	공급가액	부가세	거래처	전자세금
11.과세	휴대용 공기청정기	22,500,000	2,250,000	(주)클린기업	전자발행
분개유형	(차) 외상매출금	24,750,000원		(대) 제품매출	22,500,000원
3.혼합(카드)	(농협카드)			부가세예수금	2,250,000원

(2) [전자세금계산서 발행 및 내역관리] 기출문제 68회 참고

2. 수정전자세금계산서의 발급

(1) [수정전자세금계산서 발급]

① [매입매출전표입력] 4월 18일 전표선택 ➔ 수정세금계산서 클릭 ➔ 수정사유(4.계약의 해제)를 선택
➔ 확인(Tab)을 클릭

② [수정세금계산서(매출)] 화면에서 수정분 [작성일 5월 10일], [공급가액 -1,500,000원], [세액
-150,000원] 자동반영 후 [확인(Tab)] 클릭

③ [매입매출전표입력] 5월 10일

거래유형	품명	공급가액	부가세	거래처	전자세금
11. 과세	계약금	-1,500,000	-150,000	예림산업(주)	전자발행
분개유형	(차) 현금	-1,650,000원		(대) 선수금	-1,500,000원
1.현금(혼합)				부가세예수금	-150,000원

(2) [전자세금계산서 발행 및 내역관리] 기출문제 68회 참고

3. 부동산임대사업자의 부가가치세신고서 작성

(1) [매입매출전표입력] 9월 1일

거래유형	품명	공급가액	부가세	거래처	전자세금
11.과세	9월 임대료	3,000,000	300,000	(주)경기물산	전자입력
분개유형	(차) 보통예금	3,300,000원	(대) 임대료수입		3,000,000원
3.혼합	(국민은행(보통))		부가세예수금		300,000원

(2) 부동산임대공급가액명세서(7~9월) ㈜경기물산 3층, 301호, 구로동, **이자율 2.9%**

등록사항

사업자등록번호	207-81-55745	주민등록번호	------_-------
면 적	130 m²	용 도	사무실

계약내용

임 대 기 간	2024-09-01	~	2026-08-31	?
계약내용(월)	보 증 금		200,000,000	
	월 세		3,000,000	
	관 리 비			

임대수입금액 ※ 계(과세표준)금액은 부가세신고서[과세표준]에 입력요망
수입금액(제외)에 입력하면 안됨(국세청 검증사항)

임 대 수 입 금 액 (30일)	보증금이자(간주임대료)	475,409
	월 세	3,000,000
	관 리 비	0
	계 (과 세 표 준)	3,475,409
갱 신 일	----.--.-- ?	비 고

(3) [매입매출전표입력] 9월 30일

거래유형	품명	공급가액	부가세	거래처	전자세금
14.건별	간주 임대료	475,409	47,540		
분개유형	(차) 세금과공과금(판)	47,540원	(대) 부가세예수금		47,540원
3.혼합					

(4) [부가가치세신고서] 7월 1일 ~ 9월 30일

구 분			금액	세율	세액
과세표준및매출세액	과세	세금계산서발급분 1	253,000,000	10/100	25,300,000
		매입자발행세금계산서 2		10/100	
		신용카드·현금영수증 3		10/100	
		기타 4	475,409	10/100	47,540
	영세	세금계산서발급분 5		0/100	
		기타 6		0/100	
	예정신고누락분 7				
	대손세액가감 8				
	합계 9		253,475,409	㉕	25,347,540

4. 대손세액공제신고서 작성자의 부가가치세신고서 작성

(1) [대손세액공제신고서] (10~12월)

	당초공급일	대손사유	대손기준일	대손확정일	대손금액	대손세액	코드	거래상대방 상호	사업자등록번호	주민등록번호	성명
1	20×1-04-06	재판상 화해	20×1-04-06	20×1-12-20	3,300,000	300,000	00129	(주)삼송물산	305-81-39563		진태영

☞ 8.기타입력을 클릭하여 대손사유(재판상 화해)를 직접 입력

(2) [부가가치세신고서] 10월 1일 ~ 12월 31일

근 세 액	예정 신고누락분	7		
	대손세액가감	8		-300,000

- 전자신고세액공제 10,000원 입력

	구분		금액	세율	세액
	전자신고세액공제	54			10,000

(3) [일반전표입력] 12월 20일

(차) 대손충당금(외상매출금) 1,000,000원   (대) 외상매출금   3,300,000원
    대손상각비(판)   2,000,000원   ((주)삼송물산)
    부가세예수금   300,000원

[실무수행평가] – 부가가치세관리

번호	평가문제	배점	답
11	[계산서합계표 조회] 제1기 예정 신고기간의 면세계산서 수취금액	2	870,000
12	[세금계산서합계표 조회] 제1기 확정 신고기간의 거래처 '(주)클린기업'에 전자발행된 세금계산서 공급가액	2	22,500,000
13	[매입매출전표입력 조회] 수정세금계산서의 수정입력사유 코드번호	2	4
14	[부동산임대공급가액명세서 조회] 제2기 예정 신고기간의 부동산임대공급가액명세서의 보증금 이자(간주임대료) 금액	2	475,409
15	[부가가치세신고서 조회] 제2기 예정 신고기간 부가가치세신고서의 과세세금계산서발급분(1란)	2	253,000,000
16	[부가가치세신고서 조회] 제2기 예정 부가가치세신고서의 그 밖의 공제매입세액 (14란)의 세액	2	12,000
17	[부가가치세신고서 조회] 제2기 예정 신고기간의 부가가치세 첨부서류	2	③
18	[대손세액공제신고서 조회] 제2기 확정 신고기간 대손세액공제신고서	3	③
19	[부가가치세신고서 조회] 제2기 확정 신고기간 부가가치세신고서의 대손세액가감 (8란) 세액	3	-300,000
20	[부가가치세신고서 조회] 제2기 확정 신고기간의 부가가치세 차가감납부할세액 (27번란)	2	23,633,200
	부가가치세 소계	22	

실무수행 3. 결산

1. 수동결산 [일반전표입력] 12월 31일

(차) 외화환산손실   2,000,000원   (대) 외화장기차입금(홍콩은행) 2,000,000원

☞ 환산손익 = (1,150원 − 1,100원) × $40,000 = 손실 2,000,000원

2. 결산자료입력에 의한 자동결산

[결산자료입력 1]

[방법 1] [일반전표입력] 12월 31일

(차) 법인세등   35,000,000원   (대) 선납세금   17,500,000원

                                               미지급세금   17,500,000원

[방법 2] [일반전표입력] 12월 31일

(차) 법인세등   17,500,000원   (대) 선납세금   17,500,000원을

입력 후 [결산자료입력]의 '법인세등'란에 17,500,000원을 입력

[결산자료입력 2]

- 결산자료입력에서 기말 원재료 27,000,000원, 제품 32,000,000원을 입력하고 전표추가(F3) 를 클릭하여 결산분개를 생성한다.

[이익잉여금처분계산서] 메뉴

- 이익잉여금처분계산서에서 **처분일을 입력한 후,** 전표추가(F3) **를 클릭하여 손익대체 분개를 생성**한다.

[실무수행평가] – 재무회계

번호	평가문제	배점	답
21	[영수증수취명세서 조회] '11.명세서제출 제외대상' 금액	2	7,000,000
22	[받을어음현황 조회]1/4분기에 할인받은 받을어음의 총액	2	32,000,000
23	[거래처원장 조회] 2월 말 우리은행(98005)의 당좌예금 잔액	1	43,200,000
24	[거래처원장 조회] 4월 말 농협카드(99601)의 외상매출금 잔액	2	30,580,000
25	[거래처원장 조회] 9월 말 보통예금 거래처별 잔액	1	③
26	[일/월계표 조회] 1월에 발생한 영업외비용 금액	1	6,120,000
27	[일/월계표 조회] 1/4분기에 발생한 임차료(제조)	1	1,770,000
28	[일/월계표 조회] 3/4분기에 발생한 세금과공과금(판매관리비)	1	1,827,540
29	[손익계산서 조회] 당기 손익계산서의 대손상각비(판매관리비)	2	2,000,000
30	[재무상태표 조회] 3월 말 미지급금 잔액	1	31,050,000
31	[재무상태표 조회] 5월 말 선수금 잔액	1	13,200,000
32	[재무상태표 조회] 12월 말 미지급세금 잔액	2	17,500,000

번호	평가문제	배점	답
33	[재무상태표 조회] 12월 말 외화장기차입금 잔액	3	46,000,000
34	[재무상태표 조회] 기말 제품 잔액	2	32,000,000
35	[재무상태표 조회]12월 말 이월이익잉여금 잔액	1	①
	재무회계 소계	23	

실무수행 4. 근로소득관리

1. 주민등록등본에 의한 사원등록(최진원)

관계	요 건		기본 공제	추가 (자녀)	판 단
	연령	소득			
본인(세대주)	–	–	○		
배우자	–	○	○	장애(1)	
모(81)	○	○	○	경로,장애(3)	중증환자
자1(6)	○	○	○		
자2(2)	○	○	○		

[실무수행평가] - 근로소득관리 1

번호	평가문제	배점	답
36	[최진언 근로소득원천징수영수증 조회]기본공제 대상 인원수(본인포함)	1	5
37	[최진언 근로소득원천징수영수증 조회] '25.배우자' 기본공제액	1	1,500,000
38	[최진언 근로소득원천징수영수증 조회] '27.경로우대' 추가공제액	2	1,000,000
39	[최진언 근로소득원천징수영수증 조회] '28.장애인' 추가공제액⇒2명	2	4,000,000
40	[최진언 근로소득원천징수영수증 조회] '56.출산입양(자녀세액공제)' 세액공제액	1	①

2. 급여자료입력

(1) [사원등록] 수정

18. 생산직 등 여 부 [1] 여 연장근로비과세 [1] 여

(2) [수당 및 공제등록]

- 수당등록

수당 및 공제등록

	코드	수당명	과세구분	근로소득유형	
1	101	기본급	과세	1.급여	
2	102	상여	과세	2.상여	
3	200	가족수당	과세	1.급여	
4	201	식대	비과세	2.식대	P01
5	202	야간근로수당	비과세	1.연장근로	001

- 공제등록

수당 및 공제등록

	코드	공제항목명	공제소득유형
1	501	국민연금	0.무구분
2	502	건강보험	0.무구분
3	503	고용보험	0.무구분
4	504	장기요양보험료	0.무구분
5	505	학자금상환액	0.무구분
6	903	농특세	0.사용
7	600	상조회비	0.무구분

(3) [급여자료입력] 1002.송민기, 귀속년월 2월, 1.급여, 지급일 2월 25일

급여항목	지급액	공제항목	공제액
기본급	1,800,000	국민연금	81,000
가족수당	50,000	건강보험	62,910
식대	150,000	고용보험	15,200
야간근로수당	200,000	장기요양보험료	7,710
		상조회비	5,000
		소득세	17,180
		지방소득세	1,710
		농특세	

과 세	1,850,000		
비 과 세	350,000		
감 면 소 득		공제액 계	190,710
지급액 계	2,200,000	차인지급액	2,009,290

☞비과세금액 = 식대(150,000, 한도 20만원/월) + 야간근로수당(200,000) = 350,000원

(4) [원천징수이행상황신고서] 귀속기간 2월, 지급기간 2월, 0.정기신고

원천징수내역	부표-거주자	부표-비거주자	부표-법인원천						

구분	코드	소득지급(과세미달,비과세포함)		징수세액				9.당월 조정 환급세액	10.소득세 등 (가산세 포함)
		4.인원	5.총지급액	6.소득세 등	7.농어촌특별세	8.가산세			
간 이 세 액	A01	1	2,100,000	17,180					
중 도 퇴 사	A02								

[실무수행평가] - 근로소득관리 2

번호	평가문제	배점	답
41	[송민기 2월 급여자료 조회] 과세대상 가족수당 금액	2	50,000
42	[송민기 2월 급여자료 조회] 과세대상 식대 금액	2	0
43	[송민기 2월 급여자료 조회] 비과세대상 야간근로수당 금액	2	200,000
44	[송민기 2월 급여자료 조회] 2월 급여의 차인지급액	2	2,009,290
45	[원천징수이행상황신고서] '10.소득세 등' 총 합계금액	1	17,180

※ 44, 45는 프로그램에서 자동계산되어지므로 시점마다 달라질 수 있습니다.

3. 국세청연말정산간소화 및 이외의 자료를 기준으로 연말정산(배인철)

(1) [사원등록의 부양가족명세]

관계	요 건 연령	요 건 소득	기본공제	추가(자녀)	판 단
본인(세대주)	-	-	○		
모(78)	○	○	○	경로	
배우자	-	×	부		**금융소득(조건부) 20백만원 초과자 종합과세**
자1(27)	×	○	부		총급여액 5백만원 이하자
자2(5)	○	○	○		

(2) [연말정산 근로소득원천징수 영수증] **총급여액 45,000,000원**

항 목	요건 연령	요건 소득	내역 및 대상여부	입력
보 험 료	○ (×)	○	• 모친 생명보험료 • 본인 자동차 보험료	○(일반 1,800,000) ○(일반 1,080,000)
교 육 비	×	○	• 배우자 대학원 등록금(대학원은 본인만 대상) • 자2 미취학아동 학원비	× ○(취학전 1,050,000)
연금저축	본인		• 본인 연금저축 • 배우자 연금저축은 대상에서 제외	○(4,800,000) ×

① 소득공제 탭

	구 분	보험료 보장성	보험료 장애인	교육비 일반	교육비 장애인특수
본인	국세청	1,080,000			
모친	국세청	1,800,000			
자1	국세청				
자2	국세청			1,050,000	

② 연금저축

구분	금융회사등	계좌번호	불입금액
3.연금저축	405 삼성생명보험(주)	004-121-20301	4,800,000

③ 정산명세

연금보험공제					세액공제 구분		세액공제액
31.국민연금보험료			›	2,025,000	55.근 로 소 득	›	660,000
32.공적연금보험공제	가.공무원연금		›		56 자녀세액공제	공제대상자녀 __명	
	나.군인연금		›			출산입양 __명	
	다.사립학교교직원연금		›		연금계좌	57.과학기술인공제 ›	
	라.별정우체국연금		›			58.근로자퇴직급여보장법 ›	
33.보험	가.건강	1,765,600	›	1,765,600		59.연금저축 ›	720,000
	나.고용	360,000	›	360,000		59-1. ISA만기시연금계좌 ›	
34.주택 - 가.주택임차 차입금 원리금상환액	대출기관		›				
	거주자		›				

특별소득공제						특별세액공제			세액공제	
34.주택 나.장기주택저당차입금이자상환액	11년이전 차입분	15년미만	›			60.보장성보험	2,880,000	›		120,000
		15~29년	›			61.의 료 비	0	›		
		30년이상	›			62.교 육 비	1,050,000	›		157,500
	12년이후 차입분 (15년이상)	고정or비거치	›			63 기부금	정치	10만원이하		
		기타대출	›					10만원초과		
	15년이후 차입분 (15년이상)	고정&비거치	›				나.법정기부금		›	
		고정or비거치	›				다.우리사주기부금		›	
		기타대출	›				라.지정기부금(종교외)		›	
	15년이후 차입분 (10~15년)	고정or비거치	›				마.지정기부금(종교)		›	
35.기부금(이월분)			›			64.계				277,500
36.계				2,125,600		65.표준세액공제		›		
37.차 감 소 득 금 액				23,349,400		66.납 세 조 합 공 제		›		
그 밖의 소득공제	38.개인연금저축		›			67.주 택 차 입 금		›		
	39.소기업·소상공인공제부금		›			68.외 국 납 부		›		
	40.주택마련저축	가.청약저축	›			69.월세액		›		
		나.주택청약종합저축	›							
		다.근로자주택마련저축	›							
	41.투자조합출자 등		›							
	42.신용카드등	0	›							
	43.우리사주조합 출연금		›							
	44.고용유지중소기업근로자		›			70.세 액 공 제 계				1,657,500
	45.장기집합투자증권저축		›			71.결 정 세 액(49-54-70)				764,910
	46.그 밖의 소득 공제 계					81.실 효 세 율(%) (71/21)×100%				1.7%

[실무수행평가] - 근로소득관리 3

번호	평가문제	배점	답
46	[배인철 근로소득원천징수영수증 조회] '37.차감소득금액'	2	23,349,400
47	[배인철 근로소득원천징수영수증 조회] '59.연금저축' 세액공제액	2	720,000
48	[배인철 근로소득원천징수영수증 조회] '60.보장성보험' 세액공제액	2	120,000
49	[배인철 근로소득원천징수영수증 조회] '62.교육비' 세액공제액	2	157,500
50	[배인철 근로소득원천징수영수증 조회] '81.실효세율'	1	1.7%
	근로소득 소계		25

※ 46, 50은 프로그램에서 자동계산되어지므로 시점(프로그램 업데이트)마다 달라질 수가 있습니다.

〈참고사항 : 총급여액 45,000,000원〉

		한도	공제율	대상금액	세액공제
1. 보험료	일반	1백만원	12%	2,880,000	120,000
2. 교육비	취학전아동	3백만원	15%	1,050,000	157,500
4. 연금저축	연금저축	6백만원	15%	4,800,000	720,000

저자약력

- **김영철** 세무사
  - · 고려대학교 공과대학 산업공학과
  - · 한국방송통신대학 경영대학원 회계 · 세무전공
  - · (전)POSCO 광양제철소 생산관리부
  - · (전)삼성 SDI 천안(사) 경리/관리과장
  - · (전)강원랜드 회계팀장
  - · (전)코스닥상장법인CFO(ERP. ISO추진팀장)
  - · (전)농업진흥청/농어촌공사/소상공인지원센타 세법 · 회계강사
  - · (전)두목넷 전산회계/전산세무/세무회계 강사
  - · (현)천안시 청소년재단 비상임감사

로그인 **TAT 2급 핵심요약 및 기출문제집**
세무정보처리(Tax Accounting Technician)

5 판 발 행 : 2024년 2월 27일

저   자 : 김 영 철

발 행 인 : 허 병 관

발 행 처 : 도서출판 어울림

주   소 : 서울시 영등포구 양산로 57-5, 1301호(양평동3가)

전   화 : 02-2232-8607, 8602

팩   스 : 02-2232-8608

등   록 : 제2-4071호

Homepage : http://www.aubook.co.kr

저자와의
협의하에
인지생략

ISBN   978-89-6239-923-3   13320

정 가 : 24,000원